农村、农业、农民问题研究

张英洪自选集

（2000－2011）（上）

为什么我的眼中常含泪水？
因为我对这土地爱得深沉……

——艾青

张英洪 著

九州出版社 JIUZHOUPRESS | 全国百佳图书出版单位

自　序

本书是我于2000年至2011年间发表的以农民问题研究为主的文章自选集。贯穿本书的两条主线是促进中国农民权利，建设现代法治国家。我之所以特别关注公民权利和法治国家，是因为我确信，如果我们不能将自己的国家建设成为一个致力于保障公民权利和个人自由的现代法治国家，我们和我们的子孙后代，无论是达官贵人还是平民百姓，就都不可能有真正的安全、自由、尊严和幸福。

在中国，说真话不容易，说与主流观念不一致的话更不容易。说真话的书也不容易出版，说与主流话语不一致的书更不容易出版。我虽然懂得这个现实，但我还是逆难而上，明知山有虎，偏向虎山行。为此，我也曾遭遇诸多误解和偏见，也曾身陷种种困境与磨难。但是我坚持说了，我坚持做了。驱使我说真话、求真知的是活生生的现实，是与生俱来的良知，是对真理和正义的不懈追求。在这里，我们也许应当再温习康德在《实践理性批判》中说的话："有两样东西，人们越是经常持久地对之凝神思索，它们就越是使内心充满常新而日增的惊奇和敬畏：我头上的星空和我心中的道德律。"

我对"三农"问题的研究是从业余爱好开始的。我出身农民，对农民的生活和农村情况比较熟悉。但当时我所能看到的许多有关农村和农民问题的报道和研究绝大多数停留在表面，没有深入核心层直面农民问题现实和农村问题真相。我开始涉足农民问题研究时，就只为求真知、索真相、申正义，只向真理低头，不向权贵折腰。在研究视野上，我做到不受学科分割限制，不受地理区域限制，不受传统意识形态限制。在人的权利问题长期被视为"敏感"问题的社会环境中，我明确把维护和发展农民的基本权利作为自己的研究核心，持之以恒地进行探索和思考。2003年12月，我出版了《给农民以宪法关怀》，这是本人致力于农民权利研究的序曲。此后近十年，我完成了农民权利研究"三部曲"。第一部《农民权利论》是我以宪法和国际人权的视角，从横向层面讨论和分析农民应当享有的基本权利状况。我的目的就是为"三农"界、为国人打开一扇国际人权的新视野；第二部《农民、公民权与国家》是我从纵向层面讨论和分析1949年以来中国农民公民权的演变逻辑；第三部《认真对待农民权利》，我着重研究讨论在城市化和城乡一体化中农民权利的具体实现方式。

从农民权利着眼研究三农问题，从农民问题入手探讨现代国家构建，是我进入“三农”研究领域的主要学术旨趣。本书是我对农民权利、社会正义和宪政国家的个人见解和探索。我在研究探索中，力争站在时代发展的前沿，因而提出的不少见解虽被当时一些人所怀疑甚至被乱扣“政治帽子”，但时间证明，我站在了历史正确的一边。

我着重研究农民权利，并不意味着我只关心农民的权利。事实上，我关注每个人的基本权利和自由。统治者和被统治者，精英和大众，强者和弱者，富人和穷人，你和我，我们的子孙后代，都应当享有人的尊严、自由和权利。2011 年 4 月，国务院总理温家宝在中南海向新聘任的国务院参事和中央文史研究馆馆员颁发聘书时说：“一个国家一个民族总要有一批心忧天下、勇于担当的人，总要有一批从容淡定、冷静思考的人，总要有一批刚直不阿、敢于直言的人。这是千百年来中国仁人志士崇高的精神追求。”我发现，我们的国家和民族确实有一大批这样的优秀人士，我可能自觉或不自觉地也成了这“一批”中的一员。

长期以来，我们高度重视意识形态教育却明显忽视公民教育和人权教育，这使我们的社会严重缺乏对个人权利的理解和珍重。这是我们许多社会问题和悲剧不断重演的重要因素，是制约我们社会全面进步的重大障碍。我对农民问题的研究使我确信，我们必须深入推进改革开放，尤其是要深入推进社会体制改革和政治体制改革。没有包括政治体制改革在内的基于维护个人尊严和社会正义的全面改革，农民问题不可能得到真正解决。

孙中山说，世界潮流，浩浩荡荡，顺之则昌，逆之则亡。我相信，我们一定会走向尊重权利的新时代，也一定会建设维护社会正义的现代法治国家。

非常感谢九州出版社的郑闯琦先生，他的真诚努力使我的作品得以集中出版面世。

张英洪

2012 年 8 月 18 日于北京北沙滩

目 录

自 序 / 1

上

2000 年

城市化滞后与农民歧视 / 3

严重滞后的中国城市化 / 3

制约城市化发展的农民歧视 / 4

城镇化战略与制度创新 / 6

中国共产党成立日期辨析 / 9

党的成立与党的“一大” / 9

早期认同与回忆 / 11

对成立日期的改变与定型 / 12

结语 / 14

2001 年

新世纪呼唤政治学家 / 19

政治家与政客 / 19

民主的追求 / 20

冲破束缚 / 22

论实施城镇化战略 / 24

我国现代化建设迫切需要补上城镇化这一课 / 24

城镇化是我国现代化建设的关键突破口 / 25
加快我国城镇化的政策取向 / 27
试论打工仔基本权利的保护 / 30
“打工仔”是新兴的工人阶级 / 30
“打工仔”的基本权益面临挑战 / 31
僵化的认识与滞后的政策 / 33
重新认识“打工仔” / 34
二元户籍制：半个世纪的“城乡冷战” / 37
神州大地悄然筑起“户籍墙” / 37
谁的大城市？ / 38
大城市其实并不大 / 39
城镇化中的误区 / 39
万众一心推倒“户籍墙” / 41
政治体制改革与十六大的主题选择 / 42
政治体制改革的提出 / 42
政治体制改革的探索与滞后 / 44
政治体制改革的重点 / 46
论依法治国方略中的党的领导 / 50
依法治国与党的领导——建设现代法治国家的两难选择 / 50
党治制——党的领导模式的认识误区和实践弊端 / 51
政权内领导——法治框架下坚持和改善党的领导的理论范式 / 53
论邓小平关于党政关系的思想 / 57
政党政治及以党治国的形成 / 57
坚决反对以党治国的观念 / 58
党必须在宪法和法律的范围内活动 / 59
改革党和国家的领导制度，实行党政分开 / 61
两委合一 岂能推广 / 64
两委关系的四种形式 / 64
“两委合一”的深层问题 / 64
政权内领导范式 / 65
党群关系：“刀把”在干部手中 / 67

问题本来就简单，是干部搞复杂了 / 67
虽然不都是乡干部的错，但主要责任在干部 / 68
转变作风与体制改革：双管齐下的对策 / 70
村民自治的困惑 / 72
“两委”关系矛盾的困惑 / 72
农民负担沉重的困惑 / 73
农村人才和劳力外流的困惑 / 73
乡镇政权干预的困惑 / 74
自由迁徙：离我们还有多远？ / 75
自由迁徙是一项基本人权 / 75
计划经济排斥自由迁徙 / 76
市场经济呼唤自由迁徙 / 77

2002年

我看宪法修改 / 81
宪法到底是什么？ / 81
现行《宪法》的局限性 / 82
修宪与宪政 / 83
给农民以宪法关怀 / 86
二元体制的枷锁 / 86
“压力型体制” / 87
在宪法之母的注视下 / 88
扩大基层民主 / 89
解放农民 / 90
将农民从二元结构中解放出来 / 90
加快改革束缚农民的旧体制 / 92
城市化是农民的一条解放之路 / 94
论人大制度创新 / 97
执政党与人大关系法治化 / 98
人大选举直接化 / 100
人大任职专职化 / 102

人大职权健全化 / 104
给农民自由 / 107
自由是最有价值的价值 / 107
消除对自由的错误理解 / 109
促进人的自由而全面的发展 / 110
破除二元社会结构 / 110
摧毁三级利益共同体 / 111
宏观视野中的农民负担 / 114
关于农民负担问题的几个认识误区 / 115
农民负担沉重的主要人为因素 / 117
解决农民负担问题关键性对策建议 / 121
户籍制度的历史回溯与改革前瞻 / 126
短暂的自由迁移 / 126
严格限制农民进城 / 127
小城镇户籍改革的突破 / 128
户籍改革的认识障碍 / 130
恢复公民的居住和迁徙自由 / 132
农民问题呼唤宪政民主 / 134
学术界在瞎子摸象 / 134
计划经济体制的最大遗产 / 135
二元社会结构和三级利益共同体 / 135
人权与法治：农民的新需求 / 136
孙中山的社会主义思想 / 138
民生主义就是社会主义 / 138
社会主义就是人道主义 / 139
“乌托邦派”和“科学派” / 140
从梁漱溟到李昌平：欲说农民好困惑 / 142
敢为农民说实话 / 142
为农民说话的“风险” / 143
关键是要给农民以宪法关怀 / 144
从为民作主到由民作主——中国城市化的路径思考 / 146

我们太擅作主张了 / 146
农民最有发言权 / 147
让农民自由选择 / 148
积极推进联系群众方式的转变 / 150
联系群众扭曲变形的主要表现及其危害 / 150
脱离群众的原因探析 / 153
推进联系群众方式创新的对策思考 / 155
驳陈平的“短视国策”和“洋跃进”论 / 159
建立统一的社会保障是短视国策? / 159
建立统一的社会保障制度势在必行 / 160
弱势阶层与社会稳定 / 162
农民是中国最大的弱势群体 / 162
保护弱势阶层是文明社会的基本诉求 / 163
农民为何弱势化? / 164
保护弱势阶层的“两大步” / 165
宪法关怀:解开农民问题千千结 / 166
农民问题:再次印证历史性怪圈 / 166
百计千方:屡屡跌入人治大陷阱 / 168
宪法之母:露出您神圣的威严和慈祥的笑容 / 170

2003 年

浅谈农民歧视 / 177
农民歧视是一个重大的社会问题 / 177
农民歧视的主要表现 / 178
尽快消除对农民的歧视 / 181
试析《村组法》的缺陷及其完善 / 182
“两委”关系界定不清 / 182
对乡镇干预村民自治的法律责任未作规定 / 183
没有设立村民会议的机构和班子 / 185
废除村干部职务终身制 / 187

孙中山的以党治国思想 / 189
以党治国的提出 / 189
以党治国的政治后果 / 190
以党治国的反思 / 191
为什么会有农民工？ / 192
农民工阶层的产生 / 192
农民工就是工人 / 193
革除旧体制 / 193
孙志刚之死与制度之恶 / 195
“谭颂德困惑” / 195
孙志刚之死 / 196
公民的权利 / 196
中国：走向政治文明 / 199
政治文明是社会进步的集中体现 / 199
破除建设政治文明的旧观念 / 200
推进政治体制改革 / 201
政治行为的公开化、平等化、非暴力化 / 203
只有宪法才能救农民 / 205
绕过真问题的伪学问 / 205
农民的不幸缘于旧制度 / 207
除了宪法，农民没有救世主 / 208
政治家是干什么的？——评废止《收容遣送办法》 / 210
孙志刚事件催生制度之变 / 210
中国需要伟大的政治家 / 211
政治家是干什么的？ / 211

2004 年

新旧体制交织下的农民工——对话汤潇 / 215
与农民工同吃同住 / 215
新旧体制的交互作用 / 216

农民工是当代新兴的工人阶级 / 217
权利缺失与制度供给 / 218
农民工欠薪责任在政府 / 220
促进社会进步和体制完善 / 221
张英洪：给农民以宪法关怀——对话章涌 / 222
正义或许会迟到，但永远不会缺席 / 222
解决“三农”问题的里程碑 / 223
拓宽农民增收的新视野 / 225
从宪法上关注农民 / 225
勇气比智慧更重要 / 226
一个农民之子的精神反哺 / 227
构建农民增收的制度环境 / 229
以制度公正促农民增收 / 229
“切好蛋糕” / 230
构建公正的制度环境 / 230
三级利益共同体：县乡村权力动作与农民问题 / 232
农民问题：从二元社会结构说起 / 232
三级利益共同体：概念与特征 / 235
三级利益共同体的游戏规则 / 237
三级利益共同体的权力漩涡 / 239
能否打破三级利益共同体？ / 241
李昌平为什么成功？ / 244
是失败，还是成功？ / 244
说实话难的体制因素 / 245
“权力漩涡” / 246
勇气比智慧更重要 / 246
劳教制度：是改还是废？ / 248
劳动教养制度产生于非法治的特殊环境 / 248
劳动教养制度的惯性运行 / 250
劳动教养制度：是改还是废？ / 251
降低社会转型的痛苦指数 / 255

关注痛苦指数 / 255
弱势阶层的痛苦类型 / 256
提高生活质量 / 256
解决三农问题的根本：破除二元社会结构 / 258
“三农”问题的根源在于二元社会结构 / 258
二元社会结构的形成和演变 / 260
统筹城乡发展，尽快改变二元社会结构 / 264
不失时机地推进政治文明建设 / 266
关注对政治文明的专门研究 / 266
政治文明建设的重大问题 / 268
在行动中推进政治文明建设 / 271
农民自由发展与乡镇体制改革 / 272
权利缺失：农民的三重困境 / 272
权力扩张：基层政权构建的本质特征 / 275
农民自由而全面发展：乡镇体制改革的目标取向 / 278
促进社会主义新农村的政治文明 / 284
党的以人为本的施政方针 / 284
社会主义政治文明的主要内涵 / 286
农村管理体制改革的主要方向和措施 / 289
农村党支部在政治文明建设中的主要任务 / 292

下

2005 年

不断提高发展社会主义民主政治的能力 / 297
发展民主：跳出历史“周期率”的新路 / 297
从革命党追求民主到执政党建设民主 / 298
发展社会主义民主政治需要把握的重点 / 299

论当代中国农民的政治权利 / 301
当代中国农民政治权利概述 / 301
当前中国农民主要政治权利评析 / 304
日常抵抗、依法抗争与宪法关怀 / 309
当代中国农民的社会保障权 / 313
社会保障权：农民的一项基本权利 / 313
二元社会结构中农民社会保障权利的缺失 / 315
和谐社会构建与执政能力建设 / 320
促进农民自由而全面发展的战略思考 / 323
农民的生存境况：数字的视角 / 323
制约农民自由而全面发展的人为因素 / 325
构建农民自由而全面发展的制度环境 / 328

2006 年

当代中国农民的平等权 / 337
平等：人类文明的基本信条 / 337
二元社会结构中农民的不平等地位 / 342
反歧视：国际视野与中国选择 / 349
当代中国农民的居住和迁徙自由权 / 354
迁徙自由是一项基本人权 / 354
农民迁徙自由权的丧失与复归 / 358
以自由看待发展 / 361
和谐社会构建中的农民权益保护 / 366
农民维权抗争进入当代视野 / 366
农民为什么成了弱势群体？ / 370
农民权益保护与构建和谐社会 / 374
产权残缺、利益博弈与社会冲突 / 378
农地产权残缺的主要表现 / 378
积极产权与消极产权 / 380
基于土地产权的冲突 / 383

不断提高中国农民享受人权的水平 / 386
权利保障扑面来 / 386
农民权利的宪法保障 / 387
走出兴亡百姓苦怪圈 / 388
从农民权利到公民权利 / 389
社会主义新农村建设中的征地制度改革 / 392
改革城乡二元土地制度，取消土地市场“双轨制” / 392
界定公益性与经营性用地，规范和约束国家征地权，充分发育土地交易市场 / 394
实行公平合理的征地补偿、分配和安置 / 396
当代中国农民的结社权 / 401
结社自由与法律保障 / 401
中国农会的历史考察 / 403
公民社会、利益集团与农民组织 / 406
重建中国农会的几个问题 / 411

2007 年

财产权利、个人自由与国家繁荣 / 417
财产和财产权 / 417
两种对立的财产观念 / 418
多学科视野中的财产权 / 419
财产权事关人类文明 / 422
改革以来中国乡村和农民问题研究的回顾 / 424
80 年代乡村社会研究的转型 / 424
乡村社会、农村改革和政策研究 / 426
90 年代以来的多学科研究 / 429
农民权利研究的兴起 / 433
中国农民的政治参与和参政权 / 435
政治参与和参政权：概念辨析与界定 / 435
农民政治参与：方式和趋势 / 438
农民参政权：特征及张力 / 442

新世纪、新农村、新农民 / 446
从农民到公民：农民身份的变迁路径 / 448
农民身份的阶级化 / 449
农民身份的结构化 / 450
农民身份的社会化 / 452
农民身份的公民化 / 453

2008年

农民生命权面临的几个问题 / 457
死刑存废与农民生命权 / 457
劳动教养与农民生命权 / 458
收容遣送与农民生命权 / 459
刑讯逼供与农民生命权 / 461
计划生育与农民生命权 / 462
农民与国家关系的演变模式及前景 / 466
传统社会农民与国家：四位一体、虚实双线关系 / 466
土改时期农民与国家：四位一体、双边二重关系 / 469
集体化时期农民与国家：三位一体、双边二元关系 / 472
改革以来农民与国家：四位一体、强弱双线关系 / 474
农民与国家关系的可能前景：多元一体、合作共赢关系 / 476
中国农地制度变迁考察——以土地财产权为视角 / 480
集体所有制理念及其强制实施 / 480
中国土地产权的强制性变迁 / 483
作为诱致性变迁的家庭承包制 / 486
宪法秩序与农民土地财产权 / 488
农民参与和宪法秩序 / 488
农地所有制改革的讨论 / 490
农地制度改革的前景 / 495
公民权：现代国家最基本的公共品 / 498
公民权短缺是农民问题的主因 / 498
现代国家以公民权为基础 / 500

全球化推动中国公民权发展 / 501
农民公民权成长的新起点 / 502
提升国家发展公民权的能力 / 504
“土皇帝”与地方专制主义 / 506
中国乡村社会的理论假说 / 506
乡村社会中的“土皇帝” / 507
地方专制主义 / 508
“土改”：革命专政和暴力再分配 / 512
诉苦：预热革命斗志 / 512
批斗：宣泄阶级仇恨 / 516
没收：瓜分胜利果实 / 528
以权利看待农民——我为什么关注农民公民权 / 531
历史沉思：兴亡百姓苦怪圈 / 531
现实困惑：农民真苦？ / 533
未来憧憬：走进公民权时代 / 535
理论追寻：以权利看待农民 / 538
以扩展农民权利加快农民增收 / 541
农民权利的短缺 / 541
在农民权利上实现突破 / 542
以扩权实现增收 / 543

2009年

公共品短缺、规则松弛与农民负担反弹 / 547
问题的提出 / 547
投资配套、约束失灵与“二次维权” / 548
公民权、村民权与乡村治理 / 550
简短结论 / 554
能否废除“村官”职务终身制？ / 555
村庄成为终身制的最大乐园 / 555
废除终身制还缺乏制度化 / 556
“村官”终身制的政治后果 / 557

废除“村官”终身制的基本设想 / 558

新农村建设与公民权建设 / 560

公民权是现代国家的基石 / 560

农民问题根本在于公民权的短缺 / 562

农民公民权在改革中成长与发展 / 564

公民权的制度建设与实践创新 / 566

2010年

小产权房问题：违法式改革阵痛 / 571

小产权房：违法还是创造？ / 571

违法式改革困境 / 572

走向立法式改革 / 573

城乡一体化的根本：破除双重二元结构 / 575

高度关注双重二元结构 / 575

动态二元结构问题正日益凸显 / 578

全面推进城乡一体化 / 580

2011年

强制拆迁、财产权保护与地方宪政构建 / 585

掠夺农民第三波 / 585

自焚抗争 / 587

权力失控 / 589

地方宪政构建 / 591

推进城乡结合部城市化发展的思考和建议 / 595

允许农民以土地参与城市化 / 595

保障农民带着集体资产进入城市 / 597

促进城市郊区农民及外来人口的市民化 / 598

加快推进城乡基础设施和公共服务一体化 / 599

构建城乡一体化的社会管理体制 / 601

推进城乡一体化不能忽视城市内部的二元结构——对话施维 / 603

张 英 洪 自 选 集 | 2000 年

城市化滞后与农民歧视[①]

我国城市化明显滞后于工业化，成为制约国民经济和社会发展新的瓶颈。农民歧视是我国城市化滞后显著的人为因素。加快城市化发展，应当消除对农民的不公平待遇，进行相关制度创新，推进城镇化战略实施。

严重滞后的中国城市化

城市化是衡量一个国家或地区经济发达和文明程度的重要标志。所谓城市化，是“乡村人口向城市人口转化，以及人类的生产、生活方式由乡村型向城市型转化的一种普遍的社会现象”。[②] 在迈向新世纪的历史时刻，通过对我国经济和社会发展的回顾反思和前瞻，我们感到一个十分突出的问题是：我国的城市化严重滞后了。

首先，我国的城市化严重滞后于工业化。城市化是工业化的必然结果，它随着工业化和现代化的发展而发展，又进一步促进工业化和现代化。建国以来，特别是改革开放以来，我国的工业化进程明显加快，按照一般规律，我国的城市化应该与工业化同步发展，但事实上并未如此。我国工业化水平已经超过了50%，而城市化水平1998年仅为30.4%，落后于工业化20个百分点。城市化滞后于工业化被认为是我们国家前20年经济发展过程中的一个重大的战略失误。

其次，我国的城市化大大滞后于世界发展水平。据世界银行1998年《世界发展指标》显示，1996年，全世界城市化平均水平已达45.5%，发达国家城市化水平一般都在70%以上，比如美国为76.3%，英国89.3%，法国74.9%，德国86.7%，日本78.3%，俄罗斯76.3%，加拿大76.8%，意大利66.7%。发展中国家的平均水平也在40%以上，一些看似与我国经济发展水平差不多的发展中国家和一些新兴工业化国家的城市化水平也大大高于我国，比如巴西为78%，阿根廷88.4%，大洋洲的澳大利亚84.7%，新西兰86.1%, 亚洲的韩国82.3%，朝鲜为61.5%，菲律宾54.9%，新加坡100%。同期我国仅为

① 本文原载《城市化导报》2000年第5期。

② 杨春志、顾文选：《城市化是人类文明发展的必然》，载《城市发展研究》2000年第1期。

29.9%，相差甚远。

再次，我国的城市化明显滞后于广大农民群众的普遍需要。马斯洛的需要层次理论揭示出，人的需要是不断由低级向高级发展的，当人的低级需要满足之后就必然转向更高层次的需要。农村家庭联产承包制的实施，解决了多年来困扰农民的吃饭问题，这就使世代以来压抑在农民心灵深处的"跳农门"的愿望突出外显化了。"跳农门"是广大农民告别祖祖辈辈脸朝黄土背朝天的农耕生活方式，渴望进入城市享受现代都市文明的生动写照。但我国严重滞后的城市化水平远远没有满足广大农民迫切的现实需要，这使得亿万农民向往城市生活的强烈愿望汇成了改革开放以来独具特色的浩浩"民工潮"，仅 1992 年，全国就有"4600 万农民工涌向东南沿海"。①

制约城市化发展的农民歧视

我国城市化的严重滞后，已经引起了社会各界的高度重视和密切关注。我们在深入研究中发现，各种制约城市化发展的政治、经济、文化、法律等诸多因素，归结到一点，就是我们现在必须予以高度重视的长期以来形成的农民歧视问题。所谓歧视，就是不公平、不公正地对待。本文作者提出的农民歧视概念，指的是我们在思想观念上、在制定政策法律上，对农民群体利益的忽视以及对农民采取的不公开、不平等和不公正的认识与对待。

众所周知，农民一向都是弱势群体。历史和现实都已证明，农民的权利不容易得到维护，农民的利益容易受到伤害。在我们的现实生活中，对农民的歧视常常表现为对农民的种种限制。这些限制的陈年积淀，似乎使之成了一种习以为常的事情。

一是户口限制。这是我们对农民限制影响最深远的政策之一。在民主国家里，公民普遍享有自由迁徙和自由择业的权利。我国建国后则逐步实行一套严格的城乡分割的户籍管理制度，人为地将全体公民划分为农村户口和城市户口，形成了农村公民和城市公民两种明显相区别的不同公民，使农民必不可免地降为二等公民。据考察，我国特有的城乡分割的二元户籍制度发源于 1951 年公安部制定的《城市户口管理暂行条例》，1958 年 1 月全国人大颁布《中华人民共和国户口登记条例》，最终以法律形式确定下来。这种把农民严格限制在农村的做法，完全漠视了农民的"住城权"，严重地阻碍了我国城市化的发展。据统计，1949 年我国城市化率为 10.6%，到 1999 年还只有 30.9%，50 年间仅增长 20 个百分点。

十一届三中全会以后，广大农村发生了翻天覆地的变化，各种计划经济体制下形成

---

① 茹晴：《农民的根本出路在农外》，载《中国经济时报》2000 年 11 月 22 日。

的禁区纷纷得到突破，但关系千家万户的户籍管理制度却一直没有实质性的松动。大量涌入城市的农民工为城市的建设流血流汗，奉献了自己的青春年华，却没有取得应有的城市户口，成为“身处其中、不属其类”的“城市边缘人”。这些民工年初出门打工年终回家过年，形成了我国又一特有的铁路“春运”高峰现象。有的地方有的人在统计城市化水平数字时，主张将这些城市打工族统计在内，以提高城市化比例。对这种仅仅在数字技术上进行处理的做法，我们是不能同意的，为什么在统计数字时就想到了他们呢，为何就不能给他们一个名正言顺的城市户口身份呢？

伴随着以市场为取向的改革进一步深入，90年代中后期国家开始在小城镇进行户籍制度改革试点，这是一个良好的开端，但迈出的步伐还不大，尤其是大中城市的户籍制度仍然是对农民实行“关门主义”。

二是就业限制。长期以来，城市的就业领域对农民是严格限制的。不管是国家行政机关、事业单位还是国有企业，招工招干的首要条件是你必须具备城镇户口。这一政策，至今未见任何改变。倒是伴随改革开放春潮而蓬勃发展起来的非公有制经济，为转化和吸纳农村剩余劳动力，解决农民就业，提供了比较广阔的空间，作出了历史性的重要贡献。但“离土不离乡”的政策，使农民刚刚萌生的城镇依赖，最终回归为“解甲归田”的结局，终点又回到了起点。

近些年来大中城市又纷纷出台种种限制农民用工的政策措施，使人们进一步看清了对农民的歧视已深深扎根于社会的肌体之中。本来农民受教育的程度相对较低，与城市居民在平等竞争中也会处于劣势。可我们的城市就是怕农民来抢自己的碗饭，人为地设置了一道又一道的壁垒，实行狭隘的城市保护主义。就拿北京来说，“1998年北京市限制使用外地来京务工人员的行业和工种是：金融、保险与邮政行业、各类管理人员、营销员、会计、出纳、调度员、话务员、核价员、商场营业员、出租汽车驾驶员、各类售票员、检票员、保育员、电梯工、电子计算机录用人员、民航乘务员、打字员、各类抄表员、检验工、计量工、调试工、描绘图工、库工、汽车驾驶员、星级宾馆（饭店）和旅店的服务员及办公人员。”[①] 各大中城市也都有类似的就业限制，有的更为严重。明眼人一看就知道，城市里的好事儿，农民是沾不上边的，剩下给农民的就只有城市人不愿干的脏、累、苦、险下等差事了。与此同时，一些已经在城市里找到一份工作的农民工也不能享受到与城市员工同等的社会地位和福利保障。这种歧视农民的城市保护主义政策不仅与我国社会主义市场经济体制的改革格格不入，而且极大地伤害了广大农民的感情和尊严。

三是土地限制。人们有权选择适合自己生存和发展的地域和职业，这在发达国家是

① 刘伟德：《推进我国人口城市化进程的若干建议》，载《城市规划》2000年第11期。

不言而喻的。而我国农民世世代代被人为地束缚在土地上，潜在的创造力受到了极大遏制。中国农民渴望土地，同时土地又成为农民新的拖累。特别是在城市化过程中，大批的农村剩余劳力要求离开土地进入城市，但他们“离土不离乡”，就像风筝一样，飞得再高再远，农村这根“土地”的绳牢牢地系着你，使你飞得不可能太高也不可能太远，最终必须归来。由于土地不能实行必要的有偿转让和合理流动，致使农民工忙碌地穿梭于农村与城市之间，成为典型的“两栖人”。为此，一些地方的农田撂荒现象也就不可避免了。尤其严重的是，随着大量年轻劳力的外出，年老一代的农民被迫肩负起繁重的农业体力劳动，造成了一系列社会问题。可见，我国现行的土地政策，不同程度的束缚和限制了农民，降低了农民进入大中城市的几率。

四是城市发展方针的限制。我国现行的城市发展方针是在七、八十年代计划经济体制下形成的。1978 年 3 月国务院提出“控制大城市规模，多搞小城镇”。1980 年 10 月又提出“控制大城市规模，合理发展中等城市，积极发展小城市”。1990 年 4 月《中华人民共和国城市规划法》以法律形式规定：“严格控制大城市规模，合理发展中等城市和小城市。”这些城市发展方针是在计划经济体制下对城市化进程进行限制的反映。所谓“严格控制”，事实上就是对农民进城的控制，控制农村人口城市化，这使大中城市的人口城市化进程十分缓慢。此外，还有其他一些人为地限制农民的政策，这些都不同程度地妨碍了我国城市化的快速发展。

城镇化战略与制度创新

加快城市化进程是实现中华民族伟大复兴的必然选择。江泽民总书记在党的十五大报告中指出，我国社会主义初级阶段就是一种由“农业人口占很大比重，主要依靠手工劳动的农业国，逐步转变为非农业人口占多数，包括现代农业和现代服务业的工业化国家的历史阶段”。这就是说，我国现代化的过程就是由农业人口占绝大多数转变为非农业人口占绝大多数，也就是农村人口的城市化。党的十五届五中全会通过的“十五计划”的《建议》进一步指出：“提高城镇化水平，转移农村人口，可以为经济发展提供广阔的市场和持久的动力，是优化城乡经济结构，促进国民经济良性循环和社会协调发展的重大措施。随着农业生产水平的提高和工业化进程的加快，我国推进城镇化条件已渐成熟。”并向全党和全国人民宣布“要不失时机地实施城镇化战略”。[①] 实施城镇化战略是党中央面对新世纪作出的继实施西部大开发战略之后的又一具有深远意义的重大决策。

① 《中共中央关于制定国民经济和社会发展第十个五年计划的建议》，载《人民日报》2000 年 10 月 19 日。

能否积极稳妥地实施城镇化战略，这取决于我们面对新情况、新问题能否勇敢地进行适应生产力发展需要的制度创新，而制度创新，又根本地取决于我们能否解放思想，消除长期以来形成的对农民的歧视。加入 WTO 后，我国将依照国际惯例对国外企业和人员实行国民待遇。那么我们就必须首先对国内的农民实行“国民待遇”，这是顺理成章的。我们知道，我国农民为国家的工业化和城市建设作出了巨大的历史性贡献。现在建国 50 多年了，工业化已经有了相当的发展，如果我们再不废止对农民的种种歧视制度，显然是说不过去的。

正因如此，江泽民总书记在今年年初视察南方的重要讲话中提出了“三个代表”的重要思想，他说:“只要我们党始终成为中国先进社会生产力的发展要求，中国先进文化的前进方向，中国最广大人民的根本利益的忠实代表，我们党就能永远立于不败之地，永远得到全国各族人民的衷心拥护并带领人民不断前进。”“三个代表是我们党的立党之本，执政之基，力量之源。”中国有 13 亿人口，79% 是农民，这九亿农民是不是中国最广大的人民群众？这九亿农民强烈要求过上城市的美好生活是不是中国最广大人民的根本利益？我们认为答案是肯定的，毋庸置疑的。不少人在学习“三个代表”重要思想时，把它仅仅理解为是对我们党几十年来的经验总结，这显然违背了江泽民总书记提出“三个代表”的原意，降低了“三个代表”的时代价值和指导意义。“三个代表”重要思想的出发点和落脚点不只是为了总结经验，而是为了开创未来，它要求我们必须以“三个代表”为总尺度，改正我们的工作，完善我们的制度，制定我们的政策。

在实施城镇化战略中，应该按照江总书记“三个代表”的要求，彻底消除对农民的种种歧视，全面梳理已经不适应社会主义市场经济发展的规章制度和法律政策，不断进行适应社会主义市场经济体制需要的制度创新。

具体说，我们建议：一是制定新的《中华人民共和国户口登记法》，取消沿用近半个世纪的户籍管理制度，代之以国际上通行的户籍登记制度，使全体公民在户口身份上一律平等。 二是依据新的《户口登记法》，制定全国统一的公平合理的就业政策。不管是国家机关录用公务员，还是企事业单位招聘人员，统一实行公开、公平、公正的录用制度，使全体公民在就业机会面前一律平等，坚决打破城市就业的保护主义。

三是对土地实行有偿转让。在坚持家庭联产承包责任制总体 30 年不变的基础上，根据城市化发展的客观需要，不断完善承包责任制，对进入城市就业取得城市身份的农民的土地，实行有偿转让，使农村土地逐步向种田能手集中，不断扩大土地经营规模，提高土地利用效率。

四是重新审视和制定城市化发展方针及城市发展道路。党的十五届五中全会明确提出了“实施城镇化战略”的重大决策，围绕这个总战略，新的城市发展方针应该是实施城镇化战略，坚持大中小城市并重协调发展。一方面对城市规模重新界定。我国现行的城市划分口径是：2 万—10 万人口为小城镇，10 万—20 万人口为小城市，20 万—50 万人口为中等城市，50 万—100 万人口为大草原城市，100 万人口以上为特大城市。现在看来，这种划分标准实在太低了。对于拥有十多亿人口的泱泱大国来说，50 万—100 万人口就称为大城市是很不够的，而对几十万百把万人口的城市“严格控制规模”显然是很不适应了。我们认为，应该将 1000 万人口以上的城市称为超级城市，500 万—1000 万人口为特大城市，100 万—500 万人口为大城市，50 万—100 万人口为中等城市，20 万—50 万人口为小城市，2 万—20 万人口为小城镇。另一方面应走大中小城市并重协调发展之路。只强调积极发展小城镇，把农民限制在小城镇里，既是不公平的，也是不科学的。像我们这样一个人口大国，拥有几个 1000 万左右的超级城市并不为怪，形成一批特大城市和大中城市也是完全必要和可能的。根据国家统计局公布的统计数字，我国除北京、上海等少数几个城市之外，绝大部分省会城市的非农业人口不是很多，而是很少，还远远没有达到控制人口规模的程度。对于我们这样的一个城市人口规模还很小的发展中国家来说，重要的是要在量的扩张基础上实现质的飞跃。未来 5 万—10 年内大部分省会城市以及东部沿海发达城市各增加一二百万人口是没有问题的。一般省会城市非农业人口应当具有 300 万—500 万的规模，一般地级市的人口应当具有 50 万—100 万的规模，一般县城人口应当具有 10 万—20 万的规模，一般中心镇应当具有 3 万—5 万人口的规模。这样在消除对农民歧视的基础上，通过一系列符合生产力发展要求的制度创新，我们就完全可能在 2010 年左右使我国的城市化达到 50% 左右的中等发达国家水平。

中国共产党成立日期辨析[①]

长期以来，我们已经习惯于把1921年7月中国共产党第一次全国代表大会的召开日期作为中国共产党正式成立的日期，这几乎成了妇孺皆知的“常识”。但事实并非如此。

中国共产党到底成立于何时？遍览党史专家有关中共创建的论文著作，虽有深入细致的考察论证，但大多未对此作严肃认真的思考。或人云亦云，不了了之；或以“共产主义小组”笼统称之；或虽认为“共产主义小组”名称不妥，但又擅造“共产党发起组”、“共产党早期组织”、“共产党小组”等虚名取而代之，造成了不少的模糊认识。

其实，要弄清中国共产党究竟成立于何时，困难的倒不是什么技术考证问题，真正困难的恐怕还是长期以来形成的习惯思维定势的束缚。在如何研究党史上，毛泽东曾经说过“现在大家在研究党的历史，这个研究是必须的。如果不把党的历史搞清楚，不把党的历史上所走的路线搞清楚，便不能把事情办得更好。”[②]周恩来总理也说过“只有忠实于事实，才能忠实真理。”据此，我认为有必要依据历史事实重新认识中国共产党的成立日期。

党的成立与党的“一大”

在中国最早从理论上探讨、在实践上建立中国共产党组织的是陈独秀和李大钊。

1920年1月，陈独秀在李大钊的护送下离京赴天津，途中两人酝酿建党事宜。这件事，被史学界称“南陈北李，相约建党”。1920年1月下旬，陈独秀抵达上海，积极投入创建中国共产党的活动。1920年5月陈独秀在上海组织了马克思主义研究会，为建立中国共产党的活动作准备。

在陈独秀、李大钊酝酿建党的同时，1920年4月，俄共（布）远东局经共产国际

---

① 本文原载《湘潭大学社会科学学报》2000年12月第24卷增刊。

② 毛泽东：《如何研究中共党史》，载《毛泽东文集》（第二卷），北京：人民出版社，1993年版，第399页。

批准，派维经斯基等人到中国，了解中国革命的发展情况。维经斯基先后会见了李大钊和陈独秀，讨论了建党问题，他们都认为中国已经具备了建立共产党的条件。

1920年7月19日，在上海举行了中国积极分子会议。这次会议为即将成立的中国共产党奠定了基础。会上，陈独秀、李汉俊、沈玄庐坚决赞成建立中国共产党。

经过多次酝酿和准备，中国共产党于1920年8月在上海环龙路渔阳里2号《新青年》编辑部（即陈独秀寓所）正式成立，[①]陈独秀被推选为中国共产党书记。当时，李汉俊等人还拟定了一个简单的中国共产党党章草案，以统一大家的思想。李达回忆说："（1920年8月）我回到上海以后，首先访问了陈独秀，谈起组织社会革命党派的事，他说他和李汉俊正准备发起组织中共，就邀请我参加，做了发起人，这时的发起人一共是8人，即陈独秀、李汉俊、沈玄庐、陈望道、俞秀松、施存统、杨明斋、李达。开会时，吴廷康（即维经斯基）都来参加。首先拟定一个类似党章的东西，是由李汉俊用两张八行格纸写的。所谓党纲，只有劳工专政、生产合作8个字。首次决议，推陈独秀担任书记，函约各地社会主义分子组织支部。"[②]中国共产党的成立，是中国历史上开天辟地的大事，"自从有了中国共产党，中国革命的面貌就焕然一新了。"[③]

1920年12月16日，陈独秀去广州担任广东省教育委员会委员长，中国共产党书记先后由李汉俊和李达代理。

中国共产党1920年8月在上海正式成立后，主要开展了如下活动：

一是积极宣传马克思列宁主义。1920年8月，由陈望道翻译的《共产党员宣言》第一个中文全译本出版。1920年9月1日，《新青年》月刊从8卷1号起改为中国共产党的机关刊物，陈独秀在月刊上发表《论政治》一文，这实质上是《新青年》变为党的机关理论刊物后的第一篇政治宣言。1920年11月7日，即十月革命三周年纪念日，中国共产党又创办了《共产党》月刊，作为半公开的党的理论刊物，这个刊物第一次在中国树起了共产主义的大旗，阐明了共产党人的政治主张。

二是制定了《中国共产党宣言》。根据苏共中央1956年移交给我党的中共代表团档案，内有1920年中国共产党制定的供党员内部学习的《中国共产党宣言》，这是中国共产党登上历史舞台的第一次政治宣言。

三是建立中国共产党支部。中国共产党成立后，就着手派人到北京、武汉、长沙、广州、济南等地建立和发展中国共产党的支部。旅日和旅欧学生中也建立了党的支部。

---

① 关于"上海共产主义小组"（中国共产党）成立于1920年何月，还有不同的月份说，有的认为是6月，但大都认定为8月，这倒不是本文关注的重点。在确切日期尚未考证出来以前，本人暂采用1920年8月说。

② 《李达自传》，载《党史研究资料》1980年4月第8期。

③ 毛泽东：《全世界革命力量团结起来，反对帝国主义的侵略》，载《毛泽东选集》（第四卷），北京：人民出版社，1993年版，第1357页。

这些共产党支部都是在上海成立的中国共产党的基层组织。

四是建立社会主义青年团。1920 年 8 月 22 日，在党的领导下成立了社会主义青年团，陈独秀派最年轻的建党成员俞秀松担任社会主义青年团的书记。

五是筹备召开中国共产党第一次全国代表大会。1921 年上半年，共产国际代表马林和尼科尔斯基来华指导中国革命，他们根据共产国际的指示，到达上海后即与李达、李汉俊联系，并建议尽早召开中国共产党全国代表大会。1921 年 7 月 23 日，中国共产党第一次全国代表大会胜利召开，中国共产党的历史翻开了新的一页。

从已知的文献资料来看，1920 年 8 月中国共产党成立时，就是一个有领导、有组织、有纲领的无产阶级革命政党，理应成为中国共产党正式成立的标志。而 1921 年 7 月只应作为党的“一大”召开日期载入史册。

早期认同与回忆

中国共产党成立于 1920 年 8 月，这并不是作者心血来潮的杜撰，而是早已被认可的事实。从逻辑上说，一个政党组织尚未成立，就不可能有这个政党的成员和代表，只有中国共产党已于 1920 年 8 月成立了，才可能有各地的党代表参加 1921 年 7 月的全国代表大会。

事实上，在中国共产党成立早期，即 20 世纪 20 年代和 30 年代，我们能看到的党的文献也均认可中国共产党成立于 1920 年。譬如，邓中夏在 1930 年 6 月著的《中国职工运动简史》中，专门列有“中国共产党的成立”一节，文章说：“1920 年共产党成立。中国共产党的成立当然不是偶然的，它是俄国十月革命后中国工人运动的产儿。它产生的时期，在国际上，有资本制度崩溃过程中的世界革命；在国内，有资本主义工业相当发展中的原始自发的罢工运动。中国工人阶级已开始趋向于形成一个独立的社会阶级，中国共产党就在这个阶级的基础上生产起来。中国共产党一成立，便能表现它在工人运动中伟大的作用。中国共产党成立了，中国工人阶级从此有了他们自己的政治领袖，开始引导他们走向革命斗争的大道。”① “1920 年夏，中国共产党成立以后，即开始出版工人小报，上海出版的叫‘劳动者’，北京出版的叫‘劳动音’（后改为仁声），广州出版的叫‘劳动声’，都是周。”②1937 年尼姆韦尔斯访问陕甘宁边区时，董必武同她会见时专门谈到创立中国共产党的问题：“中国共产党中心建立于 1920 年 5 月，那时陈独秀为此目的同李大钊到了上海。我没有出席这次会议，但是我参加了 1921 年 7 月在上海召

① 《邓中夏回忆中国共产党的成立及党领导的早期工人运动》，载《“一大”前后》（二），1980 年 2 月。

② 《邓中夏回忆中国共产党的成立及党领导的早期工人运动》，载《“一大”前后》（二），1980 年 2 月。

开的第一次代表会议。”[①] 蔡和森 1926 年在《中国共产党史的发展（提纲）》一文中，特别清楚地写道“究竟吾党何时成立呢？何时发起组织呢？仲甫到沪，1920 年五一节后，即邀李汉俊、沈玄庐、沈仲九、施存统及一女人来发起组成，不久戴季陶、沈仲九退出去，于是于 1920 年就正式成立了。”[②]

另据中国共产党创始人的一些回忆来看，也都认可中国共产党是 1920 年成立的，他们都不承认那时有什么“共产主义小组”。1953 年 2 月 23 日李达在给上海革命历史纪念馆的一封信中说：“1920 年夏季，中国共产党（不是共产主义小组）在上海发起后，经常地在老渔阳里 2 号《新青年》社内开会。”[③]“在这时候，‘中国共产党’发起的事被列入日程。”“当时在上海发起的人有陈独秀、李汉俊（党成立后退出）、陈望道（党成立后退出）、俞秀松、施存统（参加后去日本留学，现属民建）、沈玄庐（大地主，第二年退出）、李达。”“当时还起草一个党章草案”，“最主要的一条是中国共产党用下列的手段，达到社会革命的目的：一、劳工专政，二、生产合作。”“成立共产党的会议定在《新青年》杂志社内召开的。”[④] 包惠僧回忆说：“约在同年（1920 年）的夏天成立了中国共产党，在上海成立临时中央，推陈独秀为临时中央的书记。”[⑤]

包惠僧 1961 年 1 月 29 日在给中共广州党史组负责同志的一封信中明确地说：“就我的记忆，中国共产党是于 1920 年夏秋之交在上海成立的。紧接着党的成立，因为有特殊的人和事的关系，先后在北京、武汉、长沙、广州、济南连上海全国共成立了六个支部。上海没有支部之称，各地党支部的成立都是上海党发动组织起来的，各党员的物色工作分配，党纲的拟定，工作方针的决定都由上海党负责，事实上它就形成了中央的工作。可是当时并没有中央这个名称。我为了写回忆录的方便，我常把上海写成临时的‘中央’。各 地方的组织叫着支部，并无‘共产主义小组’之称。”[⑥] 张国焘、张申府、陈公博等当事人在回忆中也都认可中国共产党成立于 1920 年。

对成立日期的改变与定型

既然中国共产党成立于 1920 年 8 月，并被当时所认可，为何到后来又改变了这个认识呢？是什么原因导致改变的呢？这个过程是如何演变的呢？这些问题，目前被党史

① 董必武：《创立中国共产党》，载《“一大”前后》（二），1980 年 2 月。

② 蔡和森：《中国共产党史的发展（提纲）》，载《“一大”前后》（三），1984 年 6 月。

③ 李达：《关于中国共产党建立的几个问题》，载《“一大”前后》（二），1980 年 2 月。

④ 李达：《关于中国共产党建立的几个问题》，载《“一大”前后》（二），1980 年 2 月。

⑤ 包惠僧：《共产党第一次全国代表会议前后的回忆》（1953 年 8、9 月），载《“一大”前后》（二），1980 年 2 月。

⑥ 《包惠僧的一封信》，载《“一大”前后》（二），1980 年 2 月。

界所忽视，因而我们所能见到的原始资料文献十分缺乏。笔者就已知的文献资料做个初步的探讨，希引起党史界专家学者的重视，以求早日剥出其“庐山真面目”。

李立三 1930 年 2 月 1 日所作的《党史报告》，已经完全改变了以往的认识，他措词十分明确地说道：“我们的党已经从 1921 年到现在可以说是 9 年的历史。”① 但他在报告中误把 1920 年党成立后的一些事件说成是 1921 年党的“一大”后所发生的。

1936 年，陈潭秋在《共产国际》上发表《第一次代表大会的回忆》文章，纪念中国共产党成立 15 周年。陈潭秋在文章中将“一大”以前的中国共产党组织称之为“共产主义小组”，这就是有的专家学者研究的“共产主义小组”名称的最早出处。陈潭秋显然是把 1921 年作为党的诞生纪念日。这是最早纪念党的生日的一篇文章。同年，米夫在《中国共产党英勇奋斗的十五年》中也采用了“共产主义小组”之论。从此，本来正式成立的中国共产党组织就成了“共产主义小组”，并沿用至今。当然，也有不少学者提出“质疑”，认为“共产主义小组”的称呼没有确切地反映当时的历史实际。

1938 年 5 月，毛泽东在《论持久战》一文中提出：“今年 7 月 1 日，是中国共产党建立十七年周年纪念日。”这是中央领导同志第一次明确提出“七一”是党的生日。以后，1939 年、1940 年“七一”前后，中央和一些地方报刊都发表社论或消息以示庆祝。1939 年 6 月 30 日，当时的中共中央机关报《新中华报》发表社论说：“七一是中国共产党英勇奋斗的十八周年纪念日。”1940 年 7 月 5 日，《新中华报》发表了报道和时评，报道说：“七一”作为中国共产党成立十九周年纪念日，本市党、政、军、学各工作部门均热烈庆祝中国共产党诞生的光明伟大的节日。

1941 年 6 月 30 日，中共中央发布《关于中国共产党诞生 20 周年抗战四周年纪念指示》，指示中说：“今年七一是中国共产党产生的二十周年，七七是抗日战争四周年。”这是中央文件中正式规定“七一”是党的诞生纪念日，从此，每年的“七一”作为党的生日固定了下来。

为什么后来把中国共产党的成立日期从 1920 年改为 1921 年呢？我认为这与共产国际和陈独秀的失势有直接的关系。研究中国共产党的历史，特别是党的“一大”到“六大”的历史，与共产国际有着密不可分的必然联系。

共产国际成立于 1919 年 3 月。五四运动爆发时，列宁和共产国际正集中精力于领导欧洲革命，而五四运动却引起列宁和共产国际对东方革命的关注。五四运动对于共产国际同中国革命的联系，有着直接的影响。1920 年 4 月，维经斯基受共产国际指派到中国来主要是寻找五四运动的领导人，了解中国革命的情况，尚不负有建党的任务。而国内陈独秀、李大钊正在准备建党，维经斯基到中国后当然在一定程度上促进了中国共

---

① 李立三：《党史报告》（节录），载《“一大”前后》（三），1984 年 6 月。

产党的成立，但党的成立主要是国内形势发展的结果，可以说是中国先进知识分子独立创建了中国共产党。

1920年7月19日至8月7日召开的共产国际第二次代表大会，开始号召、组织和领导东方革命。当时的苏维埃俄国受帝国主义的包围，它迫切需要把东方亚洲的民族民主国家的革命党派纳入共产国际体系。1921年6月，共产国际直接驻中国代表马林到达上海，当他获知中国共产党已经成立后，就竭力建议尽早召开中共第一次全国代表会议，以便把中国共产党统一起来，使之成为共产国际的一个支部，实现共产国际对中国革命的领导。1921年7月，共产国际代表马林和尼克尔斯基参加了中国共产党第一次代表大会并发了言。据李达回忆，马林即席讲话的大意是"中国共产党的成立在世界上有很大的意义，第三国际添了一个东方支部，苏俄（布）党添了一个东方朋友。""并希望中国共产党的同志努力革命工作。接受第三国际的指导。"① 会议提出"联合第三国际"。②

1922年7月，中国共产党召开第二次全国代表大会，大会通过了《中国共产党加入第三国际决议案》，确认中国共产党是共产国际的一个支部。共产国际第二次代表通过的《第三国际的加入条件》规定："每个加入共产国际的党的纲领，都应该由例行的共产国际代表大会或共产国际执行委员会批准"；"共产国际代表大会及其执行委员会的一切决议，所有加入共产国际的党都必须执行"等等。中国共产党加入共产国际后必须服从这些条件，从而不能不给中国革命带来既有积极方面，也有消极方面的后果。因此，共产国际显然是把在它的号召、组织和领导下召开的中国共产党第一次全国代表大会作为中国共产党正式成立日期，这也是"共产主义小组"作为"一大"前就已经成立的中国共产党组织的"讳名"的历史背景。在国际国内"左"倾思想和路线疯狂盛行的大气候中，作为中国共产党真正创始人和建党领袖的陈独秀于1927年的失语，必然导致共产国际和党自身对其创建党的历史功绩的全盘否定和人为抹煞。这一点有待进一步研究。

结语

中国共产党成立于1920年已是不争的事实，它是马克思主义同中国革命相结合的产物，是中国社会历史发展的必然结果。1921年7月，在共产国际驻中国代表的直接号召、组织和领导下，召开了中国共产党第一次全国代表大会，作出了"联合第三国际"的决定，并于次年加入第三国际，使中国共产党完全成为接受共产国际领导的一个

① 《"一大"前后》（二），1980年2月。

② 《中国共产党第一个党纲》。

支部。共产国际则习惯于把在它具体指导下的党的“一大”的召开作为中共正式成立的标志。共产国际的这一认定在当时也并未形成一致意见。

我们研究党的成立日期，与继续把 1921 年 7 月 1 日作为党的诞生纪念日，是可以统一的。自 1941 年起，中央就已经在全党确认了把 1921 年 7 月 1 日作为党的诞生纪念日，这本身也是党的历史的基本事实，可以坚持下去。但对于中国共产党成立史实的完整准确的表述，我认为应该是：中国共产党成立于 1920 年 8 月，1921 年 7 月 23 日—8 月 5 日在共产国际的指导下召开了中国共产党第一次全国代表大会，1936 年开始把“一大”召开前的中国共产党及其各支部称为“共产主义小组”，1941 年 6 月 30 日中共中央专门下发文件，把 1921 年 7 月 1 日作为中国共产党的诞生日期，从此沿用至今。

张 英 洪 自 选 集

2001年

新世纪呼唤政治学家[①]

实现现代化是中华民族的百年梦想。随着新世纪钟声的敲响，又一个百年过去了。在20世纪的整整100年里，中华民族在现代化的道路上有过太多的艰难险阻，历经太多磨难和痛苦。英国和法国的现代化进程大约用了150年时间，俄国和日本用了100年时间，一些新兴的工业化国家和地区只用了短短40年时间就跨入了现代化的行列。而我们中国，从19世纪60年代洋务运动算起，已经近150年了，从1898年戊戌变法算起，已经100余年了，从1949年新中国成立算起，也已经50余年了。根据执政党的“三步走”的发展战略，我们还需要50年时间即到新世纪中叶才能“基本实现现代化”。

政治家与政客

为什么中国的现代化道路如此漫长曲折？

回首20世纪，我们有过许多杰出的政治家和无数的投机政客，却不曾拥有几个具有世界眼光的富有理性的政治学家。在20世纪中，中国频繁地发生了几次重大的政权更替，人们饱受战乱和蹂躏之苦，但都未能构建起最科学最民主最稳定的民主政体。新中国成立后，由于受到“左”的严重干扰，现代化建设多次中断和延误。这使我们感到，在过去波澜壮阔的100年里，中国太缺乏启迪民族智慧和理性的政治学家了。

十一届三中全会以来，有着巨大理论勇气和开拓精神的邓小平果断地实行了改革开放的伟大决策，把中国这艘远离了航线的“巨轮”重新拨正到现代化建设的航道上来。这是我们中国人迈入新世纪最可珍贵和最感幸运的财富，是我们不断取得胜利的历史前提。邓小平不愧为20世纪中国最伟大的政治家之一。但我国经济体制改革的长足发展与政治体制改革的长期滞后，严重地制约了经济体制改革的深入，束缚了社会生产力的快速发展。政治体制改革的滞后与我们缺乏政治学家有着密切的联系。可以说，改革开放二十多年来，我们最缺乏的是有远见和良心的政治学家。

当我们在顺利实现前两步战略目标的基础上进入新世纪的时候，我们不要忘了那些

---

① 本文原载《求真》2001年第1期。

为了中国的富强而孜孜以求的经济学家们。正是这些经济学家们的不懈努力和英勇探索，我们才可能在经济领域突破了一个又一个禁区，取得了一个又一个伟大的成就。从高度集中的计划经济，到有计划的商品经济，再到社会主义市场经济，这些历史性的巨大变化，无一不是经济学家们勇于探索和敢于创新的结果。在当今中国，我们可以随便地数出一大串杰出的深受国人关注的经济学家的名字，可我们却数不出几个有影响有见地的政治学家。

恩格斯说过：“一个民族要想站在科学的高峰，就一刻也不能没有理论思维。”我们正处在社会大变革的时代，不应该不拥有伟大的思想家和理论家。执政党制定的“一个中心，两个基本点”的基本路线，其目标是实现“富强、民主、文明”的现代化国家。围绕这个总目标，经济学家的主要责任是努力实现国家的“富强”，而实现“民主”的历史责任毫无疑问地主要落在政治学家的肩上。我们的现状是，一大批经济学家在为经济改革不断研究探索、献计献策的同时，面对政治体制改革滞后而严重制约生产力发展的境况，不得不部分地挑起了本应由政治学家承担的呼吁政治体制改革的重任。我国政治体制改革的严重滞后引起了中央高层的高度重视，江泽民总书记多次号召我们要勇于“理论创新、体制创新、科技创新和其他方面的创新”。十五届五中全会又特别提出：“经济发展和结构调整归根到底要靠改革。要大胆探索，勇于创新，突破影响生产力发展的体制性障碍，逐步完善社会主义市场经济体制。”这就要求我们的政治学家与经济学家一道担当起时代的重任，勇于探索，促进政治体制和经济体制的创新，以解放和发展生产力。

“世界潮流，浩浩荡荡，顺之者昌，逆之者亡。”笔者注意到江总书记经常引用孙中山先生的话告诫我们。市场经济和民主政治无疑是当今世界潮流，我们能否在这个新的世界大变局中占据主动，关系到中华民族的兴衰存亡。我国以市场为取向的各项改革已经基本上与国际接轨，随着加入世界贸易组织，我国将主动地全面融入经济全球化的浪潮中去。市场经济客观上要求民主政治，市场经济与民主政治不可分割。但我国的民主政治建设任重道远。时代深情地呼唤中国的政治学家。

民主的追求

笔者仔细研究过十一届三中全会以来的党的重要文献。被称为“开创建设有中国特色社会主义新理论的宣言书”的1978年邓小平《解放思想，实事求是，团结一致向前看》的讲话，不仅提出了“解放思想”这个重大的政治问题，而且提出了“民主是解放思想的重要条件”。1978年12月召开的十一届三中全会的突出贡献，是实现了建国以来我党历史的伟大转折，确立了“全党工作的着重点应该从一九七九年转移到社会主义现代化建设上来”。1982年9月召开的十二大的突出贡献，是确立了我国“全面开创社会主义现代化建设新局面”的纲领。1 987年10月召开的十三大的突出贡献，是提出了社会主义初级阶段的理论和党的基本路线，并把政治体制改革提上了重要的日程。十三大政治报告说：“经济体制改革的展开和深入，对政治体制改革提出了愈益紧迫的要求。发展社会主义商品经济的过程，应该是建设社会主义民主政治的过程。不进行政治体制改革，经济体制改革不可能最终取得成功。”1989年的“政治风波”后，邓小平专门强调“十三大政治报告是经过党的代表大会通过的，一个字都不能动。”[①]1992年10月召开的十四大的突出贡献，是明确了我国经济体制改革的目标是建立社会主义市场经济体制，并提出了以邓小平同志建设有中国特色社会主义理论武装全党，加快改革开放和现代化建设步伐。1997年9月召开的十五大的突出贡献，是确立了“高举邓小平理论伟大旗帜，把建设有中国特色社会主义事业全面推向二十一世纪”的主题，明确提出了“依法治国，建设社会主义法治国家”。从我国改革开放的历史进程来看，我国经济体制改革不断得到根本性的突破和创新，与时俱进的广大经济学家和社会各界长期以来不断地发表各种经济理论文章，百家争鸣，功勋卓著。而有关政治体制改革方面探讨的文章实在太少了。党的十四大、十五大都提出要建设社会主义民主政治，但这并不像市场经济那样引起全社会特别的关注和创新。特别是近十几年来，自由、民主、人权等方面的政治术语几乎成了学者“忌讳”的词语，未能进行广泛深入的研究探讨。真理是不怕辩论的，怕辩论的就不是真理。只要我们的政治学家们积极地开展政治学方面的研究，哪怕一开始观点并不全面准确，也都将有利于全民素质的提高和觉醒，有利于民主政治的建设，有利于中国现代化事业。

中国共产党是在高举民主和科学大旗的五四运动的影响下诞生的。应该说，共产党天生就有民主的细胞，而无产阶级政党的性质也决定共产党是为全民族争民主、谋幸福的政党，中国共产党的奋斗目标就是最大限度地建设民主，保障人们的自由和人权。早在建国前夕，毛泽东就提出中国共产党走出“其兴也勃焉、其亡也忽焉”的“历史周期率”的法宝就是“民主”。邓小平在强调“贫穷不是社会主义”的同时，也强调“没有民主就没有社会主义，就没有社会主义现代化。”江泽民总书记在十五大报告中指出：“共产党执政就是领导和支持人民掌握管理国家的权力，实行民主选举、民主决策、民主管理和民主监督，保证人民依法享有广泛的权利和自由，尊重和保障人权。”江总书记还指示中国社科院要重视研究民主问题，李鹏委员长也指示要加强政治学的研究。90年代我国政府先后签署了两个国际人权公约。十五届五中全会又进一步强调要“适应经济体制改革和现代化建设的要求，继续推进政治体制改革，加强民主法制建设”，“保证

① 《邓小平文选》（第三卷），北京：人民出版社，1993年版，第296页。

人民依法享有广泛的权利和自由，尊重和保障人权。”由此可见，党和国家一向有推进政治体制改革的坚强决心，广大人民群众又有加快政治体制改革的迫切希望。可我们还是难以听到政治学家或政治学者们的声音，他们不是噤若寒蝉，就是躲躲闪闪，犹抱琵琶半遮面。

列宁说过：“没有革命的理论，就不会有革命的运动。”同样，没有成熟的民主政治的理论，也就不可能建设健全的民主政体。伟大的时代，常常产生伟大的思想家，伟大的思想家常常促进社会的大变革。17、18 世纪的启蒙运动，产生了那么多伟大的思想家，他们的思想和理论成为反封建专制的强大武器，从而使西方彻底打碎了封建专制主义桎梏，冲破了中世纪的黑暗统治，赢得了生产力的巨大解放和社会的文明进步。在我们实现中华民族伟大复兴的新时代，迫切需要一批杰出的政治学家和思想家。

冲破束缚

当前，在政治学的研究上，迫切需要我们按照“三个代表”的总要求，不断解放思想敢于突破禁区。

其一，冲破苏联模式的束缚。在整个 20 世纪，苏联对我国政治、经济和思想文化影响极其深远，这既有积极的一面，也有十分消极的一面。我国经济体制改革的过程其实就是不断突破苏联计划经济体制模式束缚的过程。我国政治体制改革也必须突破苏联高度集权的政治体制模式的束缚，实行与市场经济相适应的民主政治。

其二，冲破冷战思维的束缚。我们常常看到有人写文章指责西方仍抱有冷战思维。作为曾经倒向苏联社会主义阵营一方的中国，难道我们就没有一点儿冷战思维？我们对西方发达国家的认识是否做到了公正客观？难道就没有一点儿偏见？“凡是社会主义都是好的，凡是资本主义都是坏的”这样的冷战思维是否存在？诸如此类的现象其实都是冷战思维的严重残余。马克思主义的老祖宗在对资本主义的认识上是非常公正客观和理性的，在《共产党宣言》中，马克思恩格斯充分肯定了资产阶级的伟大历史作用。马克思称赞美国的《独立宣言》是人类“第一个人权宣言”。当林肯当选美国总统时，马克思代表第一国际中央委员会专门发出贺信：“欧洲工人认为由工人阶级忠诚的儿子阿伯拉罕·林肯来领导自己国家进行解放被奴役种族和改造社会制度的史无前例的战斗，是即将到来的时代的先声。”马克思称赞美国是“最先产生了伟大的民主共和国思想的地方”。现在世界发生了巨大的变化，可我们有的人还是以冷战时期的旧眼光看待资本主义和社会主义，这已经严重脱离了实际。所以江泽民总书记提出如何认识资本主义的历史进程等“四个如何认识”，这是我们冲破冷战思维的强大思想武器。

其三，冲破借鉴西方文明的束缚。在借鉴西方文明上，我们常有一种资本主义的东西不适合我国国情的论调，这使我国对西方发达国家文明成果特别是社会科学的吸收和借鉴十分有限。邓小平诚恳地说过："我们已经承认自然科学比外国落后了，现在也应该承认社会科学的研究工作（就可比的方面说）比外国落后了。"[①] 邓小平还说："改革开放迈不开步子，不敢闯，说来说去就是怕资本主义的东西多了，走了资本主义道路，要害怕是姓'资'还是姓'社'的问题。判断的标准，应该主要看是否有利于发展社会主义社会的生产力，是否有利于增强社会主义国家的综合国力，是否有利于提高人民的生活水平。"[②]"总之，社会主义要赢得与资本主义相比较的优势，就必须大胆吸收和借鉴人类社会创造的一切文明成果。"[③] 我们应该以宽广的胸怀来借鉴和吸收西方文明成果，不要以"天朝大国"自居而视之为"奇技淫巧"。在政治学研究方面，首先要大量翻译出版和宣传介绍西方有关自由、民主、人权等方面的著作和理论，向全社会广泛普及这方面的知识，增强全民族的民主和法治意识。像我国政府已经签署的两个国际人权公约应该公开发表，以引起人们的研究和重视。我们需要消除的一种倾向是把尊重和保障人权作为应付西方指责的一种外在压力来消极对待，而应充分认识到尊重和保障人权是我国社会进步和文明的内在要求，应该积极宣传和研究，以促进我国人权状况的不断改善。

根据形势的发展和现代化建设的需要，政治体制改革应该成为党的十六大的主题。这就要求我们积极探索出既符合世界潮流又适合我国实际的政治体制改革的理论。我国的政治学家也应该像经济学家那样，为我国现代化建设作出应有的历史贡献。

新的时代要求我们有新的作为。

新的世纪呼唤我们有新的创新。

新世纪来了，中国的政治学家在哪里？

---

① 《邓小平文选》（第二卷），北京：人民出版社，1994 年版，第 181 页。

② 《邓小平文选》（第三卷），北京：人民出版社，1993 年版，第 372 页。

③ 《邓小平文选》（第三卷），北京：人民出版社，1993 年版，第 373 页。

论实施城镇化战略[①]

我国城市化的严重滞后已经成为国民经济和社会发展新的制约瓶颈，诱发了一系列经济和社会问题，成为我国现代化建设的矛盾焦点。不失时机地实施城镇化战略是我国现代化建设的关键突破口。城镇化将有利于从根本上解决我国至关重要的“三农”问题、可持续发展、科教兴国、西部大开发、依法治国等重大问题。城镇化战略的成功实施，有赖于突破计划经济体制下形成的思想观念、发展思路、政府职能以及人为制度束缚等重重障碍。党的十五届五中全会通过的《建议》的一个突出特点，是连续提出了要实施五大战略，即实施科教兴国战略、实施西部大开发战略、实施城镇化战略、实施可持续发展战略、实施“走出去”战略。实施城镇化战略是《建议》面向新世纪提出的一个全新的大战略。《建议》写道：“随着农业生产力水平的提高和工业化进程的加快，我国推进城镇化条件已渐成熟，要不失时机地实施城镇化战略。”[②]实施城镇化战略对于我国社会主义现代化建设有着十分重要的现实意义。

我国现代化建设迫切需要补上城镇化这一课

我国城市化的严重滞后，已经成为国民经济和社会发展新的制约瓶颈。尽快补上严重滞后的城镇化这一课，是我国现代化建设不可或缺的关键性“工序”。

从世界城市化水平对比来看。城市化被公认为是衡量一个国家或地区经济发达和文明程度的重要标志。我国城市化不仅大大低于发达国家水平，也明显低于世界平均水平和发展中国家平均水平。据世界银行统计资料，[③]1996 年，全世界城市化水平已达 45.5%，发达国家城市化水平一般都在 70% 以上，比如美国为 76.3%，英国 89.3%，法国 74.9%，德国 86.7%，日本 78.3%，俄罗斯 76.3%，加拿大 76.8%，意大利 66.7%。发展中国家的平均水平也在 40% 以上，一些看似与我国经济发展水平差不多的发展中

① 本文原载《中国社会发展战略》2001 年第 2 期。

② 《中共中央关于制定国民经济和社会发展第十个五年计划的建议》，北京：人民出版社，2000 年版，第 23 页。

③ 《国际统计年鉴（‘98）》，北京：中国统计出版社，1998 年版。

国家和一些新兴工业化国家的城市化水平也大大高于我国，比如巴西为78%，阿根廷88.4%，澳大利亚84.7%，新西兰86.1%，韩国82.3%，朝鲜61.5%，菲律宾54.9%，新加坡则为100%。同期我国仅为29.9%，相差甚远。

从我国城市化与工业化水平的差距看。城市化是工业化的必然结果，工业化是城市化的必要条件。城市化与工业化之间有着密不可分的关联性。美国发展经济学家钱纳里通过对世界100个国家经济发展规律的分析，认为城市化水平是随着工业化水平的提高而提高的，以人均GDP为标志的工业化水平与城市化水平有一定的成正比的对应关系。按照钱纳里发展模型，人均GDP达到800美元时，城市化水平应为60.1%。[①]现在我国人均GDP已达到800美元，但城市化水平还只有30.4%，低了30个百分点。根据世界银行统计资料，我国1997年人均GNP为860美元，同年世界上人均GNP在630—1090美元的12个国家平均城市化水平为41.3%，我国低了11个百分点。[②]1996年我国城市化率与工业化率之比仅为0.69，远低于该比值1.4—2.5的合理范围。我国工业化水平已超过50%，而城市化水平落后于工业化20个百分点。

从我国城市化偏离系数来看。城市化是否滞后于经济发展水平以及滞后的量化程度如何，国际上有一个权威的城市化偏离系数的计算公式：$Ue=\Delta Pu/\Delta Pa-1$。据有关专家研究，[③] 1952—1978年间，我国城市化偏离系数为−0.58，表明人口城市化进程严重滞后于农业劳动力非农化进程；1978—1982年间，城市化偏离系数为0.34，人口城市化速度超过了农业劳动力非农化速度，1978—1997年间，城市化偏离系数为−0.50，其中1978—1990年为−0.42，1991—1997年为−0.65，说明90年代以来，我国城市化滞后的现象更加突出了。我国农村现有剩余劳力1.5亿—2亿，每年有8000万左右的农村剩余劳动力滞留在全国各城镇。城市化的严重滞后被认为是我国前20年经济发展过程中一个重大的战略失误。尽快补上城镇化这一课，是我国现代化建设的战略选择。

城镇化是我国现代化建设的关键突破口

要实现现代化，我们很有必要了解现代化到底有哪些具体的标准。目前国际上比较常用的现代化标准是美国社会学家英格尔斯提出的现代化的11条标准，其中一条是“城市人口占总人口的比重50%以上”。这一条解决了，其他各条也就相应地比较容易解决了。在我国现代化建设中呈现的一系列长期困扰我们的种种问题迟迟得不到有效解决的根本原因是城市化的严重滞后。可以肯定地说，城镇化是我国现代化建设的关键突

① 邱志忠主编：《中国县域经济创新》，北京：海潮出版社，2000年版。
② 王一鸣等：《关于加快城市化进程的若干问题研究》，载《宏观经济研究》2000年第2期。
③ 王一鸣等：《关于加快城市化进程的若干问题研究》，载《宏观经济研究》2000年第2期。

破口。

城镇化是“三农”问题的突破口。我国是一个农业人口占绝大多数的农业大国，农业、农村和农民问题始终是我国改革开放和现代化建设的根本问题。随着时间的推移，诸如农民收入增长趋缓、农民负担沉重、农民上访频繁、农业劳动生产率不高、农村劳力过剩、农村脱贫艰巨、城乡差别拉大等等问题长期困扰着我们。虽然我们采取了种种措施，但收效甚微。乡镇企业曾一度容纳了大量农村剩余劳力，但由于过分强调“离土不离乡”，加上乡镇企业的过分分散，因而并未在实现人口城市化上迈出有效的步伐。二十多年的经验教训昭示，“三农”问题的根本出路在于推进城镇化，实现农村大部分人口向城镇集中、乡镇企业向城镇集中、农村土地向少部分种田能手集中。城镇化将十分有利于实现土地的规模经营、推广农业机械化、提高农业机械化作业水平、降低劳动强度、提高劳动生产率，增加农民收入，从根本上消除城乡差别，最终实现农业现代化。通过城镇化将农民这一弱势群体的大部分转变为城镇居民，这不仅是一个重大的经济问题，也是一个重大的政治问题。

城镇化是可持续发展的突破口。实施可持续发展是中华民族生存和发展的长远大计。但长期以来，乱砍滥伐、乱耕滥垦、掠夺式经营等现象十分严重，森林植被遭到了毁灭性的破坏，水土流失加剧，沙漠化、荒漠化蔓延，自然灾害频繁，人类赖以生存的生态环境遭到了极其严重的破坏。多年来生态环境保护已经引起高度重视，也采取了不少措施，但可以说效果很不理想，一个根本的原因，就是我国广大的农村人口过于分散居住生活，“靠山吃山，靠水吃水”，要想使他们不去砍伐树林、不去开垦土地何其难。唯一切实可行的有效途径就是大力推进城镇化，使绝大部分农村人口向城镇集中，真正有效地做到退耕还林、退耕还草、退耕还河。计划生育工作的根本出路也在于推进城镇化。当大量的农村人口进入城镇转变为市民以后，随着他们生活水平的提高，生活方式的改变以及社会保障制度的建立，计划生育将成为他们普遍的自觉行动。同时，随着大批进入城镇的农村剩余劳动力携带家属在城镇安居乐业，长期以来在农村呈现的以老人妇女和儿童为农业生产“主力军”的严重社会问题也将一去不复返。

城镇化是科教兴国的突破口。科教兴国的基础在教育。“百年大计，教育为本”，一个民族的振兴首先依赖于教育的振兴。可令人心痛的是，广大农村还有大量的失学儿童，还有不少人因种种原因而辍学，义务教育的普及困难重重。广大农村文盲半文盲人口占了很大的比重，农村科技教育文化十分落后，这是我国现代化建设的重大制约因素。一般来说，城镇很少有失学儿童和辍学现象。因此，加快发展教育事业的出路在于大力推进城镇化，通过广大农村人口进入城镇变为市民，他们的生活水平会显著提高，科教意识将大大增强，受教育的条件和环境也有明显改善。尚留在农村的少数农业人口的教育环境也相对容易改善。城镇化将从根本上改变我国长期以来教育落后的局面，这是我国实施科教兴国的希望所在。

城镇化是西部大开发的突破口。加快中西部地区发展，关系经济发展、民族团结、社会稳定，关系地区协调发展和最终实现共同富裕，是实现现代化的重大举措。西部大开发的重点是加快基础设施建设，加强生态建设和环境保护。毫无疑问，推进城镇化是西部大开发的有效突破口，通过在广大西部地区积极推进城镇化，使大量农村人口向城镇集中，形成一批人口规模较大的中心城市，十分有利于西部地区脱贫致富，有利于西部地区的环境保护，有利于西部地区整体经济实力的增强和社会的全面发展。

城镇化是依法治国的突破口。发展社会主义民主政治，依法治国，建设社会主义法治国家，是社会主义现代化的重要目标。大力推进城镇化，使广大农业人口向城镇集中，必然会进一步繁荣城乡经济，提高全民族的文化素质和文明程度，全体公民的法律意识必然会显著增强，这有利于规范社会成员之间依法解决纠纷争端的法律行为，势必造就全社会共同守法的浓厚氛围，也必将从根本上促进政府职能的转变，推动各级政府依法行政。

加快我国城镇化的政策取向

世界城市化发展的规律表明，一个国家或地区的城市化水平达到30%左右时，城市化进程将进入快速发展阶段。现在我国恰处于城市化快速发展的起始阶段，正所谓机遇难得。我们必须根据“三个代表”的总要求，按照“三个有利于”的标准，勇于“三个创新”，突破制约城镇化的种种障碍，及时制定出一系列有利于加快城镇化进程的政策措施。

突破发展思路的障碍。一方面，我国现行“严格控制大城市规模，合理发展大中城市和小城镇”的城市化发展方针是在长期计划经济体制下忽视城市化发展的背景下制定的，已经很不适合当前城市化快速发展的需要，应取消所谓的“严格控制”。另一方面，我国现行城市规模划分口径也是在计划经济条件下认识严重局限的结果，即：2万—10万人口为小城镇，10万—20万人口为小城市，20万—50万人口为中等城市，50万—100万人口为大城市，100万人口以上为特大城市。现在看来，这种划分标准实在太低了，对于拥有10亿人口的泱泱大国来说，50万—100万人口就称为大城市是很不够的，并且还对这50多万人口的所谓“大城市”实行“严格控制规模”，显然极不适应时代发展的需要。我们认为，应该将1000万人以上的城市称为超级城市，500万—1000万人口为特大城市，100万—500万人口为大城市，50万—100万人口为中等城市，20万—50万人口为小城市，2万—20万人口为小城镇。根据国家统计局发布的统计数字，我国除上海、北京等极少数几个城市外，绝大部分城市的非农业人口不是很多，而是很少，还远远没有达到控制人口规模的地步。国际经验表明，规模较大的城市会产生明显的聚集效应，从而创造较高的规模效益、较多的就业机会、较强的科技进步动力、较大的外部扩散效益以及比较完善的城市功能。决不能把实施城镇化战略片面理解为发展小城镇，各大中小城市不能在城镇化浪潮中“闭关自守”。以 1997 年为例，我国共有城市 668 个，200 万人口以上 12 个，100 万—200 万人口 22 个，50 万—100 万人口的 47 个，20 万—50 万人口的 205 个，20 万人口以下的 382 个，小城镇 18402 个。[①]鉴于我国城镇非农业人口普遍偏低，加紧进行城镇人口扩容是当务之急。按最保守的估算，平均每个省会城市增加 100 万人口，各地级市增加 50 万人口，县级市各增加 10 万人口，各县城（含中心镇）增加 10 万人口，这样在不新建一座大城市的情况下，通过现有城镇的扩容，全国就可增加城镇人口 4 亿左右，我国城市化水平就可以达到现代化标准的 50% 以上。应该说这是完全可能和完全必要的，我们应当在这样一个总的发展思路上来进行全国大中小城市和小城镇的具体规划。

突破制度束缚障碍。一是突破户籍管理制度束缚。世界各国普遍实行自由迁徙，而我国却长期实行严格的户籍管理制度，人为地将全体公民划分为农村户口和城市户口，形成了我国特有的城乡分割的二元体制，严重阻碍了城市化的发展。据说全世界只有三个国家实行这种严格限制人口迁移的户籍制度。我们要缩小与发达国家的差距，加快推进城镇化，必须根本改变这个沿用半个世纪的户籍管理制度，实行国际上通行的户籍登记制度，使全体公民在户口身份上完全平等。现在小城镇的户籍制度已开始改革，但各大中小城市的户籍制度也必须纳入改革的序列。二是突破就业制度束缚。长期以来，城市的就业对农民是严格限制的，不管是国家机关、事业单位还是国有企业，招工招干的首要条件是你必须具有城镇户口，广大农村剩余劳力只能到各民营经济和外资、私有企业“打工”。近些年来各大中城市又纷纷出台一系列严格限制农民用工范围的政策，实行壁垒森严的“城市保护主义”，这是对农民的极大歧视，极不适应市场经济和现代化建设的需要，必须予以根本性地废除。新的适应市场经济体制需要的就业制度应该在坚决取消城乡分割户籍制度的基础上尽快建立起来，今后不管是国家机关还是企事业单位录用或招聘人员，一律实行在公开、公平、公正原则的基础上，全体公民平等参与竞争。为此必须进行相应的干部劳动人事制度的改革，这是时代发展的迫切需要。三是突破土地制度束缚。中国农民世世代代被束缚在土地上，潜在的创造力受到了极大遏制。广大农民渴望土地，同时土地又成为农民新的拖累。特别是城市化过程中，大批农村剩余劳力要求离开土地进入城市，但由于土地未能实行必要的有偿转让和合理流动，他们“离土不离乡”，长年累月忙碌于农村与城市之间，成为典型的“工农两栖人”。时下有

① 《中国统计年鉴（1998）》，北京：中国统计出版社，1998 年版。

一种严重脱离实际的观点是借口维护农民的“利益”，严格维护家庭责任制“不变”，分给农民的土地“一律不准收回”。这看似为农民“着想”的观点，其实恰恰束缚了农民。要知道，社会在发展，时代在前进，广大农村已经发生了巨大变化，有不少外出“打工”农民愿意放弃责任田，加上农民负担的居高不下，种田已经无利可图，所以即使没有任何补偿，一部分农民也愿意将承包土地退回村集体去。但由于“一律不准取回”的“好心”政策的钳制,使承包责任田对这部分农民来说成为你不要也得要的烫手“山芋”。这种强迫农民种田的新情况就要求我们一定要根据农村发展变化的实际，按照“始终代表人民群众根本利益”的总要求来制定政策，完善有关制度。凡是进入城镇又自愿退出责任田的应当允许退回，但最好是顺势而变，制定一套有偿转让的政策，只有这样才顺民心，合民意，促发展。

突破政府职能障碍。随着经济和社会的发展，政府职能必须进行根本性地转变。本文重点考察与农民直接打交道的县、乡镇两级政府。一方面，为了考察小城镇户籍改革的运作情况，本文作者深入到湖南溆浦县实地调查，该县县城对广大农民进城有较大的吸引力，但在农民户口迁入城镇后，产生了一系列问题，特别是县城的一些党政领导和部门有一种消极的抵触情绪，这是由于随着农村人口进入城镇，涉及到进城农民子女的就学问题、适龄妇女计划生育管理问题等等。这给我们的启示是，在实施城镇化的过程中，城镇必须相应地扩大和增加中小学校以及有关公共服务部门等机构设置，农村则可以相应地缩减。这些工作应该是各级政府及时加以解决的，而不应该让进城农民来承担责任。各级政府必须根据新形势突出公共行政职能，各级干部必须相应转变思想观念，树立公仆意识。另一方面，笔者对湘中邵东县和湘西溆浦县的乡镇机构改革进行了比较考察研究。邵东县总人口 110 多万，在 1995 年撤区并乡改革中，果断地撤销了位于县与乡镇中间层次的区公所，并将全县乡镇合并到 26 个，5 年来该县城镇化步伐加快，经济有了长足的发展，县域经济实力已跻身全省前五名。而溆浦县总人口有 83 万，在 1995 年机构改革中，瞻前顾后，没有迈出实质性步伐，该县当时迫于上级要求，名义上将 8 个区公所撤销了，但相应地换上了 8 个办事处的牌子，其人员设置、管理职能均未有任何改变。同时该县在撤并乡镇上迈的步子也很谨慎，仍然保留了 43 个乡镇，每个乡镇的总人口规模比较小，有的一个乡只有几千人，不利于城镇化中的人口集中，又增加了辖区内的农民负担。其他各县也有类似的情况，基层干部和群众意见颇大。在新一轮县乡镇机构改革中，全国各地应一律果断地撤销位于县与乡镇之间层次的区公所或变相的办事处等机构。应根据各乡镇历史渊源和发展实际，切实将一些人口较少的小乡镇合并成人口规模较大的乡镇，为城镇化发展创造一个良好的外部环境。

试论打工仔基本权利的保护①

“打工仔”是我国改革开放后出现的新事物，由于人们思想观念的严重滞后，“打工仔”的社会政治地位被普遍忽视，他们已经和正在遭受着原始资本主义时期那种普遍存在的剥削和压迫。切实保障“打工仔”的基本权利，必须首先明确“打工仔”的工人阶级地位，严格依法保护“打工仔”这种新兴工人阶级的基本权利，依法从严约束私营企业主等新兴剥削阶级的经营行为。

“打工仔”是新兴的工人阶级

马克思主义的生命力就在于它深刻地揭示了资本家残酷剥削工人、榨取剩余价值的秘密，无情地鞭挞了资本主义的血腥统治，指明了无产阶级解放的正确道路，代表着人类文明和社会进步的前进方向。马克思主义是无产阶级反对资产阶级唯一科学的世界观和强大的思想理论武器。用马克思主义理论武装起来的中国共产党，代表着全国各族人民的根本利益，经过长期的革命斗争，终于推翻了帝国主义、封建主义和官僚资本主义的反动统治，建立了以工人阶级领导的以工农联盟为基础的人民民主专政的社会主义国家。广大人民群众在历史上第一次翻身作了主人，这是中国人民亘古未有的大解放。但一个众所周知的基本国情是，我国的社会主义制度脱胎于半殖民地半封建社会，政治经济文化比较落后，生产力很不发达。因此，以邓小平同志为核心的第二代中央领导集体，审时度势，科学地作出了我国还处于社会主义初级阶段的正确论断，制定了党的“一个中心、两个基本点”的基本路线，大力发展社会生产力，并把有益于生产力发展的非公有制经济作为社会主义市场经济的重要组成部分予以积极鼓励和大力发展，这是完全符合我国国情的正确决策，今后还要进一步加快发展非公有制经济。

但正像我们在历史上常犯“顾此失彼”的错误一样，今天，我们在大力发展个体私营、外商投资等非公有制经济的同时，却大大忽视了广大非公有制企业雇佣工人——“打工仔”的基本权益的保护，使广大“打工仔”的权利屡屡受到严重侵害，有的已经

---

① 本文原载《湖南公安高等专科学校学报》2001 年第 4 期。

到了触目惊心的地步。“打工仔”是我国改革开放后出现的新事物，是工人阶级中的一部分。切实保障“打工仔”的合法权益，不仅是我国社会主义国家的性质决定的，也是广大人民群众尤其是广大“打工仔”的迫切愿望，是建设有中国特色社会主义事业的迫切需要。

“打工仔”的基本权益面临挑战

江泽民总书记在1989年庆祝建国40周年大会上说过：“如果今后不坚持社会主义，而是像有人主张的那样退回去走资本主义道路，用劳动人民的血汗去重新培植和养肥一个资产阶级，在我国人口众多、社会生产力水平低的情况下，只能使大多数人重新陷入极其贫困的状态。这种资本主义，只能是原始的、买办式的资本主义，只能意味着中国各族人民再度沦为外国资本和本国剥削阶级的双重奴隶。”这种“原始资本主义”已经在我国局部地区出现。在这个特殊的社会转型时期，一个十分突出的社会政治问题就是非公有制企业大量雇佣的数以千万计的广大“打工仔”的工人阶级角色被社会普遍忽视，他们常常遭遇原始资本主义时期那种残酷的剥削和压迫。广大“打工仔”的辛勤劳动和血汗经历不仅没有换来贪婪的私营企业主等新兴剥削阶级的丝毫怜悯，而且更可悲的是，我们的整个社会也把他们遗弃了。在我国的现实社会中，以私营企业主为代表的新兴剥削阶级已经和正在对以“打工仔”为主体的新兴工人阶级进行残酷的剥削和空前的压迫，主要有以下几种常见的表现形式：

一是大量雇佣童工。一些私营企业为了降低使用劳动力的成本，有意雇佣不满16岁的童工，强迫他们从事艰苦繁重的体力劳动。据《武汉晨报》2000年6月23日报道，湖北省武警总队家属大院中的一家私营服装加工厂大量使用不满16岁的童工，童工王敏告诉记者，她是仙桃农村人，刚满15岁，与母亲一起在此打工已有2个多月，平均每天工作12小时以上，每月只有一天休息。在此打工的童工还有7个，其中13岁的3个，14岁的4个，都是女孩。据一位女工透露，加班高峰时在此干活的童工约有13个，都是老板招聘的，工资很低。记者采访了多个女工，她们都说干活非常累，厂里实行封闭管理，一进厂身份证就被扣压了，想走也走不成，老板还规定工人不能对外讲厂里的事。

二是强迫超时劳动。马克思在《资本论》中分析资本家榨取工人剩余价值的两种途径，一是通过延长必要劳动时间而进行的绝对剩余价值的生产，二是通过改进管理、采用先进设备和科学技术而进行的相对剩余价值的生产。在我国改革开放后，大量的私营企业普遍采用延长“打工仔”工作时间这种绝对剩余价值生产方式来对工人进行野蛮的剥削。一般“打工仔”的工作时间都在12小时以上，而且没有星期六、星期天以及法定节假日的休息。在国际共产主义运动史上，广大工人阶级用自己的鲜血和生命换来8小时工作制，但在我们那些私营企业中，这却不复存在。据《楚天都市报》2000年5月15日报道，广东惠州市吉隆县金梅花鞋厂共有近200名工人，工人进厂都没签劳动合同，每天要干十几个小时，有的甚至通宵加班，“五一”劳动节期间也没有放一天假，还得不到加班工资。

三是恶劣的工作环境。绝大部分私营企业的工作环境不是十分简陋，就是十分恶劣，“打工仔”的身心健康遭到严重威胁和摧残，有的没有起码的安全和社会保障，常常导致“打工仔”在劳动中非正常死亡。据《湖北日报》2000年6月30日报道，一批在海南某金矿打工的民工出家门去打工时，一个个是健壮的棒小子，而回来时则骨瘦如柴，有的不久就告别人世。记者在采访了大量在海南“淘金”返回的民工后获悉，从80年代开始，海南的一些地方金矿被划片承包，这些矿产主在民工中物色了一些有“号召力”的人担任包工头，怂恿他们到家乡去招募廉价农民工，按矿产主75%、包工头20%、民工5%分成。有的包工头手法歹毒，他们经常采取“民工互换”的手段，转嫁职业病的侵害所要承担的责任。这种毫无保护的工作环境使农民工随时处于职业病的侵害和生命危险之中。采访时记者了解到，仅西河口乡从1991年到1995年，死在海南的农民就有十几个。

四是限制人身自由。在私营企业打工的工人没有起码的人身自由，私营企业老板对“打工仔”实行严格的封闭管理，把工人牢牢限制在厂房内，使之完全丧失了人身自由。据《工人日报》2000年6月15日报道，中华环保世纪行记者采访团6月10日来到山西清徐县同戈站暖气片公司时，15位民工不顾一切地逃出公司的大门，挤上采访的汽车。清徐县是全国最大的暖气片生产基地，年产量达1亿片。在此工作的民工每天要工作12至15小时。来自贵州的翻砂工陈忠礼向记者伸出双手和双脚，指（趾）甲没有一个完好的。与高强度的劳动量相比，民工们挣到的工资少得可怜，民工们的自由更少得可怕，很多人一进厂便被要求不准“擅离”厂区。陕西民工张增社两口子都在九厂，媳妇病了想回家，厂里不让，于是他们打电报让弟弟带着钱从陕西来接他们，没想到，不仅他们没有被接出去，反而连他弟弟也没有跑掉。在厂里，民工们劳动时动作稍慢或“不听话”，就会遭到“拳脚侍候”。

五是随意毒打惩罚。私营企业老板对“打工仔”肆意妄为的毒打惩罚十分普遍，广大“打工仔”缺乏最起码的人身安全保障。据《楚天都市报》2000年6月7日报道，四川攀枝花宏涛自助火锅城老板孙宏伟因怀疑“打工仔”宛某“偷钱”，便纠集一伙人把宛某抓进火锅店大厅，对宛某用皮带抽、木凳砸，之后还将宛某装进一包装箱内带到攀钢石灰石矿白云山一荒凉山洞里继续毒打，见宛某仍不招认，孙便让打手们轮番上阵，孙的弟弟用石头先猛砸宛某肚子，又扒掉宛的裤子，用木棒沾辣椒油捅肛门。接着，他又和杨红贵一道，丧心病狂地用石头将竹签打入宛某十只脚趾头，有的脚趾头扎了三四根。另一打手将啤酒瓶砸烂，刺入宛某右大脚，再用辣椒油抹伤口，惨无人道。据《湖北日报》2000年7月6日报道，湛江市发生民工讨工钱竟被锯断脚的骇人听闻事件，同时该报还报道了广东省中山市横栏镇灯饰厂发生一起18位打工仔被连续毒打近18个小时的恶性事件。至于一些私营企业老板扒掉“打工仔”衣服、当众罚跪等种种侮辱、摧残“打工仔”人格的事例举不胜举。

六是性剥削。这是马克思主义经典作家在批判资本家残酷剥削时未予提及或者未予重点揭露但在当代却十分普遍的剥削现象。不少私营企业老板大量招聘雇佣年轻的女工，或对之奸污，或迫其卖淫。遍及各地的“包二奶”现象是新兴剥削阶级和海外资本家明目张胆进行性剥削的真实写照。

僵化的认识与滞后的政策

只要稍有正义和良心的人就会十分清楚地发现身边的“打工仔”的血泪生活。广大“打工仔”用辛勤的劳动和血汗养活和培植着新兴的剥削阶级，而新兴剥削阶级却残酷地对待“打工仔”。完全可以肯定地说，一百多年前马克思揭示的资本主义血腥剥削的种种非人道现象已经在神州大地上不同程度地死灰复燃。面对这触目惊心的罪恶现象，我们的各级党政领导对此麻木不仁，我们的马克思主义理论家们对此熟视无睹，我们的所谓专家学者对此置若罔闻。理论是灰色的，而生活之树常青。那些披着马克思主义外衣的政治经济学家们，目无活生生的现实，他们不是教条地僵硬地背诵马克思主义政治经济学教科书上大段的词句，进行空对空的理论研究和令人心烦的说教，就是认为马克思主义政治经济学已经过时，因而纷纷改行从事西方经济学的所谓时髦的学科研究。令人欣慰的是，还有那些深深怀着现实关怀的记者们，通过对现实的观察和思考，用良心写出了“打工仔”的悲惨际遇，使善良的人们还能够从报刊上看到私营企业老板在社会主义的中国残酷剥削和压迫工人的罪恶行径。

为什么在共产党领导下的社会主义中国，在建国50多年后的今天，还出现这种原始的资本主义的残酷剥削？这有着深刻的社会政治根源。其中最重要最关键的一个因素就是我们在思想认识上普遍存在一个最为严重的误区。大家都知道，在中国共产党坚强有力的领导下，我国消灭了人剥削人的社会制度，建立了人民当家作主的社会主义制度。随着我国社会主义“三大改造”的完成，资本家作为一个阶级已经不复存在。他们已改造成自食其力的劳动者。因而长期以来，我们的学术理论界对马克思主义政治经济学的研究仅限于对国外资本主义国家的揭露和批判。随着社会的发展，在我国曾经一度绝迹了的个体私营、外国投资企业等非公有制经济得到了迅速的恢复和发展，这些非公有制企业必然要雇佣大量的工人，而这些企业雇佣的工人绝大部分是来自农村的剩余劳动力，加上我国特有的城乡分割的二元户籍制度的严重影响，涌入城市打工的成千上万的农村剩余劳力就被人为地称之为“民工”和“打工仔”，这样就有意无意地不把“打工族”纳入工人阶级的行列。这是我国面对新情况、新实际而理论大大落后于现实的突出事例，是我们忽视“打工仔”基本权利保护的最大根源。基于“打工仔”不属于工人阶级这样的错误认识，整个社会就自然而然地对其深受的压迫和剥削，不是熟视无睹，就是束手无策。由此衍生出一系列政策法律的滞后。

一是忽视在私营企业等非公有制企业中成立维护工人切身利益的工会组织，使广大“打工仔”缺乏最基本的组织保护，成为任人宰割和奴役的工具。

二是将“打工仔”排斥在劳动和社会保障部门之外。各级政府劳动和社会保障行政机关不能因时而变，仍然将其职能严格局限在国有企业和集体企业之内，而对改革开放后呈现出的大量个体私营等非公有制企业中的雇佣工人袖手旁观，致使个体私营等非公有制企业随意招聘录用工人，既不报劳动部门批准，又不履行起码的有关劳动法律法规的责任和义务，既可以不签劳动合同使用雇工，又可以随时一脚将其踢开不管，这似乎使已于1995年1月1日生效的《中华人民共和国劳动法》的管辖范围仅限于国有集体企业，为数众多的个体私营等非公有制企业则逍遥于劳动法之外。

三是公安部门囿于户籍身份的限制，将“打工仔”当作“民工”、“外来人员”以及“盲流”等对象对其进行“治安”管理，而不是将其视为“工人”的身份来保障其社会政治和经济权利，这就使许多正在受害的“打工仔”得不到公安部门及时有效和强有力的保护。“打工仔”已实实在在地成为整个社会忽视的“边缘人”。除此以外，还有一个十分严重的认识误区在于，我们为了加快个体私营等非公有制经济的发展，实行了一系列优惠政策，这必不可免地使社会对他们过分地宽容，反而助长了他们的贪婪和残暴，引发的直接后果就是他们大量制造假冒伪劣产品，任意虐待雇佣工人。

重新认识“打工仔”

切实保护“打工仔”的合法权利，是现实的紧迫召唤，一刻都不容迟缓。我们党始终代表中国最广大人民群众的根本利益，就必须坚决按照江泽民总书记提出的那样，勇于在新形势下不断进行理论创新和制度创新。

一是要在理论上弄清我国现阶段工人阶级的两种类型。马克思主义创始人研究的工人阶级就是资本主义私有制中的工人阶级。建国前我国的工人阶级主要来自农村而受雇于外国资本及本国官僚和买办阶级开办的私有企业。建国后到十一届三中全会前，我国私有经济被彻底消灭，在国有和集体企业工作的广大工人成为国家的主人，他们的社会政治地位能够得到切实的保障。但十一届三中全会后，随着个体私营等非公有制经济的恢复和发展，我国的工人阶级出现了新的变化，应该将其划分为两大类，一类是国有集体企业的全民所有制工人，他们的正当权利相对容易得到保障；另一类就是在个体私营等非公有制企业打工的工人，他们的权利缺乏最基本的保障。只有首先从理论上弄清我国工人阶级的这两种类型，才能真正做到保护后一类工人的权利。

二是要在思想认识上明确“打工仔”的工人阶级地位。承认事实是搞好工作的先决条件。我们不要老是怀着“恐资病”回避那些所谓敏感的字眼，现在应该明确提出“打工仔”就是新兴的工人，“打工族”就是新兴的工人阶级，私营企业主就是资本家。私营企业主与“打工族”之间存在着不可否认的剥削与被剥削的关系。

三是政治经济学的研究重点要从书本转向现实关怀。马克思主义政治经济学一直是我们中国人的必修课，几乎每一所高校都有马克思主义政治经济学的教学和研究。但长期以来，我们对马克思主义政治经济学的研究往往远离现实，只是从书本上的理论到空洞地说教，几十年不变地把教学和研究的重点放在对世界资本主义的批判分析上，而对我们自己身边活生生的社会现象置之不理，有的甚至提出马克思主义政治经济学过时论。针对那些脱离实际的理论家，深受私营企业主剥削的“打工仔”的悲惨遭遇无疑是对他们一记响亮的耳光。究竟是马克思主义过时了，还是那些自我标榜的马克思主义理论家过时了？答案应该是十分明白的。这些使我想起法国的托克维尔一百多年前在《论美国的民主》一书中所说的话：“中国人只跟着祖先的足迹前进，而忘记了曾经引导他们祖先前进的原理。他们还沿用祖传的科学公式，而不究其精髓。”这段话对我们至今仍有深刻的启迪。我们研究马克思主义政治经济学，不应该死记硬背书上的教条，而应该运用马克思主义的基本原理观察、分析和解决现实问题。我们的政治经济学研究必须从马克思主义的书本中走出来，观察、分析和研究建设有中国特色社会主义事业的现实问题。当前必须把“打工仔”和私营企业主的社会政治经济关系纳入研究的视野之内，在全社会形成为“打工仔”鼓与呼的社会氛围，提高对新兴剥削阶级的警惕和批判。这是马克思主义政治经济学在新时代的神圣使命。

四是要在非公有制企业中普遍成立工会组织。我们的工会工作必须及时转变观念，将在非公有制企业中普遍成立保护工人权利的工会组织作为当前工作的重点。长期以来，我国传统工会的工作只顾及国有集体企业工人权利的保护，而忽视对个体私营等非公制企业职工的保护。建议中华全国总工会认真研究改革开放后我国工人阶级出现的新情况，尽快将个体和私营等非公有制企业的“打工仔”纳入工会组织的保护范围之内。

五是严格依法保护“打工仔”基本权利，从严约束私营企业主的经营行为。邓小平同志在提出“允许一部分地区、一部分人先富裕起来”的同时，加了个十分明确的修饰词，即通过“守法经营”和“诚实劳动”先富裕起来。过去我们过于强调“先富起来”

而忽视“守法经营”的重要性，现在是我们严格依法维护“打工仔”合法权利、从严约束私营企业主经营行为的时候了。当前最重要的是严格执行《中华人民共和国劳动法》，已于1995年施行的《劳动法》规定：“在中华人民共和国境内的企业、个体经济组织（以下统称用人单位）和与之形成劳动关系的劳动者，适用本法。”《劳动法》非常明确地将个体私营等非公有制企业纳入了法定的管辖之内，但我们各级劳动和社会保障行政管理部门在实际工作中却将其忽视了，这是很不应该的。各级政府劳动和社会保障行政管理部门应严格执行劳动法的有关规定，将个体私营等非公有制企业的劳动关系纳入本部门工作的重点，采取切实有力的措施，加强对个体私营等非公有制企业行为的监督。要依据《宪法》的规定，确保“打工仔”集会、结社、游行示威和罢工等权利。公安机关要加强对个体私营等非公有制企业违法行为的打击力度。总之，通过全社会的共同努力，使“打工仔”以正式工人的身份出现在国家和社会的保护视野之内。

二元户籍制：半个世纪的“城乡冷战”[①]

计划经济体制下建立的二元户籍制度，在城乡之间筑起了一道壁垒森严的“户籍墙”，使城乡长期处于“冷战”状态，造成了城市化滞后与农村的贫困落后。在“城乡冷战”中，大中城市一律紧闭“城门”，拒农民于城外。实践已经昭示：无论是加快城市化还是加快现代化进程，首要的关键环节就是推倒“户籍墙”。

神州大地悄然筑起“户籍墙”

1991年12月，占世界版图面积六分之一的苏联土崩瓦解，标志着持续半个世纪之久的“冷战”结束，这是20世纪末最引人注目的重大政治事件。可也许没有人认识到，在泱泱13亿人口的东方神州，却依然维系着已长达半个世纪的“城乡冷战”。这种“城乡冷战”，以严格的户籍管理制度为核心，在城乡之间筑起了一道壁垒森严的“户籍墙”，将全体公民划分为农村户口和城市户口，形成了农民与市民相区别、城市与乡村相分割的独特的二元社会结构。

随着计划经济体制的建立，“户籍墙”便神不知鬼不觉地筑建起来。1958年1月9日第一届全国人大常委会第91次会议讨论通过了《中华人民共和国户口登记条例》，明确限制农民进城。这标志着我国严格限制农村人口向城市流动的户籍管理制度以立法的形式最终形成。从此，神州大地高高耸起了一道固若金汤的“户籍墙”，城市与农村、市民与农民开始了长达个世纪的“城乡冷战”。

“城乡冷战”的严重后果，一是城市化滞后，二是农村的贫困落后。由于户籍制度的人为限制，我国城市化进程十分缓慢。1949年我国城市水平为10.6%，1959年为18.4%，1978年为17.9%。从中可以看出，1959—1978年的20年间，我国城市化水平不仅没有上升，反而下降了0.5个百分点。从1950年到1980年的30年间，世界城市化水平从29%迅速上升到41.3%，其中发展中国家由16.7%上升到30.5%，先进工业化国家由52.5%上升到70%以上。1978—1997年，我国城市化水平年均增长0.63个百分

① 本文原载《城乡建设》2001年第7期。

点；1978—1984 年，我国城市化水平年均增长 0.85 个百分点；1992—1997 年城市化水平年均增长 0.58 个百分点，比前 6 年下降了 0.27 个百分点，1992—1997 年城市化速度进一步下降了 0.46 个百分点。1997 年，全世界城市化平均水平已达 46%，发达国家一般都在 70% 以上，发展中国家的平均水平也在 40% 以上，同期我国仅为 29.9%。

不准城乡居民自由流动，把农民严格限制在农村，这种“画地为牢”的做法，造成了农村的普遍贫困和城乡差距的日益拉大。目前，我国还有几千万农民尚未解决温饱，城乡收入差别日益扩大。1978 年城乡居民收入的比率为 2.36:1，1987 年扩大到 2.38:1，1995 年扩大到 2.79:1，2000 年扩大到 3.2:1。世界上大多数国家的城乡收入比率为 1.5:1，超过 2:1 的极为罕见，而我国城乡居民收入的实际比率已经高达 4:1 的惊人程度。人们不难从现实生活中或电视上看到，农民穿着的陈旧和营养不良的憔悴面容。

谁的大城市?

改革以来，国家开始对长期实行的严格限制农村人口向城市转移的户口制度进行了力度有限的调整。2000 年 11 月 17 日《中国经济时报》报道“江苏省再次放宽户口政策”的消息，主要内容是凡符合省辖市规定引进的各类优秀和紧缺人才，在城市投资一定数额举办具有一定规模的实业或连续纳税达到一定数额，以及在城市购买商品房达到规定人均住房面积标准等人员及其配偶、未成年子女允许办理城市常住户口。仔细思量，就会发现这么苛刻的条件对广大农民来说真是望“城”莫及了。因而这样的“放宽户口政策”并未使笔者和广大农民露出开心的笑容。可江苏省的这一举措在全国来说称得上“敢闯敢冒”而予以报道，其他大城市对“城门”的紧闭程度就可想而知了。

各大中城市如此限制农民进城，这使人们不得不问一句：这是谁的大城市?

难道城市就是城市人的城市，农村就是农民的农村吗? 笔者认为各大中城市坚守户籍制度不变，这是一种典型的“城乡冷战”思维在作怪。

众所周知，建国后，我国为获取工业化所需要的原始积累，不得不对农业和农民进行剥夺。据统计，从 1952 年到 1986 年，国家通过剪刀差从农民身上无偿地抽走了 6868.12 亿元的巨额资金，约占这些年来农民新创造价值的五分之一。农民为国家工业化无偿提供了约 7000 亿元资金，为我国的城市化发展奠定了最迫切的物质基础。可以说至少两代农民为城市的发展作出了历史性的巨大贡献。

而在城市经济陷于困难时期开展的上山下乡运动，有大约 2000 万的城镇知青来到广阔的农村生活，广大农民群众张开热情的臂膀欢迎他们，把他们当作亲人一样看待。可这些城里人返城之后，回报给农民的就只是一曲“谢谢你给我的爱”，“伴我度过那个年代”。

无论从国民经济相互依存的系统分析，还是从农民对城市的贡献来看，人们都有足够的理由说，城市是全国人民的城市，农村也是全国人民的农村。

大城市其实并不大

几十年来我国对大城市的发展方针从“控制”到“严格控制”，其实质就是不让农民进城。这个几十年来要“严格控制”的“大城市”究竟有多大呢？据查，我国现行城市规模划分的口径是：2万—10万人口为城镇，10万—20万人口为小城市，20万—50万人口为中等城市，50万—100万人口以上为大城市，100万以上的为特大城市。原来50万—100万人口就是“大城市”了，要“严格控制”。

据中国统计年鉴统计，1998年，我国共有各类城市668个，其中200万人口以上的13个，100万—200万人口24个，50万—100万人口48个，20万—50万人口205个，20万以下人口378个。在省会城市和计划单列市中，城市非农业人口超过500万的只有上海、北京、天津、重庆4个。从世界各国和我国大城市的人口规模对比来看，20世纪90年代初，英国总人口5800多万，首都伦敦达689万人；湖南省总人口6400多万，省会长沙只有170万人；墨西哥总人口8000多万，首都墨西哥城达800多万人，占全国总人口的十分之一；河南省总人口8000多万，省会郑州只有203万人，等等。总之，我国一个人口大省相当于世界上一个中等国家的人口规模，但我国各省会城市人口规模却远远低于类比国家首都的人口规模水平。

因此，我国所谓的“大城市”其实并不大，不仅不大，而且还很小。从统计数字来看，我国绝大多数城市人口的规模不是太大而是太小，还远远没有达到控制人口规模的程度。笔者曾提出，为适应市场经济和城镇化发展战略的需要，应对我国城市划分口径进行重新界定，即将1000万人口以上的城市称为超级城市，500万—1000万人口为特大城市，100万—500万人口为大城市，50万—100万人口为中等城市，20万—50万人口为小城市，2万—20万人口为小城镇。除了极少数几个城市的人口规模应保持适度增长外，其他所有大中小城市的人口规模都完全可以再翻一番。

城镇化中的误区

由于“城乡冷战”思维的长期影响，在城镇化发展中存在着种种误区。

一是把城镇化理解为小城镇化。在现实生活中，在实际操作层面上，各级各部门把城镇化的重点放在小城镇建设上，一些学者也在竭力为发展小城镇旁征博引，但另一些学者已开始认识到小城镇建设并不成功。我们决不能把城镇化片面理解为小城镇化。实践已经证明，大力发展小城镇，致使小城镇遍地开花，造成了土地资源的巨大浪费。小城镇本身就业机会少，基础设施差，人口规模小，文明程度不高，绝大多数小城镇居民实质上是住在小城镇上的农民。据统计，全国建制镇数量由1979年的2856个发展到1999年19万多个，但建制镇平均人口只有6000多人，其中非农业人口3000人。可以说，小城镇根本没有产生出集聚效益和规模效益，它在改变居民生活方式和提高居民文明程度上也力不从心。小城镇特别是县城建设和扩容，在一定程度上可以缓解我国城市化的压力，转移一定数量的农村人口，但发展小城镇决不是我国城市化的最优选择，它的严重弊端是显而易见的。笔者并非片面反对发展小城镇（或许大城市郊区的小城镇发展有其自然合理性），而是反对只单一地发展小城镇。

二是害怕“城市病”。“城市病”是对城市经济与社会发展所出现诸多弊病的一种形象比喻。第二次世界大战后，全世界兴起了城市建设和城市社会发展的浪潮，这既带来了现代化和社会进步的一面，也造成了诸如交通阻塞、住房拥挤、地价房价过高、失业率上升、生态环境恶化、犯罪率高等经济社会问题的“城市病”。这本来是十分正常的事情。随着时间的推移，西方发达国家和新兴工业化国家的“城市病”已大大缓解。“城市病”实质上是一种管理问题，是可以治疗的。可一些人怀有“冷战”思维，借此批判资本主义社会的“罪恶”，由此压制我国城市化的发展。其实农村长期积压的贫困、失学、文盲半文盲、专制愚昧、生态恶化、农民收入增长困难、大量劳动力过剩、宗族和流氓恶势力干扰等“农村病”更为严重。我认为“城市病”是一种“发展病”、“富贵病”，而“农村病”是一种“落后病”、“贫困病”。两种“病”都需要治疗。但决不能借口“城市病”而对农民关闭城门。

三是担心城市就业压力大。这既是对城市化的误解，也是排斥农民进城的借口。事实上这种观点是站不住脚的。首先，农民进城不仅不会减少就业总量，反而会增加就业机会。因为人群一旦集聚，就有一种天然的生成发展机制。从世界各大城市的发展来看，并不是有了就业机会再进行人口迁移流动，而是人口的迁移流动和集中创造出更多的就业机会。这正如汽车产业并不是要等到公路全部修好后再发展一样。其次，农村同样也存在失业。政府的责任就是最大限度地创造使全体公民充分就业的机会，包括为农民创造就业机会，因为政府既是城市的政府，也是农村的政府。再次，小城镇的就业机会更少。小城镇由于人口较少，缺乏规模效益，就业机会远远不如大中城市，这就是为什么全国1亿多农民工选择到大中城市打工的原因。

把农民限制在小城镇里也是一种强人所难的举措。长期以来严格的户籍制度使农民不可能实现城市之梦，他们只好退而求其次在小城镇安营扎寨。小城镇并不是所有农民的理想归宿，不少农民真诚地向往大中城市。各种城市化道路的争论，最大的误区就在于不征求农民的意见而空发议论。应该说，我国的城市化道路应该由农民自由选择，农民喜欢到什么城市生活就尊重农民的意愿，如果农民喜欢到大中城市生活就让他们到大中城市生活，如果一些农民喜欢到小城镇生活，那也要尊重农民的这个自主选择。这才是真正的顺民意、合民心，也必将促发展。

万众一心推倒“户籍墙”

在国人的WTO热中，一些诸如贸易壁垒、国民待遇等新兴词汇不断涌现。我国政府承诺消除贸易壁垒，对国外企业和人员实行国民待遇。在国内，更加迫切需要消除城乡之间的“户籍壁垒”，对农民实行一视同仁的“国民待遇”。

现在我国有13亿人口，其中9亿在农村。在发展小城镇的过程中，全国2000多个县，每个县城平均增加10万人，中心镇增加5万人，则每个县小城镇人口平均至少增加15万人，2000多个县则可转移3亿农民。还有6亿怎么办？就必须大力发展大中城市了。我国除上海、北京、天津三个城市的人口不可能有太多的增长外（也不是不能增长），其他各大中小城市大有发展的空间，按比较保守的估算，200万人口以上的13个城市中平均增加200万人口，计增加2600万人；100万—200万人口的24个城市平均增加200万人口，计增加4800万人，50万—100万人口的205 个城市平均增加50万人，计增加7560万人，以上总计可转移农村人口增加城市人口3亿人。这样我国城市化率可达70%以上。而届时我国实际总人口将增至15亿—16亿。我国城市化的近期目标应该是达到50%的中等发达国家水平即达到实现现代化的最低标准，中长期目标应该是使城镇化水平达到70%以上。

由此可见，决不能把城市化进程仅仅寄托在小城镇上，我国各大中小城市在城市化进程中必须打开“城门”。加快城市化，首要任务就是改革二元户籍制度，坚决推倒将城乡分割起来的“户籍墙”。二元户籍制度已被公认为极大地阻碍了我国城市化和现代化进程，耸立在城乡之间的“户籍墙”是阻碍我国人口自由流动的重大障碍。现在是该彻底抛弃二元户籍制度的时候了。我国政府多次声称尊重的《世界人权宣言》和已经签署的两个国际人权公约都规定公民有自由迁徙的权利。为了加快我国城市化和现代化进程，建议尽快修改宪法，重新恢复1954年宪法规定的确保公民自由迁徙的权利，废除1958年通过的《户口登记条例》，按照国际惯例制定确保公民迁徙自由的新《户口登记法》。

孙中山曾说过：“世界潮流，浩浩荡荡，顺之则昌，逆之则亡。”城市化是人类文明进步的历史潮流。为了使公平、公正、自由的全国统一大市场的顺利实现，加快我国城市化和现代化进程，迫切需要人们万众一心推倒“户籍墙”。

政治体制改革与十六大的主题选择 ①

多年来，中国人对21世纪有一种特别的憧憬和祝愿，这缘于我们特有的“世纪情结”。

19世纪，是堂堂中华由天朝大国沦为半殖民地半封建社会的世纪，是由盛而衰的屈辱世纪；20世纪，是中国人民不断冲破帝国主义和封建主义奴役，最终赢得民族独立，开始探索和建设现代化的世纪，是灾难深重倍经曲折的世纪；21世纪，必然是中华民族实现伟大复兴的世纪。作为我国现代化建设事业领导核心的中国共产党，肩负着神圣的使命，历史把重大责任赋予了我们党，人们对我们党寄予厚望。我们已经进入了21世纪的第一年，明年我们党将召开新世纪的第一次全国代表大会即十六大。十六大确定什么样的主题，关系到我们党能否最大限度地调动全国人民的积极性，关系到中华民族以什么样的姿态朝着现代化的宏伟目标迈进。随着改革开放的不断深入和现代化建设的迅猛推进，面对新世纪的挑战和机遇，我们深深地感到，把政治体制改革提上重要的议事日程，并将之确定为党的十六大的主题，是中国现代化建设大业的迫切需要和历史性的伟大选择。

政治体制改革的提出

实践证明，作为毛泽东思想的继承和发展的邓小平理论，是指导中国人民在改革开放中胜利实现社会主义现代化的正确理论。解放思想，实事求是是邓小平理论的精髓，改革开放是邓小平理论最显著的时代特征，要真正高举邓小平理论的伟大旗帜，就必须坚定不移地推进改革开放。改革开放是全面改革和全方位开放的有机统一，不可偏废。改革，不仅包括经济体制改革，也包括政治体制改革；开放，不仅包括对外开放，也包括对内开放。在邓小平改革思想中，政治体制改革占有相当突出的位置，政治体制改革是邓小平理论的重要组成部分。

我国现行的政治体制是脱胎于革命战争年代而在社会主义改造时期基本确立的，是

① 本文原载《常德师范学院学报》2001年3月增刊。

在大规模群众运动和不断强化指令性计划的过程中发展起来的，它很不适应现代化建设的需要。早在1980年8月，邓小平就作了《党和国家领导制度的改革》的重要讲话，精辟地分析了我国政治体制存在的突出问题。20年后的今天，我们重温邓小平同志的重要讲话，仍感到它有巨大的现实针对性和指导意义。邓小平同志深刻地指出，“从党和国家的领导制度、干部制度方面来说，主要弊端就是官僚主义现象，权力过分集中现象，家长制现象，干部领导职务终身制现象和形形色色的特权现象。”[①]“权力过分集中，越来越不适应社会主义事业的发展。对这个问题长期没有足够的认识，成为发生‘文化大革命’一个重要原因，使我们付出了沉重的代价。现在再也不能不解决了。”[②]“肃清封建主义残余影响，重点是切实改革并完善党和国家的制度，从制度上保证党和国家政治生活的民主化、经济管理的民主化、整个社会生活的民主化，促进现代化建设事业的顺利发展。”[③]邓小平的这篇重要讲话，是我国进行政治体制改革的指导性文件。

我们都知道邓小平说过“贫穷不是社会主义，社会主义要消灭贫穷”的名言，[④]在此之前邓小平还说过“没有民主就没有社会主义，就没有社会主义现代化”的名言。[⑤]随着经济体制改革的深入，邓小平先后多次提出要推进政治体制改革，这在《邓小平文选》中有相当深刻的论述。1986年6月10日邓小平在听取中央负责同志汇报当前经济情况时就鲜明地指出：“现在看，不搞政治体制改革不能适应形势。改革，应该包括政治体制的改革，而且应该把它作为改革向前推进的一个标志。”[⑥]过后不久他又说：“政治体制改革同经济体制改革应该相互依赖，相互配合。只搞经济体制改革，不搞政治体制改革，经济体制也搞不通，因为首先遇到人的障碍。”“我们所有的改革最终能不能成功，还是决定于政治体制的改革。”[⑦]

1986年9月—11月，邓小平多次集中谈到政治体制改革的问题，他说：“我们提出改革时，就包括政治体制改革。现在经济体制改革每前进一步，都深感到政治体制改革的必要性。不改革政治体制，就不能保障经济体制改革的成果，不能使经济体制继续前进，就会阻碍生产力的发展，阻碍四个现代化的实现。”[⑧]在十三大前后，邓小平又多次阐述政治体制改革的重要性和必要性。可能有的人会说，那些关于政治体制改革的论述是邓小平在1989年“政治风波”以前说的，此后他未必再坚持了。我们认为这种揣测

① 《邓小平文选》（第二卷），北京：人民出版社，1994年版，第327页。
② 《邓小平文选》（第二卷），北京：人民出版社，1994年版，第329页。
③ 《邓小平文选》（第二卷），北京：人民出版社，1994年版，第336页。
④ 《邓小平文选》（第三卷），北京：人民出版社，1994年版，第116页。
⑤ 《邓小平文选》（第二卷），北京：人民出版社，1994年版，第168页。
⑥ 《邓小平文选》（第三卷），北京：人民出版社，1993年版，第160页。
⑦ 《邓小平文选》（第三卷），北京：人民出版社，1993年版，第164页。
⑧ 《邓小平文选》（第三卷），北京：人民出版社，1993年版，第176页。

是毫无根据的。1989年“政治风波”后，邓小平在同中央负责同志的谈话中特别强调“十三大的政治报告是经过党的代表大会通过的，一个字都不能动。”[①]这“一个字都不能动”肯定包括政治体制改革的内容不能改变。在中央编辑出版《邓小平文选》时，据说有人建议邓小平同志删去有关政治体制改革的内容，但小平同志不答应。我们现在所看到的《邓小平文选》一、二、三卷是1993年和1994年陆续出版发行的，可见邓小平并未改变对政治体制改革的正确看法。在1992年初南巡谈话中，邓小平再次号召全国人民要进一步解放思想，“敢闯”、“敢冒”，突破姓“资”姓“社”的束缚，以“三个有利于”作为判断的标准。这说明邓小平对政治体制改革的态度是一贯的。邓小平政治体制改革的重要思想是我们党在新世纪继续推进政治体制改革的强大武器。

政治体制改革的探索与滞后

政治体制改革不仅是邓小平理论的重要组成部分，也是我国改革开放伟大实践的内在要求和逻辑结果，贯穿于我国改革开放和现代化建设的伟大实践。1978年12月十一届三中全会实现了我党历史的伟大转折，中国开始了被称作“第二次革命”的改革开放。1982年9月十二大确定了全面开创社会主义现代化建设新局面的伟大纲领。党的十二大报告说：“党和国家领导体制、领导机构的改革，主要是消除权力过分集中、兼职副职过多、机构重叠、职责不明、人浮于事、党政不分等种种弊端，克服官僚主义，提高工作效率。”并向全党和全国人民说明“党不是向群众发号施令的权力组织，也不是行政组织和生产组织”。[②]

党的十二大通过的新《党章》第一次规定“党必须在宪法和法律的范围内活动”。[③]1986年9月十二届六中全会通过的《关于社会主义精神文明建设指导方针的决议》指出：“我国社会主义现代化建设的总体布局是：以经济建设为中心，坚定不移地进行经济体制改革，坚定不移地进行政治体制改革，坚定不移地加强精神文明建设，并且使这几个方面互相配合，互相促进。”[④]《决议》还突出强调“高度民主是社会主义的伟大目标之一，也是社会主义精神文明在国家和社会生活中的重要体现。在人类历史上，在新兴资产阶级和劳动人民反对封建专制制度的斗争中，形成的民主、自由、平

① 《邓小平文选》（第三卷），北京：人民出版社，1993年版，第296页。

② 中共中央文献研究室编：《十一届三中全会以来党的历次全国代表大会中央全会重要文件选编》（上），北京：中央文献出版社，1997年版，第272页。

③ 中共中央文献研究室编：《十一届三中全会以来党的历次全国代表大会中央全会重要文件选编》（上），北京：中央文献出版社，1997年版，第289页。

④ 中共中央文献研究室编：《十一届三中全会以来党的历次全国代表大会中央全会重要文件选编》（上），北京：中央文献出版社，1997年版，第416页。

等、博爱的观念，是人类精神的一次大解放。”并指出“我国社会主义发展中的主要历史教训，一是没有集中力量发展经济，二是没有切实建设民主政治”，今后“要从小学开始，在进行理想、道德、文明礼貌等教育的同时，进行民主、法制和纪律的教育”。①

1987年10月，党的十三大在提出社会主义初级阶段理论的基础上，首次把政治体制改革提上了突出的位置。十三大报告指出，“经济体制改革的展开和深入，对政治体制改革提出了愈益紧迫的要求。发展社会主义商品经济的过程，应该是建设社会主义民主政治的过程。不进行政治体制改革，经济体制改革不可能最终取得成功。党中央认为，把政治体制改革提上全党日程的时机已经成熟。”② 十三大把政治体制改革推上了改革开放以来的最高峰。可令人十分心痛的是，随后不久即发生了1989年国内“政治风波”和80年代末及90年代初东欧剧变、苏联解体这些巨大的政治事件，使刚刚起步的我国政治体制改革被迫中断或推迟。

1992年初，邓小平发表了具有深远意义的南巡讲话，极大地解放了全国人民的思想。同年10月召开的十四大，明确提出了我国经济体制改革的目标是建设社会主义市场经济体制。这是我国经济体制改革的历史性突破。十四大报告也提出了“积极推进政治体制改革”的要求，报告说“我们的政治体制改革，目标是建设有中国特色的社会主义民主政治。”1995年9月十四届五中全会通过的《关于制定国民经济和社会发展‘九五’计划和二〇一〇年远景目标的建议》，强调了“建设社会主义民主和法制，推进政治体制改革，是我国改革开放和现代化的重要保障”。1997年9召开的十五大，再次提出推进政治体制改革和民主法制建设的任务。报告说“我国经济体制改革的深入和社会主义现代化建设跨世纪的发展，要求我们在坚持四项基本原则的前提下，继续推进政治体制改革，进一步扩大社会主义民主，健全社会主义法制，依法治国，建设社会主义法治国家。”“发展社会主义民主政治，是我们党始终不渝的奋斗目标。没有民主就没有社会主义，就没有社会主义现代化。”③ 十五大报告除了提出“依法治国”的重大决策外，另一个重大提法是提出要“尊重和保障人权”。

从我国改革开放20余年的实践历程来看，指导我国改革开放和现代化建设的邓小平理论，在十一届三中全会前后开始萌芽，经过十二大、十三大、十四大，最终在十五上被正式确立为党的指导思想，实现了我们党把马克思列宁主义同中国实际相结合的第二次历史性飞跃。我国经济体制改革在邓小平理论的指导下，不断地闯过一个又一个禁

① 中共中央文献研究室编:《十一届三中全会以来党的历次全国代表大会中央全会重要文件选编》(上)，北京：中央文献出版社，1997年版，第426页。

② 中共中央文献研究室编:《十一届三中全会以来党的历次全国代表大会中央全会重要文件选编》(上)，北京：中央文献出版社，1997年版，第469页。

③ 中共中央文献研究室编:《十一届三中全会以来党的历次全国代表大会中央全会重要文件选编》(下)，北京：中央文献出版社，1997年版，第435页。

区，从高度集中的计划经济，到有计划的商品经济，再到社会主义市场经济，无论是理论上还是实践上，我国经济体制改革不断得到实质性的突破，取得了历史性的巨大进展。可以说，我国以市场为取向的经济体制改革已逐步与国际接轨，私有经济已成为社会主义市场经济的重要组成部分，国有企业开始实行重大的战略调整，曾长期被视为资本主义东西的市场经济、现代企业制度、股份制、证券等等都已为我所用，我国即将加入世界贸易组织，参与全球经济大循环。从高度集中封闭的计划经济到开放的市场经济，我国只花了14年的时间就实现了历史性的大跨越。但是，我国的政治体制改革一直未取得突破性进展，与经济体制改革相比，政治体制改革已经严重滞后。作为与市场经济相适应的民主政治建设进展缓慢，虽然从十三大到十四大、十五大，我们每次都提出了建设民主政治的目标，但一直没有实质性的具体内容。关心政治体制改革的人都知道，十四大以来我国政治体制改革的重点已从十三大提出的着重解决党政分开、权力下放等问题转向坚持和完善人民代表大会制度、坚持和完善共产党领导的多党合作和政治协商制度、发展以村民自治为主要内容的基层民主、推进机构改革等。人们开始普遍远离敏感的自由、民主、人权的讨论和研究。所以尽管我国政府在90年代先后签署了两个重大的国际人权公约，但公约全文并未公布，有关人权方面的问题也未引起应有的重视和讨论研究。我国有关政治制度改革方面的报刊、杂志十分稀缺，相关的探讨文章更是凤毛麟角。这造成的严重后果是权力过分集中的现象不同程度地得到加强，腐败现象愈演愈烈，极大地败坏了党和政府的形象。我国政治体制改革一直未取得突破性进展，导致了政治体制改革的严重滞后，极大地制约了经济体制改革的深入，阻碍了生产力的快速发展，成为现代化建设进程中矛盾的焦点。

政治体制改革的严重滞后引发了一系列经济和社会问题。为此，江泽民总书记提出了“三个代表”的重要思想，号召国人要勇于“三个创新”。2000年10月十五届五中全会特别指出，“经济发展和结构调整归根到底要靠改革。要大胆探索，勇于创新，突破影响生产力发展的体制性障碍，逐步完善社会主义市场经济体制。”① 所谓突破影响生产力发展的“体制性障碍”，就是要适应生产力发展的需要，大力推进政治体制的根本性变革。因此。十六大是我国及时推进政治体制改革的最佳时机，也是我国二十多年改革开放伟大实践的必然选择。

政治体制改革的重点

现在我国经济发展，社会稳定，民族团结，国际地位日益提高。在经济体制改革已

① 《中共中央关于制定国民经济和社会发展第十个五年计划的建议》，北京：人民出版社，2000年版，第29页。

取得突破性进展的基础上，我国又即将加入世界贸易组织，这为我们及时推进政治体制改革创造了前所未有的大好时机。我们说十六大应把政治体制改革确定为主题，并不是说硬要等到明年十六大召开时才去研究和部署政治体制改革。我们应当从现在开始，解放思想，突破传统僵化思想的束缚，着手进行政治体制改革方面的研究、探索和创新，为十六大提供一个既顺应世界发展潮流又符合我国实际的政治体制改革的成熟理论和具体的可操作性方案而创造必要的条件。

我国政治体制改革应该在总结以往正反两方面实践经验的基础上，不断探索和健全适应市场经济要求的民主政治。这就要求我们在政治体制改革上也应像经济体制改革一样，以“三个有利于”为标准，突破姓“资”姓“社”的束缚，按照“三个代表”的总要求，对原有高度集权的政治体制不只是进行细枝末节的修补，而是进行根本性地变革。我们认为以下几点是值得大胆探讨和认真研究的。

其一，关于党如何在宪法和法律范围内活动的问题。我们党是执政党，党领导人民制定宪法和法律，这条好办，在实践中也一直是这么做的。问题是党如何做到必须在宪法和法律范围内活动这一条。我国宪法规定，任何组织和个人都不得凌驾于宪法之上。宪法是国家的根本大法，是管全国各党派、团体及其他一切组织和个人的最高法律，包括执政的共产党都必须在宪法的管理之下活动，这是不容置疑的。但事实上我国党代会的职权要远远大于人大会。这里的根本问题是，究竟是党的利益至上，还是国家的利益至上或者人民的利益至上的问题。虽然从理论上说，我们党是全心全意为人民服务的党，代表了全国人民的利益，但如果没有一个健全的制度做保障，往往会造成事与愿违的结果。这方面的历史教训是十分深刻的。现在世界上大都是政党政治，西方发达国家在野党一旦当选为执政党，它们既能做到实行本党的方针政策，又能在宪法和法律范围内活动。我国明确不搞多党制，但怎样吸收和借鉴当代世界政党政治的一般做法，值得研究。

其二，关于各民主党派如何为我国民主政治建设作贡献的问题。我国政治体制改革的目标是建立社会主义民主政治，这一条是没有问题的。作为在建国前大声疾呼建设中国民主政治的八个民主党派，如何发扬自己争民主的优良传统为中国现代民主政治建设作出历史性的贡献，这是个具有重大现实意义的重大问题。坚持和完善共产党领导的多党合作和政治协商制度是我国政党政治的一个突出特点。各民主党派自愿接受共产党的领导，这是世界政党史上少见的一个特殊现象。各民主党派究竟怎样做到与共产党“长期共存、互相监督、肝胆相照、荣辱与共”，尤其是民主党派如何监督执政的共产党的问题需要我们认真研究和创新。监督执政党的法律程序、法律手段和法律效力如何确定，直接关系到“互相监督”的实际效果。执政党监督各民主党派是没有任何问题的。但如果不从体制上理顺、不从制度上保证各民主党派的监督权，“互相监督”只不过是一句空话。各民主党派如果在中国现代民主政治建设上无所作为，那么它们存在的历史价值和在人民心目中的地位就会大打折扣。

其三，关于民主建设问题。建设比资本主义更高的民主是我们党始终不渝的奋斗目标。马克思恩格斯说过，无产阶级首先是要上升为统治阶级，争得民主。我们党经过长期的革命斗争，顺应全国人民呼唤民主的意愿，以摧枯拉朽之势推翻了一党专政的国民党政府，建立了新中国。毫无疑问，已经上升为统治地位的共产党理所当然应该实行普遍的民主。在 20 世纪 40 年代，各种政治派别和民主人士渴望中国能真正建立起民主政体，他们对专制腐败的国民党十分厌恶，但对共产党也极不放心，他们担心“共产党好以民主为口头禅，在未掌握政权之先，他们大声疾呼民主和言论自由，实际上他们不过利用民主的机构去打倒民主”。令人遗憾的是，建国以来我国民主建设遭到了极大的破坏，特别是林彪、江青一伙实行反党反人民的“法西斯统治”（邓小平语），使我国民主政治建设遭到了毁灭性地破坏。邓小平深有感触地说过：“我们过去对民主宣传得不够，实行得不够，制度上有许多不完善，因此，继续努力发扬民主，是我们全党今后一个长时期的坚定不移的目标。”[①] 我国在民主政治建设上，一定要吸取苏联的历史教训，前车之覆，后车之鉴。原苏联共产党中央委员、现任俄罗斯共产党中央书记的久加诺夫十分深刻地总结过苏共垮台的惨痛教训，很值得我们警醒。久加诺夫认为“苏联共产党垮台的真正原因是它的三垄断制度，即共产党员以为自己想的说的都是对的——垄断真理的意识形态制度，以为自己的权力是神圣至上的——垄断权力的政治法律制度，以为自己有不能说但可以尽管做的特权福祉——垄断利益的封建特权制度。”我国民主建设一个突出的问题是各级实行任命制。早在 1891 年，恩格斯在谈及德国的政治时曾经写道：“州政府任命专区区长和市镇长官，这在讲英语的国家是绝对没有的，而我们将来也应该断然消除这种现象。”[②] 我国各级官员的任命制，既受长期封建主义残余思想的影响，又受苏联模式的严重影响。实行任命制的一个突出弊端就是各级官员对上阿谀奉承、溜须拍马、点头哈腰，而对下则官腔十足、颐指气使、目中无人，其结果必然是远离人民群众，为官作老爷，官僚主义盛行。这种任命制是导致各级官吏行贿受贿、腐败盛行、严重脱离群众的制度根源。因此，尽快把任命制改革为民主选举制是社会主义改革的必然要求。十五大报告指出：“扩大基层民主，保证人民群众直接行使民主权利，依法管理自己的事情，创造自己的幸福生活，是社会主义民主最广泛的实践。”[③] 我国已开始在村级实行直接民主选举，这是具有历史进步意义的重大举措，但由于各项相关制度不配

① 《邓小平文选》（第二卷），北京：人民出版社，1994 年版，第 176 页。

② 《马克思恩格斯选集》（第四卷），北京：人民出版社，1995 年版，第 414 页。

③ 中共中央文献研究室编：《十一届三中全会以来党的历次全国代表大会中央全会重要文件选编》（下），北京：中央文献出版社，1997 年版，第 438 页。

套，村民自治的实际效果并不理想。这就要求我们在处理好党政关系的基础上，将全民直选由村级尽快向上推及乡镇和县级政权，并最终实现全国各级政权的民主选举。

其四，关于政府角色转换与职能转变的问题。在计划经济条件下，我们的政府是无所不包的全能主义政府。在市场经济条件下，政府应该政企分开，还权于企业，政社分开，还权于社会。政府角色应定位于公共行政的范围之内，凡是属于企业和社会职能而政府越位的都应该退回来，凡是本应由政府负责而原来做得不够或缺位的应该补上去。现在我们的政府管了许多不该管又管不好的事，同时，本应由政府负责的公共事务，比如义务教育、社会保障、社会治安、公共服务等，政府又做得远远不够，人民群众很不满意。从政治学角度上说，国家财政供养的范围应该是履行国家立法、司法以及公共行政职能的单位和个人。可我国国家财政现行供养的范围太宽太滥，这是我国财政入不敷出成为“吃饭财政”的症结所在。首先，一切党派、社会团体组织和个人，只要不是履行国家公共职能，国家财政就不应该支付其办公费用和人头经费，各党派、社会团体所需活动经费应由其所属成员交纳党费、会费以及接受企业赞助和合法经营所得维持其自身的运转。而我国现行对各党派、社会团体等实行由各级财政全包下来的做法是很不科学的，国家财政对这一块的供养每年不知要耗费多少亿元。其次，绝大部分事业单位包括广播、电视、报刊、杂志等单位也不应该由国家财政包下来。这一块的财政支付数额肯定也是相当惊人的。再次，我国行政成本太高。我国机构臃肿，人员众多，政府机构改革一改再改，还是走不出精简—膨胀—再精简—再膨胀的怪圈。西方发达国家并不像我国这样经常进行机构改革，可他们的机构既相当精简又相当稳定。现在我国“吃皇粮”的人数不仅是历史之最，也是世界之最，官民比例高达1:30，即平均每30个老百姓要养活一个“吃皇粮”的。加上我国各级干部大吃大喝，文山会海，浪费十分惊人。我们讲国家穷，没有钱办教育，没有钱搞社会保障，没有钱搞公益事业，等等。依笔者看，只要我们真正进行政治体制改革和行政体制改革，我国完全有财力在全国普及免费义务教育，完全有财力实行覆盖全社会的社会保障，完全有财力进行卓有成效的公益事业建设，等等。

政治体制改革应该成为十六大的主题。积极推进政治体制改革要求我们必须冲破苏联模式的束缚、冷战思想的束缚、传统僵化思想的束缚以及封建残余思想的束缚。如果我国在新世纪初叶能够顺利地建立起比较完善的市场经济体制和与之相适应的民主政治体制，我国人民的积极性和创造性将大大激发出来，实现中华民族的伟大复兴就有了坚实的经济基础和可靠的政治保障。

论依法治国方略中的党的领导 ①

依法治国与党的领导是建设有中国特色社会主义事业中一个十分重大的理论和实践问题。正确认识和处理好依法治国方略中的党的领导，是建设社会主义法治国家迫切需要解决的时代课题。

依法治国与党的领导——建设现代法治国家的两难选择

党的十五大正式提出“依法治国，建设社会主义法治国家”的基本方略，这是我们党治国方式的重大转变，具有深远的历史进步意义。由于我国的特殊国情，我们是在党的领导下推进依法治国的，如何处理好依法治国与党的领导的关系，特别是在依法治国方略中如何改善党的领导，是当前面临的最复杂最困难的疑难问题。虽然从总体上说，依法治国与党的领导是可以而且应该统一的，但由于认识和实践上的偏差，推进依法治国与坚持党的领导实际上已成为我们建设现代法治国家的两难选择。

我们党是唯一的执政党，它的领导地位是在长期的革命斗争中形成的，不能有任何怀疑和动摇。但在依法治国的新形势下，如果不改善党的领导，不转变党的领导方式，依法治国就难以推进。依法治国，建设社会主义法治国家，是我们党已经确定的基本方略，它客观上要求把改善党的领导提上更加突出的位置。

在依法治国与党的领导的关系上，学术理论界存在着三种不同的倾向。一是法律至上论。这主要是一些从事法学研究的学者的观点。他们侧重于从法理上研究法治的本质、法治的进步意义、法治与人治的本质区别、法律体系的构建完善等，主张以法律为最高准绳调整国家与社会的关系，规范社会成员的行为。但他们对党的领导要么避而不谈，要么点到为止，未能从理论上界定党的领导在依法治国中的科学定位。而在我们国家，回避党的领导去谈依法治国，无异于缘木求鱼，是不可能达到目的的。二是党权至上论。主要是一些从事马克思主义经典理论研究的学者的观点。他们侧重于从马克思主义原理出发，引经据典地论证坚持党的领导的合理性、必要性和重要性，认为在社会主

① 本文原载《常德师范学院学报（社会科学版）》2001 年第 4 期，合作者戴承欢。

义国家离开党的领导就不可能成功地实施依法治国，依法治国必须在党的领导下有步骤地推进，不能操之过急，更不允许任何借依法治国来削弱或否定党的领导。但他们对依法治国怎么推进避而不谈，或者欲言又止，未能从理论上搞清在党的领导下建设法治国家的可行性方案，这就使党提出的依法治国方略失去了应有的重大意义。三是调和论。针对上述两种各执己见的不同观点，一部分学者从权衡依法治国和党的领导二者利弊出发，既认可依法治国的重要性，又强调党的领导的重要性，力图从中找出使二者协调统一的逻辑关联和平衡杠杆，但他们未能在观念更新和制度创新上取得理论上的突破，因而始终只能停留在一种似是而非的空头议论上，不能自圆自说，也无益于指导实践。

正因为人们对依法治国和党的领导存在着严重的模糊认识和理论局限，这使依法治国和党的领导在实际运作中带有普遍性的矛盾和困惑。譬如，我们一方面强调依法治国，一方面又提出加强党的领导；一方面强调依法行政，一方面又大量地以政策文件发号施令；一方面强调依法办事，一方面又推崇按领导批示办事；一方面积极推行村民自治，一方面又强调村党支部的领导核心作用，等等。这些矛盾和困惑成为现实生活中难以妥善解决的焦点问题，充分暴露了我们理论上的滞后。

依法治国是我们党全面总结历史经验教训、认真思考和借鉴发达国家法治实践的基础上提出来的，是符合我国改革开放和社会主义现代化的实际、顺应世界文明进步潮流的重大决策，是完全正确的，必须坚定不移地推进。但在建设现代法治国家的具体实践中，我们面临着即要坚持依法治国又要坚持党的领导的两难选择，这是对当代中国人政治智慧和创新勇气的最大考验。弄不好，就很可能陷入顾此失彼的尴尬境地。要么是在强调法治中削弱或者否定党的领导，要么是在坚持党的领导中奉行“法律工具主义”，视法律为人治的工具和手段。一个特别值得警惕的问题是，由于党在全国人民心中的崇高威望，加上人们长期以来已经习惯于“按党的指示办事”，因而在建设社会主义法治国家进程中，最自然最可能出现的一种严重误区，就是将依法治国导入法治口号下的人治泥淖。这就会使我们党提出的依法治国方略失去全部意义。

党治制——党的领导模式的认识误区和实践弊端

党的领导对于推进依法治国有着十分关键的作用。我们有必要了解党的领导的含义以及传统的党的领导模式的认识误区和实践弊端。

所谓领导，就是带领、率领、指导、向导。党的领导，就是党带领、组织人民群众从事革命和建设事业。党的领导问题在马克思主义科学体系中占有十分重要的地位。但长期以来由于认识上的偏差和革命斗争实践的特殊背景，人们对党的领导片面理解为党领导一切、管理一切、包办一切，党具有无所不能的最高权威。这使党的领导不可避免地陷入了党治制的误区。

党治制是一种独特的党的领导制度和传统模式，它的主要特征是党政不分、以党代政、以党治国、权力高度集中等。党政不分，就是混淆政党和国家政权的不同性质和职能，将党组织与政党机构合二为一，党就是政，政就是党。以党代政，就是把政党的机构权力化、职能行政化，以执政党代替国家政权行使国家权力。以党治国，就是将执政党凌驾于国家政权机构之上，以党的名义居高临下地直接向国家政权机关、社会经济组织和个人发号施令。权力高度集中，“就是在加强党的一元化领导的口号下，不适当地、不加分析地把一切权力集中于党委，党委的权力又往往集中于几个书记，特别是集中于第一书记，什么事都要第一书记挂帅、拍板。”①

党治制有两种表现形式：一是一元化领导。这种方式可追溯到抗日战争时期。1942年9月，我们党在《关于统一抗日根据地党的领导及调整各组织关系的决定》中，正式提出实行党的“一元化领导”原则。建国初期，党通过各级军事管制委员会和地方人民政府实行一元化领导。1954年第一届全国人大会后，各级党委“一把手”同时兼任同级政府的领导人，后来又提出“书记挂帅”。到“文革”中，党开始由革命委员会实行一元化领导，使之发展到最高峰。二是分离式领导。十一届三中全会后，党开始注意纠正一元化领导权力过分集中的现象，实行分离式领导，即无论从中央到地方，各级党委“一把手”不再兼任同级政权机关的第一负责人，党内某些部门的负责人也不再兼任对应行政部门的负责人，党委及其机关在国家政权机关之外对之进行领导、指挥和管理。

我国党治制的形成有着深刻的社会政治文化根源。具体说，一是苏联模式的影响。由于苏联是第一个社会主义国家，它的政治体制成为各国共产党学习和效仿的榜样。苏联在20世纪三、四十年代形成的党政军一元化领导、中央高度集权、党政不分、以党治国的政治体制模式对我国有着最为严重的直接影响。我们党在民主革命时期就依照苏联模式在根据地建立了苏维埃政权。建国后，又在政治、经济、文化和其他社会领域更加广泛地效仿苏联的作法。可以说苏联是党治制的“始作俑者”。二是封建专制思想的影响。我国两千多年的专制政体，在政治文化上形成了根深蒂固的皇权至上观念和浓厚的人治思想，以集权主义的政治观、义务本位的法律观、上下尊卑的伦理观和独尊一家的文化观等为特征的一系列封建价值观念，深深地沉淀在每个社会群体和社会个体的潜意识中，不论是党的组织或个人，都难以避免这种强大的封建传统思想的侵害。三是革命斗争环境的影响。我们党在长期的革命斗争中处于“非法”地位，为了适应革命战争的残酷形势，党很自然地需要加强集中统一领导，包括对革命军队的绝对领导。建国后，这种在战争年代形成的党领导一切的领导体制，就顺理成章地成为执政党治国的现

① 《邓小平文选》（第二卷），北京：人民出版社，1994年版，第328—329页。

成模式。四是国民党以党治国的影响。国民党在统治期间大肆推行以党治国，实行一党专政。我们党对国民党的这种反动统治是十分厌恶的，毛泽东、周恩来、邓小平等领导都对国民党一党专政、以党治国的恶劣作风进行过尖锐的批判。但由于党长期在与国民党既合作又斗争中比较熟悉国民党以党治国的模式，我们虽然在主观上对国民党采取完全否定的批判态度，但在客观上也多少受到了以党治国的消极影响。

党治制的直接后果，就是树立了党权至上，强化了权力本位，使党的机构和职能全面官僚化、权力化、行政化，相应地使国家政权机关的职能和权威大大弱化和边缘化。这种建立在国家政权之上的拥有最高权威的超级权力系统，在历史上只有政教合一的宗教国可与之相比。

毫无疑问，党治制的领导方式不利于坚持和加强党的领导，相反，它降低了党的威信，实际上削弱了党的领导。早在俄国社会主义建设的初期，列宁就已经意识到党的领导模式的弊端，他指出党的领导是“总的领导，而不是像目前那样进行过分频繁的、不正常的、往往是对细节的干涉”。① 邓小平在党的八大修改党章的报告中曾指出：“工人阶级的政党不是把人民群众当作自己的工具，而是自觉地认定自己是人民群众在特定历史时期为完成特定的历史任务的一种工具”，“确认这个关于党的观念，就是确认党没有超乎人民群众之上的权力，就是确认党没有向人民群众恩赐、包办、强迫命令的权力，就是确认党没有在人民群众头上称王称霸的权力。”② 特别是十一届三中全会以后，邓小平同志首先提出了坚持和加强党的领导就必须“改善党的领导”的重要思想。十二大以来的党章都确认了党的领导主要是政治、思想和组织领导，指出党的领导最本质的内容就是支持人民当家作主，并规定党必须在宪法和法律的范围内活动。

这些对党的领导的科学认识和原则规定，为我们不断改善党的领导指明了正确的方向。我们在改善党的领导、消除权力过分集中现象中，曾把党政分开作为政治体制改革的关键提了出来。但由于党政分开在理论准备上的不足以及它本身存在的严重缺陷，事实上它根本没有解决以党代政、党政不分和权力过分集中的积弊，因而就不可能达到改善党的领导的初衷。相反，它从上到下建立了一整套组织严密、机构庞大、权力集中的党权管理指挥系统，进一步强化了党对国家政权机关、群团组织、社会经济生活的领导。因此，党政分开的理论和实践仍然没有走出党治制的阴影。

政权内领导——法治框架下坚持和改善党的领导的理论范式

建设社会主义法治国家，迫切需要从理论上解决依法治国方略中的党的领导方式的

---

① 《列宁全集》(第33卷，北京：人民出版社，1960年版，第221页。

② 《邓小平文选》(第一卷)，北京：人民出版社，1994年版，第218页。

创新问题。实践向我们昭示，要找到一条既能推进依法治国，又能始终坚持和改善党的领导的新路，就必须进行理论创新和体制创新。我们认为，从我国的实际出发，实行政权内领导，是法治框架下坚持和改善党的领导最可行的理论范式。

本文提出的政权内领导，就是执政党的领导方式由传统的党治制向法治制转变；由执政党凌驾于国家政权之外（实质上的之上）领导，向执政党置身于国家政权之内的领导转变。政权内领导范式与传统党政合一方式有本质的区别，党政合一的主要弊端在于以党代政，党直接包揽一切行政事务和社会事务，并以党的身份直接行使国家权力。政权内领导就是执政党置身于国家政权之内，使党的主张经过法定程序变成国家意志，上升为国家法律，并以国家政权的合法身份行使权力，实行法治化的领导。

政权内领导的理论范式具有科学的法理依据和客观的现实基础。一是由党的执政党地位需要改善执政方式决定的。党从领导人民进行民主革命到成为领导全国人民进行社会主义现代化建设的执政党后，无论是党的身份、党的历史任务、党所面临的国际国内环境等都发生了根本性的变化，特别是依法治国方略的提出，迫切需要改善党的领导方式，以利于顺利建设社会主义法治国家。二是由现代法治的本质要求决定的。以法治代替人治是社会文明进步的重要标志。但一个国家的法律制度再完备，如果有凌驾于宪法和法律之上的个人或组织存在，就不可能是真正的法治。我国的封建统治者也曾主张以法律作为人们的行为准则，春秋战国时期的法家就是主张以法治国的著名学派。几千年的封建统治，形成了比较完备的法律体系。但封建统治阶级一方面主张以法治国，一方面又推行专制主义，主张皇权至上，法律只不过是统治阶级奴役劳动人民的工具，它不可能孕育出在法律面前人人平等的法治社会。现代法治是对政府（含执政党）行使权力的严格约束和对人民权利的切实保障的内在统一，它本能地要求树立宪法至上的神圣信念，任何个人或组织都没有凌驾于宪法和法律之上的特权。三是由政党的性质决定的。现代国家几乎都是政党政治，政党在国家政治生活中发挥着十分重要的作用。虽然任何政党都是以取得政权、参与政权和维护政权为主要政治目标，但政党包括执政党本身并不是权力组织。“政党本身并不对敌对阶级进行镇压，也不对社会成员实行直接控制。”①党的十二大政治报告就特别指出：“党不是向群众发号施令的权力组织，也不是行政组织和生产组织。”② 有的学者根据我们党实质上处于国家政治生活的最高领导地位的现状，就简单地提出“将中共中央规定为集体国家元首，将中共地方组织规定为地方元首。”③ 我们认为这种观点从根本上混淆了政党与国家的本质区别，势必给建设法治国家

---

① 唐晓等：《当代西方国家政治制度》，北京：世界知识出版社，1996 年版，第 100 页。

② 中央文献研究室编：《十一届三中全会以来党的历次全国代表大会中央全会重要文件选编》（上），北京：中央文献出版社，1997 年版，第 272 页。

③ 匡克：《论法治国家与党的领导法治化》，载《社会科学》1999 年第 7 期。

造成极大的混乱，是完全错误的。从法学和政治学的基本原理来看，国家元首的性质属于国家行政权的最高领导，它对外代表国家，对内居于国家机构的首脑部位，它是国家的象征。任何政党包括执政的共产党中央机构都不可能越俎代庖取代国家元首职位。有的学者提出“党组织要向人大报告工作”的观点同样缺乏法理依据，是不可取的。四是由社会发展需要不断创新决定的。江泽民总书记2000年6月在视察西北地区的讲话中指出：“创新是一个民族的灵魂，是一个国家兴旺发达的不竭动力，也是一个政党永葆生机的源泉。”改善党的领导，就必须破除传统僵化思想的束缚，勇于理论创新和体制创新，否则改善党的领导就只是一句空话。没有创新，社会就不能前进。综观国际形势和世界发展态势，创新是我国建设社会主义法治国家的迫切需要。

政权内领导的理论范式有着十分丰富的内涵，它相应地要求我们进行有关具体制度的改革。

一是完善人民代表大会制度。人民代表大会制度是我国的根本政治制度，必须坚持和完善。首先，将执政党和政协纳入到全国人大序列之中。可明确规定执政党在人大及其常委会中的名额占总名额的三分之二，各民主党派和无党派人士名额占三分之一，使执政党在国家最高权力机关处于优势地位，确保执政党提出的议案能获得法定多数的通过。党的主张经过法定程序上升为国家意志成为宪法和法律后，全国各级各部门和广大人民群众遵守宪法和法律，其实质就是接受和服从执政党的领导。执政党的中央总书记经过合法选举出任国家主席，行使国家最高行政权；负责组阁，行使重要干部人事任免权；在军队国家化的基础上兼任国家军委主席，行使对军队的统帅权。中央人民政府依法行使对各级各部门的行政管理权，实质上就是执政党对各级各部门的有效领导。政协在建国初期有其存在的合理性和必要性，但随着全国人大的建立，政协的机构和职能应当纳入到人大的序列中去，各民主党派在全国人大中依法行使参政权、建议权和监督权，与执政党长期共存、互相监督。其次，健全全国人大的职能。作为最高国家权力机关的全国人大，不仅具有立法权，还应该建立和健全违宪审查权、弹劾权、质询权、罢免权等，正常行使上述权力是法治成熟的重要标志。各级人民代表大会还可减少代表名额，实行代表的常任专职制，各级政府官员不应兼任人大代表。

二是纠正执政党的角色错位。随着改革开放和现代化建设的不断推进，特别是随着社会主义市场经济体制的建立，政府角色错位已经引起了普遍的关注。但执政党角色错位问题尚未引起人们的注意。事实上，执政党角色错位特别是执政党越位行政的问题十分严重。政权内领导的理论范式要求执政党从越位行政的角色中退出来，把主要职能放在自身党务管理上。这要求我们必须调整和裁减党组织的机构设置，实行党的职能非行政化。执政党对有关职能部门的领导也就必须作相应的调整，譬如，在对司法权的领导上，执政党通过全国人大制定的宪法和司法方面的法律来对法院的公正司法进行监督，确保司法独立，党内设立的直接管理法院等部门的政法委员会应予撤消，其行政职能移交给政府；在对人事权的领导上，执政党通过全国人大制定公务员法来对人事管理进行领导，党的组织部门主要管理从事党务工作的党员干部，属于从事国家公务活动的工作人员，应一律移交给政府人事部门管理；在对新闻舆论的领导上，执政党通过全国人大制定新闻法来行使监督权；在对违法违纪干部的处理上，党的纪检部门和政府监察部门应该分开，并强化监察部门的权力，凡属国家公务员违法的，一律依监察法等国家法律惩处，党的纪检部门只对违反党的章程和纪律的党员进行处理。当前的腐败现象主要是国家公务人员触犯了国家法律，应主要由检察和监察部门依法处理和追究责任，不宜用党纪处分代替国法制裁。

三是精减党的地方机构。执政党通过立法制定了宪法和法律，并由中央人民政府行使对地方的直接行政管理权，党的地方组织机构就应该相应地大大精减下来。地方党组织的职能应该主要界定为在党内传达、学习、贯彻党中央的文件精神，吸纳和发展党员，处理违纪干部，发挥党员的先锋模范作用，其所有的行政权均应移交给当地政府，党的地方组织通过在地方人大中占据优势地位来对同级政权机关进行有效的领导和监督。

论邓小平关于党政关系的思想①

如何处理好党政关系是社会主义国家普遍存在的一个悬而未决的重大理论问题和实践问题。邓小平同志以无产阶级革命家和政治家的睿智和远见卓识，对正确处理党政关系提出了一系列闪耀着智慧光芒的重要思想，并身体力行地付诸实践。邓小平党政关系思想在国际共产主义运动史上占有极其重要的地位，对于推进我国改革开放和现代化建设事业特别是社会主义民主政治建设具有十分重要的指导意义。

政党政治及以党治国的形成

邓小平党政关系思想是建立在对政党政治和以党治国的深刻体会和把握的基础上的。要研究邓小平党政关系思想的形成，就不得不对政党政治和以党治国进行简要地考察。现代国家几乎都是政党政治，政党在国家政治生活中发挥着十分重要的作用。虽然任何政党都是以取得政权、参与政权和维护政权为主要政治目标，但政党（包括执政党）本身并不是权力组织，因而不能直接对国家政权机关和社会成员实行强制。党政关系，指的是政党尤其是执政党与国家政权特别是与政府的关系。在西方，所谓执政党，指的就是有能力控制公共权力的政党，特别是控制了行政权力的政党。一个政党如何通过恰当的方式控制政府，或对其施加影响，关系到政党活动的合法性基础是不是牢固。因而西方国家的执政党都能够很好地处理与国家政权的关系，不存在党政关系不清的问题。

而在社会主义国家，却盛行以党治国，普遍存在着党政不分、以党代政的现象。以党治国，就是执政党凌驾于国家政权机关之上，以党的名义和身份居高临下地直接向国家政权机关、社会经济组织和广大群众发号施令。我国以党治国的形成有着深刻的社会政治文化根源。

一是苏联模式的影响。我们党是在共产国际的直接指导下成立的，一开始就作为共产国际的一个支部而开展活动。由于苏联是第一个社会主义国家，它的高度集权的政治

① 本文原载《吉首大学学报》2001年第6期。

体制成为各国共产党学习和效仿的榜样。苏联在20世纪三、四十年代形成的党政军一元化领导、中央高度集权、党政不分、以党治国的政治体制模式对我国有着最为直接的影响。我们党在民主革命时期就仿照苏联模式在根据地建立了苏维埃政权。建国后，又在政治、经济、文化和其他社会领域更加广泛地仿效和照搬苏联以党治国的模式。

二是国民党以党治国的影响。孙中山在探索建立资产阶级民主共和国的过程中，经历了多党政治的失败和屡屡挫折后，最终以俄为师提出了"以党治国"的思想。早在1920年，孙中山就开始明确使用"以党治国"这个概念。但孙中山以党治国思想的核心是以革命党主义治国。他明确指出："所谓以党治国，并不是要党员都要做官，然后中国才可以治，只要本党的主义实行，全国人民都遵守本党的主义，中国然后才可以治。简而言之，以党治国并不是用本党的党员治国，是用本党的主义治国。"① 此后蒋介石却大肆推行法西斯独裁统治，实行一党专政，把以党治国的恶劣作风发展到登峰造极的地步。对国民党的以党治国，我们党是一贯坚决反对的。但国民党以党治国的作风对我们党的影响也是显而易见的。

三是革命斗争环境的影响。我们党在长期的革命斗争中处于"非法"地位，为了适应革命战争的严酷形势，党很自然地需要加强集中统一领导，包括对革命军队的绝对领导。建国后，这种在战争年代形成的党领导一切的以党治国体制就顺理成章地成为执政党治国的现成模式。加上我国长期封建专制统治的消极影响，权力高度集中的以党治国思想在我们党的一些党员干部中根深蒂固。以党治国的直接后果，就是树立了党权至上，强化了权力本位，使党的机构和职能全面权力化、行政化，相应地使国家政权机关的职能和权威大大弱化和边缘化。这种治国模式不利于建设社会主义民主和法制，实质上降低了党的威信，削弱了党的领导，最后导致人心向背。东欧剧变、苏联解体就是明显的例子。

坚决反对以党治国的观念

邓小平同志年轻时就在法国勤工俭学，对西方国家政党运作模式和执政党与国家政权之间的关系有着切身的体会。邓小平同志又经历了我们党成立以来的全部历史，对我们党存在的以党治国倾向有着深刻的思考。邓小平同志以宽广的世界眼光和深邃的历史眼光观察和思考现实问题。可以说，邓小平是国际共产主义运动史上最早从理论上提出要正确处理党政关系思想的伟大政治家之一。早在1941年4月，邓小平就敏锐地发现在我党领导的根据地抗日民主政权建设中存在着党政不分的现象和危害。针对当时党

① 《孙中山全集》（第八卷），北京：中华书局，1986年版，第282页。

内存在的以党治国的不良倾向，邓小平在《党与抗日民主政权》一文中毫不客气地指出“假如说西欧共产党带有若干社会民主党的不良传统，则中国党或多或少带有一些国民党的不良传统，某些同志的以党治国观念，就是国民党恶劣传统反映到我们党内的具体表现。”① 为此，邓小平鲜明地提出了“反对以党治国”的口号。

邓小平在文章中还专门列举了以党治国的三条危害和恶果。他指出，几年来，以党治国的思想曾经统治了某些区域，甚至有些领域的领导同志还长期存在着这种顽固的思想，它所造成的恶果不小，主要表现为：第一，这些同志误解了党的优势，不了解真正的优势要表现在群众拥护上。第二，这些同志误解了党的领导，把党的领导解释为党权高于一切，遇事干涉政府工作，有的地方，没有党的通知，政府法令行不通，形成政权系统的混乱现象。第三，这些同志尚简单避复杂，主要是他们自己不相信自己的主张正确，怕见人，怕通不过，以为一切问题只要党员占多数，一举手万事皆迎刃而解。邓小平指出：“以党治国的国民党遗毒，是麻痹党、腐化党、破坏党，使党脱离群众的最有效办法。我们反对国民党以党治国的一党专政，我们尤其要反对国民党的遗毒传播到我们党内来。”②

为抛弃以党治国观念，处理好党政关系，邓小平提出了党对抗日民主政权的正确领导原则，即“党对政权采取指导与监督”的政策，党不直接干涉政权和包办政府事务。党的领导责任放在政治原则上，而不是包办，不是遇事干涉，不是党权高于一切，这是与以党治国完全相反的政策。所谓指导，就是党的权力只限于“命令政府中党团和党员”，“必要时用党的名义向政府提出建议”，而绝对没有命令政府的权力。邓小平还强调，抗日民主政权的实质是民主，党在领导政权工作时，必须坚持民主精神。“我们共产党是不怕民主政治斗争的，因为我党的主张是正确的。”这就要求政权中的党团和共产党员要具有充分的民主精神，一定要起模范带头作用，要有意识地去发展民主政治斗争，提高政府威信和工作效率。

邓小平同志在整整60年前所提出的处理党政关系的思想，至今仍然具有重要的指导意义，从中我们可以看出邓小平同志作为一个伟大的无产阶级革命家和政治家的远见卓识。邓小平后来提出的政治体制改革的思想，有不少是他早年思想的再现和进一步完善。

党必须在宪法和法律的范围内活动

尽管邓小平同志在抗日战争时期就明确提出了反对以党治国和正确处理党政关系的

① 《邓小平文选》(第一卷)，北京：人民出版社，1994年版，第10页。

② 《邓小平文选》(第一卷)，北京：人民出版社，1994年版，第12页。

重要思想，但由于当时处在艰苦的革命战争年代，邓小平同志的这一光辉思想尚未引起全党的应有重视。因为种种原因，以党治国的作风在党内还逐渐盛行起来。

1942年9月，即邓小平发表《党与抗日民主政权》的第二年，党中央作出了《关于统一抗日根据地党的领导及调整各组织关系的决定》，正式提出了实行党的“一元化领导”原则。建国后，毛泽东又过分强调党的“一元化领导”，他认为“工、农、商、学、兵、政、党这七个方面，党是领导一切的”。① 他还提出了“党委决策，各方去办”的领导原则，致使党的领导职能被无限制地扩大，党的领导完全被行政化、权力化了，党成了国家和社会事务的万能的管理者，国家政权机关和社会经济组织却成了党指挥的工具。这种以党治国的领导方式最后导致了“文化大革命”这样长时间的全国范围的大内乱，社会主义民主和法制遭到了空前的破坏。邓小平对这种混乱的党政关系和由此造成的一系列严重后果有着深深的切肤之痛，并引起了他对克服以党治国的进一步思考。

一个政党在取得政权成为执政党后，究竟如何治理国家，在历史和现实中，存在着两种基本形式。一种是以党治国，一种是以法治国。以党治国实际上是封建主义人治的延续和变种。在人治的情况下，不是没有法律，而是个人的意志可以凌驾于法律之上，一言可以立法，一言可以废法。在旧中国，国民党就是以党治国的典型。建国后，邓小平就认真思考执政党的建设问题，早在1956年党的八大上，邓小平就提出了“执政党的地位，使我们党面临着新的考验”的历史性课题。我们党从革命党到成为领导全国政权的执政党，党的地位、身份、环境和历史任务都发生了根本性的变化，党如何加强执政党建设，如何实现由以党治国向以法治国的转变，如何实现党的工作重点的转移等等，就成为摆在我们党面前的重大课题。邓小平同志以马克思主义的理论勇气和求实精神，对如何处理党政关系，进行了长时间的深入思考，提出了一系列重要的思想。

要处理好党政关系，首先需要弄清两个常用概念的科学内涵。一个是党组织的性质，另一个是党的领导。关于党是什么性质的组织，邓小平在1956年《关于修改党的章程的报告》中明确指出：“同资产阶级的政党相反，工人阶级的政党不是把人民群众当作自己的工具，而是自觉地认定自己是人民群众在特定的历史时期为完成特定的历史任务的一种工具。” ②

他还强调“确认这个关于党的观念，就是确认党没有超乎人民群众之上的权力，就是确认党没有向人民群众实行恩赐、包办、强迫命令的权力，就是确认党没有在人民群众头上称王称霸的权力。” ③ 党的十二大更是明确提出“党不是向群众发号施令的权力组

① 《毛泽东著作选读》下册，北京：人民出版社，1986年版，第832页。
② 《邓小平文选》（第一卷），北京：人民出版社，1994年版，第217页。
③ 《邓小平文选》（第一卷），北京：人民出版社，1994年版，第218页。

织，也不是行政组织和生产组织。”[①]这就充分说明，任何执政党都没有权力直接向国家政权机关、社会团体和人民群众发号施令，以党治国缺乏最基本的法理依据。关于党的领导的内涵，邓小平也作了科学的阐述。早在建国初期的1950年6月，邓小平在《克服目前西南党内的不良倾向》的报告中指出共产党员在自己工作中如何体现党的领导，“首先要坚决地执行由我党提出的为人民政协所通过的共同纲领和中央人民政府发布的每一项法令、文告。其次要善于团结党外人士去实现共同纲领和执行法令。”[②]邓小平在八大《关于修改党的章程的报告》中指出，我们党已经在国家工作和社会活动的各个方面起着领导作用，“这当然不是说，党可以直接去指挥国家机关的工作，或者是把各种纯粹行政性质的问题提到党内来讨论，混淆党的工作和国家机关工作所应有的界限。”[③]十一届三中全会以后，邓小平同志明确提出了党的领导是政治领导，即政治原则、政治方向、重大决策的领导和向国家政权机关推荐重要干部。党的领导的科学内涵，决定了党不能对政权机关直接指挥和管理。

因此，如何在法律范围内规范党组织和党员个人的行为，就成为邓小平在新时期认真思考的重大问题。在邓小平的倡导下，1981年6月，党的十一届六中全会通过的《关于建国以来党的若干历史问题的决议》首次明确提出了党必须在宪法和法律范围内活动的原则。党的十二大通过的党章和1982年宪法都正式规定党必须在宪法和法律的范围内活动。包括共产党在内的各政党，都必须“以宪法为根本的活动准则”。这就为正确处理党政关系提供了最高最权威的法律依据。邓小平的上述思想为第三代领导集体在十五大上最终提出“依法治国，建设社会主义法治国家”的基本方略提供了直接的思想源头。

改革党和国家的领导制度，实行党政分开

邓小平同志虽然一贯反对以党治国，并为解决以党治国作了多方面的论述和积极的探讨，但由于多方面的原因，现实生活中党政不分、以党代政、权力高度集中的现象仍然严重地存在着。可以这么说，在认识层面和法律层面上，宪法是国家的根本大法，党只能在宪法和法律的范围内活动，这一条已经成为上上下下的普遍共识。但在国家政治体制和政治生活层面上，党又是最高权威的，执政党居于社会主义现代化建设的领导核心地位，这也是毫无疑问的。因而在现实生活中，党政关系的处理仍然是一个十分棘手

---

① 《十一届三中全会以来党的历次全国人民代表大会中央全会重要文件选编》(上)，北京：中央文献出版社，1997年版，第272页。

② 《邓小平文选》(第一卷)，北京：人民出版社，1994年版，第156页。

③ 《邓小平文选》(第一卷)，北京：人民出版社，1994年版，第232页。

的大问题。

基于这样的实际状况，邓小平同志开始从党和国家领导制度的层面进行思考。他率先提出了加强党的领导必须改善党的领导的重要论断。1980年8月18日，在中共政治局扩大会议上他发表了《党和国家领导制度的改革》的重要讲话，一针见血地提出了党和国家现行领导体制中存在的权力过分集中和党政不分、以党代政的严重弊端，提出要着手改革过分集中的党和国家的领导制度，“着力解决党政不分、以党代政的问题。”[①]党和政府、经济组织、群众团体之间要明确、合理地划分职权，使党“可以集中精力管党，管路线、方针、政策”。[②]

1986年9月至11月，邓小平在谈及有关政治体制改革问题时，又多次强调，高度集权、党政不分的党和国家领导体制，已经不能适应当前和今后形势与任务的要求，是滋长官僚主义、导致工作效率低下的主要根源。因此，邓小平提出政治体制改革的内容，“首先是党政要分开，解决党如何善于领导的问题。这是关键，要放在第一位。”[③]

为什么要把解决党政分开放在政治体制改革的第一位，邓小平解释说，一是实行党政分开，能有效地克服官僚主义，提高工作效率。因为政府机关“效率不高同机构臃肿、人浮于事、作风拖拉有关，但更主要的是涉及党政不分，在很多事情上党代替了政府工作，党和政府很多机构重复”。[④]二是实行党政分开有利于社会主义民主和法制建设。长期以来，在党和国家政治生活中，封建主义的残余影响难以根除，集体领导和党内民主遭到破坏，其根本原因就在于党政不分、以党代政的高度集权的领导体制。三是实行党政分开有利于加强和改善党的领导。在党的历史上，高度集权、党政不分、以党代政的领导体制由来已久，积习很深，人们常常把加强党的领导等同于以党代政，等同于党组织直接包办干预。不破除和改革这种观念和体制，其他方面的改革就不可能深入，党的领导地位就无法真正得到加强和改善。

根据邓小平实行党政分开、推进政治体制改革的思想，党的十三大在我们党的历史上第一次把政治体制改革提上了全党的日程，明确提出政治体制改革的关键首先是党政分开，并详尽地阐述了党对国家政权的领导方式，指出“党对国家事务实行政治领导的主要方式是使党的主张经过法定程序变成国家意志，通过党组织的活动和党员的模范作用带动广大人民群众，实现党的路线、方针、政策。党和国家政权机关的性质不同，职能不同，组织形式和工作方式不同。应当改革党的领导制度，划清党组织和国家政权的职能，理顺党组织与人民代表大会、政府、司法机关、群众团体、企事业单位和其他各

① 《邓小平文选》（第二卷），北京：人民出版社，1994年版，第321页。
② 《邓小平文选》（第二卷），北京：人民出版社，1994年版，第343页。
③ 《邓小平文选》（第三卷），北京：人民出版社，1994年版，第177页。
④ 《邓小平文选》（第三卷），北京：人民出版社，1994年版，第179页。

种社会组织之间的关系，做到各司其职，并且逐步走向制度化。”①

邓小平还一直认为，改革党和国家领导制度，实行党政分开，既要积极、大胆、坚决，又要循序渐进，不能操之过急。一方面，改革党和国家领导体制，实行党政分开，是社会主义现代化建设的需要，是建设社会主义民主政治的需要，是加强和改善党的领导的需要，必须积极、大胆、坚决地推进政治体制改革。另一方面，改革党和国家领导体制，实行党政分开，又是一项十分复杂和艰巨的任务，“这个任务，我们这一代人也许不能全部完成，但是，至少我们有责任为它的完成奠定巩固的基础，确定正确的方向。”② 由于这一任务的艰巨性和复杂性，邓小平强调在具体实施步骤上，一定要审慎从事，稳妥可靠，不能急于求成，要保证党的执政地位和领导作用的巩固。

从整个国际共产主义运动的历史来看，如何正确处理好党政关系，实行党政分开，迄今仍是一个十分敏感和难以解决的现实难题。马克思、恩格斯由于实践的局限，未能对党政关系作出论述；列宁在社会主义建设实践中曾提出过一些正确的思想主张，但来不及深入展开和付诸实践；在斯大林、毛泽东领导时期形成和发展的党的一元化领导体制被实践证明是不成功的。20 世纪 50 年代以来，苏联和东欧社会主义国家也都为改革党的领导体制进行了多方面的探索，但到 80 年代末 90 年代初，发生了震惊世界的东欧剧变和苏联解体，执政的共产党纷纷丧失了国家政权。在这种严峻的国际大变局中，改革党和国家领导体制又面临着新的考验。邓小平关于处理党政关系的一系列正确思想，需要我们当代中国共产党人在世界政治多极化、经济全球化的机遇和挑战面前，在新的历史条件下，拿出更大的创新勇气和政治智慧，不断进行丰富、完善和发展，以便成功地构建起有中国特色的党政关系新体制，促进社会主义民主政治的发展和中华民族的伟大复兴。

---

① 《中国共产党第十三次全国代表大会文件汇编》，北京：人民出版社，1987 年版，第 37 页。

② 《邓小平文选》（第二卷），北京：人民出版社，1994 年版，第 343 页。

两委合一 岂能推广①

在我国三农问题研究中，党国英是我最敬佩的专家学者之一。但最近我在中国改革杂志 2001 年第五期上看到党国英《“两委合一”：乡村民主政治的重要发展》一文，对党国英先生极力主张的“两委合一”却有不同看法。在这里，我既无意于“两委合一”的批评，也不是与党国英先生商榷，而仅仅是坦陈个人陋见以求教于大家。

两委关系的四种形式

在我国农村推行村民自治以后，如何处理好两委（即村党支部委员会和村民委员会）之间的关系，成为当前农村最为棘手和最引人注目的重大实践问题和理论问题。众多的理论工作者和实际工作者都对此进行了多种积极探讨，但似乎都没有从根本上解决问题。归纳起来，在处理两委关系上主要有四种形式：

第一是许多地方实际实行的制度，即党支部最终说了算，在大的问题上，特别是在财物支配上村委会听党支部的。第二是规定让党支部主管思想政治工作，把自治权的行使真正交给村委会。第三是指两票制，在老百姓中投票产生党支部书记候选人，而最终选举在支部大会上进行。第四是两委合一。党国英先生在分析了前三种形式的弊端后，认为“两委合一”“开了一个好头，其中酝酿着我国乡村民主政治发展的重要突破”，“在实践中已经产生了明显的效果”，因而主张这种做法“很值得在全国推广”。我认为这种做法万万不能在全国推广。

“两委合一”的深层问题

我为什么不主张“两委合一”呢？其实道理很简单：

首先，它与政党组织的性质不符。现代国家政治生活几乎都是政党政治，政党在国家政治生活中发挥着十分重要的作用。虽然任何政党都是以取得政权、参与政权和维护

① 本文原载《中国改革》2001 年第 8 期。

政权为主要政治目标，但政党包括执政党本身并不是权力组织。党的十二大政治报告就特别指出："党不是向群众发号施令的权力组织，也不是行政组织和生产组织。"作为党的最基层组织的村党支部，显然不具备对村委会和群众发号施令的行政权力。"两委合一"后，行使自治权的"两委"，身份到底是党支部还是村委会，很不明确。如果是党支部，显然缺乏合法性基础；如果是村委会，那粘附在一起的党支部扮演什么角色，谁也说不清。

其次，它强化了传统体制的弊端。我国传统政治体制的主要弊端就是党政不分、以党代政、权力高度集中等。显然，"两委合一"并不是什么新东西，它是党政不分、以党代政、以党治国、权力高度集中等现象在农村中的具体表现。因而"两委合一"并不是"酝酿我国乡村民主政治发展的重要突破"，相反，它实质上是我国政治体制改革在农村认识上和实践上的一种倒退。

再次，它与党的依法治国方略矛盾。党的十五大正式提出了依法治国的基本方略，这是我们党治国方式的重大转变。而要依法治国，建设社会主义法治国家，首先就需要我们党的各级组织带头遵守宪法和法律。十二大以来，党章和宪法都规定"党必须在宪法和法律的范围内活动"。作为党在农村最基层组织的村党支部，理所当然应该在《村民委员会组织法》之内活动，而不能置身于该法之外，更不能凌驾于《村民委员会组织法》之上。村党支部要想行使合法权力，就必须依法参加民主选举，合法进入村委会，并以村委会的名义而不是党支部的名义对全村行使权力，这绝不是简单的"两委合一"。

这里还需要质疑"两委合一"的是，如果非党员当选村委员主任后，不愿意入党怎么办？党国英相信"这种情形目前极为罕见，但也不能忽视。"他认为"遇到这种情形，要在免去原党支部书记的同时，由上级党组织派员担任党支部书记，任期直至有党员当选村委会主任为止。"这里面有重大的实际问题，就是"非党员当选村委会主任"后村委会与"上级党组织派员担任党支部书记任期直到有党员当选村委会主任"后的党支部，肯定无法"两委合一"，这段间隔时期内，又如何处理"两委"之间的关系呢？可见，"两委合一"本身还存在重大的理论和制度缺陷。

政权内领导范式

那么，到底怎样才能正确处理好"两委"之间的关系呢？毫无疑问，党领导人民并代表人民的意志通过法定程序颁布了《村民委员会组织法》，广大农村依法产生的村委会，我们应该毫无疑问地把它看作就是坚持了党的领导。我们有的人过分敏感，总认为村党支部是坚持了党的领导，而不认为依法产生的村委会也同样坚持了党的领导。他们一听到加强党对农村工作的领导，马上就想到党支部而不是村委会。这种认识，是当前思想理论界和实际工作中的最大误区。

因此，实行政权内领导范式，是正确处理“两委”关系最可行的模式选择。所谓政权内领导范式，就是执政党及其基层组织的领导方式，由传统的党政不分向法治转变，由凌驾于政权之上的领导向置身于政权之内的领导转变。政权内领导范式与党政合一、党政不分有本质的不同。在农村“两委”关系中，政权内领导范式的具体要求就是，村党支部书记与其他候选人一样平等竞选村委会主任，一旦当选，即以村委会主任的身份和村委会名义在全村合法行使权力。当选村主任后的村党支部书记，应该辞去党支部书记一职，村党支部另外选举新的支书主持党务工作但不得干涉村委会的法定权力，村委会完全依法行使《村民委员会组织法》赋予的一切权力。如果在村委会民主选举中，非党人士当选村委员主任，该人可以申请入党，也可以不申请入党，村党支部不应干预村委会的一切合法工作，未当选的村党支部书记应当辞职，另选新的村支书，充分发挥党员的先锋模范作用，积极竞选下届村委会主任。

这种政权内领导范式，并不是削弱了党的领导，相反，它正是在我们党提出依法治国方略后坚持和改善党的领导的制度创新，它不仅不会削弱党的领导，而是坚持和加强了党的领导。

党群关系:“刀把”在干部手中[①]

当前农村中的党群关系恶化是一个比较普遍和突出的焦点问题。这其中当然有多方面的原因。但造成党群关系紧张的主要原因在于乡村干部方面，也就是说，主要责任在干部，干部是党群矛盾的主要方面。只有正确区分矛盾的主要方面和次要方面，才能真正解决现实问题。

湖南安仁县龙市乡党委书记张艾春在《南风窗》2001 年第 11 期上发表《一个乡镇党委书记眼中的党群关系》一文，文章提出了一些正确的看法，发人深省，从中也可以看出张艾春这位基层党委书记的“拳拳爱民之心”。但该文的一些立场和观点却存在着明显的错误倾向，这些错误的倾向和观点在一定程度上暴露了当前乡镇干部在认识上的迷茫和普遍心态，如果对乡镇干部中存在的这种错误认识不及时予以澄清和清除，就肯定不利于转变干部作风，不利于党群关系的改善。

问题本来就简单，是干部搞复杂了

我认为改善党群关系并不像张艾春所说的那么复杂。张艾春列举的说明“事情没有这么简单”的三个例子都是站不住脚的，它恰恰说明是干部把问题搞“复杂”了。

第一个例子是建一个水坝问题。这个水坝原是 1998 年被洪水冲毁的，老百姓向乡镇领导干部反映修复水坝并没有错，错就错在乡党委政府强行要老百姓集资来搞“面子工程”、“政绩工程”。从严格意义上来说，“集资”不仅要分红，而且是自愿的。当前农村不少地方以向群众“集资”为名搞这样那样的建设，实质上是搞硬性摊派，是对农民财产的无偿侵占。即使像修水坝这样的公益事业，乡镇也必须充分尊重农民的意愿。况且作为水毁工程，乡党委和政府应该积极向上级部门争取资金支持，或者开动脑筋想想其他更好的办法加以解决。我们的思维方式不要老是把眼睛盯在农民的“口袋”上，打农民的“主意”。事实证明，“好心”未必办好事。作者说乡镇两级干部“做工作不下 10 次”才把水坝“建成”，这就足以说明以“集资”的方式修这个水坝是极不令群众

① 本文原载《南风窗》2001 年 12 月上。

“满意”的强制性举措。但乡镇干部最终还是从农民的口袋里掏出去了“6000元集资款”，这又足以说明我们的农民实在是太淳朴、太善良了，在公权力面前太无奈了。

第二个例子是干部作风问题。作者说在“收缴农业税和四费”过程中，要求干部“改变作风”。可干部到农民家里自己动手“帮农民拖粮背谷”就满腹埋怨起来，可见喊出口号“改变作风”是虚，摆“官架子”是实。也许干部们长期以来习惯了“衣来伸手，饭来张口”，所以一旦“自己动起手来”不舒服了，就牢骚满腹了，就认为农民很“复杂”了。农民说上交税费供养干部根本没有错，人民群众是我们的衣食父母嘛，干部们上门服务也是完全应该的，公仆公仆，就是要服务。农民们种田下地辛辛苦苦忙一年，把自己的粮食交出来，干部们“动动手”难道还不应该吗？没这个道理。我认为干部们还是多问问自己到底是做“人民的公仆”，还是“当官作老爷”。

第三个例子是向农民收费的问题。这个例子其实属于“乱收费”，更怪不得农民了。作者说某乡决定对计划生育中的妇检透环对象进行“有偿服务”，全乡按“每例15元的标准收费”。问题就出在这个“有偿服务”上。“有偿服务”本身并没有错，譬如说各人自愿到人民医院去检查身体，交几十元检查费是正常的，扯不上“乱收费”。但关键是对全乡村民实行强制性检查而非自愿原则，这样的“有偿服务”就是“乱收费”了，难道群众连“反应”一下都不应该？这样的“有偿服务”不仅农民群众害怕，恐怕我们所有的人都害怕。如果说，哪一位农民提出要对乡政府干部实行“有偿服务”，拿把秤来称一称每位乡干部的体重就得交几十元钱，而且每个乡政府干部必须称一称，必须交钱，看你们干部干不干？

作者说上述“三个例子”给他上了“生动的一课”。“生动”虽然算得上“生动”，可惜作者理解就相反了。这使我想起湖北省监利县棋盘乡原党委书记李昌平来。同样是乡党委书记，李昌平却忘身为民请命，道出了“农民真苦、农村真穷、农业真危险”的心声。我不是说每个乡党书记都要像李昌平那样“上书国务院”，而是说，每个基层干部都应该清醒地认识到“三农”问题的严重性，认识到作为一个“人民公仆”的重大责任，认识到转变干部作风和工作方法的紧迫性、重要性和必要性。

虽然不都是乡干部的错，但主要责任在干部

正如作者所说的，造成当前党群矛盾紧张“既有历史原因，又有当前的时代背景，既有上级有关部门的指导思想问题，也有基层干部作风不实的问题，既有体制原因，又有主观因素”。但不可否认，影响党群关系的责任不在群众而在干部。

乡镇干部至少在如下三个方面严重破坏了党群关系，损害了党和政府的形象：

一是任意加重农民负担。这是举世公认的。党中央、国务院一而再、再而三地制止

增加农民负担，可不少乡镇几乎是充耳不闻，搞“上有政策，下有对策”，有的还层层加码，农民负担到了农民不堪承受的严重地步。根据国家统计局农调总队的资料，未扣除价格因素的影响，1999 年，全国农民人均纯收入较上年增长 2.2%，但人均农业各税负担却增加了 5.8%。至于“三提五统”的收取，不少地方就人为提高农民人均纯收入基数，使农民的实际负担大大突破 5% 的杠杠。据统计，从 1993 年到 1998 年全国提留统筹费由 380 亿元增至 729.7 亿元，年均增长 13.9%。有些乡镇还假“两工”（积累工、义务工）之名，强行搞“以资代劳”，1999 年全国农民承担的以资代劳负担高达 64 亿元，人均 6.9 元，劳均 13.6 元。

二是任意干预村民自治。村民自治是党和国家扩大基层民主的重大制度安排，深受村民群众的欢迎。1998 年 11 月公布实行的《村民委员会组织法》明确界定乡镇与村委会的关系是“指导、支持和帮助”的关系，这就是说，乡镇与村委会不再存在领导与被领导的关系，不存在行政上的上下级隶属关系。可我们的乡镇干部就是习惯于指挥命令，直接干预村民自治。有的直接操纵民主选举，如 1998 年海南省琼海市大路镇云满村 16 名村民联名提名的一位村委会主任候选人与镇党委、政府意见不一致，当天晚上镇党委书记就带领公安干警把提名的村民们抓到了派出所关押。有的直接任免村委会成员，如 1998 年 12 月 19 日浙江省大虞市章镇党委就用红头文件提名林炳华等 16 人为林岙村等村的村委会主任，建议卢兴尧等 13 人不再担任村委会主任，还建议 7 个村委会主任改任主任助理。

三是任意侵害村民生命和财务安全，乡镇干部逼死打死村民的现象时有发生。1996 年 3 月 2 日湖南省衡阳县集兵镇党委政府擅自决定向中小学收取教育附加费和人均 62 元的建校集资费，初中二年级学生、13 岁的成春花因家庭十分困难交不起 580.5 元的学费（其中学杂费 262.5 元，教育附加 70 元，全家 4 人集资款 248 元）服毒身亡。1998 年 10 月 29 日重庆梁平县新盛镇 8 名干部到民安村最穷的农民罗昌荣家收取 300 元的税费，因罗交不出钱，这些干部就毫无人性地将罗昌荣毒打致死。据中央办公厅、国务院办公厅关于涉及农民负担恶性案件的情况通报，1995 年全国查处 13 起涉农恶性案件，被乡村干部逼死打死的农民 12 人，到 1996 年，涉农恶性案件已上升到 26 起，被乡村干部逼死打死的农民 26 人（其中还有一名 11 岁的小学生）。有的乡镇还与地方流氓恶势力相勾结，威胁、毒打那些“不听话”、“爱上访”的村民。笔者前不久就认识一位湘西某县农民谢某某，他到省城上访反映乡镇不执行中央减负政策后回到家里，就被乡镇雇佣一伙地痞流氓打个半死。这位被打的农民至今卧床不起，而乡镇干部和那些打手们却逍遥法外。可以说，村民的基本人权已经受到了四面楚歌式的围攻。

而张艾春在文章中却对从中央到地方的媒体异口同声强调“基层干部要依法行政”不以为然。我要提醒的是，中共十五大早就提出要依法治国，建设社会主义法治国家。

社会在发展，时代在前进，乡镇干部不能再停留在计划经济时代搞行政命令了，那种“刑不上大夫”的官本位思想该彻底抛弃了，那些带头违法犯罪的乡镇干部应该绳之以法。

现在的一个较普遍现象是，不是农民不守法，而恰恰是乡镇干部不守法，有的是带头违法，甚至犯罪。据笔者所知，对于乡镇干部侵害村民群众利益的违法犯罪行为，大多被层层掩盖起来，媒体曝光的只是极少数。可我们的一些乡镇干部对新闻媒体极其有限的监督也接受不了，这是没有任何道理的。其实，新闻媒体的监督还远远不够。一些乡镇领导干部寄希望于农民能乖乖的“听话”、新闻媒体能“睁只眼闭只眼”、干部可以“为所欲为”的愚昧时代已一去不复返了。

转变作风与体制改革：双管齐下的对策

在社会转型时期，农民尽管人数众多，但由于他们太穷，太分散，在组织资源和政治资源上与乡镇干部之间极不对称，在乡镇干部与农民的博弈中，作为弱势群体的农民注定要处于极其不利的地位，所以党国英先生就主张在整体上我们还是要更多地“为农民说话”，因为农民更需要有人为他们说话。①

在转变作风问题上，特别要澄清一种错误的认识。那就是要转变的是“干部作风”而不是转变“群众作风”。张艾春在文中似乎是对“群众作风”极为不满，这代表了当前一部分乡镇干部的错误认识。要知道，古今中外，只有“转变干部（官吏）作风”而没有“转变群众作风”的，用毛泽东的话说，就是“只有落后的干部，没有落后的群众”。干部的身份是人民的公仆，干部的职责是为人民服务。你既然吃上了当干部这碗饭，就必须竭力为民造福，也必须接受群众的批评和社会监督。如果说像某些乡镇干部所错误理解的那样要转变“群众作风”，那么中共十五届六中全会所作的决定就不是加强和改进“党的作风”问题，而是改进“群众作风”问题了。笔者认为，当前乡镇干部不从思想认识上走出这个重大误区，就不能真正理解和实践“三个代表”，也不能真正落实中共十五届六中全会精神。

当然，不断推进农村体制改革也是十分重要和紧迫的。笔者认为下面两个方面的改革是至关重要的：

一是改革户籍制度，加快城市化。要从根本上消除计划经济体制下形成的二元户籍制度，破除钳制农民的二元社会结构，加快城市化步伐，恢复和实现自由迁徙，给农民以公平公正的国民待遇、平等自信的公民地位和自由广阔的生存发展空间。

① 党国英：《我们为什么要为农民说话？》，载《南方周末》2000年12月7日。

二是要撤销乡镇政府，实行乡镇自治，提高农民组织化程度。从秦始皇统一中国到1949年，我国乡镇自治有悠久的历史传统，中国历代统治者都只将国家政权机构设置到县一级，县以下实行自治。现在，我国的乡镇机构日益庞大，据统计，全国乡级供养人员已增至870.9万人，人均200人，这直接加重了农民负担。为了养活这些冗员，乡镇不得不向农民强行摊派，这直接破坏了党群关系。乡镇不仅没有建立一级完全政府的财力，而且其职能也已蜕变为"三要化"（要粮要钱要命），甚至呈现出带头违法犯罪的现象，这与造福一方的宗旨和提供公共服务的职能背道而驰。为了代表和维护广大农民的根本利益，为了进一步扩大基层民主、健全法制，必须尽快撤销乡镇政府，相应地实行乡镇自治制度，乡镇自治委员会成员全部由村民直接选举和罢免。同时，由于农民组织化程度低，无法形成院外游说压力集团，使农民在国家资源分配和制度安排上处于极端不利的地位。随着市场经济的发展，利益多元化的格局迫切需要单个的、分散的农民组织起来，组建农会，形成自己的利益代言人，只有这样，才能使农民改变弱势地位，才能使农民在与其他组织进行有效地谈判和博弈中维护自己的切身利益。

村民自治的困惑①

推行村民自治是党发展基层民主、建设社会主义民主政治的重大举措。但在村民自治的实践中，呈现出一些严重制约村民自治深入发展的种种困惑。

“两委”关系矛盾的困惑

实行村民自治以来，村党支部委员会和村民委员会这“两委”之间的矛盾已经成为广大农村推进村民自治的一个重大困惑。目前，在“两委”关系的实际运作中，主要有四种模式：

一是村党支部居于领导核心地位，村委员按村党支部的意见办。这种模式使村委会处于被领导地位的状况，不符合村民自治的原则和本意，难以为广大群众所接受。

二是“两委”职责分开，党支部只管政治思想工作，村委会行使自治权。这种模式使一些人认为村党支部被晾在一边，丧失了在农村的领导权，难以为一些党员干部所接受。

三是“两票制”，即村党支部书记由村民和党员分两次投票选举产生。这种模式看似比较民主，其实质还是属于第一种模式，它依然强调和突出村党支部对全村事务的实际控制和管理，只不过通过“两票”选举尽量选出更符合民意的村党支部书记而已，而村委会在此就显得无足轻重，显然不利于村民自治本身的健康发展。

四是“两委”合一制，即村党支部与村委会“两块牌子，一套人马”。有的学者看到“两委”分开的矛盾却又想不出更好的办法，就提倡“两委”合一。如搞不好“党政分开”，就只好搞“党政合一”。“两委”合一的模式虽然表面上解决了“两委”之间的矛盾（“两委”既然都“合一”了，矛盾当然就没有了），但实质上还是强化了旧体制党政不分的弊端，与推行村民自治的初衷和建设法治国家的理念相去甚远。

---

① 本文原载《改革内参》2001年第22期。

农民负担沉重的困惑

实行村民自治，发展农村基层民主，需要一定的经济条件作保障。而在当前，农民负担的居高不下和农村的严重贫困，已经成为一个十分突出的社会经济和政治问题。广大农民对自身经济生存环境和切身利益的诉求，大大超过对村民自治的热情。农民负担沉重已经压迫农民无心于村民自治的深入，他们迫切需要的是尽快甩掉压在身上沉重负担的包袱。

20 世纪 80 年代后期以来，农民收入增长减缓，而农民负担却节节上升，大大超过了农民的承受能力。据有关资料统计，“七五”期间，全国农民上缴的村提留和乡统筹年均增长 20.1%，比国家税金的增长速度高出 2.8 个百分点，比农民人均纯收入的实际增长高出 16.4 个百分点。1994—1995 年，全国农民人均纯收入、人均家庭经营纯收入，年均递增 12.36% 和 10.4%，而人均缴纳的税款、集体提留和摊派，却分别递增 8.52% 和 14.61%。1999 年，全国农民人均纯收入较上年增长 2.2%，但人均农业各税负担却增加了 5.8%。不少地方层层下达农林特产税、屠宰税和个人所得税等指标，按人、地平摊。一些垄断性部门和行业变相提高农用水电、农用电话、农用生产资料的价格和农村教育收费标准，而乡村组织又借此搭车收费等，农民的实际负担还要严重得多。

在农民负担一年比一年重的同时，村级集体亏空一年比一年多，乡镇财政赤字一年比一年大。李昌平在给国务院领导的信中指出，现在 85% 的村有了亏空，平均每个村亏空不少于 40 万元，90% 的村有负债，平均负债 60 万元以上，月利率 20‰；90% 的乡镇财政有赤字，平均赤字不少于 400 万元，平均负债不少于 800 万元，月利率高达 15‰。村级负债每年增加 10 万—15 万元，乡级负债每年增加 150 万元左右。

在农民负担加大、乡村债务巨大、城乡差距拉大的情况下，不管是广大村民，还是乡村两级组织，对村民自治只能敷衍了事就可想而知了。

农村人才和劳力外流的困惑

这主要表现在两个方面，一是考上高等院校的农家子弟一旦跳出“农门”，就不再回到村里工作和就业，全国农村每年考出去的年轻学子达几百万名。二是广大农村青壮年劳力大量外出打工。李昌平在给国务院领导的信中写道，他们乡有 40000 人，其中劳力 18000 人，现在外出打工 25000 人，其中劳力 15000 人。就是说，该乡外出打工为数占全乡总人数的 62.5%，其中外出劳力占总劳力的 83.33%。

农村这种大半数人口外出的状况，又怎能在村民自治中开好村民大会和村民代表大会呢？尚留在农村的大都是一些老弱病残者。从总体上说，农民的文化素质普遍偏低，农村人口中文盲达3亿多，就业人口中，文盲半文盲占20.7%，小学生程度占38.8%，初中占29.14%，高中仅为4.55%。在近6000万残疾人中，农村占70%。据中国农业大学调查显示，有81.1%的农民从没有接受过普法培训，55%的农民对三提五统不超过纯收入的5%的法定比例不知道，至于知道和熟悉《村民委员会组织法》内容和程序的就更少了。在这样一个文化素质偏低、年龄结构不合理和法律知识短缺的农村，很难想象能把村民自治深入推向健康发展的轨道。

乡镇政权干预的困惑

《村民委员会组织法》明确规定乡镇与村委会是指导、支持和帮助的关系，不再是领导与被领导的关系。事实上，各乡镇对村委员的行政干预比较普遍和严重，村民自治组织被扭曲为乡镇政权在村一级的延伸。一些乡镇政权常常直接下达有关任务指标，村党支部和村委会常在应付乡镇交办的永无休止的事务中疲奔于命，不少地方的村民自治实质上只能流于形式，一些新上任的村委会主任也因为“不听话”而被乡镇随意停职或免职。另一个令人困惑的是，虽然《村民委员会组织法》明确规定乡镇不得干预依法属于村民自治范围内的事项，但乡镇一旦干预村民自治事务，又缺乏相应的制裁手段和违法处理规定，这就使得乡镇对村民自治的直接干预变成了习以为常的“职权内的事”。在乡镇这个“严婆婆”的干预下，村委会要想带领群众做到自治何其艰难。

自由迁徙：离我们还有多远？①

自由迁徙是一项基本人权

从一般意义上说，迁徙自由是宪法和法律赋予公民自由离开原居住地到外（包括国内和国外）旅行、定居的权利。迁徙自由是公民人身自由的重要组成部分。对于我国广大老百姓来说，长期的城乡隔离政策和二元户籍制度的人为限制，已经严重窒息了他们的创造性和对基本权利的诉求。只要给他们一个城镇户口或花费巨额资金购买到一个城镇户口，都会使他们感到由衷的兴奋、自尊和对政府的感激。他们可能大都不知道或者遗忘了公民还有自由迁徙的权利。其实，迁徙自由是一项十分重要的基本人权。

人类对迁徙自由的追求、奋斗和对该项权利的普遍确认，有着悠久的历史。迁徙自由权就其最早的成文法渊源来看，可追溯到 1215 年英国的《自由大宪章》，该宪章第 42 条规定："自此以后，任何对余等效忠之人民，除在战时为国家与公共幸福得暂时加以限制外，皆可由水道或旱道安全出国或入国。" 1791 年的《法国宪法》是最早以成文宪法形式规定公民迁徙自由权的法律，该宪法第 1 篇第 2 款规定："各人都有行、止和迁徙的自由。" 19 世纪以后，世界各国宪法普遍对迁徙自由作了直接或间接的规定。第二次世界大战后，迁徙自由不仅成为各国国内法所普遍确认和保障的基本权利，而且也成为国际人权公约所确认的基本人权之一。1948 年 12 月 10 日联合国大会通过的《世界人权宣言》第 13 条规定："（1）人人在各国境内有权自由迁徙和居住。（2）人人有权离开任何国家，包括其本国在内，并有权返回他的国家。" 1966 年 12 月 16 日通过的《公民权利和政治权利国际公约》把公民的自由迁徙和居住作为基本人权予以确认和保障。

在我国，最早在宪法上确认自由迁徙权的是孙中山领导的南京临时政府。1912 年颁布的《中华民国临时约法》第 6 款规定"人民居住迁徙自由"。此后，无论是北洋军阀政府还是国民党政府，都在宪法性文件中承认公民的自由迁徙权。中国共产党成立以

① 本文原载《百姓》2001 年第 12 期。

来，就不断地为争取中国人民的自由、人权而奋斗，1923年党就举起了“争自由，争人权”的旗帜，1935年发出了“为人权自由而战”的号召，1940年首次提出了“保障人权”。20世纪40年代，党在抗日根据地就制定了“保障人权”的条例，成立了人权保障组织，而自由迁徙是人权保障的重要内容。1941年《陕甘宁边区施政纲领》第6条就作过迁徙自由的类似规定。1949年9月29日中国人民政治协商会议第一届全体会议通过的起临时宪法作用的《中国人民政治协商会议共同纲领》第5条就把自由迁徙作为人民的11项自由权之一。1954年9月20日第一届全国人大一次会议通过的中华人民共和国第一部《宪法》第90条第2款明确规定“中华人民共和国公民有居住和迁徙的自由”。

由此可见，自由迁徙作为一项基本人权，不仅得到了世界各国的普遍认可，也是中国各族人民经过长期艰苦卓绝的奋斗而争来的属于全体公民的宝贵权利。

计划经济排斥自由迁徙

由于深受苏联模式的严重影响，建国后，我国建立起高度集中的计划经济体制。计划经济的基本特征就是对资金、商品和人力资源实行高度集中的计划配置和管理，完全排斥市场机制的作用。1953—1957年，我国照搬苏联模式实行了第一个五年计划，人口的自由迁徙，尤其是农村人口向城市迁移开始受到了限制。由于计划经济本能地排斥自由迁徙，为确保计划经济体制的运行，以限制人口自由流动的户籍制度为核心内容的二元社会结构逐步建立起来。

建国初期我国城乡人口流动比较活跃，特别是大量农民流入城市，这本来是我国人口城市化进程中的正常现象，如果能因势利导，肯定会大大促进我国城市化的发展。可当时囿于计划经济的僵化思想认识和计划经济体制的内在排斥功能，政府便连续多次发出指示，劝阻农民盲目流入城市，并开始逐步改自由迁移政策为控制城市人口规模和限制农民进城的政策。1957年12月18日中共中央、国务院联合发出《关于制止农村人口盲目外流的指示》，要求城乡户口管理部门严格户籍管理，切实做好制止农村人口盲目外流工作。农民向城市迁徙开始被贬称为“盲流”。在此基础上，1958年1月9日第一届全国人大常委会第91次会议通过了《中华人民共和国户口登记条例》，这标志着国家严格限制农民进城的二元户籍制度正式以立法的形式确定下来。这条似有违宪嫌疑的《条例》，半个世纪以来深深地影响着中国的每一个家庭每一个人，至今仍起着主导作用。为配合计划经济体制的运行，公安部门和其他职能部门相应地制定了一系列限制农民进城的具体规定，使户籍制度日益与其他一系列特殊的利益密切结合，形成了我国特有的二元户籍制度，全体公民被人为地划分为农业户口和非农业户口，农民成为低人一等的二等公民，农民一生下来就注定是不能改变命运的农村户口（除非考上高等院校）。这种二元户籍制度和计划经济体制，把宝贵的迁徙自由排斥得无影无踪。

长期限制人口自由迁徙的做法，造成了相当严重的后果。90年代以来日益突出的"三农"问题，其实质就是长期以来严格限制人口迁徙所积累的众多矛盾的集中反映。

市场经济呼唤自由迁徙

我国的改革，实质上是以市场为取向的。1992年中共十四大正式提出建立社会主义市场经济体制的改革目标，使市场对资源配置起基础性作用。市场经济内在地需要资金、商品和人力资源的自由流动。只有让全体公民自由流动起来，才能使社会主义市场经济健康发展，同时，只要全体公民自由流动起来了，就一定会惊人地创造出国家的活力和繁荣。

伴随着改革的深入，久违了的迁徙自由开始逐步回到老百姓中来。1984年，国家开始有条件地允许农民"自理口粮"到县城以下的集镇落户。1992年实行"当地有效城镇户口"（也称蓝印户口），允许农民进入小城镇落户。1997年7月国务院批转公安部《关于小城镇户籍制度改革试点方案》，规定试点镇具备条件的农村人口可以办理城镇常住户口。2000年6月13日，中共中央、国务院下发了《关于促进小城镇健康发展的若干意见》，规定从2000年起，凡在县级市区、县人民政府驻地镇及县以下小城镇有合法固定住所、固定职业或生活来源的农民，均可根据本人意愿转为城镇户口。2001年10月1日，国务院批转的公安部《关于推进小城镇户籍管理制度改革的意见》开始实施，全国2万多个小城镇全面推行户籍制度改革，只要有固定住所和合法收入的外来人员都可办理小城镇户口，公民的迁徙自由有了历史性的重大进展，这是我国改革开放以来取得的重大成果。

我国户籍制度改革的终极目标是恢复和实行全体公民的居住和迁徙自由。2001年8月1日河北石家庄市在全国省会城市率先实行户籍制度改革。在此前后，北京、上海、山东、河南、广东、浙江、江苏、重庆、安徽等省市也纷纷出台了一些城市户籍制度改革措施。虽然这些户籍制度改革的力度还很有限（比如依然设置过高的进城门槛），但它却表明了半个世纪以来的严格户籍控制的局面开始松动。坚冰已破，曙光在前。加快户籍制度改革，实现自由迁徙已经成为一股不可阻挡的时代潮流。

为了切实保障公民的迁徙自由，我国宪法必须重新恢复居住和迁徙自由的规定。现在，重新恢复公民的居住和迁徙自由权的条件已经成熟。

张　英　洪　自　选　集

2002 年

我看宪法修改①

中国存在“三农”等诸多重大问题，归根到底，就是一个遵守宪法、实施宪法、践行宪政的问题。在解决“三农”问题、复兴民族大业中，我国应尽快走上良宪治国的轨道。

宪法到底是什么?

良宪治国首先是要普及宪法知识，树立宪法意识。而要在全社会形成浓厚的宪法意识，首先就必须搞清楚宪法到底是什么。一般来说，大家都知道“宪法是国家的根本大法”这个背得滚瓜烂熟的判断句。但问题是恐怕有不少人对宪法还只停留在似是而非的认识上。不错，宪法确实是一个国家的根本大法，是其他一切法律的母法，任何组织和个人都不得有凌驾于宪法之上的特权。但这个关于宪法的判断句只突出了宪法的特别重要性，却看不出它为什么特别重要，更感不到它与普遍公民的紧密关系。所以在一般人眼中，宪法是高高在上的东西，与国家和政治家有关而与平民百姓无涉。

岂不知，宪法恰恰是与每一个公民的关系最为密切的法律。宪法是共和国之母，没有宪法，就没有共和国。法学家往往从理论上把宪法弄得高深莫测，使一般民众不能很好的理解和接受。其实，宪法的基本功能在于保护公民权利，约束公共权力。从本质上说，公民最需要的是宪法。宪法是人民自由权利的保障书，宪法是保障人民自由权利最基本的法律，宪法是严格约束国家公共权力最基本的法律。

宪法是一个“舶来品”。在中国几千年君主专制的土壤上，不可能自发地产生宪法。宪法是人类文明进步的共同成果。当今世界，大致可以说，只要有国家，就会有宪法。

中国的宪政运动已经有一百多年的历史。从戊戌变法，清末预备立宪，到钦定宪法大纲，从辛亥革命到中华民国临时约法，从孙中山五权宪法到中华人民共和国宪法，中国人为了宪法，抛头颅、洒热血，前仆后继，付出了巨大的牺牲。现行《宪法》来之不易，应当倍加珍惜和严格遵守。

① 燕园评论网 www.yypl.net 2002-01-10 首发。

现行《宪法》的局限性

1954年以来，我国先后颁布了四部宪法，现行《宪法》也进行了数次修正。法学界一般认为现行《宪法》是建国以来“最好的宪法”。这主要是现行《宪法》摆脱了1957年以来的“左”倾错误，恢复了1954年《宪法》的基本原则，重申发展社会主义民主、健全社会主义法制，并明确规定“党必须在宪法和法律的范围内活动”等。从这个意义上说，现行《宪法》不愧为中国进入改革开放新时期的一部新宪法，不愧为一部建国以来“最好的宪法”。

但毋庸置疑，现行《宪法》的局限性也是相当明显的，主要有以下几个方面：

一是受大环境的制约性。从国际上看，我国深受苏联模式的严重影响，存在着社会主义阵营和资本主义阵营的严重对立，冷战思维根深蒂固。从国内来看，人们刚刚从“文化大革命”的十年内乱中走出来，对社会主义本质的认识和社会主义建设道路的探索尚处在起步阶段，许多重大的问题没来得及突破。现行《宪法》1982年制定时，整个社会仍然在高度集中的计划经济体制的大框架下运作。

二是内容结构欠科学。正因为受到苏联模式和计划经济的严重影响，现行《宪法》在内容结构上必不可免地带有旧观念、旧做法和旧体制的烙印。宪法究竟要写些什么内容？关键是要弄清楚宪法的本质。既然宪法是人民自由权利的保障书，那么宪法就应该主要写进这么几方面的内容：一要写进公民的各项自由权利的内容；二要写进制约国家权力的内容。任何权力天然地易于膨胀和侵害公民的权利，要保障公民的权利，必须制约国家的权力。怎么制约？首先是对国家权力进行分解，明确立法、行政、司法机关的相互关系；其次是要明确国家机构的职权范围和任期限制，并规定国家机构领导人产生的民主选举程序；再次要界定中央政权与地方政权的关系等。现行《宪法》的严重弊端在于写进了不少经济政策、外交政策、奋斗目标和建设任务等内容，这些东西从本质上说与宪法关系不大，不必写进宪法，否则有损于宪法的稳定和权威。比如1982《宪法》规定国家“实行计划经济”，1992年党的十四大宣布“实行社会主义市场经济”，这就使得《宪法》常常滞后于政策，《宪法》跟在政策屁股后面走，随着政策去变。这无疑大大降低了《宪法》的权威性和稳定性。

三是保障措施大缺失。现行《宪法》另一个重大不足在于《宪法》本身没有确保实施的制度安排。几十年来，既没有宪法审查委员会的专门权威机构，也没有违宪审查的司法实践，这就使得不少违宪的法律法规得以通过实施，不少违宪案件没有得到应有的纠正，公民的基本权利常常遭到无辜侵害但又缺乏应有的司法救济。宪法没有切实有效地运转起来，导致整个社会对宪法信仰的严重不足。

修宪与宪政

亚里士多德说过："法治应该包含两重含义：已成立的法律获得普遍的服从，而大家所服从的法律又应该本身是制定得良好的法律。"① 要实行宪政，首先应当制定一个良好的宪法。为此，笔者主张对现行《宪法》进行较大的修改。修改宪法，目的是为了更好地保障公民的基本权利，实现国家长治久安、社会和谐稳定、祖国和平统一和民族的伟大复兴。

一是要删去与宪法本质无关的政策内容。《宪法》不是《党章》，适合《党章》的内容不一定适合《宪法》。在治国中，执政党的路线、方针、政策是完全必要的，但这些内容不必写到《宪法》中去，这样有利于《宪法》的稳定。只要符合宪法精神，有利于保障公民权利和自由，促进人民福祉，执政党完全可以有效地制定和实施相关政策。

二是将执政党"必须在宪法和法律的范围内活动"具体化。如何正确处理好党政关系，是一个棘手的重大问题，把执政党凌驾于宪法和国家政权机关之上的以党治国方式显然是不行的，这是苏共亡党和苏联解体的一个重要原因。党的十二大党章和1982年《宪法》早就规定"党必须在宪法和法律的范围内活动"，但缺乏必要的具体制度安排，致使长期以来党政不分的问题仍然十分严重。大的不说，就说村党支部委员会和村民委员会这"两委"之间的关系，目前这"两委"关系的矛盾已经普遍化，似乎难倒了不少理论和实践工作者。其实，只要我们从《宪法》的角度上审视，问题就迎刃而解了。既然《党章》和《宪法》都规定了"党必须在宪法和法律的范围内活动"，那么作为执政党最基层组织的村党支部显然应当在执政党领导人民制定通过的《村民委员会组织法》内活动，不能凌驾于《村组法》之上，也不能置身于《村组法》之外。但《村组法》第三条却规定"中国共产党在农村的基层组织，按照中国共产党章程进行工作，发挥领导核心作用"。这就使两种权力来源不同、管理方式各异的村党支部和村委员不可避免地相互"较劲"和"扯皮"。这其实是我国在农村政治制度安排上的"双轨制"。

三是实行地方自治，扩大直接选举。地方自治是宪政民主的必然要求，应该对地方自治进行明确规定。现行《宪法》只规定民族区域自治和村民自治。现在看来，至少在乡镇一级要实行自治，撤销乡镇政权设置。实践证明，撤销人民公社以来，乡镇不仅没有建立完全政府的财力和必要，而且直接加重了农民负担、破坏了党群关系，其弊远大

① ［古希腊］亚里士多德：《政治学》，吴寿鹏译，北京：商务印书馆，1965年版，第199页。

于利。现在不要再把眼光停留在乡镇机构改革上，事实上乡镇机构改革也几乎没取得任何成效，相反却日益膨胀。应以地方自治的眼光，撤销乡镇政权，实行乡镇自治。现在地级市没有任何存在的《宪法》依据，应在《宪法》中制定各级城市政府的条款。更为重要的是《宪法》应对直接民主选举作出规定，各级官员和人大代表实行直接选举既是社会主义民主政治的内在要求，也是宪法的重要内容。现在我国仅仅在村级实行村委会成员的直接选举，人大代表直选范围也只停留在县乡两级，这是远远不够的。宪法应该规定各级政务官的直接选举程序，并尽快使直选范围扩大到乡镇、县市、省市区和中央政权。各级政务类官员由民主直接选举产生，业务类公务员由公开公平考试录用，彻底废除长期以来存在的领导干部委派任命制。

四是建立违宪审查制度。没有违宪审查，宪法就没有权威，一切就会事与愿违。就宪法实践来看，违宪审查的重点应该是：一要设立违宪审查的专门权威机构，确保宪法诉讼正常进行；二要审查执政党和其他各政党、社团组织的活动是否违宪；三要审查全国人大及其常委会、国务院及各部门颁布的法律法规和政策规定是否违宪。1958年1月9日第一届全国人大常委会第91次会议通过的《中华人民共和国户口登记条例》，严格限制农民进城，取消了1954年《宪法》赋予公民的居住和迁徙自由权。可见该《条例》明显违宪，对中国公民的消极影响十分深远，但至今仍未予以废除。这是政策法律违宪的典型事例。应该明确规定，全国人大及常委会不得制定和批准一切旨在限制和剥夺公民自由权利的法律。在计划经济体制下，还有一系列法律法规存在违宪问题，比如说，歧视农民的二元教育制度、劳动和社会保障制度、就业制度、税负制度、城乡隔离制度，等等，这就使得《宪法》上说得好好的，但公民却享受不到，尤其是农民的宪法权利得不到保障。笔者认为农民问题的实质是农民宪法权利的保障问题。新时期农民最需要的不是别的，而是宪法。四要确保司法独立。没有司法的公正和独立，公民的权利就没有切实的保障。现行《宪法》虽然已经明确规定“人民法院依照法律规定独立行使审判权，不受行政机关、社会团体和个人的干涉”，但现实生活中，法院已经沦落为行政权力机关的附属物，成为行政权力机关指挥的工具。这主要缘于在具体制度安排上，法院依附于行政权力机关，致使司法机关地方化现象十分严重。为了确保司法独立，地方政权有没有必要成立一个直接管理法院的政法委员会值得研究和探讨。现在地方政权，尤其是县乡（镇）两级政权，常常习惯于调用公检法三家“联合作战”，使受害人无法通过法院进行正常的司法诉讼以维护自己的切身利益。

从2001年起，每年12月4日为我国的“法制宣传日”，这对于提高全民法制意识大有裨益。但笔者认为，将“法制宣传日”更名为“宪法日”的现实意义会更大，这是因为：其一，12月4日是现行《宪法》颁布实施之日；其二，法制的概念过于宽泛，缺乏重点；其三，在违宪审查制度尚未建立的情况下，必然有不少法律法规违背宪法原则，这些违宪法律法规显然不仅不值得宣传，还应当及时废止。

通过修宪，使国家拥有一部真正保障公民权利、社会正义和国家长治久安的良宪；通过践行良宪，使我国实现从传统社会的“半部《论语》治天下”到现代社会的“一部《宪法》治天下”的重大转变，最终使国家走上良性发展的轨道。

给农民以宪法关怀①

加入了WTO后，我国将给予国外企业和人员以平等的国民待遇，可拥有9亿之众的国内农民，能否摆脱旧体制的普遍歧视，享受到公平的国民待遇？这是我们不能不关注的。

我担心一个具有讽刺意味的现象：人们一方面希望农民学会在市场经济的大海中“游泳”，另一方面又将农民手脚牢牢“捆绑”起来丢在“穷乡僻野”，这是一种十分滑稽的现代游戏。中国是一个典型的农民大国，没有农民的解放和自由，就不可能有中华民族的伟大复兴，更不可能有马克思、恩格斯所期望的每个人自由发展的联合体。

二元体制的枷锁

共和国的开国元勋们大都是农民之子，他们对农民的苦难有着最为切身的体验，他们为农民的解放奋斗不息。到过韶山参观的每一个人，都会深切地体会到共和国领袖的农民生涯。进京后的毛泽东始终念念不忘贫苦农民，在“三年困难”时期，当他听到农民正在遭受的饥饿和灾难时，忍不住流下热泪，并坚持不吃肉。这是一种深情的农民情结。

但不必讳言，歧视农民的二元制度至今仍在延续，形成了举世独有的二元社会结构。其根本缘由在于我国在苏联模式的严重影响下，建立起一套高度集中的计划经济体制和包含户籍制度等十多项具体制度在内的二元社会结构，人为地把我国切割成市民与农民相区别、城市与农村互隔离的畸形社会，农村也就成为城市人“犯错误”、“受处分”的下放和改造的“充军”之地。

歧视农民的二元制度，已经深入到社会、经济、政治、科技、教育、文化、法律等各个领域。

在经济发展战略上，国家实行工业化优先发展战略，“挖农补工”，人为制造“剪刀差”，使农民艰苦创造的巨额财富源源不断地流向城市和市民的腰包。据统计，从“一五”计划到国家工业化第一阶段结束（1953—1989），国家通过“剪刀差”共从农民

① 本文原载《南风窗》2002年1月上。

手中拿走工业化资金 7000 多亿元，占农民新创造价值的 1/5。进入 90 年代，这种“剪刀差”还呈不断扩大趋势，每年绝对额都在 1000 亿元以上。

在户籍身份上，实行城乡有别的二元户籍制度。1958 年 1 月的《户口登记条例》取消了《宪法》规定的公民居住和迁徙自由权，从此，农民不能进入城市生活。时至今日，不少大中城市仍然对农民紧闭“城门”，农民只能在小城镇“安营扎寨”；与二元户籍制度相联系，农民不能到城镇就业，国家机关、事业单位和国有企业招工招干的首要条件是你必须具备“城镇户口”，改革开放后的农民也只能流向个体私营和外资企业“打工”；国家的社会保障也只覆盖城镇市民，而广大农民却被排除在社会保障之外，农民只能把自己的生老病死全部寄托在贫瘠的土地上；国家对城镇的义务教育全包了下来，而农村的义务教育则由农民自己掏腰包解决，等等。

“压力型体制”

如果仅仅是歧视农民的二元制度，对农民来说，倒还不是最糟糕的，因为中国农民自古以来已磨炼出举世罕见的吃苦耐劳精神和逆来顺受的作风。对广大农民来说，自己比市民低一等倒也罢了，只要地方官吏不要再来敲诈勒索，能够过上一种清贫、宁静和安全的生活，也就谢天谢地了。

但是，在我国农村却常常发生“苛政猛于虎”的悲剧。特别值得关注的是，由于农村改革的严重滞后，激化了“三农”问题的严重性。农民收入越来越少，负担越来越重，一些基层干部对农民的无情盘剥和粗暴干预越来越厉害，“官逼民死”和“农民逃亡”现象触目惊心，连朱镕基总理都义愤填膺地指出中国农民已经到了“民怨沸腾”的地步。

农民的不幸命运还缘于中国农村县乡政治体制是一种特殊的“压力型体制”，这种体制通过将政府确定的经济发展的硬指标逐级分解下达，从县、乡镇再到村，村再分解到每一个农民头上，各级又层层加码，最后摊到农民头上已经是令人咋舌的“天文数字”。在这种“数字型政绩至上”的行政理念驱使下，各级官员为了炫耀“政绩”和表现“才华”，就竭力提前、超额完成“数字任务”。这种“压力型”体制使政府行政的最大目的已经不是为民众谋福利，也不是提供公共物品，而是不择手段地完成层层加码的“数字任务”。在没有任何外部制约的情况下，疯狂追逐自身利益最大化的权力，必然横冲直撞，置农民于无法招架的境地。农民不断付出惨重的代价，来“配合”完成乡村干部的“数字任务”。而县级政府为了支持乡镇“数字任务”的完成，也就有意无意地容忍包庇胡作非为的乡村干部，于是“官官相护”就在县乡村三级利益共同体的契约下形成了，受到严重侵害的农民的冤屈，经常无法在县、乡两级得到及时、有效的解决。这样，有中国特色的农民上访之路就只能延伸到市、省和中央机关以及那些良知未泯的新闻单位，他们就被农民视为“包青天”。

一些惯于对农民兴威作福的基层干部，最怕农民觉醒，也最怕民主。某些乡镇还与地方流氓恶势力相勾结，共同对付那些“不听话”的农民，有的乡镇还直接把税费任务承包给当地流氓头子，达到“以恶制民”的目的。

最令人不可思议的是，一些基层干部和执法干警在驱民虐民之际，毫无负罪之感。一些没有直接参与殴打农民的干部，也不愿摆脱维护“单位形象”的狭隘心胸，去进行人性的反省。一位哲人说过，政府有时会成为强盗，而人民永远也不会。当前某些地方农村基层的行为，正是这句名言的最好注脚。著名经济学家盛洪最近指出：“这些地方的政府机构已经失去了得以存在的基本理由，他们不过是坐在农民家门口的强盗，他们在动摇我们社会的合法性基础。”

农民问题的严重性，已经引起了方方面面的高度重视，但一二十年来的理论探讨和政策制度设计，似乎没有真正解决问题，根本原因在于，这些理论探讨和政策制度设计大都陷入了把农民排除在外的思维定势，走入了人治的死胡同。

在国际上，由几个大国操纵和决定小国命运的做法和行径，被称作霸权主义。同理，在解决农民问题上，我们习惯于由所谓的社会精英等强势群体坐在一起操纵和摆布农民命运，这也是一种典型的霸权主义。

在宪法之母的注视下

历史和现实已经证明，只要给农民自由，农民就会创造出惊人的历史奇迹。现在是进一步解放农民的时候了。这就迫切需要我们虔诚地恭请神圣的宪法之母从幕后走向台前。理性在召唤我们，赋予农民以真正的宪法关怀，是解放农民的终极选择。

宪法是保障人民基本权利的最神圣的法律，没有宪法就没有共和国。宪法的根本功能在于，一方面约束政府易于膨胀的权力，一方面慈祥地保护公民易于受害的权利。在宪法之母的眼中，没有权贵和贱民，也没有工人、农民、知识分子的区分；在宪法之母眼中，只有平等的公民概念，任何人都是慈祥的宪法之母的高贵之子。

在宪法之母的注视下，解放农民，就是要把农民从二元社会结构中解放出来，撤除城乡隔离的人为樊篱，给农民以公平、公正的国民待遇。必须加快户籍制度改革，取消任何形式的身份歧视，加快城市化步伐。现在世界各国普遍赋予公民居住和迁徙自由权，全世界仅仅只有中国、朝鲜和贝宁三个国家实行严格的户籍制度。

中国革命走的是一条农村包围城市的道路，中国的现代化必须走一条农民进入城市的道路，农民进入城市的过程也就是城市化的过程，城市化的过程也就是解放农民的过程，城市化是中国农民的解放之路。现在一些人在城市化道路上主张发展小城镇，这源于对农民命运的擅作主张，忽视农民宪法之子的地位。应该说，政府的职责不是设置重重关卡阻挡农民，而是想方设法为农民创造更多的就业机会，提供更好的公共服务。给农民以公平的国民待遇，就是让农民参与制定“游戏规则”，农民与市民一样有居住和迁徙自由的权利，有在国家机关、事业单位和国有企业就业的权利，有享受城乡平等一致的社会保障的权利，有享受城乡一致的受教育的权利，有与市民平等一致的纳税的权利。

当前农民负担沉重，“三乱”现象不止，根本原因在于权力机关不受约束地从四面八方把手伸向农民干瘪的“口袋”。十多年来，农民负担越减越重就足以说明，仅靠表面加强学习、形式主义的动员说教和自上而下的自律性努力，已经制止不了强势集团对农民的欺凌和侵害。要真正减轻农民负担，必须以权力制约权力。笔者想起英国革命时的著名口号：“不经议会同意，国王无权征税。”而在我国，各级各部门随意下个文件就可以从农民身上收费，这种局面必须痛下决心扭转，我们也应该树立“不经人大批准，政府不能征税”的信念。

扩大基层民主

在现行体制下，乡镇等基层政府与中央政府追求的行政目的也并不完全一致，中央政府行政的主要目的在于“得民心者得天下”，努力维护国家主权的独立完整，确保国内稳定，促进人民福祉；不少乡镇等基层政府行政的目的在于“得上级领导心者得官位”，努力完成上级政府下达的指标，从而获得不断升迁的机会。

中央对乡镇等基层政府的约束主要有两个方面，一个是在革命斗争年代积累出来的纪律约束，一个是法治社会所必需的制度供给和安排。现在，中央政府对乡镇等地方政府的纪律性约束成效已微乎其微。不少乡镇不仅没有建立一级完全政府的财力，并且其职能已“三要化”（要粮要钱要命），呈现出带头违法犯罪的现象。有的乡镇干部公开对农民叫嚣“政府就是镇压之府”，完全堕落成违法犯罪的主体；一些乡镇领导干部还百般狡辩当前党群关系恶化的主要责任不在自己，而在“上级”和“体制”。

事实证明，仅仅靠转变作风和走过场式的乡镇机构改革已经无济于事。在建设法治国家的进程中，必须彻底抛弃那种“刑不上大夫”的封建观念。一些乡镇干部和执法人员有恃无恐侵害农民人身权利和财产权利的行为，绝不仅是“工作方法简单”、“工作作风粗暴”的问题，而是典型的违法犯罪行为，必须绳之以法，严惩不贷。中央政府必须善于与时俱进地推进制度创新，加紧供给发展基层民主政治的新制度。

加入WTO以后，作为分散的、个体的、弱势的农民，也必须提高组织化程度，着手组织农会和其他经济合作组织，形成自己的利益代言人。只有这样，才能使农民在与其他政治、经济等强势群体的博弈中维护自己的切身利益。

解放农民[①]

当我写下这个题目时，我的心情是相当沉重的。而农民生存状态的日益恶化，又迫使我不断增强奋笔疾书的使命感。中国是一个典型的农民国家，农民问题是中国革命、建设和改革的根本问题。半个多世纪来，中国农民事实上已经经历了几次重大的解放：新民主主义革命的胜利，使农民从“三座大山”的剥削和压迫下解放出来，开始翻身作了国家和社会的主人；包产到户的推行，使农民从饥饿半饥饿中解放出来，开始吃饱了肚子，过上了温饱和小康生活；村民自治的推行，使农民从政社合一的人民公社体制的桎梏中解放出来，开始向民主政治的大道迈进。难道今天还需要再提解放农民吗？

是的，解放农民不但需要，而且还十分紧迫。当前挑战中国的“三农”问题，特别是日益尖锐的农民问题，使我更加认识到了解放农民的必要性、重要性和紧迫性。我敬佩像郭书田、刘纯彬这样的政策研究专家，他们早在上个世纪 80 年代中后期就敏锐地提出了严重束缚农民的二元社会结构理论；[②] 我敬佩像杜润生、党国英这样的农村问题研究学者，他们孜孜不倦地为农民这一弱势群体说话呐喊；[③] 我敬佩像李昌平这样与农民直接打交道的基层党员干部，他们敢于舍弃“乌纱帽”而忘身为民请命。[④] 但决策层又怎样采取根本性措施和采取怎样的根本性措施，才能使中国彻底走出“兴亡百姓苦”的历史怪圈呢，我认为这就是新时期的农民解放。

将农民从二元结构中解放出来

解放农民，就是要把农民从二元社会结构的羁绊中解放出来，撤除城乡隔离的人为

① 本文原载《书屋》2002 年第 1 期。

② 参见农业部政策研究中心课题组:《二元社会结构——城乡关系:工业化·城市化》,《经济研究参考资料》1988 年第 90 期。

③ 参见杜润生:《给农民创造一个更好的制度环境》,载《中国改革》2000 年第 10 期;党国英:《我们为什么要为农民说话?》,载《南方周末》2000 年 12 月 7 日。

④ 参见黄广明、李思德:《乡党委书记含泪上书,国务院领导动情批复》,载《南方周末》2000 年 8 月 24 日。

樊篱，打碎套在农民身上的体制性枷锁，给农民以公平公正的国民待遇、平等自信的公民地位和自由广阔的生存发展空间。

建国后，在苏联模式的影响下，我国迅速建立高度集中的计划经济体制，为确保这个体制的运转，祸害无穷的二元社会结构就牢固地建立起来。包含户籍制度、住宅制度、粮食供给制度、副食品和燃料供给制度、生产资料供给制度、教育制度、医疗制度、养老保险制度、劳动保护制度、婚姻制度等多项具体制度在内的二元社会结构，人为地把我国切割成市民与农民相区别、城市与农村互隔离的畸形社会，农民成为低人一等的“二等公民”，农村也曾一度成为城市人“犯错误”、“受处分”的下放和改造之地。一个国家就这样分成泾渭分明的两大块，各大块年复一年地进行着封闭的体内循环。与此同时，国家还实行“挖农补工”政策，通过“剪刀差”无偿地从农民那里获得工业化所需的原始积累。据统计，从1952年到1986年，34年间国家通过价格“剪刀差”从农业中隐蔽地抽走了6868.12亿元的巨额资金，约占这些年间农业所创造价值的18.5%。进入20世纪90年代后，“剪刀差”还呈不断拉大的趋势。这种二元社会结构，直接造成了农村的落后贫困和农民经济、政治、法律和社会地位的丧失。全国至少还有3000万农民尚未解决温饱，城乡差距日益拉大。1978年城乡居民收入比率为2.36:1，1987年扩大到2.38:1，1995年扩大到2.79:1，2000年扩大到3.2:1。世界上大多数国家的城乡收入比率为1.5:1，超过2:1的极为罕见，而我国城乡收入的比率实际上已高达4:1的惊人程度。①

没有经济地位的农民，也没有政治、法律和社会地位。农民被市民贱看已成习惯。一些乡村干部目无党纪国法直接侵犯农民的生命财产权利并非特例。为了从农民身上搜刮更多的利益，有的地方乡村干部根本不经过法院、检察机关批准，直接带领干部或公安干警到农民家里牵牛抬猪抢粮食，随意捆绑殴打村民，逼死打死农民的恶性事件时有发生。据1996年中央办公厅和国务院办公厅关于1995年涉及农民负担恶性案件的情况通报，全国共查处13起恶性案件，被乡村干部逼死打死的农民12人。到1997年，中央“两办”通报1996年涉及农民负担恶性案件已上升到26起，被乡村干部直接逼死打死的农民26人（其中还有一名11岁的小学生）。② 在城市，就没有哪级干部能够如此肆无忌惮地逼死打死市民了。至于涌入城市谋生的农民打工者，却普遍地受到就业歧视，他们干的大都是脏、累、苦、险的活儿，不少私营老板不仅擅自延长工作时间、克扣工资，还随意毒打农民工，民工被毒打致伤、致残、致死的事件不断披露报端。而城市的“正宗”职工就不会有如此原始资本主义积累时期的悲惨境遇。身居社会最下层的

---

① 转引自仲大军：《户籍制度与二元结构对中国农村的影响》，载《中国国情国力》2001年第2期。

② 转引自梁骏等编著：《村民自治——黄土地上的政治革命》，北京：中国青年出版社，2000年版，第18页。

农民的基本人权受到了四面楚歌式的围攻。农民不断地付出眼泪、鲜血和生命的代价，却并没有换来社会对他们的强有力帮助和保护。

众多事实表明，仅靠表面的学习、形式主义的说教和自律性努力已经制止不了强势集团对农民的欺凌和侵害。我国社会主义市场经济体制已经建立起来，在计划经济体制下形成的二元社会结构却没有相应地改变，农民的不平等待遇和受歧视的地位没有根本性地扭转，农民依然在窒息他们的二元社会结构中挣扎。

时代发展到今天，不解放农民，就不可能有农民的积极性和创造性；不解放农民，就不可能有农民的自由和幸福生活；不解放农民，就不可能有富强民主文明的现代化；不解放农民，就不可能有中华民族的伟大复兴。

加快改革束缚农民的旧体制

解放农民，就是要顺应时代潮流和农民的普遍意愿，加快推进农村体制改革。中国的改革本来是从农村开始的，而20世纪90年代以后农民却陷入了前所未有的艰难困苦之中，其根本原因在于农村改革的滞后。发展才是硬道理，改革才有大出路。家庭联产承包责任制和村民自治这两项伟大的改革，曾使农村发生了根本性的变化。可进入90年代，农村改革就基本上停滞了。也正是在90年代，“三农”问题像滚雪球似的日益膨胀和严重，农民收入越来越少，农民负担越来越重，基层政权对农民的盘剥和粗暴干预越来越厉害，“官逼民死”和“农民逃亡”现象触目惊心，农民已经被逼到了生存危机的边缘，连朱镕基总理都义愤地指出已经到了“民怨沸腾”的地步。这一切的罪魁祸首，不是别的，正是传统的钳制农民的旧体制。邓小平说过，制度问题更带有全局性、根本性、长期性，制度好可以使坏人无法任意横行，制度不好可以使好人无法充分做好事，甚至会走向反面。解放农民，就是对旧体制的一场深刻革命，对旧体制的革命就是要加快推进农村体制改革。

一是要消除压力型管理体制。一项由海内外学者联合完成的研究揭示，中国的县乡政治体制是一种“压力型体制”。[①]这种体制通过将政府确定的经济发展的硬指标逐级分解下达，从县、乡镇再到村，村再将每一项指标落实到每一个农民头上，各级收缴各种税费时，又层层加码，最后摊到农民头上已经是“天文数字”了。各级官员为了展示自己的“政绩”和表现自己的“才华”，就竭力超额完成任务。在这种压力型体制下，完全排除了国家与农民分权的任何可能性，居于弱势地位的农民无处申诉，就只有任人宰割的命运。

① 参见荣敬本等：《从压力型体制向民主合作体制的转换——县乡两级政治体制改革》，北京：中央编译出版社，1998年版。

二是解除户籍制度和土地制度对农民的严重束缚。公民的居住和迁徙自由是全世界公认的一项基本人权，1954 年《宪法》就规定了公民的这项权利。但为配合计划经济体制的运行，1958 年 1 月全国人大常委会通过的《户口登记条例》就将公民的这项基本权利轻易地取消了。1982 年《宪法》也未予恢复。1997 年和 1998 年，我国政府先后签署了包含公民居住和迁徙自由权在内的两个“国际人权公约”。可以说，现在是彻底改革户籍制度，重新恢复和确立全体公民居住和迁徙自由权的时候了。农村的土地制度也亟需改革，坚持家庭承包责任制不变，但这不能成为强迫农民种田的借口。本来农业的比较效益低，加上名目繁多的乱集资、乱收费、乱摊派，农民种田已毫无利润可言。现行的土地制度没有充分确认农民的产权关系，限制了土地的合理流转。这对农民来说，就是你不种田也得种田，种田有没有利润你都得上交各种税费，这种强迫农民种田的逻辑该彻底抛弃了。在城市，你办企业开商店没有钱赚，可以停办企业关门大吉，有关部门不至于再上门收税费吧。在农村则不然，种田没有利润，可农民不能不种，不种田要收取你的“撂荒费”，不管你种不种，各种税费一分不能少。这种土地税赋制度明摆着欺侮老实农民，这正应着中国的一句古话：老实人吃亏。因为农民作为弱势群体，只能“善”不能“恶”，只能当“老实人”，所以各级各部门就大胆地把手伸向农民而无后患之忧。

三是取消“三提五统”和农业税。1983 年撤销人民公社、建立乡政府后，与人民公社体制相对应的农村提留统筹制度却保留下来，并沿袭至今。据统计，从 1993 年到 1998 年，全国提留统筹费由 380 亿元增至 729.7 亿元，平均增长 13.9%。按人均计算的提留统筹费由 44.6 元上升至 84 元，年增 13.8%。[①] 从本质上说，“三提五统”是用于提供农村公共产品和服务的公共需要，而这些公共需要，在城市则全部由国家财政包下来，在农村则由全部农民自己包下来，这是极不公平的。提留统筹制度早已经失去了其存在的合理性，应该予以取消。由于农业是弱质产业，在实行市场经济的国家一般都没有单独设立农业税，而是对农业与其他纳税对象征收同样的税收，不仅如此，这些国家都普遍地实行对农业的特殊保护和财政支持政策，确保农业在市场经济中得到健康发展。我国农业税虽然不算太重，年均不过 300 亿元（“九五”期间全国农民年均交纳农业税 254 亿元），但仍然需要取消。取消上述两项税费，可能有人会认为乡村两级不能正常运转，国家税收会减少，影响中央财政调控能力。其实不然，以上两项税费加起来不过 600 亿—1000 亿元，我们不要算其他的帐，只需精减党政机构和控制公款消费就能解决这个问题。据有关部门统计，全国乡级供养人员已增至 870.9 万人，乡均 200 人。[②] 如果乡镇干部人员精简一半就是 430 多万人，平均每人每年以 1 万元支出（含工

---

① 方言：《我国农村税费现状及成因分析》，载《经济研究参考》2001 年第 24 期。

② 方言：《我国农村税费现状及成因分析》，载《经济研究参考》2001 年第 24 期。

资、办公费用）计，此项就可节省430多亿元，而全国党政机关公款吃喝、公款消费、公款送礼等挥霍每年不下1000亿元。[①]如果能够建立起与社会主义市场经济相适应的公共财政框架，大力进行公共财政支出改革，问题就更加迎刃而解了。所以，只要改革就有出路。不仅要取消“三提五统”和农业税，而且也要取消义务工、积累工，取消一切面向农民收取的不合理、不公平的费用。至于在教育、卫生、电力、公路、信贷、水利建设、邮电通讯和其他基础设施建设及社会保障等方面，国家再也不能继续实行城乡有别、厚此薄彼的“一国两策”了。我们认为，只要深化改革，就完全有财力确保城乡居民待遇的一体化。[②]

四是实行乡镇自治化、农民组织化。从秦始皇统一中国到1949年，我国的乡镇自治有着悠久的历史传统，中国历代统治者基本上都只将国家政权机构设置到县一级，县以下实行自治。所以自古就有“皇权不下县”的说法。清政府1908年颁布的《城镇乡地方自治章程》至今仍有借鉴意义。[③]解放前，共产党在根据地就实施了地方自治制度。现在，乡镇不仅没有财力建立一级完全政府，而且其职能也已“三要化”（要粮要钱要命），一些乡镇还呈现出带头违法犯罪的现象，它在加重农民负担、干预村民自治、侵害农民人身权利和财产权利等方面扮演着极不光彩的角色，与造福一方的宗旨和提供公共服务的职能背道而驰。为了维护广大农民的根本利益，为了扩大基层民主，健全法制，必须尽快撤销乡镇政府，[④]相应地实行乡镇自治制度。正如工人有工会组织一样，农民在村民自治的基础上，还需建立一个代表自己利益为自己说话的农民组织即农会。设立农会不是今天才需要出现的，在民主革命时期，党的许多领导人就非常善于组织农会，搞好农会工作。在市场经济的大潮中，作为个体的农民，要能与其他组织进行有效地谈判和博弈，真正达到保护自己利益的目的，就必须把单个、分散的农民组织起来，组成自己的农会。

城市化是农民的一条解放之路

城市化是农民的解放之路。中国革命走的是一条农村包围城市的道路，中国的现代

---

① 这个数据只是笔者多年前的最低估算。据有的学者最新保守估计，2007年，全国行政事业单位公车花费（不含购置费）、公款招待、公费出国三项为7690亿元。参见周天勇：《税费不能承受政府支出之重》，载《中国经济时报》2009年11月3日第12版。

② 从2001年开始，笔者就在相关文章中反复呼吁取消农业税。2004年3月，温家宝总理在《政府工作报告》中首次提出5年内逐步取消农业税，到2006年全国彻底取消农业税，标志着在我国实行长达2600年的农业税退出历史舞台，中国农民结束了种田纳税的历史。取消农业税，打开了中国农村改革发展的崭新局面。从此，中国农村改革进入了一个鼓舞人心的新时期。

③ 参见郑法：《农村改革与公共权力的划分》，载《战略与管理》2000年第4期。

④ 参见邓大才：《乡级政府该撤了》，载《中国国情国力》2001年第3期。

化必须走一条农民进入城市的道路。农民进入城市的过程也就是城市化的过程，城市化的过程就是解放农民的过程。城市化是中国农民的解放之路。

回首已走过的历程，我国在这条路上走得太慢太艰难，这根本缘于国家对农民进城设置太多的障碍，农民在迈向城市化、现代化的道路上，肩负着太多太重的包袱。国际经验表明，在现代化的道路上，有三个关键性的城市化水平的指标，一个是城市化水平达到 30% 时，进入城市化快速发展阶段；一个是城市化水平达到 50% 时，进入基本实现现代化的历史阶段；再一个是城市化水平达到 70% 时，才能真正消除工农差别、城乡差别、体力劳动和脑力劳动的差别。[①] 建国以后，由于户籍制度的人为限制，我国城市化进程十分缓慢。1949 年我国城市化水平为 10.6%，1959 年为 18.4%，1978 年为 17.9%。从中可以看出，1959 年至 1978 年的 20 年间，我国城市化水平不仅没有上升，反而下降了 0.5 个百分点。从 1950 年到 1980 年 30 年间，世界城市化水平从 29% 迅速上升到 41.3%，其中发展中国家由 16.7% 上升到 30.5%，先进工业化国家由 52.5% 上升到 70% 以上。到 1997 年，全世界城市化平均水平已达 46%，发达国家一般都在 70%—80%，发展中国家也在 40% 以上，而我国仅为 29.9%，相差甚远。我国有 13 亿多人口，9 亿是农民，要实现现代化，就必须把绝大部分农民转移到城市来。

中共十五届五中全会通过的“十五”计划的《建议》提出了“实施城镇化战略”，这是非常及时和正确的。但在实施城镇化战略的理论和实践中却存在着严重的误区。

一是把城镇化战略理解为小城镇战略。发展小城镇已经成为官方的主流政策和地方的主流行动，其实这是中国城市化的重大失误。发展小城镇既不符合世界城市化的发展规律，也不符合农民的普遍愿望，同时，小城镇也不能完成我国城市化的艰巨任务。国际经验表明，只有规模较大的城市才能产生明显的聚集效应，从而创造较高的规模效益、较多的就业机会、较高的科技进步力、较大的外部扩散效益以及比较完善的城市功能，事实证明，小城镇创造不出较多的就业机会、较大的规模效益和完备的城市功能，盲目发展小城镇还明显地造成巨大的土地和财产浪费，造成低水平的粗放型的重复建设。从完成我国城市化的目标任务来看，小城镇也力不从心。以 50% 的城市化水平计算，我国目前 12 亿多人口，就需 6 亿多人生活在城市；以 70% 的城市化水平计算，就需 8 亿多人生活在城市。全国 2000 多个县，充其量估算，每个县的县城（含中心镇）平均增加 10 万城镇人口，也只能解决 2 亿多人口的转移问题，还有 4 亿—6 亿多农民必须进入全国各大中小城市。发展小城镇之所以成为时下主流，主要是囿于二元户籍制度的严格局限和对农民命运的擅作主张。可以肯定地说，那些主张小城镇的人，他自已就不会放弃大城市而到小城镇去生活。在城市化进程中，各大中城市不能无动于衷，紧

---

① 参见课题组：《现代化标准研究》，载《宏观经济研究》2000 年第 4 期。

闭“城门”。为了不使人们对城市化产生理解上的歧义和由此造成的不利后果，在主流话语中应提倡以“城市化”取代“城镇化”，城市化其实已内在地包含发展小城镇，城市化不排斥发展小城镇。

二是把户籍制度改革局限于小城镇户籍改革。半个世纪以来城乡隔离的二元户籍制度是计划经济体制为农民套上的沉重枷锁，在市场经济条件下必须予以根本性地改革。中共十一届三中全会以来，户籍制度开始松动。1984 年，国家允许农民自带口粮到县城以下集镇落户，到 2000 年，小城镇户籍改革在各地大步推进，从 2001 年 10 月 1 日起，全国两万多个小城镇全面推行户籍制度改革，这是我国改革开放的重大成果。但户籍制度改革仅限于小城镇的作法显然是远远不够的，户籍制度改革的终极目标应该是实现人口的自由迁徙。为此，我曾对掌握公民户口命运的国家公安部颇有微词，后来了解到早在 1985 年国家公安部就着手起草对户籍制度进行根本性改革的《户口法》，但却迟迟出不了台，主要原因是遭到了诸如教育部等有关职能部门的强烈反对。[①] 改革是第二次革命，是对传统不合理利益格局的重新调整，必然要触及到一些部门和个人的既得利益。但为了广大人民的根本利益和国家民族的前途命运，对于阻碍改革的势力，必须予以宣战。执政党提出要始终“代表中国最广大人民的根本利益”。9 亿多农民的根本利益，就是中国最广大人民的根本利益。2001 年以来，一些大中城市的户籍改革频见报端，特别是 8 月 1 日河北石家庄市户籍改革正式实施，[②] 拉开了我国省会城市户籍改革的帷幕，尽管其中仍有许多不尽人意之处（比如仍然设置过高的进城门槛），但毕竟开了一个好头，希望在不久的将来，大中城市的户籍改革能够得到迅速普及。

解放农民，是农民的迫切愿望；解放农民，是中国现代化建设和民族伟大复兴的希望所在。让我们以对美好生活向往的坚定信念和大无畏精神，万众一心改革旧体制，齐心协力解放全体农民。

---

① 参见寿蓓蓓：《中国户籍制度悄悄改革》，载《南方周末》2001 年 8 月 30 日。

② 参见寿蓓蓓：《中国户籍制度悄悄改革》，载《南方周末》2001 年 8 月 30 日。

论人大制度创新[①]

人民代表大会制度是我国的根本政治制度，是建设社会主义民主政治的核心内容。坚持和完善人民代表大会制度，是建设社会主义民主政治的根本途径。有的人主张照搬西方“三权分立”的民主制度，这在中国现行体制下是行不通的，不能达到发展我国民主政治的目的；有的人不对人大制度进行认真的研究和探讨，就一味地强调人大制度是最完美的制度而进行僵化地坚持，这同样不能达到发展我国民主政治的目的。长期以来，我们在所有重大会议和重要文件中，都毫不例外地强调要“坚持和完善人民代表大会制度”，而真正的问题在于，我们反复强调“坚持”的多，而实实在在进行“完善”的少，或者说，所谓“完善”还一直只停留在口号上，尚未落实到行动中去。这就使得几十年来我国的人大制度建设没有取得实质性的进展，造成了理想的民主理念与落后的民主实践的巨大矛盾。根据马克思主义的基本观点，无产阶级国家的议会比资产阶级国家的议会更高级更民主的地方在于：必须按照普遍、平等、直接、无记名的原则选举产生；必须真正成为国家的权力机关而不是“清谈馆”；必须实现人民对代表和国家公职人员的罢免权。对比近半个世纪以来我国人大制度的实践，其中的巨大差距是显而易见的。发展民主政治，是我们党始终不渝的奋斗目标，而要实现这个目标，就必须始终坚持人民代表大会制度，要坚持人民代表大会制度，就必须不断完善人民代表大会制度，实现人大制度的创新，因为创新就是最好的坚持。

现在对人大制度进行创新的条件已经成熟。这是因为：（一）我们党和国家确立了“依法治国”的基本方略和建设民主、法治国家的目标，实现了从人治向法治的大跨越；（二）我们党和国家确立了建立社会主义市场经济体制的改革目标，实现了从计划经济向市场经济的大跨越；（三）我们党和国家确立了对外开放的战略，积极参与经济全球化和政治多极化，实现了从自我封闭半封闭向世界全方位开放的大跨越；（四）我们党和国家经过建国五十多年的发展，特别是改革开放二十多年来的发展，全国人民的物质文化生活水平大为提高，民主法制意识显著增强，实现了由贫困落后向全面建设小康社会的大跨越，等等。这些都为我们不断发展社会主义民主政治奠定了坚实的基础。而实

① 本文原载《郴州师范高等专科学校学报》2002年第1期。

现人大制度创新，是当前发展民主政治的关键所在。笔者认为，推进人大制度创新，应该着眼于执政党与人大关系法治化、人大选举直接化、人大代表任职专职化、人大职能健全化。

执政党与人大关系法治化

中国共产党是我国唯一的执政党，中国共产党的执政地位是在长期的革命斗争中形成的，不容任何怀疑和动摇。在执政党与人大的关系上，长期以来存在着似是而非的认识，学术理论界对此没有形成一致的看法，也未研究出一个成熟的理论。从执政党与人大之间的实际运作来看，可以从两个方面来理解和把握：一方面，在宪法和法律上，全国人大是最高国家权力机关。《宪法》明确规定，中华人民共和国一切权力属于人民，人民行使国家权力的机关是全国人民代表大会和地方各级人民代表大会，全国人民代表大会是最高国家权力机关，任何组织或者个人都不得有超越宪法和法律的特权。[①] 这就是说，执政的共产党也必须遵守宪法和法律，中国共产党《党章》对此也作了具体的规定。另一方面，在国家政治体制上，中国共产党是领导一切的，人大要接受党的领导。

上面看似逻辑矛盾的两个方面，几十年来似乎难倒了我们的理论工作者，以致至今还没有公认的处理二者关系的理论成果，这是我们的理论落后于实践的地方所在。由于深受苏联以党治国的严重影响，我国党政不分、以党代政、权力高度集中等现象十分严重，几近到了积重难返的地步。在传统的执政党与人大关系认识上，片面强调党领导一切，党直接领导人大，包揽国家事务，使人大事实上成为党组织的附属物和具体执行机关，这就使人大丧失了宪法规定的最高权力地位。

如何正确处理好执政党与人大的关系，使中国的民主政治建设不因此而“卡壳”，这是对当代中国人政治智慧和创新勇气的最大考验。其实，对于执政党与人大关系这一所谓的“敏感”问题，只要认真思考，勇于创新，就完全可以找到解决的新路。

首先，弄清楚政党是一种什么性质的组织。政党是近代以来出现的为了一定的政治目的而结成的政治组织。现代国家几乎都是政党政治，政党在国家政治生活中发挥着十分重要的作用。虽然任何政党都是以取得政权、参与政权或维护政权为主要政治目标，但政党包括执政党本身并不是权力组织。党的十二大就明确指出：“党不是向群众发号施令的权力组织，也不是行政组织和生产组织。”这就充分说明，任何政党，包括执政的共产党，本身并不是权力组织，不具备行政权力，它不能对任何组织和个人发号施令，因而也就不能对人大进行直接的指挥和发号施令。

---

① 《中华人民共和国宪法》，北京：法律出版社，2000年版，第6—7页。

其次，弄清楚以党治国的由来及其弊端。传统的党的领导体制是以党治国，以党治国就是将执政党凌驾于国家政权机关之上，以党的名义居高临下地直接向国家政权机关、社会经济组织和个人发号施令。我国以党治国的形成有着深刻的社会政治文化因素，概括地说，一是苏联模式的影响，二是封建专制思想的影响，三是革命斗争特殊环境的影响，四是国民党的影响。孙中山就是主张以党治国的，苏联可以说是以党治国的"始作俑者"。以党治国的直接后果，就是树立了党权至上，强化了党权本位，使党的组织和职能全面权力化、行政化，相应地使国家政权机关的职能和权威大大弱化和边缘化。毛泽东、刘少奇、周恩来、邓小平、江泽民等都明确表示过反对以党治国。现行的执政党对人大的领导方式实质上带有很大的以党治国的痕迹。

再次，弄清楚我们是要人治还是要法治。我国是一个人治传统十分悠久的国家，长期以来，我们忽视法制建设，突出个人的权威，强调政策治国，人治思想和作风泛滥。以党治国实质上就是一种人治方式，人治给我们党和国家带来的灾难是空前的。所以党的十五大明确宣布要"依法治国，建设社会主义法治国家"，这是我们党治国方式的重大转变。要法治，摒弃人治，已经成为全党和全国人民的共识。

弄清上述问题，我们可以顺理成章地推断，执政党必须在宪法和法律的范围内活动，执政党不能直接对人大发号施令，执政党的领导方式必须进行相应的变革。在执政党与国家的关系上，我们可以认定，执政党从属于国家，而不是国家从属于执政党。因而作为国家根本大法的《宪法》就完全可以约束执政党的行为，这就是"党必须在宪法和法律的范围内活动"的理论依据。当执政党与人大关系在宪法法律层面和政治体制层面上出现一种特殊的矛盾时，我们不可能通过修改宪法来确认"执政党是最高权力机关"，我们只能在政治体制层面上改革党的领导体制。所以 1980 年 8 月邓小平就作了《党和国家领导制度的改革》的著名讲话，正式提出要改革党和国家的领导制度。党的十三大根据邓小平同志这一重要思想，正式界定党的领导是"政治领导"，党对国家事务实行政治领导的主要方式是"使党的主张经过法定程序变成国家意志，通过党组织的活动和党员的模范作用带动广大人民群众，实现党的路线、方针、政策。党和国家政权机关的性质不同，职能不同，组织形式和工作方式不同。应当改革党的领导制度，划清党组织和国家政权的职能，理顺党组织与人民代表大会、政府、司法机关、群众团体、企事业单位和其他各种社会组织之间的关系，做到各司其职，并且逐渐走向制度化。"[①]这就是说，政治体制层面界定的党领导人大要服从宪法规定的人大是最高国家权力机关。因此，党对人大的领导方式就必须作出相应的转变。

执政党怎样转变领导方式呢？笔者认为，从我国的实际出发，实行"政权内领导范

① 《中国共产党第十三次全国代表大会文件汇编》，北京：人民出版社，1987 年版，第 37 页。

式”。[①]所谓政权内领导范式，就是执政党的领导方式由传统的党治制向现代法治制转变，由执政党凌驾于国家政权之上的领导向执政党置身于国家政权之内的领导转变。政权内领导方式与传统的党政合一有本质的区别，党政合一的主要弊端在于以党代政，党直接包揽一切行政事务和社会事务，并以党的身份行使国家权力。政权内领导就是执政党置身于国家政权之内，使党的主张经过法定的程序变为国家意志，上升为国家法律，并以国家政权的合法身份行使权力，实行法治化的领导。

共产党没有自己的任何私利，共产党执政的本质就是最大限度地支持和组织人民群众当家作主。根据政权内领导范式，执政党对人大的领导方式就必须由执政党凌驾于人大之上对人大直接发号施令，转变为执政党置身于人大之内，通过法定程序，使执政党在人大内取得优势名额和地位，经过人大这一合法机关，达到体现执政党意志和保证人民当家作主的目的，实现执政党与人大关系的法治化。各民主党派也应当纳入到人大的序列之中，在人大这个合法的最高权力舞台上与执政党长期共存、互相监督、肝胆相照、荣辱与共。

人大选举直接化

人大制度的民主性就在于人大代表是民主选举产生的。当今世界各国议会议员的选举，都是遵循普遍、平等、直接、秘密选举的民主原则。实行普遍、平等、直接、秘密的选举原则也是马克思主义的基本观点，列宁就认为无产阶级民主比资产阶级民主更高级的地方在于人民的直接选举。直接选举是无产阶级国家必须实行的真正的民主原则。

直接选举早已成为世界各国议会选举的普遍原则，可我国全国人大选举却一直是多层次的间接选举。间接选举的弊端是十分明显的，它不能全面、正确表达民意，模糊了代表与选民之间的责任关系，违背选举的普遍性和平等性原则，不符合马克思主义的基本观点。

我们经常说要坚持马克思主义，笔者认为坚持了直接选举的原则就是真正坚持了马克思主义。现在我国人大代表的直接选举范围还局限在县乡（镇）两级，市、省和全国人大代表都是间接选举产生的，这与当今世界各国议会普遍实行直接选举很不协调，与马克思主义经典作家的论述很不协调，与广大人民群众的民主愿望很不协调。但为什么我国不实行直接选举呢？究其原因，恐怕不是别的，而是我们脑子中的种种错误认识。如果不清除这些错误认识，直接选举在我国就可能永远不能实现，社会主义民主也就成了一句欺人的谎言。

---

① 戴承欢、张英红：《论依法治国方略中的党的领导》，载《常德师范学院学报（社会科学版）》2001年第4期。

错误认识之一：中国经济文化落后，人民群众民主意识差，不能实行直接选举。这是阻碍中国民主进程的最大障碍，这种观点事实上是一点儿也站不住脚的。第一，现在世界各国议会几乎都实行直接选举，难道我们中国是全世界经济文化最落后、人民群众民主意识最差的国家？第二，西方资本主义国家早在一二百年前就实行了直接选举，难道今天的中国还不如一二百年前的西方资本主义国家？第三，我们党自 1921 年成立以来就始终不渝地为人民争民主争自由，难道新中国的经济文化水平和人民群众的民主意识还不如解放前的旧中国？第四，建国初期我们说中国经济文化落后、人民群众民主意识差，经过 50 多年的社会主义建设，特别是经过二十多年的改革开放，我国人民的经济文化水平和民主意识难道说还是原地踏步踏地留在建国初期的低水平上？第五，这是我们每个人都会承认的，那就是我国农村的经济文化要比城市落后，农民的民主意识要比市民的民主意识差。但为什么早在 20 世纪 80 年代初，处在我国落后的农村县、乡镇两级就实现了直接选举，而到 21 世纪的今天，我国发达的城市还不能实行直接选举？

错误认识之二：中国人口众多，幅员辽阔，难以实行直接选举。这也是毫无道理的。因为我国人口众多、幅员辽阔是一个自然存在的现象，恐怕到下个世纪，我国还有这么多人口，还有这么辽阔的幅员，难道我国就永远不能实行直接选举了吗？在人口众多方面，我们可以看看印度，印度人口不比我国少多少，但他们的议会是直接选举产生的。在幅员辽阔方面，我们可以看看前苏联、美国、加拿大：前苏联比我国幅员更辽阔，可它早在 1936 年就实行了最高苏维埃的直接选举；美国、加拿大与我国幅员差不多，可它们早在一二百年前就实行了议会直接选举。当然人口多、幅员辽阔肯定会给选举带来一定的困难，但这可以通过改进选举技术方法来解决，譬如“采用划小选区的办法，就可以做到直接选举全国人大代表不会比现在选举县级人大代表的难度大多少”。①

至于一些人认为直接选举是西方资本主义的东西，这是对马克思主义的最大无知。也许是长期以来我们没有进行直接选举，而西方国家却普遍地实行直接选举，这就使一些人误认为直接选举是资本主义的东西了。直接选举并不是一些人所理解的那样是资本主义的东西。要知道，恰恰是马克思主义经典作家多次论述过无产阶级要实行比资产阶级更广泛更民主的直接选举。在第一个社会主义国家的苏联，就实行了直接选举，我国也已经在县、乡镇实行了人大代表直接选举。现在的问题不是要不要直接选举，而是如何尽快推广直接选举的范围。我们应该有一个明确的直接选举时间表，使直接选举逐步从县乡镇级推广到市级、省级，最后推及全国。

实行直接选举，还应该相应地实行竞选制。竞选制也不是资本主义的东西，它本身是一种公开、平等、有序的竞争机制。早在革命战争年代，我们党就提倡和实行过竞选

---

① 蔡定剑：《中国人大制度》，北京：社会科学文献出版社，1992 年版，第 146 页。

制，《陕甘宁边区各级参议会选举条例》就列专章规定了竞选制。实践表明，实行竞选，可以最大限度地激发人民群众的民主热情，最大限度地选拔政治热情高、工作能力强、深受群众欢迎的人才，实行公开的竞选，还可以有效地避免选举中的黑箱操作和暗地交易，竞选人也可以光明正大地表明自己的政治立场和愿望。实行竞选制，也是社会主义民主政治和市场经济的客观需要，是确保直接选举卓越有成效的必备手段和有效方法。

人大任职专职化

人大任职是否专职化，在一定程度上决定人大工作效率、素质水平、监督力度和民主程度。世界各国议会议员都是专职的，而我国人大代表却是兼职的。人大代表实行兼职制，有其严重的弊端：一是不能监督。我国全国人大近3000名代表，都是兼职的，他们一年只能召开一次会议，在短短十几天的会期内，要完成人大对"一府两院"复杂工作的审议和监督，显然是力不从心的，只能走走过场，草草了事。二是不敢监督。我国人大制度的一个显著特点是，下级官员或单位工作人员担任上级人大代表，监督上级政府的工作，虽然宪法规定了人大代表在会议期间的"言论免责权"，可每位代表都清楚，散会后自己马上就回到原工作单位，成为政府直接管理的对象，谁还敢大胆"监督"呢？所以他们在人大会议期间大都只能对政府工作表示称赞和肯定，最后"一致通过"，根本起不到"唱对台戏"的监督作用。三是无力监督。国外的议会议员通过民主竞选产生，当选的议员大都是政治家和社会活动家；我国的人大代表大都是组织上推荐的劳动模范或在某一领域里的先进工作者，他们虽然有一技之长，但大都不懂得政治、法律，甚至有不少人大代表连人大制度都不清楚，只不过跟着去开开会、听听报告，这不得不使我国人大代表的整体素质偏低，缺乏应有的议政能力和监督能力。

我国人大代表之所以实行这种兼职制，主要是深受苏联模式的影响，而对苏联模式的照搬又根本源于我们对"议行合一"的教条理解和机械运用。"议行合一"最早是由法国著名资产阶级启蒙思想家卢梭提出来的，巴黎公社进行了短暂的"议行合一"尝试，公社社员既是人民代表，同时又是政府官员。马克思在《法兰西内战》中总结巴黎公社时说过公社不应当是议会式的，而应当是同时兼管行政和立法的工作机关。马克思所说的"议行合一"就是代议机关和行政机关合而为一，制定法律的机关同时又负责执行法律，代表机关的成员同时又是执行部门的领导者。但马克思只是说这是巴黎公社政权建设的经验，就是说，巴黎公社在政治建设时是这么做的，是搞"议行合一"的，马克思并不是说以后建立的社会主义国家就一定要采取这种"议行合一"的原则。十月革命后的列宁却坚持了"议行合一"的原则，苏联1918年和1924年宪法就是按照"议行合一"原则建设苏维埃的，到1936年苏联制定新的宪法时已经开始把立法和行政职能明显分开。但在人民的思想观念中，却一直认为“议行合一”是社会主义国家代议机关的组织原则。事实上，我国在立法机关和行政机关设置上，从来就不是“议行合一”的，立法机关是全国人大及其常委会，行政机关是中央人民政府即国务院，但我国在人大代表的选举产生上，却明显地带有“议行合一”的痕迹，即有不少人大代表同时兼任政府官员。几十年来，无论在理论上还是实践上，“议行合一”已经不是我国人大制度的组织原则，因此，明显带有“议行合一”痕迹的人大代表兼职制应该是我们进行人大制度建设所要改革的重要内容。

几百年来的国外议会实践充分证明，议员专职制是人类文明的共同成果，值得我们借鉴。我们不仅要认真总结近半个世纪以来我国人大代表兼职制的实践弊端，也要借鉴和吸收国外发达国家先进的文明成果。实践证明，实行人大代表专职制势在必行。笔者认为，为了搞好人大代表专职制，还必须明确以下几条具体措施：

一是政府官员不得当选人大代表。政府官员不能同时担任议员，这是国际上通行的做法。我国目前由政府官员担任人大代表的人数不少，这是很不妥当的，它不利于人大制度建设，不利于民主政治发展。我国已经明确规定人大常委会组成人员必须辞去在政府担任的职务，这是人大制度改革的方向。随着人大代表专职制的建立，全国各级政府官员应一律不得担任各级人大代表。

二是减少代表名额。现在我国全国人大代表名额近3000人，是世界议会人数最多的，省级人大代表名额也在400—1000人之间，比一些国家议会人数还要多。根据国外经验，议会在500人左右比较合适，超过1000人时开会讨论问题就比较困难。例如美国国会下院议员人数是435人，法国议会下院577人，日本众议院512人，印度下院544人，英国下院650人，意大利众议院630人。我国人大代表名额虽然与我国有12亿多人口有关，但人大代表人数过多，效率并不是很高，特别是实行人大代表专职后人数就更加不需要这么多了。我们认为实行专职制后的全国人大代表名额应在500人至1000人之间。

三是设立与“一府两院”对口的专门委员会。西方发达国家的议会机构基本上是与政府的职能部门对口设置的，每个议会常设委员会机构专门审议研究与之相对应的政府部门的各项议案，并对其进行全面的监督，如美国国会的常设委员会43个，小组委员会100多个。我国人大要加强对“一府两院”的监督，就必须成立与“一府两院”相对口的专门机构，这也是现代社会分工专业化越来越强的客观需要。只有设立相应的人大专门机构才能够集中精力了解、研究和跟踪“一府两院”的工作，从而达到对“一府两院”进行经常有效的监督目的。

四是配备人大代表工作助手。人大代表实行专职化后，为了提高工作效率，就必须相应地为每个人大代表配备一定数量的助手和工作人员。国外议会议员都配备相应的工作助手，其工作责任心之强、工作效率之高是相当出色的。比如美国国会就为议员个人配备了大量的助手，每个议员最多可雇专职助手 18 人，还可雇用非专职助手。美国国会议员只有 535 人（其中下院 435 人，上院 100 人），而工作人员总数却高达 4 万多人。还需要说明一点的是，实行人大代表专职化后，现行的全国人大常委会机构就没有存在的必要了。

人大职权健全化

《宪法》规定全国人大有 15 项职权、全国人大常委会有 21 项职权。这些职权总括起来可分为：立法权、决定权、任免权和监督权。我国宪法赋予全国人大的职权要比国外议会的职权范围更广，但我国人大的实际工作效率和权威性却不尽人意，其中一个重要原因就在于我国人大在职权的行使上是残缺的。我们认为，凡是宪法授予人大行使的职权而人大没有去行使的应视为人大自身的“失职”。当然，这与现行的政治体制、权力结构、认识状况有很大的关系。但在建设社会主义法治国家的进程中，我们必须以法治的眼光重新审视人大制度，审视人大职权的完善和健全行使。从实际情况来看，人大职权行使的残缺是多方面的，笔者仅就一些重要的方面作些分析。

一是决定权的行使。决定权是体现人大作为最高国家权力机关特征的一项重要职权。根据宪法规定，属于国家或地方重大事情需要作出规定的应由全国人大行使决定权。在实践中，人大也多多少少在行使着这一职权。但存在的一个突出问题是，全国人大的决定权与执政党的决策权怎样协调一致。传统的做法是，执政党包揽国家事务，直接对国家机关和人民群众发号施令，执政党的决策权在许多方面取代了人大的决定权。执政党实行的是“党委决策，政府执行”的领导体制和原则，这就使得政府成为党委的执行机关而不是人大的执行机关，这显然是不符合宪法精神的。在实行依法治国的今天，不是不要执政党的决策权，而是要实行执政党领导方式的转变，即由过去的“党委决策、政府执行”转变为“党委决策，经过人大决定，再由政府执行”，这就由过去的两个环节变成三个环节。这决不是多此一举，而是法治的重要特征，这也不是削弱了党的领导，而是在完善中进一步坚持了党的领导。

二是财政权的行使。财政权是指人大享有对国家的财政决定权和对政府财政监督权。掌握财政权是议会发展史上最原始的一种职权，早在英国资产阶级革命时期，议会就是为了限制国王征税而逐渐发展壮大起来的，当时流行的一句非常有名的口号是“不经议会批准，国王无权征税”。这既是对国王滥用权力的约束，更是对人民财产权利的保护。对照我国的情况，我们深深地感到人大在对财政权行使上的严重缺失。一方面，我国现行的人大对财政权的行使仅仅体现在一年一度对国家财政预算决算的审议上，而这种审议又大多是滞后的和形式性的，缺乏强有力的制约和监督。另一方面，从理论上说，国家税收的征管必须经全国人大审议批准，否则任何单位和个人都不得向人民群众征税，可我国的现实情况是，各级各部门不仅擅自制定每年税收增长目标以示政绩，而且纷纷出台各种收费项目中饱私囊，连乡镇政府和职能部门随意下个文件就可以向农民群众收取各种名目繁多的费用，致使“三乱”泛滥，农民苦不堪言。这不能不说我国人大应对此负有很大责任。严峻的现实向我们昭示，我国也应该树立这样的信念：“不经人大批准，政府不能征税。”至于各级各部门乱收费就更不用说了。

三是弹劾、罢免权的行使。我国人大对人事权的行使上还普遍局限在被动的任免范围之内，而弹劾、罢免权的行使几乎没有真正启动过。弹劾是议会对违法、犯罪和严重失职行为的高级官员进行检查追诉的一种制度，这在西方各国议会中是正常行使的一项重要职权。根据西方的议会实践，弹劾制度主要是针对由选民选举产生的国家高级官员，在我国由选民直接选举高级官员的条件尚不具备的情况下，人大不行使弹劾权可以理解。但人大没有正常行使罢免权就说不过去了，因为人大及其常委会对由它选举、决定、任命和批准任命的国家机关组织成员最有效的监督制裁手段就是罢免或撤职。罢免是人大免除违法、失职的国家机关领导人职务的方式。建国以来人大对罢免权的行使严重缺失，在人们的记忆中，人大正常行使罢免权的似乎只有一次，这就是20世纪80年代末湖南省人大对副省长杨汇泉的罢免。现在官吏腐败比较严重，但人大很少积极主动地行使罢免权，一般情况是先由党委决定对某一腐败官员作出党内纪律处分后再由人大去办理“罢免手续”，这种“马后炮”式的“罢免”与人大作为最高权力机关的地位极不相称，这无疑大大削弱了人大对各级官员的有效监督。

四是宪法监督权的行使。对宪法监督权的行使恐怕是人大所有职权中最薄弱的环节，甚至可以说，人大的宪法监督权几近虚设，这也是我国宪法缺乏神圣权威的一个重要原因。现行《宪法》明确规定全国人大和全国人大常委会有监督宪法实施的职权。但自从1954年《宪法》颁布实施以来，我国人大还没有处理一起“违宪案件”，这并不是说近半个世纪以来我们没有违宪案件发生，而是全国人大及其常委会没有正常行使宪法监督权。实事求是地说，现在各级各部门出台的各种地方保护主义和部门保护主义的政策法规，有不少是严重违宪的，就是全国人大常委会通过的大量法律，也不能完全保证它没有违宪的情况。根据现行《宪法》规定，一切违反宪法和法律的行为必须予以追究。我们要建设社会主义法治国家，就迫切需要单独成立宪法监督委员会，专门监督审查包括全国人大常委会、国务院及地方各级各部门制定的法律法规和政策是否违宪，使我国宪法进入诉讼程序，确保宪法的神圣权威。

另外需要指出的是，根据宪法规定，人大一年一度听取“一府两院”的工作报告并进行审议。近些年来出现的引人注目的一种新动向是，人大代表对“两院”的工作报告投了不少的“不信任票”，这说明人民对其工作是“不满意”的，但也仅仅就是“不满意”而已。根据国外通行的做法，议会一旦通过对政府的不信任案，政府必须提出辞职。同理，一旦我国人大对“一府两院”的不信任投票达到一定比例，“一府两院”的正职应当提出辞职。如果这样，人大对“一府两院”的监督就真正发挥了最高权力机关的作用。实现人大制度创新，还需要国家在其他制度安排上作相应的调整，比如说，我们习惯于重视学习文件政策而轻视学习宪法法律，再比如说，我们习惯于将年届退休的老同志安排到人大工作，这就使人大领导干部有一种退居“二线”的感觉，使人大远离了权力中心，这与宪法赋予它的最高权力机关的地位是不相符合的，等等。推进人大制度创新，需要国家从整个制度层面进行通盘考虑，关键是要深化政治体制改革。如果我们一方面希望建设社会主义法治国家，另一方面又习惯于运用人治的手段，其结果必然是一场南辕北辙的现代游戏。

给农民自由[①]

自由是人类最宝贵最基本的需求，从古到今，几乎无人不追求和颂扬自由。“不自由，毋宁死”成为一句最响亮的口号。在中学时代，我们在教科书上读到一首很有名的诗：“自由、爱情／我要的就是这两样／为了爱情／我牺牲我的生命／为了自由／我又将爱情牺牲。”当时只觉得这首诗写得特别好，所以至今背得，只是对诗中把自由说得那么珍贵似乎缺乏深刻的理解。也许大多数中国人对自由的认识都是似是而非的，可能还有不少人把“自由”视为“胡作非为”，这就是天大的无知了。我在读研究生时，曾与一位教授讨论到自由问题，谁知教授回敬说：如果给你们自由，你们乘公共汽车就可以不买票，这行吗？可见，专门弄学问的教授对自由的理解都如此浅薄甚至荒唐，更不用说普通民众了。孙中山早就感叹过，中国人只知发财，不知自由，所以搞经济建设容易上路，而搞民主政治就常常不着边际。

自由是最有价值的价值

当前挑战中国最突出的问题是“三农”问题，“三农”问题的核心是农民问题，农民问题的焦点是农民负担问题。笔者认为农民负担问题的实质是农民作为公民应享受的宪法权利的保障问题，也就是农民的自由问题。

十多年来，农民对“减负”的诉求十分强烈，党中央、国务院对“减负”的态度十分坚决，可农民负担却愈来愈重，乡村干部逼死打死农民的恶性案件触目惊心。农民问题迟迟得不到解决，其中一个根本的原因就是忽视宪法赋予农民的自由权。当前学术理论界普遍存在着各学科相互隔离的积弊，各学科、各行业之间似乎真正做到了“隔行如隔山”，从事法学研究的不懂经济问题，搞经济的又不懂法学，学农业经济的不懂城市经济，研究宪法学的又远离实际，深入实际的又不懂得政治学，等等，这就使得不少人在研究现实问题时常常“只见树木，不见森林”。这种现象根本缘由在于计划经济体制下各学科、各行业人为分割隔绝形成的思维定势。当前研究“三农”问题的专家学者大

① 本文原载《改革与理论》2002年第2期。

都是学农的，不善于从宪法角度上看问题，而潜心研究宪法学的专家学者又大都从概念到概念，远离社会实际，更不关心“三农”问题。2001 年 12 月 4 日是我国第一个法制日，李鹏委员长在讲话中说，依法治国，首先是依宪治国。现在，是我们从宪法层次上审视和解决农民问题的时候了，要真正解决农民问题，路径只有一条：解放农民，给农民自由。

中国共产党领导的革命、建设和改革的光辉历程，就是农民不断获得自由的历史。新民主主义革命的胜利，使广大农民从“三座大山”的压迫下解放出来，获得空前自由的农民爆发出巨大的社会主义建设热情；家庭联产承包责任制的推行，又使农民从人民公社“一大二公”体制的束缚中解放出来，又一次获得了新的自由，极大地调动了农民的积极性，大大促进了社会生产力的发展。现在，我们必须进一步解放农民，给农民以自由。

自由并不是有的人所错误理解的那样可以“为所欲为”，而是指公民在政治上应该享受的自由权利。自由是每个人自我实现、发挥创造潜能的根本条件，同时也是社会繁荣进步的根本条件。若要社会进步，就必须给人以自由，若压迫自由，便从根本上阻碍了社会进步。自由是宪法赋予的每个公民最基本的权利。汤因比说：“没有一种最低限度的自由，人就无法生存，这正如没有最低限度的安全、正义和食物，他便不能生存一样。”孙中山在遗嘱中说：“余致力国民革命凡四十年，其目的在求中国之自由平等。”孙中山强调他一生革命的目的是“自由平等”而不是其他什么东西。中国共产党是孙中山事业的忠实继承者，我们党从成立的那天起，就不断地为争取中国人民的自由、人权而奋斗。1923 年我们党就举起了“争自由，争人权”的旗帜，1935 年发出了“为人权自由而战”的号召，1940 年首次提出了“保障人权”，党在抗日根据地就制定了“保障人权”的条例，成立了人权保障组织。1949 年 9 月 29 日中国人民政治协商会议第一届全体会议通过的起临时宪法作用的《中国人民政治协商会议共同纲领》就规定了人民有 11 项自由权，1954 年 9 月 20 日第一届全国人大一次会议通过的新中国第一部《宪法》也详尽地规定了公民的各项自由权。

我们现在说给农民自由，并不是说农民完全没有自由，而是说在旧观念、旧体制的束缚下，宪法赋予农民的各项自由权利并没有完全得到实现，在社会转型时期，农民的自由发展依然受到旧观念、旧体制的严重制约，这是我国日益严重的农民问题的症结所在。在经济全球化和实现中华民族伟大复兴的征途上，必须再一次解放农民，进一步给农民自由。

消除对自由的错误理解

本来自由是人类最神圣的字眼，也是宪法明确予以确认和保障的公民的基本权利。可在当今人们的头脑中，对自由有种种错误的理解，自由甚至成了忌讳的词语，这是很不正常的。追根溯源，人们对自由的误解，主要源于两种因素：

一是把“自由”错误地等同于毛泽东反对的“自由主义”。为此，笔者再次认真研读了毛泽东写于 1937 年 9 月 7 日的《反对自由主义》一文，毛泽东在该文中列举了自由主义的十一种主要表现，如拉关系、做好人、当面不说背后说、明哲保身、但求无过、不要组织纪律、泄私愤、图报复、不宣传群众、见损害群众的行为不愤恨、办事不认真、得过且过、摆老资格、工作随便、学习松懈、自己错了又不想改正等等。可见，毛泽东反对的自由主义，没有一项是针对宪法学上公民应享受的自由权利的自由，而是党员领导干部的“作风问题”，就是在今天，我们也拥护毛泽东对这种自由主义的批判。问题是，从 1957 年反右扩大化再到“文化大革命”，我们党在指导思想上犯了一系列“左”倾错误，一大批革命家、知识分子被打倒。在邓小平所说的林彪、“四人帮”实行“法西斯专政”时期，动不动就给人扣上“反革命”、“右派”和“自由主义分子”的帽子。十一届三中全会以后，我们党实行了拨乱反正，但人们心中对被歪曲的“自由主义分子”的称号避之唯恐不及。

二是把自由混同于邓小平反对的“资产阶级自由化”。反对资产阶级自由化是邓小平最先提出来的，邓小平指出，资产阶级自由化的核心是反对党的领导。这显然是我们坚决不能接受的，在改革开放的全过程，我们必须始终坚持党的领导。可见，“自由”与“资产阶级自由化”是完全不同的两码事，必须严格加以区分。但问题是 1989 年政治风波后，一些“左”派分子借机围攻邓小平改革开放路线，把改革开放说成是引进和发展资本主义，认为和平演变的主要危险来自经济领域，动辄把坚持改革的人扣上“自由化分子”的帽子，这就不能不使人们心有余悸。好在 1992 年邓小平发表了震惊世界的南方谈话，鲜明指出“要警惕右，但主要是防止‘左’”，历史性地拨正了中国改革开放的航船。但人们对“自由”的忌讳似乎还很深。

现在，是我们光明正大地讨论宪法赋予公民自由权利的时候了。我们应该按照江泽民总书记在建党八十周年庆祝大会上的讲话中所说的那样，“自觉地把思想认识从那些不合时宜的观念、做法和体制中解放出来，从对马克思主义的错误的和教条式的理解中解放出来，从主观主义和形而上学的桎梏中解放出来。”

促进人的自由而全面的发展

20 世纪 90 年代以来，我国政府多次公开声明尊重《世界人权宣言》和履行《国际人权宪章》。1997 年 9 月，江泽民总书记在十五大报告中明确提出共产党执政就是最大限度地“保证人民依法享有广泛的权利和自由，尊重和保障人权”。1997 年 10 月 27 日和 1998 年 10 月 5 日我国政府先后签署《经济、社会、文化权利国际公约》和《公民权利和政治权利国际公约》，2001 年 2 月 28 日九届人大常委会第 20 次会议批准了《经济、社会、文化权利国际公约》，相信《公民权利和政治权利国际公约》迟早也会被批准。2001 年 7 月 13 日北京申奥成功，12 月 11 日我国正式成为 WTO 成员国，这一系列重大举措，都是我们党和国家为促进中国人民更加自由而全面发展所做的重大决策和不懈努力。

马克思、恩格斯最早提出了“人的自由发展”的光辉思想，他们在《共产党宣言》中明确宣布：“代替那存在着阶级和阶级对立的资产阶级旧社会的，将是这样一个联合体，在那里，每个人的自由发展是一切人的自由发展的条件。”后来在《资本论》中，马克思又进一步阐述未来新社会形式将是“以每个人的全面而自由的发展为基本原则”。恩格斯在去世的前一年在回复记者向他提出的最能体现社会主义的基本特征是什么这一问题时说，没有比上述《共产党宣言》中的话更适合来描述未来社会的基本特征的了。

建国后，在苏联模式的严重影响下，人们对社会主义本质的认识局限在公有制、计划经济和按劳分配等问题上。十一届三中全会以后，邓小平同志多次说过我们对社会主义还没有完全搞清清楚，并围绕“什么是社会主义、怎样建设社会主义”进行了长期的探索。在南方谈话中，邓小平把社会主义的本质明确概括为“解放生产力，发展生产力，消灭剥削，消除两极分化，最终达到共同富裕”。江泽民总书记在“七一”讲话中又进一步提出“努力促进人的全面发展”是建设社会主义新社会的“本质要求”的重大论断，这既是对马克思主义正本清源的理解、坚持和发展，又是对建设有中国特色社会主义伟大实践的科学总结和提出的更高要求，具有重大的理论意义、实践意义和历史意义。

毫无疑问，努力促进占总人口 70% 的 9 亿农民的自由而全面发展，是新世纪我们认真实践“三个代表”、建设有中国特色社会主义的重要内容。

破除二元社会结构

建国后，中国农民虽然推翻了“三座大山”的压迫，却又无意之中被人为地套上了计划经济体制的枷锁。我国在照搬苏联建设社会主义的理论和模式下，建立起高度集中的计划经济体制，为确保这个体制的运转，国家制定和运用包括户籍制度、粮油供应制度、就业制度、社会保障制度、教育制度等十多项具体制度，严格把农民限制在农村，并通过“挖农补工”和“剪刀差”获取工业化优先发展所需的原始积累资金。这一系列限制农民、保护市民的二元性政策制度，都是以剥夺农业和农民为代价的，并逐步形成了举世罕见的二元社会结构。这种二元社会结构的形成和凝固化，实质上是对宪法赋予农民自由权利的剥夺，是农民长期陷入贫困的一个制度性根源，也是当今中国农民问题日益尖锐化的重要症结所在。

近半个世纪以来，两三代农民默默无闻地以自身的贫困支撑起国家工业化的发展、城市的繁荣和市民生活水平的提高。改革开放以来，我国农民不断得到解放，获得了新的自由，特别是户籍制度改革，尤其是 2001 年 10 月以来小城镇户籍制度改革取得了突破性的进展，这是农民获得迁徙自由的重要开端。但户籍改革的艰巨任务并没有完成，尤其是一些身居城市的决策者和城市市民，依然“头头是道”地对农民紧闭“城门”，人为地把农民安置在“小城镇”了事，这既对不起农民，又违背了社会发展的规律。要知道，任何公民都有居住和迁徙自由，农民喜欢到什么城市生活就让他到什么城市生活，政府的职责不是想方设法设置重重关卡限制农民，而是千方百计增加就业机会，提供公共物品。

传统的政府一方面是无所不包、无所不管的万能政府，另一方面又干不好本职范围内的事，于是就人为地把绝大部分农民圈在农村，只管城市少部分市民的生活，这既不适应市场经济发展的需要，也不符合宪法精神。破除二元社会结构，就是从根本上废除城乡分治、一国两策的思维模式，树立宪法至上的神圣信念，任何政策和法律法规的制定和出台，都必须坚持人人平等的原则，不能歧视农民。在计划经济体制下歧视农民的户籍制度、就业制度、社会保障制度、教育制度等等应该一概废止，要把农民从长期束缚他们的二元社会结构中解放出来，还给农民本属于他们的宝贵自由。在新的历史条件下，政府应及时转变观念和职能，不能再将“屁股坐在市民一边”了，而是要兼顾城乡、工农和全体公民的共同福祉。

摧毁三级利益共同体

三级利益共同体是指直接与农民打交道的县乡村三级基层权力组织在与农民的博弈和互动中所结成的利益同盟。县乡村三级利益共同体概念并不完全反映县乡村三级的全貌，但在一定程度上反映了县乡村三级权力运作的体制惯性及其与农民问题的关联。农民常常说“中央政策好，就是下面不执行”，说的就是这种情况。本文使用这个新概念的目的在于揭示基层普遍奉行“上有政策，下有对策”以及中央政权对基层控制力弱化的根本原因。

广大农民一方面在宏观大环境方面受到计划经济体制下形成的歧视农民的二元社会结构的制约，被人为地限制在农村这个狭小的天地之内，另一方面又在微观小环境上遭受着社会转型时期蜕变成“逐利主体”而直接盘剥农民的三级利益共同体的联合挤压。不研究三级利益共同体，就不能全面了解农民问题的症结所在。

县乡村三级之所以结成利益共同体，除了客观上的“人缘”和“地缘”关系外，更主要的在于一系列已经不适应市场经济发展的传统政策制度设计促使他们自然结成“利益同盟”。这些传统的政策制度，一是自上而下的干部任命制。既然干部的升迁决定于上级领导而与农民群众无关，干部们自然不可能真正把农民群众放在心上，即使迫于上级要求做些“亲民”的事，也只不过是为了取悦上级领导而作的“表面文章”，对干部来说，绝大部分情况是下级对上级俯首帖耳，对农民则颐指气使，这种对领导的卑恭和对农民的傲慢，构成了干部的“二重性”。

二是层层分解的目标责任制。这种目标责任制通过将政府确定的经济和社会发展的硬指标层层分解，从县分解到乡镇，乡镇分解到村，村再分解到每个农民身上，年初各级签订目标管理责任状，年终进行考核，以确定“政绩”。在实际工作中，凡是与目标责任制有关的“指标”，各级领导和干部就想方设法完成，反之，则一概不管。所以常常出现这样的困惑：各级各部门每年都出色地完成了年初签订的目标责任状任务，有的还荣获“双文明目标管理先进单位”的称号，可往往就是这些地方和单位，农民的意见最大，各种问题堆积如山。

三是政绩至上的任务完成制。在自上而下的干部任命制和层层分解的目标责任制行政管理模式下，政府行政的目标就完全由口头上的“为民造福”转变为实际工作中的“政绩至上主义”，而这种“政绩”，又仅仅体现在一大堆空乏的虚假的“数字指标”上，所以不妨称之为“数字型政绩至上”。在这种“数字型政绩至上”的行政理念驱使下，各级干部为了炫耀自己“政绩”和表现自己的“才华”，就不择手段地提前和超额完成上级下达的以及自己加码的“数字任务”，其结果就是弄虚作假填报泡沫数据，四处借贷完成财税任务、任意加重农民负担、涉农恶性案件不断发生、党群干部关系恶化等。尤其令人揪心的是，在县乡村三级利益共同体内，为了完成“数字指标”任务，乡村干部随时闯入农民家里，不由分说牵牛、抬猪、抢粮食，动辄将农民捆绑起来毒打，这些乡村干部的作风，用他们自己的话说就是：“通不通，三分钟，再不通，龙卷风”、“横下一条心，剪断两条根”、“吊颈不解绳，投河不拉人，喝毒不夺瓶，告状不开门”等等。被乡村干部直接逼死打死农民的恶性事件不断发生。而县级政权为确保乡村两级完成自己下达的指标任务，也有意无意地放纵乡村干部的胡作非为，甚至调配公检法“联合作战”。受到伤害的农民连告状的门都没有，只有选择集体上访。

从法学上说，任意加重农民负担、逼死打死农民，决不是干部“工作方法简单”和“工作作风粗暴”的问题，而是对农民财产权利和人身自由权利的粗暴剥夺，是典型的违法犯罪行为，是对农民人权的严重侵害。而更深层次的问题在于，一些乡村干部和公检法人员随意毒打、关押甚至置民于死地，往往又不是个人行为而是一种组织行为，他们常常是在乡镇党委、政府统一部署下进行的，有的就是乡镇党委书记、乡镇长亲自带队，所以对于直接逼死打死农民的干部来说，他们是在执行上级领导的“决定”，是为了完成“工作任务”，因而毫无“负疚感”和“罪恶感”。

笔者在长期的农村调查中发现，每当中央政权三令五申要求基层干部转变作风、依法行政时，一些乡镇干部却常常抱怨中央“太软”，他们的意思指中央对农民“太软”，不实行他们心目中的“无产阶级专政”。可见，这些人完全混淆了“敌我矛盾”和“人民内部矛盾”的关系，完全忘记了党的全心全意为人民服务的根本宗旨，完全不知道人民的利益高于一切，完全不习惯于依法行政，完全无视农民的生命财产权利。如说中央“太软”，就“软”在对这些违法犯罪干部的严厉惩处上。

县乡村三级利益共同体一旦形成，就具有强大的体制性惯性，形成强大的排他性权力漩涡。中央政权年复一年禁止增加农民负担，他们则我行我素，中央又输入民主性质的“村民自治”，却又被他们视为“尤物”而竭力加以阻挠。一旦发生诸如涉农恶性案件、小煤窑安全等重大责任事故，县乡村三级大都是牢牢结成“攻守同盟”，相互隐瞒。总之，县乡村三级利益共同体在很大程度上背离了中央政权的全心全意为人民服务的根本意愿，成为压制和束缚农民自由的一个重大的直接因素。江泽民总书记在“七一”讲话中郑重提出决不允许存在“既得利益集团”，这是摧毁三级利益共同体的强大思想武器。要解放农民，给农民自由，就必须加速摧毁三级利益共同体，实行乡镇自治，取消干部任命制，实行民主选举罢免制，取消企业化性质的目标管理责任制，树立提供公共物品的行政理念。

促进每个农民的自由而全面发展，是建设有中国特色社会主义的重要内容。历史和现实都已证明，只要给农民自由，农民就会创造出惊人的历史奇迹。

宏观视野中的农民负担[1]

中国是一个历史悠久的农业大国，更是一个农民人口占绝大多数的农民大国，农民问题始终是中国革命、建设和改革的根本问题。当前，农民问题的焦点是农民负担问题，农民负担问题的实质是国家与农民的关系问题，是农民宪法权利的保障问题。中国几千年来的农民起义和朝代更替，都是国家权力与农民权利恶性互动的结果。切实减轻农民负担，从根本上解决农民负担问题，关乎农民的切身利益和积极性，关乎社会的公平正义原则，关乎国家的长治久安，关乎农民的自由而全面发展，关乎改革开放和现代化建设的全局。

新中国成立以来，一直存在着农民负担问题，只是农民负担成为全社会关注的一个热点问题，则是从上个世纪 80 年代开始的。农民负担是农民向国家、集体和社会无偿支付和承担的一切费用、劳务和压力的总和。农民负担问题不仅仅是一个重大的经济问题，也是一个重大的社会问题和政治问题。农民负担从其范围大小来说，可分为广义负担和狭义负担，广义负担是指农民所承担的所有税收、工农业产品价格剪刀差、提留统筹及各种集资摊派等，狭义负担是指农民所承担的除税收以外的所有负担。从其合法性来说，可分为法定负担和非法定负担，法定负担是指农民依照国家的法律、法规和有关政策承担的税收、村提留乡统筹、劳务（义务工、积累工）及其他社会性负担，非法定负担是指农民承担的由一些单位和部门非法出台而又违反农民意愿的乱收费、乱集资、乱摊派、乱罚款负担。从其透明度来说，可分为显性负担和隐性负担，显性负担是指农民向国家、集体和社会有关方面直接支付的负担，如税收、提留统筹费等，隐性负担是指农民承担的由不合理的价格转嫁而来的负担，如工农业产品价格剪刀差等。农民负担从性质上来说，还可分为经济负担、精神负担、心理负担、安全负担等。

作为县乡镇基层政权，他们理解和关心的农民负担仅限于“五乱”（乱收费、乱集资、乱摊派、乱罚款、乱加码）上，至于剪刀差也好，农业税收也好，三提五统也好，教育集资也好，都是国家法律、法规明文规定的征收项目，他们没有随意更改的权力，只有照收不误的义务，因而基层政权把“减负”工作仅仅局限在制止“五乱”上却也无

---

① 本文原载《经济学家》2002 年第 2 期。

可厚非（至于制止“五乱”的实际效果如何则又另当别论）。但作为国家宏观决策层，在政策设计和制度安排上必须着眼于全局进行通盘考虑，学术理论界应该从更广阔的宏观层面进行考察分析，只有这样才能有助于农民问题的真正解决。

关于农民负担问题的几个认识误区

进入20世纪90年代后，农民负担问题在一片“减负”声中却愈演愈烈，涉农恶性案件频频发生，群体性事件彼伏此起，农民上访大军浩浩荡荡，党群干群关系严重恶化。综观十多年来的“减负”努力，呈现出“两头热中间冷”的现象，作为底层的农民群众，“减负”愿望十分强烈；作为高层的中央政权，“减负”态度十分坚决；而作为直接与农民打交道、直接加重农民负担的县乡村三级却“态度暧昧”，搞“上有政策，下有对策”，依然“我行我素”，其结果就是农民负担“久减不轻”。多年来，学术理论界迟迟研究不出理想可行的科研成果，决策参谋部门迟迟设计不出科学完整的“减负”方案，最高决策层又迟迟出台不了切实有效的“减负”措施。而身处最底层的农民却一日又一日地忍受着沉重的负担，他们热切渴望尽快甩掉身上的沉重包袱。笔者深感全社会应该特别增强“减负”的紧迫感，农民负担问题不能再这样一年又一年地拖下去。农民负担问题迟迟得不到切实有效的解决，从一个侧面反映了我们的思想认识、理论、政策和制度设计大大落后于实践，应变能力和纠错机制十分缺乏。可以说，减轻农民负担称得上是一场真正的解放农民的“战争”，如何尽快打赢这场“战争”，无疑是对当代中国人政治理论智慧和制度创新勇气的最大考验。

长期以来人们对农民负担问题认识过于片面，不澄清这些片面认识，就不利于真正减轻农民负担。这些似是而非的片面认识主要有五种观点：

一种观点认为是法制不健全。这当然有道理，但一个国家要具备非常健全的法制恐不是短期内能够实现的，法制健全不健全也是一个相对的概念。事实上，这十多年来在减轻农民负担上，国家还是出台了不少法律法规，1985年颁布了《义务教育法》，1991年颁布了《农民承担费用和劳务条例》，1993年颁布了《中华人民共和国农业法》，1998年正式颁布了《中华人民共和国村民委员会组织法》等等，应该说，农民负担还是“有法可依”的。农业税、农业特产税、三提五统、义务工、积累工、教育附加等税费都有明确的法律法规依据。有的人建议尽快制定《农民负担法》，笔者担心即使出台了这样的法律，也难以保证农民负担会公平合理。看来农民负担问题恐怕还不仅仅是出台和颁布几部法律就能解决的。

二种观点认为是治吏不严，干部作风不好。一些基层干部作风不好确是事实，治吏也应该从严。多年来针对干部队伍中存在的种种问题，党中央一贯强调“治国必先治党，治党务必从严”，并把加强基层党组织建设提高到“党的全部工作和战斗力的基础”的空前高度。这还不仅仅停留在口头上说说，而且是进行了有计划、有组织、有部署、有检查、有验收、有惩处的部署安排。20世纪90年代以来，在农村先后开展了“社教”、“评三户”、“基层党组织建整”、“三讲教育”、“三个代表学教活动”等，中共十五届六中全会又专门作出了加强和改进党的作风建设的决定，一些违法乱纪的领导干部也受到了严惩，“杀鸡儆猴”的事也做了，基层干部头上的“紧箍咒”可谓念个不停。放眼世界，像我国这样长期以来花费这么大的精力和声势严格教育和管理基层干部的做法，也许在全世界找不到第二个。另外，干部作风好了就一定能减轻农民负担倒也未必，建国后很长一段时期内干部的作风有口皆碑，但五、六十年代农民的负担也很不轻，三年困难时期农民饿死的就有好几千万，十分惨痛。就是今日，一些作风好的基层干部似乎对减轻农民负担也无能为力。湖北省监利县棋盘乡党委书记李昌平面对农民沉重的负担，食不甘味，寝不安席，2000年3月他便含泪上书国务院，呼吁减轻农民负担。这种深受农民欢迎的基层干部应该说作风够好了，可到头来却被迫辞职南下打工，留下了一串“说句真话不容易”的叹息声，[①]给人们以深刻的思考。有的主张基层干部要像当年那样与农民“三同”（同吃同住同劳动），这当然是好的优良传统，可现在的农民不一定都希望干部与他们“三同”。综观世界各国，基层官员并没有搞什么“三同”，却并不存在“农民负担”问题或“党群关系”问题。笔者认为，基层干部作风一定要切实转变，但农民负担问题恐怕还不只是个干部作风问题。

三种观点认为是农村改革滞后。这也有道理，但我国改革最早是从农村开始的，时至今日农村改革也没有停止。1980年实行家庭联产承包责任制，1983年撤销人民公社建立乡镇政府，1985年取消农产品统购统销改为合同定购，1987年试行村民自治，1994年分税制改革，1998年正式实行村民自治，2000年安徽全省和其他一些地区实行税费改革，2001年全面实施小城镇户籍制度改革，等等。而县乡镇机构每隔几年改革一次，从未中止过。一些在城市还算“作梦”的改革却在农村率先实行了，比如村委会的民主直接选举，县乡两级人大代表直接选举，小城镇户籍制度改革等。可见，农村改革并没有停止，问题恐怕还在于怎样改革如何改革等。

四种观点认为是农民增收不快。这话本身没有错，但是，一方面，农民增收是一个永无止境的历史过程，而农业本身属于一种比较效益低的弱势产业，其增收的潜力是有限度的，农业在市场经济竞争中的不利地位也是显而易见的。西方发达国家都一致对农业实行特殊的扶持和保护政策，确保从事农业生产的人能获得平均利润。另一方面，农民增收是一种把“蛋糕做大”的行为，而加重农民负担是一种“切蛋糕”的行为，“做

① 李昌平：《说句真话不容易》，载《百姓》2001年第6期。

蛋糕”受到客观因素的制约，不可能使“蛋糕”无限大，“切蛋糕”受主观私欲的驱逐，而人的欲望是无止境的，一些人认为只要把“蛋糕做大”了就能把“蛋糕切好”的想法是天真的。追逐自身利益最大化的“食利阶层”在没有任何有效制约的情况下，任凭你把“蛋糕”做得多大，都会被“切割”完毕。笔者虽然认为要想方设法增加农民收入，但这与减轻农民负担几乎扯不上边，是两码事。

五种观点认为是农民素质差，不善于运用法律武器保护自己。这虽然看到了农民素质低的一面，但没有看到农民运用法律武器十分困难的一面，更没有认识到农民素质差并不是应该承受层层盘剥的理由。首先，从整体上说，农民的文化法律素质偏低，具有悠久的历史原因，也是建国后二元社会结构对农民受教育权的不公正对待的结果。其次，农民具有强烈的学习法律法规的自觉性和当家作主的积极性，但农民的这一觉醒意识却不程度地遭到基层政府的压制，一些基层领导干部害怕农民掌握党和国家的“减负”政策和法律法规，有的基层干部并不把党和国家的政策法律法规告诉农民，甚至还要强行收缴农民自发购买的有关“减负”政策法律法规的书报。2000 年 8 月发生在山西省一些地区和有关部门强行收缴农民购买的《减轻农民负担工作手册》一书的惊世事件，[①]就典型地代表了一些地方、部门的干部对农民掌握法律武器的空前恐惧。有的地方还明确规定基层法院不得受理有关农民负担问题的案件。在催收农民税费时，一些地方常常习惯于组织公检法三家“联合作战”。农民根本不可能就过重的负担问题到法院进行正常的司法诉讼，备受委屈的农民只有选择上访之路。

农民负担沉重的主要人为因素

当今世界，只有中国才有如此尖锐和严重的农民负担问题，这不能不引起人们从更深层次的角度上来进行理性思考。虽然农民负担的产生有极其复杂的多种原因，但笔者认为，一些客观存在的原因不是一下子就能解决得了的，它需要在不断的发展中逐步消解，但一些直接加重农民负担的人为的政策制度，就必须予以清醒地认识，从而果断地予以废除和改革。从根本上说，我国新时期的农民负担主要是人为的政策制度造成的，主要有五个方面：

人为因素之一：“挖农补工”战略。建国后，我国照搬苏联模式建设社会主义，实施工业化优先发展战略，尤其是重工业优先发展战略。为了确保工业化优先发展所需的原始积累资金，国家从 1953 年开始实行农产品统购统销政策，人为实行工农业产品不等价交换，隐蔽地获取工业化所需的原始积累资金，这种工农业产品价格剪刀差一直延

① 《一本奇书的奇遇》，载《南方周末》2000 年 10 月 12 日。

续到现在。尽管1985年国家改农产品统购统销为合同定购，但剪刀差并没有消除。这种农产品不等价交换是农民的最大一项隐性负担，斯大林、毛泽东都承认国家对农民“挖得很苦”，农民对国家作出了“很大贡献”，这种“挖得很苦”、“很大贡献”，对农民来说就是人为的政策制度给他们带来的最大的不公平负担。据测算，1954—1978年，国家通过剪刀差从农民手中获取5100亿元的巨额资金；[①] 1978—1991年，剪刀差累计已高达12329.5亿元，相当于同期农业生产总值的22%；1987—1991年，每年剪刀差绝对额高达1000亿—1900亿元，成倍高于改革前的数额。[②] 进入20世纪90年代，剪刀差还呈不断扩大的趋势，每年剪刀差绝对额都在1000亿元以上。这说明本来很贫困的农民每年还要向城市和市民支付1000亿元以上的负担。这种工农产品不等价交换形成的剪刀差，给农民造成的负担时间之长、数额之大，在历史上都是绝无仅有的。但大多数农民并不清楚个中缘由，也没有切身的体验，因为这种农民负担的方式和方法具有很强的隐蔽性特征，在人民公社政社合一的体制下，政府不是与单个的农民进行交易，而是通过公社、大队、生产队发生交易行为，加上连续不断的政治运动和高压控制，故而未引起农民外向的强烈不满。但这种隐蔽性加重农民负担的做法却是以农业的长期落后和农民的长期贫困为代价的。

人为因素之二：城乡隔离政策。20世纪50年代以来，我国在苏联模式的影响下建立起高度集中的计划经济体制，为确保这个体制的运转，国家人为地实施了一系列城乡分离、工农分离、市民农民分离的城乡隔离政策，形成了中国特有的二元社会结构。在户籍制度上，以农业和非农业户口把全体公民划分为标志鲜明的两个类别，农民不能进城定居生活和寻找职业。在教育制度上，城市中小学教育全部由国家投资，农村中小学教育则以摊派的方式由农民掏腰包解决。1985年国家财政还取消了对农村每个中学生31.5元、小学生22.5元的教育拨款，改由农民在集体提留中提取。义务教育由政府的主要责任转变为农民的主要义务。在就业制度上，国家只负担城市市民的就业和培训，农民则自谋生路，市民失业有救济，农民失业无人问，尤其突出的是，农民不仅不能到国有集体企业就业，更不能到党政机关和事业单位工作，国家行政事业单位招干招工的首要条件就是你必须具备非农业户口，这就把农民排除在国家机关事业单位就业之外，农民完全丧失了担任公职和公平参与管理国家事务、经济事务和社会事务的权利。在社会保障制度上，国家每年为城市居民提供成百上千亿元的各类社会保障（养老、医疗、救济、补助等），而农民的生老病死伤残就只能自己顾自己，不仅如此，农民还要为政府分担补助救济农村五保户和烈军属。对农民来说，不存在什么童工、退休的问题，从小就得干活，一直劳累到年老死去，大多数农民有了病无钱治疗，就靠“忍过去”。除

① 参见侯石安：《国家与农民“取”与“予”的关系研究》，载《农业经济问题》2000年第6期。

② 参见雷宁志：《理论偏差——农民负担根源探析》，载《农业经济问题》1994年第1期。

此之外，在公共基础设施建设上，在财政补贴上，在兵役制度上等各个方面都明显存在着城乡有别的“双重标准”。时至今日，歧视农民的二元社会结构仍然没有得到根本性的动摇和破除。这种人为的城乡隔离政策是建国以来中国农民的又一项最沉重的制度性负担，这种实行“双重标准”的城乡分治政策，是“农民真苦、农村真穷、农业真危险”的制度根源。①

人为因素之三：现行税费缺陷。现行税费制度是一种合法但不合理的制度。农民现行的法定税费负担主要包括农业税（含地方附加、农业特产税、屠宰税、耕地占用税、契税）、提留统筹费、义务工和积累工、教育集资以及国家规定的粮食、棉花等主要农产品的定购任务等项。且不说基层政府和部门打着合法税费之名违背法律法规任意重重加码、搭车收费、提高基数、重复变相征收等种种混乱行为，单就上述合法税费本身来说，就存在严重的不合理因素。首先，从农业税来看，现行农业税制主要沿袭 1958 年颁布的《中华人民共和国农业税条例》，1988 年新开征农业特产税，1994 年改为农业特产农业税，简称农业特产税，1994 年分税制改革后将农业税、农业特产税划分为地方税；20 世纪 80 年代后期，农业税逐步由实物形式改为货币形式。传统的观点认为我国农业税率不高，但有的学者指出我国农业税远远高于发达国家增值税的基本税率，也高于发达国家农业所实际负担的税率。② 不过，综观世界各国税制，基本上不单独设立面向农业和农民的税种，我国单独设立面向农业和农民的农业税的做法有损税收的统一、公平和中性原则。比照城市居民月收入 800 元以上才征收个人所得税，我国绝大部分农民根本没有达到纳税的起点标准。就法理来说，如果土地长期承担着农民的社会保障，国家没有面向农民的社会保障制度，那么政府也就没有直接向农民的农业收益收取税费的理由。③ 据统计，“九五”期间，农民年均缴纳农业税 254 亿元，农业特产税从 1996 年 79.6 亿元上升至 1999 年的 88.9 亿元，年均增长 3.8%。其次，从“三提五统”来看，20 世纪 80 年代初，随着人民公社的解体和乡镇政府的建立，与人民公社体制相对应的“三提五统”制度却仍然保留下来，并沿袭至今。法规规定“三提五统”属于集体资金，应归集体使用，其实则为“二税”性质，成为乡镇财政的重要收入来源。“三提五统”实际上是对农民超经济强制，变相地平调了农民的财产，侵犯了农民的财产权。在“三提五统”的实际征收过程中，不少乡镇政府擅自提高农民人均纯收入基数，使法定的“不超过 5%”的杠杠形同虚设。据统计，从 1993 年到 1998 年，全国“三提五

① 参见黄广明、李思德：《乡党委书记含泪上书，国务院领导动情批复》，载《南方周末》2000 年 8 月 24 日。

② 参见冯海发：《关于我国农业税制度改革的思考》，载《中国农村经济》2001 年第 5 期。

③ 参见农业部农村经济研究中心：《中国农村研究报告（1999）》，北京：中国财政经济出版社，2000 年版，第 125—126 页。

统”费由380亿元增至729.7亿元，年均增长13.9%，人均由44.6元增至84元，年增13.8%。再次，从农民“两工”和教育集资来看，农民义务工和劳动积累工实质上是人民公社政社合一体制下对农民劳动的强制性无偿的计划调配和使用，已经与家庭承包责任制和社会主义市场经济体制不相适应。现在农村剩余劳力庞大，在组织大规模农田水利基本建设时，应引入市场机制，坚持自愿有偿的原则使用农民劳力，农民“两工”已经丧失其存在的合理性。不少乡镇政府借“两工”合法之名，行摊派之实。全国可统计的农民“两工”已从1994年的16.4个上升到1999年的18个，不少地方强行搞“以资代劳”，1999年全国农民承担“以资代劳”资金64亿元，人均6.9元，劳均13.6。① 义务教育的主要责任在政府，可在农村，农民却被迫“越俎代庖”代替政府掏钱办义务教育。《义务教育法》规定的教育集资就成为基层政府加重农民负担的合法借口。特别是配合教育“双基达标”而进行的教育集资活动，在很多地方不仅把它当作经常性的集资项目，而且数额特别巨大。湖南省湘潭县近几年为完成教育“双基”达标验收，共投入1.75亿元，基本上是向农民收取的，1995—1997年连续三年每年向农民集资5000万元，1998年又集资2600万元。② 全国各地大都差不多。

人为因素之四：基层政权膨胀。农村基层政权恶性膨胀主要体现在机构膨胀、人员膨胀、权力膨胀。家庭联产承包责任制推行以后，为了克服人民公社政社不分的严重弊端，国家从1983年起撤销人民公社建立乡镇政府，到1985年全国撤社建乡完成，中国建立起了史无前例的庞大的乡镇基层政权管理体制，十多年来，其机构和人员像滚雪球似的越滚越大。过去人民公社时期，公社仅有八大员，成立乡镇政府后，却增至十几大员、几十大员，甚至上百大员，过去一个公社的全套人员不过二十几人，而现在一般都达七八十人，多的则上百人。多轮县乡机构改革也都未走出“精简—膨胀—再精简—再膨胀”的怪圈，机构越精越大，人员越减越多。目前，全国共有4.8万个乡镇政府、80万个村委会和520万个村民小组，全国县及县级以下农民出钱养活的干部（不包括教师）高达1316.2万人，平均每68个农民供养一个县及县级以下干部。③ 另据统计，全国乡镇总供养人员为1285万人，除去已离退休的280万，在职的还有1005万人，其中党政机关人员140万人，平均每个乡镇31人，而每个乡镇实际供养人员已高达235人。④

人为因素之五：政绩至上理念。根据社会主义市场经济的一般要求，政府的主要

---

① 以上数据均转引自国家计委宏观经济研究院课题组：《农村税费问题研究》，载《经济研究参考》2001年第24期。

② 参见张红宇等：《要高度重视农民增收减负问题》，载《中国农村经济》1998年第9期。

③ 转引自朱忠贵：《农业税制改革与农民负担》，载《农业经济问题》1999年第4期。

④ 转引自赵阳：《农村税费改革：包干到户以来又一重大制度创新》，载《中国农村经济》2001年第6期。

职责是全力为民众提供公共物品，造福人民。可在计划经济体制下，政府成为无所不管、无所不能的万能政府。在计划经济体制向社会主义市场经济体制转轨过程中，政府的职能未能及时转变，相反，基层政府和各职能部门纷纷成为市场经济中的逐利主体。各级各部门的内部权力运作已蜕变成“政绩至上”的行政理念，而这种“政绩”又主要体现在一大堆上级下达的和各级加码的数字指标上，所以笔者称之为“数字型政绩至上”。这种“数字型政绩”就是把各级各部门的“政绩”简单浓缩成一大串“数字指标”，完成或超额完成“数字指标”，就表明“政绩突出”，这是各级干部升迁的主要依据，否则就是“无能”，升迁无望。在这种“数字型政绩至上主义”的行政理念驱使下，各级各部门为了炫耀自己的“政绩”和表现自己的“才华”，必然全力以赴提前或超额完成“数字指标”任务，这就使得政府行政的最大目的已经不再是提供公共物品，而是不择手段地完成“数字指标”任务，为此，虚报瞒报数字者有之，贷款交税者有之，强行收税费置民于死地者有之，所谓“数字出官，官出数字”正是这种“数字型政绩至上主义”的必然结果。对基层干部来说，既然完成上级“数字指标”任务可博取“政绩”，而完成自己加码的“数字任务”又可获取私利，那么在没有外部有效约束的情况下，疯狂追逐自身利益最大化的权力，必然横冲直撞，置民于无法招架的地步。在这种泛滥的权力面前，农民不断付出眼泪、鲜血和生命的代价来“配合”完成“数字指标”任务。由于公、检、法部门在催交农民税费时常常是“一锅煮”，受到侵害的农民只能集体上访。在这样一种行政理念下，一切妨碍基层政府实现“数字政绩至上”行为的都会遭到无情地打击、摧残和限制，“官逼民死”和“农民逃亡”的现象触目惊心。据中央办公厅、国务院办公厅关于涉农恶性案件的通报，1995 年全国共查处 13 起恶性案件，被乡村干部逼死打死的农民 12 人；1996 年涉农恶性案件上升到 26 起，乡村干部逼死打死的农民 26 人（其中还有一名 11 岁的小学生）。[①] 近几年来，涉农恶性案件还在不断发生。著名经济学家盛洪称这是农民“最沉重的负担”。

解决农民负担问题关键性对策建议

中国农民负担问题是一个十分复杂而艰巨的重大经济、政治和社会问题。如果不从更高的层次上、更宽广的视野上、更有力的改革上入手，农民负担问题就不可能得到真正的解决。笔者认为，切实解决农民负担的过程，就是真正实践“三个代表”的过程。要从根本上彻底解决农民负担问题，就必须走出一个怪圈、树立一种信念、实施五大改革。

---

① 转引自梁骏等编著:《村民自治——黄土地上的政治革命》，北京:中国青年出版社，2000 年版，第 18 页。

走出一个怪圈：就是走出一个对农民命运擅作主张的历史性怪圈。在几千年的皇权专制主义统治下，农民都是统治阶级任意摆布的动物和工具，农民没有任何约束统治阶级以保护自己的权利，也根本没有参与制定游戏规则的权利，只有坚决执行、埋头苦干的义务。我国是社会主义国家，消灭了人剥削人、人压迫人的旧制度，劳动人民在历史上第一次当家作了国家和社会的主人。但建国后囿于当时的国际国内形势，我国建立起高度集中的计划经济体制，农民又受到了新的严重束缚，农民的主人翁地位得不到保障，无论是“挖农补工”经济发展战略，还是限制农民进城的户籍制度，抑或其他诸方面，农民都无权参与政策的制定，只有被动地执行和落实。目前被一些人乐观称为减轻农民负担治本之策的税费改革，其实也是沿用计划经济体制下排斥农民参与决策的旧模式，虽然在短期内税费改革或许能在一定程度上减轻农民负担，但税费改革并没有触动农民负担的总病根，其实际效果很难使人乐观。

树立一种信念：就是树立宪法神圣的信念。宪法是共和国之母，没有宪法就没有共和国。共和国之所以需要宪法，是因为宪法具有最基本的两重功能，一是保障公民的自由和权利，二是约束国家权力，而要有效约束国家权力，就必须对权力进行分解和制衡。在宪法之母的眼中，没有富贵和贫贱之分，也没有工人、农民、知识分子、国家干部、公务员等之别，只有在法律面前人人平等的公民概念。历史和现实都已证明，抛弃宪法之母的“不孝”之子，必然惨遭权力的万般蹂躏。树立宪法神圣的信念，体现在农民负担问题上，就是要做到三条：一是农民与其他任何职业人员一样都是共和国公民，农民的自由权利必须得到切实的保障，一切政策法律法规的制定和出台，都不得有歧视农民的规定，不能实行城乡有别的双重标准，而且对于像农民这样的弱势群体，法律还应给予保护。二是破除计划经济体制下代替农民作主和城乡、行业等分割的思维模式，抛弃城市中心主义。在制定政策法律法规时，不能把农民撇在一边，不能单由管制农民的强势集团和社会精英代替农民作主制定政策和法律法规。三是让农民平等地参与制定游戏规则。共和国是人民当家作主的国家，农民应该平等地参与制定游戏规则，充分体现农民在社会主义新社会成为国家、社会和自己命运的主人。让农民参与制定的游戏规则，各方都必须共同执行，确保制度的有效性。制度经济学认为，要使制度具有有效性，其规则必须对所有有关的行为主体都有约束力，制度一旦实施，任何行为主体都无权事后单方面修改规则，对违规行为，必须有一套有效的发现机制和严厉的外部惩治手段，以加大违规行为的代价，否则，制度就是有缺陷的，其有效性是不足的，甚至是无效的。历史已经证明，只要给农民自由，农民就会创造出惊人的历史奇迹。

实施五大改革：一是调整工业倾斜政策，消除人为剪刀差。建国后我们选择优先发展工业化战略时，将工业化的发展分为三个阶段，并在不同的阶段采取相应的不同政策。在工业化初期阶段，实行挖农补工，农业支持工业发展；在工业化中期阶段，实行农工自补，农业与工业平等发展；在工业化的后期，实行以工补农，工业反哺农业发展。学术理论界普遍认为，到20世纪80年代中期，我国工业化初期阶段即农业向工业化提供剩余的历史时期已经完成。按理说，国家应及时调整挖农补工政策，但是，国家宏观经济政策却仍然实行工业化初期阶段的挖农补工政策。连续近半个世纪的挖农补工，使农民以自身的贫困支撑起国家工业化的发展、城市的繁荣以及市民生活水平的提高，整整二、三代农民为此作出了巨大的牺牲。可现在身居城市的决策者和市民似乎遗忘了当年的“诺言”，这是很不应该的。建议国家审时度势，乘我国正式成为WTO成员国之际，及时调整挖农补工政策，取消人为制造的剪刀差，并适应WTO的需要，依照国际惯例和国外对农业实行普遍扶持和保护的做法，实行以“以工补农”，切实扶持和保护农业，维护农民的切身利益。

二是废除“一国两策”政策，破除二元社会结构。在一个国家内实行城乡隔离政策，这在全世界都是绝无仅有的，应该坚决废除。在户籍制度上，废除二元户籍制度，实行城乡一致的户口登记制度和居民身份证制度，尽快将户籍制度的改革从小城镇扩大到大中城市，撤除人为的城乡樊篱，万众一心推倒“户籍墙”。公民的居住和迁徙自由是一项十分重要的基本人权，应重新修改《宪法》，恢复公民的居住和迁徙自由权，废除1958年1月通过的限制农民进城的《中华人民共和国户口登记条例》，制定和颁布确保公民居住和迁徙自由的新《户口登记法》。在教育制度上，真正实行和普及义务教育，明确规定义务教育的主要责任在各级政府，城乡中小学一律由国家公共财政统一投入，修改《义务教育法》，取消要农民出钱的教育集资，全体公民在受教育权上一律平等。在就业制度上，建立城乡统筹就业制度，党政机关、企事业单位一律对包括农民在内的全体公民开放，农民与市民一样有到党政机关、企业事业单位工作和就业的权利，有直接参与管理国家事务、经济事务和社会事业的权利。在社会保障上，国家应该着眼于全体公民，统筹兼顾、公平一致地建立社会保障制度。让包括农民在内的全体公民平等地享受国家提供的社会保障，既是社会主义制度优越性的重要体现，又是“国际人权公约”的普遍要求。我国政府1997年签署、全国人大常委会2000年2月批准的联合国《经济、社会和文化权利国际公约》于2001年7月开始在我国生效，该国际公约规定“人人有权享受社会保障，包括社会保险”。总之，国家在制定政策和法律法规时，应该历史性告别计划经济体制下的“双重标准”。政府不仅仅是城市市民的政府，也是农村农民的政府，在制定任何政策和法律法规时，政府不能老是把“屁股坐在城市和市民一边”。

三是改革传统税费制度，取消一切不合理收费。现行税费制度是在计划经济体制和思维模式下形成和制定的，极不适应社会主义市场经济的需要，也与国际惯例不相适应，与世界各国统一公平的税负原则不相适应。应对我国传统税制进行根本性的改革。现在正在试点的税费改革，实质上是对传统税制进行细枝末节的修补，其效果难遂人愿。首先，应该采取国际上通行的做法，在农业税制度改革上，取消农业税和农业特产税，将其分别并入相应的增值税、企业所得税、个人所得税、消费税和资源税中，使农民作为纳税人取得与其他社会成员平等的纳税地位。进入20世纪80年代后我国农业税收占国家税收收入的比重在5%左右，总额不过二三百亿元，农业特产税不到100亿元，两项加起来300多亿元，而浙江一家远华走私大案的走私金额就达300多亿元。其次，取消乡统筹、村提留和农民“两工”。乡统筹实质上是人民公社旧体制的产物，属于集体资金，它不应该在税费改革中并入“正税”之内，而应完全取消。村提留属于村集体所有的资金，也不应并入“正税”之中，应该在村民自治的框架下，由村民民主决策予以解决。农民的义务工、积累工是人民公社时期大搞集体生产和群众运动的产物，应该坚决取消。至于教育集资等一切收费、集资、摊派都应统统予以取消。再次，确立“不经人大批准，政府不能征税”的最高原则。议会产生的原始动因就是人民限制国王胡乱征税而逐渐发展壮大起来的。早在英国革命时期，流行一句非常有名的口号是“不经议会批准，国王无权征税”。这既是对人民财产权利的保护，又是对国王滥用权力的制约。从理论上说，我国税收的征管必须经全国人大审议批准，否则任何单位和个人都不得向人民群众征税。可我国的现实情况是，各级各部门不仅擅自制定每年税收增长目标以示“政绩”，而且纷纷出台各种收费项目中饱私囊，连乡镇政府和职能部门随意下个文件就可以向农民收取种种名目繁多的费用，这种空前紊乱的局面举世罕见，不能不说我国人大应对此负有很大责任。严峻的现象向我们昭示，我国也应该确立这样的信念原则：“不经人大批准，政府不能征税”，更不能收费。至于各级各部门乱收费就更加不用说了。

四是撤销乡镇政权，实行乡镇自治，提高农民组织化程度。我国在撤销人民公社的基础上建立起了历史上和世界上最庞大的乡镇基层政权，尽管中央政权每隔几年进行一次县乡镇机构改革，但其结果是越精减越庞大。庞大的乡镇机构和人员已成为加重农民负担的一个突出的直接原因。现行的县乡两级政权同时在农村一个行政区域内行使国家政权机构的职能，使乡镇管理领域内事实上存在两个政府，而且由于县乡两级政府的设置原理是“县政府建设取实，乡政府建设取虚”，乡政府实质上是“有名无实”。在实际运作中，许多乡镇政府缺乏建立一级完全政府的财力，并且在职能上已经沦落为要粮要钱要命的“三要”政府。根据我国历史上几千年来的乡村自治传统和国际上通行的地方自治做法，应该在行政体制安排上撤销乡镇政权组织，相应地实行乡镇自治，成立乡镇自治委员会，其成员由乡镇居民直接选举和罢免。这也是我国基层民主政治建设由村一级扩大到乡镇一级的必然趋势。为适应市场经济发展，迫切需要提高农民的组织化程度，组建农会和其他农民经济合作组织。本来组织农会与工会是党在革命时期动员民众、推翻剥削阶级统治的重要力量，但建国后工会保留下来，农会却消失了。世界农村发展的经验表明，一个健康发展的农会有利于改变农民相对低下的社会地位，也有利于社会稳定，成立农会的目的主要是保障农民最基本的政治经济社会权利。成立农会，可以使农民有组织地参与国家政策和法律法规的制定，使农民平等地参与制定游戏规则。

五是正确定位政府职能，强化权力制约和监督。传统的政府是无所不包的万能政府，与民争利；在社会主义市场经济条件下，在我国加入WTO的情况下，应该重新界定政府的职能，建立公共服务型政府。根据国际惯例，政府的职能主要定位于提供公共物品，为民谋利。在转变政府职能上，必须实行政企分开，政社分开，还权于企业，还权于社会，充分发育和发挥社会中介组织的积极作用。政府内部管理方式要实行根本性改革，废除计划经济体制下形成的企业化的目标管理责任制，抛弃“数字型政绩至上主义”。废除干部任命制，实行民选罢免和公平的考试录用制。废除人为的财政目标增长制，建立与市场经济相适应的公共财政体制，改“量出制入”为“量入为出”，有多少税收多少税，而不是事先定下税收任务总目标，再去挖地三尺找税。加强基层政权的权力制衡和监督，司法权力地方化现象相当突出，后果十分严重，应改革司法制度，确保司法独立和司法公正，地方不能搞公检法“联合作战”。在强化上级监督、同级监督和群众监督的同时，进一步强化新闻舆论的监督，在坚持党的基本路线和宪法法律的前提下，新闻媒体要加大对基层政权和干部行为的监督力度，在全社会形成监督权力的强大氛围。

户籍制度的历史回溯与改革前瞻①

我国的户籍制度经历了建国初期短暂的自由迁移、1958 年开始的严格限制户口迁移特别是限制农民向城市迁移，以及改革开放后户籍制度的逐步改革（主要是小城镇户籍制度改革）三个时期。以二元户籍制度为基础，我国逐步形成了独特的二元社会结构。户籍制度改革是政治体制改革的重要内容，是尊重和保障人权的重要措施。实行全体公民的居住和迁徙自由，是我国户籍制度改革的终极目标。

短暂的自由迁移

1949—1957 年，是建国初期短暂而宝贵的户口自由迁移时期。建国前，我国不存在严格的户籍管理制度，公民的迁徙是自由的。建国初期，公民迁徙自由也有明确的保障。1949 年 9 月 29 日中国人民政治协商会议通过的起临时宪法作用的《中国人民政治协商会议共同纲领》第 5 条就把自由迁徙作为公民的 11 项自由权之一。1950 年 11 月第一次全国治安工作会议指出，户口工作的任务是“保证居民居住迁徙之自由，安心从事生产建设”。会议要求先在城市开展户籍制度管理工作。

经政务院批准，1951 年 7 月 16 日公安部颁布实施了《城市户口管理暂行条例》，其目的是为了维护社会治安，保障人民之安全及居住、迁徙自由。此条例规定在城市中一律实行户口登记，这是我国第一次制定全国统一的城市户口管理法规。1954 年 9 月 20 日，第一届全国人民代表大会第一次会议通过的《中华人民共和国宪法》第 90 条第 2 款规定“中华人民共和国公民有居住和迁徙的自由”。1954 年 12 月 20 日内务部、公安部、国家统计局发出联合通知，要求建立农村户口登记制度，加强人口统计工作。从此，我国对农村户口的管理和人口统计工作提上了议事日程。1955 年 6 月 22 日国务院发布《关于建立经常户口登记制度的指示》，它规定全国户口管理行政工作由内务部和县级以上人民委员会的民政部门主管，办理户口登记的机关，在城市、集镇是公安派出所，在乡和未设公安派出所的集镇是乡、镇人民委员会。这个规范性文件，对我国农村

---

① 本文原载《宁夏社会科学》2002 年第 2 期。

户口管理制度的建立和健全起了保障作用。1956 年 2 月，国务院指示把全国的户口登记管理工作及人口资料的统计汇总业务全部交给公安机关。从此，全国城乡的户口管理工作和组织机构便得到统一。

1956 年 3 月 10 日，全国第一次户口工作会议规定户籍管理的三项基本任务是：证明公民身份，便利公民行使权利和履行义务；统计人口数字，为国家经济、文化、国防建设提供人口资料；发现和防范反革命和各种犯罪分子活动，密切配合斗争。会议要求争取在一定时期内建立一套比较系统的户口管理制度。

总之，建国初期头 8 年，我国户籍管理制度的特点是公安部门主管城乡户口工作，这个时期公民的居住和迁徙是自由的，对公民迁出迁入只要求办理手续，没有提出严格限制。

严格限制农民进城

1958—1978 年，是严格限制户口迁移特别是严格限制农民向城市迁移的时期。这一时期经历了“大跃进”、三年困难时期和十年“文革”动乱。户口管理的主要特点是严格控制农村人口盲目流入城市，压缩城市人口，包括精简职工、知识青年上山下乡、干部下放农村，大量城市人口迁往农村。出现了所谓的逆城市化运动，形成了一系列严格的户籍管理制度。建国初期我国城乡人口流动活跃，特别是大量农民流入城市，出现了一些新问题。这本来是我国人口城市化进程中的正常现象，但当时囿于计划经济的认识，政府便在 1953 年、1954 年、1955 年和 1957 年先后四次发出指示，劝阻农民盲目流入城市，并开始改自由迁移政策为控制城市人口规模、限制农民进城的政策。1957 年 12 月 18 日，中共中央、国务院联合发出《关于制止农村人口盲目外流的指示》，要求城乡户口管理部门严格户籍管理，切实做好制止农村人口盲目外流工作。农民向城市流动被称着“盲流”即源于此。

在此基础上，1958 年 1 月 9 日，第一届全国人大常委会第 91 次会议通过了《中华人民共和国户口登记条例》，该条例第 10 条第 2 款规定：“公民由农村迁往城市，必须持有城市劳动部门的录用证明，学校的录取证明，或者城市户口登记机关的准予迁入的证明，向常住地户口登记机关申请办理迁出手续。”这标志着国家限制农民进城的二元户籍管理制度开始以立法的形式确定下来。这一条例半个世纪以来深深地影响着中国的每一个家庭，成为新中国户籍制度史上最重要的法规。

1958 年 4 月，公安部根据《户口登记条例》的规定，制定和颁发《关于执行户口登记条例的初步意见》。1958 年 9 月 13 日，中央精简干部和安排劳动力五人小组发出《关于精简职工和减少城镇人口工作中几个问题的通知》，规定“对农村县镇迁往大中城市的，目前要严格控制”。1961年12月9日，公安部转发三局《关于当前户口工作情况的报告》，要求对户口工作进行彻底检查整治，健全户口管理机构。1962年4月17日，公安部发出《关于处理户口迁移问题的通知》，指出：“对农村迁往城市的，必须严格控制；城市迁往农村的，应一律准予落户，不要控制；城市之间必要的正常迁移，应当准许，但中、小城市迁往大城市的，特别是迁往北京、上海、天津、武汉、广州等五大城市的，要适当控制。”1963年以后，公安部在人口统计中把是否吃国家计划供应的商品粮作为划分户口性质的标准，吃国家供应粮的户也即城镇居民称作“非农业户口”。1964年8月14日，国务院批准公安部《关于户口迁移政策规定》，对农村迁入城市的人口进一步实行严格控制。

1975年1月17日，第四届全国人大第一次会议通过的《宪法》历史性地去掉了“中华人民共和国居民有居住和迁徙的自由”的条文，这标志着我国公民的自由迁徙和居住的权利失去了宪法依据。1977年11月，国务院批转公安部《关于处理户口迁移的规定》指出：“从农村迁往市、镇（含矿区、区等。下同），由农业人口转为非农业人口，从其他市迁往北京、上海、天津三市的，要严格控制。从镇迁往市，从小市往大市，从一般农村迁往市郊、镇郊农村或国营农场、蔬菜队、经济作物区的，应适当控制。”从此提出了中国老百姓十分熟悉的“农转非”问题。在此后又制定了若干项具体的“农转非”政策。公安部为贯彻上述规定，给全国各省、市、自治区下达了“农转非”控制指标，即“每年批准从农村迁入市镇和转为非农业人口职工家属人数，不得超过非农业人口数的15‰”，从而对“农转非”实行了政策与指标双重控制的管理体制。“农转非”这个新词汇也就开始在中国大地上流行起来。1978年3月5日第五届全国人大第一次会议通过的《宪法》也没有恢复公民的居住和迁徙自由权。

这二十年是我国城乡分割的二元户籍制度正式形成和不断完备的时期，公民的居住和迁徙自由被人为地从《宪法》中取消了，全体公民被划分为不可逾越的“农业户口”和“非农业户口”，城乡壁垒日益森严，耸立在城乡之间的“户籍墙”坚不可摧，二元社会结构逐步形成和凝固化。这段时期户籍制度的最大特点是严格限制农民向城市迁移。

小城镇户籍改革的突破

1979年以来，是户籍制度的逐步改革——主要是小城镇户籍制度改革时期。1978年12月召开的中共十一届三中全会标志着我国进入了改革开放的新时期。在这样的大背景下，国家开始调整和逐步改革户籍制度。

1980年9月，公安部、粮食部、国家人事局联合颁布了《关于解决部分专业技术干部的农村家属迁往城镇由国家供应粮食问题的规定》，照顾的对象和条件是高级专业技术干部，有重大发明创造，在科研、技术以及专业工作上有特殊贡献的专业技术干部。符合上述规定迁往城镇落户的人员，不受公安部门正常审批的控制比例的限制。这以后，国家除了继续对城镇人口增长实行严格控制外，对若干特殊的“农转非”问题在政策上开始松动，先后解决了一批科技青干、煤矿井下职工、三线艰苦地区其他职工的农村家属迁入城市落户问题，部分边防海防军官农村家属也可以在原籍转为城市户口。“农转非”的控制指标由不超过当地非农业人口的1 5‰调整为2‰。这是我国户籍管理制度20多年来的一次重大调整和改革。

1984年1月1日，《中共中央关于一九八四年农村工作的通知》作出如下重大决定：“1984年，各省、自治区、直辖市可选若干集镇进行试点，允许务工、经商、办服务业的农民自理口粮到集镇落户。”这是我国小城镇户籍制度改革的最先声。1984年10月，国务院发出了《关于农民进集镇落户问题的通知》，规定凡申请到集镇（指县以下集镇，不含城关镇）务工、经商、办服务业的农民和家属，在城镇有固定住所，有经营能力，或在乡镇企事业单位长期务工的，公安部门应准予落常住户口，发给《自理粮户口簿》，统计为“非农业人口”，并把他们纳入街道居民小组进行管理，使其同集镇居民一样享有同等权利，履行同等义务。这是我国进行户籍制度改革的第一个规范性的政策规定，它的历史功绩在于打破了几十年来铁板一块的二元户籍制度的一个缺口。自理口粮户口的实施是我国户籍制度的一项重大改革突破。据统计，从1984年到1986年底，在不到3年的时间里，全国办自理口粮户达1633828户，总计4542988人。

1989年10月，户籍改革出现倒退。在治理整顿的大环境下，国家强调严格户籍制度管理，国务院发出了《关于严格控制“农转非”过快增长的通知》，要求把“农转非”纳入国民经济与社会发展计划，对“农转非”实行计划指标与政策规定相结合的控制办法。从此计划部门介入了户籍制度管理。1990年国务院办公厅转发国家计委等部门《关于“农转非”政策管理工作分工意见报告的通知》，规定由中央出台“农转非”政策。这一时期户口管理的特点是对“农转非”采取政策和指标双控的办法，大量压缩了“农转非”数量。

1992年8月，在邓小平南方讲话和中共十四大精神的鼓舞下，公安部拟就了《关于实行当地有效城镇居民户口制度的通知》，征求各部门和地方政府意见，开始实行“当地有效城镇居民户口”。同年10月开始，广东、浙江、山东、山西、河南等十多个省先后以省政府名义下发了实行“当地有效城镇居民户口”的通知。由于“当地有效城镇居民户口”的户口簿印鉴为蓝色，故也称作“蓝印户口”。这是我国户籍制度改革的一项过渡性的具体措施。1992年全国各地掀起了“卖户口”热潮，范围主要集中在小城镇，农民每人以4000元到数万元不等的价格购买小城镇户口。1992年5月4日经国务院办公厅同意，以公安部名义下发了《关于坚决制止公开出卖非农业户口的错识做法的紧急通知》，对各地卖户口行为进行制止。据公安、金融等部门估算，1992年各地卖户口所得金额超过100亿元，有可能达200亿元之巨。这充分反映了被画地为牢控制几十年的广大农民对城镇美好生活的渴望和追求。

有鉴于全国各地强烈要求改革户籍制度的迫切愿望，1992年底，国务院正式成立了户籍制度改革文件起草小组。1993年6月，该小组在广泛调研的基础上，草拟了《国务院关于户籍制度改革的决定》，主要精神是对现行户籍制度进行较大的改革，取消按是否吃商品粮划分农业与非农业户口性质的做法，废止“农转非”制度，建立以常住户口、暂住户口、寄住户口三种户口形式为基础，以居住地登记、迁徙和暂住规定等制度为内容，以居民身份证、公民出生证为证件管理的主体，组成配套的户籍管理制度。这本是一个顺应时代发展要求、符合广大人民群众愿望的比较好的户籍制度改革方案。但因为种种原因，该方案未能颁布实行。到1993年9月，根据中央关于重视小城镇建设的精神，国务院户籍制度改革开始由全面改革转向小城镇户籍制度为重点，着力研究关于小城镇户籍制度改革的方案。

1997年7月国务院批转公安部《关于小城镇户籍制度改革试点方案》，规定试点镇具备条件的农村人口可以办理城镇常住户口。1998年10月中共十五届三中全会通过《中共中央关于农业和农村工作若干重大问题的决定》，提出“发展小城镇是带动农村经济和社会发展的一个大战略”。于是加快发展小城镇、改革小城镇户籍制度便成为各地的主流政策选择。2000年6月13日，中共中央、国务院下发了《关于促进小城镇健康发展的若干意见》，规定从2000年起，凡在县级市区、县级人民政府驻地镇及县以下小城镇有合法固定住所、固定职业或生活来源的农民，均可根据本人意愿转为城镇户口，并在子女入学、参军、就业等方面享受与城镇居民同等待遇，不得实行歧视性政策。

户籍改革的认识障碍

改革开放以来，我国户籍制度改革的最大特点是小城镇户籍制度改革迈出了实质性步伐，但各大中城市依然维持着传统的二元户籍制度不变。虽然有些大中城市为吸引人才和资金，也出台了一些条件比较高的进城落户政策，但这些政策对广大农民群众来说，没有实质性的现实意义，并且从全国来看，国家对大中城市的户籍制度仍然没有提上改革的日程。

作为现行户籍制度基本法律依据的《中华人民共和国户口登记条例》及有关户籍政策规定，是在计划经济体制下形成的，它服务和迎合于传统的计划经济体制的运行和发展。随着社会主义市场经济体制的建立，传统的二元户籍制度越来越不适应迅猛发展的新形势，越来越成为我国顺利推进城市化和现代化的严重桎梏。现行户籍制度的核心内容是把全国人口人为地划分为农业人口和非农业人口两大主要类型，并实行有差别的社会福利待遇政策；把户口划分为农业和非农业两大户口性质，并对“农转非”实行严格控制。这在客观上把城乡人口分成两个完全不平等的社会阶层，形成了事实上的人身等级制度，限制了人口随着经济发展水平变化的合理流动，强化了人口对所在地区的人身依附关系，制约了人口城市化和现代化的进程，严重阻碍了我国的现代化建设与社会的文明进步。

古人说得好，“流水不腐，户枢不蠹”。我国要加快城市化和现代化进程，就必须首先使全体人民自由流动起来，确保公民的居住和迁徙自由。我国户籍制度改革几十年来迈不开实质性的大步子，除了深受长期的计划经济思维定势的影响外，一个重要原因就是存在着认识上的重大误区。

一是只看到“城市病”而忽视“农村病”。其实“城市病”是一种管理问题，是可以“治疗”的。真正影响中国现代化事业的不是“城市病”而是“农村病”。长期以来，城乡收入差距拉大、农民负担沉重、农村大量劳动力剩余、农村贫困以及生态环境的恶化等“农村病”即十分突出的“三农”问题严重挑战中国。“三农”问题也就是“农村病”的症结在于以二元户籍制度为基础所形成的二元社会结构。

二是片面强调控制大城市而发展小城镇。从20世纪60年代以来，我国在城市化发展的道路上，一直片面强调“严格控制大城市规模”。1990年4月1日实施的《中华人民共和国城市规划法》以法律形式规定了我国城市化方针是“严格控制大城市规模，合理发展中等城市”。之后，小城镇作为一个大战略提了出来，全国普遍掀起了小城镇建设的热潮。发达国家的经验表明，大城市在已经发展到趋于饱和后开始在城郊发展小城镇，以减轻大城市的压力。我国在大多数大中城市规模还普遍偏小的情况下，把城市化的重点放在发展小城镇上肯定是不科学的。2000年10月11日，中共十五届五中全会通过的“十五”计划的《建议》提出实施城镇化战略，抛弃了沿用几十年的对大城市“严格控制”的说法，正式提出“大中小城市和小城镇协调发展”。

三是认为放开户籍管理将会造成社会混乱。这种担心是没有任何根据的。从历史发展的长河来看，我国自古以来直到建国前都一直没有城乡分割的二元户籍管理制度，建国后也一度实行自由迁徙，历史已经证明，并没有因户籍制度而造成什么大乱子。从国际范围来看，全世界只有中国、朝鲜和贝宁三个国家实行严格的户籍制度，世界上其他国家和地区都普遍实行居住和迁徙自由，但并没有因自由迁徙而引发什么乱子。可见我国实行迁徙自由会产生混乱的说法是站不住脚的。

恢复公民的居住和迁徙自由

我国户籍制度改革的终极目标应该是恢复和实行全体公民的居住和迁徙自由。居住和迁徙自由其实也是公民的一项基本人权。1948 年 12 月 10 日联合国大会通过的《世界人权宣言》以及 1966 年 12 月 16 日通过的《公民权利和政治权利国际公约》都把公民的自由迁徙和居住作为基本人权予以确认和保障。我国政府一再声明和强调尊重《世界人权宣言》，并于 1997 年和 1998 年先后签署了《经济、社会和文化权利国际公约》和《公民权利和政治权利国际公约》，2001 年 2 月 28 日第九届全国人大常委会第 20 次会议批准了《经济、社会和文化权利国际公约》。因此，无论从建立社会主义市场经济体制、加快我国城市化和现代化的角度来看，还是从尊重和保障人权的角度来看，都迫切需要加快户籍制度改革步伐。

首先，应该修改《宪法》，重新恢复和确立公民的居住和迁徙自由权。1982 年 12 月 4 日第五届全国人大第五次会议通过的《宪法》虽然被称为是我国建国以来"最好"的宪法，但由于当时处于计划经济体制的宏观环境下，公民的居住和迁徙自由权没有得到确认和恢复。现在，应该对宪法进行修改，重新确立公民的居住和迁徙自由权。同时，制定和颁布确保公民居住和迁徙自由权的《中华人民共和国户籍法》，废止沿用半个多世纪的《户口登记条例》以及其他相关政策法规，取消各种户口的差别，实行全国统一、平等的居民户口登记制度，取消《城市规划法》中有关控制大城市发展规模等限制规定。

其次，实行社会待遇与户籍脱钩的政策。取消一切附加在户籍上的政策规定和条件，恢复户籍的本来面目和社会功能。户籍只应承担对人口的社会管理职能，不应将社会待遇、社会福利作为附加条件与户口登记和迁移挂钩。凡是与户籍挂钩的粮油、就业、入学、参军、住房、计划生育和城镇建设配套费等均应完全脱钩，有关依附在户籍制度上的一切歧视性政策法规应一律废止。

再次，进行相应的配套改革。户籍制度改革是一项涉及面很广的社会系统工程，必须进行相应的配套改革。比如，废除以户籍为依据的城镇就业制度，建立开放的全国统一的劳动力市场和就业制度。不管是国家机关、事业单位还是企业录用人员，必须面向全体公民，建立公开、公平、公正的考试录用制度。农民可以到城镇就业，市民也可以到农村就业，甲城市公民可以到乙城市就业、乙城市公民也可以到甲城市就业。再比如，必须对现行农村土地制度实行改革。在现行土地制度下，农民只能对土地拥有承包权、经营权，没有对土地进行自由交易的权利。农村的土地制度应实行合理流动，作为农民财产的土地可以进行抵押、入股、转让、租赁、继承等。残缺式的土地产权制度，束缚了农民的手脚，限制了农民向城市的合理流动，不利于农民增收，也不利于加快城市化进程。国际经验表明，当城市化水平达到 70% 时，城乡差别才能消除。发达国家的城市化平均水平已相当高，而我国城市化率还相当低。这主要是我国二元分割的户籍制度和与土地制度人为地限制农民进城的结果。

农民问题呼唤宪政民主①

“三农”问题的核心是农民问题，农民问题是个几千年未解决的中国问题。时至21世纪，农民问题日益严峻和尖锐，迫切需要人们从深层次上去探讨。在长期的农村调研中，笔者对农民问题有着切肤之痛。加入WTO后，视野的开阔会使人们同旧思维决裂。一切忽视宪法、远离宪法甚至违背宪法的种种求解“三农”问题的“处方”，不但无助于问题的真正解决，而且还会加剧在“三农”问题上的认识混乱。笔者日益清醒地看到，解决当前农民问题，走出中国几千年“兴亡百姓苦”的历史性怪圈的根本途径，就是实行宪政民主。

学术界在瞎子摸象

人们都知道瞎子摸象的故事。其实“明眼人”也常常犯与瞎子同样的错误。多年来，学术理论界就在演绎着“瞎子摸象”的游戏。

长期以来，学术理论界普遍存在着各学科相互隔离的积弊，从事法学研究的不懂经济问题，搞经济的又不懂法学，学农业经济的不懂城市经济，研究宪法学的又远离实际，深入实际的又不懂得政治学。现在研究“三农”问题的人，大都是学农业经济的，不善从宪法角度看问题，而宪法学家大都从概念到概念，对“三农”问题熟视无睹，等等。这就使得不少人在研究现实问题时常常“只见树木不见森林”，像瞎子一样只摸到大象的一部分就轻率地下了自以为是的结论。

学术理论界在为中国问题“把脉”上之所以不断地在“瞎子摸象”，原因有二：一是计划经济体制下形成的各学科互相分割、隔离，导致其认识的严重局限和知识结构的单一贫乏。本来所有社会问题都是一个相互关联的错综复杂的综合体，至于设立各种学科、专业乃是人为的结果，社会不会因为你人为分成诸多学科专业而相应机械地分解成几大块。其二是缺乏宪法意识。这恐怕是中国学术理论界最普遍最严重的“集体缺宪症”。不少专家学者看问题、想办法、搞研究、出成果，大都把“宪法”撇在一边，而

① 燕园评论网 www.yypl.net 2002-04-19 首发。

是习惯于在人治的思维模式下“埋头苦干”、“鞠躬尽瘁”，虽然“勤奋工作”、“劳苦功高”，但终因满脑子的人治思想而与宪政民主“离题万里”。

计划经济体制的最大遗产

选择市场经济，告别计划经济是中国人 20 世纪末最具历史意义的重大抉择。哈耶克早在 20 世纪 40 年代就认识到搞计划经济是一条“通往奴役之路”。可建国后我们认识不到这一点，误把计划经济当作“先进文化”加以全盘吸收。邓小平曾无不痛惜地说：我们不仅要承认自然科学比西方落后，社会科学也落后了，要抓紧补课。诚哉，斯言！

计划经济体制建立初期，就酿成了千年未有之惨剧，“三年困难时期”饿死农民四千万。这可是相当于欧洲一个中等国家的总人口。在“三分天灾七分人祸”与“七分天灾三分人祸”的争论中，共和国第二任主席刘少奇从此走上了“宪法”也保护不了他的不归路。

不管是“三分人祸”还是“七分人祸”，这“人祸”就是计划经济体制的直接结果。现在，学术理论界大都认为计划经济使国民经济到了“崩溃的边缘”。这种判断虽没有错，但笔者认为计划经济体制造成的最严重后果，在于导致中国来之不易的宪政民主进程的骤然中断。所以，有的学者就提出“回归五四，重新启蒙”。

宪法和宪政是人类最伟大的政治文明。纵观中国近代史，洋务运动开启了中国现代化的历史进程，但洋务运动是在维护皇权专制下仅仅学习西方物质文明，“师夷长技”；戊戌变法则已经上升到制度兴国的层面，开始学习世界政治文明。从此，呼唤宪法、实施宪政就成为中国有识之士的奋斗目标。

孙中山创立的中华民国是亚洲第一个共和国。可到如今，宪政民主依然离中国人十分遥远，其根本原因是计划经济体制打断了宪政民主的历史进程。著名学者李慎之先生对此反思比较深刻。我发现，“抛弃宪法之母的‘不孝’之子，必然惨遭权力的万般蹂躏。”不幸得很，时至今日，仍然有不少人尚停留在“洋务派”的认识水平上，只追求物质文明而不谈政治文明。这是计划经济体制造成的重要遗产。

二元社会结构和三级利益共同体

有宪法不一定有宪政，只有真正实施了宪法，才可能迈上宪政民主的大道。宪法的基本功能有二：一是制约公共权力，二是保障公民权利。

在对待农民问题上，建国以来，一系列背离宪法精神的政策设计和制度安排纷纷出笼，造成了两个最直接的后果：二元社会结构和三级利益共同体。也就是说，在宏观层面，国家通过一系列歧视农民的政策制度安排把农民限制在农村；在微观层面，直接管制农民、与农民打交道的县乡村三级又结成利益共同体，对农民进行“联合挤压”，催生当代“官官相护”。

二元社会结构是中国在计划经济体制下排斥宪法的结果。一个国家的政策法律制度，对城市是一套，对农村是另一套，对市民是一套，对农民是另一套，这种明显歧视农村和农民的二元性政策设计和制度安排，明显背离了在“法律面前人人平等”的宪法原则，忽视了农民作为共和国公民的宪法权利。

县乡村三级之所以结成利益共同体，关键在于一系列不适应市场经济发展的制度安排，主要有自上而下的干部任命制、层层下达的目标管理责任制和唯指标是从的“数字型政绩至上主义”的行政理念。乡镇是三级利益共同体的核心。为了完成县级下达的和自己加码的指标任务，乡镇往往不择手段。有的给村“两委”施压，使“两委”事实上成为乡镇完成“指标”任务的工具。有的任意闯入民宅，抓捕农民，置民于死地。笔者2001年春节期间在湘西农村发现，不少乡镇政府因计划生育、税费等擅自关押着人数不等的可怜农民。尽管《宪法》已明文规定“公民的住宅不受侵犯”、“任何公民，非经人民检察院批准或者决定或者人民法院决定，并由公安机关执行，不受逮捕”，但乡镇干部却往往以农民不完成“上交”任务、违背计划生育等种种理由任意闯入农民家里牵牛、抬猪、抢粮食，并随意将农民强行关在乡镇政府，只要交钱就放人。当然，这些乡镇干部并不使用“拘留”或“逮捕”等词语。

县级政权为确保乡镇完成自己下达的指标任务，也有意或无意地放纵和包庇胡作非为的乡镇干部。县公检法机关也常常“联合作战”积极配合乡镇完成任务。受到侵害的农民的冤屈，经常无法在县一级得到解决，上访就成为受压迫的农民的唯一选择。当法院积极配合乡镇完成任务，或者是在县级政权的授意下拒绝“民告官”的立案或即使立案也不能公正审判时，孟德斯鸠的话可能会强烈震撼人的心灵：“如果司法权不同立法权和行政权分立，自由也就不存在了。”①

人权与法治：农民的新需求

笔者亲身体验到不受制约的权力泛滥对农民权利侵害的残酷性。现在，有不少著名学者认为“三农”问题的关键是“增加农民收入”。笔者认为增加农民收入非常重要，但这只是解决农民问题的一个重要方面。如果无视农民权利，学者自以为是的处方就可能陷入误区。这好比临床医生对一位被歹徒殴伤的病人下处方说“治疗病人最关键的是

① ［法］孟德斯鸠：《论法的精神》上册，张雁深译，北京：商务印书馆，1961年版，第155—156页。

锻炼身体”，这看似正确，其实很荒谬。如果说城市基层政府的干部也像乡村干部那样随时闯进市民家里抢东西、打人，并将其强行拉到政府“关起来”，那我可以肯定地说，没有人会认为市民的问题是“增加收入”了。

在当代，保护人权和建立法治已经是人类政治文明的重要标志。当今中国，保障人权，更重要更迫切的是保障农民这些弱势阶层的人权，包括进城打工的“农民工”的人权。笔者提出“保障农民人权”这个概念和命题，以期引起学界的重视。

一些人在人权上存在着严重的“冷战思维”。中国有句古话叫“忠言逆耳利于行”。这句话对个人适用，对一个家庭、一个单位、一个地区、一个国家也同样适用。而一些人在人权问题上，仅仅停留在对西方的“反唇相讥”上。应该说，在人权保障上，我们任重道远。我国政府多次公开声明尊重《世界人权宣言》，1997 年和 1998 年先后签署了两个重要的国际人权公约，中共十五大明确提出共产党执政就是最大限度地“尊重和保障人权”。这就清楚地表明，执政党高度重视人权保障，致力于中国的人权事业。但是，在人权保障上，不仅要说，更重要的在于做；不仅要签署国际人权公约，更重要的在于履行人权公约，只有这样才能促进中国人权事业的大发展。当务之急是赋权于民，给农民作为共和国公民应当享有的宪法权利，切实保障农民人权。

要尊重和保障农民人权，必须实行法治。法治要求法律必须以尊重和保障人权为最根本的出发点和原则。法治建设的重点是规范和限制公共权力，用法律规范和制约公共权力，这是宪政的重要内容。对于政府，法无明文规定不可为之，越权无效，弃权失职；对于个人，法无明令禁止皆可为之。保障人权，实行了宪政民主，也就是真正实践了执政为民。

如果学术理论界都从宪法的层次上思考研究问题，如果决策层都从宪政角度进行政策设计和制度安排，那么，每个农民的自由而全面发展就有了切实的制度保障，中国几千年来的农民问题的真正彻底解决也就为期不远了。

孙中山的社会主义思想[①]

早在19世纪末，孙中山第一个提出了“振兴中华”的口号。始终不渝继承孙中山伟大事业的中国共产党人将在21世纪中叶实现“中华民族的伟大复兴”，这是无数革命先烈和多少仁人志士为之牺牲、不懈奋斗的祈盼和梦想。孙中山的伟大思想无疑是照耀中华民族冲破漫长专制和黑暗的第一缕阳光。毛泽东就明确说过，从孔夫子到孙中山，我们都要继承。作为20世纪站在时代前列的第一位伟大人物，孙中山的伟大思想显然值得我们认真学习和汲取。孙中山的社会主义思想，对我们建设社会主义现代化具有深刻的启迪。

民生主义就是社会主义

在十月革命前，孙中山就以宽广的眼界观察世界，深刻把握世界文明进步的历史潮流，一再高度评价马克思主义，表示要实行社会主义。1912年，他发表题为《社会革命说》的演说，宣称“今吾国之革命，乃为国利民福革命。拥护国利民福者，实社会主义，故欲巩固国利民福，不可不注重社会问题”。[②]同年10月14日至16日，孙中山在上海中国社会党总部发表《社会主义之发生与派别》的演讲，更是盛赞马克思的科学社会主义。正是在孙中山这样一位具有重大影响的政治领袖的极力倡导下，社会主义思潮开始在中国广为传播，为中国的思想理论界注入新鲜血液，从而为十月革命后马克思主义在中国的广泛传播准备了充分的思想认识条件。

孙中山认识到“中国数千年来都是君主专制政体，这种政体，不是平等自由的国民所堪受的”。[③]为此，他提出“我们革命的目的是为众生谋幸福，因不愿少数满洲人专利，故要民族革命；不愿君主一人专利，故要政治革命；不愿少数富人专利，故要社会革命”。[④]辛亥革命后，孙中山一度认为以民族主义、民权主义为中心内容的民族革命、

① 本文原载《中国国情国力》2002年第4期。

② 《孙中山选集》上卷，北京：人民出版社，1956年版，第95页。

③ 孟庆鹏编：《孙中山文集》，北京：团结出版社，1997年版，第23页。

④ 孟庆鹏编：《孙中山文集》，北京：团结出版社，1997年版，第27页。

政治革命已经完成，今后应大力开展以民生主义为重点的社会革命。这也是孙中山多次论及和大力称颂社会主义的一个重要原因。

孙中山认为，民生主义就是社会主义，社会主义是民生主义的归宿。1919年孙中山在《论三民主义》一文中，详细阐述了民生主义的内涵。孙中山痛感“为资本家者，只知机器之为利，而不恤社会之被害也”，中国之行民生主义，即所以“消弭社会革命于未然也”。[①] 故“民生主义者，即社会主义也”。[②]1924年1月，孙中山在中国国民党第一次全国代表大会上发表《关于民生主义之说明》，针对党内外一些人把民生主义与社会主义对立起来的倾向，他指出：“本党既服从民生主义，则所谓‘社会主义’、‘共产主义’与‘集产主义’，均包括其中”，[③] 本党同志于此便可十分了解“共产主义与民生主义毫无冲突，不过范围有大小耳。”[④]1924年8月，孙中山在演讲中说：“我现在就是用民生二字，来讲外国近百十年来所发生的一个最大问题，这个问题就是社会问题，故民生主义就是社会主义，又名共产主义，即是大同主义”。[⑤] 孙中山说，我们的民生主义，“目的就是要把社会上的财源弄到平均。所以民生主义就是社会主义，也就是共产主义，不过办法各有不同。”[⑥] 孙中山认为，推翻满清政府，民族主义已达，改良专制政治，民权主义已伸，“至于民生主义，非以社会主义行之，不能完全。”我们“实行民生主义，而以社会主义为归宿，俾全国之人，无一贫者，同享安乐之幸福，则仆之素志也”。[⑦]

社会主义就是人道主义

孙中山认为，社会主义是人道主义，实为人类之福音。孙中山十分关注人类的疾苦，提出为“人生谋幸福”，应着手解决“生计”问题。孙中山说：“社会主义，一言以蔽之，曰社会生计而已矣。”[⑧] 他指出，这种主张，在我国早已有之，“井田之制，即均产主义之滥觞；而累世同居，又共产主义之嚆矢，足见我国人民之脑际，久蕴蓄社会主义之精神。”[⑨] 孙中山还指出：“社会主义既欲谋人类之幸福，当先谋人类生存；既欲谋人类之生存，当研究社会之经济。故社会主义者，一人类经济主义也……社会主义系从社

① 孟庆鹏编：《孙中山文集》，北京：团结出版社，1997年版，第43页。
② 孟庆鹏编：《孙中山文集》，北京：团结出版社，1997年版，第42页。
③ 孟庆鹏编：《孙中山文集》，北京：团结出版社，1997年版，第57页。
④ 孟庆鹏编：《孙中山文集》，北京：团结出版社，1997年版，第59页。
⑤ 孟庆鹏编：《孙中山文集》，北京：团结出版社，1997年版，第231页。
⑥ 孟庆鹏编：《孙中山文集》，北京：团结出版社，1997年版，第263页。
⑦ 孟庆鹏编：《孙中山文集》，北京：团结出版社，1997年版，第623页。
⑧ 孟庆鹏编：《孙中山文集》，北京：团结出版社，1997年版，第325页。
⑨ 孟庆鹏编：《孙中山文集》，北京：团结出版社，1997年版，第326页。

会经济方面着想，欲从经济学之根本解决，以补救社会上之疾苦耳。”① 孙中山认为人道主义主张“博爱、平等、自由”，但这正是“社会主义之真髓”，② 我国古代的博施济众、尚仁、兼爱，都是狭义的博爱，不能普及于人人，只有“社会主义之博爱，广义之博爱也。社会主义为人类谋幸福，普遍普及，地尽五洲，时历万世，蒸蒸芸芸，莫不被其泽惠。此社会主义之博爱”。③ 所以，“社会主义者，人道主义也”，实行社会主义，“实为人类之福者”。④

孙中山认为，共产主义是民生主义的好朋友，是社会主义之上乘。针对国民党内一些人对共产党的反对，孙中山特别指出，这些人之所以犯这样的错误，是因为他们不知民生主义就是共产主义，“共产主义是民生主义的好朋友。”民生主义究竟是什么东西呢？孙中山说：“民生主义就是共产主义，就是社会主义。我们对于共产主义，不但不能说是和民生主义相冲突，并且是一个好朋友。”⑤ 如果说要区分一下共产主义和民生主义，孙中山说：“共产主义是民生的理想，民生主义是共产的实行，所以两种主义没有什么区别，要分别的还是在方法。”⑥ 孙中山指出，共产这种制度，在原人时代已经是实行了，由于金钱的发生，才“打破了共产”，所以人类社会的斗争，就是要“再回复到一种新的共产时代”，而“共产主义就是最高理想来解决社会问题的”。⑦ 孙中山还对世界各种社会主义流派进行了分析归类，认为“自予观之，则所谓社会主义者仅可区为二派：一即集产社会主义，一即共产社会主义。……所谓集产云者，凡生利各事业，若土地、铁路、邮政、电气、矿产、森林皆为国有。共产云者，即人在社会之中，各尽所能，各取所需。……两相比较，共产主义本为社会主义之上乘。”⑧

“乌托邦派”和“科学派”

孙中山认为，社会主义可预防大资本家之发生，应大力赞成社会主义。对于世界范围内日益盛行的社会主义思潮，孙中山给予了密切的关注和把握。孙中山认为，社会主义可分为乌托邦和科学社会主义两派，“在马克思的学说没有发表以前，世界上讲社会主义的，都是一种陈义甚高的理论，离事实太远。而马克思专从事实与历史方面用功，

① 孟庆鹏编：《孙中山文集》，北京：团结出版社，1997年版，第329页。
② 孟庆鹏编：《孙中山文集》，北京：团结出版社，1997年版，第328页。
③ 孟庆鹏编：《孙中山文集》，北京：团结出版社，1997年版，第329页。
④ 孟庆鹏编：《孙中山文集》，北京：团结出版社，1997年版，第328页。
⑤ 孟庆鹏编：《孙中山文集》，北京：团结出版社，1997年版，第262页。
⑥ 孟庆鹏编：《孙中山文集》，北京：团结出版社，1997年版，第257页。
⑦ 孟庆鹏编：《孙中山文集》，北京：团结出版社，1997年版，第256页。
⑧ 孟庆鹏编：《孙中山文集》，北京：团结出版社，1997年版，第327页。

原原本本把社会问题的经济变迁，阐发无遗。”[①]

所以社会主义可分作两派，一是“乌托邦派”，一是“科学派”。针对一些人对社会主义的误解，孙中山指出：“我国提倡社会主义，人皆斥为无病之呻吟，此未知社会主义之作用也。处今日之中国而言社会主义，即预防大资本家之发生可矣。此非无病之呻吟，正未病之防卫也。孙中山认为，我国要吸取欧美之教训，避免走他们的弯路，虽然当时“我国资本家，有资财数千万者，国内实鲜人，即稍有资本，又大半窖金守之而已”，[②]但随着社会的进化，“则将来大地主必为大资本家，三十年后，又将酿成欧洲革命流血之惨剧。故今日之主张社会主义，实为子孙造福计也。”[③]

孙中山大力提倡和赞成社会主义，这方面的论述相当丰富。1905 年 5 月孙中山访问国际社会党执行局时就解释了“中国社会主义者的目标”，他指出：“几年内我们将实现我们梦寐以求的理想，因为届时我们所有的行会都是社会主义的了。”[④]对于实现社会主义，孙中山表示“必竭力赞成之”，[⑤]孙中山在上海社会党总部的演说中明确指出：“实行其社会主义之政策者，实鄙人所深望也。”[⑥]孙中山说：“鄙人对于社会主义，实欢迎其利国福民之神圣，本社会之真理，集种种生产之物产，归为公有，而收其利。实行社会主义之日，即我民幼有所教，老有所养，分业操作，各得其所。我中华民国之国家，一变而为社会主义之国家矣……社会主义之国家，一真自由、平等、博爱之境域也。”[⑦]孙中山真诚称颂和主张社会主义，渴望社会主义能在中国实行。在孙中山逝世三十年后，中国真的迈上了社会主义道路，并且在本世纪中叶中国将在社会主义的基础上实现民族的伟大复兴，这将完全实现孙中山的遗愿。

作为中国民主革命的伟大先行者，孙中山的思想理论主要集中表现在“三民主义”上，但面对世界的社会主义新思潮，孙中山以科学的态度正确对待，并极力主张和倡导，这充分说明了孙中山宽广的世界眼光、博大的兼容胸怀、惊人的远见卓识和罕见的与时俱进精神。

---

① 孟庆鹏编：《孙中山文集》，北京：团结出版社，1997 年版，第 236 页。
② 孟庆鹏编：《孙中山文集》，北京：团结出版社，1997 年版，第 339 页。
③ 孟庆鹏编：《孙中山文集》，北京：团结出版社，1997 年版，第 341 页。
④ 孟庆鹏编：《孙中山文集》，北京：团结出版社，1997 年版，第 323 页。
⑤ 孟庆鹏编：《孙中山文集》，北京：团结出版社，1997 年版，第 324 页。
⑥ 孟庆鹏编：《孙中山文集》，北京：团结出版社，1997 年版，第 326 页。
⑦ 孟庆鹏编：《孙中山文集》，北京：团结出版社，1997 年版，第 342 页。

从梁漱溟到李昌平：欲说农民好困惑 ①

自从看到李昌平的事迹后，我就在脑际里想到了这个题目。我一直在想，共和国诞生以来，为什么总有人要为农民说话？为什么农民值得有人为他们说话？为什么为农民说话的人又大都没有好下场？为什么明知为农民说话是一件费力不讨好的苦差事，却仍然有人“偏向虎山行”，关注农民为农民说话？你敢站出来为农民说话吗？我们到底怎样为农民说话？这一系列困惑常使我夜不能寐。

敢为农民说实话

李昌平是因为给朱镕基总理写信诉说“农民真苦、农村真穷、农业真危险”而引起人们普遍关注的。我不认识李昌平，但冲着他作为乡党委书记敢于为农民说真话这一点，我就与他无形之间缩小了心灵的差距。我与他通过几次电话，记得有一次我在电话中对他说：“如果你成立中国农民问题研究中心，我愿申请加盟。”言毕，电话里传来了他千里之外爽朗的笑声。

有人说李昌平是“一个时代的发言者”，此话一点不假。作为中国这样一个农民大国，在农民的生存环境一直险象环生的境况下，没有人站出来为农民说话，倒真的是整个民族的悲哀了。一百多年前，谭嗣同慷慨陈言：“各国变法，无不从流血而成，今未闻有因变法而流血者，此国之所不昌也，有之，请自嗣同始”，毅然为变法而流血牺牲。李昌平似乎也可以说：“各国发达，无不关注弱势阶层，今中国未闻有为农民说话而弃乡党委书记之职者，此‘三农’问题悬而未决之故也，有之，请自昌平始。”李昌平毅然为农民说话而辞职南下打工，值！

讲到李昌平，我不能不自然想到梁漱溟。梁漱溟可能是建国后知识分子为农民说话的第一人。共和国本来是劳动人民翻身得解放自己当家作主的新型人民共和国。照理说，几千年来身居社会最底层的中国农民，在自己建立的人民共和国中，其生存环境将大为宽松，幸福的生活就在眼前。至于为农民说几句话更属合情合理合法。

---

① 本文原载《百姓》2002年第4期。

但其实不然，1953年，在农村作了长时期调查的民主人士梁漱溟，一次在全国政协会议上发言说到农民生活还很苦，应引起足够的重视，并引用有人说“工人生活在九天之上，农民生活在九天之下”，提醒“共产党进城后不要忘了农民”云云。谁知此番逆耳忠言闯下了弥天大祸，不几天，毛泽东就在会议上对梁漱溟“九天九地”之说的“反动思想”进行了猛烈地批判。人们现在还可以从《毛泽东选集》第五卷中看到那篇“批判梁漱溟的资产阶级反动思想”的文章。据梁漱溟的一些传记披露，《毛泽东选集》第五卷里的那篇文章不完全是毛泽东当时批判梁漱溟的原话，而是后来根据形势发展的需要又添加了不少内容。当时对梁漱溟的批判显然是在世人面前来了一顿“杀威棒”。随着反右运动的开展，中国知识分子由天然的“批判现实主义精神”的人文传统异化为“歌颂现实主义”。1959—1961年三年困难时期农民被活活饿死的达4000万之众，这可是相当于欧洲一个中等国家的总人口！可面对这空前的灾难，知识分子只能一天到晚沉醉在歌颂和赞扬现实的自欺欺人的竭力作秀之中。倒是彭德怀、刘少奇这些共和国开国元勋为农民说了几句话，却不幸又“运交华盖”，被纷纷“打倒”，甚至被迫害致死。

这种极不正常的状况是中华民族发展史上的空前灾难。中共十一届三中全会实现了历史性的“伟大转折”，人们从那场噩梦中惊醒过来，邓小平所说的那种“对人民实行法西斯专政”的时代已一去不复返了。

为农民说话的“风险”

可在人们的心目中，为农民说话仍心有余悸，风险似乎始终存在。就是到了经过改革10年后的1988年，著名的《社会》杂志在收到舟莲村一篇《谈农民的不平等地位》一文时，也迟迟不敢发表，编辑部后来表白是“怕做小梁漱溟”。

不过，时代发展到今天，人们应该清醒地认识到，与改革开放以前完全不同的是，现在中央高度关注“三农”问题，倡导为农民说真话，朱镕基总理就曾带头怒斥一些地方盘剥农民已经到了“民怨沸腾”的严重地步。我们知道，“民怨沸腾”这个词如不是总理说出来，人们是不敢乱使用的。李昌平反映“农民真苦”的信引起了总理的高度重视，总理先后两次作了重要批示。由此可见，现在为农民说话的“风险”已经不再来自中央，而是来自地方和基层，来自传统习惯势力和既得利益集团。李昌平为农民说话被迫辞职，李绿松为农民呼吁被残忍地割掉了舌头（从张志新被割喉到李绿松被割舌，这其中定有某种必然的内在联系），桂晓琦为农民编一本《减轻农民负担工作手册》却被撤职，卖出去的1.2万册书被强行收缴1.1万多册，还有不少农民上访反映“三乱”时被无辜毒打、关押、拘留、判刑甚至被活活打死。这一切都是一些地方基层干部明目张胆与中央“对着干”、粗暴践踏《宪法》的违法犯罪行为。

在由计划经济向社会主义市场经济转轨的过程中，基层政府的职能未能及时转变，在权力运作上，依然沿袭计划经济体制下企业化的目标责任制管理模式，使政府行政的目的不是向社会提供公共物品，而是不择手段地完成上级下达的和自己加码的数字指标任务，农民已经不是政府服务的对象，而成为配合完成“数字指标任务”的工具。政府职能异化成“数字型政绩至上主义”。加上各级干部的自上而下的任命制，完成数字任务就成为考察干部政绩的唯一依据，一切不利于基层政府完成数字任务的行为就等于妨碍了基层干部的仕途升迁，必然遭到基层干部的无情报复和打击。由此，“上有政策，下必有对策”，中央农村政策执行难就成为一个难以解决的普遍现象。至于农民负担屡减不轻，涉农恶性案件频频发生，党群关系日益恶化，这些都与县乡村三级利益共同体有不解之缘。

其实，为农民说话，就是为弱势阶层说话，为公平正义说话，就是为社会进步说话，为社会和谐稳定说话。由于农民没有掌握必要的政治资源、经济资源和文化资源，他们的弱势地位是不可避免的。问题是一个现代文明社会，应该为弱势阶层创造一个公平公正的制度环境，并增进对弱势阶层的人道关怀，使弱势阶层能够得到基本的生存保障和自由权利。

关键是要给农民以宪法关怀

笔者认为，在我国，为农民说话，关键是要给农民以宪法关怀，赋予农民一切平等的宪法权利，这是中国农民走出几千年来“兴亡百姓苦”历史性怪圈的必然选择。

所谓给农民以宪法关怀，就是树立农民也是共和国公民的意识，一切法律法规和政策的出台，都不得有歧视农民的任何因素。当前，迫切需要做的有两件大事：一是破除二元社会结构，二是摧毁县乡村三级利益共同体。

破除二元社会结构，就是要把农民从长期歧视他们的二元社会结构的枷锁中解放出来，保障农民的宪法权利。在计划经济条件下形成的二元社会结构，是国家对全体公民实行城乡有别的“双重标准”的结果，这种二元性的政策法律制度，对市民是一套，对农民是另一套，使得作为弱势阶层的农民的地位更加弱势化。破除二元社会结构，迫切需要尽快调整“挖农补工”战略，取消人为“剪刀差”，彻底废除二元性质的户籍制度、教育制度、劳动和社会保障制度、就业制度、税负制度等等，实行全体公民的平等一致，消除一切特权。同时，加入 WTO 后，还需依照国际惯例，对农业和农民予以应有的强力保护。

摧毁县乡村三级利益共同体，就是要把农民从直接盘剥他们的基层政权的压制中解放出来，给农民自由。县乡村三级利益共同体是建立在地缘和人缘基础上盘剥农民的既得利益集团。这个三级利益共同体形成了明显的排斥性“权力漩涡”，它是中央农村政策的效力逐渐丧失甚至异化为掠夺农民的顽固堡垒。摧毁三级利益共同体，关键是要彻底废除领导干部自上而下的任命制，撤销乡镇政权，实行乡镇自治，在县乡村三级完全实行直接选举。同时，彻底废除计划经济体制下政府管理的企业化模式，取消目标管理责任制，抛弃“数字型政绩至上主义”，建立公共服务型政府，强化政府提供公共物品的职能。

俗话说，既要有报国之志，又要有报国之技。为农民说话，不仅要有一腔热血，更要找到一条造福农民的正确道路。笔者认为，在 21 世纪，农民最需要的不是别的，而是神圣的宪法。只有真正实施了《宪法》，农民的基本人权才有切实的保障，农民也只有在宪法之母的庇护下才能获得自由、平等和幸福。

让我们为农民说话不再困惑。

从为民作主到由民作主

——中国城市化的路径思考[①]

正如“三农”问题一样，城市化是时下中国的热门话题。笔者感到，城市化与“三农”问题能够成为学界的热点，这本身就充分说明学界研究的深化和社会良知的回归。邓小平曾说过，我们不仅要承认自然科学研究比西方落后了，社会科学研究也同样落后了，要抓紧补课。恕鄙人愚钝，曾对邓公此言领悟不够。现在回顾二十余年来学术理论界对中国城市化道路的研究，深感邓公此话一点不假。

我们太擅作主张了

什么是城市化？简单地说，城市化实质上是农业人口向城市的转移过程，也就是农民转变为市民的过程。在现代化的道路上，有三个关键性的城市化水平的指标，一个是城市化水平达到 30% 时，进入城市化快速发展阶段；一个是城市化水平达到 50% 时，进入基本实现现代化的历史阶段；再一个是城市化水平达到 70% 时，才能真正消除“三大差别”（工农、城乡、体力与脑力劳动差别）。建国后，由于户籍制度的人为限制，我国城市化进程十分缓慢。从 1950 年到 1980 年三十年间，世界城市化平均水平从 29% 迅速上升到 41.3%，其中发展中国家由 16.7% 上升到 30.5%，先进工业化国家由 52.5% 上升到 70% 以上。到 1997 年，全世界城市化平均水平已达 46%，发达国家一般都在 70%—80%，发展中国家也在 40% 以上，而我国仅为 29.9%，相差甚远。我国有 13 亿人口，9 亿是农民，要实现现代化，就必须把绝大多数农民转移到城市来。中国城市化迟缓的关键原因在于学术理论界和政策决策层擅自“代民作主”、人为限制农民进城。

城市化水平的高低是衡量一个国家和地区文明程度的重要标志。在这一点上，目前学术理论界的认识已经达到了高度的“一致”，并且大都认为我国面临着严重的“城市短缺”，严重滞后的城市化已经成为制约现代化的“瓶颈”，加快城市化进程，是中国在

---

① 本文原载《南风窗》2002 年 5 月下。

新世纪之初的战略选择。

毫无疑问，这种认识和判断是符合实际的。但在如何选择城市化道路上，二十多年来，始终存在着不同的争论，在“小城镇论”、“大城市论”、“中等城市论”以及“多元化论”等各种争论中，小城镇道路事实上已经成为学界的主流观点和官方的主流政策选择。持小城镇论的理论界和实施小城镇政策的决策层，其致命之处在于不触动二元社会结构的前提下，先入为主地假定农民不能进入大中城市，而又不能抵抗世界城市化潮流，于是就搞出了有“中国特色”的城市化道路——小城镇主导战略。

笔者生于农村，长于农村，在城市念完大学后，又回到农村从事十年的政策研究和经济调研工作，限于认识的局限，我也曾一度赞同“小城镇战略”。现在看来，这种肤浅的认识是有害无益的。小城镇论者至少有两大致命的缺陷：一是明显违背城市化发展规律，二是明显违背农民的意愿。国际经验表明，只有规模较大的城市才能产生明显的聚集效应，从而创造较高的规模效益，较多的就业机会，较高的科技进步力，较大的外部扩散效益以及比较完备的城市功能。事实已经证明，小城镇创造不出较多的就业机会，较大的规模效益和完备的城市功能。盲目发展小城镇还明显造成了巨大的土地和财产浪费，造成低水平的重复建设。我们知道，广大农民真诚地向往大中城市的美好生活，在全国各大中城市谋生的8000多万打工者就是明证。小城镇之所以成为时下的主流，根本原因是囿于二元户籍制度的严格局限和对农民命运的擅作主张。可以肯定地说，那些身居大中城市却声嘶力竭主张小城镇的人，他自己就不会放弃大中城市而到小城镇去工作、生活。

农民最有发言权

有一件事给我的印象很深。今年春节期间，我离开省城到湘西溆浦县农村作了一个月的“三农”调查研究，每到一个村，都围上一大伙农民与我交谈，知悉我到农村调查的农民有的不顾十几里路之远赶来与我“见见面”，说说“知心话”。在此，我要感谢《南风窗》等报刊杂志刊登了我那些为农民说真话、道实情的文章，有些农民就是拿着《南风窗》杂志或者复印杂志上的文章来认识我的。在与这些纯朴、善良、真诚而又显得无奈的农民的倾心交谈中，我的心灵常常为之颤抖。我一次对农民说到当前执政党和国家对“三农”问题高度重视，正在推进户籍改革，加快城市化等等，谁知其中一位农民突然冒出一句：“我们农民随便由你们怎么摆，反正都是你们这些读书人出的馊主意。”

“农民随便由你们怎么摆”，说得多好呀。几千年来，在封建专制主义的统治下，农民是任人摆布的动物和工具。在计划经济体制下，农民也是我们爱怎么“摆”就怎么“摆”，从来没有征求农民的意见，农民也从没有平等地参与制定游戏规则。半个世纪以来，我们通过二元户籍制度把农民摆在“农村”不许动，不许进城。改革开放二十多年来，我们的学术理论界和政策决策层仍然沿袭计划经济的思维模式，“随便”把农民摆这摆那，从来没有问过也从没有想到要问过农民是愿意到农村还是愿意到城市、愿意到小城镇还是愿意到大中城市生活。时代发展到今天，特别是我国加入WTO后，我们希望拥有“话语霸权”的主流学者和政策研究专家，在脑子里要树立宪法观念，要在保障公民自由平等权利的基础上，开展探讨和研究，提出对策和建议，不要再做出事与愿违的“馊主意”了。

既然城市化是农村人口非农化的过程，那么，农民就应该最有发言权。

让农民自由选择

我曾在一篇文章中说过：“历史和现实都已证明，只要给农民自由，农民就会创造出惊人的历史奇迹。”我也坚信，只要还给农民迁徙自由、择业自由，充分尊重和保障农民追求幸福的自由权利，那么我国的城市化会得到快速的发展，“三农”问题的症结也会迎刃而解。我国城市化的严重滞后以及城市化道路的争论，其实质在于对农民自由权利的限制和剥夺。学术理论界和政策决策层常常表现出一种“霸道”的“为民作主”、“代民作主”的作风，根本没有想到“由民作主、让民作主”。

朱镕基总理在九届人大五次会议的《政府工作报告》中指出：“必须进一步解放思想，彻底摆脱传统计划经济的羁绊，切实把政府职能转到经济调节、市场监管、社会管理和公共服务上来。”作为学术理论界和政策研究专家，也必须进一步解放思想，自觉地与计划经济思维模式彻底决裂，牢固树立民本、民权和宪法意识，充分尊重农民作为共和国公民的平等权利。只有这样，我们的学术理论和政策研究才能走出几千年的封建专制主义“代民作主”的阴影。

可以说，笔者称得上一位正统的“科班出身”，受过从小学、初中、高中、大学到研究生的正规教育。在十多年的受教育中，我感到我们现行的教育模式存在着一个最重大的却尚未引起全社会重视的战略性失误，这个失误决不是“应试教育”这样的技术性问题，而是关乎中华民族文明素质的大问题，这就是我们没有培养学生（公民）的宪法意识。这就使得即使受过良好教育、拥有高文凭的人，纵使“学富五车”，却也没有宪法观念。这些人一旦走向社会，走上领导层、走上高等院校科研机构，他们思考问题，制定政策，往往是在忽视农民作为公民的宪法权利下作出的。笔者深深感到计划经济体制的最大祸害就是对中国宪政民主进程的骤然中断。这就是为什么半个世纪以来，国家人为地把农民限制在农村；这就是为什么二元户籍制度至今难以彻底改革；这就是为什么有的人借口“城市病”而主张发展小城镇，心安理得地把农民安置在农村和小城镇了事；这就是为什么处在城市的党政机关、事业单位和国有企业的就业制度、社会保障制度等等都与农民无缘。在市场机制的调节下，8000多万进入大中城市的打工者，却被人为地称之为不伦不类的“农民工”而享受不到城市职工平等的政治、经济和社会地位。英国的圈地运动使农民失去土地而成为工厂的工人，难道他们也应称作“农民工”吗？

对于那些自己身居大中城市却极力主张小城镇的人，笔者有二问：一是孔子说：“己所不欲，勿施于人”，你们自己愿意放弃大中城市而到小城镇去工作生活吗？二是你们说大中城市有“城市病”故不宜让农民进入大中城市，那么你们自己为什么要心甘情愿呆在有“病”的城市而不愿到农村去享受“无病”的健康生活？可见，那些主张小城镇的人本身是多么的“虚伪”，他们之所以如此，实是计划经济体制下形成的各学科互相分割、封闭导致其知识的贫乏和长期以来人治盛行导致宪法观念的缺乏的必然结果。如果不大大转变思想观念，不勇敢正视活生生的现实，不真诚面对焦虑的农民，不唤回社会良知为农民说真话，这些人殚精竭虑的“研究成果”和“对策建议”，只不过是农民所说的贻害无穷的“出馊主意”。

加快城市化，让农民自由选择吧。

积极推进联系群众方式的转变①

马克思主义执政党的最大危险，就是脱离群众。加强和改进党的作风建设，核心问题是保持党同人民群众的血肉联系。密切联系群众是党的优良作风和政治优势。最近，我们与有关部门采取听取汇报、开座谈会、走访、与农民促膝谈心、查阅资料、问卷调查等多种形式，对全市干部工作作风进行了一次比较全面深入的调查。从调查的情况来看，通过“三讲”、“三个代表”和十五届六中全会《决定》学习教育活动的开展及干部作风整顿，全市干部的工作作风有了明显的转变，表现在干部走村入户的多了，联系群众的多了，干群关系融洽的多了。但我们在调查中发现，当前，在联系群众上，还普遍存在着形式主义和官僚主义的倾向，干群之间仍然有一种相互隔离的无形之墙在阻隔着我们与人民群众的血肉联系。这使我们深深感到，在新的历史条件下，在我们党要经受住长期执政、改革开放和发展社会主义市场经济的考验面前，联系群众关键是必须与时俱进地进行联系群众方式的制度创新。

联系群众扭曲变形的主要表现及其危害

一切为了群众，一切依靠群众，从群众中来，到群众中去，是我们党的根本工作路线。建党 80 多年来，我们党始终坚持和发扬密切联系群众的优良作风。但在改革开放和发展社会主义市场经济的新形势下，却面临着脱离群众的危险。当前在一些群众中流行的一句“防火防盗防干部”的顺口溜，虽然并没有全面正确反映我们与人民群众血肉联系的现状，但在一定范围内一定程度上折射了干群之间的紧张关系，必须引起全党的高度警醒。从我们开展的广泛调查的情况来看，当前一些地方和部门的党员领导干部在联系群众上呈现出种种背离宗旨的花样方式。

1. 作秀式。联系群众本来是一种发自内心的自觉自愿的行为，它要求在潜移默化中达到一种润物细无声的良好效果。可现在的一些领导干部把联系群众当作上面硬性压下来的一种指标任务来被动地执行和完成，为此他们不愿听到群众说自己不联系群众，

---

① 本文原载《中国党政干部论坛》2002 年第 7 期。

更怕上级领导责备自己脱离群众，于是乎，为了标榜自己是亲民爱民的“好官”，就“装模作样”去下乡，认认真真走过场。有的领导干部心怕自己“联系群众”的“优秀事迹”不为上级领导所知，下乡时必带新闻记者，还唯恐记者报道力度不够，往往对报道材料亲自“润笔”审核把关。对那些热衷于政治作秀，追求“报刊上有名，电视里有影，广播里有声”的领导干部，群众说他们是“前呼后拥到农家，隔着玻璃看庄稼，穿着皮鞋搞劳动，报纸电视齐报道”。

2. 怀旧式。一些领导干部一讲起联系群众，就将在革命战争年代形成的“三同”（同吃同住同劳动）原封不动地搬出来，有的地方明确规定领导干部一年要与农民群众“三同”多少天等等。毫无疑问，真正能做到与农民群众“三同”当然是一件好事，但现在搞的“三同”大都是走了样、离了谱，搞些花架子，没有实质性的东西，农民群众并不欢迎。有的领导干部往往是在“风头上”到农民家里去“同吃同住同劳动”，农民对这些久违了的“稀客”、“贵客”可得罪不起，只好左邻右舍去借钱来买肉吃或借些鸡鸭来宰杀以招待这些“贵宾”，晚上睡觉时，农民往往把自己睡的床让出来，自家几个人挤在一架床上，或打地铺。对这些住惯了城镇的领导干部，农民内心巴不得他们快走。有的领导干部一说起与群众“同劳动”，就在电视镜头的照耀下，“西装革履挑挑土，装腔作势挥挥锄”，呈现出“干部搞劳动挖土，群众站旁边挖苦”的尴尬场面。

3. 代庖式。一些领导干部“代民作主”的思想观念浓厚，喜欢“越俎代庖”、高高在上代替群众作主，将自己的意志意愿随意地强加给群众，习惯于用简单的行政命令代替按市场经济规则办事，轻视农民群众的智慧和创造性，忽视农民在市场经济中的主体地位和生产经营自主权。有的领导干部打着农业结构调整的旗号，强行毁掉农民自己种的庄稼，统一要求村民群众种这个种那个，而又不承担任何市场风险。这种“逼民致富、逼死农民”者有之，“代民作主、不代民负责”者有之。饱受折磨之苦的农民总结出两个新凡是：“凡是干部叫种的，你千万别种；凡是干部说赚钱的，肯定赊本。”有的领导干部为了搞“面子工程”，不顾当地实际，强行规定农民将田土的水沟一律开成与公路垂直，这虽使上级领导在参观检查时“赏心悦目”，但积渍的水却排不出去，导致产量下降或绝收，吃亏的还是农民，农民无不怨声载道。

4. 利用式。一些领导干部虽然十分清楚自己的仕途升迁取决于上级领导，但也深知群众路线的“重要性”，因为一旦自己背上“脱离群众”的恶名，恐怕也会使上级领导不悦而使自己的升迁意图成“竹篮打水”。俗话说，“做得好不如做得巧”，这些人最懂得借“联系群众”的幌子为自己的仕途铺路，比如说，每到换届选举、民主测评、党员民主评议、上级组织考察推荐等“关键”时刻，这些人绝对不会忘“抓住机遇”与群众套近乎，但明眼人都知道这只不过是利用群众来造福于自己的仕途罢了。熟悉这一套路的群众每当看到平时难得一见的常常板着脸孔的领导干部突然“礼贤下士”笑容可掬地与自己“热情”起来，心里就直咕噜:“不是到了换届选举就肯定是上面要搞检查了。”

5. 愚民式。实行愚民政策是中国几千年封建专制主义的“传家宝”。时之今日，一些领导干部依然固守“民可使由之，不可使知之”的古训，大搞行政神秘化，推行愚民政策。他们愚弄百姓心安理得，欺骗群众不知廉耻，弄虚作假不择手段，欺下瞒上怪招迭出。譬如，在统计数字上，盛行“官出数字，数字出官”，群众感慨说:“原来统计数字是从下往上统计，如今倒过来了，是自上而下统计。”一些乡镇领导干部只对群众完成“三提五统”任务感兴趣，而对群众的合理要求不问不理，或是表面承诺，内心并不当回事，一旦村民群众完成了“上交任务”，他们就溜之大吉，再也不会群众的面。有的乡镇领导干部对村民提出的村级财务清理等实际问题要么置若罔闻，要么派出经管人员糊弄一番了事。有的乡镇领导干部十分害怕群众“觉醒”，强行收缴和销毁村民群众手中的“减负文件”或刊载有“减负”政策和法律法规的报刊杂志，并严厉追究那些传播党报党刊的所谓“刁民”，大有“焚书坑儒”的架势。

在调查中，我们深深地感到，一些地方形式主义、官僚主义式的“联系群众”，已经适得其反，造成了严重的后果。一些领导干部平时深居简出，不与群众往来，而一到收粮要钱时就去找群众，群众戏称他们是要粮要钱要命的“三要”干部；有的领导干部嫌贫爱富，下乡入村时专门挑选到那些家庭条件好的农户家里去，爱好傍大款攀富贵却不认穷亲戚。这些领导干部虽然也入村进户“联系群众”了，但始终与广大群众有很大的差距和很深的隔阂，呈现出浮在上面的“油水式”关系；有的领导干部虽然也经常跟群众“打交道”，但与群众没有真正的诚挚感情，不愿与群众同甘共苦，做不到与群众心灵相交，更无心解决群众的实际困难，其内心多是追求形式、追求时髦、追求享受、追求高档消费等个人利益。人们在电视上看到的一些领导干部与群众握手、问寒问暖的镜头，其实质不过是貌合神离的人造泡沫。至于一些领导干部背离党的宗旨、把手中的权力视为谋取私利的工具，与民争利，无情地盘剥、侵占、坑害群众利益，以权谋私，则已经是堕落成触犯法律的违法犯罪分子，应受到法律的严惩。

以上种种表现，其实质都是脱离群众，它进一步助长了歪风邪气，挫伤了群众的切身利益，损害了党和政府的形象，是我们顺利推进改革开放和现代化建设的大敌，如果我们不下最大的决心加以解决，就会带来严重后果，甚至动摇党的执政基础。江泽民总书记经常告诫说，历史和现实都已表明，一个政权也好，一个政党也好，其前途与命运最终取决于人心向背，不能赢得最广大群众的支持，就必然垮台。要赢得人民群众的支持，就必须密切联系群众，全心全意为人民群众谋利益。

脱离群众的原因探析

脱离群众有多方面的原因，择其要者，主要有如下几个方面：

一是宗旨观念和群众观念的淡化。全心全意为人民服务是我们党的根本宗旨，牢固树立群众利益至上是我们每个党员干部必须具备的思想价值观念。但是，在现实生活中，一些党员领导干部的宗旨观念和群众观念十分淡薄，他们并不从心灵深处树立宗旨观和群众观，而是把宗旨观和群众观当作口号来充分运用和随机应付。一个比较普遍的严重现象是，人人都知道也都在高喊全心全意为人民服务、一切为了群众等口号，可并不是人人都发自内心地树立了为人民服务的信念，并自觉地付诸行动。为什么会出现这种情况呢？我们在调查中体会到，一是念念“口头禅”，只说不做。大家似乎都清楚，在共产党执政的条件下，不讲为人民服务、不讲群众观念是万万不行的，要想升迁，就必须高喊为人民服务的口号。但有不少人却仅仅把为人民服务的口号停留在会议上讲讲、口头上说说、文章中写写的“口头禅”而已，他们已经掌握了“只说不做，绝对没错”的真谛。二是说起容易做起难。随口说说为人民服务的口号当然容易，但真正落实到行动中就难了。每个单位也好，每个个人也好，都有自身的切身利益，空喊一句为人民服务的口号显然并不触及自身的利益，而一旦面对具体的情况，在群众利益和自身利益发生矛盾冲突的时候，这些人想到的就是如何维护自己的利益而不顾群众的利益了。三是不做白不做，做了也白做。在一些人看来，宗旨观念和群众观念只是宏观上的一句口号，一种原则要求，在具体工作中，没有谁会因为贯彻不力而丢“乌纱帽”，对那些淡忘宗旨观和群众观的人并没有相应具体的惩戒措施，也就是说，只要口头上经常喊着为人民服务，即使没有付诸行动，谁也拿他没办法。

二是功利主义价值观的渗透。在改革开放和发展社会主义市场经济的条件下，一些人的价值观念发现了巨大的转变，个人私欲恶性膨胀，物欲横流。这些人想问题、办事情，首先想到是不是对本部门、本单位和本人有利，有利的就想方设法去做，不利的就千方百计回避。这种功利主义的价值观，可以分为单位功利主义和个人功利主义两种，所谓单位功利主义，就是搞团团伙伙，维护本单位、本部门的局部利益，为达此目的，往往是单位领导班子集体研究，统一行动，不惜牺牲国家和人民群众的根本利益。这种单位功利主义的危害十分严重，他们常常打着组织的旗号，为小团体谋利，具体表现在党政领导班子成员统一口径，采取步调一致的行动。这些人在盘剥农民时，遇到农民声辩就动辄扣上“妨碍公务”的大帽子，随意捆人打人，甚至将其拘留判刑。所谓“妨碍公务”，实际是妨碍了他们单位和个人的利益。个人功利主义，就是为了升官发财图享受，有利于个人升官的事就去做，有利于个人发财的事就去办，有利于个人享受的事就去干。对这些人来说，在功利主义思想观念指导下，所谓“联系群众”，只不过是一块为满足私欲的“遮羞布”。

三是干部委派任命制度的缺陷。时代前进了，外部条件变化了，可我们的干部制度在许多方面仍然带有计划经济的烙印，制度机制的缺陷必然诱发干部的不良作风。目前自上而下的干部委派任命制是滋生干部脱离群众的内在驱动力。虽然我们在理论上认为干部对上级党组织负责同对下级群众负责是一致的，也明确要求干部必须把对上负责与对下负责结合起来，但在任命制的条件下，“对上负责”是制度的强制性规范，有组织任免的压力，是硬约束；而“对下负责”则为道义的抽象的要求，以良心和自律来维系，是软约束。在功利主义的驱动下，必然诱发干部“只对上负责，不对下负责”的非理性动机，从而滋生脱离群众，脱离实际的不良作风。上级任命下级干部的任命制成为上级控制下级的有效手段，下级干部为了得到上级领导的赏识和提拔重用，就必然竭尽全力“巴结”、“讨好”上级领导，“不是奴才不是才”、拍马屁、投上级所好、博取领导欢心就成为各级干部积极钻研的“必修课”，人类所普遍信仰的“人服从正义、真理和法律”就演变成“人服从人”，于是溜须拍马盛行，买官卖官屡禁不止。既然干部的升迁决定于上级领导而与群众无关，干部们自然不可能真正把群众放在心上，即使迫不得已时而做些“联系群众”的“亲民”之事，也只不过是为了取悦上级领导而做的表面文章。对干部来说，绝大部分情况是下级干部对上级领导俯首帖耳，而对群众则颐指气使，这种对领导的卑恭和对群众的傲慢，构成了干部的“二重性”。

四是指标数字型行政理念的扭曲。在现行体制下，各级党政领导干部实质上大都是在行使着行政权力。长期以来，在权力内部运作上，普遍实行自上而下层层分解的目标管理责任制，这种目标管理责任制通过将党委、政府确定的经济和社会发展的硬指标层层分解，从县分解到乡镇，从乡镇分解到村，村再分解到每个农民头上，年初各级签订目标管理责任状，年终进行考核评比，以确定“政绩”。这种目标管理责任制实质上是计划经济体制下政府对企业进行计划指标管理方式的翻版，它完全背离了市场经济条件下政府角色的“裁判员”身份和提供公共物品的职责。这种目标管理责任制在实际工作中形成了一种典型的“压力型”体制，它使县、乡镇、村的“经济指标承包制”演变为“政治责任承包制”，形成县委县政府乡镇党委政府村党支部村委会的“连坐制”。在这种制度安排和严格管理下，党委政府为人民服务的行政理念就蜕变成“指标数字型政绩至上主义”，凡与目标管理责任制有关的“指标”，各级领导和干部就想方设法（哪怕是弄虚作假、增加农民负担）去完成，而与目标责任制无关的事（哪怕是关乎群众的切身利益），则一概撒手不管。一些乡镇领导干部为完成“三提五统”数字指标任务，公开对农民宣称：“上访不开门，服毒不夺瓶，投河不拉人，上吊不解绳。”在这种指标数字型政绩至上主义的行政理念的驱使下，中央政权苦口婆心要求的密切联系群众在基层的实际效果就可想而知了。

五是联系群众的思想观念的落后和方式方法的滞后。在新的历史条件下，脱离群众的一个重要原因在于思想观念的明显落后和方式方法的大大滞后。建党 80 多年来、建国 50 多年来、改革开放 20 多年来，我们党所处的地位和环境，党所肩负的任务，都发生了重大变化，我们党已经从一个领导人民为夺取全国政权而奋斗的党，成为一个领导人民掌握着全国政权并长期执政的党；已经从一个在受到外部封锁的状态下领导国家建设的党，成为在全面改革开放下领导国家建设的党。我们党和国家已经实现了从长期实行计划经济体制向建设社会主义市场经济体制的转变；从长期依靠领导讲话和政策治国的人治方式向依法治国、建设社会主义法治国家的转变；从长期闭关锁国自力更生向加入 WTO 全面参与经济全球化的转变。但我们在联系群众、服务群众上仍然僵化地死守着旧的观念和公式。在一些人的观念中，一说起联系群众，就想到要与群众“同吃同住同劳动”，就想到在春节期间拿些资金物资送到困难群众手中，等等，这种陈旧的思想观念和落后的人治方式无疑大大制约了我们与人民群众的进一步联系，这就是为什么我们天天高喊密切联系群众，现实生活中脱离群众的形式主义、官僚主义却日益盛行。

推进联系群众方式创新的对策思考

密切联系群众的途径很多，比如说继续发扬党的优良传统，艰苦奋斗，不断加强思想政治教育，以“三个代表”为指导，全面加强党的思想建设、组织建设和作风建设，推进党的建设的新的伟大工程，等等，这方面的论述比较多，大家也很熟悉，无须赘言。笔者通过深入的调查研究，认为联系群众要适应新的形势发展的需要，在继承和发扬一切优良传统作法的基础上，从一个全新的视角，推进联系群众方式的制度创新。这样一种全新的研究思路，可能更有益于我们视野的开阔、思维的更新和认识的深化。我们不仅应该在指导思想上、在宏观理论层次上坚定全心全意为人民服务的宗旨和群众路线的工作作风，更重要的是要从制度上落实和保障根本宗旨和根本的工作路线的实现。正是基于这样的认识，本文重点从这个方面进行探讨。

一是实现联系群众从侧重单纯的感情联络到侧重制度建设的创新。长期以来，在党员领导干部的思想观念中，密切联系群众，就想到与群众套近乎，与群众同吃同住同劳动，彼此亲密无间，加深感情培养等，这当然是很有必要的，尤其在革命战争年代，我们党还没有取得全国政权，这种做法更能有效地赢得广大人民群众的大力支持。但建国后，我们党成为执掌全国政权的执政党，建立了国家政权，党的干部不仅是党务工作者，更重要的是掌握着国家权力，各级党员领导干部要运用好手中的权力为民造福，这就必须加强制度建设。没有好的制度，权力无论掌握在谁的手中，都会因为不受约束而四处泛滥。邓小平说过，制度问题更带有根本性、全局性、长期性和稳定性，制度好可以使坏人无法任意横行，制度不好，可以使好人无法充分做好事，甚至会走向反面。早在1945年，毛泽东在回答黄炎培提出的跳出历史周期率问题时就说："我们已经找到了新路，这条新路就是民主，只有让人民起来监督政府，政府才不敢松懈，只有让人人起来负责，才不会人亡政息。"所以，我们应该建立和健全民主制度，提倡和实施制度兴国，充分认识到新时期密切联系群众不仅要进一步增进对群众的感情联络，更要从长远和理性的高度创建造福于人民群众的民主政治的好制度。

建设一个好的制度，关键是改革和完善干部制度，逐步改革和废除干部任命制，实行群众民主选举和罢免制度，从制度上保证各级领导干部永不脱离群众。上级任命下级官员及领导干部职务终身制是封建主义的产物。马克思主义经典作家对干部的委派任命制是坚决反对的，因为它是民主政治的大敌，是脱离群众的重要制度根源，是酝酿官僚主义的合适土壤。恩格斯曾明确说过："州政府任命专区区长和市镇长官，这在讲英语的国家里是绝对没有的，而我们在将来也应该断然消除这种现象，就像消除普鲁士的县长和参政官那样。"巴黎公社时的公职人员就取消了自上而下的任命制，由各社区代表普选产生，并且随时予以撤换。干部的委派任命制是在苏联时期才得到普遍采用并逐渐僵化起来。我国现行的干事人事制度的突出弊端就是自上而下的任命制和领导干部职务终身制，这种状况既来自封建专制主义影响，又受到苏联模式的严重影响。上级任命下级干部，必然使干部脱离群众，只对上负责，"人民的公仆"也就异化为"人民的主人"。这样的制度安排，明显与干部的公仆身份和密切联系群众的路线相背离。我们应该在村民自治的基础上，逐步实行乡镇和县级政权自治，各级领导干部全部由群众直接选举产生和罢免。这样，领导干部的"乌纱帽"就掌握在群众手中，他们就必然而且是心甘情愿、积极主动地去联系群众、服务群众。

二是实现联系群众从干部追求个人政绩到政府提供公共物品的创新。当前各级干部盲目追求所谓的"个人政绩"，奉行"政绩至上主义"，为了确保"政绩"的完成，各级各部门普遍推行目标管理责任制，这是典型的计划经济体制的产物，是计划经济时期政府直接管理企业的计划模式在行政部门的具体运用，这种目标管理责任制导致各级领导干部唯"指标"是从，为了完成"指标"任务而不择手段。在农村，农民群众事实上已经成为这种目标管理责任制的直接受害者。为了完成上级下达的和自己加码的数字指标任务，乡村两级常用的工作方法是：弄虚作假填报泡沫数据、四处借贷完成财税任务、任意加重农民负担。虽然各级"数字指标"到年底大都"出色"完成了任务，但呈现出来的普遍问题是：统计数字严重失真、乡镇债务日益扩大、"三乱"现象屡禁不止、涉农恶性案件时有发生、农民群众怨声载道、干群矛盾不断激化等等。这就从根本上暴露了计划经济体制下无所不管的"万能政府"的严重缺陷。2002年3月朱镕基总理在九届人大五次会议上的《政府工作报告》中指出：“必须进一步解放思想，彻底摆脱传统计划经济的羁绊，切实把政府职能转到经济调节、市场监管、社会管理和公共服务上来。”我们有理由相信，实现政府职能的尽快转变，将明显密切党群、干群关系。

三是实现联系群众从领导干部扶贫帮困到建立全国统一的社会保障制度的创新。十五届六中全会通过的《决定》指出，密切联系群众，最重要的是要体察民情，倾听群众呼声，关心群众疾苦，把群众的安危冷暖时刻放在心上。可见，保障群众最基本的生存生活权利是联系群众的重要内容。但长期以来，我们的思想观念仅仅停留在组织和领导个人对生活困难群众的扶贫帮困上。各级领导干部习惯于在每年春节期间跋山涉水、走村入户，将从民政部门领取的解困资金和物资送到贫困户手中，使受惠的贫困群众对我们的领导干部个人感恩戴德。这种沿袭已久的作法带有很大的计划经济时代的人治色彩，已经很不适应社会主义市场经济体制的需要。正确的做法应该是建立覆盖包括广大农民群众在内的全社会统一的社会保障制度。社会保障制度是与市场经济相适应的基本制度，它对维持社会安全、保证经济建设顺利进行具有十分重要的作用，是现代市场经济条件下不可缺少的动力机制和福利机制。国外经验表明，越是发达的市场经济国家，越是要有一个健全的社会保障体系。从某种意义上说，社会保障的发达程度是衡量一个社会文明进步程度的“晴雨表”。社会保障，其实质就是国家履行管理义务的一种职责，是公民维持生活的一种权利，已被公认为是社会长治久安的“润滑剂”和“安全网”。我国《宪法》明确规定“中华人民共和国公民在年老、疾病或者丧失劳动能力的情况下，有从国家和社会获得物质帮助的权利。国家发展为公民享受这些权利所需要的社会保障、社会救济和医疗卫生事业。”可我国目前的社会保障范围还仅仅停留在覆盖城镇职工上，而把广大的农民群众排除在社会保障之外，这是极不公平的，也严重地背离了宪法精神，严重地脱离了农民群众。我们要真心实意联系群众，就必须尽快将广大农民群众纳入到社会保障制度之内，使广大农民有最基本的生存生活保障，使社会保障真正成为全体社会成员的保障。

四是实现联系群众从歧视性政策制度安排到建立公平统一的制度的创新。党的十五大提出“依法治国，建设社会主义法治国家”的基本方略，而依法治国，首先就要做到依宪治国，依宪法国，就必须树立宪法的神圣权威，保障公民的基本权利和自由，严格结束国家权力，这是我们党在执政的情况下联系群众、服务群众、造福群众的历史性择抉择。建国后，我国照搬苏联模式，迅速建立高度集中的计划经济体制，实施重工业优先发展战略，“挖农补工”，人为制造工农产品不等价交换的“剪刀差”，使广大农民群众艰苦创造的价值源源不断地流向工业部门和城镇。国家还人为地陆续建立了一系列城乡有别的政策制度，形成了举世罕见的二元社会结构，在户籍制度上，人为划分农业户口和非农业户口，限制农民进城生活和工作；在就业制度上，招工招干的首要条件是你必须具备城镇户口，农民被人为地排除在党政机关、企事业单位之外，改革开放后，农民只能到非公有制企业“打工”；在社会保障上，国家只对生活条件好的城镇职工负责，而把生活艰苦的广大农民排除在外；在教育制度上，国家对城镇的义务教育包了下来，而农村的义务教育则由农民自己掏腰包解决，等等。这一系列歧视农民的政策制度安排，既不适合在法律面前人人平等的宪法原则，也极不适应加入 WTO 后的新形势的迫切需要。在我国正式成为世界组织成员国、积极主动融入经济全球化的新形势下，我国既要给予国外企业和人员以公平公正的国民待遇，更要对国内广大农民群众以平等的国民待遇，坚决贯彻非歧视性原则。在联系群众上，我们要按照“三个代表”的总要求，对符合“三个代表”的就毫不犹豫地坚持，对不符合“三个代表”的就勇于实事求是地纠正。在计划经济体制下形成的一系列歧视农民群众的政策制度安排显然不符合“代表最广大人民的根本利益”，应尽快予以废除。笔者在调查中深深体会到，只要我们在实践中真正实践“三个代表”，真正把“三个代表”的重要思想转化为公平公正的制度创新，我们就能从最根本上联系了群众，也就能从最根本上造福于群众。

五是实现联系群众从接待上访型到依法办事的制度创新。实行领导接待日制度和信访制度是联系群众的重要途径和方式。但在建设社会主义法治国家的历史进程中，我们更应该从法治的角度来进行新的思考和制度创新。从本质上说，信访制度是一种人治的方式，这与我国依法治国方略和加入 WTO 的新形势不相适应，迫切需要我们进行法治的构建。当前，人民群众的普遍愿望和正当诉求可以通过三种合法的途径来表达：一是通过人大这个最高权力机关表达。在坚持人大制度的基础上，要不断完善人大制度，确保人民群众当家作主的权利，应当建立一系列民主性质的制度安排，使人民群众能够自主地民主选举领导人和罢免脱离群众的不称职的领导干部。二是通过法院进行公正的司法诉讼来表达。像我国这样一个成群结队不断上访的现象在全世界都是罕见的，其症结在于重人治而轻法治。应该畅通司法诉讼管道，充分发挥法院在解决矛盾纠纷中的重大作用。当前一些乡镇领导干部擅自闯入农民住宅抢掠的行为，决不仅仅是“工作作风粗暴、工作方法简单”的问题，而是典型的违法犯罪行为，应该绳之以法。当然，司法机关要取得人民群众的信赖，必须实现司法公正，而司法公正的前提条件是确保司法独立。江泽民主席前不久说：“我作为国家主席，也无权干涉司法独立。”如果上上下下都真正做到了司法独立，确保了司法公正，我们就能充分地维护群众的切身利益。三是通过新闻舆论监督来表述。一切脱离群众的行为最怕新闻舆论监督，南丹矿井透水事件、宁夏一副市长成群结队下乡致使一女孩落水而见死不救事件等等，都是因为新闻曝光才引起公愤而使那些严重脱离群众的“官僚”得到了相应的惩处。应该高度重视人民群众通过新闻媒体对党员领导干部的全方位监督，切实加大新闻舆论监督的力度。

驳陈平的“短视国策”和“洋跃进”论[①]

2002 年，陈平先生发表文章，反对国家建立包括农民在内的全国统一的社会保障制度，认为建立统一的社会保障体系是“短视国策”，是“洋跃进”。[②]对此，笔者有不同看法。

建立统一的社会保障是短视国策?

众所周知，建国以来，在苏联模式的严重影响下，我国建立起歧视农民的二元社会结构，这种举世罕见的人为制造的二元社会结构，是中国农村长期贫困、农民长期贫穷的制度根源，是中国迈向现代化的沉重包袱。尽快破除二元社会结构，给农民以平等的国民待遇，已成为中国有识之士的共识。50 多年来，拥有中国总人口绝大多数的农民享受不到国家的社会保障，并且还要以工农产品价格剪刀差、农业税、农业特产税、教育集资、“三提五统”等向国家和社会（主要是城市和市民）提供艰苦创造的“血汗钱”。这种极不合理的制度安排已经走到了“山穷水尽”的地步，该彻底抛弃了。

在中国社会保障问题上，当前有三种不同的态度，一种是一些有责任感的学者，他们提出应建立包括农民在内的全国统一的社会保障制度，这无疑是十分正确的。另一种更常见的观点则是以“国情”为由，说中国还不发达，缺乏建立统一的社会保障制度的能力。这是一种僵化的传统观点，但持此观点的人并不否认应该把农民纳入社会保障之内，只是因“财力不够”而一时难以实现，对此，笔者权且表示理解，但并不赞同。再一种就是陈平先生这类人的观点，他们以“国家利益至上”为幌子，拒不给予农民社会

---

① 本文原载《中国改革》2002 年第 7 期。本文发表两年后的 2004 年 3 月，十届全国人大二次会议通过的宪法修正案明确规定“国家建立健全同经济发展水平相适应的社会保障制度”。此后，国家明显加快了建立包括农民在内的全国统一的社会保障制度的步伐。2007 年 10 月，中共十七大提出到 2020 年全面建设小康社会的奋斗目标，其中一项重要内容就是“覆盖城乡居民的社会保障体系基本建立，人人享有基本生活保障”。中国社会保障制度建设的最新进展，验证了笔者在拙文中提出的观点。

② 陈平：《建立统一的社会保障体系是短视国策》，载《中国改革》2002 年第 4 期；陈平：《建立统一社保是“洋跃进”》，载《改革内参》2002 年第 8 期。

保障。

陈平先生文章的基本立论是错误的，至于其文笔再好，逻辑再严谨，论述再完备，都是没有用处的，充其量只能算一幅“南辕北辙”的哂笑图景。

笔者一直反对那些身居大中城市却不准农民进入大中城市生活的一些专家学者或官员。说也奇怪，这些大都出生在农村的农家子弟一旦自己跳出“农门”进入城市后，就想方设法限制农民的权利，这真是当今中国存在着的一个十分突出的“怪现象”，很值得人们深入研究。

在有识之士看来，陈平先生的文章恰恰证明他自己是十分“短视”的。

建立统一的社会保障制度势在必行

笔者之所以赞同建立统一的社会保障制度势在必行，这是因为：

首先，建立统一的社会保障制度既是宪法赋予公民的基本权利，也是国际人权公约的根本要求。人人享受社会保障是宪法规定的每个公民的基本权利。我国宪法明确规定：“中华人民共和国公民在年老、疾病或者丧失劳动能力的情况下，有从国家和社会获得物质帮助的权利，国家发展为公民享受这些权利所需要的社会保障、社会救济和医疗卫生事业。”我要提醒的是，农民也是共和国公民，给农民社会保障决不是对农民“恩赐”，不是你想给就给，不给就可以不给。在多年的学术研究中，我发现有不少所谓的教授、学者，脑袋里面根本没有宪法观念、人权观念。这些人可能也十分聪明好学，勤奋工作，论文一篇接一篇的，著作一本出一本的，但都是些忽视宪法、强化人治的文字垃圾，不仅对社会的文明进步毫无用处，相反起到阻碍社会进步的负作用。长期的计划经济体制造成的一个恶果就是对宪法的轻视和对宪政民主的中断。这是值得包括陈平先生在内的一大批知识分子认真思考和反省的。令人欣慰的是，国务院新闻办公室最近发布的《中国的劳动和社会保障状况》开明宗义地申明：“劳动和社会保障权利是公民的基本权益，关系广大公民的切身利益。”陈平先生不至于认为这里的“公民”不包括“农民”吧？另外，我要特别提醒的是，给予包括农民在内的所有公民的社会保障，也是国际人权公约的重要内容。1997 年和 1998 年我国政府先后签署《经济、社会和文化国际公约》及《公民权利和政治权利国际公约》，2001 年 2 月九届全国人大常委会第 20 次会议正式批准《经济、社会和文化权利国际公约》，7 月该公约正式在我国生效，该公约明确规定“人人有权享受社会保障”。签署和批准国际人权公约，决不是做做样子给外国人看的，而是我国发展社会主义民主政治的内在要求，也是广大人民群众强烈的现实需要。

其次，建立统一的社会保障制度，既是建立和完善社会主义市场经济体制的迫切需要，也是社会主义的本质要求。建国后在苏联模式的影响下，我国迅速建立起高度集中的计划经济体制，在这种计划经济体制下，政府为达到实现工业化、现代化的目的，人为地把广大农民圈定在农村，排斥农民进入现代城市文明进程之中。这种由政府主导的急于实现工业化、现代化的发展战略，在一个国家内把绝大多数人口农民排除在外，而只维护城市少数居民生活和特权利益的现代化追赶模式已经证明是失败的。试想，一个不顾大多数公民福祉甚而剥夺大多数公民（即农民）利益以维护少部分公民（即市民）特权利益的政府，能称得上是现代文明政府吗？一个十分明白的事实是，社会保障制度是与市场经济相适应的基本制度，它对维持社会安全、保证经济建设顺利进行具有十分重要的作用，是现代市场经济条件下不可缺少的动力机制和福利机制。越是发达的市场经济国家，越是要有一个健全的社会保障体系。从某种意义上说，社会保障的发达程度是衡量一个社会文明进步程度的“晴雨表”。社会保障，其实质就是国家履行管理义务的一种职责，是公民维持基本生活的一种权利，已被公认为是社会长治久安的“润滑剂”和“安全网”。市场经济是优胜劣汰的竞争经济，对在市场经济的竞争中成功的人，我们表示尊敬和钦佩，而对那些在市场经济中失败的人或处于弱势地位的群体，他们也一样有生存在这个世界上的一切权利。作为社会，应该向他们伸出友爱之手；作为政府，应该保障他们的生存权利。这就要求政府在国民收入的第二次分配中对弱势阶层予以倾斜，这就需要建立和完善社会保障制度。同时，促进社会成员的共同富裕也是社会主义的本质要求，建立涵盖全体公民在内的社会保障制度，正是社会主义制度优越性的充分体现，是促进马克思、恩格斯所期盼的每个人自由而全面发展的联合体的内在要求。加入 WTO 后，保护包括农民在内的弱势阶层利益显得尤为迫切。

再次，建立统一的社会保障制度，既是转变政府职能的迫切需要，也是实践“三个代表”的根本要求。在计划经济条件下形成的政府职能已经远远不能适应社会主义市场经济的需要。提供包括社会保障在内的公共物品是现代政府的主要职能，而这恰恰是传统政府职能的严重缺位之处。2002 年 3 月朱镕基总理在九届人大五次会议上的《政府工作报告》中不仅首次提出了“弱势群体”的概念，并且还明确提出把政府职能转到“经济调节、市场监管、社会管理和公共服务上来”。政府职能的转变，必然要求加快建立和完善与社会主义市场经济体制相适应的社会保障制度。“三个代表”重要思想的核心和归宿就是“代表中国最广大人民的根本利益”。作为占中国总人口 70% 的农民，是不是最广大人民？如果忽视占人口绝大多数的农民的根本利益，能说我们是在实践“三个代表”吗？

弱势阶层与社会稳定[①]

在任何时代、任何社会，都可能存在弱势阶层或弱势群体。可以说，弱势阶层的生存状况决定着一个社会的和谐稳定程度。任何统治阶级总是想方设法把保持社会稳定作为第一要务。保持社会稳定通常有两种方法，一是通过高压控制获得的消极稳定，二是采取主动疏导形成的积极稳定。无论采取哪种形式，社会稳定最终决定于执政者和上层社会对弱势阶层的态度。

农民是中国最大的弱势群体

农民是中国最大的弱势群体。几千年来，农民一直生活在社会的底层。在中国历史上，数不清的农民起义和朝代更替，大都是国家权力与农民权利恶性互动的结果，一句话，就是作为弱势阶层的农民常常被统治阶级和上层社会逼到了生存危机的最边缘，揭竿而起就成为他们唯一的选择。

所谓“逼上梁山”，就是主流社会无视底层民众生存危机的一种心境描述。自古有云“得民心者得天下”，这个“民心”，主要就是生活在社会底层的“农民的心愿”。怎样才算得“民心”？就是要维护弱势阶层的切身利益，这种利益，既包括经济利益，也包括政治利益。中国历代帝王虽然大都懂得这个道理，但也大都难以做到。通常情况是，一个朝代兴起时，统治阶级还能体恤民情，实行轻徭薄赋，与民休养生息，但随即而来的就是朝廷的横征暴敛和官吏的胡作非为。黄炎培对这种“其兴也勃焉，其亡也忽焉”的历史周期率十分困惑。元朝诗人张养浩更是对“兴亡百姓苦”大加感叹，这种“兴亡百姓苦”，就是弱势阶层始终得不到有效保护的真实写照。

中国古代思想家们对社会底层民众的不幸遭遇深表同情，他们开出解决底层民众苦难的的药方体现在“仁政”上，即寄希望于“明主贤君”以“仁政”治天下。而权力具有天然的侵害性，自觉行“仁政”的君主实在太少，弱势阶层始终跳不出“兴，百姓苦；亡，百姓苦”的历史性怪圈。在一些西方思想家眼中，“英明领袖”是靠不住的，他们

---

① 本文原载《同舟共进》2002年第8期。

强调区分权力和权利，主张通过约束公共权力来保护个人权利。经过文艺复兴、启蒙运动到政治革命，保障民权、限制君权的宪法意识和宪政政治大行其道。

保护弱势阶层是文明社会的基本诉求

在人类历史上，保护弱势阶层的最宏大的理论，要属社会主义了。马克思主义自称无产阶级解放的理论，其实质就是弱势阶层求得解放的理论。马克思被评选为人类千年伟大思想家第一人，恐怕在于他的理论是为弱势阶层说话的理论，是解放弱势阶层的理论。时至今日，那些信仰马克思主义、向往社会主义的人，可能看重的就是这一点。

当今世界，保护弱势阶层，促进每个人自由、平等和发展，已成为文明社会的基本诉求。在西方，尤其是二战后，各国纷纷借鉴社会主义的一些基本原则，着力修补资本主义的种种弊端，不断化解来自社会底层的呼声和矛盾，有效地避免了暴力革命的发生。在北欧，普遍建立起了典型的保护弱势阶层利益的福利社会。着眼于为弱势阶层谋福利的第三条道路在欧洲正方兴未艾。在美国，保护弱势阶层已经形成为一种强大的美国精神，人们普遍认为，一个关心群众福利的犯错误的政府要比一个漠视人民疾苦无所作为的政府好。罗斯福提出了影响深远的言论、信仰、免于匮乏和免于恐惧的新四大自由。从此，有人挨饿就不仅是私人的事，而是被剥夺了基本权利，政府和全社会都有责任改变这种不合理的现象。从这一观念出发，一系列保护弱势群体的政策法令不但有了依据，而且是政府和社会强势集团应尽的责任，于是覆盖社会全体成员的社会安全和社会保障的观念和制度得以确立和完善。

在美国政府采取种种政策措施保护弱势阶层的同时，美国的知识分子阶层毅然承担起批判特权、为弱势阶层说话的神圣使命。在美国，知识分子的定义就和批判精神联系在一起，代表自由、平等、公正的理想和以此为核心的社会良心，对一切有悖于这一理想的社会弊端加以无情地挞伐是其天职。整个知识阶层自觉地以批判特权为己任，而政府也从未想到要对知识分子的言行加以压制。这样，在全社会就形成了为弱势阶层说话的强大氛围。更难能可贵的是，除了政府征收高税率的遗产税外，发了财的美国人都乐于向弱势阶层和社会捐赠，私人慈善公益事业十分发达。这就使得处在社会底层的弱势阶层有了最基本的生存保障和自由权利，而身居社会上层的强势集团的种种善举，也赢得了弱势阶层的理解和信赖，整个社会处在一种和谐平衡的发展状况之中。维护社会的稳定，不仅是上层社会的追求，也成为底层民众的愿望。这种稳定，不是死水一潭，而是每天都包含着改革、充满生机勃勃的稳定。著名美国问题专家资中筠对此深有感触。

农民为何弱势化?

虽然上上下下都一致认识到农民问题始终是中国革命、建设和改革的根本问题，但在具体对待农民这一弱势群体上，却常常做出事与愿违的事来。就是说我们不但没有有效地保护弱势阶层，相反，“柿子专拣软的捏”，我们还从各个方面限制和歧视弱势阶层，这就使农民这个弱势群体的地位更加弱势化。

在国家宏观层面上，我国深受苏联模式的严重影响，建国后建立起高度集中的计划经济体制，为确保这个体制的运转，一方面，国家实行“挖农补工”战略，人为制造工农产品价格“剪刀差”，长期以来隐蔽地从农民手中抽走巨额资金，农民以自身的贫困支撑起国家工业化的发展、城市的繁荣和市民生活水平的提高。这实质上是强势集团利用手中掌握的组织资源对弱势阶层的剥夺。与此同时，国家还人为地实行城乡有别的二元政策制度，对市民是一套，对农民是另一套。在户籍制度上，人为划分农业人口和非农业人口，严格限制农民进城；在就业制度上，国家只对市民负责，而对农民撒手不管，农民不能到国家机关、事业单位工作；在教育制度上，国家只负责城市中小学教育，农村中小学教育则由农民自己掏腰包解决；在社会保障制度上，国家只承担对市民的保障，而对农民置之不理，农民只有把自己的生老病死全部寄托在贫瘠的土地上，等等。这种歧视农民的二元政策制度，形成了举世独有的二元社会结构，使农民这个弱势阶层的生存状况日益恶化。

在基层政权层面上，直接管辖农民的县乡村三级在社会转型时期，未能及时转变职能，相反却成为市场经济中的逐利主体，各级各部门的内部权力运作已蜕变成“数字型政绩至上主义”的行政理念。在这种“数字型政绩至上主义”的行政理念指使下，政府行政的最大目的已经不再是为民众提供公共物品，而是不择手段地完成“数字指标”。这种“数字指标”就成为目的，而农民则成为“配合”完成“数字指标”任务的手段，于是乡村干部逼死打死农民的现象不绝于耳，弱势阶层的基本人身安全竟然缺乏应有保障。著名经济学家盛洪称这是农民“最沉重的负担”。可见作为弱势阶层的中国农民，在大环境上遭受国家二元制度的歧视，在小环境上又承受县乡村三级利益共同体的联合挤压。

在社会舆论层面上，知识分子批判特权、为农民说话则要承担巨大的政治风险。从1953年共和国为农民说话的“始作俑者”梁漱溟诉说农民生活在“九天之下”遭到无情地批判，到2000年上书国务院总理诉说“农民真苦”的湖北省监利县棋盘乡党委书记李昌平被迫辞职南下打工，50年来，一句话，欲说农民好困惑。建国后，经过反右斗争、“文化大革命”，饱经沧桑的知识分子万马齐喑，谁也不敢再为弱势阶层说话了，更不敢批判特权。知识分子天然的“批判现实主义”精神竟然异化成举世罕见的“歌颂现实主义”，社会主流舆论由为弱势阶层说话转变成为强势集团“帮腔”，由批判特权蜕变为赞扬特权。弱势阶层的不幸遭遇就在一片歌颂声中被彻底淹没。在三年困难时期，被活活饿死的弱势群体达4000万之巨，这可是相当于一个欧洲中等国家的总人口。可在当时，知识分子对此却视而不见，一天到晚沉醉在赞美特权的“大好形势”中。

而发了财的“先富阶层”，大都缺乏回报社会、捐赠社会的文明意识，他们不是对尚在贫困之中的弱势阶层麻木不仁，就是盛气凌人。有钱无处花的“先富阶层”的生活方式不是大势修建豪华坟墓，就是包二奶，花天酒地。这使得暴富阶层与弱势阶层必不可免地产生巨大的心理隔阂，社会不稳定的隐患在滋长。

如果这个社会不认真对待弱势阶层，社会的长治久安就没有切实的保障。人们当然反对极具破坏性的暴力革命，但人们更加渴望尽快形成社会平衡协调机制，切实保护弱势阶层的基本权益。

保护弱势阶层的“两大步”

在我国，保护农民这一弱势阶层的利益，必然分为两步走，第一步是坚决废除一切歧视农民的政策制度，使农民享有宪法赋予的公民权利。当前迫切需要调整“挖农补工”战略，废除二元社会结构，进行彻底的户籍制度改革，重新恢复和确立公民的居住和迁徙自由，任何大中城市都无权紧闭“城门”，也无权抬高进城“门槛”。政府行政的理念应着眼于全体公民，而不是只顾市民不顾农民。只有解决包括农民在内的全体公民的就业、教育、社会保障等宪法赋予的基本权利，为整个社会成员提供更多更好的公共物品，这个政府才算得上称职的现代文明政府。保护弱势阶层的利益，实质上是在保障人权、维护宪法的神圣权威。

第二步，就是上层社会和强势集团对弱势阶层的政策倾斜和人道关怀。上层社会和强势集团积极主动地向弱势阶层伸出援助之手，既是社会文明进步的重要标志，也是确保社会稳定的润滑剂。整个社会都应该为弱势阶层创造更优越的生存发展环境，确保弱势阶层的每个成员自由而全面的发展。

笔者注意到，近些年来，“三农”问题引起了广泛的关注，决策层在不断地推出有利于弱势阶层的政策制度。比如说，村民自治、小城镇户籍改革、税费改革试点等。学术理论界对“三农”问题的关注热情空前高涨，呈现出不少为农民这一弱势阶层说话的专家学者，各类媒体也不惜版面刊载“三农”问题的文章，这当然是很好的现象，但这一切还仅仅是开了个好头，要达到目的，还任重道远。不过，我们都应当有这样一个共同的信念：为弱势阶层说话，就是为社会进步说话，就是为社会和谐说话。

宪法关怀：解开农民问题千千结[①]

农民问题的普遍性、严峻性和长期性，显示出其必有更深层次的体制根源。让我们用理性的光芒去照亮愚昧的盲区，恭请神圣的宪法，捍卫农民的权利。

农民问题：再次印证历史性怪圈

中国是一个历史悠久的文明古国，在漫长的历史长河中，形成了两个著名的历史性概念：一个是历史周期率。1945 年黄炎培访问延安时对毛泽东说，纵观古今朝代更替，都走不出“其兴也勃焉，其亡也忽焉”的历史周期率。毛泽东回答说：“我们已经找到了新路，我们能跳出这个周期率，这条新路就是民主，只有让人民来监督政府，政府才不敢松懈，只有人人起来负责，才不会人亡政息。”[②] 另一个是历史性怪圈。元朝诗人张养浩在散曲中感叹，检讨历代王朝兴衰，都走不出“兴，百姓苦；亡，百姓苦”的历史性怪圈。[③] 如何走出这“兴亡百姓苦”的历史性怪圈，在古籍中似乎找不到相对应的明确回答。从某种意义上说，在这两个历史性概念中，对“历史性怪圈”的思考要远比“历史周期率”的思考更为重要，因为对“历史周期率”的思考着眼于如何永保“江山永固”，是对国家权力的思考；而对“历史性怪圈”的思考则着眼于如何永保“百姓幸福”，是对人民权利的思考。如果说毛泽东已经指出了跳出历史周期率的新路是民主，那么如何走出这历史性怪圈却是当代中国人必须认真思考、积极探索并给予明确回答的重大问题。

因为农民问题再一次严重地摆在了世人面前。中国是一个农民大国，农民问题始终是中国革命、建设和改革的根本问题。农民问题也是一个十分复杂的综合性问题，为了便于讨论起见，可以把农民问题区分为农民负担问题以及农民权利问题。

农民负担问题已经成为当前中国最引人注目的热点、焦点和难点问题。农民负担是

---

① 本文原载《湖南公安高等专科学校学报》2002 年第 6 期。

② 参见谭世贵：《廉政学》，北京：法律出版社，1995 版，第 185 页。

③ 萧善因选注：《元散曲一百首》，上海：上海古籍出版社，1982 版，第 48 页。

农民无偿地向政府、村集体和社会提供价值和劳务的总和。1991 年国务院发布的《农民承担费用和劳务管理条例》把农民负担界定为三方面的内容：一是农业税、农业特产税、屠宰税；二是村提留和乡统筹；三是积累工和义务工。税收负担的多少由税率决定，“三提五统”的负担规模不能超过上年人均纯收入的 5%。从上世纪 80 年代中期开始，农民负担开始由实物形式改为货币形式。以上负担可以说还属于“合理合法”的负担。但由于基层政权权力的恶性膨胀，针对农民的乱收费、乱罚款、乱集资、乱摊派十分严重，农民的实际负担已大大超过“合理合法”的界线。1998 年 3 月新上任的朱镕基总理就毫不客气地指出：“很多政府机关在国家规定以外征收各种费用，使老百姓负担不堪，民怨沸腾。”①

据统计，1999 年，全国农民人均纯收入较上年增长 2.2%，但人均农业各税负担却增长了 5.8%，农业税、农业特产税重复征收的现象屡见不鲜；从 1993 年到 1998 年，全国提留统筹费由 380 亿元增至 729.7 亿元，年均增长 13.9%，按人均计算的提留统筹费由 44.6 元上升至 84 元，年均增长 13.8%；全国农民承担的积累工和义务工也由 1994 年的 16.4 个增加到 1999 年的 18 个；1999 年全国农民承担的以资代劳负担高达 64 亿元，人均 6.9 元，劳均 13.6 元；农民的社会负担（集资、行政事业性收费和罚没款）由 1994 年的 70.5 亿元增加到 1999 年的 256 亿元，人均由 7.7 元增加到 27.8 元。②

农民权利问题是目前受到普遍忽视或有意回避的一个重大问题。农民权利问题是农民应当享有的宪法权利保障的问题，农民负担问题的尖锐化直接引发了农民权利问题的突显，对此必须予以实事求是地正视，否则，农民问题就不可能得到真正彻底的解决。

对于农民权利问题，可以从两个方面来分析，一个是农民最普遍的社会权利被歧视或忽视的问题，一个是农民最基本的人身权利遭到严重侵害的问题。农民最普遍的社会权利被歧视或被忽视的问题，体现在农民不能成为共和国公民中的平等一员。在传统政策和体制的安排下，农民事实上居于低人一等的“二等公民”地位，这集中表现在城乡分割的二元社会结构上。比如，在户籍身份上，农民是严格区分于城镇户口的农村户口，农民不能向城市自由居住和迁徙；在就业选择上，农民不能到党政机关、事业单位担任公职，也不能到国有企业就业（改革开放后也只能到个体私营和外资企业“打工”）；在社会保障上，农民不能享受国家给予城镇居民那样全方位的保障，只能把自己的生老病死全部寄托在贫瘠的土地上。

对中国农民来说，这还不是最糟糕的，因为具有惊人忍耐力和罕见吃苦精神的中国农民，虽然争不到与市民平等的权利和地位，但仍然还可以在穷乡僻壤里“苟且偷生”。

① 朱镕基等：《在九届全国人大一次会议举行记者招待会上答中外记者问》，载《新华月报》1998 年第 4 期。

② 国家计委宏观经济研究院课题组：《农村税费改革问题研究》，载《经济研究参考》2001 年第 24 期。

最糟糕的是，基层干部不断地对农民最基本人身权利的严重侵害和任意剥夺。在疯狂的基层权力侵害下，农民连选择“煎熬”的机会都没有了，一些农民就在这种不受约束的疯狂权力面前悲惨地选择“逃亡”或“死亡”。

尽管迫害农民的恶性事件不断披露报端，可不少乡镇干部却从来不愿反省和检讨自己，他们没有任何道德的谴责和良心的追问，他们常常以“没有办法”为由推卸责任，为自己的行为进行辩护。在这种“基层暴政”的压迫下，农民又重新陷入了历史周期性的怪圈之中。

百计千方：屡屡跌入人治大陷阱

对于日益严重和普遍化的农民问题，可谓从农民到总理，从农村到中央，上上下下都普遍重视。农民自身的呼吁和抗争十分强烈，中央对减轻农民负担的态度十分坚决，社会各界对此密切关注，学术理论界的研究探讨不知疲惫，国家政策法规频频出台，但其结果似乎都不尽人意，这是为什么呢?

先来看看农民的抗争与无奈。毛泽东曾说过，哪里有压迫，哪里就有反抗。倒过来说，这句话也是成立的，那就是，哪里有反抗，哪里就有压迫。本来中国农民是最勤劳、最朴实、最善良、最安分、最易于满足也最能忍受苦难的弱势群体，但在“基层暴政”的重重压迫下，农民的反抗也就自发地产生了。大部分农民选择了上访的道路，一部分农民选择了法制的道路，另有少部分农民选择了极端的与干部同归于尽的绝路，这需要引起全社会的高度重视。

据《河南日报》1998 年 11 月 11 日报道，9 月 7 日深夜，河南省宁陵县公安局出动 100 多名干警、20 多辆警车，到岳柴村抓捕上访群众代表 8 人。9 月 8 日晨，干警们再次抓人，村民们闻讯逃跑，只剩下 14 岁的柴西涛未来得及跑掉，公安人员向他开枪恐吓，并将其抓走。9 月 9 日，100 多名干警再三进村抓人，全村 800 多人闻风丧胆，四处逃命，在田野里躲了 3 天 3 夜。公安干警就把 66 岁的老人柴月迁抓住毒打一顿，然后让柴的孙子用皮带打爷爷，孙子不从，干警们就用皮带警棍打孩子，凡被抓捕的农民均被非法拘留一个月。后来村民反映，县公安局长任伟 1997 年在该乡担任党委书记期间，村民们曾因乡村干部吃喝浪费、财务不公开等问题到县、区信访部门反映过情况。1998 年 5 月任伟调任县公安局长，走马上任后的任伟充分运用公安这一“暴力机器”发泄私愤，实施了这次抓捕农民的恐怖大行动。

1998 年 1 月 9 日，河南驻马店市刘阁乡周楼村农民周绍峰、孙长明在去驻马店市有关部门反映乡村两级加重农民负担问题的途中，被刘阁乡派出所扣押，并被非法羁押 29 天。1998 年 3 月，河北省唐山市开平区贾庵子村村民刘伯子、刘伯如因反映腐败村官，被唐山市劳教委劳教一年半，等等。这些令人发指的“基层暴政”正是“政府有时会成为强盗，而人民永远也不会”这一名言警句的最好注释。

1997年6月，四川省蓬溪县河边镇农民到县法院起诉县乡政府加重农民负担，但两年多来，法院既不调查也不审理，新华社记者对此事曝了光都没办法审结。这是对盲目指责农民不善于运用法律武器保护自己的一些身居“世外桃源”之人的沉重回答。

有的农民在上访无路、告状无门的情况下，以死抗争，选择了与乡村干部同归于尽的绝路。1996年6月24日，山东省邹城市清庄镇将军堂村支书刘先民等11人到村民刘绪克家强行收取层层加码的定购粮，刘绪克被逼无奈引爆炸药，刘绪克及村干部刘先民、刘召来当场被炸死，村会计刘先秀等4人被炸伤。1996年12月29日上午10时，H省S县H乡D村一青年农民不堪“基层暴政”，身携十多公斤炸药闯入正在研究向农民收费措施的乡村干部会议室，引拉导火索爆炸，当场炸死4人，重伤8人。[①]这些一件接一件的涉农恶性案件难道还不能引起全社会的深刻反省吗？

再来看看党中央、国务院的高度重视。1990年代，党中央、国务院几乎年年下文件发通知强调“减负”，党和国家领导人在讲话中也一再提出“严禁”增加农民负担，此不可谓不重视。1990年国务院下发《关于切实减轻农民负担的通知》，1991年国务院颁布《农民承担费用和劳务管理条例》，1993年中共中央、国务院发出紧急通知，要求凡涉及农民负担的文件和收费项目一律先停后清，同年颁布实施《农业法》，1994年中央、国办通知要求加大减轻农民负担工作力度，1996年中共中央、国务院发出《关于切实做好减轻农民负担工作的决定》，等等。据统计，从1990年起，中共中央、全国人大、国务院先后发出了27个涉及农民负担的文件和政策法规。但这些文件、讲话和法律法规都制止不了基层干部的胡作非为，农民的生存状态日益严峻。

最后来看看学术理论界的探讨。农民负担问题日趋严重自然成为学术理论界探讨的一个热点和重点课题，其论著可谓汗牛充栋，简单归纳起来，大致达成这样的共识：一是认为农民负担确实到了十分严重的地步，二是认为减轻农民负担对于确保社会稳定等方面意义十分重大，三是认为应该从精简乡镇机构和人员、增加农民收入、转变干部作风、破除二元社会结构、调整工业优先发展战略、加快推进税费改革等方面入手解决农民负担问题等，可谓绞尽脑汁献计，想方设法“减负”。

上述各个方面的探讨和措施无疑都有积极意义。但近二十年来，农民负担久减不下，甚至越减越重，不能不说种种努力并没有达到预期的目的。广大农民在沉重的负担压迫下焦虑地盼望国家能出台真正解决农民问题的良策。可现行的理论探讨、政策设计和制度安排却远远滞后于实践，大大负于农民的渴望。

---

① 参见梁骏等编著：《村民自治——黄土地上的政治革命》，北京：中国青年出版社，2001年版，第60、53、64、46页。

笔者认为，目前的种种理论探讨和政策制度设计，其最根本的缺陷在于陷入了历史性的人治泥淖而不能自拔。这就是说，传统思维的理论探讨、政策设计和制度安排，大都忽视了农民作为宪法之子的主体地位，把农民作为一种被管理的对象，而不是平等参与国家和现代社会管理的主人身份加以对待，呈现出把农民当作工具任意摆布的传统倾向。

目前正在进行的被一些人过分乐观地估计为减轻农民负担"治本之策"的税费改革，也没有摆脱传统的人治思维和模式，在改革方案的设计、制定和实施过程中，远远地把农民排除在外，农民只有服从、执行的义务。唐朝的"两税法"、明朝的"一条鞭法"、清朝的"摊丁入亩"这中国历史上三次重大的税费改革的最后失败应该给予我们深刻的启迪。

就安徽省的税费改革试点来说，其实质就是将名目繁多的收费项目合并成简单的正税，将合并后的农业税确定为不超过8.4%，并强调除此之外"严禁"乡镇收取其他费用。这与国务院1991年定下的"三提五统"不超过5%没有本质的区别，因为当时中央也一再强调"严禁"超过5%，"严禁"乱收费，并许诺农民"有权"拒绝一切不合理的负担。但其结果则是由"严禁超过"变成了"大大超过"，农民"有权拒交"变成了农民"妨碍公务"。所谓的"严禁"、"不准"等口号完全成了吓唬"麻雀"的"稻草人"。

现行税费改革思路显然也没有走出历史的窠臼，它只不过是传统人治的现代版本，其实际效果肯定难遂人意。历史的教训和理性告诉我们，只有把我们置身于现代法治社会的视野之内，才能避免屡屡重蹈历史的覆辙；只有表现出神圣的宪法关怀，中国的农民问题才能得到真正的解决，才能彻底走出历史性怪圈。

宪法之母：露出您神圣的威严和慈祥的笑容

宪法是共和国之母，没有宪法，就没有共和国。宪法是国家的根本大法，一切组织和个人都没有凌驾于宪法之上的特权，一切违宪行为都必须予以追究。宪法是实行法治的依据，法治是人类社会进步的共同文明成果。中共十五大明确提出依法治国，建设社会主义法治国家。依法治国，关键是要依宪治国。

人民之所以需要宪法，是因为"我们有一条颠扑不破的经验：凡是有权力的人，总要滥用权力，非碰到限度不止"。[①] 政府的权力天然地大于个人，如果不对政府的权力加以严格限制和约束，人民就会不可避免地蒙受耻辱和遭遇灾难。所以说，宪法就是

① 转引自黄枬森、沈宗灵主编：《西方人权学说》（上），成都：四川人民出版社，1993年版，第108页。

“以权力制约权力”最基本的法律，是调整国家与公民之间权利义务关系最基本的契约。① 宪法的最基本的功能有两条，一是对国家权力的严格制约，二是对公民权利的切实保障。解决农民问题，关键在于呼唤宪法关怀。共和国的每一个公民，都是宪法之子。

在中国几千年的专制社会里，没有法治，只有人治；没有权利，只有统治阶级疯狂的权力。没有农民权利的保障，就不可能有农民问题的解决。1954 年共和国第一部宪法的诞生，是无数革命先烈和仁人志士用鲜血和生命换来的最可珍贵的财富。可随着 1957 年反右斗争扩大化和紧接着爆发的“文化大革命”，宪法之母被打入冷宫，宪法成为一张废纸。改革开放以来，法治开始得到张扬，但不可否认，长期以来专制主义和极“左”思想的严重危害，至今仍然深刻地影响着人们对宪法的信仰。

在解决中国农民问题上，宪法之母具有鲜明的两重性，当她面对国家权力机构时，显现的是神圣的威严和强有力的制约；当她面对共和国的每一个公民时，露出的是慈祥的笑容和强大的庇护。历史已经昭示，抛弃神圣宪法之母的“不孝”之子，必然惨遭权力的万般蹂躏。作为弱势群体的农民，只有在宪法之母的关怀下，才能扬眉吐气，真正成为掌握自己命运的主人。

在宪法之母面前，需要澄清和纠正几种流行的错误观念：

一是农民上访是“妨害公务”。农民上访，向上级有关部门揭发或检举不法行为和人员，这是每一位公民享有的一项基本民主权利，是人民群众实现监督的一条重要途径，是合宪合法的行为。《中华人民共和国宪法》第 41 条规定：“中华人民共和国公民对于任何国家机关和国家工作人员，有提出批评和建议的权利；对于任何国家机关和国家工作人员违法失职行为，有向有关国家机关提出申诉、控告或者检举的权利。”同时，《中华人民共和国刑事诉讼法》第 84 条规定：“任何单位和个人发现有犯罪事实或者犯罪嫌疑人，有权利也有义务向公安机关、人民检察院或者人民法院报案或者举报。”《宪法》第 41 条还规定：“对于公民的申诉、控告或者检举，有关国家机关必须查清事实，负责处理。任何人不得压制和打击报复。”《刑法》第 254 条规定：“国家机关工作人员滥用职权、假公济私，对控告人、申诉人、批评人、举报人实行报复陷害的，处二年以下有期徒刑或者拘役；情节严重的，处二年以上七年以下有期徒刑。”由此可知，农民上访不但不是“妨碍公务”，而是宪法和法律赋予公民的一项权利和义务。一些乡镇干部和执法人员，动辄给上访农民扣上“闹事者”、“刁民”、“妨碍公务”等帽子，并进行残酷的打击报复，其实不过是“文革”作风的延续。

二是农民素质差，法制意识淡薄。这既是对农民的无知，也是对农民的污蔑。事

① 胡弘弘：《论宪法信仰》，载《社会科学》2001 年第 3 期。

实证明，农民具有强烈的学习法律知识的愿望，而基层干部却害怕农民掌握法律知识。2000 年 7—8 月，发生在江西省有关部门强行收回农民购买的《减轻农民负担工作手册》的惊世事件，① 就充分说明了一些乡镇干部对农民觉醒的害怕、对民主法治的害怕，他们企图封闭农民的耳目，愚弄农民，以便任其摆布和宰割。2001 年 10 月，蔡定剑等权威专家发布北京大学人民代表大会与议会研究中心两年来在全国近 20 个点的调查结果，调查表明，受教育程度的高低并不是人民民主积极性高低的决定因素，农民的民主选举热情远在自由职业、文化科研人员和大学生之上。② 现在农村的现实问题不是农民法制意识淡薄，而恰恰是一些干部法制意识淡薄；不是农民不守法，而恰恰是一些干部不守法，不仅如此，一些基层干部和执法人员的带头违法犯罪现象十分严重。

三是基层干部工作方法简单。每当乡村干部逼死打死农民的恶性案件被曝光后，人们常听到的一句话是基层干部“工作方法简单”、“工作作风粗暴”。这样的指责实质上是对违法犯罪干部的纵容和对农民生命财产损害的惊人漠视。事实十分明显，一系列涉农恶性案件的发生，决不仅仅是基层干部“工作方法简单”、“工作作风粗暴”的问题，而是一种典型的有意识的违法犯罪行为。以“工作方法简单”、“工作作风粗暴”祖护基层干部，完全是“官本位”思想和“刑不上大夫”的特权观念在作怪，完全是对神圣宪法的亵渎。广大农民在“基层暴政”的压迫下，不断付出眼泪、鲜血和生命的代价，却并没有换来社会的觉醒。如果我们一方面希望建设现代法治社会，另一方面又习惯于运用人治的手段，其结果必然是一场南辕北辙的现代游戏。

宪法关怀，就是让农民参与制定游戏规则。加入 WTO，国人熟知的一个常用专业术语就是我国能够参与制定世界贸易“游戏规则”。这对于我国进行税费改革、减轻农民负担、解决农民问题来说，具有重要的启示，就是让农民也参与制定“游戏规则”。长期以来，不管涉及国家的大政方针还是涉及农民的直接利益，都是各种强势群体研究讨论决定，作为弱势群体的农民只有坚决“照办”的义务。这种对农民命运越俎代庖擅作主张的行径，套用外交上的一句话就是“霸权主义”。让农民参与制定“游戏规则”，也是现代法治的精义。由农民参与制定的“游戏规则”，无论是对政府、集体组织抑或农民个人，都具有同样的约束力。

宪法关怀，就是树立“不经议会批准，政府不能征税”的信念。限制国家向人民乱征税是议会产生的原始动因。早在英国革命时期，议会就是为了限制国王乱征税而逐渐发展起来的，当时流行的一句非常有名的口号就是“不经议会批准，国王无权征税”。这既是对国王滥用权力的严格约束，更是对人民财产权利的切实保障。在我国，不叫议会而叫人民代表大会，其性质也是相似的。从理论上说，国家税收的征管，必须经过全

① 《一本奇书的奇遇》，载《南方周末》2000 年 10 月 12 日。

② 《中国基层选举状况报告》，载《南方周末》2001 年 10 月 18 日。

国人大审议批准，否则任何单位和个人都无权向人民征税。可现实情况是，各级各部门一方面擅自制定每年税收增长目标以示“政绩”，另一方面又纷纷出台各种名目繁多的收费项目中饱私囊。连基层政府和职能部门随意下个文件都可以向农民收取各种费用，这种空前的混乱局面，农民何以承受。严峻的现实迫使我们也应树立这样的信念：“不经人大批准，政府不能征税。”至于各级各部门的乱收费行为必须坚决制止。《宪法》赋予了全国人大最高权力机关的职权，在减轻农民负担中，人大可以发挥更大的作用。

宪法关怀，就是给农民国民待遇。在宪法之母眼中，没有工人、农民、知识分子等各社会阶层的区分，只有在法律面前人人平等的公民概念。农民也是共和国公民，必须给农民以平等的国民待遇。给农民国民待遇，就是要坚决破除在计划经济体制下形成的钳制农民自由发展的二元社会结构，彻底改革现行的户籍制度，重新恢复和确立公民（包括农民）的居住和迁徙自由权。城市不只是市民的城市，而是全国人民的城市；农村也不是农民的农村，而是全国人民的农村。设在城市的政府不只是城市居民的政府，而是全体公民的政府，政府不能只为城市居民着想。必须打开“城门”，取消“进城”限制，加快推进城市化。给农民国民待遇，就是要确保农民与市民享有同样的受教育权，义务教育是政府的一项重要公共职能，必须由政府承担起来，不能让农民代替政府挑起农村义务教育的重担，这也是实施科教兴国的重要保证。给农民国民待遇，就是要建立城乡统筹就业制度和全国统一的劳动力市场，农民与市民一样有权担任国家公职，有权参与管理国家事务、社会事务和经济事务，有权与市民一样在城市获得平等的工作就业机会，市民也有权在农村就业。给农民国民待遇，就是要建立涵盖农民与市民在内的全国统一的社会保障制度，农民向国家交纳了税收，也应该享受社会保障。向全体社会成员提供不受歧视的社会保障，不仅是我国政府已经签署、全国人大已经批准的《经济、社会和文化权利国际公约》的要求，也是社会主义优越性的集中体现。给农民国民待遇，就应该尽快调整实施了近半个世纪的“挖农补工”发展战略，消除人为“剪刀差”，力争“工业反哺农业”。给农民国民待遇，就是要实行全国一致的税收政策，取消单独面向农民的农业税。给农民国民待遇，就是确保农民在经济、政治、法律、科教、文化和社会生活等各个领域都不受歧视。

宪法关怀，也就是要进一步扩大基层民主，加强基层法治。为适应地方自治的需要，应尽快撤销乡镇政府，实行乡镇自治，并逐步扩大全民直接选举范围和层次。要着手组织农会和其他经济合作组织，提高农民的组织化程度，使居于弱势地位的农民借助组织的力量增强其在与其他政治、经济等利益集团的博弈中维护自身利益的能力。宪法关怀，尤其需要建立健全权力制约机制，以权力制约权力，使整个社会都能够在宪法之母的注视下良性运转，以宪法的威严斩断一切伸向农民的“黑手”，对权力的制约就是对农民的保护。宪法关怀，需要宪法获得至高无上的信仰，这是现代法治国家的题中之义。“法治应该包含两重含义：已成立的法律获得普遍的服从，而大家所服从的法律又应该本身是制定得良好的法律。”[①] 为建设法治国家，政治体制改革的推行和深化是必不可免的。

有妈的孩子像个宝，有宪法之母庇护的公民才有自由。事实已经证明，只要给农民自由，农民就会创造出历史的奇迹。我们也可以坚信，只要给农民真正的宪法关怀，就可以解开千百年来中国农民问题的“千千结”。

① ［古希腊］亚里士多德：《政治学》，吴寿鹏译，北京：商务印书馆，1965年版，第199页。

张　英　洪　自　选　集　2003 年

浅谈农民歧视[①]

农民歧视是一个重大的社会问题

从政治学的角度来看，任何政府存在的一个重要目的，就是促进社会各阶层、社会成员之间的平等，确保社会公平。公平是一个社会长治久安的平衡器。崇尚正义，追求平等，实现社会公平，是古今中外的共同信念和政治准则，也是所有政府合法行政的基石。17、18世纪西方启蒙思想家就提出了“人人生而平等”的神圣口号，冲破了中世纪的封建专制和政治黑暗，赢得了人性的大解放，大大促进了社会生产力的飞速发展和社会文明程度的提高。之后，不管是资产阶级国家，还是社会主义国家，都无一例外地确认了“在法律面前人人平等”的重要原则。

中国几千年的皇权专制统治，使广大农民群众处于社会的底层，深受来自各方面的剥削和压迫。在无数的社会动乱中，广大农民群众不断地成为改朝换代的工具。虽然在一个新的朝代建立之初，农民可能侥幸地因轻徭薄赋而赢得短暂的喘息，但随之而来的就是横征暴敛，农民苦不堪言。历史已经证明，一切朝代的更替，都没有把农民从苦难中彻底解放出来。“兴，百姓苦，亡，百姓苦”，这是自古以来中国农民悲惨命运的真实写照。

中国共产党宣称自己领导中国人民推翻了“三座大山”，建立了社会主义制度，广大农民群众翻身做了“主人”，获得了历史性的“大解放”，这是亘古未有的“巨变”。但建国后，在苏联高度集权体制影响下，我国开始建立起高度集中的计划经济体制，与计划经济体制相适应，国家先后出台了一系列限制农民的政策法规，构建了歧视农民的二元社会结构。在制度性歧视中，农民的地位日益边缘化，农民问题也日益显性化。

改革开放以来，随着社会主义市场经济体制的建立，计划经济体制已经被时代抛弃，但在计划经济体制下形成的传统观念、传统思维方式以及旧的政策法律体系尚未得到根本性地清除，加上几千年皇权专制思想的影响，农民歧视问题已经成为我国现代化

① 本文原载《长江日报》2003年2月18日。

建设进程中一个普遍性的重大社会问题。可令人遗憾的是，长期以来，广大理论工作者和各级领导竟然对此熟视无睹，或有意无意地忽视了。在实现中华民族伟大复兴的征途上，正视农民歧视，消除对农民的歧视，是加快我国现代化建设的迫切需要。

农民歧视的主要表现

所谓歧视，就是不公平、不公正地看待或对待。笔者提出的农民歧视概念，不是农民歧视别人，而是社会对农民的歧视，指的是我们在思想观念上，在制定和执行政策法律上，对农民群体利益的忽视以及对农民采取的不公开、不公平和不公正的认识与对待。在现实生活中，对农民的歧视常常表现为整个社会或居于强势地位的社会集团对农民群体的种种限制。这些限制日益制度化、经常化，事实上已经构成了中国社会的最大不公。

对农民歧视影响最深远的政策就是户籍管理制度。建国后，我国逐步实行一套严格的城乡分割的户籍管理制度，人为地将全体公民划分为农村户口和城市户口，形成了农民和市民两种明显相区别的不同公民，使农民必不可免地降为二等公民。据考察，我国特有的城乡分割的二元户籍制度发源于1951年公安部制定的《城市户口管理暂行条例》，1958年1月全国人大颁布《中华人民共和国户口登记条例》，最终以法律的形式确立下来。国家人为地对农民进行身份限制，其实质就是配合计划经济体制，把农民严格限制在农村，限制农民进入城市工作和生活。改革开放后涌现出了“打工潮”，其主体也只能叫着“打工仔”、“外来人口”或者“盲流”。尽管这些“打工仔”为城市的建设、发展和繁荣流血流汗，但却与城市居民的身份无缘。

这种二元分割的户籍制度严重地阻碍了我国城市化的发展，据统计，1949年我国城市化水平为10 6%，到1999年还只有30 9%，50年间仅增长了20个百分点。对农民的长期限制是我国城市化水平远远低于发达国家和世界平均水平的关键原因。我国农民为城市的发展所做的历史贡献有目共睹。建国后，国家通过“剪刀差”从农民那里获得了国家工业化所需要的原始积累，据统计，从第一个五年计划到国家工业化第一阶段（1953—1989）结束，国家共从农村汲取工业化资金7000多亿元，约占农村新创造价值的五分之一。我国广大农民为国家工业化，为城市的建设和发展做出了历史性的重大贡献。无论是从历史功绩还是从时代发展的潮流来看，我国都没有任何理由拒绝农民进城，更没有任何理由歧视进城的农民。

与二元户籍制度相适应，农民的就业歧视就不可避免。一种约定俗成的就业观念，就是农民在农村就业（种田），市民在城市就业（工作）。城镇居民可以到农村就业，例如曾有2000多万城市知识青年上山下乡到农村生活，广大农民群众十分友善地张开臂膀欢迎他们，陪伴他们度过了那段艰难的岁月。可农村居民却不能到城镇就业，改革开放后涌入城镇的农民只能叫“民工”或“打工仔”、“打工妹”。特别是从中央到地方，从地方到基层，不管是党政机关，事业单位，还是国有企业，招干招工的首要条件就是城镇户口。这一政策长期未见根本的改变。倒是改革以来新兴的非公有制企业，为转化、吸纳农村剩余劳力，解决农民就业，提供了比较广阔的空间，作出了历史性的贡献。但“离土不离乡”的政策，使农民刚刚萌生的城镇希望，最终回归为“解甲归田”的结局，终点又回到了起点。

在改革进程中，各大中城市曾纷纷不约而同地出台种种限制农民用工的政策措施，使人们进一步看清了对农民的歧视已深深扎根于社会的肌体之中。本来农民受教育的程度相对较低，与城市居民在平等竞争中也会处于劣势，可大中城市就是怕农民来抢自己的饭碗，人为地设置了一道又一道森严的壁垒，实行狭隘的城市保护主义。例如，1998年北京市限制使用外地来京务工人员的行业和工种是：金融、保险与邮政行业、各类管理人员、营销员、会计、出纳、调度员、话务员、核价员、商场营业员、出租汽车驾驶员、各类售票员、检验员、保育员、电梯工、电子计算机录用人员、民航乘务员、星级宾馆（饭店）和旅店的服务员及办公人员。其他各大中城市也都有类似的就业限制，有的更为严重。明眼人一看就知道，城市里的好事儿，农民都沾不上边，一些已经在城市找到一份工作的农民工，也不能享受到与城市职工同等的社会地位和福利保障。这种歧视农民就业的城市保护主义政策，不仅与我国社会主义市场经济体制格格不入，而且极大地伤害了广大农民的感情和尊严，挫伤了农民投身于现代化建设的积极性和创造性，动摇了广大农民对社会主义美好生活的信念。

现行的农村土地政策也存在着对农民利益的严重忽视。人们有权选择适合自己生存和发展的地域和职业，这在发达国家是不言而喻的。我国农民祖祖辈辈脸朝黄土背朝天，世世代代被束缚在土地上，潜在的创造力受到了极大的遏制。土地是农民的命根子，实行“耕者有其田”是历代农民革命的一面旗帜。中国农民渴望土地，同时土地又成为农民新的拖累。特别是在城市化过程中，大批农村剩余劳动力要求离开土地进入城市，但他们“离土不离乡”，就像风筝一样，飞得再高再远，农村这根土地的“绳”牢牢地系着你，使你飞得不可能太高也不可能太远，最终必须归来。由于土地不能实行必要的有偿转让和合理流动，致使农民工忙碌地穿梭于农村与城市之间，成为典型的“两栖人”。一些不能赶回农村的“打工者”就只有将责任田撂荒，有的只能交给年迈的老人和年幼的小孩耕种，这使老人和儿童成为农业生产的“主力军”。在农民负担不断加重的时期，责任田竟成了不少农民想丢也丢不了的沉重包袱。要知道，社会在发展，时代在前进，广大农村已经发生了巨大的变化，有不少外出“打工”的农民无力顾及责任田。特别是20世纪90年代以后，随着农民负担的居高不下，种田不仅毫无利润可图，相反还要倒垫。在中西部地区的一些地方，即使没有任何补偿，一部分农民也愿意将承包土地退回村集体去，以此摆脱沉重的税费负担。这本来是各地正确引导农民加快城镇化、推进土地流转、促进农村土地适度规模经营的大好时机，可各地还是受制于僵化的条条框框，致使承包责任田成为农民不得不要的烫手“山芋”。这种僵化的思维和政策安排，严重地禁锢了农民的手脚，限制了农民的自由选择。试想，一个国有企业职工一旦辞职不干“打工”去了，原单位充其量不给发工资罢了，但农民外出“打工”则不然，不管你种不种责任田，各种税费一分不能少，但责任田又不能退。这种强迫农民种田的新情况是值得全社会高度重视并应着手加以解决的。2006年全面取消农业税后，因税费负担而使农民畏惧种田的不正常状况有了明显的改观。但农民土地权利的保障与实现仍面临诸多问题，如承包经营权稳定问题、土地流转问题、征地拆迁问题、宅基地问题等等，这些问题均事关农民的土地财产权利，需要不断推进改革加以解决。

对农民歧视的又一个重要方面是远离农民的社会保障制度。对所有社会成员都实行平等的社会保障，这是发达国家普遍实行的福利政策。我国是社会主义国家，理应在社会保障方面做得更好，可十分遗憾的是，长期以来我国的社会保障仅限于城镇职工，广大农民却与社会保障无缘。一个城镇职工工作几十年，到了退休年龄享受退休金等社会福利保障，但农民辛辛苦苦种田一辈子，却没有任何保障。难道农民每年上交的各种税费中就没有包含自己年老时的保障福利金？正因为这种忽视农民的社会保障制度，所以对广大农民来说，既不存在退休的问题，也不存在童工的问题。农民从小就得开始劳动，直到年迈躺在床上不能动弹为止，这种终身劳动制度是中国农民特有的现象。近些年来，政府开始明确建立覆盖城乡的社会保障体系，农民已被正式纳入社会保障网之内。但由于历史欠债太多，覆盖农民的社会保障制度建设任重道远。

城乡教育投入的不平等是对农民受教育权的严重歧视。而在市场化改革中出现和泛滥成灾的教育乱收费，又构成了对农民受教育权的严重冲击。我国上个世纪80年代就实行了九年义务教育制，可在泛市场化改革中，中小学收费乱得惊人。名目繁多的各种乱收费，使农民无法承担，“上学难”成为农民最大的经济负担和精神压力。与此同时，各高校又纷纷出台农民望而生畏的高额收费，一些高校声称高校不属于义务教育，其言外之意就是可高额收费。但人们不禁要问，属于义务教育的中小学校为什么又要高收费呢？一句话，各类学校的高额收费，其实质是对农民受教育权的剥夺。许多贫困山区的农民子弟因交不起学费而纷纷辍学。在当代中国，从失学儿童到失学大学生，这不仅是全世界绝无仅有的现象，更是中华民族的悲哀。广大农民文化程度得不到提高，科教兴国从何谈起？至于一些地方无视中央三令五申，任意加重农民负担，抢劫农民财物，随意殴打农民，并且禁止农民因计划生育、农民负担问题到法院起诉等等恶劣作风，已经不单单属于歧视农民的问题了，而是对农民正当权益的粗暴干涉和恣意剥夺。2006年以来，国家开始痛下决心实行免费义务教育，农民的教育负担明显减轻。但必须看到，幼儿教育、高中教育以及高等教育中的高收费仍然是制约我国教育发展的严重问题。同时，一些地方在收费惯性的影响下，依然我行我素，变相收取义务教育阶段学生的各种费用，严重抵消国家实行免费义务教育的政策效应，应引起有关方面的高度重视。

尽快消除对农民的歧视

农民是我国最大的弱势群体。尽管他们人口众多，但由于缺乏必要的保护自身利益的组织资源，他们不仅受到各种歧视，还受到多方面的侵害。在社会转型时期，从政治上关注农民，尽快消除对农民的歧视，切实保护农民的权益，改善农民的社会地位，具有十分重大的意义。消除对农民的歧视，不仅仅是为农民说话，[①]更是实现社会公平正义、构建和谐社会和提高全社会文明程度的内在要求。

① 党国英:《我们为什么要为农民说话?》，载《南方周末》2000年12月7日。

试析《村组法》的缺陷及其完善①

村民自治的推行，引起了国内外的广泛关注和极大的研究热情。但广大理论工作者多侧重于村民自治理论与实践的研究，而对作为村民自治规范化、制度化法律依据的《村民委员会组织法》本身的研究显得远远不够。笔者深感制约村民自治深入发展的一个重要因素就是《村民委员会组织法》这部法律本身还存在着严重的缺陷，亟需在实践中不断完善。

“两委”关系界定不清

村民委员会是村民自我管理、自我教育、自我服务的基层群众性自治组织，实行民主选举、民主决策、民主管理、民主监督。而中国共产党在农村的基层组织即村党支部，在村民自治中扮演什么角色就显得十分关键。《村组法》规定它“按照中国共产党章程进行工作，发挥领导核心作用”，这就使得村党支部与村委会关系不清，从而在实践中产生了普遍性的“两委”矛盾。比如，2001 年 3 月，山东省栖霞市 4 个镇 57 名村委会成员集体要求辞职，其原因就是村党支部和镇党委、政府一味强调“党领导一切”，采取村党支部代替包办村委会的做法，使新当选的村委会主任上任一年多来，村里的财务、公章也不向村委会移交，村财务支出由村党支部书记一个人说了算，村委会只起着“摆设”的作用。

如何处理“两委”关系，已经成为推行村民自治的一个矛盾焦点。目前，在“两委”关系的实际运作中，主要有四种模式：一是村党支部说了算，村委会按党支部的意见办。这种模式使村委会丧失了自治权，不符合村民自治的原则和本意，难以为广大群众所接受。二是“两委”职责分开，村党支部只管政治思想工作，村委会全权行使自治权。这种模式使一些人认为村党支部被晾在一边，丧失了在农村的“领导权”，难以为乡村干部所接受。三是“两票制”，即村党支部书记由村民和党员分两次投票选举产生。这种模式看似比较民主，其实质还是属于第一种模式，它依然强调和突出村党支部对全

① 本文原载《湖南行政学院学报》2003 年第 2 期。

村事务的实际控制和管理，只不过通过“两票”选举尽量选出更符合民意的村党支部书记而已，而村委会在此就显得无足轻重，这显然不利于村民自治本身的发展。四是“两委合一”制，即村党支部与村委会“两块牌子，一套人马”。有的学者认为“两委”合一是一个好办法。这种模式表面上解决了“两委”之间的矛盾（“两委”既然都“合一”了，矛盾当然就没有了），但实质上还是强化了旧体制党政不分的弊端，是传统“党政合一”体制的现代版本。

“两委”矛盾源于《村组法》对“两委”关系界定不清，而“两委”关系界定不清又根本地源于人们对“党的领导”的认识误区。改革以来，在对“党的领导”的认识上，已经形成了这么几点共识：一是党不是权力组织，二是党必须在宪法和法律的范围内活动，三是党的领导是政治、思想和组织的领导。

中共十五届六中全会指出：“总揽全局，协调各方，是中央和地方各级党委在同级各种组织中发挥核心领导作用的基本原则。”但这并没有说基层党组织，尤其像村党支部这样的基层党组织也必须“总揽全局、协调各方”。事实上，在基层，各种组织都只能是贯彻执行党的基本理论、基本路线、方针政策和国家的法律法规，完全可以说，各级各部门各行各业，只要执行了政策和法律，就是坚持和服从了党的领导。村党支部与村委会一样，有贯彻执行党的政策和法律的义务，村党支部不必像党中央那样“总揽全局”，对村委会“发号施令”。

作为党的最基层组织的村党支部，没有直接向村民群众和村委会发号施令的权力，也没有直接行使村民自治的权力，它必须在宪法和法律的范围内活动，具体说，村党支部必须在《村组法》内活动。因此，《村组法》第三条应该修改为：村党支部必须在《村民委员会组织法》之内活动。这就是说，村党支部书记可以作为候选人依法参加村民委员会选举，如果当选，即以村委会的身份和名义行使法律赋予的权力。村党支部书记也可以不参加村委会选举，但村党支部不得凌驾于《村组法》之上，也不能置身《村组法》之外。

对乡镇干预村民自治的法律责任未作规定

《村组法》第四条规定，乡镇人民政府对村委会的工作给予“指导、支持和帮助”，但“不得干预依法属于村民自治范围内的事项”。这项规定明确界定了乡镇与村委会不是行政隶属关系，不是领导与被领导的关系，乡镇不得干预村民自治。但事实上乡镇政权对村民自治的干预相当普遍和严重，主要有这么几个方面：

一是直接操纵民主选举。众多事实表明，乡镇对村民选举的违法操纵，是农村选举不能正常进行的重要原因。有的乡镇为了将民主选举纳入自己控制的“轨道”，使自己指定的人能够当选，不惜代价，怪招迭出。有的用等额选举代替差额选举，有的欺下瞒上、偷梁换柱，有的动用专政机关武力压制村民，甚至任意网织罪名将持有不同意见的村民抓起来等等，不一而足。1998 年海南省琼海市大路镇云满村 16 名村民因联名提名一位村委会主任候选人与镇党委、政府的意见不一致，当天晚上镇党委书记就带领公安干警开着警车，把提名的村民们抓到派出所，并要村民们承认“破坏”选举的“罪行”。此事经村民上访并在报刊上披露后，虽然镇里没有进一步迫害村民，琼海市人大也口头表示重视此事，但却没有任何一个机构或部门明确表示支持村民的民主选举，更谈不上如何处分有关违法的干部。

二是直接任免村委会成员。虽然《村组法》明确规定村委会成员由村民直接选举产生，但一些乡镇对村委会成员的直接任命和免职也不同程度地存在。2000 年上半年，湖南省山脚下村新当选的村委会主任邓敦平因在催农民上交“三提五统”问题上不能令乡镇满意，就被乡镇干部威逼写了“辞职报告”，随后该乡镇未经村民同意就指定一人为所谓的“村主任”，因村民议论较大，又改称“代理主任”，后来又迫于村民舆论，乡镇干部就要求村民对该“代理主任”进行投票“选举”，以便顺理成章地使其“转正”，可懂得法律知识的村民没有买他们的账。后该村村委会主任位置长期空缺。

三是直接干涉村民内部事务，侵害村民生命和财产安全。《村组法》第 19 条规定，涉及村民利益的八项大事，村民委员会必须提请村民会议讨论决定，方可办理。可这些与村民切身利益密切相关的事项，往往是乡镇直接插手，下达任务指标，限定完成任务时间，最后动用警力和几十名乡镇干部进村入户强行执行，根本不管村民自治不自治。20 世纪 90 年代，农民负担日益沉重，有的酿成了“官逼民死”的恶性事件，这是乡镇直接干涉村民自治事务、严重侵犯村民人身权利和财产权利的反映。1998 年 10 月 29 日，重庆市梁平县新盛镇 8 名干部到民安村最穷的农民罗昌荣家收取 300 元的税费，因为罗没有钱，交不出税费，这些乡镇干部就毫无人性地将罗昌荣按在地上拳打脚踢，直到有人将罗家的唯一值点钱的东西——一头猪赶走，这些干部才放手，第二天罗昌荣吐血死亡，而非法毒打罗的干部们却没有受到任何处分。这些被新闻曝光出来的恶性事件还有很多，至于没有曝光的，肯定更多。这充分说明，进行自治的村民无力对抗权力不受制约的乡镇政权。村委会成了乡镇的派出机构，成了乡镇权力在村里的延伸。

《村组法》在乡镇非法干预村民自治中显得不知所措。这除了长期以来乡镇实行对村级的领导习惯、乡镇职能未转变、相应的农村体制未进行改革等原因外，就《村组法》本身来说，它缺乏对干预村民自治进行处理的法律硬性规定。《村组法》中充斥着一些“应该”、“应当”、“不得”等纪律性软约束词语，却没有一旦违反该法就必须受到相应法律惩处的规定。在村民自治实践中，乡镇干预村民自治后没有相应地承担法律责任，这就使得他们更加为所欲为、有恃无恐，《村组法》的权威性也就丧失殆尽了。

所以，《村组法》必须增加干预村民自治、违反该法的法律责任的硬性规定，并使之进入法院诉讼程序，乡镇一旦干预村民自治，或发生其他违反该法的行为，村委会或村民可以直接向人民法院起诉，法院必须依法追究违法责任。这样，就不至于使村民依靠上访来宣泄心中的不平了。同时，不仅乡镇人民政府不得干预村民自治，而且也应规定乡镇党委不得干预村民自治。因为在现实生活中，乡镇党委已经权力化了，在村民眼中，乡镇党委和政府也是“合一”的，在干预村民自治的案例中，乡镇党委和政府是分不开的。

没有设立村民会议的机构和班子

《村组法》没有设立村民会议的机构和班子，恐怕也是该法的一个不足。《村组法》共30条，其中有8处提到村民会议。从该法中我们可以体会到，村民会议不仅是指全体村民召开的一次会议，而且也是一种村民自治组织系统中最高的议事决策机构。村民通过参加村民会议，充分表达自己的意愿，讨论决定涉及全村村民利益的重大问题，从而实现对本村各项政治经济社会事务的管理，行使当家作主的权利。村民会议具有法律赋予的决定村中大事的权力，是村民自治组织系统中的最高议事、决策和权力机构。从《村组法》提到村民会议来看，不设立村民会议这样的最高议事决策机构，就不能顺利地推进村民自治。

第一处，是《村组法》第13条提到的。该条规定，村民委员会的选举，由村民选举委员会主持，村民选举委员会成员由村民会议或者各村民小组推选产生。如果村民会议不作为一种机构，而仅仅当作一次村民召开会议的东西，就有许多问题得不到解决。在这条中，村民选举委员会成员由村民会议推选（暂不提名村民小组），那么，村民会议由谁召集、由谁主持？议事程序怎么规定？由谁规定？候选人的情况怎么掌握？凭什么条件推选候选人？等等，都得不到解决。在实践中，村民会议有的可能是由村党支部书记召集和主持，有的可能是村委会主任召集或主持，有的可能是乡镇党委、政府负责人召集或主持。这三种情况其实都不顺，缺乏法理依据。

第二处，是《村组法》第16条提到的。该条规定，村民要求罢免村委会成员时，村民委员会应当及时召开村民会议，投票表决罢免要求。正常行使罢免权是民主政治的内在要求，在村民自治实践中也屡见不鲜。问题是《村组法》的这种规定，不利于村民行使罢免权。首先涉及的是由谁主持村民会议？《村组法》规定由村民委员会召开村民会议，这是一种悖论。试想，如果村民要求罢免村委会主任，按照该法规定，村委会主任应该召开和主持村民会议，这种自己召集会议罢免自己的情况，恐怕在全世界都找不到这样觉悟高的人。而实际情况往往是，要么村委会拒绝召开会议，要么久拖不办。这样，村民的罢免权就等于虚设。所以人们常常看到村民到上级上访要求罢免“村官”的现象。这里的根本原因是村民会议还不是一个机构，还没有班子，没有合适的人召集和主持会议。

第三处，是《村组法》第17条提到的。该条规定村民会议由本村18周岁以上的村民组成。这条解决了村民会议的成员资格，还规定了召开村民会议的人数比例问题以及所作决定生效的比例问题。问题是，如果没有村民会议这样的机构和班子，由谁登记村民的状况、主持村民会议都落不到实处，把这些职责交给村委会是不妥当的。

第四处，是《村组法》第18条提到的。该条规定，村民委员会向村民会议负责并报告工作，村民会议每年审议村民委员会的工作报告，并评议村民委员会的工作。这就明显要求村民会议应该成为一种机构，具有相应的人员，作好会前、会中和会后的各项工作。只有设立村民会议的机构和班子，才能对村民委员会的工作起到监督作用。该条规定，村民会议由村民委员会召集，笔者认为是不妥的。自己召集会议自己报告工作，村民如何评议？必须由村民会议这样的机构和班子召集村民会议，才会起到应有的作用。

第五处，是《村组法》第19条提到的。该条规定，涉及村民利益的八项大事，村民委员会必须提请村民会议讨论决定，方可办理。这种规定显然暗含由村民委员会召集和主持村民会议。讨论涉及村民切身利益时，肯定会有不同意见，甚至发生争执，尤其是当村民的意见和村委会相左时，可能就会出现问题。如果村委会民主作风好，就依了村民的，但一旦村委会执意要办某事，村民又执意不同意办，这中间就缺少一种回旋和协调机制。只有村民会议这个机构主持村民会议，听取村民委员会的工作汇报，才能作出民主科学的决策。

第六、七、八处，是《村组法》第20、21、22条提到的。这几条规定，村民会议可以制定和修改村民自治章程；人数较多或者居住分散的村，可以推选产生村民代表，由村民委员会召集村民代表开会，讨论决定村民会议授权的事项；村民委员会实行村务公开制度，要公布由村民会议讨论决定的事项及其实施情况。从法理上说，村民自治是直接民主，不宜实行村民代表会议制，因村民代表会议是间接民主。但农村的实际情况可能比较复杂。如要解决人数较多或者居住分散等情况，确需要村民代表会议，每户应当选出一个代表名额。这几处提到的村民会议，也都需要村民会议这样的机构和班子去具体组织、实施和监督。

所以，《村组法》应该单独设立村民会议的机构和班子，明确界定其权限和职责。根据权力制衡的原则，也需要村民会议这样的机构来监督和制约村民委员会。村民会议可设议长一人，也由村民直接选举产生，任期与村委会相同。

《村组法》规定村民委员会设立人民调解、治安保卫、公共卫生等委员会，同理，村民会议这种最高议事决策和权力机构也可以设立选举罢免委员会、村民理财委员会、民主监督委员会等，这样，村民会议才能有效监督村委会的工作。

废除村干部职务终身制

在《村组法》这部民主政治的法律中，却遗憾地留有一条旧尾巴，这就是该法第11条规定的“村民委员会成员可以连选连任”。任何掌握公共权力却没有任期任届限制的职务安排都可能是危险的。

在我国几千年的传统社会里，官员的职务都是终身制的，终身制导致官僚主义，助长官本位，形成种种特权，产生严重的腐败现象。终身制减弱了政治权力机构的自我净化功能，最后导致人亡政息。

1980年8月，邓小平在《党和国家领导制度的改革》的著名讲话中，就把“干部领导职务终身制现象”作为党和国家的领导制度、干部制度五个方面的主要弊端之一。邓小平指出干部职务终身制现象的形成，同封建主义的影响有一定的关系，同党一直没有妥善的退休解职办法也有关系，强调关键是要健全干部的选举、招考、任免、考核、弹劾、轮换制度，对各级各类领导干部（包括选举产生、委任和聘用的）职务的任期，以及离休、退休，要按照不同情况，作出适当的、明确的规定，并指出“任何领导干部的任职都不能是无限期的”。《党章》也作了类似的规定。1989年5月16日邓小平在会见外宾时总结了自己一生所做的主要工作，并指出还没有能够实现的，就是“废除领导职务终身制”。由此可见邓小平对废除领导职务终身制是重视和牵挂的。

众所周知，我国广大农村的村党支部实际上实行的是变相的终身制，村党支部书记一般都是连选连任。笔者1998年曾对湘西某县659个行政村的党支部书记任职情况作过初步了解，发现长时间任职的村支书为数不少，有的任职达10年、20年以上，也有30年以上的。

村党支部书记终身制造成许多严重的后果。一方面，他们大都七老八十的，“三个干部两颗牙”，不但观念陈旧，头脑也跟不上时代的步伐，这些人往往家长制作风盛行，长期不发展新党员，即使迫于上级压力发展几个党员，也大都是“武大郎开店——高的不要”，或者是搞近亲繁殖，父业子承；另一方面，终身制现象大大挫伤了村民的积极性，损害了党和政府的形象，党的农村政策得不到有效贯彻执行，村级财务长期不公开不审计，群众上访频繁，党支部的凝聚力和战斗力大大削弱，不少村成了“失控村”。终身制村党支部书记没有几个身上是清白的，几乎都有群众反映强烈的经济问题。

《村组法》的制定者可能是考虑到农村人才缺乏和社会稳定，才作出“村民委员会成员可以连选连任”的规定。其实，这种考虑是站不住脚的。

首先，“千里马常有，而伯乐不常有”。这是千古真理。农村不是没有人才，而是缺乏人才成长的机制和体制，干部职务终身制不仅培养不出人才，相反却大大压制了人才的成长和人才的脱颖而出。其次，职务终身制不仅无益于农村的稳定，相反还助长了不稳定因素。当前不少农民前仆后继上访要求查账、减负，大都是针对那些任职多年的“不倒翁”式的村支书。干部职务终身制还是“干部只能上不能下”这种观念在作怪，这种陈腐的观念和制度，到了今天已经是不用批驳就应该破除和废除了。

对村委会成员职务实行任期任届限制，不仅能大大调动村民的政治参与热情，创造人才辈出的体制环境，还能够有效地防止贪污腐化和“土皇帝”的出现。禹作敏就是“土皇帝”的典型代表。我们要吸取教训，不能重复走“连选连任”这种终身制的老路，要坚定地走任期任届限制的民主大道。现在，连国家主席都早已实行了任期任届限制，难道区区村委会主任还有什么理由不废除终身制吗？

所以，《村组法》应该取消“村民委员会成员连选连任”的规定，重新规定村委会成员任期不得超过两届，彻底废除职务终身制。

上面四个主要方面的缺陷，虽然表面上看是法律规定不够，其实质却涉及到观念更新和体制创新，所以笔者作了重点分析。至于像《村组法》中存在的其他缺陷，比如说，换届选举的时间统一规定、村委会干部的主动辞职以及缺位干部的增补程序、选举与罢免村委会成员票数的对等一致等等属于技术上的具体问题，既可以通过修改《村组法》、也可以由各地结合实际制定具体实施办法加以解决。

孙中山的以党治国思想①

孙中山是伟大的民主革命先行者，作为20世纪站在时代前列的第一位伟大人物，孙中山的自由民主思想和民主宪政理论是最彻底的，也是后来的中国所有政治家都难以企及的。他领导的辛亥革命，推翻了中国两千多年的封建专制统治，使民主共和国的观念从此深入人心，“谁要再想做皇帝，就做不成了。”孙中山一生的革命事业，为的就是求得中国人民的自由解放、民主平等，这正如他自己在国事遗嘱中所说的：“余致力国民革命凡四十年，其目的在求中国之自由平等。”②

我们在评价一个历史人物，特别是在评价其思想理论时，必须抛弃那种“要么肯定一切，要么否定一切”的二元思维，应该从正反两个方面实事求是地进行分析和反思，才能给后人以超越前人的深刻启迪。孙中山无疑是最伟大的，但他并不是最完美的。像他那种在全国人民心目中享有崇高威望的伟大领袖，只要稍有“闪失”，就会造成极其严重的后果。他的以党治国思想就是明显的例子。

以党治国的提出

本来孙中山创建革命党时，并没有什么以党治国的思想，只是在经历了建立以英美为蓝本的多党政治的失败和革命党的重重挫折后，在苏俄的直接影响下，孙中山才开始把布尔什维主义当作最先进的文化加以学习，最终“以俄为师”，提出了以党治国的思想。

以党治国就是把执政党凌驾于国家政权机关之上，以党的名义居高临下地直接向国家政权机关、社会经济组织和个人发号施令，党权高于一切，国家政权机关反而成为执政党任意摆布的附庸和工具。苏俄革命胜利以后，逐步建立起一党专政的政治体制，实行以党治国。可以说，苏俄是以党治国的“始作俑者”。从1920年开始，孙中山就明确使用以党治国这个词。在1924年1月国民党一大改组期间，孙中山解释说：“我从前见

---

① 本文原载《长江日报》2003年3月4日。

② 孟庆鹏编：《孙中山文集》下，北京：团结出版社，1997年版，第1058页。

得中国太纷乱，民智太幼稚，国民没有正确的政治思想，所以便主张‘以党治国’。”①

孙中山还明确把建国程序分为军政、训政、宪政三个时期，在训政时期主张“党在国上”。孙中山说：“当俄国革命时，用独裁政治，诸事一切不顾，只求革命成功……其能成功，即因其将党放在国上。我以为今日是一大纪念日，应重新组织，把党放在国上。”②可见孙中山已经完全接受了俄共政治领导体制。

以党治国的政治后果

在孙中山主张以党治国思想的影响下，从1924年改组开始，国民党就完全仿照俄共体制自下而上建立了一整套新的党务组织系统。在中国这样一个封建专制思想根深蒂固的国家，要建设民主政治，其艰难曲折是可想而知的。辛亥革命虽然把中国的“末代皇帝”拉下了“龙椅”，但并没有彻底摧毁封建思想和封建制度，建立民主宪政任重道远。孙中山不无感慨地说：“大皇帝倒之后，生出了无数小皇帝，这些小皇帝仍旧专制，比较从前的大皇帝还要暴虐无道。”③

在封建专制思想土壤十分深厚的中国，孙中山主张以党治国无疑会不断培育出新的人治专制思想，一些力图升官发财的投机钻营分子就乘机混入党内，孙中山也逐渐认识到这一点，曾尖锐地说：“大多数党员都是以加入本党为做官的终南捷径，因为加入本党的目的是在做官，所以党员的人格便非常卑劣，本党的分子便非常复杂。”④

为了克服“党员人人为了做官”的倾向，孙中山便重新说明以党治国不是以党员治国，而是本党主义治国。他说：“所谓以党治国，并不是要党员都要做官然后中国才可以治，是要求党的主义实行，全国人民都遵守本党的主义，中国然后才可以治。简而言之，以党治国并不是用本党的党员治国，是用本党的主义治国。”⑤

但孙中山的这个关于以党治国新内涵的说明已经阻止不了国民党以党代政、党政不分和一党专政的急剧膨胀。

孙中山之后的国民党以党治国严重蔓延和泛滥开来，到1928年国民党名义上统一全国政权后，就在所谓“训政”体制下，将其党务组织系统与行政组织系统双轨并进，“中央党部之下依次设立省党部、县党部、区党部和区分部，分别与省、县、区、乡等

① 《孙中山全集》第九卷，北京：中华书局，1986年版，第97页。

② 王府民：《孙中山详传》，北京：中国广播电视出版社，1993年版，第1092页。

③ 《孙中山全集》第九卷，北京：中华书局，1986年版，第9页。

④ 《孙中山全集》第八卷，北京：中华书局，1986年版，第281页。

⑤ 《孙中山全集》第八卷，北京：中华书局，1986年版，第282页。

行政系统相对应，形成一种双重衙门体制。”[①]

以党治国的反思

历史已经证明，孙中山的以党治国思想，并没有达到他终身为之奋斗的在中国实现民主政治的目的，相反，他的“继承者”打着他以党治国的旗帜，实行法西斯专政，把国民党的一党专政、以党治国推向极端，这就自然遭到了全国人民的一致反对。

毛泽东曾指出“国民党直接向政府下命令的错误办法，是要避免的”。[②]邓小平更是明确提出“反对以党治国的观念”，他在《党与抗日民主政权》一文中指出：“我们反对国民党以党治国的一党专政，我们尤要反对国民党的遗毒传播到我们党内来。”[③]国民党听不进人民反对以党治国的逆耳忠言，依然我行我素，推行以党治国，这是它最终在大陆丧失政权的重要原因，也是它最后在台湾下台的重要原因。而国民党曾经效法的苏联也因为始终坚持以党治国、拒绝实行民主政治，最终于1991年解体。这恐怕是孙中山当初“以俄为师”主张以党治国时所始料不及的。

---

① 王奇生：《党政关系：国民党党治在地方层级的运作（1927—1937）》，载《中国社会科学》2001年第3期。

② 《毛泽东选集》第1卷，北京：人民出版社，1991年版，第73页。

③ 《邓小平文选》第1卷，北京：人民出版社，1994年版，第12页。

为什么会有农民工？[①]

人人都有追求幸福的权利，这在政治、经济和社会发达而文明的国家是不言而喻的。现代政府存在的唯一理由，就在于尊重和保障人权。这就自然蕴涵任何一个合法性政府都要有一系列确保公民自由追求幸福权利的制度安排，而不是对公民自由追求幸福权利的粗暴剥夺和人为限制。

农民工阶层的产生

改革开放后，中国大陆出现了全世界绝无仅有的新的社会阶层——农民工。这种人为造成的极富中国特色的不伦不类的尴尬词汇，是中国大陆长期以来人为扭曲的一系列僵化不变的制度安排的畸形产物。

所谓农民工，就是拥有农民身份的工人。所谓农民身份，就是农民一出生就被二元户籍制度终身界定的农民户口。农民工汇聚的民工潮，是中国大陆农民对改革开放前高度凝固化的人为歧视农民的二元户籍制度的英勇反叛和抗争，是对画地为牢的静态的濒临死亡边缘的贫困生活方式的彻底否定和批判，是对与生俱有的真诚向往美好生活的内在渴求的核能式释放。但令人关注的是，在追求幸福的道路上，至今未能跳出二元社会结构这只如来佛手掌的农民工，日夜忍受旧制度锁链的沉重、无奈和伤痛所构成的现代化奇景，能否唤醒国人的人文关怀和对制度变革的诉求？

农民工是新时代的弄潮儿，却是旧制度的遗腹子。改革开放的春风，吹开了城乡隔离之墙的裂缝。向往自由、追求幸福新生活的亿万农民如潮水般地冲出“关押”他们多年的农村，奔向城市这片自由广阔的天空，含辛茹苦地奉献自己的青春年华。从20世纪80年代起，有中国特色的民工潮就开始在神州大地上翻滚涌起，进入90年代，民工潮更是一浪高过一浪。目前，全国有一亿多农民工在各大中小城镇打工谋生。农民工是市场经济大海中真正的弄潮儿，他们散布在全国各地，默默地流血流汗，为中国大陆GDP的持续增长铺就了坚实的阶梯，树立了无言的丰碑。但是，这些数以亿计的中国

① 本文原载《长江日报》2003年4月17日。

大陆农民工，每个人身上都被人为地系上一条旧制度的锁链，它清晰地烙印着作为旧制度遗腹子的鲜明标记。

农民工就是工人

纵观古今中外，在一个制度健全、社会健康的正常社会里，根本不可能有农民工这样人为的制度怪胎。在人类文明的历史进程中，实现由农业社会向工业社会的转型，就必然伴随着农业人口向城市人口的转换，必然是城市化的快速发展。在这个发展的过程中，农民也就自然而然地成为新的城市产业工人、第三产业服务人员和市民的主要来源。按理说，当农民实现职业和身份的自然转换后，就不再是农民，也不再有什么农民工这样的身份“骑墙派”。英国工业革命时，由农民为主力组成的产业工人不叫农民工；在 1949 年以前的中国，由农民为主力组成的产业工人也不叫农民工。但在当今中国大陆就不行，农民在市场经济中正常流动，由农民组成的产业工人不叫工人，却叫农民工。

其实农民工就是工人，他们与城镇国有企业的工人一样，都是当代中国的工人阶层，应该完全享受作为工人的政治、经济和社会权利。问题是，中国大陆在计划经济条件下，人为制造了城乡隔离的户籍制度，农民虽然在新的形势下实现了职业和身份的转换，但僵化的旧制度没有相应地改变，在城市打工的农民依旧是农民，他们的名称就是由打工仔、打工妹组成的农民工。

农民工的生存境况，凸现了旧制度的违宪性和不道德性。宪法是人们共同反对专制主义的产物，是人民权利的保障书，实行宪政民主是人类社会最高的政治文明成果。在中国大陆，虽然也依照国际惯例颁布了宪法，但始终难以行宪政。1954 年《宪法》就明确规定公民有居住和迁徙自由权，可 1958 年 1 月全国人大常委会却通过明显违宪的《户口登记条例》，完全剥夺了公民尤其是农民的居住和迁徙自由权。从此，中国大陆的农民就被人为地系上了户籍的锁链，艰难地徘徊在现代化的道路上。与二元户籍制度相适应，一系列违背宪法精神的法律法规和政策纷纷出笼，农民的宪法权利被剥夺得干干净净。

革除旧体制

宪法是公民的庇护神，没有宪法有效庇护的公民，必然惨遭不受制约的权力的万般蹂躏。时至今日，计划经济被抛弃了，市场经济发展了，执政党也公开宣称实行法治，但在计划经济条件下出台的一系列违宪的旧制度却没有彻底废除，相反，一些剥夺农民宪法权利的旧制度仍在起着重大的作用，这是农民工之所以成为毫无法律保障的农民工的制度根源。现行的二元性制度安排，既是严重违宪的，也是极不道德的。它使家庭观念极强的中国农民，经受着父母分离、夫妻分离、母子分离的痛苦煎熬，由此滋生出一系列社会道德问题。中华民族的传统美德，在二元社会结构中被消解得荡然无存。

中国大陆社会学的最新研究成果揭示，判断一个国家、地区是否实现了现代化，仅有 3000 美元的人均国民收入是远远不够的，只有一个国家或地区具备了现代化的社会阶层结构，才足以更深刻、更本质地判断这个国家或地区的整体现代化水平。农民进城打工，适应了市场经济的发展规律，有利于缩小庞大的农民阶层，壮大社会中间阶层，完全符合现代社会阶层结构变动的总趋势。但旧制度却人为地对社会各阶层的边界进行封锁，致使各社会阶层之间不能进行有效合理地流动，尤其是农民阶层因为人为的制度性篱笆的障碍，不能顺利地通过制度化的管道实现正常的流动和身份转换，这就使得本来已经是工人阶层的农民工，却被僵化不变的旧制度无情地阻挡在大中城市、工人阶层和现代文明之外。

托克维尔在《论美国的民主》中曾敏锐地看出了国人的硬伤："中国人只跟着祖先的足迹前进，而忘记了曾经引导他们祖先前进的原理。他们还沿用着祖传的科学公式，而不究其真髓。他们还使用着过去的生产工具，而不再设法改进。因此，中国人未能进行任何变革。他们也必然放弃维新的念头。他们为了一刻也不偏离祖先所走过的道路，免得陷入莫测的歧途，时时刻刻和在一切方面都竭力仿效祖先。人的知识源泉已经干涸。因此，尽管河水仍在流动，但已不能卷起狂澜或改变河道。" 150 多年过去了，中国人的这种教条思想和僵化习性似乎仍然是我们前进道路上的最大障碍。在 21 世纪的今天，要使农民工只是作为中国社会转型的一个历史概念而不再是一个现时代的概念，那么，废除阻碍发展的旧制度就不可避免。

孙志刚之死与制度之恶①

“谭颂德困惑”

记得2002年夏天，一位与我素昧平生的退休老教授谭颂德给我打来电话，说看到我刚发表的一篇文章后，对其观点“十分赞成”，但却有一点“困惑不解”。他说，按照你的说法，农民身处社会的最底层，属于弱势阶层，他们的正当权利得不到切实的保障，对此，我无任何异议；依此逻辑，我们这些教授当属社会的中高阶层或强势集团吧，但为什么我们个人的正当权利也常常受到侵害而缺乏作人的自由和尊严呢？接着他向我倾诉了他的不平遭遇和烦恼。

这个“谭颂德困惑”确实戳到了中国社会的最大“痛处”。众所周知，在中国大地上，比谭颂德教授更不幸的事常常发生。《南方周末》2002年5月23日就报道了回乡奔丧的程树良教授被当地派出所以“嫖娼”为由非法限制人身自由并致使其不明不白死亡的惨剧。在当代中国，一个比较普遍的现象是，不仅教授们这些高级知识分子的个人权利随时会受到侵害，而且那些既得利益集团、特权阶层甚至统治阶级中的个人权利也并不比普通百姓有切实的保障。当年，作为共和国主席的刘少奇都无人身安全可言，更不用说其他人了。

孙志刚之死，充分展示了旧制度之恶，它再次把“谭颂德困惑”提到了中国人面前。“谭颂德困惑”实质上就是每个人的自由权利保障问题，这是人类历史进程中面临的共同难题。对于这一人类难题，西方民主国家在冲破中世纪的黑暗中得到了破解。1789年的《人权和公民权宣言》就明确宣告：“不知人权、忽视人权或轻蔑人权是公众不幸和政府腐败的唯一原因。”从此，建立保障人权、限制权力的法治社会，就成为人类社会的普遍价值理念和政治文明诉求。

---

① 燕园评论网 www.yypl.net 2003-04-30 首发。

孙志刚之死

在萨斯肆虐的广州，孙志刚却并不是死于这场恐怖的“天灾”，而是死于同样吞噬生命的可怕“人祸”——收容遣送制度。《南方都市报》2003 年 4 月 25 日报道，毕业于武汉科技学院的大学生孙志刚，在深圳一家公司工作，20 多天前应聘来到广州一家服装公司，3 月 17 日晚 10 点，他像往常一样出门上网，因没有暂住证，被警察带至黄村街派出所，3 月 18 日被派出所送至广州收容遣送中转站，后又被收容遣送站送往广州收容人员救治站，3 月 20 日救治站宣布孙志刚不治死亡。4 月 18 日尸检结果表明，事主死前 72 小时曾遭殴打。孙志刚以其年轻的生命又一次为违宪的收容遣送制度献上祭品。

也是在广州，前不久发生过收容车上掉下 5 个被收容的农民工、致使 2 死 1 伤的事件；同样是广州，一名未带身份证的湖南籍女青年在广州火车站被巡警送进一家收容性质的精神病医院，遭到了轮奸……这些血淋淋的摧残生命、践踏人权的恶性收容事件，难道唤不醒国人对血腥的旧制度的摒弃吗？

正义、善良的人们固然可以义愤填膺地谴责某些执法者的卑鄙、无耻和罪恶，但当这种卑鄙、无耻和罪恶在“合法”的制度土壤里不断重复繁殖时，理性的人们就应该追问制度之恶了。

改革开放初期的 1982 年 5 月，国务院发布了《城市流浪乞讨人员收容遣送办法》。该办法规定：收容遣送工作主要目的是为了救济、教育和安置城市流浪乞讨人员，是一种社会救助和维护城市形象的行为；1991 年国务院发布了《关于收容遣送工作改革问题的意见》，将收容遣送对象扩大到“三证”（身份证、暂住证、务工证）不全的人员；1992 年公安部发布《关于对外国人和华侨、港澳台同胞不得实行收容审查和劳动教养的通知》，将收容遣送对象公开对准农民工和城市外来人员。

由此可见，收容遣送制度是一种明显违背《宪法》的城市特权制度，它只针对中国人而不是外国人，只针对大陆人而不是港澳台同胞，只针对农民而不是市民，只针对城市外来人而不是城市本地人。这样一种制度安排，充分凸现了将神圣的《宪法》束之高阁的人治倾向。在市场经济的权力寻租中，收容遣送制度已不折不扣地蜕变为城市执法部门限制外来人口流动、捞取集体和个人私利、滥施淫威的“合法管道”。

公民的权利

众多的事实已经表明，收容遣送制度与市场经济要求的人口自由流动和统一的大市场相背离，与转移大量的农村人口、加快城市化进程相背离，与依法治国、建设现代法治国家相背离，与加入WTO、融入经济全球化相背离，与遵守《世界人权宣言》、履行国际人权公约相背离，与中华民族建设政治文明相背离。只要有一个人被收容遣送剥夺了自由，我们每个人就都有可能被剥夺自由；只要有一个人被收容遣送剥夺了生命，我们每个人就都有可能被剥夺生命。

作为共和国公民，我们不要以为自己还没有被收容遣送，就对收容遣送制度麻木、冷漠和纵容。在建设政治现代化的历史进程中，要使神圣的宪法成为每个中华儿女抗击强权侵害的“护身符”，我们首先就要做一个正气在握、昂首挺胸的共和国公民。与人类进步潮流背道而驰的收容遣送制度，严重违背了《宪法》精神，对每一个华夏儿女的人身自由和生命安全构成了现实的威胁，是一种公认的“恶制”。执政的中国共产党十六大政治报告中有一段鼓舞人心的话：“一切妨碍发展的思想观念都要坚决冲破，一切束缚发展的做法和规定都要坚决改变，一切影响发展的体制弊端都要坚决革除。”在迈向政治文明的大道上，对收容遣送制度，决不是改革和完善的问题，而是必须尽快予以坚决废除的问题。[①]

“一个高尚的灵魂，宁愿自己的祖国贫弱和微不足道但自由，也不愿她强大富足却遭受奴役。宁可做阿尔卑斯山间一个疆域狭小、对外界毫无影响的卑微的共和国公民，也不愿做一个雄霸半个亚欧的强大独裁国家的臣民。”这是阿克顿勋爵100多年前留给后世追求自由的人们的宝贵思想遗产。中国人也是人，我们并不因为人口众多而生命贬值。每个中国人都有权利和能力享有人类的普遍自由，都有权利和能力在960万平方公里的壮丽河山上过着自由、安全和尊严的生活。

长期以来国人被一种似是而非的陈词滥调所迷惑：只有经济发展了，才能实行民主法治。这种生硬套用“经济基础决定上层建筑”公式的政治逻辑，看似毫无破绽，实则谬误百出。孙志刚不是被打死在经济贫困地区，而是被打死在经济发达地区。无论从历史还是现实来看，经济发达并不能自动带来自由民主和法治。“康乾盛世”时的中国，GDP雄居世界第一，名副其实地堪称全球头号经济强国，但在那片广袤的土地上，既没有丝毫的自由空气供国人呼吸，也没有任何民主法治的蛛丝马迹彰显神州。改革开放以来，广东等沿海地区，经济快速发展了，GDP数字迅猛增长了，在一片“赞誉”声中，就要“率先基本实现现代化”了。但在这块中国经济最发达的土地上，不要说民主自由选举行政首长，就是默默奉献青春年华的外来人员和打工族，连最基本的“国民待遇”都没有得到，却要在公开的种种政策制度歧视中流血流汗，甚至献出自己的宝贵生

---

① 孙志刚事件发生后，本人于2003年4月30日在燕园评论网http://www.yypl.net公开发表此文，明确提出废除收容遣送制度。时过两个多月后的6月18日，温家宝总理主持国务院常务会议，正式废止实行21年之久的收容遣送制度。

命。在这里，人们看不到任何启迪国人政治智慧的自由民主和法治的伟大创举，政治文明的曙光并没有像经济增长那样放射出耀眼的光芒。

美国的珍妮·科克帕特里克（Jeane Kirkpatric）在联合国第59届人权大会上这样坦率地说：“我国成功的秘诀并不在于疆土的广大，因为有的国家幅员比我国更为辽阔；我国成功的秘诀也不在于有充沛的自然资源，因为别国土地下的宝藏比我们更丰富。我国成功的秘诀在于我们对自由孜孜不倦的追求。”我们希望孙志刚的死，能敲响在计划经济思维中出台的所有旧制度的丧钟；我们也希望孙志刚的死，能惊醒欲实现伟大复兴的东方雄狮增进对自由的理解和对生命的尊重。

中国：走向政治文明[1]

2001年11月，美国总统布什和俄罗斯总统普京在华盛顿会晤后发表联合声明，一致确认捍卫市场经济和开放的民主社会是保障公民丰衣足食的最有效的工具。一年后的2002年11月，中共十六大引人注目地提出了建设政治文明的重要论断。这是执政党治国理念的新提升，顺应了时代进步的潮流，标志着世界上人口最多的东方大国在改革开放取得巨大物质文明进步的基础上，将开始理性地扬起走向政治文明的风帆。

政治文明是社会进步的集中体现

在人类社会的历史演变中，所构成的社会结构都是一定的经济、政治和文化的统一体，相应地，人类文明的结构也是物质文明、政治文明和精神文明的统一体。政治文明与物质文明、精神文明相并列，是人类社会文明系统中不可或缺的一部分。物质文明是构成人类文明的基础，政治文明和精神文明构成人类文明的上层建筑。政治是经济的集中体现，政治文明是社会进步程度的集中体现，它在很大程度上影响和制约着物质文明和精神文明的发展。没有政治文明的充分发展，就不可能有现代进步的文明社会。

据学者研究，政治文明主要包括政治理念文明、政治制度文明和政治行为文明等。属于价值层面的政治理念文明是政治文明之“魂”，是政治制度和政治行为的精神指导；属于制度层面的政治制度文明是政治文明之“绳”，是政治理念的规则化和政治行为的规范化；属于实践层面的政治行为文明是政治文明之“形”，是政治理念和政治制度的具体体现。政治文明的核心内容是民主政治，没有民主政治，就没有政治文明。民主政治与专制政治相对立，专制政治属于政治黑暗，民主政治属于政治文明。[2]

美国思想家尼布尔（Reinhold Nibur）认为：“人行正义的潜能使得民主成为可能，人行不义的倾向使得民主成为必要。”（《现代西方神学辞典》R.Nibur条）在与专制制度长期斗争中形成的民主政治，是人类政治文明的共同结晶和宝贵财富，具有普世性和

---

① 本文原载《同舟共进》2003年第5期。

② 参见虞崇胜：《政治文明论》，武汉：武汉大学出版社，2003年版。

全球性价值。任何一个现代国家和社会，都不可能绕开民主而求得可持续发展。中国人民对民主的追求和向往，已经走过了上百年的艰难历程。孙中山当年面对席卷世界的民主潮流，欣然写下了“世界潮流，浩浩荡荡，顺之则昌，逆之则亡”的警世名言；毛泽东说共产党找到了“民主”这个跳出“历史周期率”的新路；邓小平则宣称“没有民主，就没有社会主义，就没有社会主义的现代化”。今天，执政党正式提出建设“政治文明”，这是一个巨大的历史性进步。

破除建设政治文明的旧观念

建设政治理念文明，就必须大胆吸收和借鉴人类社会创造的一切政治文明成果。在改造自然和改造社会的长期实践中创造和积累起来的自由、民主、人权、平等、博爱等政治理念文明，是人类社会充满智慧的结晶和最可珍贵的精神财富，值得我们在建设政治文明中大胆吸收和借鉴。这就迫切需要人们自觉地把思想认识从那些不合时宜的观念、做法和体制的束缚中解放出来，从对马克思主义的错误的和教条式的理解中解放出来，从主观主义和形而上学的桎梏中解放出来。

一是突破狭隘的国情论情结。世界上任何一个国家都有区别于他国的政治、经济、文化和民族、宗教、人口及自然地理国情。但像在中国一些人中盛行以国情为由排斥人类政治文明以及拒绝政治革新的“国情崇拜”情结者却世所罕见。自从天朝大国遭遇西方文明以来，祭起国情之旗只学西方物质文明而拒绝西方政治文明的“洋务派思想”就代代相传。从世界民主政治发展的历史进程来看，大致可分为民主原生型国家和民主后发型国家。所谓民主原生型国家，是指在与本国的专制主义斗争中自我实现民主政治的欧美等国；民主后发型国家，是指本国专制主义异常强大而无法自我生成民主政治的亚非拉等国。作为亚细亚专制主义典型代表的中国显然属于民主后发型国家。民主后发型国家要走上民主政治的道路，除了大胆吸收和借鉴人类社会创造的一切政治文明成果外，别无他途。只有彻底打破几千年盛行的中国的专制主义国情，才能成功建设现代政治文明。

二是突破传统的苏联模式的禁锢。苏联以其自掘坟墓葬送在20世纪末而宣告苏联社会主义模式的彻底破产。建国后，当中国本土强大的专制主义与苏联输入的极权主义联姻后，自戊戌变法以来的中国政治现代化进程就遭到了最严重的挫折。在专制主义和极权主义双重奴役下，中国人民所受的苦难只有中国人自己才有刻骨铭心的感受。改革开放以来，邓小平倡导建设中国特色社会主义，就是要走出一条既区别于资本主义，又不同于苏式社会主义的新路来。改革开放的过程，其实质就是不断突破传统苏联模式严重禁锢、努力探索中国特色社会主义的过程。这在经济改革上十分明显，已经实现了由计划经济体制向市场经济体制的历史性跨越。但不可否认，以政治高度集权为主要特征的苏联极权主义政治对我国有着最为严重的消极影响。虽然毛泽东、邓小平都认识到苏联极权政治模式的严重弊端，但由于种种原因，苏联极权政治模式对我国政治的严重影响尚未得到全面清理。

三是突破僵化的冷战思维的局限。作为曾经毫不犹豫倒向苏联的中国，在与西方全面对抗的冷战中，不可避免地使一些人陷入了冷战思维的泥淖之中，其突出表现在姓“资”姓“社”的主观偏见上。在资本主义母胎中孕育和发展起来的社会主义思潮和社会主义运动，是对资本主义辩证的否定而不是全盘的否定。对此，马克思主义的老祖宗有着清醒的认识和客观的评价。在《共产党宣言》中，马克思、恩格斯充分肯定了资产阶级在创造物质文明、政治文明和精神文明上的伟大历史作用。马克思高度称赞美国的《独立宣言》是人类“第一个人权宣言”。当林肯当选为美国总统时，马克思代表第一国际中央委员会专门发出贺信：“欧洲工人认为由工人阶级忠诚的儿子阿伯拉罕·林肯来领导自己国家进行解放被奴役种族和改造社会制度的史无前例的战斗，是即将到来的时代的先声。”马克思还由衷地称赞美国是“最先产生了伟大的民主共和国思想的地方”。但后来，囿于冷战思维的局限，一些人把对资本主义的批判，演变成对资本主义的全盘否定，以全面仇视的眼光看待资本主义，患上了严重的“恐资病”。这就使得人们在对发达国家创造的文明尤其是政治文明的吸收和借鉴上长期裹足不前。

推进政治体制改革

建设政治制度文明，就必须在宪法的框架下推进政治体制改革。对于斯大林的暴政，毛泽东曾感叹地说这在欧美民主国家“不可能发生”；对于“文化大革命”，邓小平总结说这固然与领导个人的品质和作风有关，但制度问题更带有根本性、全局性、长期性和稳定性。

前苏联高级官员阿尔巴托夫在《苏联政治内幕：知情者的见证》一书中说：“我们从斯大林后四十年中应该吸取的最重要的教训就是：在政治机制方面必须破旧立新，必须建立民主制度、政治文化以及文明的公众意识。我坚信，这就是改革的主要任务。我们能否解决这一任务，解决到何种程度，关系到我们强国的未来，甚至关系到我们的国家究竟还有没有未来。”无独有偶，中国《求是》杂志总编辑王天玺在其总撰稿的《东方之光——三个代表与理论创新》中说：“没有一个优越的社会制度和政治体制，即使有显著的技术创新成就，也不能转化为推动社会进步的巨大、恒久的力量。这是铁的历史法则。”任何在价值层面极好的东西，只有经过相应的制度层面路径，才能在实践层面得到较好的体现。政治制度建设对于建设政治文明来说，具有至关重要的决定性作用。

政治制度文明的核心内容是法治。政治制度源于国家的诞生。国家是社会历史的产物，是人们共同意志的体现，却是个人无奈的选择。一旦诞生了国家，就产生了公共权力。在漫长的历史长河中，公共权力被当作私器追逐和独家垄断，统治阶级无不用人民的鲜血铺就一条通向权力巅峰的"红地毯"。面对政治愚昧时期的"丛林法则"，柏拉图向我们描绘了他心中的理想国："我们建立这个国家的目标并不是为了某一个阶级，而是为了全体公民的最大幸福。"要确保全体公民的最大幸福，只有实行法治。实行法治，是人类迄今为止最耀眼的政治文明成果。

宪法是实行法治的依据。作为国家根本大法的宪法，其基本职能在于约束公共权力、保障公民权利。作为人类历史上第一部成文宪法，美国宪法不但使美国获得了民主实践的巨大成功，而且使后来的世界各国争相效尤。但有宪法未必有宪政。不少国家仅仅有宪法之名而无宪法之实。为此，法国著名的思想家托克维尔早在160多年前就不无感叹地说："美国的联邦宪法，好像能工巧匠创造的一件只能使发明人成名发财，而落到他人之手就变成一无用处的美丽艺术品。"但同时，托克维尔也一针见血地指出："最专制的政府也能够与某些最民主的形式结合在一起，乃至压迫人民还要摆出若无其事的可笑样子。"

回顾中国近百年的宪制史，一个共同点就是宪法形同虚设。从1905年起，古老的中国就开始有了制宪的历史。从钦定宪法大纲，到中华民国约法，从中华民国宪法到中华人民共和国宪法，可谓百年宪法无间断。新中国成立后，先后颁布了四部宪法，现行宪法也进行了多次修改。宪法能否真正实行，实行的宪法是不是体现人民共同意志的良法，决定着这个国家的法治程度。亚里士多德说过："法治应该包含两重含义：已成立的法律获得普遍的服从，而大家所服从的法律又应该本身是制定得良好的法律。"① 实行宪政的前提在于除了宪法，不允许有任何个人和组织凌驾于宪法之上。鉴于"文革"的沉痛教训，改革开放以来，邓小平就特别强调树立宪法权威，加强民主法制建设。中共十二大就明确规定"党必须在宪法和法律的范围内活动"。中共十五大又进一步提出"依法治国，建设社会主义法治国家"。但要真正建成法治国家，必须进行相应的制度变革和制度创新。

法治的真谛是人权。"任何政治结合的目的都在于保障人的自然的和不可动摇的权利"，这是二百多年前法国《人权宣言》的庄严宣告。凡权利无保障和分权未确定的社会，就没有宪法。在"文革"中，面对汹涌如潮的红卫兵抄家、批斗，作为中华人民共和国主席的刘少奇手捧宪法也保护不了自己的公民权利，最终惨死在自己与战友们亲

---

① ［古希腊］亚里士多德：《政治学》，吴寿鹏译，北京：商务印书馆，1965年版，第199页。

手缔造的共和国手里，更遑论普通老百姓的权利保障了。绕了一个大弯以后，1997 年 9 月，中共十五大提出共产党执政就是最大限度地“保证人民依法享有广泛的权利和自由，尊重和保障人权”。1997 年 10 月 27 日和 1998 年 10 月 5 日，中国政府先后签署了《经济、社会和文化权利国际公约》及《公民权利和政治权利国际公约》，2001 年 2 月 28 日九届人大常委会第 20 次会议批准了《经济、社会和文化权利国际公约》。这是中国建设政治文明的重大举措。

建设政治制度文明，关键在于以民主法治为取向的政治体制改革，就像经济体制改革以市场化为取向一样，这是人类文明发展的必然趋势。

政治行为的公开化、平等化、非暴力化

建设政治行为文明，就必须使政治行为在民主法治的基础上实现公开化、平等化、非暴力化。政治行为文明不仅是政治理念文明的政治制度文明在实践中的具体展现，而且是折射整个政治文明的标尺。政治行为分为政治组织行为和政治个体行为，政治组织行为是指政党、国家和政府以及社会政治团体在政治参与中的一切活动；政治个体行为是指政治家、公职人员和公民个人等在政治参与中的一切活动。

政治行为公开化，是现代政治文明的重要标志。与政治黑暗的专制主义惯于奉行“政治神秘化”和“暗箱操作”迥异，政治公开化要求一切政治活动都在人们的注视下公开运作。在现代信息社会，政治公开化、透明化客观上要求新闻舆论独立和新闻舆论自由。政治行为平等化，是现代政治文明题中应有之义。与专制主义奉行等级特权不同，政治行为平等化就是一切参与政治的主体在法律上是平等的，它实现了从“人服从人”到“人只服从正义和法律”的跨越。政治行为非暴力化，是现代政治文明的内在要求。与充满血腥暴力的专制政治使夺得权力的人沾满政敌和人民的鲜血、失去权力的人就要失去生命和自由完全不同，现代政治行为文明则以非暴力、人道的与和平方式，在法定的程序中解决政治争端，实现权力的交接。

“道德是一个民意所归的政府所必需的原动力。”这句名言出自美国国父华盛顿之口。世界政治文明史已经昭示，政治家杰出的个人道德、倾人的社会良知和使人景仰的政治选择，在很大程度上塑造政治行为文明。这在古代有中国尧舜禅让的传说，在近代有美国华盛顿的光辉典范，在当代有南非曼德拉的伟大壮举。中国尧舜禅让的传说且不说，华盛顿的政治遗产尤其是他个人的政治选择，在岁月的流逝中已经构成了世界政治文明的一部分。在中国乾隆皇帝四海宣扬皇威的时候，战功赫赫的华盛顿完全没有夺天下坐天下的皇帝思想，他“使世界因此多了一位总统，而使王冠从此黯然失色”。令那些拼命夺取权力、死死抓住权力不放的政治“巨无霸”们更汗颜的是，仅担任两届总统

且年富力强的华盛顿挂冠而去，开创了美国总统至多连任两届的惯例。后世似乎只有曼德拉可与之相比。

建设政治文明，当务之急就是实行教育理念的变革和教育制度的创新。中国共产党已经从领导人民为夺取全国政权而奋斗的党，成为领导人民掌握全国政权并长期执政的党；已经从受到外部封锁和实行计划经济条件下领导国家建设的党，成为对外开放和发展社会主义市场经济条件下领导国家建设的党。这就要求对传统教育理念和教育制度进行大变革，实现从革命党的党化教育向执政党的公民教育转变，普及和提高全体国民的公民意识和宪法观念，这是中国走向政治文明的必由之路。

只有宪法才能救农民[①]

中国的农民苦，这是人所共知的。在我看来，现实生活中农民的苦难要远远超过那些身居城市而衣食无忧的官员、学者和“三农”问题专家们的想象。笔者眼中的“三农”问题，实质上只是一个农民问题，因为农业是农民所从事的职业，农村是农民居住的地方。

20 世纪 90 年代以来，农民问题日益显性化和尖锐化，说明中国农民还没有走出历史上“兴亡百姓苦”的周期性怪圈。中国历史上的农民起义，实质上是被穷奢极欲、肆无忌惮的统治阶级逼到了生存绝境的农民艰难求生的最后一搏，是专制主义统治下走投无路的农民选择出路的最后权利。但历史上代价惨重的农民起义，不断地演绎着争夺皇冠的简单游戏，发挥着改朝换代的单一功能，它除了使一部分人踏着大部分人的鲜血和白骨对原来的统治者“取而代之”从而赢得奴役他人的新特权外，并没有将农民从苦难中解放出来。农民还是农民，农民还是任由强权宰割和奴役。新中国是由中国历史上最近的一场农民革命而结出的“胜利之果”，但牺牲最大、名义上已与工人阶级一道上升为“统治阶级”的中国农民，今天却仍然面临许多严峻的问题。

可见，均贫富式的农民起义救不了农民，打土豪分田地式的农民革命救不了农民，杀富济贫救不了农民，明君贤相、伟大领袖、青天大老爷都救不了农民。古今中外的政治文明史和政治专制史从正反两方面揭示了一个道理：只有宪法才能救农民。

绕过真问题的伪学问

一幅逼真的农民境况图画可以充分展示当代中国农民的生存现状：一个被五花大绑捆住手脚的农民在一块巨石的重压下痛苦地呻吟，旁边还有几个无赖在用木棒敲击他。针对这幅农民境况图的各种“伪评说”千奇百怪：有的说健康是硬道理，这个农民应该强身健体，只要身体强壮了，什么风险都能承担；有的说现在这个农民身体还不是很健壮，那块石板明显偏重了，应该通过科学测算予以减轻；有的说关键是要让这个农民富

① 燕园评论网 www.yypl.net 2003-07-05 首发。

起来，要不失时机地把他推到河里去，使他学会在市场经济的大海里游泳；有的说这个农民要转变观念，不要再种那没有钱赚的稻谷，应该以世界眼光抢抓入世机遇，多渠道增加收入，及时调整农业结构，他的责任田应该种植药材，亦可养鱼；有的说城市化是这个农民脱贫致富奔小康的成功之路，他应该到沿海城市去“打工”，搞劳务输出，创“打工经济”；有的说那几个无赖也太没修养了……

如此立意高远、逻辑严谨、论证有力的恢宏之论，充斥于街头巷尾，传颂于朝野之间。你说这些观点哪条错了？哪一条看起来似乎都没错。但正是诸如此类“看起来都没错”的认知思维，将国人导向了一个严重的“误区”。在笔者看来，对这个“被五花大绑捆住手脚又外加一块巨石重压”的痛苦农民，当务之急就是毫不犹豫地搬掉压在他身上的石块，解开捆绑他的绳索，并且宣称任何个人和组织都无权用绳索捆绑、用石块压住农民，这个农民与每一个人一样享有平等的自由和权利，只要还给他自由，他就会追求属于自己的幸福生活。至于那几个无赖，应该将其抓起来依法惩治。

众所周知，在言论自由管道欠畅、各种“禁区”林立、真问题纷纷沦为“敏感问题”的语境中，长期以来形成了一个十分奇特的怪现象：各种所谓的学术研究、理论探讨，大都小心翼翼地绕过“真问题”而在大做“伪学问”。这好比一个人在大街上被歹徒抢了钱包，而“抢劫”已被预设为“敏感问题”，是“禁区”，不能研究、不准探讨，而这样的事又确确实实发生了，不谈不行。于是一大批专家学者就自以为是地在诸如“钱包系得不牢”、“受害人体格欠强壮”、“那天不该出门”等看似“有理”其实十分荒谬的“伪问题”上“浅析”、“探讨”、“试论”、“思考”。这类十分可笑的“伪问题”研究是十分常见的，比如改革开放以来，在邓小平提倡社会主义也可以搞市场经济之前，“市场经济”是资本主义的东西，是个“敏感问题”，是“禁区”，经济学家无不绕过这个“红灯区”，在“有计划的商品经济”、“计划调节为主、市场调节为辅”这样的问题上下功夫。

正如上面所述，在“三农”问题上，绕过“敏感的真问题”而大作“伪学问”的为数不少。比如，有的绕过大中城市对农民进城的制度性排斥，大肆为农民无奈选择的“小城镇”唱赞歌；有的绕过城市对农民办企业的刚性束缚，由衷地赞美农民退避三舍兴办的“乡镇企业”是“伟大创造”；有的绕过二元户籍制度对农民身份的歧视和凝固化，将从农村自然转移到各大中城市实质从事工人职业的新型劳工阶级视为“农民工”大加粉饰；有的绕过基层干部典型的违法犯罪行为这一本质，对公开抢劫农民财物、任意殴打、抓捕、关押农民甚至致农民于死地的乡镇干部轻描淡写地称之为“工作方法简单、工作作风粗暴”；有的绕过人权、自由、民主等实质问题，面对基本人权不保的农民却空谈什么“调整农业结构”、“增加农民收入”等虚妄之言……这些回避“真问题”的“伪学问”，不仅对解决农民问题意义不大，而且还制造了新的认识紊乱和实践混乱。

农民的不幸缘于旧制度

当代中国没有南非曾经那样的“种族歧视”，却有中国特色的“农民歧视”。中国的农民歧视，与多民族无关，与历史悠久无关，与经济发展无关。不能将农民问题简单地归结为经济社会不发达、农民素质差，也不应将今天的责任抛给历史老人去背。当代中国农民问题，主要根源于人为的制度对农民的歧视，对农民的制度性歧视造成了农民的普遍不幸。农民的不幸，缘于在苏联模式和本国专制主义的双重影响下，立法者对农民权利的歧视，执法者对农民权利的侵害，司法者对农民权利的轻蔑。

1958 年 1 月 9 日通过的《中华人民共和国户口登记条例》，剥夺了农民迁徙自由权，从而逐渐构建了城乡二元结构。在城乡二元格局下，国家制度化地“安装”了一根“大管子”年复一年地从农村“抽血”滋补城市。这种不顾农民基本生存权和发展权的违宪性制度安排，使二三代农民为之付出了惨重的代价。据测算，1954—1978 年，国家通过工农产品价格剪刀差巧妙地从贫苦农民身上“挖”走了 5100 亿元的巨额资金。1978—1991 年，“剪刀差”累计高达 12329.5 亿元。90 年代以来，每年剪刀差绝对额都在 1000 亿元以上。在这种对农民画地为牢的制度安排中，被死死捆住手脚的农民在 1959—1961 年所谓的“三年自然灾害”中活活饿死了数千万人。据专家研究，所谓的“三年自然灾害”其实并无“自然灾害”，恰恰相反，那三年倒是“风调雨顺”的年成。

为了把农民严严实实地捂在农村，政府还配套性地构建了一系列差异性的法律制度。这种在一个统一的主权国家之内对国民实行双重标准的差异性法律制度安排，违背了“在法律面前人人平等”的宪法原则，剥夺了农民追求幸福的权利。

如果仅仅是这样，对农民来说还不是最糟糕的。可怕的是，城市一些针对农民的制度安排和野蛮做法，已经大大突破了农民的生存底线。“收容遣送制度”就是这样一条臭名昭著的恶制。多年来，在《收容遣送办法》的“合法”庇护下，城市执法部门利用这个制度任意收容、关押“农民工”。《宪法》赋予公民的“人身自由权”在“收容遣送制度”面前消失得无影无踪。2003 年，实行了 21 年之久的“收容遣送制度”因为孙志刚之死而被废止。但每一座沾满农民凄惨血泪的“收容遣送站”，是中国农民和所有良知未泯的国人心中永远的痛。

在农村，不受有效制约的权力，对农民的财产和生命安全构成了空前的现实侵害。直接管制农民的县乡村三级，事实上结成了利益同盟，成为农民身上新的“三座大山”。作为县乡村三级的乡镇，为了从农民身上榨出名目繁多的税费来，曾长期不择手段地侵害农民的人身权利和财产权利。当一些人看到农民被乡镇政权压榨时，常抱怨农民“没有法律意识”，不懂得通过法律手段维护自己的权利。从理论上说是这么回事，但这是一种假定司法独立和司法公正前提下的善良责难。这些人可能并不很清楚，一些县级政权为保证乡镇完成自己下达的“指标任务”，明确指示法院不得对涉及农民负担、计划生育等方面的案件立案，律师一律不得代理上述涉农案件。在这种司法权从属于行政权的情况下，作为社会正义“最后一道防线”的法院，事实上对最需司法救济的弱势农民关紧了大门。

那么农民怎么办？最常见的还有三条路：一是豁出老命硬碰硬。悲愤的农民在走投无路之际，也敢“舍得一身剐”，明知自己是“鸡蛋”，也要与乡镇干部这块“石头”碰一碰，闹出个“群体性事件”以引起“上面重视”。二是踏上漫漫上访路。纵观世界，只有中国才有如此惊天动地的“上访景象”，这是人治社会正义不张的缩影。在长期上访中摸出了经验的农民，几乎一致地认识到县乡村都是“一伙的”，在县里上访不会有什么结果，于是就把伸张正义的希望寄托在中央、省、市以及新闻媒体上。对直接欺压农民的县乡村来说，农民上访一旦成功，就必然影响到县乡村的“形象”，上级追查下来，责任人轻者给上级领导留下了“不好印象”，重者官帽难保，前程尽毁。这样，在农村就出现了一个新动向：以“妨碍社会治安”、“冲击国家机关”、“颠覆国家政权”等罪名将为首上访的农民判他个三五年“徒刑”以绝后患。三是逆来顺受任宰割。笔者曾对中国农民为什么具有“勤劳节俭、忍辱负重、忠厚老实”的民族性格未予深究，现在通过对农民问题的研究发现，在只有承担纳税义务而无从享受公共福利、只有深受权力侵害而无司法救济的专制主义的社会政治环境中，中国农民逆来顺受的性格就在权力的万般驯服和贫困的长期折磨中渐渐形成了。

除了宪法，农民没有救世主

农民问题的严峻性，彰显了没有人权保障的社会危机。正如马克思通过对商品的研究发现资本主义的内在矛盾一样，笔者通过对农民问题的观察发现，没有建立宪政民主，整个国家就必然隐藏着深刻的社会政治危机。

人类政治文明史充分揭示，宪法是人民反抗专制主义、限制国家权力、保障公民权利的最高成果。在当今世界上，只要真正实行了宪政的国家，决不可能有中国这样尖锐的农民问题。中国之所以长期存在尖锐的农民问题，这充分暴露了我国在宪政民主建设上的严重滞后。近些年来，随着市场经济的发展和执政党对政治文明的张扬，国民的权利意识空前觉醒，这就使我更加坚信，作为治国安邦总章程的宪法，是农民走出梦魇的真正“救世主”。

在当代中国，宪法救农民，有着十分丰富的意蕴和现实诉求。

宪法救农民，意味着农民可以平等地参与制定国家游戏规则。农民将不再是任人摆布的工具，而应真正成为国家、社会和自己命运的主人。占全国总人口 70% 的农民，就该有与之相对应的名额当选全国人大代表，从根本上改变目前全国人大代表中农民代表偏少甚至缺乏真正农民代表（有些是挂农民名义的非农代表）的局面。

宪法救农民，意味着一切歧视农民的违宪性法律法规无效。一方面，全国人大及其常委会不得违宪制定任何旨在剥夺农民宪法权利的法律，国务院及地方政府不得出台任何与宪法精神相抵触的政策法规。另一方面，全面清理建国以来在计划经济体制中制定的一切限制和剥夺农民权利的法律法规。像 1958 年出台的《户口登记条例》以及在教育、就业、社会保障等各个方面歧视农民的一切法律法规和政策规定都应予以废除。单独针对农民的农业税、特产税也必须取消。

宪法救农民，意味着农民在宪法框架内充分行使公民权利。农民可以依法组织农会，形成与政府和其他利益集团平等博弈的社会机制；乡镇应该实行自治，其主要职能是提供公共物品和公共服务，乡镇现行的收粮收税收费等职能应该完全剥离出去；领导干部自上而下的委任制应尽快废除，县、乡镇领导机构必须与村委会一样由所辖区域内的农民、居民自由投票选举产生和罢免；农民与市民一样都享有居住和迁徙的自由权，农民既可以选择到各类城镇生活，也可以选择到农村生活，既可以选择到甲城市生活也可以到乙城市生活，任何一座城市都无权设立进城门槛，也无权要求农民办理“城市暂住证”，正如农民无权要求那些到农村下基层调研的城市领导干部和到农村风景名胜区旅游的城市市民办理“农村暂住证”一样。

宪法救农民，意味着司法公正独立和新闻自由。农民作为人数最庞大的、地位最低下的弱势群体，最容易受到不公正的对待和强势利益集团的侵害。司法制度要保障在全社会实现公平和正义。司法权不独立，自由就没有了。没有新闻自由，真相和正义就得不到揭露和张扬。司法独立和新闻自由，是农民自由幸福不可或缺的制度保障。

宪法救农民，意味着农民同样是共和国公民。既有宪法的良好制定，又有宪法的有序践行，这就是宪政。宪政之路，是中国农民真正的自由、幸福和解放之路。

政治家是干什么的？

——评废止《收容遣送办法》[①]

孙志刚被活活打死的事件曝光后，举国上下十分震惊和义愤。在社会转型时期，一系列不合时宜的旧制度，既是既得利益集团公开勒索财物的合法工具，又是弱势阶层忍受敲诈和奴役的不二法门，它制造了一个又一个的人间悲剧。在21世纪的今天，孙志刚以自己鲜活的生命惨死在旧制度之下，令笔者的心灵在震撼悲痛泣血之际，掩饰不住对丧尽天良的无耻暴徒和罪恶的旧制度的讨伐怒火。

孙志刚事件催生制度之变

一个人为悲剧的发生，能不能唤醒国人的警醒，折射出这个国家和民族的反省能力；决策层能否及时改革和废除不合时宜的旧制度，反映了这个政府是不是尊重和体现民意；最高领导层有没有胆识和勇气作出顺天应人的宏观决策，是衡量最高领导层有没有政治家的标尺。

孙志刚事件发生后，笔者先后写了多篇文章，公开呼吁废除罪恶的收容遣送制度，提出对收容遣送制度决不是改革和完善的问题，而是必须尽快予以坚决废除的问题。说实在的，当我写上这句话的时候，我只是尽到了一个心怀良知的知识分子对违宪的、不正义的收容遣送制度的抨击，至于充满血腥的收容遣送制度何时能被废除，鄙人实在心中无底。因为创制和废除制度之权不在学者手中而在决策者手中，而历史的经验又告诉人们：一切非民主的政府除了口头上挂着"人民"的招牌外，是不太真心在意民意的。

不过，这次温家宝总理给了笔者和所有关注孙志刚事件的人一个重大的"计划外之喜"：废止收容遣送办法。2003年6月18日温家宝总理主持国务院常务会议，废止了1982年5月国务院发布实施的《城市流浪乞讨人员收容遣送办法》，审议并原则通过了

① 本文载《同舟共进》2003年第11期。

《城市生活无着的流浪乞讨人员救助管理办法》。这标志着实行了20多年之久的收容遣送制度的“寿终正寝”。中央政府以超乎人们想象的快捷速度，回应了孙志刚事件引发的有关收容遣送的讨论。这标志着本届政府对民意的异乎寻常的关注和尊重。

中国需要伟大的政治家

这件事的深层次意义在于：中国的文明进步迫切需要伟大的政治家，需要伟大的政治家的远见卓识和英明果断。长期以来，中国在政治建设上的停滞不前，一个重要的原因在于960万平方公里的土地上涌现的旧官僚政客太多而现代政治家奇缺。秦始皇、斯大林、萨达姆这些残害民众的独裁暴君不是政治家，华盛顿、孙中山、曼德拉这些造福于民众的民主领袖才配得上政治家的美誉。

在当代中国，做一个政治家，并不需要像历史上杰出的人士那样具有反对封建专制的大无畏牺牲勇气，也不需要具有走出专制主义而创设民主共和的政治智慧。因为前人已经为我们构建了一个“人民共和国”。

执政党宣称自己的根本宗旨是“全心全意为人民服务”，执政为民已成为领导干部的口头禅；共和国宪法赋予“中华人民共和国公民在法律面前人人平等”，人人都知道公民享有宪法保障的各项自由和权利。政治家只需将这些白纸黑字的东西落到实处、落到每个公民身上就足够了。但这样的事却十分缺乏。人们看到的大多是勤于下基层调研、官腔十足、空话套话假话谎话连篇而真话少有耳闻的“领导干部”。

政治家是干什么的?

那么，政治家是干什么的呢?

200多年前，在世界上建立一个王朝作终身制皇帝的人不是政治家，而建立一个民主的美国只担任两届总统的华盛顿才是政治家；90多年前，抱着皇帝轮流作、今日到我家的袁世凯不是政治家，而推翻封建帝制、建立亚洲第一个民主共和国的孙中山才是政治家；10多年前，认为种族隔离制度是南非的“基本国情”只能听天由命的人不是政治家，而在南非宣布废除延续300多年之久的种族隔离制度的曼德拉才是政治家。

在今天的中国，仅仅在报告中强调“三农”问题是重中之重的不是政治家，因为这是常人之识而非政治家之举；在孙志刚事件上，仅仅谴责犯罪、审判犯罪也不是政治家，只有废除实行了20多年之久的收容遣送制度，才体现了政治家之举。温家宝总理在废除收容遣送制度上的果断和勇气，使人们在新世纪依稀看到了久违的政治家风范在神州大地上喷薄而出。如果说，孙志刚之死拉开了中国人以宪法的眼光审视旧制度的帷幕，那么，我们希望这次收容遣送制度的废除能够敲响在计划经济条件下出台的一切违背宪法、限制和剥夺公民自由权利的旧制度的丧钟。下一个，应该是正式宣布废除歧视农民 50 年之久的《户口登记条例》。

饱经磨难的中国人已经走到了一个新的历史关头。这是一个大变革的时代，是一个呼唤政治家的时代，也是政治家大显身手的时代。

张　英　洪　自　选　集　2004 年

新旧体制交织下的农民工

——对话汤潇[①]

与农民工同吃同住

汤潇：听说你不久前与农民工共同生活了一个多月，为什么？在你眼中，他们的实际境况如何？是否带给你某些触动与感悟？

张英洪：我出生农民家庭，来自湘西农村，曾长期在基层工作，对农民这一弱势群体的生存状况十分熟悉，但对农民工的喜、怒、哀、乐却缺乏切身的体验。我大致可以说，除了一些工作调查任务和课题研究的需要外，几乎没有人愿意花时间、精力和兴趣去近距离接触农民工，更不用说与他们共同生活了。一个偶然的机会，当然也是在一些外界因素的作用下，促成了我与农民工共同生活了37天。

2003年10月19日，我开始与一位农民工住在一起共同生活。我们所住的破旧房子位于长沙市南阳街180号，这栋房子还租住着在附近搞建筑的十几个农民工。与我同住一间的农民工舒某来自湘西农村，现年18岁，这正是读高中的年龄，但他因家庭经济困难已在广东打工两年了。刚到长沙打工时，他试用期月工资才500元，房租每月210元（后来用人单位提供集体住所）。据国家统计局统计，2004年全国农民工的月平均工资为539元，同期城镇职工月平均工资是1335元。[②] 我与他同住期间，房租共同出，我交一半。为了节省伙食开支，他自已买煤炉子做饭，每天只吃小菜，一米六几的个子，体重只有90多斤。我对他说，天天吃素怎么受得了？我掏钱，你买菜，天天要吃肉，我们同住同吃。在我11月24日结束与他同住同吃的前几天，我们一起到附近一处磅秤上称了体重。他站在磅秤上，看到指针正好指向60公斤时，开心地笑了。那笑容至今仍深深地印在我的脑海里。

---

① 原载《上海城市管理学院学报》2004年第1期。汤潇系《上海城市管理学院学报》主编。

② 转引自孙立平：《重建社会：转型社会的秩序再造》，北京：社会科学文献出版社，2009年版，第259页。

在这一个多月的时间里，我没有任何调查和课题研究的任务，只是纯粹地增进对农民工这一弱势阶层真实生活的体验。农民工工作苦，劳动强度大，危险性高，权利得不到保障，但他们却任劳任怨，默默地承受着旧体制对他们的种种歧视和不公，令人感叹。长期以来，农民工的诉求没有正当的制度管道可供表达，人们很少能听到农民工的声音。如果我们这些出身农民家庭的学者在农民工面前保持沉默不作为，这既是对农民的背叛，也是对国家对社会的不负责任。

新旧体制的交互作用

汤潇：从英国工业革命开始，世界各国的农民逐步走进工厂，走进城市，自然转变成了产业工人和城市市民。而在我们国家，大量农民进城务工却又没有成为真正的城市工人，这是否具有某些特定的社会背景？

张英洪：所谓农民工，就是农民工人，也就是说，从身份上说他们是农民，从职业上说，他们又是工人。这种既是农民又是工人，或者说既不是农民又不是工人的农民工现象，在世界各国都是绝无仅有的。这种有中国特色的农民工只有在中国特定的体制环境下才会出现。

众所周知，一个国家实现现代化的过程，就是工业化和城市化的过程，也就是农村人口向城市流动和集中的过程。不仅西方各国如此，我国建国前以及建国初期也是这样的，根本不存在什么农民工。

但在苏联模式的严重影响下，我国建立起高度集中的计划经济体制，国家开始严格限制农民进城。1958 年 1 月 9 日第一届全国人大常委会第 91 次会议顾不得 1954 年《宪法》对公民居住和迁徙自由权的规定，通过了影响极其深远的《户口登记条例》，从此，城乡分割的二元社会结构在神州大地上建立起来。这样，我国的工业化虽然在加速进行，但城市化却几乎停滞了。1949 年我国城市化水平已达 10.6%，30 年后的 1978 年却还只有 17.9%，而几乎在同期，世界城市化平均水平从 29% 迅速上升到 41.3%，先进工业化国家从 52.5% 上升到 70% 以上，发展中国家也由 16.7% 上升到 30.5%。人为限制农民进城的政策法律制度，大大延缓了我国城市化和现代化进程。

党的十一届三中全会以后，我国实行了改革开放，市场机制开始从无到有。1980 年以后，随着家庭承包责任制的普遍推行，亿万农民从人民公社集中劳动的严重束缚中解放出来，农民劳动有了自主，人身有了自由。谋求生存和发展的农民，在各大中小城市和城镇限制农民进入的大环境中，被迫就地办起了有中国特色的乡镇企业，形成了“进厂不进城，离土不离乡”的最早农民工。同时，随着深圳等沿海经济特区的设立，以及十二届三中全会通过《关于经济体制改革的决定》后，我国经济体制改革的重点由农村转入城市，沿海经济特区和各大中城市就吸引了大量的农民工进城从事二、三产业，从此，“进厂又进城，离土又离乡”的农民工在全国各大中城市普遍出现。1992年邓小平南方谈话和党的十四大作出关于建立社会主义市场经济体制的决定以来，农民工进城步伐明显加快。加上20世纪90年代农民负担问题的突显，大大刺激了广大农民涌向城市谋出路，民工潮一浪高过一浪。现在，农民工已遍布全国各个城市。可以说，哪里有城市，哪里就有农民工，哪里有工矿企业和人群居住，哪里就有农民工。

汤潇：尽管如此，绝大多数农民工并未被城市文明吸纳，他们在“城”和“乡”之间流动、奔波：在城里打工挣钱，回家乡娶媳盖房；在城里拼命干活，回家乡养老送终。从社会学的角度看，农民工的归宿应该在城市，但在农民工的心目中，他们这一代的归宿只能是家乡的农田和自建的农舍。这似乎也是当今中国社会转型期的一个典型悖论。

张英洪：改革开放和市场经济的发展，催生了农民工这一新的社会阶层，但同时，计划经济条件下出台的一系列旧制度尚未得到应有的废除，甚至还在起着重大的作用，这些旧体制自然要给新时代催生的农民工套上农民的身份印记。

我的一个基本判断是，农民工既是新时代的产物，又镌刻着旧体制的烙印。没有新时期的改革开放，也就没有农民工，同时，没有传统的旧体制束缚，同样没有农民工。有人问我，农民工这个词是不是带有歧视性？该不该废除？我说，农民工这个词最真实最生动不过地反映了我国改革开放以来的社会变迁，是研究当代中国最核心的关键词之一，要废除的不是农民工，而是造成农民工的旧体制。

农民工是当代新兴的工人阶级

汤潇：农民工的大量涌现或者说农民工阶层的出现已是活生生的社会现实，它对我们几十年来形成的观念、做法和体制产生重大的挑战，对传统的城乡二元社会结构形成强烈的冲击。如果继续漠视和回避农民工的社会地位和社会权利，将导致严重的社会问题。

张英洪：早在几年前，我就明确提出农民工就是新兴的工人阶级，并将当代中国工人划分为传统的国有集体企业工人和新时期非公有制企业工人两大类，主张政府应当把后一类新兴工人阶级即农民工的权利保护作为工作的重中之重提上日程。

据有关资料，目前农民工不仅成为我国工人阶级队伍中的重要组成部分，而且成为工人阶级的主力军。据国家统计局统计，2000年，我国城镇从业人员23151万人，其中国有单位8102万人，集体单位1499万人，共计9601万人，除去各级各类国家机关工作人员1097万，我国国有和集体所有的二、三产业职工为8504万人，这就是传统的工人阶级，他们有城镇户口。

另据2000年第五次全国人口普查资料，离开户籍所在地半年以上的人口为1.2亿，其中进入城镇在二、三产业单位打工的农民工约8000万人。农业部、劳动和社会保障部等有关部门则估计，2002年离土又离乡的农民工约9460万。这就是新兴的工人阶级，他们没有城镇户口。由此可知，农民工这一新兴的工人阶级队伍在人数上已超过传统工人人数，不折不扣地成为当代中国工人阶级的主力军。

但是，在城乡分割的二元社会结构中，一方面，随着经济的发展，城市内在地吸纳农村人口进城从事二、三产业，同时又在旧体制的惯性作用下不承认农民工的工人地位和市民身份，使他们享受不到应有的社会权利。另一方面，农村在经济发展中也自然产生大量的富余劳动力，这些富余劳动力企望从土地上解脱出来，于是成了进城从事二、三产业的农民工，但农村的旧体制像一根绳索，使他们无论走到天涯海角，都被这根绳索牢牢系着必须归来。

这种新旧体制的交织和摩擦，产生了一系列的问题，这对新时期的体制改革提出了十分迫切的现实任务。

权利缺失与制度供给

汤潇：从目前的情况看，农民工这一弱势人群的权益保障问题十分突出，其实质已触及国家对社会正义的理解和立场。

张英洪：社会弱势群体并不一定是由于个人能力不足而受到社会排斥，更多的情况是由于权利不足和机会缺乏而遭到社会排斥。考察农民工的权利，应有三个方面：一是农民工的个人权利，包括人身自由、言论自由和行动自由；二是农民工的社会经济权利，即社会公正和适当的资源分配权、工作（劳动）权、医疗权、财产权、住房权、晋升权、迁徙权、名誉权、教育权、娱乐权、被赡养权等；三是农民工的政治权利，主要指农民工的政治参与和选举权利以及结社权等。

从目前看来，农民工这三种权利的缺失相当严重。要保障农民工权利，实现社会公正，关键是要破除城乡分割的二元社会结构，统筹城乡经济社会发展。

有中国特色的城乡二元社会结构，形成于20世纪50年代，80年代中后期农业部政策研究中心的一批学者受刘易斯二元理论的启迪，在一内部参考资料上最早提出二元社会结构理论，之后便得到了学术理论界的普遍认同。党的十六大报告首次正式使用城乡二元经济结构概念，并首次提出要统筹城乡经济社会发展，十六届三中全会又进一步强调要统筹城乡发展，提出树立全面、协调、可持续的发展观。应该说，现在破除二元社会结构的大好时机已经到来。

汤潇：中央关于统筹城乡发展的主导思想为农民工问题的解决提供了政策支持，你对具体的制度变革有何建议？

张英洪：在统筹城乡发展的宏观政策环境下，解决农民工问题的路径不外乎制度废除和制度供给。制度废除就是要全面清理和废除在计划经济条件下出台的人为限制和剥夺农民和农民工权利的法律法规和政策规定；制度供应就是要着眼于完善社会主义市场经济体制和建设社会主义法治国家的目标，有针对性地出台一批适应社会经济发展需要、旨在保障公民宪法权利的法律法规。

具体来说，首先要深化户籍制度改革，在宪法中恢复公民居住和迁徙自由权的规定，应废止剥夺公民居住和迁徙自由的《户口登记条例》，出台新的户籍法，确保全体公民在身份上一律平等。比如，在实际操作中演变成主要针对进城农民的《收容遣送办法》，在孙志刚事件后被迅速废止，这是革除旧体制弊端的大好事。

其次，各级工会组织要与时俱进地看到我国工人阶级的新变化，明确将在农民工中成立工会组织作为新时期工会工作的首要任务来规划、部署和安排。

再次，劳动和社会保障部门要将农民工纳入城镇统一的就业和社会保障体系。其他政府职能部门也都要适应经济社会的发展，根据新时期农民工的实际状况，相应地革除体制性弊端，比如教育部门要解决进城农民工子女就业难题，现在全国有 300 万农民工子女面临就学困难，这充分说明传统教育体制的僵化性。又比如卫生医疗部门要适应大量农民工进城的需要，解决农民工就医难的问题，等等。

汤潇：很明显，现行的体制和法律对处于城乡社会边缘的农民工的关怀相当有限，而农民工虽然人数众多，但由于来自四面八方，背井离乡，语言不通，缺乏组织，其个人的呼声微乎其微，几乎没有能力改善自身的境况。那么，处于国家和个人之间的非政府组织有无必要和可能参与和促进农民工问题的解决？

张英洪：在现行体制环境下，一方面，缺乏组织化的农民工丧失了均衡的博弈能力。如果他们自行组织起来，就会被扣上“非法组织”之名而予取缔，但政府在依法组织他们比如成立工会、行业协会等时又相当迟缓，这就使他们在与私营企业业主等强势集团的博弈中处于相当弱势的地位。就是在私营企业主拖欠农民工工资的情况下，人们常常看到的是个体农民工以自焚、跳楼等极端行为来发泄不满，鲜有农民工的集体抗争事件。

另一方面，传统的国家宏观政策制度，极不利于农民工维权。比如户籍制度和城市收容遣送制度就从国家法律层面上限制和剥夺农民工的人身自由权利，而个人是无力对抗国家法律的，所以长期以来，他们总体上选择了默默忍受，很少发生农民工集体抗议事件。可见，中国的农民工在新旧体制的夹缝中付出的艰辛最多，忍受的苦难最大，但他们却不能畅通地向社会表达自己的声音。现在为农民工表达利益和诉求的代言人主要是媒体和学者。

应该说，非政府组织在改善农民工生存环境方面大有可为。20 世纪后期，世界范围的全球社会革命凸现了非政府组织的价值。非政府组织的最大特点在于从事公益事业的非营利性。在发达国家，热心于社会公益事业的非政府组织十分发达，它们在很大程度上弥补了政府的不足，在改善弱势阶层处境、消解来自弱势阶层的不满和维护社会稳定方面发挥着不可替代的特殊作用。

在我国，官方的非政府组织和民间的非政府组织还处在起步阶段，限于现行体制环境的制约等多种因素，非政府组织与农民工的对接极其有限，有待大力开拓。随着时间的推移，尤其是随着社团管理体制改革的深化和社会的现实需要，非政府组织将发挥越来越重要的社会作用。

农民工欠薪责任在政府

汤潇：说到拖欠农民工工资，这已成为当前引人注目和令人心忧的社会现象。温家宝总理在重庆为农民工讨工钱已成佳话，但这一佳话也暗含这样的市场难题：中国有一亿多农民工，他们被拖欠的工钱是一位总理或某个省长或市长追讨得了的吗？这是否也印证了我们的社会机制和制度安排存在着问题？

张英洪：且不说在旧体制束缚下农民工得不到城市市民身份和工人阶级地位的不合理性，单就农民工拿不到自己一年辛苦到头的血汗钱来说，就不能不使人愤慨，并起而对政府职能进行质疑和追问。一个极不正常的社会问题迟迟得不到有效解决，这说明整个社会的应变机制过于迟缓和纠错机制严重缺失。从这个意义上说，政府作为维护社会秩序的合法权威机关，对于普遍拖欠农民工工资现象显然负有主要责任。

在计划经济条件下，一切经济活动都由政府计划安排，不存在农民工和农民工欠薪问题。在市场经济条件下，国家既鼓励非公有制经济的发展，又鼓励大量的农村剩余劳力进城。但在劳动力供过于求的宏观环境中，缺乏组织化的农民工是典型的城市边缘人群和弱势群体，他们无法形成与企业主平等议价的博弈能力。所以，在当代中国市场转型过程中，作为国家代表的政府，为了维护市场经济秩序和社会公正，必须与时俱进地制定市场经济中公正的游戏规则，同时负责规则的执行。学者康晓光认为，一个敌视社会精英的政府是难以为继的，一个逼得大众铤而走险的政府同样也是难以为继的。改革开放以来，国家对非公有制经济的鼓励和支持在造就经济迅速增长的同时，也不自觉地形成了“满足强者、剥夺弱者”的社会体制。被逼无奈的农民工以跳楼、自杀以及威胁企业主等极端行为来发泄自身基本权利缺失的不满情绪，这些已经在严重警告政府和社会，必须迅速限制精英的掠夺，维护大众的权利。

在农民工欠薪问题上，政府在鼓励、支持和引导非公有制经济发展的同时，更要突出对其“依法进行监督和管理”，确保农民工的基本权利，使劳资双方在责任和权利对等的基础上和谐地合作。为此，政府的当务之急，就是着眼于市场经济体制的完善，在法治的视野下统筹城乡发展，加速制度供给。

促进社会进步和体制完善

汤潇：客观地说，农民工及农民工问题已经引起了学术理论界的广泛关注，尤其是社会学和法学界人士，甚至影响到政府高层的决策。作为与社会底层有较多接触的“草根学者”，你认为这些研究中是否存在着局限和缺陷？

张英洪：学者王沪宁十多年前在一本译著的序言中说过这样一句话：“促进社会进步和体制完善，是一位学者的重要职责。”作为一名后学者，我十分赞同王沪宁先生的这种观点。

众所周知，我国正处在社会转型时期，在由计划经济体制向社会主义市场经济体制转变过程中，必然会产生一系列与体制转型相伴而生的众多社会问题。农民工问题就是这种转型性问题。作为社会转型时期的学者，我认为既要有深厚的学术素养，又要有革除体制弊端的理论勇气。

毫无疑问，农民工问题主要是旧体制束缚的结果。但我发现，一些学者在研究农民工问题时，在种种因素的影响下，不是承认现状，就是绕开旧体制，甚至在旧体制面前选择妥协。这种妥协的不彻底的理论研究，必将误导人们的认识和高层决策，不利于旧体制的革除和市场经济体制的完善。

汤潇：你是农民的儿子，又是长期从事“三农”问题研究的学者，这双重的身份是否赋予你更多的使命感？你的学术理想是什么？

张英洪：罗尔斯说过一句值得学者们记取的话：“正义是社会制度的首要价值，正像真理是思想体系的首要价值一样。一种理论，无论它多么精致和简洁，只要它不真实，就必须加以拒绝和修正；同样，某些法律和制度，不管它们如何有效率和有条理，只要它们不正义，就必须加以改造或废除。”①

社会主义的目标就是要实现全社会的公平和正义。没有公平和正义的学术理念，就不能成为真正的学者。

多年来我一直关注农民，自认为既非宪法学专家，又非“三农”问题专家，但却执著于以宪法眼光审视中国农民问题，立志以自己的学术努力和独立思考分担农民的身心疾苦，推进中国的民主政治。尽快改变城乡分割的二元社会结构，使农民、农民工与其他所有社会阶层的人们一样，在人民共和国的大家庭里自由、平等、和谐地生活，这就是我的理想，也是我的学术追求。

---

① ［美］约翰·罗尔斯：《正义论》，何怀宏、何包钢、廖申白译，北京：中国社会科学出版社，1988年版，第3页。

张英洪：给农民以宪法关怀

——对话章涌 ①

正义或许会迟到，但永远不会缺席

在新春伊始、南来北往的民工大潮尚未散去的时候，《中共中央国务院关于促进农民增加收入若干政策的意见》以“一号文件”形式出台。对此，一向从宪法角度关注农民问题的“三农”研究学者张英洪，选择的却是少见的热情：“这是1980年代‘一号文件’的回归，今年的‘一号文件’更全面、更系统，最值得称赞的是将农民增收的问题提到了一个极高的位置，在中国这样一个特色社会主义国家里，农民问题作为经济发展和政治稳定的首要问题，出台‘一号文件’不仅是农村、农民、农业发展的实际需要，也是各种利益综合平衡的需要。但要在根本上解决农民问题，最关键的是上升到宪法层面。宪政之路，是中国农民真正的自由、幸福和解放之路。”

张英洪最终像他的师友一样，用锋利的解剖刀去解剖社会经济关系，并试着在自己的研究领域发出最强音。尽管这些年来，各大“门派”围绕“三农”问题和基层建设的论点层出不穷，但他总能站在宪法的高度，以更富理性和情感的“三农”研究学者的面貌出现，就像他在最新出版的《给农民以宪法关怀》里所说的——“我个人的生命是同中国改革事业联系在一起的，几年来，秉烛夜熬，算是一个农民之子对九亿农民的精神反哺。”

“这是一个地道的草根学者，身上还有着尚未散去的泥土气息。”对媒体这样的描述，张英洪会发出爽朗的笑声。但笑声过后，张英洪会像小孩子样想起家来：“读书时，家里很穷，每次饿着肚子去学校时，总怪父母无能，长大后才明白，这是旧体制所决定的。”

有过10多年农村工作研究经验的张英洪始终不会相信：不触及体制的改革会是成

① 本文原载《湘声报》2004年2月20日。章涌系《湘声报》记者。

功的改革。在常常由学院派话语体系主导的社科学界，张称自己是一位彻头彻尾的实践者，深入基层的经验比书本上那些精确漂亮的理论更能解决问题，“解决中国的农民问题，不能把治国安邦的总章程晾在一边，不能忽视人类政治文明的共同成果。宪法的基本功能在于严格约束公共权力，切实保障公民权利。在21世纪的今天，中华民族要走出‘兴亡百姓苦’的千年梦魇，就必须从民主政治的高度关注农民，给农民以宪法关怀。”张说话时，不打手势，声音有些嘶哑，甚至普通话也不算标准，但像鹰隼一样的眼睛却闪耀着智慧的光芒。

“我有过多年农村工作经验，曾经与绞尽脑汁对付农民的官僚拍桌打椅，不知扶起过多少痛哭流泪下跪的老人。农民问题就像一瓶烈酒让我欲罢不能，但我相信正义仍是社会追求的首要价值。”对农村基层的深入了解使张的研究脱颖而出，众多研究农民问题的作品摆上了许多官员的案头。许多主流媒体和重要网站的报道，使张的学术观点得以较大范围的传播。

和张接触的人，都认为他是一个不善言辞的人，但和张对话让人觉得他是一位非常有穿透力的学者，他的独立思考能力，能刺激我们习以为常的看法。他“说一句话就是一句话”的表达方式，会让你感受到他是一名真正的知识分子。

解决“三农”问题的里程碑

记者：中央最近出台了促进农民增收的一号文件，你对此有何认识？

张英洪：众所周知，这是时隔18年后中央出台的关于农业和农村工作的“一号文件”，也是建国以来中央第一次就农民增收问题下发的文件。之所以如此，是因为当前农业和农村发展中存在着许多新的矛盾和问题，突出表现在农民增收困难，城乡居民收入差距不断扩大。我掌握了这样一组数据：1979—1997年，农民人均收入年增长16%，而1997年以来，农民收入增幅连续下降，年均增长只有4.2%，相当于城市居民收入增速的五分之一。同时，农村居民收入中将近一半是靠一亿多农民进城打工挣来的。城乡居民收入之比由上世纪80年代1.8:1扩大到2002年3.11:1，这个比率尚未计算城市居民大量的隐性收入。有的学者认为城乡收入实际之比在5:1以上，甚至为6:1。而世界上大多数国家城乡收入之比为1.5:1，超过2:1的极为罕见。

记者：看来，中央下发这个“一号文件”是非常及时的，对于扭转城乡收入差距、解决“三农”问题具有里程碑式的重要意义。

张英洪：邓小平曾经警告说，如果改革造成了社会的两极分化，这种改革就改到邪路上去了。这种担忧不是没有道理的。现在社会已经公认农民由改革初期的普遍获利阶层转变为利益受损阶层，成为改革成本的主要承担者。这就使弱势阶层的生存状况和公平公正的改革取向开始成为强烈的社会诉求。“一号文件”体现了新一届中央领导集体以人为本、关注民生、致力于维护社会公正的执政理念和施政风格，深得民众的认同。

当前，中国农民问题是中国社会问题中最主要的问题。中国正处在社会结构实现重大转型的特殊历史时期。任何国家处于这样一个时期，农民都或多或少处于弱势地位。能否在这样一个时期给予农民强有力的支持，不仅决定执政党建立社会公正的执政理念能否落实，更关乎全社会的稳定发展和持续繁荣。把农民的利益放在重要地位，把农村发展放在经济发展的首位，把农业的基础地位稳固下来，是中国当前最大的政治。从这个涵义上说，《意见》的发布和实施确立了中国长远发展的政治基石。

记者：“一号文件”第一次明确指出进城就业的农民工成为产业工人的重要组成部分。你有何认识？

张英洪：这是国家对农民工的工人阶级身份认可。进城务工的农民为城市创造了财富、提供了税收，作出了巨大贡献。早在几年前，我就发表文章，明确提出农民工就是新兴的工人阶级，并将当代中国工人划分为传统的国有集体企业工人和新时期非公有制企业工人即农民工两大类，主张政府应当把后一类新兴工人阶级的权利保护作为工作的重中之重提上日程。这样的主张是有根据的，据有关资料，2003 年农村劳力外出就业人数达 9900 万，农业户口人员占二三产业就业人口比重已高达 46.5%，第二产业中农业户口人员 57.6%，其中建筑业占 80%。由此可知，农民工这一新兴的工人阶级队伍在人数上已超过国有企业工人人数，不折不扣地成为当代中国工人阶级的主力军。

记者：长期以来，大量农民进城务工没有成为真正的城市工人，这是否具有某些特定的社会背景？

张英洪：所谓农民工，就是农民工人，也就是说，从身份上说他们是农民，从职业上说，他们又是工人。这种既是农民又是工人，或者说既不是农民又不是工人的农民工现象，在世界各国都是绝无仅有的。这种有中国特色的农民工只有在中国特定的体制环境下才会出现。

众所周知，一个国家实现现代化的过程，就是工业化和城市化的过程，也就是农村人口向城市流动和集中的过程。不仅西方各国如此，我国建国前以及建国初期也是这样的，根本不存在什么农民工。改革开放和市场经济的发展，催生了农民工这一新的社会阶层，但同时，计划经济条件下出台的一系列旧制度尚未得到应有的废除，甚至还在起着重大的作用，这些旧体制就自然要给新时代催生的农民工套上农民的身份印记。

我的一个基本判断是，农民工既是新时代的产物，又镌刻着旧体制的烙印。没有新时期的改革开放，也就没有农民工，同时，没有传统的旧体制束缚，同样没有农民工。有人问我，农民工这个词是不是带有歧视性？该不该废除？我说，农民工这个词最真实最生动不过地反映了我国改革开放以来的社会变迁，是研究当代中国最核心的关键词之一，要废除的不是农民工，而是造成农民工的旧体制。

拓宽农民增收的新视野

记者：现阶段农民增收困难，是农业和农村内外部环境发生深刻变化的现实反映，也是城乡二元结构长期积累的各种深层次矛盾的集中反映。对此，你是怎样认识和理解的？

张英洪：我认为充分认识和把握这么几点对于理解和解决中国的“三农”问题十分重要。第一，我国正处于社会转型时期，已经和正在由计划经济向社会主义市场经济转变；第二，我国已加入WTO，成为全球经济大循环中的子系统；第三，我国人为造成的最大制度国情在于城乡分离的二元结构。

综观世界各国，在工业化和现代化过程中，都会不同程度地呈现农业、农村和农民问题，但中国的“三农”问题有其不同于任何一国的特殊性，这是因为我国有其特有的人为政策制度因素。这可以从两个方面来考察。

一方面，从发展战略上来说，实行“挖农补工”。国家以工农产品价格剪刀差的形式几十年来源源不断地从农村获取巨额财富来支援工业和城市。据测算，从1953—1985年，农民无偿地支持国家工业化所需资金6000亿—8000亿元。这种“重工轻农”战略，对农民“挖得太苦”了，用掠夺形容也不为过。另一方面，从政策制度上来说，实行“一国两策”。在一个统一的主权国家内，对全体公民实行城乡有别的两种政策制度，这在当今世界上是绝无仅有的。这种“城乡分治、一国两策”，形成了歧视农民的二元社会结构，使农民处处降为“二等公民”的地位。

记者：“一号文件”提出了许多促进农民增收的具体政策，你对此有何评价？

张英洪：大家都称赞“一号文件”“含金量高”，我们从中可以看到许多可使农民直接获利的政策措施。概括起来，就是发展粮食产业促进农民增收，调整农业结构促进农民增收，发展二、三产业促进农民增收，改善进城务工环境促进农民增收，搞活农产品流动促进农民增收，加大对农业和农村发展投入促进农民增收，减轻农民负担促进农民增收等。这些政策措施针对性强，对于促进农民增收具有重要的现实意义。

不过，从长远来说，确保农民增收，必须打开农民增收的崭新视野，从宪法的高度构建农民增收的制度环境。

从宪法上关注农民

记者：我们注意到你最近出版了《给农民以宪法关怀》的新著，据说这是全国第一部以宪法眼光审视农民问题的著作。请问你为什么选择这样一个研究视角？

张英洪：“三农”问题的核心是农民问题，农民问题是中国革命、建设和改革的根本问题，农民问题的本质是权利问题。现在研究“三农”问题的学者从不同方面主要是经济方面分析和探讨，取得了不少的研究成果。但我认为这种研究还是远远不够的，“三农”问题的日益尖锐化就是明证。

农民作为社会弱势群体，并不是由于个人能力不足而受到社会排斥和居于弱势地位，更多的情况是由于权利不足和机会缺乏而遭到歧视和限制从而身陷困境。中国农民面临的最大制度环境，就是建国以来形成的二元社会结构，这种二元社会结构的本质在于人为的政策设计和制度安排限制和剥夺了农民作为人民共和国公民应当享有宪法赋予的公民权利。这才是农民问题的核心症结所在。我感到困惑的是，我们为什么既要捆住农民的手脚，又要农民在市场经济的海洋里搏击？

记者：你提出给农民以宪法关怀，其具体含义是什么？

张英洪：在中国，没有种族歧视，却有农民歧视。农民歧视根源于建国后在苏联模式影响下出台的一系列限制和剥夺农民宪法权利的制度安排，农民在这种歧视性制度安排形成的权利差序格局中不可避免地日益边缘化底层化。解决中国的农民问题，不能把治国安邦的总章程晾在一边，不能忽视人类政治文明的共同成果。新一届中央政治局第一次集体学习的就是宪法。以宪法眼光审视农民问题，既大大激活了神圣宪法的实践生命，又大大开阔了“三农”问题研究的崭新视野。宪法的根本原则是人人平等，宪法的基本功能在于保障公民权利，约束公共权力。给农民以宪法关怀，就是要尊重和保障农民作为共和国公民应当享有的基本权利和自由，就是要把农民从二元社会结构中解放出来，给农民以公平、公正的国民待遇、平等自信的公民地位和自由广阔的生存发展空间，就是要尽快改变城乡二元结构，统筹城乡经济社会发展，使农民增收和农民自由而全面发展有一个公正、有序和可持续的制度环境。

勇气比智慧更重要

记者：中央“一号文件”强调要把解决好农业、农村、农民问题作为全党工作的重中之重。对“三农”问题，不仅分管领导要直接抓，而且党政一把手要亲自抓，地、县两级领导要把主要精力放在农业和农村工作上。你认为贯彻落实“一号文件”乃至解决“三农”问题最需要的是什么？

张英洪：最需要的是破除旧观念、冲破旧体制的勇气，这种勇气包括理论勇气和实践勇气。湖南省社科院院长朱有志曾概括出一句“勇气比智慧更重要”的话。看来，我们在解决“三农”问题上，这句话也是用得上的。发展是党执政兴国的第一要务。我们的发展是由计划经济向市场经济发展，由封闭锁国向融入经济全球化发展，由传统人治社会向现代法治社会发展。这种特殊的发展背景和环境，决定了我们要有坚决冲破一切妨碍发展的思想观念、坚决改变一切束缚发展的做法和规定、坚决革除一切影响发展的体制弊端的勇气。贯彻落实“一号文件”也好，构建农民增收的制度环境也好，没有这种开拓创新勇气是肯定不行的。

这里又要谈到农民的权利问题。农民的基本权利主要包括三个方面：一是农民的个人权利，包括人身自由、言论自由和行动自由；二是农民的社会经济权利，即社会公正和适当的资源分配权、工作（劳动）权、医疗权、财产权、住房权、迁徙权、名誉权、教育权、被赡养权等；三是农民的政治权利，主要指政治参与和选举权利以及结社权等。在计划经济条件下，我国出台了一系列限制和剥夺农民公民权利的政策法律制度，比如现行的户籍制度限制了农民的居住和迁徙自由权，现行的社会保障制度忽略了农民的社会保障权，现行的教育制度、就业制度、税费制度等等对农民来说都是歧视性的，需要大胆冲破和革除。

一个农民之子的精神反哺

记者：我们了解了你的经历后得知你在大学和研究生期间所学的专业似乎与“三农”问题没沾上多少边，你也长期从事公务员职业。为什么你要研究“三农”问题尤其是农民问题？

张英洪：也许我“背叛”了我学的专业。事实上我感到以前所学的东西都是很有用处的，虽然很难说具体在哪些方面。

我觉得自己是一个有责任心、有现实关怀的人。我出生农民家庭，对农民这一弱势群体的生存状况十分熟悉，一个总的感受是农民生活很艰难。记得我小时候经常吃红薯杂粮饭，当时最大的心愿就是能吃上白米饭。这个愿望在1980年包产到户实现了，我的印象特别深。

农民能吃饱饭当然是中国社会的巨大进步，但却是远远不够的。长期以来，农民仍然在旧体制的束缚下艰难地谋生。农民付出的最多，得到回报的却最少。我们的父母含辛茹苦支撑我们读了大学，用他们弯曲了的腰板把我们送入城市，可他们自己仍然留在农村，仍然在辛勤耕耘。我们能回报农民什么？如果我们这些农民出身的学者对农民的生存状况漠不关心，对束缚农民自由而全面发展的旧观念、旧体制麻木不仁，这既是对农民的背叛，也是对国家、对民族的不负责任。这些年来我为农民说话的不懈努力，算是一个农民之子对农民的精神反哺。

记者：我们留意到你前些年对“三农”问题的一些建议很快都变成了中央当前的决

策，这对一个学者来说是令人欣慰的。最近上海一家媒体就农民工问题采访了你，称你为“草根学者”。我们看了你与农民工同吃同住的经历后，很感动。你的这种底层意识来源你的出身吗？

张英洪：与出身有关，但可能并不全是这样。记得许多年以前我的“跳农门”意识就比较强。当时我可能与不少农民之子的意识差不多，内心深处有种莫名的惆怅。后来随着认识的深化，发现原来农民的困境并不是因为农民素质低下能力差，而是人为的歧视性制度所形成的二元社会结构对每个农民自由而全面发展的严重束缚。我感到中国农民特别可敬可亲，特别值得我们这些农民之子去为农民鼓与呼，特别需要当代中国人去冲破传统观念和旧体制的束缚。新一届中央领导集体关注弱势阶层的新民本主义的执政取向使我们备受鼓舞。

记者：读者很喜欢你那些说真话的文章。

张英洪：对此，我感到欣慰。我认为，无论是从作为一个共产党人应该始终保持蓬勃朝气、昂扬锐气和浩然正气来说，还是从作为一名学者应当具备的学术良知来看，都要求我们求真务实，敢于说真话，勇于求真知。在一些不利于说真话的语境中，说真话可能一时会遭遇冷落和偏见，但时间的老人永远站在真理一边。

构建农民增收的制度环境[①]

促进农民增收是时隔18年后中央再次作出关于农业和农村工作“一号文件”的关键词。对于农民增收，中央高度重视、学者共同关注、农民强烈渴望。从学理上说，农民增收是一种价值目标，而如何建立确保农民增收的长效机制，从而从根本上解决长期困惑人们的农民问题，关键是要构建一个公正的制度环境。

以制度公正促农民增收

新制度经济学强调制度因素对人的行为、资源配置和经济增长的重大影响，认为制度是经济增长的决定性因素。建国以来，我国不是没有制度设计和制度安排，问题是，在当时特殊的历史条件下，我国人为构建了城乡分离的二元社会结构。这种在计划经济条件下形成的歧视农民的二元社会结构，严重束缚着每个农民自由而全面发展。

改革开放以来，在由计划经济向市场经济转变过程中，一系列在计划经济条件下出台的着眼于维护计划经济体制的法律制度不仅没有得到及时全面的清理、修正或废除，相反却在起着重大的作用。这就在社会转型过程中产生了一种人为扭曲的奇观：从事着农业这种比较效益低下的弱势农民却被重重旧制度之绳捆绑着，去与不受约束的强势集团在市场经济的大潮中不平等地“博弈”。很显然，这种游戏规则是不公正的。

从理论上说，基层政府与中央政权的执政理念和执政目标是一致的。但在改革开放和实行市场经济条件下，基层政府在服从中央政权的大前提下却存在着广泛的自身利益诉求。“上有政策、下有对策”，正是这种中央政权与基层政府行政差异性摩擦的生动描述。

在公共选择理论看来，政府同样是由“经济人”组成的，在缺乏有效约束和职能未能根本转变的大背景下，成为利益主体的基层政府就可能滑向满足自身利益最大化的偏好。基层政府的这种逐利偏好，必然带来两个严重后果，一是侵害广大农民的切身利益，二是损害中央政权的为民形象。现在，必须从制度公正的角度上审视农民问题，以

① 本文原载《中国改革报》2004年3月1日。

制度公正促进农民增收。

“切好蛋糕”

市场经济客观上要求市场主体地位一律平等，呼唤政府职能的公共性和公共权力的有限性、制约性。促进农民增收是为了“做大蛋糕”，而以为只要把“蛋糕做大”就可以高枕无忧的话，未免过于简单乐观。

一方面，在传统的歧视性制度安排中，面对市场经济的激烈竞争，农民能否把“蛋糕”持续“做大”是一个大问题；另一方面，如果农民不能平等地参与制定游戏规则，不能掌握“切蛋糕的刀”，那么即使“蛋糕做大”了，也不能保证农民公正充裕地分享“蛋糕”。

经过几十年的改革开放，我国社会财富明显增长，“蛋糕”已经做得越来越大。但城乡收入差距不断增大，社会两极分化日益严重。现在是建国以来我国农副产品生产和供给最丰富的时期，可按国内和国际两个标准计算，生产这些丰富的农副产品的中国农民的贫困人口却分别还有2820万人和8800万人之巨。退一步说，即使农民分得一大块“蛋糕”，而不公平、非正义的制度安排却迫使农民要拿出更多的“蛋糕”才能支付就学和就医等生存保障和发展的需要，那么农民仍然会在物质贫困和精神沮丧的夹击中艰难地求生。

构建公正的制度环境

在当前构建农民增收的制度环境尤为紧要。在构建制度环境上应从两个层面入手：

第一是从宪法层面入手，给农民以平等的公民地位，保障农民的基本权利和自由。在计划经济条件下出台的歧视农民的政策法律制度具有明显的违宪性质，严重地损害了农民的正当权益，必须尽快予以清理和废除。在促进农民增收过程中，要勇于制度创新，真正做到坚决革除一切束缚农民自由而全面发展的体制性弊端，尽快改变城乡二元结构，统筹城乡经济社会发展。同时必须从严约束公共权力、防止公权滥用，实现政府职能向提供公共物品的根本性转变。

第二是从政策层面入手，实行工业反哺农业、政府补贴农民。农业是一种比较效益较低的弱质产业，发达国家无一例外地实行对农业进行特别扶持和对农民进行直接补贴的优惠政策。建国以来，我国却逆向选择“挖农补工”战略，这是“农民真苦、农村真穷、农业真危险”的重要根源。加入WTO后，要充分利用WTO的相关条款加大对农业的支持力度，实行对农民的直接补贴。现在我国已进入工业化中期阶段，工业反哺农业的历史条件已经完全成熟。

令人欣慰的是，被称作“含金量高”的中央“一号文件”在这方面迈出了实质性步伐，充分体现了新一届中央领导集体的新民本主义执政理念和施政风格。构建公正、有序、可持续的制度环境，就是要做到立党为公、执政为民，就是要坚持以人为本，树立宪法的至上权威，依法治国，建设现代法治国家。

三级利益共同体：县乡村权力动作与农民问题[①]

中国是一个历史悠久的农业国家，从事农业生产的农民是中国最大的弱势群体。对于中国这样一个农民大国来说，几千年来的农民起义和朝代更替，实质上都是国家权力与农民权利恶性互动的结果。为了加强对农民的统治，历代政权无不把对乡村社会的控制与治理作为第一要务。中央集权专制主义与地方权势集团密切结合，逐渐形成了独具特色的乡村社会政治结构和控制机制。辛亥革命推翻了几千年来的君主专制，中国开始曲折地走向民主共和。但传统的乡村结构和治理模式仍以惯性力量发挥着巨大的作用。当政治现代化在县级以上的国家政权建设层面取得一些明显的成就时，乡村社会权力结构的合理化却进展迟缓，甚至出现"国家政权内卷化"现象。[②]

中国共产党领导的新民主主义革命的胜利，推翻了压在农民身上的帝国主义、封建主义和官僚资本主义"三座大山"，这是中国农民宏观政治环境和社会环境的历史性巨变。对农民来说，中央政权已经建立在"全心全意为人民谋福利"的理念基础之上，但直接管治农民的县乡村三级却在传统乡村社会历史惯性的作用下，借助计划经济体制的丰富遗产，在市场经济转型的过程中，结成牢固的利益共同体，以新的面貌出现在中国现代化的舞台上。研究当代中国农民问题，就不能不研究县乡村三级利益共同体。如果说历史上中国农村是在专制主义统治下地方精英治理的乡村社会，那么当代中国农村就是在二元社会结构制约下三级利益共同体治理的乡村社会。

农民问题：从二元社会结构说起

建国以来，新中国的农民虽然摆脱了旧的奴役和"三座大山"的压迫，但又被套上了新的体制性枷锁，背负着新的"两座大山"艰难地行走在现代化的道路上。农民身上这种新的体制性枷锁和新的"两座大山"就是"二元社会结构"和"三级利益共同体"。

---

① 本文原载《湖南公安高等专科学校学报》2004 年第 2 期。

② 参见［美］杜赞奇：《文化、权力与国家——1942 年的华北农村》，王明福译，南京：江苏人民出版社，1994 年版。

早在1988年，农业部政策研究中心的一批专家学者在深入调查研究的基础上，提出了著名的“二元社会结构理论”。[①]这个理论很快被学术理论界普遍接受，并被公认为分析研究当代中国“三农”问题最重要的理论工具。

在苏联模式的严重影响下，我国建立起高度集中的计划经济体制，为确保这个体制的运转，国家制定和运用包括户籍制度、粮油供应制度、就业制度、教育制度、社会保障制度等十多项具体制度，严格地把农民限制在农村，并通过“挖农补工”和“剪刀差”获取工业化优先发展所需要的原始积累资金，重点实施重工业优先发展战略。这一系列城乡有别的二元性的政策制度，都是以剥夺农业和农民为代价来保证城市工业的发展和市民生活水平的稳定提高。这种二元社会结构，把整个国家严格地划分为农村和城市两大块、农民和市民两大类，从此在中国，城市与乡村严格分割、农民与市民明显有别，农民被人为地降为低人一等的“二等公民”。这种二元社会结构，实质上是对农民权利和利益的严重剥夺，是农民长期陷入贫困的一个重大的制度根源，也是当今中国农民问题日益尖锐化的症结所在。

对这种二元社会结构给农民造成的贫困和不公平待遇的认识，并不是始于上个世纪80年代中后期，而是早在50年代初就被人尖锐地提了出来。新中国为农民说话的“始作俑者”，就是被誉为高风亮节、宁折不弯的梁漱溟先生。当时梁漱溟先生就指出“农民在九天之下”。这种正视农民的理性思考却被毛泽东严厉指责为“冒充农民代表”而遭到无情地批判。[②]从此，正常的理论研究和学术探讨无法正常进行，举国上下万马齐喑，很少有人再敢为农民的利益说话了。就是到了80年代中期，人们还在为农民说话心有余悸，一个著名的杂志编辑部收到一篇《谈农民的不平等地位》的文章时迟迟不敢发表，原因就是“怕做小梁漱溟”。[③]

时至今日，二元社会结构理论已广为学界认同，二元社会结构的严重后果也日益凸现出来，但二元社会结构却仍然没有得到根本性地废除，它依然在钳制农民的自由发展。半个世纪以来的二元社会结构，造成的损失是巨大的，它的两个直接后果是造成了农民的普遍贫困和城市化水平的严重滞后。

一是农民的贫困。据统计，从1952年到1986年34年间，国家通过“剪刀差”从农民手中隐蔽地拿走了6868.12亿元的巨额资金，约占这些年间农民所创造价值的18.5%。而进入90年代以来，“剪刀差”还呈不断扩大的趋势，每年“剪刀差”的绝对

---

① 参见农业部政策研究中心课题组:《二元社会结构——城乡关系:工业化·城市化》,载《经济研究参考资料》1988年第90期；课题组:《二元社会结构：分析中国农村工业化城市化的一条思路》，载《经济研究参考资料》1989年第171、172期。

② 参见《毛泽东选集》(第五卷)，北京：人民出版社，1977年版，第107—115页。

③ 参见舟莲村:《谈农民的不平等地位》，载《社会》1988年第9期。

值都在1000亿元以上。同时，城乡收入差距不断拉大，1978年城乡居民的实际收入比率为2.36:1，1987年扩大到2.38:1，1995年扩大到2.79:1，2000年估计为3.2:1，世界上多数国家的城乡收入比率为1.5:1，超过2:1的极为罕见，但我国现在竟然超过了3:1。按中国社会科学院经济所赵人伟先生的计算，如果加上城市居民所享有的实物性福利，目前我国城乡居民实际收入的比率在4左右。[①]不仅如此，通过“八七扶贫”攻坚，到2000年底我国还有3000万农民没有解决温饱问题，并且还存在严重的返贫现象。

二是城市化水平的严重滞后。城市化水平被公认为是衡量一个国家或地区经济发达和文明程度的重要标志。国际经验表明，在现代化的道路上，有三个著名的城市化水平的衡量指标，一个是城市化水平达到30%左右时，开始进入城市化加速发展阶段；一个是城市化水平达到50%时，进入基本实现现代化的发展阶段；一个是城市化水平达到70%时，进入消除“三大差别”（工农差别、城乡差别、体力劳动和脑力劳动差别）发展阶段。据世界银行统计资料，1996年，全世界城市化水平已达45.5%，发达国家城市化水平一般都在70%以上，譬如美国为76.3%，英国89.3%，法国74.9%，德国86.7%，日本78.3%，俄罗斯76.3%，加拿大76.8%，意大利66.7%，发展中国家的平均水平也在40%以上。一些看似与我国经济发展水平差不多的发展中国家和一些新兴工业化国家的城市化水平也都大大高于我国，如巴西为78%，阿根廷88.4%，澳大利亚84.7%，新西兰86.1%，韩国82.3%，菲律宾54.9%，新加坡则为100%，而同期我国仅为29.9%，差距之远令人惊愕。我国城市化水平之所以大大滞后于经济发展水平，其根本原因就是人为的二元户籍制度对农民进城的严格限制。有鉴于此，笔者曾大声呼吁“万众一心推倒‘户籍墙’”。我国建立的这种明显歧视农民的二元制度，实质上是一种城乡有别的“双重标准”。

改革开放以来，一批有良知和正义感的著名学者开始自觉地发扬“梁漱溟精神”，勇于面对现实，不遗余力地为农民鼓与呼。有的提出要给农民创造一个更好的制度环境，“给农民国民待遇”；[②]有的提出要“再一次解放农民，改变城乡分治、一国两策的格局”；[③]有的提出在整体上“我们还是要更多地为农民说话，因为农民更需要有人为他们说话”；[④]有的提出要“使农民真正成为国家的主人”，[⑤]等等。他们的声音，代表着广大农民群众的心声，也代表着改革的方向。可见，二元社会结构确实是压在当代农民身上的“一座大山”。

---

① 参见仲大军：《户籍制度与二元结构对中国农村的影响》，载《中国国情国力》2001年第2期。

② 杜润生：《给农民国民待遇》，载《中国改革》2001年第10期。

③ 陆学艺：《“农民真苦，农村真穷”？》，《读书》2001年第1期。

④ 党国英：《我们为什么要为农民说话？》，载《南方周末》2000年12月7日。

⑤ 郭书田：《再论当今的中国农民问题》，《农业经济问题》1995年第10期。

三级利益共同体：概念与特征

压在农民身上的另“一座大山”是三级利益共同体。在计划经济条件下，国家人为构筑的二元社会结构把农民限制在农村这个狭小的范围之内，使农民享受不到市民的平等待遇；同时，在农村这个狭小的范围之内，农民又遭受着县乡村三级利益共同体的强力控制。这就是当代中国农民面临的大环境和小环境。当代中国农民正是在这种环境的夹缝中谋求生存。用一个比喻来说，农民是一群绵羊，政府在大环境上把这群绵羊牢牢地围圈在农村，不准“外逃”；而在农村这个小环境里，又有一群虎视眈眈却没有套上任何缰绳的恶狼，羊群的命运就可想而知了。这种比喻也许有点骇人听闻，但研究和分析直接控制和管理农民的县乡村三级的权力结构和运作机制，对进一步研究农民问题无疑是很有意义的。

三级利益共同体是指直接与农民打交道的县乡村三级基层权力组织在与农民的博弈和互动中所结成的利益同盟。三级利益共同体的基本特征主要有如下几个方面：

地位的独立性。县乡村三级处在国家权力结构的低端，远离中央权力中心，这种相对于中央权力的边缘性使县乡村具有自身的独立性，这就是人们常说的天高皇帝远。这种中央权力鞭长莫及的状况容易放纵和滋生欺压百姓的“土皇帝”。像全国知名度极高、广为世人瞩目的天津大邱庄都能在现代文明社会孕育出“土皇帝”禹作敏，其他各村就更难说了。这种地理位置的边缘性和权力的低端性，决定着基层权力的独立性。对农民来说，服从基层干部的管治，就是服从中央政权的领导，但同时，基层干部的胡作非为也会损害中央政权在农民心中的威信和形象。

对象的单一性。中国是一个著名的农民大国，70%的总人口生活在农村，三级利益共同体直接面对的就是这些数量十分庞大而又相当分散的九亿农民，农民的命运与三级利益共同体的命运紧密相连。二元社会结构使大量人才流出农村，世世代代劳动和生活在农村这个小圈子里的大都是没有文化或文化程度不高的农民。而三级利益共同体内的干部素质也参差不齐，不少县乡村干部即使怀揣一张高学历的文凭却仍有一种横蛮无理的封建“酷吏”作风。这种管理对象的单一性，使三级利益共同体无需花费更多的工作技巧方法和提高法律道德文化素质就能解决实际问题，甚至基层干部作风的粗暴和工作方法的简单似乎更有效。

成员的本地性。三级利益共同体成员（县乡村三级干部），绝大多数都是土生土长的本地人。这种成员的本地化特性，使他们十分熟悉本地的风土人情，他们在血缘、地缘、业缘关系交织而成的关系网络中，很容易结成利益集团。干部的异地交流既十分稀少，又相当艰难，即使在县一级有个别领导实行了极其有限的异地交流，他们也大都有一种“强龙压不过地头蛇”的感叹。

运行的封闭性。这种封闭性体现在三个方面，一是二元社会结构使农民固定在农村这个狭小的圈子之内封闭性地劳动和生活；二是县乡村三级在权力运作上严格遵循着体内循环，难以与外部的大世界连成一体；三是县乡村三级共同体具有明显的排外性、排他性，所谓“地方保护主义”正是这种权力封闭运行的真实写照。

利益的一致性。县乡村三级利益共同体具有明显的利益一致性，三级利益共同体实质上也是一种命运共同体，一荣俱荣，一损俱损。这种利益的一致性通过种种目标责任制把县乡村三级紧紧地捆绑在一起，只有共同维护、巩固和遵守三级利益共同体的利益，才能确保每一级的自身利益和每一个成员的切身利益。

管理的强制性。县乡村三级利益共同体内部有着十分明确的管理制度，为确保管理的有效性，三级利益共同体通过干部的任命制和目标责任制实行层层控制和管理，下级必须顺着上级的权力棒运转，否则就会被“罚下场”。这种内部管理的严格性和强制性已经形成一种巨大的惯性，任何个人几乎都无法招架和抵挡。

监督的软弱性。对县乡村三级利益共同体的监督主要有四个方面，一是共同体内部的监督，内设在共同体内的监督部门事实上已构成共同体的一部分，其监督的无效性已广为人知；二是农民群众的监督，虽然从监督学上说这是很重要的监督，但在传统体制下，农民缺乏监督三级利益共同体的合法性制度安排，因而这种监督不可避免地演绎成浩浩荡荡的“上访大军”；三是上级的监督，上级监督是最有效的监督，但由于监督面过大，上级实际上处于力不从心的状态，不少在人们看来强有力的监督制约措施一旦到达三级利益共同体时，就可能被“上有政策，下有对策”所化解；四是新闻舆论监督，目前这种监督具有一定的威慑性，比如中央电视台焦点访谈栏目就被农民视为“焦青天”，但新闻单位“坚持正面宣传为主”的方针，其监督的有限性也是显而易见的，而一部分新闻工作者又不断地受到三级利益共同体的威胁、收买和同化，监督路上千难万险。

县乡村三级利益共同体的形成，有其深刻而复杂的政治、经济、文化等多重根源。从政治上来说，中国几千年来实行的是君主专制政体，建国后又实行高度集中的计划经济体制，这种计划经济体制限制农民的自由发展，使县乡村三级利益共同体更加膨胀和凝固化；从经济上说，中国农村始终停留在自给自足的小农经济状态，家庭承包责任制的推行虽然一度极大地解放了农村生产力，解放了农民，但在这种分散的家庭经营下，农民缺乏组织化，难以摆脱原子化式的小生产者的命运；从文化上说，几千年来的专制主义思想在农村根深蒂固，而长期的计划经济体制，又使专制主义残余思想有了最好的寄生体，农村就成为专制主义残余思想的最大藏身之地。不管是农民还是基层干部，都不同程度地深受专制思想的严重影响。加上农村地域的封闭性和二元制度的隔离性，农民无法与外部世界进行有效的交流，这种二元社会结构无形之中巩固了三级利益共同体的制度基础，农村的资金和人才纷纷流入城市，成了“肉包子打狗——有去无回”。广大农村，特别是中西部地区的农村仍然保留着落后的生产生活方式，广大农民则被远远地排除在现代化的门槛之外，致使一个现代化的城市社会与一个传统的农业社会长期并存。

三级利益共同体的游戏规则

县乡村三级利益共同体的权力运作有一整套行之有序的内部游戏规则：

自上而下的干部任命制。对干部的任命制，马克思主义经典作家是坚决反对的，因为它是民主政治的大敌，与社会主义高度民主原则相背离。恩格斯曾明确说过：“州政府任命专区区长和市镇长官，这在讲英语的国家是绝对没有的，而我们在将来也应该断然消除这种现象，就像消除普鲁士的县长和参政官那样。”①巴黎公社时的公职人员就取消了从上到下的任命制，由各社区代表普选产生，并且随时予以撤换。干部的任命制是在苏联时期才得到普遍采用并逐渐僵化起来。我国深受苏联模式的影响，广为推行干部自上而下的任命制。这种自上而下的干部任命制，就成为维系县乡村三级利益共同体的主要纽带。虽然从理论上说，干部是人民的“公仆”，是全心全意为人民服务的，但在具体工作生活中，每个组织和个人都有自身的切身利益，而干部自上而下的任命制，又决定各级干部只能对上负责而难以对下负责。县里任命乡镇干部，乡镇任命村里干部，这种任命制成为上级控制下级的有效手段，下级干部为了得到上级领导的赏识和提拔重用，就必然想方设法“巴结”、“讨好”上级领导，“不是奴才不是才”，“拍马屁”已经成为干部积极钻研的必修课。人类所应当信仰的“人服从正义、真理和法律”在这里演变成了“人服从人”。于是溜须拍马盛行，买官卖官屡禁不止。既然干部的升迁决定于上级领导而与农民群众无关，干部们自然不可能真正把农民群众放在心上，即使迫不得已做些“亲民”的事，也只不过是为了取悦上级领导而做的表面文章。对干部来说，大部分情况是下级干部对上级领导俯首帖耳，对农民群众则颐指气使，这种对领导的卑恭和对农民的傲慢，构成了干部的“二重性”。

层层分解的目标责任制。实行目标责任制是县乡村三级共同体突出的管理模式和基本特征，它将政府确定的经济和社会发展的硬指标层层分解，从县分解到乡镇，从乡镇分解到村，村再分解到每个农民身上。年初各级签订目标责任状，年终依据目标责任状进行考核，以确定“政绩”。这种目标责任制管理方式，实质上是计划经济体制下对企

---

① 《马克思恩格斯选集》（第四卷），北京：人民出版社，1995年版，第4147页。

业进行计划指标管理方式的翻版，它完全漠视了市场经济条件下政府角色的"裁判员"身份和提供公共物品的职责。这种目标责任制在实践中形成了一种典型的"压力型体制"，使县、乡、村三级的"经济指标承包制"演变为"政治责任承包制"，形成"县委县政府——乡镇党委政府——村党支部村委会"的连坐制。①为人民服务的原则就蜕变成了为完成具体目标责任制指标而奋斗。凡是与目标责任制有关的"指标"，各级领导和干部就想方设法（包括弄虚作假、盘剥农民）去完成，与目标责任制无关的事，就一概不管。所以常常出现这样的困惑：各级各部门每年都出色地完成了年初签订的目标责任状，可农民群众却怨声载道，各种问题堆积如山，社会矛盾日益尖锐。

政绩至上的任务完成制。在自上而下的干部任命制和层层分解的目标责任制行政管理模式下，政府行政的目标就完全由口头上的"为民造福"转变为实际工作中的"政绩至上主义"，而这种"政绩至上"又仅仅体现在一大堆空乏的"数字指标"上，所以不妨称之为"数字型政绩至上"。在这种"数字型政绩至上"的行政理念驱使下，各级干部为了炫耀自己的"政绩"和表现自己的"才华"，就竭尽全力提前、超额完成上级下达的以及自己加码的"数字任务"。这样，形式主义和官僚主义就相伴而生。不仅如此，在缺乏有效制约的情况下，疯狂追逐自身利益最大化的权力，必然横冲直撞，置民于无法招架的尴尬境地。为完成上级下达的数字指标任务和自己加码的数字指标任务，县乡村三级常用的工作方法，一是弄虚作假填报泡沫数据，二是四处借贷完成上级财税任务，三是任意加重农民负担。虽然这些"数字任务"在各级不择手段的种种努力下到年底都画上了圆满的句号，但普遍呈现出来的严重问题是：统计数字严重失真、乡镇债务日益扩大、"三乱"现象屡禁不止、农民群众怨声载道、干群矛盾不断激化等等。

为完成各项数字指标任务，虽然各级干部可以不择手段，但一旦闹出大的群体性事件被新闻媒体曝光，也会引起中央的动怒而遭受处分。为此，三级利益共同体就积极在"数字政绩至上"和不发生"涉农恶性事件"的底线中寻求平衡。但在体制性障碍没有消除、农民负担减不下来、干部作风未根本转变等情况下，涉农恶性案件还会随时发生，为此，三级利益共同体就心照不宣地采取反现代文明的做法：

一是实行愚民政策。他们遵循着"民可使由之，不可使知之"的古训，千方百计地阻止和剥夺农民对中央减负政策和法律法规的知情权。2000 年 8 月发生在江西省有关部门强行收缴农民购买的《减轻农民负担工作手册》一书的惊世事件，最典型地揭示了三级利益共同体对农民觉醒的空前恐惧。②

二是剥夺农民起诉权。三级利益共同体在目标责任制中明确规定"计划生育"和"社会治安"两项工作实行"一票否决"，这两项工作直接关系到基层干部的"乌纱帽"，

① 参见荣敬本等：《从压力型体制向民主合作体制的转换》，北京：中央编译出版社，1998 年版。

② 《一本奇书的奇遇》，载《南方周末》2000 年 10 月 12 日。

为确保这两项任务的完成，有的县级政权就采取了相应的配套措施，规定人民法院不得受理农民有关计划生育和农民负担方面的案件。正常的司法诉讼大门已经向农民紧闭，农民只有选择向市、省和中央机关及新闻单位的集体上访之路。一些盲目指责农民不善于运用法律武器保护自己合法权益的人，是对农民的诬蔑和对农村现实的无知。

三是层层隐瞒恶性案件。中央在严峻的农村形势下已经明令各地要确保不得再发生涉农恶性案件，否则基层干部就有丢官受罚的可能，但一些基层干部不是在如何克服涉农恶性案件的根本问题上下功夫，而是依然我行我素，一旦发生了恶性案件，就迅速结成攻守同盟，严禁消息外泄，实施层层掩盖。这类事情被查出来的比比皆是，尚未揭开盖子的尚不知有多少。

这种三级利益共同体的游戏规则，虽然使各级干部因“政绩”突出而得到上级领导的赏识和重用，但这种游戏规则造成的普遍后果是农民利益的严重损害和干群关系的日益恶化。在这种泛滥的权力面前，最大的受害者无疑是农民。广大农民不断付出眼泪、鲜血和生命的代价，来“配合”县乡村三级完成“数字任务”。县级政权为了支持乡镇“数字任务”的完成，也就有意无意地容忍和包庇胡作非为的乡村干部，于是当代的“官官相护”就在县乡村三级利益共同体的“契约”下形成了。受到严重侵害的农民的所有冤屈，几乎都不可能在县乡村三级共同体内得到及时、有效的解决。县公、检、法机关也因为直接隶属于县级政权的领导而成为捍卫三级利益共同体最坚强的柱石。在催收农民税费时，常常是公检法“联合作战”，他们在权力指挥棒的挥舞下，不是冲锋陷阵抓捕农民，就是刑讯逼供残害百姓。这种不受制约的权力泛滥，必然产生触目惊心的“基层暴政”。

三级利益共同体的权力漩涡

三级利益共同体在严格的“游戏规则”运作下，已经形成强大的“权力漩涡”。这种县乡村三级利益共同体的“权力漩涡”一经形成，就具有强烈的排他性，一切不适应这种“权力漩涡”运转的个人，都将在这种“权力漩涡”中遭到无情地排挤和围剿。

中央政权对县乡村三级共同体的制约主要来自两个方面：一个是革命战争年代形成的行之有效的政治纪律性约束。但在新的历史条件下，这种政治纪律性约束的功效已大不如前，并被异化为一种形式主义的说教。另一个是适应法治国家建设需要的制度安排。村民自治的推行就是中央政权对县乡村三级共同体的最大一项反“权力漩涡”的权力制约性制度供给。村民自治无疑受到中央政权的高度重视，也得到农民群众的普遍欢迎，但却受到村党支部和乡镇政权的强力抵制，县级政权则大都处在一种既不积极倡导，也不公开反对的状态，事实上是默许了乡镇“重党轻民”的做法，有的地方则干脆下文要求村委会服从村党支部，这就使中央政权对基层的民主建设被逐渐消解。

目前，村党支部书记和村委会主任这两种权力来源完全不同的角色正在不同程度地僵持着。村党支部以加强“党的领导”为名牢牢控制权力，村委会则以村民自治法律为依据要求自治。这样，村党支部和村委会之间的矛盾事实上已不可避免。同理，乡镇政权也在“权力漩涡”中自然而然地与自己直接任命的村支部书记站在一起，共同对付外部输入的“民主尤物”——村民自治。据《人民日报》2001年3月21日报道，山东栖霞市4个镇57名村委会成员集体要求辞职，原因是村党支部和镇党委政府片面强调“党领导一切”，采取村支部包办代替村委会的做法，新“村官”上任一年多，村里的财务、公章不交接，财务由村支书一人说了算，镇党委政府不但不解决“村官”反映的问题，反而对村委会成员随意“诫勉”，甚至停职。[①] 这种乡镇政权与村党支部联合围剿村民自治的现象绝不仅仅只发生在山东一些地方。

乡村两级之所以不认同村民自治，关键是中央政权在三级利益共同体内输入民主性质的村民自治与传统的人治色彩浓厚的“权力漩涡”的运作极不协调，也就是说，民主性质的村民自治必然有碍于三级利益共同体顺利实现自身利益最大化的目标。村委会与村党支部、乡镇政权的矛盾冲突，实质上是现代“民主潮流”与传统“权力漩涡”激烈碰撞的“浪花”。

虽然孙中山早就说过：“世界潮流，浩浩荡荡，顺之则昌，逆之则亡”，但中央政权对三级利益共同体内供给的“村民自治”尚停留在“孤军深入”的地步，缺乏必要的强大“后援”，因而村民自治实际上在与传统的乡村力量的博弈中处于相当弱势的地位。乡镇政权可以不顾《村组法》界定的乡镇只能对村委会实行“指导、支持和帮助”而非领导关系的法律规定，任意干预村民自治，力图掌握村级干部包括村委会成员的全部控制权，实现其对村级组织（村党支部、村委会）的有效控制，从而使村干部习惯性地成为贯彻乡镇意图的有力工具。在这种情况下，不少地方的村委会已经沦为乡镇政权的附属物。这种三级利益共同体的“权力漩涡”，使村干部听命于乡镇领导人、乡镇领导人听命于县级领导人。作为一种回报，上级领导也在一定程度上放纵下级干部的以权谋私与腐败行为。所以说，在三级利益共同体内根本不存在上级领导不知道下级的种种腐败和非法行为的问题，而是在这样的“权力漩涡”中已经丧失了自我净化的功能。

进入这种“权力漩涡”的干部，个人也是无法克服和左右“权力漩涡”的。在这种“权力漩涡”之中的干部，大概可以分为四种：

第一种是积极适应这种“漩涡”并进一步促进“漩涡”运转的人。这种人常常被称为“适应”农村基层工作，自己也爱好这种“权力漩涡”，这种人一旦造成涉农恶性案

① 《村官的当家权》，载《南方周末》2001年3月29日。

件，常被指责“工作作风粗暴”和“工作方法简单”。其实他们是利用旧体制的不完善，积极充当旧体制的“帮凶”和“打手”，是一种违法犯罪行为。这些人也大都是农民的儿子，但在工作中却走向了农民的对立面，这种现象可以称之为“干部的异化”。

第二种是出于无奈，尽量避免涉农恶性案件发生，又尽量完成各项任务，力图在二者之间寻求最佳的平衡点，这需要一种高超的实际工作艺术。对这种人，上级领导欣赏，农民群众也不责怪，是颇受“肯定”的一种人，但这种人却不是很多。

第三种是既不出头露面欺压老百姓以免遭谴责，也不大显身手完成指标任务以博取奖赏，而是顺着“权力漩涡”旋转，得过且过。

第四种是具有强烈的责任感和使命感。这些人对农民的遭遇深表同情，对旧体制的弊端深刻反思，对一些干部的粗暴作风极为不满，他们力图以自身的人格力量来解脱农民的不幸命运。这种人虽然深得农民的喜爱，但在实际工作中就难免不合“权力漩涡”的“节拍”，其结果必然是悲剧性的，他们不是被“权力漩涡”排挤出局，就是被“权力漩涡”彻底埋葬。湖北省监利县棋盘乡原党委书记李昌平就是不适应这种“权力漩涡”而被甩出“权力漩涡”的一个典型代表。①

无论哪种情况，几乎所有的乡村干部都会诉说自己“没有办法”，大有“人在江湖，身不由己”之叹。同时，受害的农民也大都找不到具体的责任主体，似乎谁都不应该对损害农民利益的事负责。通过对三级利益共同体的理论分析，可以看到“权力漩涡”的巨大惯性和威力。

事实证明，三级利益共同体已经无法克服自身的重重矛盾，它无法孕育出克服“权力漩涡”惯性的新制度。对中国这样一个中央集权的单一制国家来说，唯一的有效途径，就是在中央政权的强力主导下，不断进行新的制度供给，加速三级利益共同体的崩溃。

能否打破三级利益共同体?

三级利益共同体严重侵害了农民的切身利益，损害了执政党和政府的形象，与执政党的根本宗旨和政府的基本职能相背离。在现行体制下，中央政权的宏观政治目标与县乡村三级利益共同体的微观工作目的并不完全一致。中央政权的一个重要目标是为人民谋幸福，“得民心者得天下”；而县乡村三级利益共同体具体工作的一个重要目的是为了个人的升迁，“得领导心者得官位”。这种矛盾，必然使三级利益共同体做出不利于甚至严重损害农民群众的事来，这种事一旦发生，中央政权的形象和威信也会遭到重大损

① 参见李昌平：《说句真话不容易》，载《百姓》2001年第6期。

失。而中央政权又迟迟未能进行确保上下政权行政目标一致的制度安排，这就使违背中央政权意旨的“基层暴政”应运而生。

对农民来说，他们一般不会区分中央政权与基层政权的这种差异性，他们甚至没有必要做出这种区分，他们只能从自身的体验中来判断一个政权的正义性和合理性，他们往往用来自基层政权和组织的体验来比照中央政权。当然，农民也有一种传统性的习惯性认识，即“中央是好的，就是下面的歪嘴和尚将经念歪了”。但如果农民感到“下面的歪嘴和尚一直在念歪经”，而中央却对此不予有效制止和纠正，那农民对中央的信心就可能下降。为维护中央政权的形象和农民的利益，中央政权必须真正下大力气加强对基层政权的有效约束。中央政权在强化政治纪律性约束的同时，积极推行依法行政是最好的良方。但在社会转型时期，各种制度和法律很不完善，依法行政任重道远。因而在市场经济和依法治国的条件下，理论创新和制度创新就显得迫在眉睫，比如政府的职能需要重新定位，人民对国家权力机关性质的理解应该由在革命时期的片面强调专政机器和暴力机关转变为保护人民生命财产安全和提供公共物品。而要做到这些，政治体制改革的深化是必不可免的。

当前，迫切需要摧毁县乡村三级利益共同体，进一步解放农民，使农民真正摆脱几千年来乡村社会的羁绊，成为既是现代文明的创造者又是现代文明成果的享受者。我国已经加入WTO，以开放倒逼改革，加速摧毁三级利益共同体的时机已经到来。

加速三级利益共同体的崩溃，有利于适应经济全球化的需要。经济全球化是不可阻挡的时代潮流，积极主动融入经济全球化，是一个国家和民族跻身世界发达之列的必然选择。三级利益共同体的反现代进步性和封闭落后性，极不适应经济全球化的需要。

加速三级利益共同体的崩溃，是现代化建设的需要。实现现代化是中华民族几个世纪的梦想，而作为一个农民大国，没有农业的现代化，就没有国民经济的现代化；没有农民的小康，就没有全国人民的小康；没有农村的繁荣稳定，就没有整个国家的繁荣稳定。不摧毁三级利益共同体，就不可能使占总人口绝大多数的农民汇入到现代化的潮流中来。

加速三级利益共同体的崩溃，是建设民主政治的需要。没有民主，就没有社会主义，就没有社会主义现代化。实行民主政治是党始终不渝的奋斗目标，而三级利益共同体却最大限度地保留着专制人治的糟粕，极大地阻碍了农民群众当家作主权利的发挥。

加速三级利益共同体的崩溃，是解放农民的需要。进一步解放农民，使农民从旧体制的束缚中解放出来，是党和国家坚定不移的方针，是全国人民的共同心愿。解放农民就是打破旧体制的枷锁，还给农民自由。三级利益共同体无疑妨碍了农民的自由发展。

鉴于三级利益共同体自身创新机制的严重丧失，加速三级利益共同体的崩溃，必须在中央政权的主导下，大规模地输入新的民主政治制度，使这些新的制度安排强大到足以阻止和破坏原有的“权力漩涡”，才能产生积极的效果。县乡村三级利益共同体最害怕的“克星”无疑是开放、民主、法治和监督。

扩大农村开放。彻底废除沿用半个世纪的户籍制度，从根本上打破二元社会结构，重新恢复和确立公民的居住和迁徙自由，还给农民公平公正的国民待遇，实行城乡一体化的就业制度、教育制度、社会保障制度等，加快城市化步伐，使绝大部分农民从农村进入城市变为市民。还给和保障农民的自由，这是传统社会向现代社会转变的必由之路。

实行基层民主。一切专制主义的传统势力最怕的就是民主。共产党执政就是要最大限度地实行民主。根据我国民主政治建设的路径选择，实行基层民主意义重大。在当前实行村民自治的基础上，应尽快撤销乡镇政权，实行乡镇自治，并推及县级政府自治，在地方自治的基础上全面实行直接选举，彻底打破任命制，废除终身制，对各级领导干部实行民主选举和罢免，并限定任期。必须重新界定和突出市场经济条件下政府公共行政职能，废除计划经济体制下的目标管理责任制。

建设法治国家。法治是人治的天敌，真正的法治是对公民权利的切实保护和对政府权力的严格约束的统一。要坚持和实行依法治国，努力建设社会主义法治国家，树立宪法的神圣权威，使农民的宪法权利得到切实的保障。基层政府必须严格依法行政，一切违宪违法行为都必须予以追究。

强化监督制约。“一切有权力的人都容易滥用权力，这是万古不易的一条经验。有权力的人们使用权力一直到遇到界限的地方才休止。”① 为了防止基层权力的滥用，必须以权力制约权力，加强对权力的监督。首先，建立以权力制约和监督权力的机制；其次，强化新闻舆论的监督；再次是建立农民群众有效监督的机制，使农民能依照法定途径和程序监督权力机关和领导干部。并且适应市场经济利益多元化的需要，提高农民的组织化程度，形成农民自己的利益代言人。

---

① ［法］孟德斯鸠：《论法的精神》上册，张雁深译，北京：商务印书馆，1961年版，第154页。

李昌平为什么成功？[1]

时间翻开了新的一页。关注“三农”问题的人继续关注着李昌平的新职业、新著作和新动向。现在，我们能否说，与西乌拉帕发出“李昌平为什么失败”相对应，或者说同一枚钱币另一面的是，李昌平为什么成功？

是失败，还是成功？

李昌平是失败了还是成功了，这在不同的人看来会有明显不同的判断。西乌拉帕曾在对李昌平与张德安的比较中，认为受过高等教育、身为乡党委书记的李昌平得到中央领导的批示后在棋盘乡开展改革，面对强大的地方势力，最终不得不出走，“李昌平失败了。”[2]

但是，几年之后，我们再回过头看，李昌平是否也成功了呢？

在现行的体制环境中，一个人成功与否，除了自我评判外，面临两套外在的评价系统，即官方评价系统和民间评价系统，官方评价系统又可分为地方（基层）评价系统和中央评价系统。从理论上说，这两套评价系统应该是一致的。但在社会转型时期，新旧观念和体制的摩擦，必然形成不同的利益主体和由此而来的利益冲突。在这种矛盾冲突中，两套不同的评价系统不可避免地会发生位移甚至对立。

作为乡党委书记的李昌平，一方面要接受上级政权主要是县级政权传统政绩观的评判，另一方面又要面对棋盘乡全体百姓的评判。在“三农”问题日益尖锐化的现实面前，李昌平的理性选择有二：一是顺着既定的基层权力游戏规则运作，出色完成上级下达的“目标管理责任制任务”，捞取个“先进乡党委书记”之名，为日后升迁铺平道路。这是一条习以为常的公认的“成功之路”。二是面对“农民真苦、农村真穷、农业真危险”的急迫现实，冒着丢掉乌纱帽的政治风险，上书国务院总理诉说“三农”问题真

---

① 本文原载《学习时报》2004年4月5日。

② 参见西乌拉帕：《李昌平为什么失败？——棋盘乡与谢安乡的命运比较》，载《江苏农村经济》2002年第6期。

相。经过激烈的“思想斗争”，李昌平在良知的敲击和讲真话的信念鼓舞下，毅然选择了后者。这就使他在“形势一片大好”的基层虚假汇报和泡沫宣传中，捅了“三农”问题“形势严峻”的篓子。这样，在地方政权的评判中，李昌平无疑失败了。但在中央政权的评判中，李昌平的行为符合执政党一贯倡导的实事求是精神和执政为民的理念，他的上书信得到了总理的重要批示，引起了高层对“三农”问题的空前重视。从这个意义上说，李昌平是成功的。同时，在民间评判中，李昌平不仅赢得了棋盘乡农民的普遍赞誉，而且赢得了大众媒体和广大民众的普遍认同。这就使李昌平从数万不知名的当代乡党委书记中一跃而成为全国“最著名的乡党委书记”。李昌平的“出现”无疑大大提升了国人对“三农”问题的关注和高层对“三农”问题的重视。

说实话难的体制因素

李昌平不讲实话，传统的地方势力和既得利益集团不会排挤他；同样，李昌平不讲实话，公众舆论和广大民众也不会广泛认同他。李昌平不向总理和百姓“说实话”，也就没有今天的李昌平。李昌平失败也好成功也罢，皆因在谎言和沉默的环境中斗胆讲了实话。

李昌平在基层讲实话却遭遇“失败”，体现了一种不合时宜的旧观念、旧体制对谎言的培植和对真话的排斥。

在城乡二元社会结构中，直接与农民打交道的县乡村三级基层权力组织在与农民的博弈和互动中结成利益同盟。这个县乡村三级利益共同体不仅在对付农民抗争而且在应对省市特别是中央政权以及新闻媒体的监督上，具有高度的利益共同性和行动一致性。县乡村三级利益共同体的权力运作已经形成一整套不利于讲真话的游戏规则。

一是自上而下的干部任命制。恩格斯曾明确说过：“州政府任命专区区长和市镇长官，这在讲英语的国家是绝对没有的，而我们在将来也应该断然消除这种现象，就像消除普鲁士的县长和参政官那样。”[①] 干部的任命制是在苏联时期才得到普遍采用并逐渐僵化的。我国深受苏联模式的严重影响，广为推行干部自上而下的任命制。这种自上而下的干部任命制，就成为维系县乡村三级利益共同体的主要纽带。对干部来说，大部分情况是下级干部对上级领导俯首贴耳，对农民群众则颐指气使。这种对领导的卑恭和对农民的傲慢，构成了干部的“二重性”。

二是层层分解的目标责任制。这种目标管理责任制通过将政府确定的经济和社会发展的硬指标层层分解，从县分解到乡镇，从乡镇分解到村，村再分解到每个农民头上。

① 《马克思恩格斯选集》（第四卷），北京：人民出版社，1995年版，第4147页。

年初各级签订目标责任状，年终依据目标管理责任状进行考核，以确定“政绩”。这种目标管理责任制在实践中形成了一种典型的“压力型体制”，使县乡村三级的经济指标承包制演变为政治责任承包制。凡是与目标责任制有关的“指标”，各级领导干部就想方设法（包括弄虚作假、盘剥农民）去完成，而与目标责任制无关的事，就撒手不管。所以常出现这样的困惑：各级各部门每年都出色地完成了年初签订的目标责任状，可农民群众却怨声载道，各种问题堆积如山，社会矛盾日益尖锐。

三是政绩至上的任务完成制。在自上而下的干部任命制和层层分解的目标责任制的行政管理模式下，基层政府行政的目标就会由口头上的“为民造福”转变为实际工作中的“政绩至上主义”，而这种“政绩至上”又仅仅体现在一大堆具体的数字指标上。虽然这些数字指标任务在各级不择手段的种种努力下到年底都画上了“圆满的句号”，但普遍呈现出来的严重问题是：统计数字严重失真、乡镇债务日益扩大、“三乱”现象屡禁不止、干群矛盾不断激化。

“权力漩涡”

县乡村三级利益共同体在严格的游戏规则运作下，已经形成了强大的“权力漩涡”。这种“权力漩涡”一经形成，就具有强烈的排他性特征。一切不适应这种“权力漩涡”运转的个人，都将在这种“权力漩涡”中遭到无情地排挤和围剿。在这种“权力漩涡”中，一些具有强烈责任感和使命感的党员领导干部，也会对农民的遭遇深表同情，对旧体制的弊端深刻反思，对某些干部的粗暴作风强烈不满，他们力图以自身的人格力量来抚慰农民，抗争旧体制对人性的束缚。这种积极进取的行为在实际工作中却难免不合“权力漩涡”的节拍，其结果大都是悲剧性的：不是被“权力漩涡”排挤出局，就是被“权力漩涡”彻底埋葬。李昌平就是在这种“权力漩涡”中被排挤出局的典型代表。

在一个文明的社会中，讲真话、实话，必然会赢得民众和舆论的强大声援和道义支持。执政党对实事求是精神长期不断地弘扬以及对立党为公、执政为民理念的强势宣传，必然会鼓励和宽宥李昌平这样的说实话者。这就使李昌平在被基层权力排挤“出局”之后，却意外地获得了整个社会宽广臂膀的热情拥抱。

勇气比智慧更重要

李昌平并不是第一个看到“三农”问题严重的人，但他是第一个敢于舍弃乡党委书记乌纱帽而诉说“农民真苦、农村真穷、农业真危险”的人。李昌平给人印象最深的不是他超群的智慧，而是他非凡的勇气。这正用得上“勇气比智慧更重要”这句话。

在社会转型时期，由计划经济转向市场经济，由苏联模式社会主义转向中国特色社会主义，由人治转向法治，由全能政府转向有限政府，由侧重单一的经济发展到注重经济社会和人的全面发展，这种转型目标已经十分明确，关键需要国人的求实精神和创新勇气。

中共十六大提出："一切妨碍发展的思想观念都要坚决冲破，一切束缚发展的做法和规定都要坚决改变，一切影响发展的体制性弊端都要坚决革除。"李昌平为这句话作了最生动的注脚，同时也启迪着人们要对具有创新勇气者给予更多的理解、支持和宽容，因为社会文明进步的车轮往往是那些具有叛逆精神和非凡勇气的人的双手最先推动的。

劳教制度：是改还是废？①

我是因为研究农民问题才开始关注劳动教养制度的。尽管劳动教养制度并不像户籍制度那样明显针对农民这一特定的弱势群体，但近期来在农民工进城和农村基层干群矛盾冲突中，农民被处以劳动教养的日渐增多，就使笔者不能忽视对这一制度本身的理性考量。

劳动教养制度产生于非法治的特殊环境

众所周知，世界上只有中国才有独特的劳动教养制度。这种“中国特色”有其深刻的社会历史根源。1949年以后，中国共产党通过暴力革命推翻了国民党的统治，建立了人民民主专政的新政权。在当时的特殊环境中，国民党的一切旧“法统”被全面摧毁，新的规范有序的法律制度尤其是刑法尚未建立起来。这样，作为执政党，中国共产党就很自然地沿袭革命战争年代形成的习惯做法，大量地以党中央的文件形式整合着新生的人民共和国的内政外交。作为一种必不可免的制度替代，党中央的正式文件事实上起着最高法律效力的历史性作用。

新中国成立之后，中共中央接连不断发动了一系列的政治运动来巩固新生政权。从1950年开始，中共中央以发布文件的形式，在全国开展了镇压反革命、“三反”等政治运动。1955年7月1日，中共中央发出《关于展开斗争肃清暗藏的反革命分子的指示》，以“大约有百分之五左右的暗藏的反革命分子和坏分子”的规模进行卓有成效的“肃反”。这个“百分之五”的比例以后成为历次政治运动中的一种“经典比率”。劳动教养这一历史性概念也就是在这次处理“反革命分子和坏分子”的实践中应运而生的。

为了处置在“肃反”运动中清查出来的大量反革命分子和坏分子，1955年8月25日，中共中央发布了《关于彻底肃清暗藏的反革命分子的指示》，对如何处理在“肃反”运动中清理出来的反革命分子和坏分子作出了新的规定：“对这次运动中清查出来的反革命分子和其他坏分子，除判处死刑的和因为罪状较轻、坦白彻底或因为立功而继续留

---

① 本文原载《书屋》2004年第3期。

用的以外，分两种处理办法。一种办法，是判刑后劳动改造。另一种办法，是不能判刑而政治上又不适于继续留用，放到社会上又会增加失业的，则进行劳动教养，就是不判刑，也不完全失去自由，但亦应集中起来，替国家做工，由国家发给一定的工资。各省市应即进行筹备，分别建立这种劳动教养的场所。全国性的劳动教养的场所，由内务部、公安部立即筹备设立。”[①] 这是中共中央第一次明确提出对“反革命分子”和“坏分子”实行“劳动教养”的政策。从此，劳动教养这一崭新的政治符号开始登上历史舞台，成为国人耳熟能详的专用词汇。可见，“劳动教养制度”至今已半个世纪，它可以与“户籍制度”比寿，但比“收容遣送制度”的资格要老得多。

1956 年 1 月 10 日，中共中央发布《关于各省市应立即筹办劳动教养机构的指示》，再次强调劳动教养制度的指导思想是“在肃清一切暗藏的反革命分子的运动中，将清查出一批不够逮捕判刑而政治上又不适合继续留用，放到社会上又会增加失业的反革命分子和其他坏分子，需要进行适当的处理。为了妥善地解决这个问题，中央决定，采取劳动教养的办法，把这些人集中起来，送到国家指定的地方，组织他们劳动生产，替国家做工，自食其力，并对他们进行政治、思想的改造工作，使他们逐渐成为国家的真正有用的人。”[②]

由此可知，所谓“劳动教养”，就是劳动、教育和培养，首先是“劳动”，即强制劳动，组织他们“劳动生产，替国家做工，自食其力”；其次是“教育”，即教育改造，对“他们进行政治、思想改造工作”；再次是“培养”，使他们“逐渐成为国家的真正有用的人”。

劳动教养制度在“肃反”运动中的适用范围是“不够逮捕判刑而政治上又不适合继续留用，放到社会上又会增加失业的反革命分子和其他坏分子”。在 1957 年的“反右”运动中，劳动教养制度显示出了空前的生命力。在全国被划为右派的 552877 人中，劳动教养是处置这些“右派分子”的主要方式和首要手段。[③]

反右斗争的实际需要，也推动了劳动教养制度的“法制化”进程。1957 年 8 月 1 日，经第一届全国人大常委会第 78 次会议批准，国务院公布了《关于劳动教养问题的决定》，对劳动教养作了全面的规范化界定。这样，劳动教养正式成为经中国最高立法机关批准实施的一项法律制度。而在此前的 1954 年，明确保障公民人身自由权的新中国第一部《宪法》开始颁布实行。

---

① 《建国以来重要文献选编》第七册，北京：中央文献出版社，1993 年版，第 139 页。

② 夏宗素、张进松主编：《劳动教养学基础理论》，北京：中国人民公安大学出版社，1997 年版，第 38 页。

③ 转引自陈瑞华：《公法的第三领域》，载《中外法学》2001 年第 6 期。

劳动教养制度的惯性运行

1978年开始的改革开放，成为新中国历史上的“伟大转折点”。“以经济建设为中心”取代了“以阶级斗争为纲”，人们的思想观念获得了新的巨大解放，民主法制理念逐渐深入人心。但不可否认，一系列在计划经济体制中出台的旨在限制或剥夺公民人身自由权的法律法规仍然在惯性的强大作用下继续运行。这除了限制公民自由迁徙的二元户籍制度外，劳动教养制度无疑格外引人注目。

中共十一届三中全会召开一年后的1979年12月5日，国务院公布了《关于劳动教养的补充规定》，并将1957年颁布的《关于劳动教养问题的决定》重新发布实施。这样在特定的阶级斗争和政治运动中诞生的、在“文革”中几乎陷入停顿状态的劳动教养制度，借助改革开放的春风“起死回生”，重新复活在改革开放的新时代。1980年国务院发布《关于将强制劳动与收容审查两项措施统一于劳动教养的通知》，将原来按照“强制劳动”和“收容审查”处理的“违法犯罪人员”，均一律按劳动教养加以处理。这一文件通知使劳动教养的适用对象得到较大的扩展，劳动教养在一定程度上实现了对其他政治性羁押措施的收编。[①] 1982年国务院转发公安部《劳动教养试行办法》，该《试行办法》除了重申劳动教养的性质是“对被劳动教养的人实行强制性教育改造的行政措施，是处理人民内部矛盾的一种办法”外，历史性地突破原来有关劳动教养仅对家居大中城市的人适用的规定，将劳动教养对象扩大到那些“家居农村而流窜到城市、铁路沿线和大型厂矿作案符合劳动教养条件”的人。这就为日后收容劳教进城的农民工打开了一个极坏的口子，成为新时期进城农民工丧失人身自由的又一制度“陷阱”。

在1982年《宪法》颁布之后，有悖于宪法精神的劳动教养制度却在新的历史条件下获得了新的发展。首先，劳动教养的适用对象完成了从“政治符号”向“法律术语”的转型。即从其刚诞生时用来处置“反革命分子”、“坏分子”以及“右派分子”的政治性处置措施，转为用来处置实施了刑法和行政法所禁止的行为而又不够刑事处置的人这一法律性话语。其次，劳动教养的适用范围日渐扩大。1986年第六届全国人大常委会第17次会议通过的《治安管理处罚条例》，1990年12月28日第七届全国人大常委会第17次会议通过的《关于禁毒的决定》，1991年9月4日第七届全国人大常委会第21次会议通过的《关于严禁卖淫嫖娼的决定》等法律法规以及其他行政法规、司法解释甚至一些省市区、大中城市的政府和行政部门通过的地方性法规或部门规章，都不约而同地扩大了劳动教养的对象。

---

① 陈瑞华：《公法的第三领域》，载《中外法学》2001年第6期。

在市场经济迅速发展、城市化进程明显加快的新时期，一个新的趋势是，一些大中城市以维护城市治安和秩序为名，开始将进城农民工作为劳动教养的对象，而一些农村的地方政府为平息因农民负担而激化的基层矛盾，也借助劳动教养这一不经司法程序的便利手段制服所谓的“上访专业户”和“农民抗争领袖”。现在，全国共有劳教场所310多个，干警职工10多万人，收容劳教人员31万多人。[①] 劳动教养适用对象日益扩大的严重后果是十分明显的。

改革开放以来，中国的政治、经济和社会生活都发生了翻天覆地的巨大变化，但游离于刑法之外却又限制和剥夺公民人身自由的劳动教养制度却“长盛不衰”，这充分说明劳动教养制度这一旧体制惯性力量的强大。

劳动教养制度：是改还是废?

对于实行了半个世纪之久的劳动教养制度，学术理论界存在着众说纷纭的不同观点。这些观点，大致分为保留、改革和废除三种情况。

持保留论者认为，“劳动教养制度创建四十多年来，累计教育改造了近300万有各种违法犯罪行为的人，不仅为稳定社会作出了重要贡献，而且把大量被收容人员改造成了自食其力的守法公民，因而这一有中国特色的制度只能加强不能削弱。”[②] 持这种观点的人，大都是一些深怀“祖宗之法不可变”之陈腐观念者，他们看不到或不愿看到历史前进的滚滚车轮，认识不到我国从计划经济转向市场经济、从人治转向法治的时代趋势，仍然固守传统的旧观念、做法和体制不变，力图维持既得利益。他们对民主、自由、法治、人权、宪法知识和观念十分淡薄。“只要结果正义，就可不择手段”正是这类人的信条。在法治化的今天，这种观点已为绝大多数人所摒弃。

持改革论者中可分为两种情况。一种认为劳动教养制度虽然存在一定的缺陷，但总体上仍然是合理的，主张通过改革劳动教养制度来增强劳动教养制度的合理性，使其在新的形势下仍然发挥应有的整合社会秩序的功能。[③] 这种改革论者从总体上维护劳动教养制度存在的合理性和适当性，主张从技术性角度从事一些必要的细枝末节的修补完善。持此论者相信“存在的就是合理的”，忽视或不愿意看到劳动教养制度反法治反宪政的一面，更体会不到公民在非经适当的司法程序就被限制、剥夺人身自由的非正义性和痛苦性的一面。这种改革观，看似四平八稳，实则上是对旧体制的修补和完善，是一

① 参见《中国劳动教养》1999年第3期。

② 参见毕序森:《从历史看劳动教养的属性》,载《中国劳动教养》1999年第2期。《劳动教养工作只能加强不能削弱》（作者为该报特约评论员），载《法制日报》1997年8月3日。

③ 参见储槐植:《论教养处遇的合理性》,《法制日报》1999年6月3日。

种逆改革的改革，其消极后果极其严重，是不足取的。

持改革论者中的第二种情况，就是充分认识到在依法治国、建设法治国家和保障人权的今天，劳动教养制度面临严重“挑战”，必须进行改革。但我国当前正处于社会转型时期，社会治安、人民群众的生活秩序仍需进一步保持稳定，在这种形势下，一下子把实行40多年之久的劳动教养制度完全取消，不切实际。不过，现行劳动教养制度的种种弊端又确实不容忽视，因而迫切需要对其进行改革，并提出了许多不同的改革主张。[①]这种观点适合中国人的传统性格和思维模式，最容易为大多数人所认同，也最可能为决策层所吸纳。持这种观点的人当然有其可取之处，一方面，他们与“保持现状派”划清了界限，另一方面，他们又与“总体合理局部修补派”明显不同。他们站在世界和时代发展的交叉点上，清醒认识到劳动教养制度的非正义性和不合理性，深切感受到劳动教养制度的改革势在必行。但他们在异常强大的旧体制势力面前灵活地选择妥协，弱化彻底改革旧体制的勇气。不过，有这样一句哲言值得学者记取：“作为人类活动的首要价值，真理和正义是决不妥协的。”[②]

持废除观点的人认为，劳动教养制度与依法治国的理念相背离。它游离于刑事处罚体系之外，几乎无法受到诸如罪刑法定、罚刑相适应等一系列刑事法治原则的制约；同时，它还游离于现行的行政法律体系之外，不受诸如行政处罚法定化、行政听证等原则的约束。从公法的角度来说，劳动教养背离了公共权力机构在剥夺个人权利时所必须遵循的“法定原则”、“成比例原则”和“形式正义原则”。另一方面，劳动教养也违背了“任何人未经公开、公正的司法听审，不得被剥夺权利和自由”的程序法治原则。在劳动教养的适用程序方面，无罪推定、审判公开、辩论制是无法实行的，被劳动教养者甚至连获得中立司法机构听审的机会都受到了剥夺，更不用说事后获得有效的司法救济了。劳动教养事实上已经成为中国刑事法律和普通行政法律体系之外的第三种独立的制裁体系，而不受这两个法律体系在法治化方面所发生的任何积极变化的影响。因而主张彻底废除这一制度。[③]促进社会进步和体制完善，是每一位心怀良知和正义的学者的职责。笔者与这种观点不谋而合。

当代著名的正义论思想家约翰·罗尔斯认为：“正义是社会制度的首要价值，正像真理是思想体系的首要价值一样。一种理论，无论它多么精致和简洁，只要它不真实，就必须加以拒绝或修正；同样，某些法律和制度，不管它们如何有效率和有条理，只要它

---

① 参见宋雅芳：《劳动教养存在的问题及对策》，载《郑州大学学报〈哲学社会科学版〉》1998年第6期。刘仁文：《劳动教养制度及其改革》，载白桂梅主编：《法治视野下的人权问题》，北京：北京大学出版社，2003年版。

② [美]约翰·罗尔斯：《正义论》，北京：中国社会科学出版社，1988年版，第4页。

③ 参见陈瑞华：《公法的第三领域》，载《中外法学》2001年第6期。

们不正义，就必须加以改造或废除。”①

劳动教养制度产生于特定的非法治环境，其初创之时是为了处置在“肃反”运动中清查出来的不够判刑、而政治上又不适用于继续留用、放到社会上又增加失业的“反革命分子和坏分子”。后来发展到对“不够刑事处分的人”进行的行政性处罚。几十年来，劳动教养制度尽管发生了不少变化，但其本质特征却是始终如一的，那就是不经司法程序而限制、剥夺公民的人身自由权利。

劳动教养制度规定的收容期限，早期未明确规定，1979 年国务院《关于劳动教养问题的补充决定》确定劳动教养的期限为 1 至 3 年，必要时延长 1 年。1982 年的《劳动教养试行办法》又对提前解除劳动教养、延长和减少劳动教养期限的条件与审批权限作了具体规定，即提前解除劳动教养，一般不超过原劳动教养期限的二分之一；延长劳动教养，累计不得超过 1 年；提前解除劳动教养、延长和减少劳动教养期限，均由劳动教养管理委员会批准。由此可见，劳动教养制度可以限制、剥夺公民人身自由最长达 4 年之久。

人身自由是现代国家普遍认同的基本人权，必须受到尊重和保障。我国 1982 年《宪法》第 37 条规定“中华人民共和国公民的人身自由不受侵犯。任何公民，非经人民检察院批准或者决定或者人民法院决定，并由公安机关执行，不受逮捕”。这种宪法性规定说明，第一，公民人身自由不受侵犯，第二，只有经人民检察院批准、人民法院决定，才能限制或剥夺公民的人身自由。根据现代法治原则和世界各法治国家的司法实践，“任何以公共权力机构的名义剥夺公民人身自由的行为，都不能由警察机构或其他行政机构作出最终的决定，而必须由中立的司法裁判机构通过司法听审或听证的方式作出决定。”② 国际人权宪章也都对人身自由作了明确的保障规定。

劳动教养制度从诞生至今，实质上都是由公安部门（虽然名义上还有其他部门）执行的。不管是公安部门，还是由相关行政部门组成的虚置性的劳动教养管理委员会，都无权限制、剥夺公民的人身自由。1991 年 11 月国务院新闻办公室发布的《中国人权状况》白皮书突出强调“劳动教养不是刑事处罚，而是行政处罚”。但任何行政处罚都不能代替刑事处罚而限制、剥夺公民的人身自由权。

中国共产党执政以来，执政理念和执政方式都发生了很大的变化。中共十五大正式提出依法治国、建设社会主义法治国家，并在建国后首次提出“尊重和保障人权”。中共十六大又进一步明确要建设政治文明，促进人的自由而全面发展，提出“一切妨碍发展的思想观念都要坚决冲破，一切束缚发展的做法和规定都要坚决改变，一切影响发展

① [美]约翰·罗尔斯：《正义论》，北京：中国社会科学出版社，1988 年版，第 3 页。
② 参见陈瑞华：《警察权的司法控制——以劳动教养为范例的分析》，载《法学》2001 年第 6 期。

的体制弊端都要坚决革除。”①

毋庸置疑，劳动教养制度不符合依法治国的基本方略，不符合建设法治国家的目标，不利于尊重和保障人权，不利于政治文明建设，不利于人的自由而全面发展。劳动教养制度已经明显成为我国加快经济发展和社会政治全面进步的体制性障碍。执政党十六大政治报告的基本精神，为坚决废除劳动教养制度这一束缚发展的体制弊端提供了鲜明的革新理念，这也是笔者主张坚决废除劳动教养制度的根本原因所在。

2003年的孙志刚事件，为限制、剥夺公民迁徙自由权的收容遣送制度画上了悲壮的句号，这是中国法治化道路上的一个里程碑。废除劳动教养制度虽然不能使中国公民的人身自由获得全部的保障，但这无疑将是中华民族迈向限制公共权力、保障公民权利宪政之路上的又一个新的里程碑。在建设现代法治国家的历史进程中，我们有理由期待劳动教养制度这一体制性弊端的革除。

① 江泽民:《全面建设小康社会，开创中国特色社会主义事业新局面》，北京：人民出版社，2002年版，第14页。

降低社会转型的痛苦指数①

中国正处在前所未有的社会转型时期，从计划经济转向市场经济、从人法转向法治、从苏联模式转向中国特色社会主义、从传统农业社会转向现代工业社会，等等，都从不同角度揭示社会转型的深刻内涵。当前，不是要不要社会转型，而是如何降低社会转型的痛苦指数。

关注痛苦指数

指数，按照词典的解释，是指某一经济现象在某时期内的数值和同一现象在另一个作为比较标准的时期内的数值的比数。它表明经济现象变动的程度。此外，说明地区差异或计划完成情况的比数也叫指数。笔者借用此词来说明在社会转型时期民众尤其是弱势阶层在基本权利得不到有效保障时的痛苦程度。

社会的急剧转型，冲击着人们传统的思想观念和生活方式，也瓦解着不适应社会发展的旧体制。在新旧体制磨合过程中，社会存在着比较突出的秩序失范现象，正义不张、道德滑坡、法制失效和精神失落迅速蔓延。这种游戏规则缺失和道德约束失灵的转型环境，造就了新的社会强者和弱者。强者并不一定是能力较强的人通过合法途径取得强势地位，弱者也并非个人能力不足而位于弱势位置。作为政府，在整合社会秩序时，必须限制强势集团的掠夺行为，相应地改善弱势阶层的生存境况，否则，必然激起社会矛盾，引发社会动荡。当前，降低社会痛苦指数，保障弱势阶层的基本权利，显得尤为紧迫和重要。

痛苦指数应该有一个量化的具体指标，不过这个任务就留给擅长数学的计量经济学家去核算。我的基本判断是，承受社会转型主要成本的弱势阶层的痛苦程度最大。这些弱势阶层主要是农民、进城农民工和城镇下岗职工。

上个世纪80年代流行一句有名的顺口溜："端起碗来吃肉，放下筷子骂娘。"这是民众在生活水平提高的同时对社会不满的生动反映。进入90年代以来，一方面是国家

---

① 本文原载《东莞经济》2004年6月号。

经济发展指标不断增长，另一方面，身处弱势地位的民众的痛苦指数也在增长。这就暗示着“经济繁荣背后的社会不稳定”。痛苦指数可以分为绝对痛苦指数和相对痛苦指数。绝对痛苦指数是指民众尤其是弱势阶层的基本生存权利受到严重侵害而又得不到社会有效救济时的痛苦程度；相对痛苦指数是指民众尤其是弱势阶层在与强势集团生活的对比中感到自身痛苦的程度。社会不满情绪实质上也是一种痛苦的外化宣泄。

弱势阶层的痛苦类型

在当前，弱势阶层的痛苦指数主要体现在绝对痛苦指数上。具体说，有这么几种类型：

一是人身权利遭到严重侵犯而痛苦。在农村，基层干部在催缴农民税费和计划生育工作中，任意殴打、捆绑、关押农民，甚至逼迫农民自杀或干脆将农民殴打致死。这种基层行政暴力化倾向，不仅使“公民人身权利不受侵犯”的宪法保障化为乌有，而且大大消除了农民对幸福生活的信念，痛苦之情油然而生。

二是高昂学费和高昂医疗费威逼而痛苦。在一些“不讲道德的经济学家”的鼓吹下，教育和卫生医疗迅速走向“产业化”之路，致使教育（不管是义务教育还是非义务教育）收费和卫生医疗收费高得出奇，就连城镇工薪阶层也对教育和医疗的高收费望而生畏，至于仅靠种田谋生的农民和下岗职工，怎能不在学校和医院门前痛哭流涕。笔者在调查中每每看到这种农民失声痛哭的场面，也禁不住含泪同悲。

三是遭遇城市恐怖而痛苦。城市是政治、经济和文化中心，本应该是文明的象征。改革开放以来，大量农民进城充分体现了农民对城市美好生活的向往和追求。但在中国特殊的社会转型时期，各大城市普遍展示出排斥外来工、农民工的“恐怖面容”。比如实行了21年之久的城市收容遣送制度对广大外来工和农民工来说，就无异于一项最大的“恐怖制度”。笔者亲眼看到一些农民工诉说自己被收容和怕被收容时令人不寒而栗的情景。孙志刚就是以自己鲜活的生命葬送在广州这个经济繁荣城市收容遣送制度之下的又一个冤魂。有的农村姑娘抱着对城市的梦幻般的憧憬来到城市，却在城市遭到了惨无人道的强奸和欺凌，给其留下了终身的悔恨和痛苦，有的甚至在城市付出了年轻的生命。现在的城管制度正日益明显地呈现出暴力倾向，已成为继收容遣送制度之后最激起民众谴责的又一城市恶制。

提高生活质量

人生活在社会中，不仅仅是单纯追逐财富的“经济人”，人还有自由、安全、情感等非物质的强烈需求。在社会转型时期，降低民众尤其是弱势阶层的痛苦指数，无疑具有重大的现实意义和长远的历史意义。

而降低社会痛苦指数的关键，就是要切实保障弱势阶层的基本人权和自由，进一步具体落实国家“尊重和保障人权”的原则。作为经济学家，尽可为增进社会财富绞尽脑汁，但作为国家，不仅需要经济学家大显身手，也需要法学家、社会学家、政治学家等等人文社会科学家献计献策。只有这样，人们在享受财富的同时，也能享受自由、安全和幸福；也只有这样，才能实现社会的长治久安和可持续发展。

解决三农问题的根本：破除二元社会结构[①]

“三农”问题已经成为我国现代化建设中的突出问题。我国“三农”问题的产生有其深刻的社会历史根源，但根本原因在于建国后人为形成的二元社会结构。统筹城乡发展，彻底破除二元社会结构，是解决“三农”问题的根本途径。

“三农”问题的根源在于二元社会结构

著名的发展经济学家、诺贝尔经济学奖获得者刘易斯通过对印度、埃及等许多发展中国家的研究，于1954年提出了著名的二元经济理论。1954年、1955年刘易斯先后发表《劳动力无限供给下的经济发展》和《经济增长理论》，确立了发展经济学的第一个模型。刘易斯认为，发展中国家经济发展的典型特征是二元经济结构。

二元经济结构是经济发展过程中源于城乡不同的资源特征而自然形成的。从世界经济的发展历程来看，在工业化和城市化过程中，大量的农村人口向城市迁移和集中，城乡之间不同的发展水平导致普遍的城乡差距。这种城乡差距的自然性特性，有其不可避免性，这是一种发展中的正常差别。随着经济社会的发展，这种城乡差距会不断缩小。虽然发展中国家普遍存在城乡经济发展差距，但与中国人为的二元制度安排所造成的城乡差距有着明显的不同。

我国是一个农业人口占绝大多数的农民大国，城乡之间的差别历来存在。问题是，我国城乡之间的差距不只是体现了发展中国家普遍存在的二元经济结构，更关键的在于，建国后通过一系列城乡分割的制度安排而形成的人为的二元社会结构。二元社会结构是当代中国不同于任何发展中国家的显著特征，是中国特色“三农”问题的要害和根源。

所谓二元社会结构，是指我国建国后通过一系列分割城乡、歧视农民的制度安排而人为构建的城乡隔离的社会结构。在一个主权统一的国家内，人为地把全体公民区分为农业户口和非农业户口，形成农民和市民社会地位完全不同的制度体系，这在当今世界

---

① 本文原载《当代世界与社会主义》2004年第3期，合作者周作翰。

上是绝无仅有的。二元社会结构的概念是农业部原政策研究中心农村工业化城市化课题组于 1988 年最早提出并详细论述的。[①] 人为制造的二元社会结构是中国“三农”问题的主要症结所在。

二元社会结构人为地控制了农村人口向城市的自由流动。流水不腐，户枢不蠹。一个国家和地区要想经济繁荣和社会发展，就必须使人口在城乡之间自由流动起来。在今天，放眼世界各国，人口在城乡之间的流动莫不是自由进行的。但建国以后，囿于严重的思维局限和特殊的社会环境，我国出台了以限制农村人口向城市流动为主要目标的户籍制度，人为隔离城乡，使市民和农民身份凝固化。这种举世罕见的城乡隔离制度，形成了城市和农村两个各自封闭循环的体系、市民和农民两种身份迥异的不同公民。改革开放以来进城务工的农民也无法获得名正言顺的市民身份和工人地位，他们只能被称为不伦不类的“农民工”。

二元社会结构人为地遏制了城市化进程。城市化本来是伴随着工业化的发展而同步发展的。20 世纪中期以来，发达国家和发展中国家的城市化水平都有了明显的提高，而同期的中国却通过限制农村人口向城市流动，导致城市化几乎踏步不前。根据一些学者的研究，发达国家和发展中国家在工业化和城市化过程中，一般城市化率均高于工业化率，其中低收入国家高出 2 个百分点，中等收入国家高出 21 个百分点，高收入国家如美国 1970 年高出 50 个百分点，而中国 1978 年的城市化水平却低于工业化水平 31.5 个百分点。[②] 人为的二元社会结构使我国城市化水平既明显滞后于国内工业化水平，又大大落后于发达国家、发展中国家和世界平均水平。

二元社会结构人为地剥夺了农民创造的巨额财富。农业是弱质产业，综观世界各国政府，大都对农业实行特殊的保护和支持政策。我国建国后却实行“挖农补工”政策，通过工农产品价格剪刀差形式，从农村大量吸取农民创造的巨额财富来满足工业化优先发展所需的原始积累资金。从 1953 年实行农产品统购统销，到 1985 年取消粮食统购，农民对工业化的贡献大约是 6000 亿—8000 亿元。农民千辛万苦创造的财富就这样几十年如一日地被国家以剪刀差形式不断挖走以支持工业和城市。同时，国家又通过农业税收和其他税费从农村吸取超过农民承受能力的巨额资金。1995—2000 年，农民年均缴纳农业税金 254 亿元，1999 年农民缴纳农业特产税 88.9 亿元，缴纳屠宰税、耕地占有税、农村个体承担工商税 1449.8 亿元；1998 年农民缴纳提留统筹费 729.7 亿元。[③] 加上

---

① 农业部政策研究中心农村工业化城市化课题组：《二元社会结构——城乡关系：工业化·城市化》，载《经济研究参考资料》1988 年第 90 期（总第 1890 期）；农村工业化城市化与农业现代化课题组：《二元社会结构：分析中国农村工业化城市化的一条思路》，载《经济研究参考资料》1989 年第 171/172 期（总第 2171/2172 期）。

② 转引自何家栋、喻希来：《城乡二元社会是怎样形成的？》，载《书屋》，2003 年第 5 期。

③ 方言：《我国农村税费现状及成因分析》，载《经济研究参考》2001 年第 24 期。

其他乱收费和摊派，农民苦不堪言。农民财富的被超额剥夺和税费负担的居高不下，既造成了20世纪50年代末至60年代初使几千万农民饿死的大饥荒，又引发了90年代以来以农民负担日益沉重为主要特征的“三农”问题。

二元社会结构人为地限制了宪法赋予农民的基本权利。农民问题的本质在于农民在二元社会结构中基本权利的缺失。这种权利的缺失使农民这一弱势群体的社会地位更加弱势化。比如，现行的户籍制度限制和剥夺了农民的居住和迁徙自由权；收容遣送制度剥夺了农民的人身自由权；就业制度使农民既不能在党政机关求职，也不能在国有企业工作，大量在非国有企业谋职的进城农民却连工人的身份都没有得到，更不用说基本的劳动保障权利；社会保障制度则明显属于少数城市市民的特权制度。这一系列二元性的城乡有别的政策制度安排，限制了农民作为共和国公民的宪法权利，这种人为造成的城乡不平等现象在当今世界是十分罕见的。

二元社会结构人为地拉大了城乡之间的差距。在经济社会发展进程中，城乡之间会自然形成一定的差别，这种差别在世界各国概莫能外。但在中国，由于歧视性制度安排，几十年来人为地拉大了城乡差距。1980年，中国大陆包括农村居民在内的基尼系数为0.3左右，到1988年已上升到0.382，1994年为0.434，超过了0.4的国际警戒线，1998年又上升到0.45。现在，还看不到基尼系数下降的趋势。从城乡居民收入差距来看，有专家指出，2001年中国城市居民收入为6860元，农民收入2366元，表面差距是3:1。但实际上农民收入中实物性占40%，每个农民每月真正能用做商品性消费的货币收入只有120元，城市居民的货币收入平均每月600元，城乡差距为5:1。而城市居民中各种各样的隐性福利、住房、教育、卫生等没有纳入统计范围，全面考虑这些因素，中国城乡差距可能达6:1。世界上绝大多数国家的城乡收入比率为1.5:1，超过2:1的极为罕见。改革以来，我国城乡差距不是缩小了，而是拉大了。

二元社会结构的形成和演变

城市是人类社会在漫长的发展过程中逐步形成和发展起来的。英国工业革命以后，随着工业化的发展，整个社会不断地由乡村型向城市型转变。农村人口向城市迁移和集中就成为世界各国的普遍现象。在城市化进程中，由于城乡之间的资源落差，农村人口向城市流动是一种不可避免的历史现象，农村与城市、农民与市民的差别也是一种自然差别。但在我国，建国以来，由于当时特殊的社会环境，更主要是由于决策者观念的局限，相继制定和出台了一系列限制农民进城的政策制度，在神州大地上构筑了影响极其深远的二元社会结构。

1949年9月通过的起临时宪法作用的《中国人民政治协商会议共同纲领》，规定了公民的居住和迁徙自由权。建国初期，国家对户口迁移的控制比较宽松，新出台的有关户口管理政策都明确规定“保障人民居住、迁移自由”。1951 年 7 月 16 日，经政务院批准，公安部颁布实施了《城市户口管理暂行条例》，首次规定在城市中一律实行户口登记。该条例第一条就指明制定户口管理暂行条例的目的是保障人民的“居住、迁徙自由”。同年 11 月第一次全国治安行政工作会议也强调户口工作的任务是“保证人民居住迁移之自由”。[①]1953 年，政务院发布《为准备普选进行全国人口调查登记的指示》，制定了《全国人口调查登记办法》，通过这次人口普查在农村建立了简易的户口登记制度。1954 年 9 月新中国第一部《宪法》颁布实施，该《宪法》明确规定中华人民共和国公民“有居住和迁徙的自由”。1954 年 12 月内务部、公安部、国家统计局联合发出通知，要求普遍建立农村的户口登记制度，并规定农村户口登记由内务部主管，城镇、水上、工矿区、边防要塞区等户口登记由公安部主管，人口统计资料的汇总业务由国家统计局负责。1955 年 6 月国务院发出建立经常户口登记制度的指示，对人口的出生、迁出、迁入等变动作了明确规定。1956 年 2 月国务院指示把全国户口登记管理工作及人口资源的统计汇总业务统一交公安机关负责。3 月，全国第一次户口工作会议规定了户口管理工作的三项任务，但还没有限制人口迁徙自由的规定。1954 年到 1956 年是户口迁移比较频繁的时期，全国迁移人口数达 7700 万，其中包括大量自发进入城镇居住并被企业招工的农民。[②]

1956 年大规模的急风暴雨式的农村合作化运动以后，全国出现了比较严重的农村人口流入城市的问题，特别是安徽、河南、河北、江苏等省的农民、复员军人和乡、社干部流入城市的现象相当严重。1953—1957 年，我国照搬苏联模式实行第一个五年计划，重点建设苏联援建的 156 项工程。在计划经济条件下，城市企业劳动用工都由国家计划统一安排，未按国家计划而擅自进城的农民，从 1956 年开始被称为“盲流”。这个“盲流”实质上是现在盛行的“农民工”称呼的历史先声。1956 年 12 月 30 日国务院发布《关于防止农村人口盲目外流的指示》，劝阻“盲流”到城市的农民回农村去，并指示工厂、矿山、铁路、交通、建筑等部门不应当私自招用农村剩余劳动力。可见，农村剩余劳动力在这时就已存在。[③] 1957 年 3 月 2 日国务院又发布《关于防止农村人口盲目外流的补充指示》，1957 年 9 月 14 日国务院再次发出《关于防止农民盲目流入城市的通知》，要求各地加强对农民的社会主义教育，将农民稳定在农村。1957 年 12 月 18 日中共中央、国务院联合发出《关于制止农村人口盲目外流的指示》，特别强调公安机

① 万川编著：《户口迁移手册》，武汉：华中师范大学出版社，1989 年版，第 13 页。

② 转引自何家栋、喻希来：《城乡二元社会是怎样形成的？》，载《书屋》2003 年第 5 期。

③ 参见农村工业化城市化与农业现代化课题组：《二元社会结构：分析中国农村工业化城市化的一条思路》，载《经济研究参考资料》1989 年第 171/172 期。

关要严格户口管理，同时严禁粮食部门供应没有城市户口的人员粮食，这意味着流入城市的农民遇到的首要问题就是没有饭可吃。盲目流入城市和工矿企业的农民必须“遣返原籍”，并且“严禁他们乞讨”，各地要“防止农民弃农经商”等。由此可见，在计划经济思维的禁锢下，当时的发展观念明显呈现出对农民追求生存和幸福权利的漠视和限制。中央接二连三发文件要“防止农民盲目进城”，一方面说明农民具有自发进城的强大动力，另一方面说明当时决策者囿于计划经济思维的严重局限。

在党中央、国务院连续四次下发文件制止农民进城却成效不大的情况下，决策层不得不借助强制性的法律手段来达到目的。1958 年 1 月 9 日第一届全国人大常委会第 91 次会议不顾四年前颁布的《宪法》对公民居住和迁徙自由权的规定，通过了影响至今的《中华人民共和国户口登记条例》。该《条例》第 10 条规定：“公民由农村迁往城市，必须持有城市劳动部门的录用证明，学校的录取证明，或者城市户口登记机关的准予迁入证明，向常驻地户口登记机关申请办理迁出手续。”这样，中国就从法律上正式确立了二元户籍制度。从此，农民迁入城市就从法律上和事实上被堵死了。1958 年的人民公社化和“大跃进”运动导致了 1959 年开始的三年大饥荒。限制农民进城谋生的户籍制度和由此而产生的官僚主义，致使几千万农民因饥饿而丧生，成为世界历史上令人十分震惊的人间悲剧。

围绕城乡分割的二元户籍制度，中央各职能部门配套出台了一系列限制农民的政策制度。这些制度主要有粮食供应制度、副食品与燃料供应制度、住宅制度、生产资源供应制度、教育制度、就业制度、医疗制度、养老保险制度、劳动保护制度、人才制度、婚姻制度、生育制度等十多项，形成了当今世界上绝无仅有的二元社会结构。① 这些制度从根本上限制了农民作为共和国公民应当享有的基本权利，使农民居于被歧视的二等公民地位。当前农民、农村和农业问题的种种表现，都可以归结到二元社会结构上来。户籍制度是二元社会结构的核心制度，其他一切政策都是以此为依据而建立起来的。没有户籍制度为基础，其他歧视农民的政策制度就会成为缺乏基础的空中楼阁。

1978 年 12 月开始的改革，翻开了中国历史崭新的一页。在改革进程中，二元社会结构不断受到冲击，严格的户籍制度也有所松动，有的制度比如粮油制度等被逐步取消。但构成二元社会结构核心制度的户籍制度、就业制度、教育制度和社会保障制度等长期未有根本性的改变。

1980 年以来，国家出台了几十项“农转非”政策，使部分符合条件的城乡两地分居几十年的夫妻、家属得以通过中国特有的“农转非”管道从农村进入城市居住和生活。从 1982 年到 1988 年，“农转非”人口累计达 4679 万人。但真正意义上的户籍制

① 有关二元社会结构的详细讨论，参见郭书田、刘纯彬等：《失衡的中国——农村城市化的过去、现在与未来》，石家庄：河北人民出版社，1990 年版。

度改革的最初突破，或许应归功于 1984 年 1 月 1 日的中共中央一号文件，即《关于一九八四年农村工作的通知》。该通知“允许务工、经商、办服务业的农民自理口粮到集镇落户”。10 月，国务院发出《关于农民进集镇落户问题的通知》，规定对申请到集镇的农民和家属，发给《自理口粮户口簿》，统计为“非农业人口”。这两个通知揭开了中国户籍改革的最初序幕，尽管这时国家还不准农民在县城和县城以上城市落户，但被限制居住和迁徙自由几十年的中国农民，毕竟第一次获得了离开土地到县城以下集镇落户的权利，这就敲开了铁板一块的户籍制度的裂缝。据统计，从 1984 年至 1986 年底近三年的时间里，全国共办理自理粮户口 1633828 户，计 4542988 人。

1992 年是中国改革历史上具有重要标志性意义的一年。年初邓小平南方谈话发表，加快改革的春风吹遍大江南北。这一年，在户籍制度上主要表现在两个方面，一是随着各地开发区的纷纷建立，全国出现了“卖户口”热潮，范围主要集中在小城镇和县城的开发区内。这次“卖户口”使农民第一次可以跨越集镇进入县城落户。但这种公开出卖非农业户口的做法立即遭到了公安部的紧急叫停。据估算，1992 年各地卖户口所得金额可能达 200 亿元之巨。这充分说明被画地为牢数十年的中国农民对城市生活的强烈渴望。二是蓝印户口的应运而生。为适应改革开放的新形势，公安部拟就了《关于实行当地有效城镇居民户口制度的通知》，征求各部门和地方政府意见，并开始实行“当地有效城镇居民户口制度”。因这种户口簿印鉴为蓝色，故称“蓝印户口”。这是一种适应人们对户籍制度改革的强烈要求而变通实行的过渡性措施。

1997 年以后，小城镇户籍制度改革明显加快，2000 年 6 月 13 日，中共中央、国务院下发了《关于促进小城镇健康发展的若干意见》，规定从 2000 年起，在小城镇（含县城）有合法固定住所、固定职业和生活来源的农民，均可根据本人意愿转为城镇户口。至此，小城镇包括县城户籍制度改革取得了历史性突破。

与此同时，北京、上海、江苏、浙江、河北、湖南、山东、安徽等省市也纷纷出台触动大中城市户籍制度的改革措施。2001 年 8 月 1 日石家庄市就在全国省会城市中率先实行户籍制度改革。但总的来说，因为户籍制度改革涉及到就业、教育、医疗和社会保障诸方面，大中城市的户籍改革举步维艰，突破性的改革措施还十分有限，已经出台的户籍改革措施主要面向所谓的人才和富人，普通农民仍然难以圆大中城市之梦。这就是当前 1 亿多进城务工的“农民工”之所以为“农民工”的原因所在。

大中城市各自为政的户籍改革还只是停留在有利于引进人才和引进资金的“实用主义”阶段，远远没有上升到公民居住和迁徙自由的宪政层面上来。这与整个社会对宪法的认识有很大关系。1975 年、1978 年和 1982 年宪法都取消了 1954 年《宪法》对公民居住和迁徙自由权的规定，此后的历次修宪也没有涉及这项内容。以确保公民居住和迁徙自由为终极目标的户籍制度改革仍需时日。

统筹城乡发展，尽快改变二元社会结构

二元社会结构的形成有其特殊的社会历史背景，但主要是由计划经济体制、错误的发展战略和僵化的思想观念造成和维持的。二元社会结构一经形成，就具有强大的体制惯性，至今仍然严重制约着社会主义市场经济体制的完善。可以说，二元社会结构是中国最大的“人造国情”。要解决“三农”问题，就必须统筹城乡发展，坚决改变二元社会结构。

在过去的几十年中，从总体上说，主流政策理论界和执政者一个共同的发展思路就是在既定的二元社会结构中谋划“发展”。他们既看不到二元社会结构的严重危害，又缺乏革除这个最大的体制性弊端的智慧和勇气。不过，令笔者十分欣慰的是，早在1988年，以郭书田为代表的农业部原政策研究中心的一批政策研究专家，就开创性地提出了二元社会结构理论，并且相当富有远见地提出了一系列破除二元社会结构的政策主张。[①]

2002年11月召开的中共十六大，明确提出我国现在达到的小康还是“低水平的、不全面的、发展很不平衡的小康”，并指出改革开放和现代化建设中存在的一个突出问题是“城乡二元经济结构还没有改变”。[②]这是中国共产党第一次在最高文件中正式使用“二元经济结构”这个概念，表明决策层已经一致认识到改变二元结构的紧迫性和重要性。2003年10月，中共十六届三中全会通过《中共中央关于完善社会主义市场经济体制若干重大问题的决定》，明确提出要“统筹城乡发展、统筹区域发展、统筹经济社会发展、统筹人与自然和谐发展、统筹国内发展和对外开放”，并且把统筹城乡发展置于“五个统筹”的第一位，提出把“建立有利于逐步改变城乡二元经济结构的体制”作为完善社会主义市场经济体制“七大主要任务”的第二位提了出来，同时还历史性强调要“坚持以人为本，树立全面、协调、可持续的发展观，促进经济社会和人的全面发展”。[③]这充分说明中国的改革开放已进入了一个新的全面发展的历史时期，彻底改变城乡分割的二元结构的历史契机已经到来。2008年10月，在中国农村改革30周年之际，中共十七届三中全会通过《中共中央关于推进农村改革发展若干重大问题的决定》，

---

① 农业部政策研究中心农村工业化城市化课题组:《二元社会结构——城乡关系:工业化·城市化》,载《经济研究参考资料》1988年第90期。

② 参见江泽民:《全面建设小康社会，开创中国特色社会主义事业新局面》,北京:人民出版社,2002年版，第18页。

③ 参见《中共中央关于完善社会主义市场经济体制若干重大问题的决定》,北京:人民出版社,2003年版，第12、13页。

明确提出要着力破除城乡二元结构，加快形成城乡经济社会一体化新格局。[①] 这表明中国农村改革走向更加成熟的新阶段。

解决日益严重的“三农”问题，必须与改变城乡二元结构结合起来。在统筹城乡发展中，首先，要捍卫宪法的神圣权威。宪法是治国安邦的总章程，是党的意志和人民意志高度统一的结晶，是人民权利的保障书。中共十五大历史性地提出要“依法治国，建设社会主义法治国家”，并强调要“尊重和保障人权”。2003 年 12 月中国共产党提出第四次修宪建议，明确把“政治文明”、“公民的合法的私有财产不受侵犯”、“尊重和保障人权”以及“建立健全与国家经济发展水平相适应的社会保障制度”等作为新增的重要内容。这无疑大大有利于二元经济社会结构的破除，有利于“三农”问题的解决，有利于弱势群体生存环境的改善。改革开放以来，我国取得的重大变化和显著成就，用温家宝总理 2003 年在哈佛大学演讲中所总结的那样，是中国人民“基于自由的创造”。在今天，彻底改变束缚农民自由而全面发展的二元社会结构，必将进一步促进经济的迅速发展和社会的全面进步。

其次，要有革除体制性弊端的政策理论勇气和实践勇气。建国以来，在苏联模式的影响下，我国搞计划经济，建立了一系列配合计划经济运行的政策制度。这些政策制度的一个共同点就是服从计划经济这个总纲，人为地限制了人的自由而全面发展。中共十一届三中全会以来，以市场为取向的改革不断深入，最终实现了由计划经济体制向市场经济体制的历史性跨越，打开了我国经济、政治、社会和文化发展的崭新局面。但在计划经济条件下形成的思想观念、习惯做法和体制性弊端还没有得到彻底的扭转和根本性废除。以限制农民为主要特征的城乡二元结构是旧体制弊端最集中的反映，它不仅生成和激化了“三农”问题，也极大地制约着中国现代化建设与和平崛起。在改变城乡二元结构上，要有开拓创新的勇气，要坚决冲破一切妨碍发展的思想观念，坚决改变一切束缚发展的做法和规定，坚决革除一切影响发展的体制性弊端。只有这样，维持半个世纪之久的城乡二元结构才能尽快得到改变乃至最终消除，城乡一体化的新格局才能尽快形成，有中国特色的“三农”问题也将不复存在。

---

① 参见《中共中央关于推进农村改革发展若干重大问题的决定》，北京：人民出版社，2008 年版。

不失时机地推进政治文明建设 ①

中共十六大提出“建设社会主义政治文明”的新论断后，立即得到了广泛认同，也赢得了国际社会的好评。为了不失时机地推进社会主义政治文明建设，笔者认为中共十六届中央全会如果专门对社会主义政治文明建设作出决定，必将具有重大的现实意义和长远的历史意义。

中国共产党是一个在十三亿多人口的东方大国执掌国家政权的执政党。在当前推进中国改革开放和现代化建设的伟大事业中，没有任何一个政治力量能够取代中国共产党的领导权威和执政地位。办好中国的事情，关键在党，在党能否与时俱进地站在时代发展的前沿抢抓机遇、占据主动。改革开放以来的实践经验已经表明，中国共产党每一次中央全会所作出的重大决定，对于凝聚党心民心、推进改革开放和现代化建设事业都具有极其显著的重要影响。根据中共十六大精神，笔者建议中共十六届中央全会对政治文明建设专门作出决定，这必将是党执政兴国的又一新的里程碑。

关注对政治文明的专门研究

《中国共产党章程》规定，中国共产党全国代表大会每五年召开一次，每一届中央委员会全体会议每年至少举行一次。改革开放以来（十七大以前），中国共产党先后召开了十二大、十三大、十四大、十五大、十六大共五次全国代表大会。仔细分析这五次全国代表大会和每次中央全会，可以看出一些共同的特点：

一是每一届中央委员会全体会议一般召开七次，十二届、十四届、十五届中央全体会议都只开过七次，但十三届中央全会却召开了九次，这是因为 1989 年政治事件导致中央领导机构人员的变更。二是每一届一中全会都是在全国代表大会闭幕后召开，主要内容是选举新一届中央领导机构及其成员。三是每一届二中全会主要研究通过向新一届全国人大和全国政协推荐领导人选名单。党的十二大以来，每一届全国人大和全国政协会议都是在中国共产党全国代表大会召开后的次年召开。四是每一届三中、四中、五中

---

① 新世纪网 2004 年 7 月 25 日首发。

和六中全会主要研究改革和发展中的一些实质性的重大问题。五是每一届中央全会一般是五中全会研究国民经济和社会发展五年计划的建议，研究五年计划建议的中央全会一般都是在每一个五年计划开始实行的前一年召开。但“七五”计划的建议是十二届四中全会讨论通过的，“八五”计划的建议是十三届七中全会讨论通过的。六是每一届中央全会的最后一次中央全会一般是七中全会（十三届是九中全会），主要研究关于召开下一届党代会的有关情况，比如通过政治报告、党章修正案等。

由此可知，每一届中央的七次全会（十三届中央全会举行了九次）中的一中、二中、五中和七中全会都是常规性会议，只有三中、四中和六中全会才研究改革开放中的实质性和重大性问题。比如十二届三中全会审议通过《中共中央关于经济体制改革的决定》，十三届三中全会审议通过《关于价格、工资改革的初步方案》和《中共中央关于加强和改进企业思想政治工作的通知》，十四届三中全会审议通过《中共中央关于建立社会主义市场经济体制若干重大问题的决定》，十五届三中全会审议通过《中共中央关于农业和农村工作若干重大问题的决定》，十六届三中全会审议通过《中共中央关于完善社会主义市场经济体制若干问题的决定》。十二届六中全会审议通过《中共中央关于社会主义精神文明建设指导方针的决议》，十三届六中全会审议通过《中共中央关于加强党同人民群众联系的决定》，十四届六中全会审议通过《中共中央关于加强社会主义精神文明建设若干重要问题的决议》，十五届六中全会审议通过《中共中央关于加强和改进党的作风建设的决定》。

党的十二大以来，研究经济体制改革的中央全会有十二届三中、十三届三中、十三届五中、十四届三中、十五届三中和十六届三中全会共 6 次，研究精神文明建设的中央全会有十二届六中、十四届六中全会共 2 次，研究农业和农村工作的中央全会有十三届八中和十五届三中全会共 2 次，研究国有企业工作的中央全会有十三届三中和十五届四中全会共 2 次，研究党的建设的中央全会有十三届六中和十五届六中全会共 2 次。

从十二届一中全会到十六届三中全会，共召开了 33 次中央全会，但没有一次中央全会是专门研究民主法制、政治改革、依法治国和政治文明建设的。纯粹从理论上或逻辑上推断，十二届中央全会可能但没有作出的决定是“关于社会主义民主和法制建设的决定”，十三届中央全会可能但没有作出的决定是“关于政治体制改革的决定”，十四届中央全会可能但没有做出的决定是“关于建设社会主义民主政治”的决定，十五届中央全会可能但没有作出的决定是“关于依法治国、建设社会主义法治国家的决定”，十六届中央全会可能且应该作出的决定是什么呢？通过上述分析，我们认为并建议十六届四中、五中或六中全会（十六届四中全会从时间上来说已经来不及了，可能会在加强党的执政能力建设上作出决定；十六届五中全会可能主要研究“十一五”规划建议）专门研究、审议和通过《中共中央关于加强社会主义政治文明建设若干重大问题的决定》。

新一届中央领导执政以来，从抗击非典疫情到废止收容遣送制度，从宣布取消农业税到处理诸如嘉禾滥用行政权力事件，从以人为本、统筹发展到国家尊重和保障人权，这些全新的执政理念和执政风格，赢得了广泛赞誉。在此基础上，十六届中央全会不失时机地把加强社会主义政治文明建设提到全党面前，进行统一部署和安排，一定会取得事半功倍的成效。

众所周知，人类文明总是表现为物质文明、政治文明和精神文明的有机统一，政治文明在很大程度上反映了整个社会、民族和国家的文明水平，影响或制约着物质文明、精神文明乃至整个人类文明的发展进程。在我国改革开放和现代化建设取得丰硕成果的今天，加强社会主义政治文明建设已经成为全党和全国人民的共识。在完善社会主义市场体制、全面建设小康社会中，加强社会主义政治文明建设已经成为题中应有之义；在社会转型和观念转轨的过程中，加强社会主义政治文明建设已经变得十分必要；在不少地方政府为谋求一时的所谓经济发展而集体滥用公权、严重侵害公民合法权益的倾向中，加强社会主义政治文明建设已经显得相当紧要。中国共产党早就认识到跳出历史上兴亡周期率的新路是民主。民主，就是人民当家作主，这是社会主义政治文明建设的核心内容。

但是，执政党在政治报告中提出政治文明建设是一回事，能否在实际工作中部署和推进政治文明建设是另一回事。由于我国的改革开放和现代化建设事业是在党的领导下有步骤地推进的，这种由党主导的改革，决定了改革的步骤和改革的重点都只能由党来统一部署和安排。虽然党的十六大提出了建设社会主义政治文明建设的目标，但是，如果党中央不对政治文明建设专门作出部署安排，其实际成效就会大打折扣。随着社会主义市场经济体制的建立和健全，人民群众的民主法制意识显著增强，传统的思想观念、工作方法已经远远不能适应社会形势发展的需要。一个比较普遍的现象是，不少地方执政者跟不上新一届中央以人为本、尊重和保障人权等新的执政理念的要求，明显表现出政治文明建设滞后引发的多种社会病症。面对新的形势和任务，十六届中央全会对政治文明建设作出决定，必将大大提高党的执政能力，巩固党的执政地位，实现国家的长治久安。

政治文明建设的重大问题

十六届中央全会要对政治文明建设作出决定，首先需要进行深入的调查研究，使作出的决定合乎时代潮流，顺乎党心民心，又积极稳妥、切实可行。我认为，十六届中央全会如果作出加强社会主义政治文明建设的决定，应该考虑到下面几个重大问题，这些问题也是党一贯坚持和主张的，关键是要进行具体部署和安排，使之落到实处。

第一，宪法至上，依宪治国。人是天生的政治动物。任何人都要生活在社会之中，这就产生了公共事务。对公共事务的治理就产生了政治。传统政治是一种强权暴力政治。现代社会是一种和平的民主宪政政治。宪法是现代国家治理公共事务的总章程，是任何个人、政党和社会团体参与公共事务必须遵守的游戏规则。权力内在地具有扩张性和侵害性，绝对的权力导致绝对的腐败。对公共权力的约束，就产生了宪法。宪法的基本功能就是约束公共权力，保障个人权利。从半部《论语》治天下到一部《宪法》治天下，是政治文明进步的重要体现。党在十二大就提出“党必须在宪法和法律的范围内活动”，任何组织和个人都不得凌驾于宪法和法律之上。但由于没有相应的制度安排，党的这种主张并未在实践中得到很好的实现。共产党是执政党，对于推进中国的民主政治和政治文明建设具有不可替代的关键性作用。带头遵守宪法，切实维护宪法的权威，使一切违宪的行为得到及时的纠正，是党及其各级组织和党员领导干部在社会主义政治文明建设中的重大使命。

第二，党政分开，依法执政。党政不分是苏联式社会主义的一大通病。改革以来，党提出建设中国特色社会主义，就是要建设与苏联模式不一样的社会主义，就是要在经济上从计划经济转向社会主义市场经济，在政治上从党政不分的集权政治转向党政分开的民主政治，在文化上从钳制人的思想自由转向解放思想、促进人的自由而全面发展。邓小平早在 1941 年就提出党政分开，到中共十三大前后又重点提出党政分开。虽然由于 1989 年政治事件使邓小平的这一改革思想搁浅，但这并不等于党政永远不要分开。随着改革时机的成熟，党政分开就有可能水到渠成。党政分开的理论依据在于党不是权力组织，也不是行政组织和生产组织。党既不能以党代政代替国家权力机关行使权力，也不能凌驾于国家权力机关之上对其发号施令。共产党是执政党，但党的领导地位和执政地位并不是只有通过党政不分这一苏联模式来实现。既要巩固党的领导地位和执政地位，又不搞以党代政、党政不分，这是时代对中国共产党人政治智慧和创新勇气的巨大考验。

第三，约束公权，保障人权。对人权的最大侵害来自于公共权力的滥用。中国共产党是马克思主义政党，除了最广大人民的根本利益，党没有自己的特殊利益，全心全意为人民服务是党的根本宗旨。但是，一个基本的事实是，共产党是执政党，在党政不分的体制环境中，各级党员领导干部或多或少地掌握着公共权力，而要保证各级组织和领导干部把人民赋予的权力真正用来为人民谋利益，没有对权力的监督和制约，就可能事与意违。当前一些领导干部的严重腐败现象就足以警示全党和全国人民：权力不受监督，就会滋生腐败；权力不受制约，就会滥用权力。权力滥用的后果就是侵害国家和社会的公共利益和公民的个人利益，权力不受监督和制约，人权也就失去了保障。从 1997 年党的十五大在政治报告中提出“尊重和保障人权”，到 2004 年十届全国人大二次会议通过《宪法》修正案，明确写上“国家尊重和保障人权”，这是执政兴国理念的巨大飞跃。当前的紧迫问题是要在各行各业和各地区全面落实人权保障的宪法条文。一个特别需要澄清的错误认识是，党和国家尊重和保障人权，决不是迫于国际人权压力的应付之举，而是党执政为民的具体体现，是国家和民族兴旺发达的必然要求，是中国人民自由幸福的内在需要。

第四，司法独立，新闻自由。社会主义司法制度必须保障在全社会实现公平和正义。但如果司法部门在人财物以及审判工作等方面要受制于党委、政府或其他组织和个人，那么社会的公平和正义就会无从保障。历史的经验已经表明，没有司法独立，就没有社会的正义和个人的自由。司法独立与党的领导并不矛盾，党的领导并不是要求党的各级组织及其领导个人具体干预司法案件的审判。在社会转型时期，不少地方司法机关事实上沦为党委和政府行使行政权力的一道环节和便利工具，从而造成了不少冤假错案，严重败坏了党的执政声誉和执政形象。考虑到现实的可能性，司法独立可以先从基层和地方试行，最后使整个国家司法系统独立运行。司法独立与否，是检验政治文明程度的试金石。新闻自由既是政治文明的重要标志，又是政治文明的巨大推动力量。新闻自由并不是随心所欲、违法乱纪，而是在宪法和法律的范围内自由行使新闻舆论监督权。正因为新闻自由的巨大力量，腐败分子和既得利益集团才对之有所畏惧；也正因为新闻自由对纯洁社会风气、促进社会进步的巨大作用，各国宪法和法律才一致予以保障。我国社会主义政治文明建设的一个重要任务，就是要把宪法保障的司法独立和新闻自由全面法律制度化、现实生活化。

第五，公民平等，地方自治。《宪法》规定中华人民共和国公民在法律面前一律平等。但在计划经济时期，却人为地出台了一系列限制和歧视农民平等权利的政策法律法规，形成了举世罕见的二元社会结构。二元社会结构的要害在于执政者囿于种种局限，在一个统一的主权国家内对农民这一群体实行不平等的政策法律制度。半个世纪以来，这种歧视农民的制度安排，不仅使二三代农民付出了惨重的代价，也使党、国家和民族蒙受了巨大的损失。党的十六大和十六届三中全会提出统筹城乡发展，这是非常正确的。现在的关键是要在宪法的框架内全面清理和废除一切歧视和限制农民自由发展的旧制度，比如废除限制农民的户籍制度、就业制度、教育制度、医疗保险和社会保障制度等。本届政府宣布五年内取消农业税，就是保障农民与其他国民一样享有平等纳税权的重大举措，对于改变二元社会结构具有深远的影响。地方自治是实现人民当家作主、促进每个人自由而全面发展的现实选择。温家宝总理 2003 年在美国哈佛大学的演讲中认为中国改革开放 20 多年取得的巨大成绩，根本在于中国人民“基于自由的创造”。人类社会的文明进程已经揭示，完全的个人自由和充分的个性发展，不仅是个人幸福所系，而且是国家繁荣和社会进步的主要因素。应该从个人自由发展和地方自治的高度来重构基层和地方政权，积极推进体制改革。村民自治是当代中国农民在党的领导下行使自治权的典范。在建设社会主义政治文明中，人们有理由期望这个东方大国能够顺利实现从村民自治到地方自治的新跨越。

在行动中推进政治文明建设

不失时机地推进社会主义政治文明建设，是时代赋予党的庄严使命。建设政治文明，重在行动。

各有关重要部门在推进社会主义政治文明建设中，必须适时转变观念和工作重点。比如，宣传部门应该努力克服那些习以为常的假大空说教，切实把坚持以人为本、弘扬民主法治、尊重和保障人权等作为主旋律和先进文化加以宣传和倡导；各级党校应该改变过去那种侧重于意识形态灌输的教学培训模式，切实把增强各级领导干部的民主法治人权观念和依法行政意识作为教学培训的重点；组织部门应该适应党的新的执政理念的需要，大量起用一批有民主法治意识、能够在尊重和保障人权的基础上致力于政治文明建设的一代新人。各级领导干部尤其是中央领导良好的个人政治行为，对于塑造和培育民族的政治文明意识、促进政治文明建设具有重大的示范作用。

新一届中央领导集体已经身体力行地作出了许多深得民众赞许的表率，在加强社会主义政治文明建设中，中央领导个人的政治行为文明对于促进整个政治文明建设既具有广阔的空间，又具有不可估量的影响。

作者补注：十六届中央全会没有对政治文明建设作出专门决定，但就构建和谐社会、提高执政能力等作出了决定。笔者坚持认为，如果执政党的中央全会对政治文明建设作出专门的研究讨论，并作出相关决定，其积极意义不可估量。

农民自由发展与乡镇体制改革[①]

“三农”问题已经成为我国改革开放和现代化建设的重大瓶颈。“三农”问题的核心是农民问题，农民问题实质上是权利问题，是农民的自由而全面发展问题。从保障农民权利、促进农民自由而全面发展入手探讨乡镇体制改革，乃至整个“三农”问题，可能更有助于人们视野的开拓、思维的启迪和问题的解决。

权利缺失：农民的三重困境

1949年共产党革命的胜利，将中国农民带入了“三千年未有之变局”中。从照搬苏联模式搞高度集中的计划经济，到改革开放以来实行社会主义市场经济，半个多世纪的中国农民实质上面临三重困境。

一是制度歧视的困境。在南非，有过漫长的白人歧视黑人的种族歧视。直到20世纪90年代，以曼德拉为代表的南非人民经过长期的斗争，终于废除了持续300多年的种族歧视，建立了种族和解与自由发展的新南非。在中国，没有种族歧视，却有农民歧视。农民歧视是一种政策制度歧视，它根源于建国后在计划经济体制下出台的一系列剥夺农民宪法权利的制度安排，使农民处在完全不平等的制度环境中，将农民降于“二等公民”的地位。这种以歧视农民为本质特征的政策制度安排，在全世界形成了绝无仅有的二元社会结构。80年代后期，一些学者就研究出农村人口和城市人口在国民待遇方面有14个不一样，[②]著名社会学家陆学艺称之为“城乡分治，一国两策”。[③]这种“城乡分治、一国两策”，实质上是一种治国上的“双重标准”，对农村和农民是一种歧视性的标准，对城市和市民是一种保护和特权式的标准。在户籍制度、就业制度、教育制度、社会保障制度等各个方面，农民丧失了宪法赋予的平等的公民权利。

二是市场失灵的困境。改革开放以来，市场取向的改革，使农民在歧视性旧制度的

① 本文原载《湖南师范大学社会科学学报》2004年第4期，合作者周作翰。

② 参见农村工业化城市化与农业现代化课题组：《二元社会结构：分析中国农村工业化城市化的一条思路》，载《经济研究参考资料》1989年第171/172期。

③ 陆学艺：《走出“城乡分治　一国两策”的困境》，载《读书》2000年第5期。

束缚下走向市场的汪洋大海。一方面，市场经济是优胜劣汰的竞争性经济，它要求市场主体的平等地位和自主权。可中国农民却在歧视性制度之绳捆绑住手脚的情势下去与市场中的强势主体进行不平等的竞争，其不利因素是显而易见的。同时，农民的生产自主权也常遭到基层政权的干预，乡镇政府可以打着农业结构调整的旗号强制农民种植指令性作物。在种田无利乃至亏本时，农民没有休耕的自主权，乡镇政府对那些自愿休耕的农民则强行收取“撂荒费”。另一方面，即便使农民拥有平等的市场主体地位，农民在市场经济的竞争中也会处于不利地位，因为极其分散的小农经济必然在市场经济的竞争中走向破产和衰落。在温铁军看来，中国农村最基本的土地、劳动力和资金三要素现在还没有条件被市场这只“看不见的手”自发调节。①

三是政府失灵的困境。在市场经济条件下，政府的主要职能是提供公共物品，维护社会的公平和正义。在社会转型时期，我国政府职能比较普遍地呈现出“越位”和“缺位”的倾向。一方面，政府“越位”，热衷于“积极行政”，侵害了农民的“消极自由”。政府行为要“有所为有所不为”，政府行政可分为“积极行政”和“消极行政”。基层政府的“积极行政”可能妨碍农民的“消极自由”，比如发展集体经济、调整农业结构、大兴政绩工程等。这种“以权谋公”式的“积极行政”，在当前十分盛行，它严重干预了农民的生产生活，侵害了农民的基本权利和自由。农民作为共和国公民应当享有的言论自由权、人身自由权、财产权以及生命权等基本权利和自由，政府不去干预，农民自然享有。农民这种自然享有的“消极自由”，只有在遭到政府的干预时才会遭受损害。政府的这种“积极行政”，就是“越位”，做了不该做的事。要保障农民的“消极自由”，政府就只能“消极行政”，“有所不为”，不要去扰民，让民休养生息，安居乐业。另一方面，政府又不能“缺位”，不能无所作为“消极行政”，要在提供公共物品上“积极行政”“有所为”。在现代社会，分工越来越细，人们对政府的要求也越来越高。对农民来说，既不希望政府去干预他们的正常生产生活，又渴望政府提供必要的公共服务。这就是农民的“积极自由”，与此相适应，政府也应当“积极行政”，把政府“缺位”的事补上去，要“有所为”。政府“积极行政”的范围，主要包括为农民提供公共设施、就业、社会保障和教育、科技、文化、卫生、体育等公共服务，为农民的公共生活和公共活动提供保障和创造条件。当前尤其要重点突出两方面：一是突出保障农民的受教育权、社会保障权和就业权。收费式的义务教育和产业化的医疗卫生事业，使农民一怕上学二怕生病。就业是民生之本，大量的农村剩余劳力对统筹城乡就业提出了迫切的要求。二是突出对农业的扶持和对农民的补贴。农业既是基础产业，也是弱势产业，要承担自然风险和市场风险，国家必须加强扶持和保护，这是世界各国普遍的做法。我国作为农业大

① 温铁军:《“市场失灵＋政府失灵”：双重困境下的“三农”问题》，载《读书》2001年第10期。

国和农民大国，在加入 WTO 后的今天，更要加强对农业的扶持和对农民的直接补贴。

在上述三重困境中，农民收入增长连年下降，农民的人身权利和财产权利遭到了一些基层行政的空前侵害。基层的行政尤其是乡镇的暴力行政，产生了触目惊心的“基层暴政”现象。一些乡镇在“压力型体制”下，为完成上级下达和层层加码的目标管理责任制任务，滥施权力，对农民暴力相向。这种暴力行政集中体现在四个方面：

一是以调整农业结构为名，强行毁掉农民的青苗，强迫农民种这个种那个，呈现出逼迫农民致富的现象。2000 年 5 月 13 日，湖北省房县某乡政府打着调整农业结构的旗号，强行拔掉农民陈某某种的苞谷苗，迫使她种辣椒，最终逼迫陈某某服毒身亡。①

二是在收缴税费中抢劫农民财物、关押毒打农民，甚至致农民于死地。不少乡镇政府组织小分队进村入户牵牛抬猪抢粮食，酿成了一系列恶性案件。1999 年 12 月 29 日，四川省鼓州市某镇政府为了非法收取 4 万多元的村建公路集资款，组织“催收队”一行数十人到楠林村，先后用手拷棕绳将 5 名“不听话”的村民捆绑起来游村、游街，并将这 5 名村民非法关押近 12 个小时，其中一村民右手被打断。② 农民被乡村干部逼死打死的也为数不少，据中办、国办通报，仅 1996 年被乡村干部逼死打死的农民就有 26 人。③ 这个数字是各地上报的，可能还有一些隐瞒未报的。

三是打击报复为首的农民上访代表。毛泽东曾说过，哪里有压迫，哪里就有反抗。这句话用在一些干群矛盾比较突出的地方也是恰当的。由于农民没有制度化的利益表达渠道，也缺乏有效的司法救济，不堪重负和欺压的农民只能选择越级上访；而农民越级上访一旦成功，县乡村三级具体责任人就可能遭受丢掉“乌纱帽”等重大损失。在这种背景下，打击报复为首上访的农民代表就显得尤为突出。1999 年 12 月，山西青年农民李某某因上访反映村小学建筑中的经济问题等情况，竟然被公安机关抓到看守所严刑拷打，并被惨无人道地割掉了舌头。④ 有的上访农民代表竟被法院以各种罪名判刑。2002 年 10 月 11 日，河南省唐河县法院就以“聚众扰乱社会秩序罪”，将反映该县上屯镇张清寨村财务不清、村民选举等问题的上访代表岳某某、张某某、谢某某等 5 人分别判处有期徒刑二至五年。⑤

四是计划生育工作的暴力行为。由于计划生育是一项“基本国策”，各地往往实行“一票否决”和“政治承包”制，一些乡镇就采取诸如重罚、抄家、抓人、限制人身自由、强行手术、株连近亲邻里等非常手段来对待和处理超生的村民。⑥

---

① 黄广明、张仲民：《逼农“致富”逼死农妇》，载《南方周末》2000 年 6 月 23 日。

② 《五农民受辱记》，载《南方周末》2000 年 3 月 10 日。

③ 梁骏等编：《村民自治——黄土地上的政治革命》，北京：中国青年出版社，2001 年版，第 18 页。

④ 《山西“割舌事件”真相调查》，《南方周末》2000 年 5 月 12 日。

⑤ 李钧德：《唐河县五名村民上访竟被判刑》，载新华社：《内参选编》2003 年第 15 期。

⑥ 于建嵘：《农村黑恶势力和基层政权退化》，载《战略与管理》2003 年第 5 期。

改革开放以来出现的一些地方基层暴力行政现象，是一个后果极其严重的社会政治问题。面对这种空前的严重侵害农民人身权利和财产权利的暴力行政，一个主流的观点就是指责某些党政干部作风粗暴、工作方法简单。其实，这是典型的违法犯罪行为，应该绳之以法，从严惩处。

权力扩张：基层政权构建的本质特征

基层政权的构建体现了国家与农民的分权关系。托克维尔认为，乡镇是自然界中只要有人集聚就能自行组织起来的唯一联合体。在西方民主国家，政府权力有着明确的边界，乡镇自治有着悠久的历史，由此形成了有效保障自由的乡镇精神。

中国是一个有着漫长的专制主义传统的国家，在国家与农民的关系上，传统的主流思想和政策制度的精髓就是统治、控制和管理，它只突出强权统治，而不提供公共服务；只强调严格控制，而不保障民众自由；只加强自上而下的管理，而不允许自下而上的政治参与。由此，几千年来，中国在国家与农民关系上，表现为国家权力的无限扩张与农民权利的毫无保障。

从历史上看，中国乡镇体制的变迁都深深地打上了权力扩张的痕迹。为了加强对农民的统治，历代中央政权无不把对乡村社会的控制与治理作为第一要务。中央集权专制主义与地方权势集团密切结合，逐渐形成了独具特色的乡村社会政治结构和控制机制。从秦始皇统一中国至今，乡镇体制的演变可分为三个大的时期：

一是从公元前221年秦王朝建立到清朝末年，2000多年来"皇权不下县"传统。国家政权机构只设置到县一级，县以下实行乡亭制、保甲制等制度。这种乡镇治理体制，始终维护皇权至高无上的统治地位，具有乡绅和宗法社会治理的自治性质，但它既不是现代一级的政权机构，也不是现代意义上的自治组织。

二是从1908年到1949年，40多年纷乱的"地方自治"探索。在西方的严重挑战下，摇摇欲坠的清王朝1908年颁布《城镇乡地方自治章程》，从此，具有西方话语色彩的"地方自治"成为政权合法性的重要基础。这种乡镇"地方自治"使乡村政治结构由保甲制转变为乡镇保甲制，乡镇成为县以下的基层行政建制，其下实行保甲制。北洋政府于1914年、1919年、1921年先后颁布了《自治条例》、《地方自治条例》和《乡自治制》，将县以下的乡改建为具有法人性质的自治团体，其自治权主要为办理本地方的教育、卫生、交通、水利、农业、商务、慈善等事务。1928年国民政府颁布《县组织法》，规定了"地方自治"的原则，后来发展到乡镇具有一级行政区划的乡镇公所。这一时期的乡镇治理体制，以"地方自治"为主流话语，虽然因战乱和政权更替频繁，"地方自治”大多有名无实，但它毕竟还不是一级政权组织。[①]

三是从1949年至今，50多年来全能主义主导下的“万能政府”构建。共产党革命胜利后，建立了中国历史上最强大、最集权的中央政权和渗透最深入、控制最严密的地方和基层政权组织。就乡镇政权的变革来说，50多年来可分为明显不同的三个时期：（1）1950—1958年的乡村政府时期。1950年12月政务院通过《乡（行政村）人民政府组织通则》，组成乡镇和村级人民政府，在历史上第一次将政府设置下沉到乡镇一级，甚至在村一级也罕见地建立了政府，充分体现了共产党政权对乡村社会渗透和控制的意图和能力。截止1957年12月，除台湾和西藏的昌都地区，全国共有120753个乡镇政府，其中乡政府117081个，镇政府3672个。（2）1958—1983年的人民公社时期。1958年9月中共中央政治局扩大会议通过《关于在农村建立人民公社的决议》，撤销乡镇，推行人民公社化运动，实行政社合一、三级所有、队为基础的体制。到1982年，全国共有人民公社54352个。在人民公社时期，公共权力侵蚀了所有的个人领域，以“加速实现共产主义”。农民戴上了“社员”的帽子，完全丧失了个人的自主权，成为狂热的公社化机器上的螺丝钉。（3）1983年至今重建乡镇政府时期。1983年10月，中共中央、国务院发出《关于实行政社分开建立乡政府的通知》，到1985年底，农村废除人民公社、恢复建立乡政府的工作基本结束，全国共建立了91590个乡镇人民政府。2002年12月31日，我国大陆31个省、自治区、直辖市共有39240个乡镇，其中镇20600个，乡17196个，苏木282个，民族乡1160个，民族苏木2个。[②]建国以来的乡镇体制，突破了2000多年“皇权不下县”的传统，放弃了清末以来40多年“地方自治”的实践努力，空前地将国家政权下沉到乡镇一级，建立了历史上和世界上最强大而又缺乏有效约束的乡镇政权。

改革开放以来，乡镇政权恶性膨胀，这种膨胀体现在机构膨胀、人员膨胀和权力膨胀上。以往多次以精简机构和人员为目标的乡镇机构改革不仅没有走出精简—膨胀—再精简—再膨胀的怪圈，反而产生了机构越精越大、人员越减越多的现象。这根本的原因在于忽视对权力膨胀的改革。从某种意义来说，权力膨胀是机构和人员膨胀的原因，机构和人员膨胀是权力膨胀的结果。乡镇政权的权力膨胀或权力扩张，是乡镇体制的核心症结所在。这种权力膨胀或权力扩张的直接后果就是导致农民个人权利的损害。一个十分突出的问题是，传统的制度安排强化了权力扩张，使公共权力的约束和农民权利的保障长期滞后于现实政治生活的需要。

---

① 参见于建嵘：《乡镇自治：根据和路径》，载华中师范大学中国农村问题研究中心编：《乡镇体制改革研讨会论文集》，2004年2月。

② 以上数据参见詹成付：《关于深化乡镇体制改革的研究报告》，载中央党校：《“三农”研究参考》2003年第11期。

一是农民缺乏平等参与制定游戏规则的权利。对于农民人口占绝大多数的农民大国来说，基层政府直接与农民打交道，应该直接为农民服务。政府与农民的这种直接服务关系需要一定的规则来界定。在计划经济体制下，政府实行指令性的计划管理，政府与农民的关系是一种“命令—服从”的关系；在市场经济条件下，农民拥有市场经济中平等的主体地位，政府与农民的关系应该是一种“规则—遵守”的关系。这种“规则”应该是政府与农民共同制定的规则，这种“遵守”应该是政府与农民的共同“遵守”。但在现实生活中，一方面，政府仍然习惯于行政命令，对农民指手划脚，未能实现从“命令—服从”关系到“规则—遵守”关系的转换。另一方面，政府习惯于单方面制定规则而又不习惯去遵守约束自我的规则，这就使农民在关系到自身切身利益时，却缺乏制度化的参与制定游戏规则的管道和要求政府同样遵守规则的“强制性力量”。

二是农民缺乏正当的利益表达渠道。在市场经济中，各种市场主体都有自身的利益诉求。为数众多的中国农民在与权力和资本等强势集团的博弈中明显处于利益不保的劣势。在世界各地，农会和其他农民经济合作组织作为农民维护自身利益最重要的基本组织，广泛地存在于社会之中。我国拥有世界上人口最庞大的农民阶层，但却没有农会这样一个最基本的农民利益表达组织。这不能不说是制度设计上的重大缺陷。农民没有农会，不是农民不愿意组织农会，而是被人为的政策制度因素取消和限制了。众多事实已经表明，在分散的农民与有组织的政府和其他社会集团之间，存在着明显的力量不对称，强势的政府和其他社会集团常常对弱势的农民滥用权力，农民缺乏最基本的谈判地位和议价能力。党国英认为：“农会活动的目的主要是保障农民最基本的政治经济权利，为农民得到平等的市场交换权利、公正的司法裁判待遇服务，并监督基层政府严格执行国家在农村的各项政策，使农民享有国家应该赋予农民的各项实际利益。”① 农民利益表达渠道的不畅，必然放纵和造成社会不公，积压大量的社会矛盾。

三是农民缺乏利益受损后的司法救济。在共同的游戏规则中，利益受损的一方应该得到有效的司法救济。在现行的体制安排下，司法机关往往受制于基层政权的干预和掣肘，甚至沦为行政权力的一部分，助长了权力扩张。基层政府在压力型体制下，为完成目标管理责任制任务和彰显个人政绩，在发展经济的强势话语中“积极行政”，必不可免地要损害农民的权利。同时，为防止权利受害的农民“运用法律武器”到法院起诉，一些基层政权明确要求法院在农民负担、计划生育、社会治安综合治理等方面不予立案。这样一来，保障在“全社会实现公平和正义”的法院就对最需要司法救济的受害农民关紧了大门，由此造成了遍布全国各地的农民上访现象。世界上只有中国才有如此惊天动地的农民上访，这是法治不力和正义不张的直接产物。司法公正有赖于司法独立，

① 党国英：《中国需要重建农会》，载《中国国情国力》1999 年第 7 期。

“如果司法权不同立法权和行政权分立，自由也就不存在了。”①

四是农民缺乏必要的新闻舆论支持。在民主国家，新闻权被誉为除立法权、行政权和司法权之外的“第四权”，新闻记者享有“无冕之王”的美称。美国第三任总统杰斐逊说，在一个有政府而没有报纸和一个有报纸而没有政府的社会里，他将毫不犹豫地选择后者。希尔斯曼在《美国是如何治理的》一书中认为：“不管民主的定义是什么，没有新闻自由，民主本身就无法存在。”现代社会之所以需要新闻自由，是因为新闻舆论能广泛地体现民意和有效地监督政府。我国一些地方人为酿成的涉农恶性案件和安全事故等大都是新闻界曝光后才得到及时的处理。但新闻工作坚持“以正面宣传为主”的方针，使曝光的报道只占极少数。即便如此，一些地方对新闻舆论的监督也表现出极大的惶恐和反抗性，诸如“《人民日报》遭扣压”和新闻记者遭打击报复的事件时有发生。一切有权力的人都容易滥用权力。如果新闻不自由、不能监督权力，甚至新闻媒介沦落为权力的自导自演和自我称赞的舞台，那么，民众就只有在谎言和强权的夹击中忍受煎熬了。

农民自由而全面发展：乡镇体制改革的目标取向

现行的乡镇体制，是在计划经济体制下强化权力的制度安排，这种体制的最大弊端在于限制和束缚了农民的自由而全面发展。改革开放以来进行的多轮乡镇机构改革之所以收效甚微，根本原因是没有抓住“促进农民自由而全面发展”这个关键。众所周知，乡镇政权直接面对农民，与农民的命运息息相关，乡镇体制改革决不能忽视农民的愿望和诉求。2003年温家宝总理在美国哈佛大学的演讲中认为中国改革开放以来取得的巨大成绩，根本在于中国人民“基于自由的创造”。完全的个人自由和充分的个性发展，不仅是个人幸福所系，而且是国家繁荣和社会进步的主要因素。农民的自由而全面发展，离不开乡镇体制的重构。在托克维尔看来，“在各种自由中最难实现的乡镇自由，也最容易受到国家政权的侵犯。全靠自身维持的乡镇组织，绝对斗不过庞然大物的中央政府。为了进行有效地防御，乡镇组织必然全力发展自己，使乡镇自由为全国人民的思想和习惯所接受。因此，只要乡镇自由还未成为民情，它就易于被摧毁；但只要它被长期写入法律之后，就能成为民情的一部分。”②

新一轮乡镇体制改革，应该走出为民作主、忽视农民权利和自由发展的历史窠臼，应该在理念上坚持以人为本，尊重和保障人权，促进每个农民自由而全面的发展。为此，应撤销乡镇政府、实行乡镇自治、坚持党政分开、放手组建农会。

① [法]孟德斯鸠：《论法的精神》（上），北京：商务印书馆，1997年版，第153页。

② [法]托克维尔：《论美国的民主》（上），北京：商务印书馆，1997年版，第66—67页。

一是撤销乡镇政府。一个国家的长治久安，在很大程度上取决于政府公共权力与农民私人领域边界的平衡。政府公共权力一旦越过适当的边界入侵农民私域，就意味着农民基本权利和自由将遭受损害，从而势必产生社会问题，激化社会矛盾。在政府与农民的关系上，要既有利于社会管理，又有利于农民的自由发展。对执政者来说，政府层级越多，对社会的控制就愈强；同时，社会控制愈强，农民的个人自由也就愈少，农民的个人自由愈少，人的创造性和社会的活力也就愈缺乏。建国以来，我国首次将国家政权下沉到乡村社会，建立了历史上最强大的政府，这种强政府体现在两个方面：一是政府公共权力的空前强大，导致农民个人权利的普遍萎缩，二是在政府层次上突破了历史上和世界各国只设置中央、州、县三级政府的惯例，绝无仅有地设置了中央、省、市、县、乡镇五级政府，如果再加上一度将政府设置到村一级以及县与乡镇之间的区公所，政府层级达到六级半。新中国之所以建立如此强大的政府组织和庞大的政府系统，主要缘由于苏联极权主义高度集权的政治影响和计划经济体制下汲取资源、动员乡村社会的国家目标。后来的乡镇体制虽几经变革，但都没有触及收缩和约束公共权力这根弦。20世纪90年代以来乡镇政府出现的“三要”（要粮要钱要命）倾向，就完全背离了政府提供公共物品的职能，动摇了政府的合法性基础。随着农村税费改革的深入和农业税费的完全取消，作为以农业税费为主要财源的乡镇政府将更加难以为继。20多年来，由于县乡两级政权在设置上采取“县政权建设取实、乡政权建设取虚”的原则，乡镇政府在事实上也从未成为一级完全政府。“徒有虚名”的乡镇政府，在当前各种矛盾日益集中和尖锐化的情形中，决不是如有的人所期望的那样迎难而上去“不断加强”，而应该激流勇退予以撤销。[①] 几千年的历史经验和国外的普遍做法，实质上揭示了国家（政府）与农民关系的一个合理边界，就是将国家基层政权设置收缩到县一级。

二是实行乡镇自治。撤销乡镇政府并不是如某些人简单理解的那样要放弃中央政权对农村的“领导和管理”，更不是搞“无政府主义”，而是要将公共权力规范到一定的范围之内，拓宽农民自由而全面发展的合理空间，形成政府与农民的良性互动和协作关系。当前除了极个别人声称要“为现行乡镇政府辩护”和某些打肿脸充胖子要不惜代价将乡镇政府建设成为“名副其实的完全政府”外，决策层和学术理论界普遍主张改革现行的乡镇体制。在乡镇体制改革上主要有三种代表性的方案：第一种方案是撤并乡镇。这是当前中央政策鼓励和允许的，也是各地正在进行的一种最现实的改革措施。这种行政区划调整式的改革事实上已进行过多次。在城市化进程中，适当将一些小乡镇撤并成大乡镇，可能有利于人口的集聚和小城镇建设，但撤并乡镇并没能解决公共权力扩张的核心问题，因而只能是一种必要的过渡措施而不是乡镇改革的终极选择。不过，在

① 郑法：《农村改革与公共权力的划分》，载《战略与管理》2000年第4期。

县与乡镇之间作为县政府派出机构的区公所是应该坚决撤销的。据笔者调查，有的地方却至今保留或变相保留着区公所设置。比如拥有80多万人口的湖南省溆浦县在1995年撤区并乡工作中，虽将50个乡镇撤并为43个乡镇，但却变相保留了江口、麻阳水、花桥、低庄、桥江、水东、两丫坪和龙潭8个区公所，相应地将之更名为办事处。这种办事处主要有两大作用：一是多了一级管理乡镇的“婆婆”，二是多了一处安排干部的岗位。① 第二种方案是将乡镇改为县政府的派出机构。解放前，国民政府曾在一些省内成立作为县政府派出机构的乡镇公所，公所下设民政、警卫、经济和文化四股，由县政府委派正副乡镇长，开创了乡镇的行政化。当前徐勇教授主张“县政、乡派、村治”的观点具有一定的代表性。他提出将乡政府改为县政府的派出机构，乡长由县长委任，不设副职，可根据需要设乡长助理之职，设立乡民代表会议，乡财政由县政府统一编制预算和开支。② 这种方案有利于扭转过于强大的公共权力对乡村社会的渗透和控制，是乡镇体制改革富有创造性和可行性方案之一。除此之外，我感兴趣的还有，在公民广泛参与政治生活的当今社会，农民如何参与管理乡镇公共事务，如何培育具有自治精神的现代公民。第三种方案是乡镇自治。在我国这样幅员辽阔、人口众多的发展中大国，任何一刀切的乡镇体制改革模式可能都会产生不利因素。但不管何种改革模式，一个共同的理念和目标应该是有利于尊重和保障人权，有利于人的自由而全面发展。在乡镇体制改革中，我认为乡镇自治或许最能体现这种改革要求，也最能符合农民的普遍意愿。因而笔者与沈延生、郑法、于建嵘、李昌平等人一样主张实行乡镇自治。③ 托克维尔通过对英国和美国的考察后发现：“在这两个国家，我看到人们把国家的弊端归咎于许多原因，而唯有地方自由不在其内。我听到公民们说他们国家强大和繁荣有一大堆原因，但他们在列举优点时都把地方自由放在首位。”因此他认为：“只有地方自治制度不发达或根本不实行这种制度的国家，才否认这种制度的好处。换句话说，只有不懂得这个制度的人，才谴责这个制度。”④ 实行乡镇自治的本质在于保障人民真正地当家作主。第一，乡镇长由乡镇居民普遍自由选举产生和罢免，乡镇长连任不得超过一届，废除职务终身制。候选人可以由县政府推荐，但更多的应该由本乡镇居民推荐或者个人竞选。第二，改革乡镇与县政府传统的行政隶属关系。取消县政府与乡镇的目标管理责任制，剥离乡镇直接发展经济和收税费的职能。乡镇的原有职权根据性质的不同分别上收至县政府、平移给乡镇自治机构和下放给社会组织。

---

① 2009年11月18日，湖南省溆浦县召开办事处机构改革总结会议，宣布撤销全县8个办事处机构，标志着设置了长达59年的办事处机构正式退出该县历史舞台。参见中国溆浦网：http://www.xupu. gov.cn/main /xpnws/list.asp？ id=5924&type= 新闻快讯。

② 参见徐勇：《县政、乡派、村治：乡村治理的结构性改革》，载《江苏社会科学》2002年第2期。

③ 郑法：《农村改革与公共权力的划分》，载《战略与管理》2000年第4期。

④ [法]托克维尔：《论美国的民主》（上），北京：商务印书馆，1997年版，第108页。

三是坚持党政分开。在乡镇体制改革的探讨中，大都有意或无意地忽视中国共产党基层组织的改革，而忽视执政党基层组织这个真正的基层权力机构，改革的成效就可能大打折扣。我们的态度是正视现实不回避，理性探讨求真知。人所共知，在中国开创以党治国先例的是受俄共影响的国民党。孙中山最早主张“以俄为师”，从而仿照俄共体制建立了一套新的党务组织系统。1928 年国民党一党独掌全国政权后，在“训政”体制下，中央党部之下依次设立省党部、县党部、区党部和区分部，分别与省、县、区、乡等行政系统相对应，形成了历史上从未有过的“双重衙门体制”，这是中国有史以来政治控制体制由政府单轨制向党政双轨制的重大转变。① 对国民党这种以党治国、党政不分的体制，中国共产党曾是坚决反对的。早在 1941 年邓小平就认为：“以党治国的国民党遗毒，是麻痹党、破坏党，使党脱离群众的最有效的办法。我们反对国民党以党治国的一党专政，我们尤要反对国民党的遗毒传播到我们党内来。”② 但由于中国共产党是在苏俄高度集权的建党原则的直接指导下建立起来的，1949 年成为执掌全国政权的执政党后，沿袭了以党治国的作法，将党权下沉到村一级，使党政不分的现象更加突出。对此，邓小平是有清醒认识的。1980 年 8 月 18 日，邓小平在中央政治局扩大会议上作了《党和国家领导制度的改革》的重要讲话，提出要“着手解决党政不分，以党代政的问题”。③ 之后，邓小平还作了多次讲话，党的十三大政治报告历史性地把党政分开作为政治体制改革的首要任务提到了全党面前。但由于种种原因，党政分开的改革遇阻而止。几年前，我与党国英先生探讨了村党支部委员会和村民委员会的关系，他主张“两委合一”，④ 我则感到“两委合一不利于民主政治的发展”。⑤ 其实，问题的关键恐怕还不只是两委合不合一的问题，而是党组织权力化、行政化的问题。党的十二大政治报告指出，“党不是向群众发号施令的权力组织，也不是行政组织和生产组织。”而现在的乡镇党委和村党支部，实质上是同级组织中的“领导核心”，拥有事实上的“最高权力”。有鉴于此，我们主张：第一，党政分开的改革要从中央转移到基层，先从基层试点和突破。这有利于确保政局的稳定和改革的成功。中国共产党是执政党，执政党的地位要通过执掌国家政权来体现，这是毫无疑问的，但执政党执掌中央政权与执政党基层组织的权力化、行政化是两码事，是可以分离的。第二，乡镇和村级党组织应该率先实行党政分开，使基层党组织向非权力化、非行政化转型。这决不是某些人误解的放弃“党的领

① 王奇生：《党政关系：国民党党治在地方层级的运作（1927—1937）》，载《中国社会科学》2001 年第 3 期。

② 《邓小平文选》（第一卷），北京：人民出版社，1993 年版，第 12 页。

③ 《邓小平文选》（第一卷），北京：人民出版社，1993 年版，第 321 页。

④ 参见党国英：《“两委合一”：乡村民主政治的重要发展》，载《中国改革》2001 年第 5 期。党国英：《“两委合一”是一种过渡性制度安排》，载《中国改革》2001 年第 9 期。

⑤ 参见张英洪：《两委合一　岂能推广》，载《中国改革》2001 年第 8 期。

导”。“党的领导”首先表现在执政党对全国政权即中央政权的领导；其次表现在党将自己的主张和人民的愿望通过法定程序上升为国家意志成为法律，各级组织和个人遵守法律就是接受和服从了党的领导；再次表现在执政党基层组织与乡镇自治组织和公民个人一样有共同遵守法律的义务和责任。所以，执政党党员可以依法担任乡镇长，各民主党派和非党人士同样可以依法担任乡镇长。第三，从长远看，基层党组织的干部编制和各项经费应该从国家公务员序列和国家财政预算中剥离出来，使基层党组织真正从一个权力和行政组织向“先锋队”组织的回归。

四是放手组建农会。改革开放以来，市场化取向的改革自然培育和形成了多元化的利益主体，不同利益主体之间的利益实现程序在很大程度上依赖于自身的组织化程度。只有制度化了的利益集团才能在市场经济的博弈中起到维护本集团利益的特殊作用。上个世纪90年代以来，农民逐渐演变为改革成本的主要承担者和利益受损阶层，而没有制度化的利益表达组织是农民利益严重受损的根本原因。农民要具备表达自身利益诉求的渠道和能力，就必须从高度分散的状态中组织起来，成立农会和其他农民经济合作组织。世界各国大都有农会组织，建国前农会与工会一样是中国共产党动员民众革命的重要渠道。建国后，工会仍然存在，农会却被人为地取消了，致使世界上农民人口最多的中国却没有一个维护农民利益的农会组织。这种极不正常的现象，并不是经济社会发展的自然选择，也不是农民的自身意愿，而是计划经济条件下公共权力扩张的必然结果。在加入WTO后的今天，对于农会组织，不是要不要成立的问题，而是如何重建的问题。第一，农会不是权力组织。农会是农民表达利益诉求的非政府组织而不是权力组织。理解这一点非常重要。在革命战争年代，“一切权力归农会”的倾向使农会成为取代基层政权的权力组织，这就扭曲了农会的性质，成为建国后农会被取消的重要原因。第二，成立农会既符合农民的利益，也符合执政党和国家的根本利益。农会作为农民利益的表达组织，能够通过制度化的渠道与政府和其他社会强势集团平等“议价”，在合作与妥协中平衡各方面的利益，能有效化解矛盾冲突，有利于社会的长治久安。台湾学者在总结台湾农业和乡村发展的成功经验时指出，台湾政府与农民之间有明确的责任划分，在台湾，农会经收三分之一的生产稻谷，分配五分之四农民使用的肥料。农会办理农业推广计划。台湾政府的责任减轻至仅限于政策制定和辅导监督，而将实际执行之责任交付农会。① 第三，放手组建农会，可先进行试点。组建农会可能比撤并乡镇更有价值，因为组建农会更有利于农民维权和乡村自治。

新一轮的乡镇体制改革必须有新的理念和举措。必须充分认识到，我国是一个中央集权的单一制国家，乡镇体制改革的成败和农民自由发展的程度，实质上取决于国家宏

① 参见郑法：《农村改革与公共权力的划分》，载《战略与管理》2000年第4期。

观制度的设计和创新。从国家宏观制度层面上来说，一要统筹城乡发展，尽快改变城乡二元结构；二要普遍实行免费式义务教育，建立健全包括农民在内的社会保障制度；三要实现司法独立，保障新闻自由；四要实行对农业的扶持和对农民的直接补贴。当前，进行乡镇体制根本性变革的时机已经成熟，这是因为我国实现了从计划经济向市场经济的转变，从“政治国家”向“社会国家”转变，[①]从传统人治向现代法治的转变，从单纯追求经济增长向政治经济社会协调发展转变，从忽视人的权利向以人为本、尊重和保障人权、促进人的自由而全面发展转变。

① 周作翰：《社区：社会现代化的基础》，载《光明日报》2004年3月2日。

促进社会主义新农村的政治文明①

解决“三农”问题已经是全党工作的重中之重。建设社会主义新农村，就必须在继续推进社会主义物质文明和精神文明建设的同时，以全新的视野和举措，大力推进社会主义政治文明建设，这是农村经济社会发展的内在要求，是人类社会文明进步的共同规律，是党站在历史和时代发展的高度做出的科学结论和战略选择。

党的以人为本的施政方针

中国共产党是马克思主义政党，党从成立的那一天起，就是中国工人阶级的先锋队，同时是中国人民和中华民族的先锋，肩负着实现中华民族伟大复兴的庄严使命。党除了最广大人民的根本利益，没有自己的特殊利益。全心全意为人民服务是党的根本宗旨。“三个代表”重要思想的本质是立党为公、执政为民。在我国社会深刻变革、党和国家事业快速发展的进程中，新一届中央领导集体鲜明地提出了以人为本的思想。以人为本思想的提出，成为党领导全国各族人民全面建设小康社会全新的执政理念。

以人为本理念的提出

中国共产党是一个拥有7000多万党员，在中国这样一个13亿多人口的东方大国，领导和团结56个民族共同建设中国特色社会主义的执政党。党执政以来，尤其是改革开放以来，在总结古今中外治国安邦的经验教训中，在长期的执政实践中，逐步形成了一系列新的执政理念，比如立党为公、执政为民的理念，依法治国、建设社会主义法治国家的理念，依法执政的理念，尊重和保障人权的理念，治国必先治党的理念等。以人为本的理念是新一届执政者从我国国情和发展的实际出发提出的深得全党和全国人民认同的又一个崭新理念。

2003年10月14日，中国共产党第十六届中央委员会第三次全体会议通过了《中共中央关于完善社会主义市场经济体制若干重大问题的决定》，历史性地提出了“坚持

---

① 本文原载杜晓山等主编：《农村基层党支部工作手册》，北京：人民出版社，2004年12月版，第209—220页。

以人为本，树立全面、协调、可持续的发展观，促进经济社会和人的全面发展”。这在中国共产党执政史上是第一次。

2004 年 4 月 4 日，在《中央人口资源环境工作座谈会上的讲话》中，胡锦涛总书记对“坚持以人为本”作了详细的阐述，他说：“坚持以人为本，就是要以实现人的全面发展为目标，从人民群众的根本利益出发谋发展、促发展，切实保障人民群众的经济、政治和文化权益，让发展的成果惠及全体人民。”当前，坚持以人为本，树立全面、协调、可持续的发展观，已经取得了全党和全社会的共识。

正确理解以人为本

新一届中央提出以人为本的执政理念后，立即在全社会引起了强烈的关注。要全面贯彻以人为本的执政理念，首先必须正确理解以人为本。

首先要把握“人”和“本”。马克思主义认为，人有三种基本存在形态：一是人作为人这个种类意义上的种类存在，二是人作为群体意义上的社会存在，三是人作为具有独立人格和个性的个人存在。马克思主义经典作家认为：“代替那存在着阶级和阶级对立的资产阶级旧社会的，将是这样一个联合体，在那里，每个人的自由发展是一切人自由发展的条件。”[①]社会主义社会应该是一个尊重人、解放人、为了人的“自由人联合体”。以人为本的“本”，就是把人当作目的而不是手段。把人当作人，这是我们一切社会生产活动和社会关系的目的和归宿，是人之所以为人的根本体现。过去我们往往较多地关注人以外的世界，而对人本身的世界关注不够，人总是为人之外的东西而存在，而不是为自己而存在，形成了人对金钱、物质财富的依赖，对人和权力的依赖，使人成为物的奴隶和他人的奴隶。在意识形态狂热的岁月中，人就成为实现某种乌托邦的工具和奴隶。那种以物为本，以国家为本，以领袖为本，以意识形态为本的倾向，是对以人为本的反动，是一种奴隶主义的治国方式。

其次要把握以人为本与以民为本的关系。中国传统政治思想和执政理念的最进步体现就是民本主义。民本主义思想的实质就是以君主为主、臣民为本，即在承认主权在君的前提下，侧重强调臣民这个“本”对整个政治体的作用。中国传统的民本主义与西方近代的民主主义虽有某些相似之处，但却有本质的区别。民本主义预先设立主权在君，而民主主义设定主权在民。[②]在当代中国，以人为本与以民为本有许多相通之处，但不能将以人为本理解为就是以民为本。[③]第一，以人为本中的“人”不仅仅包括政治意义上的人民，还包括生物意义和社会意义上的个人。第二，以人为本包含对个人价值的承认和尊重，而以民为本则强调人民或民众这种群体价值。事实上，没有对个人价值的尊

---

① 《马克思恩格斯选集》第 1 卷，北京：人民出版社，1972 年版，第 273 页。

② 参见俞可平：《增量民主与善治》，北京：社会科学文献出版社，2003 年版，第 2 页。

③ 参见韩庆祥、张洪春：《全面理解以人为本》，载《学习时报》2004 年 6 月 7 日。

重，就没有人权的保障。第三，以人为本凸显人的个性和差异性，有利于每个人的创造性和积极性的发挥，有利于每个人自由而全面发展。

树立以人为本的发展观

中共十一届三中全会以来，党果断地放弃了“以阶级斗争为纲”的错误路线，确立了“一个中心，两个基本点”的基本路线。毫无疑问，以经济建设为中心取代以阶级斗争为纲，是我国社会历史的巨大进步。经过30年的改革开放，我们胜利实现了现代化建设“三步走”战略的第一步、第二步目标，人民生活总体达到小康水平。这是中华民族发展史上的一个新的里程碑。

但是必须看到，我国现在达到的小康还是低水平的、不全面的、发展很不平衡的小康。特别是在发展过程中，片面追求经济增长，形成了新的GDP崇拜，为了追求所谓的经济增长，不惜牺牲生态环境和损害人民群众的切身利益，造成了一系列环境和社会问题。新一届中央领导总结了改革开放以来的经验教训，明确提出要统筹城乡发展、统筹区域发展、统筹经济社会发展、统筹人与自然和谐发展、统筹国内发展和对外开放，坚持统筹兼顾，坚持以人为本，树立全面、协调、可持续的发展观即科学的发展观。科学发展观的提出，标志着党对执政规律和现代化建设规律认识的进一步深化，是对改革开放以来发展思路和实践的科学总结。贯彻科学发展观的一条主线就是以人为本，就是发展要以满足人的需要、提升人的素质、实现人的自由而全面发展为目标。新一届政府正在把以人为本的理念贯彻到经济、政治、文化和社会生活的各个方面，得到了广大党员领导干部和人民群众的广泛赞同。

社会主义政治文明的主要内涵

中共十六大报告明确提出:“发展社会主义民主政治，建设社会主义政治文明，是全面建设小康社会的重要目标。”在社会主义思想史上，党第一次明确提出了“社会主义政治文明”这一概念，这是对马克思主义理论的重大发展。

文明与政治文明

在中国，最早提到“文明”这个词是2000多年前的《易经·乾卦》:“见龙在田，天下文明。”在西方，“文明”一词究竟何时出现，似乎没有权威的说法。对文明的定义，恩格斯认为“文明是实践的事情，是一种社会品质”。[①] 简单地说，所谓文明，就是人类社会生活的进步状态。从静态上看，文明是人类社会创造的一切进步成果；从动态上看，文明是人类社会不断进化发展的过程。

① 《马克思恩格斯全集》第1卷，北京：人民出版社，1956年版，第666页。

早在1844年11月，马克思就在《关于现代国家的著作的计划草稿中》提出了“政治文明”的概念。在中国，“政治文明”的提法是政治家和学者们在我国改革开放以后逐步提出来的。改革开放以后，党提出了加强社会主义物质文明和社会主义精神文明建设的历史任务。在最初设计党的十二大报告时，胡乔木主张并坚持物质文明和精神文明两分法，认为政治民主属于精神文明范畴。随着思想的不断解放和实践的逐步深化，对政治文明概念的提出也就呼之欲出。有的学者就认为除了物质文明和精神文明之外，还有一个政治文明。这样，经过整整20年的探索，“文明”从党的十二大报告的“两分法”（物质文明、精神文明）发展到党的十六大报告的“三分法”（物质文明、政治文明、精神文明）。政治文明这一概念从此成为中国改革开放中的关键词之一，引起了人们的广泛关注。

政治文明的概念和科学内涵

就目前来讲，对政治文明作出比较全面解释的是《中国大百科全书·政治学》中的“政治文明”条目。该词条写道：政治文明是“人们改造社会所获得的政治成果的总和。一般表现为人们在一定的社会形态中关于民主、自由、平等、解放的实现程度。在人类历史上，代表生产力发展方向的先进阶级，通过社会革命改造旧的社会关系和社会制度，建立新的社会形态。在新的社会形态里，统治阶级为了实现自己的政治统治，需要建立与生产力、生产关系状况相适应的社会政治制度、法律制度、民主制度。在这些制度中，人们的民主、自由、平等的权利实现程度相应获得新的提高，这就是政治文明的进步”。

简单地说，所谓政治文明，就是人类社会政治生活的进步状态，它表现为人类社会政治进程中取得的全部进步成果。政治文明包括政治意识文明、政治制度文明和政治行为文明三个组成部分。①

在人类社会生活中，所构成的社会结构都是一定的经济、政治和文化的统一体，相应地，人类文明的结构也是物质文明、政治文明和精神文明的统一体。政治文明是人类文明中不可或缺的一部分。

物质文明、政治文明、精神文明具有不同的含义，体现着不同的关系，发挥着不同的作用。人们在改造客观世界的实践活动中形成的有益成果，表现为物质生产方式和经济生活的进步即物质文明；在政治实践活动中形成的有益成果，表现为政治生活的进步，即政治文明；在改造客观世界的同时改造主观世界中形成的有益成果，表现为精神生活的进步即精神文明。物质文明体现的是人与自然的关系，政治文明体现的是人与人的关系，精神文明体现的是主观与客观、人与自我的关系。

---

① 参见虞崇胜：《政治文明论》，武汉：武汉大学出版社，2003年版，第140页。

物质文明、政治文明、精神文明三者之间又是相互依存、相互联系、相辅相成的。物质文明为政治文明和精神文明提供物质条件，物质文明实践为政治文明和精神文明发展提供源泉和动力。精神文明为物质文明和政治文明的发展提供精神动力、智力支持和思想保证。政治文明为物质文明建设提供正确的政治方向和安定团结的政治环境，为精神文明建设提供必要的前提条件与基本的政治方向和必要的保障。只有物质文明、政治文明和精神文明这三种文明相互协调，共同发展，才能全面推动社会的进步。[①]

建设社会主义政治文明的根本要求

建设社会主义政治文明，是全面建设小康社会的重要目标。在全面建设小康社会的历史过程中，要积极稳妥地推进社会主义政治文明建设，就必须认真把握社会主义政治文明建设的根本要求。

一是要坚持党的领导、人民当家作主和依法治国的有机统一。建设社会主义政治文明，核心内容是发展社会主义民主政治。邓小平说："没有民主就没有社会主义，就没有社会主义的现代化。"[②]建设高度的民主，是社会主义优越性的具体体现。党历来以实现和发展人民民主为己任。改革开放以来，党和国家坚定不移地推进政治体制改革，有力地促进了社会主义民主政治建设。在当代中国，发展社会主义民主政治，最根本的是要把坚持党的领导、人民当家作主和依法治国有机统一起来。党的领导是人民当家作主和依法治国的根本保证，人民当家作主是社会主义民主政治的本质要求，依法治国是党领导人民治理国家的基本方略。中国共产党是中国特色社会主义事业的领导核心，共产党执政就是领导和支持人民当家作主，最广泛地动员和组织人民群众依法管理国家和社会事务，管理经济和文化事业，维护和实现人民群众的根本利益。宪法和法律是党的主张和人民意志相统一的体现，必须严格遵守《宪法》，严格依法办事。任何组织和个人都不允许有超越宪法和法律的特权。

二是要坚持社会主义民主政治制度化、法制化、程序化的有机统一。当前，我国社会主义民主政治建设的关键环节和核心内容，就是实现社会主义民主政治的制度化、规范化和程序化。民主政治的制度化、规范化和程序化，是现代民主政治的内在要求和基本特征。民主政治的制度化，就是用制度来体现、巩固、维护和发展民主，使民主和民主政治建设有法可依、有章可循。民主政治的规范化，就是民主政治的活动和行为在既定的制度框架内符合一定的尺度和标准有序地进行。民主政治的程序化，就是通过健全完善民主政治程序规定，使民主政治的运行符合一定的议程、次序、步骤和时限要求。首先，要坚持和完善社会主义民主制度。人民代表大会制度是我国的根本政治制度。坚持和完善社会主义民主制度，最重要的是要坚持和完善人民代表大会制度，使人民代表

---

① 参见彭国甫等：《政治文明论》，长沙：湖南人民出版社，2002年版，第19页。

② 《邓小平文选》第2卷，北京：人民出版社，1994年版，第168页。

大会真正成为国家最高权力机关。同时，要坚持和完善共产党领导的多党合作和政治协商制度，坚持和完善民族区域自治制度，健全和完善基层自治和民主管理制度等。其次，要规范社会主义民主政治行为。发展社会主义民主政治，建设社会主义政治文明，不仅要切实加强社会主义民主政治的制度建设，坚持和完善社会主义民主政治的各项制度，而且必须加强对民主政治行为的约束和规范，重点是依法规范立法行为，努力提高立法质量；切实规范执法行为，加强执法队伍建设；严格追究失范行为，形成责任追究体系。再次，建立和健全社会主义民主政治程序。按照程序办事，就是要求人们在行为和活动中按照既定的方式、方法、步骤、顺序和时限办事，以保证行为途径、活动过程的确定性、公开性。程序建设是我国社会主义民主政治建设中长期存在的一个薄弱环节，建立健全社会主义民主政治程序，是我国社会主义民主政治建设面临的一项重大而紧迫的任务。当前，建立和健全社会主义民主政治程序，关键是要培育和增强全社会的民主政治程序意识，加强民主政治程序立法，健全完善民主政治程序运行机制。①

农村管理体制改革的主要方向和措施

建国以来，我国农村管理体制大致经历了三个发展阶段。一是计划经济体制时期。建国以后，我们照搬苏联模式建设社会主义，形成了高度集中的计划经济体制。与此相适应，一个以户籍制度为核心的城乡二元社会结构逐步建立起来，在这种管理体制下，农民事实上成为低人一等的二等公民。二是从计划经济体制向社会主义市场经济体制过渡时期。中共十一届三中全会以后，随着农村家庭承包责任制和村民自治的推行，农民空前地获得了生产自主权和自治权，这是一个巨大的历史性进步。但在社会转型过程中，由于思想观念和制度建设的相对滞后，不公平、不公正的社会制度环境，使农民在不完全的市场竞争中逐渐演变为改革成本的主要承担者和利益受损的弱势阶层。三是统筹城乡发展阶段。2002 年中共十六大明确提出统筹城乡发展的重大战略。以人为本、注重公平、统筹发展的执政理念开始得到广泛的认同，新的农村管理体制的改革也呼之欲出。

在传统的计划经济体制和不健全的市场经济条件下，农村事实上面临着三重困境。一是制度歧视的困境。在南非，曾经有过漫长的白人歧视黑人的种族歧视。直到 20 世纪 90 年代，以曼德拉为首的南非人民经过长期的斗争，终于废除了持续 300 多年的种族歧视，建立了种族和解与自由发展的新南非。在我国，虽然没有种族歧视，但却有众所周知的农民歧视，农民歧视的本质不是城市人歧视乡村人，而是“城乡分治、一国两

① 参见彭国甫等：《政治文明论》，长沙：湖南人民出版社，2002 年版，第 100 页。

策”的国家政策制度人为形成的二元社会结构，导致农民这一群体在不平等的制度安排中陷入被歧视的境地。二是市场失灵的困境。以市场为取向的改革极大地解放和发展了农村生产力，同时又使农村在市场经济的竞争中趋向衰败。一方面，市场经济是优胜劣汰的竞争性经济，它要求市场主体的平等地位和不受制于人的自主权。我国农民却在二元社会结构未得到根本改变的情况下走向市场，其不利因素是显而易见的。另一方面，即使农民拥有平等的市场主体地位，农民在市场经济的竞争中也会处于劣势，因为极其分散的小农经济必然在市场经济的无情竞争中走向破产和衰落。当前，农村最基本的土地、劳动力和资金三要素都还没有由市场这只“看不见的手”自发调节。① 三是政府失灵的困境。在市场经济条件下，政府的主要职能是提供公共物品，维护社会的公平、公正和长治久安。但在社会转型时期，政府职能比较普遍地呈现出“越位”、“错位”、“缺位”的现象，造成了一系列政治经济和社会问题。②

传统的农村管理体制的一个十分突出的特性是强化了权力扩张，使公权的约束和人权的保障长期滞后于现实政治生活的需要，其重大缺陷是显而易见的。一方面，在传统农村管理体制中，农民缺乏平等参与制定游戏规则的权利。在计划经济时期，政府对社会实行指令性的计划管理，政府与农民的关系是“命令—服从”的关系，政府下达指令，农民只管服从；在市场经济条件，由于农民在理论上应该拥有市场经济中平等的主体地位，政府与农民的关系就应该是“规则—遵守”的关系，这种规则应该是政府与农民共同制定的“规则”，这种“遵守”应该是政府与农民的共同“遵守”。但在现实生活中，政府仍然习惯于行政命令，对农民指手划脚，未能实现从“命令—服从”关系到“规则—遵守”关系的转换，农民缺乏有效的制度管道有序地参与制定游戏规则，农民仍然在政府单方面制定的游戏规则中生产生活。另一方面，在传统农村管理体制中，农民缺乏正当的利益表达渠道。我国拥有世界上人口最庞大的农民阶层，却没有农会这样一个最基本的农民利益表达组织。这不能不说是制度设计上的一个重大不足。众多事实表明，在分散的农民与有组织的政府和其他社会强势集团之间的博弈，存在着明显的力量不对称，农民缺乏最基本的谈判地位和议价能力。农民利益表达渠道的不畅，必然放纵和造成社会不公，积累大量的社会矛盾。

在新的形势下，改革农村管理体制显得十分迫切。当前，改革农村管理体制，必须充分认识到党、国家和社会生活发生的巨大变化。第一，要充分认识到党已经从领导人民为夺取全国政权而奋斗的党，成为领导人民掌握全国政权并长期执政的党。这就要求我们从执政党而不是革命党的角度去思考问题、制定政策。第二，要充分认识到我国已

① 参见温铁军：《“市场失灵＋政府失灵”：双重困境下的“三农”问题》，载《读书》2001年第10期。

② 参见周作翰、张英洪：《农民自由发展与乡镇体制改革》，载《湖南师范大学社会科学学报》2004年第4期。

经从高度集中的计划经济体制转向建立和完善社会主义市场经济体制，这就要求我们全面清理计划经济时期的思想观念和政策法律制度。第三，要充分认识到党已经从主要依靠政策和领导个人意志治国转向依法治国、建设社会主义法治国家，这就要求我们从长期的人治思维中解放出来，站在现代法治的高度去立法、执法。第四，要充分认识到党和国家已经从城乡分治转向统筹城乡发展，这就要求我们尽快破除二元社会结构，废除和终结一切歧视农村和农民的制度安排。第五，要充分认识到党和国家已经从单纯追求经济增长转向促进政治经济社会和人的全面发展，这就要求我们坚持以人为本，树立全面、协调、可持续的发展观。

在这样一个全新的社会环境和改革形势下，推进农村管理体制改革，关键是要有利于农民的自由而全面发展，有利于尊重和保障人权，有利于政治文明建设，有利于社会的长治久安。

第一，改革户籍制度，恢复公民的迁徙自由权。迁徙自由是公民的一项基本人权。1954 年新中国第一部《宪法》第 90 条第 2 款明确规定“公民有居住和迁徙的自由”。但随着计划经济体制的建立，公民的居住和迁徙自由被人为地限制和取消了。自 1975 年《宪法》将公民的迁徙自由权从宪法条款中取消以来，至今没有恢复。随着我国社会主义市场经济体制的建立和社会经济的发展，恢复公民的居住和迁徙自由权的条件已经成熟。

第二，改革税费制度，确保公民平等纳税权。几千年来，皇粮国税的观念在人们思想观念中根深蒂固，而现代社会公平的税制意识比较缺乏。我国现行的农业税主要依据 1958 年出台的《农业税条例》，90 年代以来，各种名目繁多的乱收费、乱摊派、乱罚款使农民不堪重负。传统农业税制的根本缺陷在于单独面向农民征税，这与现代税制强调的统一公平原则相背离。从上一届政府开始的农村税费改革到本届政府宣布取消农业税，这不仅体现了党和国家对“三农”问题的高度重视，而且是党和国家治理理念的巨大升华。

第三，改革义务教育体制，保障公民的受教育权。教育决定一个国家国民的素质和民族的未来。要实施科教兴国战略，就要在具体体制上体现和落实把教育放在优先发展的战略地位。义务教育的责任在政府，实行免费的义务教育是国际上通行的普遍做法。长期以来，我国农村的义务教育实质上由农民负担，高昂的学校收费和各种乱收费行为不仅大大增加了农民的负担，而且造成不少农民子女读书困难，辍学现象比较普遍，其严重的后果将是导致国民素质的下降。我国农村义务教育体制改革的核心是逐步实行免费教育，由各级政府尤其是中央和省级政府承担义务教育的主要责任。

第四，改革乡镇体制，扩大公民的自治权。自治权是公民自我管理社区公共事务的权利，自治权的实行和扩大，意味着国家权力退出其不应当干预的社会领域。在当代中国，农民的自治权主要体现在村民自治上。随着时代的发展，对农民来说，另一个可以预期的自治权应该是乡镇自治。中国共产党执掌全国政权以后，建立了历史上最强大、最集权的中央政权和渗透最深入、控制最严密的地方和基层政权，突破了几千年“皇权不下县”的传统，空前地将国家政权下沉到乡镇一级。这种强国家—弱社会的权力结构，虽有利于维持统治和秩序，但却大大增加了统治的成本，扼制了民众的创造力。依据历史传统和国际惯例，将政府的层级由现在的中央、省、市、县、乡镇五级缩减到中央、省、县三级，在乡镇实行自治，是扩大农民自治权的现实选择。

除此之外，农民的平等就业权、医疗卫生保健权、社会保障权等等都应该得到国家一视同仁的承认、尊重和保障，为了保障和维护宪法和法律赋予农民的一切正当权利，成立农民维权组织的农会已刻不容缓。

农村党支部在政治文明建设中的主要任务

农村党支部是农村的最基层组织，是党在农村的战斗堡垒，是党的全部工作和战斗力的基础。在社会主义政治文明建设中，农村党支部必须清醒地认识到自身的特殊地位和重要作用，担当起时代赋予的历史责任。

加强民主法治学习。我国正处于社会大转型时期，建设社会主义政治文明的历史任务，需要我们全面学习政治文明建设的基本知识。众所周知，我国是一个具有二千多年君主专制传统的国家，专制主义思想的残余影响比较严重，加上建国以来在苏联模式的影响下搞了几十年的计划经济，行政命令和家长制作风比较盛行，人民的民主法治意识比较淡薄。面对这样一个基本历史和现实国情，要建设社会主义政治文明，不加强学习肯定不行，不转变观念肯定不行。加强学习，并不是读了书就是学习，关键是要看究竟读了什么书；转变观念也一样，关键是看转变了什么观念。从党建设社会主义政治文明的目标来看，要学习的就是有关民主、法治、自由、人权等方面的知识，要树立的就是民主、法治、自由、人权等方面的观念。

在政治上尊重农民的民主权利。在经济上保障农民的物质利益，在政治上尊重农民的民主权利，是改革以来党领导亿万农民建设社会主义新农村的一条重要经验，必须长期坚持。在建设社会主义政治文明的进程中，在政治上尊重农民的民主权利显得尤为紧要。当前，我国农村正处在全面建设小康社会的新的发展阶段，改革发展稳定的任务十分繁重。农村党支部必须站在政治文明建设的高度，在政治上保障农民的各项民主权利，切实维护广大农民的根本利益，这是实践“三个代表”重要思想的重要体现，是完善村民自治、发展社会主义民主的重要内容，是促进农村党风廉政建设、密切党群干部关系的有效途径，是进一步推进农村改革和发展、加快农村全面建设小康社会进程的必然要求。

发展党内民主，促进村民自治。党内民主是党的生命。作为执政党，没有党内民主，就很难说有人民民主。新形势下的农村基层党支部建设，要突出党内民主建设，以农村党支部自身的民主建设来保障和促进村民自治。当前，农村党支部要健全民主制度，丰富民主形式，扩大党员和村民有序的政治参与，保证党员和村民依法实行民主选举、民主决策、民主管理和民主监督，享有广泛的权利和自由，尊重和保障人权。农村党支部要带头遵守宪法和法律，大力促进村民自治的健全和完善，要进一步健全村务公开制度、规范民主决策机制、完善民主管理制度、强化村务管理的监督制约机制，保障农民群众的知情权、决策权、参与权和监督权，努力推进农村基层民主的制度化、规范化、程序化。

农村、农业、农民问题研究

张英洪自选集

（2000－2011）（下）

为什么我的眼中常含泪水？
因为我对这土地爱得深沉……
——艾青

张英洪 著

九州出版社 JIUZHOUPRESS | 全国百佳图书出版单位

目录

下

2005年

不断提高发展社会主义民主政治的能力 / 297

发展民主：跳出历史“周期率”的新路 / 297

从革命党追求民主到执政党建设民主 / 298

发展社会主义民主政治需要把握的重点 / 299

论当代中国农民的政治权利 / 301

当代中国农民政治权利概述 / 301

当前中国农民主要政治权利评析 / 304

日常抵抗、依法抗争与宪法关怀 / 309

当代中国农民的社会保障权 / 313

社会保障权：农民的一项基本权利 / 313

二元社会结构中农民社会保障权利的缺失 / 315

和谐社会构建与执政能力建设 / 320

促进农民自由而全面发展的战略思考 / 323

农民的生存境况：数字的视角 / 323

制约农民自由而全面发展的人为因素 / 325

构建农民自由而全面发展的制度环境 / 328

2006年

当代中国农民的平等权 / 337
平等：人类文明的基本信条 / 337
二元社会结构中农民的不平等地位 / 342
反歧视：国际视野与中国选择 / 349
当代中国农民的居住和迁徙自由权 / 354
迁徙自由是一项基本人权 / 354
农民迁徙自由权的丧失与复归 / 358
以自由看待发展 / 361
和谐社会构建中的农民权益保护 / 366
农民维权抗争进入当代视野 / 366
农民为什么成了弱势群体？ / 370
农民权益保护与构建和谐社会 / 374
产权残缺、利益博弈与社会冲突 / 378
农地产权残缺的主要表现 / 378
积极产权与消极产权 / 380
基于土地产权的冲突 / 383
不断提高中国农民享受人权的水平 / 386
权利保障扑面来 / 386
农民权利的宪法保障 / 387
走出兴亡百姓苦怪圈 / 388
从农民权利到公民权利 / 389
社会主义新农村建设中的征地制度改革 / 392
改革城乡二元土地制度，取消土地市场“双轨制” / 392
界定公益性与经营性用地，规范和约束国家征地权，充分发育土地交易市场 / 394
实行公平合理的征地补偿、分配和安置 / 396
当代中国农民的结社权 / 401
结社自由与法律保障 / 401
中国农会的历史考察 / 403
公民社会、利益集团与农民组织 / 406

重建中国农会的几个问题 / 411

2007年

财产权利、个人自由与国家繁荣 / 417
财产和财产权 / 417
两种对立的财产观念 / 418
多学科视野中的财产权 / 419
财产权事关人类文明 / 422
改革以来中国乡村和农民问题研究的回顾 / 424
80年代乡村社会研究的转型 / 424
乡村社会、农村改革和政策研究 / 426
90年代以来的多学科研究 / 429
农民权利研究的兴起 / 433
中国农民的政治参与和参政权 / 435
政治参与和参政权：概念辨析与界定 / 435
农民政治参与：方式和趋势 / 438
农民参政权：特征及张力 / 442
新世纪、新农村、新农民 / 446
从农民到公民：农民身份的变迁路径 / 448
农民身份的阶级化 / 449
农民身份的结构化 / 450
农民身份的社会化 / 452
农民身份的公民化 / 453

2008年

农民生命权面临的几个问题 / 457
死刑存废与农民生命权 / 457
劳动教养与农民生命权 / 458
收容遣送与农民生命权 / 459
刑讯逼供与农民生命权 / 461

计划生育与农民生命权 / 462

农民与国家关系的演变模式及前景 / 466

传统社会农民与国家：四位一体、虚实双线关系 / 466

土改时期农民与国家：四位一体、双边二重关系 / 469

集体化时期农民与国家：三位一体、双边二元关系 / 472

改革以来农民与国家：四位一体、强弱双线关系 / 474

农民与国家关系的可能前景：多元一体、合作共赢关系 / 476

中国农地制度变迁考察——以土地财产权为视角 / 480

集体所有制理念及其强制实施 / 480

中国土地产权的强制性变迁 / 483

作为诱致性变迁的家庭承包制 / 486

宪法秩序与农民土地财产权 / 488

农民参与和宪法秩序 / 488

农地所有制改革的讨论 / 490

农地制度改革的前景 / 495

公民权：现代国家最基本的公共品 / 498

公民权短缺是农民问题的主因 / 498

现代国家以公民权为基础 / 500

全球化推动中国公民权发展 / 501

农民公民权成长的新起点 / 502

提升国家发展公民权的能力 / 504

“土皇帝”与地方专制主义 / 506

中国乡村社会的理论假说 / 506

乡村社会中的“土皇帝” / 507

地方专制主义 / 508

“土改”：革命专政和暴力再分配 / 512

诉苦：预热革命斗志 / 512

批斗：宣泄阶级仇恨 / 516

没收：瓜分胜利果实 / 528

以权利看待农民——我为什么关注农民公民权 / 531

历史沉思：兴亡百姓苦怪圈 / 531

现实困惑：农民真苦？ / 533
未来憧憬：走进公民权时代 / 535
理论追寻：以权利看待农民 / 538

以扩展农民权利加快农民增收 / 541
农民权利的短缺 / 541
在农民权利上实现突破 / 542
以扩权实现增收 / 543

2009年

公共品短缺、规则松弛与农民负担反弹 / 547
问题的提出 / 547
投资配套、约束失灵与“二次维权” / 548
公民权、村民权与乡村治理 / 550
简短结论 / 554

能否废除“村官”职务终身制？ / 555
村庄成为终身制的最大乐园 / 555
废除终身制还缺乏制度化 / 556
“村官”终身制的政治后果 / 557
废除“村官”终身制的基本设想 / 558

新农村建设与公民权建设 / 560
公民权是现代国家的基石 / 560
农民问题根本在于公民权的短缺 / 562
农民公民权在改革中成长与发展 / 564
公民权的制度建设与实践创新 / 566

2010年

小产权房问题：违法式改革阵痛 / 571
小产权房：违法还是创造？ / 571
违法式改革困境 / 572
走向立法式改革 / 573

城乡一体化的根本：破除双重二元结构 / 575
高度关注双重二元结构 / 575
动态二元结构问题正日益凸显 / 578
全面推进城乡一体化 / 580

2011年

强制拆迁、财产权保护与地方宪政构建 / 585
掠夺农民第三波 / 585
自焚抗争 / 587
权力失控 / 589
地方宪政构建 / 591
推进城乡结合部城市化发展的思考和建议 / 595
允许农民以土地参与城市化 / 595
保障农民带着集体资产进入城市 / 597
促进城市郊区农民及外来人口的市民化 / 598
加快推进城乡基础设施和公共服务一体化 / 599
构建城乡一体化的社会管理体制 / 601
推进城乡一体化不能忽视城市内部的二元结构——对话施维 / 603

张 英 洪 自 选 集 2005年

不断提高发展社会主义民主政治的能力[①]

党的十六届四中全会深刻总结了55年来我们党执政的主要经验，着重研究了加强党的执政能力建设的若干重大问题，将提高党的执政能力建设这一重大课题明确摆在了全党面前，这是富有深远历史意义和巨大现实意义的战略决策，必将使我们党在科学执政、民主执政、依法执政上实现新的跨越。在全面建设小康社会、实现中华民族伟大复兴的进程中，加强党的执政能力建设，是时代的要求、人民的要求。而不断提高发展社会主义民主政治的能力，则是我们党加强执政能力建设的一项重要内容。

发展民主：跳出历史“周期率”的新路

民主是个古老而又常新的问题。它涉及国家制度和人民权利，也涉及观念意识；它是人类为之奋斗的崇高理想，也是国家组织管理的具体实践。自从人类社会产生政治现象以来，政治大体上就分为专制政治和民主政治。专制政治宣扬“君权神授”，权力可以恣意妄为，民众在权力的压迫下处于被奴役状态；民主政治则主张“人民主权”，公权受到制约和监督，民众在权利的保障中尽享自由生活。从专制政治发展到民主政治，是人们长期斗争的结果，也是人类政治智慧的结晶。

我们党是在浩浩荡荡的世界民主潮流中诞生的马克思主义政党。民主不仅是我们党始终高举的伟大旗帜，也是我们党找到的一条跳出“兴亡”历史周期率的新路。1945年，毛泽东在回答民主人士黄炎培忧虑的历史周期率时说：“我们已经找到了新路，我们能跳出这周期率。这条新路，就是民主。只有让人民来监督政府，政府才不敢松懈；只有人人起来负责，才不会人亡政息。”民主之所以能成为跳出历史周期率的新路，是因为民主的实质就是人民当家做主，民主政治是实现人民当家做主的政治制度的可靠保证。

首先，民主是一种稳定的利益冲突解决机制。作为一种相互冲突的利益解决制度和机制，民主的根本作用在于让不同利益主体自愿地表达其利益诉求，并在这种和平的合

① 本文原载《光明日报》2005年1月25日，合作者周作翰。

作机制中形成稳定的预期。其次，民主以平等的方式来对待每个人的利益。民主否定特权，强调政治参与主体的平等地位，要求政治参与主体在表达自身利益的同时，也必须尊重他人的利益。就利益的整合过程而言，民主的平等原则并不等于平均主义，它的意义也并不在于结果的平等，而是政治参与主体和政治过程的平等。再次，民主意味着宽容与妥协。在利益日趋分化和多元化的现代社会，对这种多元化利益进行有效整合的只能是民主政治。宽容和妥协是民主解决机制内在的基本精神，健全的民主政治能够确保权力的和平交替和利益的有效整合，从而有效地维持社会秩序，保持社会稳定，实现国家的长治久安。

从革命党追求民主到执政党建设民主

民主，从来就是我们党的旗帜。我们党从事艰苦卓绝的革命斗争，为的是争取人民当家作主；我们党执政的根本目的，就是实现和保障人民当家做主。

为中国人民争得民主，是我们党28年革命斗争的生动写照。马克思主义认为，争取民主权利，特别是实现无产阶级民主，建立人民当家做主的政治制度和国家政权，是无产阶级政党的革命目标。马克思、恩格斯在《共产党宣言》中明确提出："工人革命的第一步就是使无产阶级上升为统治阶级，争得民主。"我们党是马克思主义政党，追求民主是我们党革命斗争的奋斗目标。在革命战争年代，毛泽东非常敏锐地看到"中国的缺点就是缺乏民主"，认为"中国人民非常想要民主，只有加上民主，中国才能前进一步"；同时，他还主张"民主是各方面的，是政治上的，军事上的，经济上的，文化上的，党务上的，以及国际关系上的，一切这些，都需要民主"。正是对民主的坚定信念才使毛泽东和中国共产党人创造性地把马克思主义的普遍原理与中国革命具体实际相结合，创立了新民主主义革命理论，为处于被压迫被奴役的中华民族找到了一条实现现代民主政治的新模式。正因为我们党真诚地为中国人民争民主，才赢得了全国各族人民衷心的拥护和支持，最终推翻了国民党的专制统治，夺取了全国政权，取得了新民主主义革命的伟大胜利，开辟了中国历史的新纪元。

我们党在执政以后，始终孜孜以求地探索建设中国特色社会主义民主政治的实现途径。在这种探索中，我们既有成功的经验，也有失败的教训。特别是在"左"的思想指导下，我们在民主政治建设上遭受过严重的挫折。历史的经验昭示人们，什么时候民主建设得好，什么时候党和国家的事业就蓬勃发展；反之，什么时候民主遭到严重破坏，什么时候党和国家的事业就蒙受重大损失。

马克思主义政党在执政以后，怎样建设民主政治是一个重大的现实课题。十一届三中全会以后，邓小平在总结社会主义正反两方面经验尤其是我国"文化大革命"沉痛教训的基础上，鲜明提出了“没有民主就没有社会主义，就没有社会主义的现代化”的科学论断。改革开放以来，我们党在政治上发展民主，经济上进行体制改革，在发展社会主义市场经济的同时，明确把发展社会主义民主政治确定为我国政治体制改革的目标，使中国特色社会主义事业经受住一次又一次考验，保证了改革开放和现代化建设的航船始终沿着正确的方向破浪前进。

我们党成立 80 多年和执政 50 多年来的历史，都是与如何争得民主和怎样建设民主紧密联系在一起的。追求民主使我们党取得了全国政权；同样，建设和发展民主政治必将巩固我们党长期执政的基础。

发展社会主义民主政治需要把握的重点

坚持和发展人民民主，是我们党执政为民的本质要求和根本途径。提高发展社会主义民主政治的能力，就是不断提高我们党执政的本领和水平。为此，我们要把握好以下四个重点：

第一，依法治国，建设社会主义法治国家。依法治国，是党领导人民治理国家的基本方略，是我们党执政经验的总结和升华。针对新中国成立以来特别是“文革”中我国民主法制建设遭到破坏、人治盛行等状况，邓小平提出，“为了保障人民民主，必须加强法制。必须使民主制度化、法律化，使这种制度和法律不因领导人的改变而改变，不因领导人的看法和注意力的改变而改变。”江泽民同志指出：“我们绝不能以党代政，也绝不能以党代法”，“我们一定要遵循法治的方针”。党的十五大正式提出依法治国、建设社会主义法治国家的目标。这是我们党对自己的执政方式作出的一次带根本性变革的重大决策。依法治国，首先要确立宪法的权威，做到依宪治国。宪法是国家的根本大法，是人民与国家的契约，是确保民主制度、规范政治权力、保障公民权利等具有合法性的根本法律基础。我们发展社会主义民主政治，就是要在宪法的框架下，不断推进社会主义民主的制度化、规范化和程序化，保证人民当家做主。

第二，以人为本，尊重和保障人权。以胡锦涛同志为总书记的党中央高举邓小平理论和“三个代表”重要思想伟大旗帜，总结改革开放以来的新经验，明确提出坚持以人为本，树立科学的发展观。全国人大十届二次会议历史性地将“国家尊重和保障人权”载入宪法。以人为本理念的提出和人权入宪，成为我们党领导全国各族人民全面建设小康社会新的执政理念。坚持以人为本，就是要以实现人的全面发展为目标，从人民群众的根本利益出发谋发展、促发展，切实保障人民群众的经济、政治和文化权益，让发展的成果惠及全体人民。“坚持以人为本”与“国家尊重和保障人权”是相互联系、相互促进的；坚持以人为本，就要求尊重和保障人权，尊重和保障人权，也就体现了以人为本。发展是我们党执政兴国的第一要务，这个发展是以人为本的发展，是尊重和保障人权基础上的发展。只有在科学发展观的指导下，实现政治、经济、文化、社会全面发展和人的全面发展，才能切实加强对宪法赋予的公民权利的有效保障，才能不断推进我国社会主义的人权保障事业。

第三，加强对权力运行的制约和监督，保证把人民赋予的权力用来为人民谋利益。古今中外的政治常识已经揭示，权力不受制约，必然产生腐败，绝对的权力产生绝对的腐败。我们党对执政以后权力的运行及可能产生的腐败始终保持着高度的警惕。新中国成立前夕，毛泽东就及时告诫全党要始终保持“两个务必”；改革开放以来，邓小平和江泽民又多次强调反腐败斗争关系党的生死存亡。在长期执政的条件下，加强对权力的制约和监督，一方面要发扬我们党思想政治工作的优良传统，加强党员干部思想道德和纪律教育，强化自律意识；另一方面要充分利用我国社会主义政治制度的优势，借鉴人类社会共同创造的政治文明成果，拓宽和健全权力制约和监督的渠道，从制度建设入手，增强权力制约和监督的公开性、有效性，强化他律的刚性约束。

第四，积极发展党内民主，以党内民主推进人民民主。办好中国的事情，关键在我们党。在中国这样一个有着长期封建专制主义传统的东方大国发展社会主义民主政治，这是一项前无古人的伟大事业。一个要发展社会主义民主政治的政党，首先自身要实现民主化，大力发展党内民主。根据我国的国情和党情，发展党内民主，以党内民主推进人民民主是一条切实可行的有效途径。党内民主是党的生命，对人民民主具有重要的示范和带动作用。

论当代中国农民的政治权利①

农民问题是中国革命、建设和改革的根本问题。在不同的历史时期，人们对农民问题的认识也各不相同。中国共产党成立以后，认为农民的根本问题是“土地问题”，从而开展了土地革命运动，“打土豪、分田地”是中国共产党赢得农民、动员农民的革命口号。执掌全国政权后，中国共产党没有忘记对农民的历史性承诺，建国初期就在全国实行了“土地改革”。改革以来，中国共产党实现了从“以阶级斗争为纲”到“以经济建设为中心”的历史性跨越，“增加农民收入”就成为当前的主流话语和政策选择。

经过二十多年的改革开放和现代化建设，全国人民的生活水平总体上达到小康，开始全面建设小康社会。在这样的现实发展基础上，笔者认为中国农民的根本问题是权利问题，就是说，在对农民问题的认识上，应该从土地问题、增收问题上升到权利问题。可以说，只要农民的权利得到尊重、保障和实现，农民的土地问题也好，增收问题也好，以及农民的其他所有问题，都会因为找到了农民问题的总钥匙而迎刃而解。

国际人权理论将人的权利分为公民权利和政治权利以及经济、社会和文化权利两大类。本文着重探讨农民的公民权利和政治权利，即广义上的政治权利。

当代中国农民政治权利概述

从政治学和法学来说，权利是合法赋予每一个人的，只要是一个国家的公民，就自然平等地享有法律赋予的公民权利。笔者强调农民的政治权利，并不是要刻意把农民的权利与其他社会阶层的权利区分开来，而是根据中国“三农”问题的实际，突出探讨中国农民作为人民共和国公民应当享有的政治权利状况。

政治权利可以从狭义和广义上去理解，狭义的政治权利是指公民参与公共事务的权利，亦即参政权；广义的政治权利除了参政权之外，还包括平等权、人身权、自由权等公民权利。学术理论界对政治权利的划分不尽一致，有的学者认为公民的政治权利可分为三大类：（一）自由权，包括人身自由，言论、出版、集会、结社、游行、示威自由

① 本文原载《湖南师范大学社会科学学报》2005年第1期，合作者周作翰。

和通信自由。(二）平等权，体现为法律面前人人平等和社会平等。(三）民主权，主要包括选举权和被选举权、监督权、批评和建议权、检举权、申诉权和控告权、民主管理企事业单位权。[①]《中华人民共和国宪法》第二章专列公民的基本权利，在政治权利方面，主要有：公民在法律面前一律平等，有选举权和被选举权，有言论、出版、集会、结社、游行、示威的自由，有宗教信仰自由，人身自由不受侵犯，人格尊严不受侵犯，住宅不受侵犯，通信自由和通信秘密受法律保护，对于任何国家机关和国家工作人员有提出批评和建议的权利，有申诉、控告或者检举的权利，有依法取得赔偿的权利等。[②]

国际人权法理论将人的权利分为公民权利和政治权利以及经济、社会和文化权利两大类。根据《世界人权宣言》和联合国《公民权利和政治权利国际公约》，公民权利和政治权利主要包括民族自决权，生命权，免于酷刑权，免于奴役权，人身自由与安全权，人格尊严权，免于因债务而被监禁权，迁徙和居住自由权，平等权，隐私权，思想、良心、宗教和信仰自由权，言论自由权，集会自由权，结社自由权，家庭与缔婚自由权，选举权和被选举权，参与公共事务权，担任公职权等。[③]

中华人民共和国的一切权力属于人民。在中国共产党的领导下，农民作为中国人数最多的社会阶层，在政治上翻身做了国家和社会的主人，这是中国历史上亘古未有的巨变。但建国以后，在苏联集权模式和本国传统专制主义的消极影响下，我国的民主和法制建设曾长期遭到严重破坏，农民政治权利的保障和实现也就不可避免地受到多方面的制约和限制。回顾50多年来，当代中国农民经历了政治公民、半政治半社会公民和社会公民三个阶段。[④]在这三个阶段，国家对农民政治权利的尊重、保障和实现都呈现出不同的内容和特征。

第一阶段，政治公民阶段，从建国初到改革开放前。以马克思主义为意识形态、根据列宁主义的建党原则建立起来的中国共产党，依靠动员亿万农民，通过长期的武装斗争，建立了“人民当家做主”的新中国。在当时的国际国内环境中，“一边倒”向苏联的新中国，为加快国家工业化进程，开始照搬苏联模式实行高度集中的计划经济，推行工业化尤其是重工业优先发展战略。与此同时，国家权力历史性地下沉到乡村社会，一

---

① 参见王浦劬主编：《政治学基础》，北京：北京大学出版社，1995年版，第118—119页。

② 参见《中华人民共和国宪法》，北京：中国法制出版社，2004年版，第9—10页。以下所引现行《宪法》条款均出自此书。

③ 参见朱晓青、柳华文：《〈公民权利和政治权利国际公约〉及其实施机制》，北京：中国社会科学出版社，2003年版，第42—102页。

④ 对当代中国农民身份的三个阶段划分，是笔者2004年初与田必耀共同研讨农民政治权利问题时由田必耀先生初步概括提出的，在此向田必耀先生致谢。当然，这种划分可以进一步讨论。笔者后来对农民身份的变迁作了新的划分，认为60年来中国农民身份经历了4次大的变迁，即农民身份的阶级化、农民身份的结构化、农民身份的社会化以及农民身份的公民化。参见周作翰、张英洪：《从农民到公民：农民身份的变迁路径》，载《湖南文理学院学报（社会科学版）》2007年第6期。

个历史上最强大的政权机构层层建立起来，国家对农民的控制达到了顶峰。20 世纪 50 年代开始，经过土改、“大跃进”、人民公社化运动、社教运动以及“文化大革命”，中国农民被空前地动员到一浪高过一浪的政治运动中来。随着城乡二元体制的建立和固化，农民也被空前地固定在土地上，曾经在历史上相对独立的单纯的农民在共产党的革命化训练下变成了国家的“政治公民”。

第二阶段，半政治半社会公民阶段，从 1978 年中共十一届三中全会到 1997 年中共十五大。中共十一届三中全会后，中国实行了改革开放，国家对乡村社会的高强度控制开始释放，国家权力有条件地从乡村社会收缩。人民公社的解体和家庭联产承包责任制的推行，推动了中国农村社会的重大转型。中共十四大确立社会主义市场经济体制，标志着高度集中的计划经济体制被主流社会抛弃，随着 1982 年宪法的颁布、1987 年村民自治制度的试行以及小城镇户籍制度改革的推进，中国农民获得了新的历史性解放。但民工潮和收容遣送制度的存在，使农民切身体会到大中城市对农民的身份排斥和制度歧视。有中国特色的城乡二元社会结构，使农民实际上处于“二等公民”的不利地位。

第三阶段，社会公民阶段，从 1997 年中共十五大以来。进入 20 世纪 90 年代中后期，中国学术理论界对“国家与社会关系”及“市民社会”的研究兴趣高涨。中共十五大明确提出依法治国、建设社会主义法治国家的目标，并第一次把“尊重和保障人权”写进政治报告。1997 年和 1998 年，中国政府先后签署了《经济、社会和文化权利国际公约》以及《公民权利和政治权利国际公约》。1998 年 11 月 4 日九届全国人大常委会第五次会议正式通过《村民委员会组织法》，村民自治成为“黄土地上的政治革命”，“草根民主”在神州大地上生根、发芽、开花、结果。2001 年中共十六大正式提出统筹城乡发展、全面建设小康社会和建设社会主义政治文明，2003 年 10 月 14 日十六届三中全会又提出了科学的发展观和正确的政绩观，片面追求经济增长的发展模式开始让位于统筹城乡发展、统筹区域发展、统筹经济社会发展、统筹人与自然发展、统筹国内发展和对外开放的发展观，即以人为本，全面、协调、可持续的发展观。2004 年 3 月，十届全国人大二次会议通过了现行宪法的第四次修正案，“国家尊重和保障人权”开始从执政党的政策主张上升为国家和人民的意志，成为国家根本大法的正式条款，这对于农民政治权利的发展具有重要的意义。

保障公民权利，是现代宪法的基本精神，是民主法治建设的核心要求。现行宪法的颁布和先后四次修正，标志着执政党对农民权益的不断关怀。建国以来，执政党和国家对乡村社会的控制范围和力度不断收缩，中国共产党的治国理念和执政方式也都发生了很大变化，从计划经济到市场经济，从主要依政策治国到依法治国，从建立城乡二元体制到统筹城乡发展等等，都为农民政治权利的保障和实现创造了宏观条件。但是，从整体上来看，当前农民的各项政治权利还没有得到完全的实现，农民自由而全面的发展仍受到旧观念和旧体制的较多限制。

当前中国农民主要政治权利评析

从政治上说，农民已经成为国家和社会的主人，充分享有宪法和法律规定的广泛权利。但由于我国曾长期实行计划经济，加上几千年专制主义的深远影响，农民在成为国家和社会主人的同时，也受到旧体制的重重局限和束缚。限于篇幅及根据当前农民生存和发展的实际，本文着重从平等权、自由权、人身权、参政权及自治权等方面进行评述和分析。

关于平等权。平等权是我国公民的基本权利，它指公民同等地依法享有权利和履行义务。在人类社会的漫长历史中，人与人之间是公然不平等的。直到18世纪，平等成为资产阶级反对封建专制特权的革命口号。1776年美国《独立宣言》第一次将“人人生而平等”以政治宣言的形式确定下来。法国大革命喊出了“自由、平等、博爱”的响亮口号，1789年法国《人权宣言》第1条就明确宣告：“在权利方面，人们生来是而且始终是自由平等的。”第6条又重申“在法律面前，所有的公民都是平等的，故他们都能平等地按其能力担任一切官职、公共职位和职务，除德行和才能上的差别外不得有其他差别。”1948年12月10日联合国大会通过的《世界人权宣言》第1条宣称：“人人生而自由，在尊严和权利上一律平等。”在现代社会，平等权普遍地被写入各国的宪法之中，成为人类共同确认的一项最基本的人权之一。对中国来说，平等权也始终是中国革命的目标之一，1912年《中华民国临时约法》第5条规定“中华民国人民，一律平等，无种族、阶级、宗教之区别。”1954年宪法第85条规定：“中华人民共和国公民在法律上一律平等。”现行宪法第33条第2款对此作了相同的规定。毋庸置疑，农民作为人民共和国公民，理应平等地享有宪法赋予的权利。但不必讳言，在计划经济体制下出台的一系列政策法律制度，人为地限制乃至剥夺了农民作为共和国公民应当平等享有的基本权利，同时农民也被人为地承担了不平等的义务。这主要表现在20世纪50年代以来形成的城乡分离的二元社会结构上。1958年1月9日第一届全国人大常委会第9次会议通过了《中华人民共和国户口登记条例》，将全体公民划分为农业户口和非农民户口，建立了严格的二元户籍制度，从此使农民在户口登记、劳动就业、社会保障、就学就医、粮油供应、税费负担等各个方面享有和承担与城镇居民完全不平等的权利和义务。这种城乡分离的二元社会结构，实质上是对农民这一群体的制度性歧视，使农民丧失了多方面的平等权利。这种明显歧视农民的二元社会结构直到改革开放以后才开始有所打破。随着市场经济的发展，小城镇户籍制度改革取得了实质性进展，农民已经获得了离开土地到城镇寻求发展的权利，但这种权利仍然是十分有限的。当前的“三农”问题和农民工问题就是不平等的二元社会结构长期积累的深层次矛盾的集中反映。

关于自由权。自由权是指与人身和财产相关的由公民依法自主决定的个人精神和行为空间的权利。人是生而自由的，但却长期受到种种人为的观念和制度的束缚。特别是在漫长的专制主义统治下，人的自由遭到了最无情最广泛的限制。欧美政治革命极大地解放了人性，使个人的自由上升为法律，形成了具有法律含义的自由权。当今世界，无论是发达国家的宪法，还是发展中国家的宪法，无一例外地标榜对自由的保障。我国宪法对公民的自由权作了广泛的规定，主要包括：言论、出版、集会、结社、游行、示威自由等政治自由权，人身不受侵犯、人格尊严不受侵犯、住宅不受侵犯、通信自由和通信秘密受法律保护、居住和迁徙自由等人身自由权，宗教信仰自由权，文艺创作自由、科研自由等文化活动自由权，婚姻自由权。中国是社会主义国家，从政治上和宪法上来说，农民享有最广泛的自由权利。但对农民来说，在享受着广泛自由的同时，却又在某些方面遭到了旧体制的严重限制。除了人身自由另外单独阐述外，农民的居住迁徙自由权、结社自由权遭到旧观念、旧体制的限制比较突出。

先来看农民的居住和迁徙自由权。从一般意义上说，居住和迁徙自由是宪法和法律赋予人民自由离开原居住地到外（包括国内和国外）旅行定居的权利。居住和迁徙自由就其最早的成文法渊源来看，可追溯到1215年英国的《自由大宪章》，1791年的法国宪法最早以成文宪法的方式规定了公民迁徙自由权。二战后，居住和迁徙自由成为国际人权宪章所确认的基本人权之一。《世界人权宣言》及《公民权利和政治权利国际公约》都规定了居住和迁徙自由权。在我国，1912年的《中华民国临时约法》第6款最早规定了人民居住迁徙自由权。1954年宪法第90条第2款明确规定公民有“居住和迁徙的自由”。但随着计划经济体制的建立，公民的居住和迁徙自由尤其是农民的居住和迁徙自由遭到了空前的限制。1958年通过的《户口登记条例》，其实质就是严格限制农民向城镇自由迁徙和居住。1975年宪法历史性地将居住和迁徙自由权从宪法条文中取消，1978年和1982年宪法也没有予以恢复，现行宪法的四次修改都没有涉及这一权利。改革开放以来小城镇户籍制度改革打破了长期以来把农民束缚在土地上的旧制度缺口，市场经济体制的建立客观上加速了农民向城市的流动，但远远落后于实践的体制改革，使本来已经工作和生活在城市的亿万农民却被人为地刻上了农民工的特殊印记。人为限制和剥夺农民的居住和迁徙自由权，不仅给农民带来了巨大的痛苦，也给国家和民族带来了空前的损失。随着经济和社会的发展，在宪法中恢复公民的居住和迁徙自由权已经显得尤为迫切。

再看农民的结社自由权。结社自由权是人作为政治人的基本权利。《世界人权宣言》第20条规定“人人有权享有和平集会和结社的自由”。《公民权利和政治权利国际公约》第22条规定“人人有权享受与他人结社的自由”。我国现行宪法第35条也规定了公民有结社的自由。现在我国工人有工会，商人有工商联，学生有学联，青年有青联，妇女有妇联，而人口最庞大的农民却没有农会。在民主革命时期，中国共产党就十分善于组织农会来动员农民参加革命。建国初期，农会与工会一样仍然发挥着独特的功能。1950年7月，政务院通过并公布了《农民协会组织通则》，但由于当时的特殊历史条件以及“一切权力归农会”的认识偏差，在乡以下，农民协会成了事实上的政权组织，这也就埋下了日后农会被取消的一个重要原因。在计划经济体制下，农民被组织到人民公社进行集体劳动，农民协会的有无似乎无关宏旨。随着市场化取向的改革的深化，社会形成了多元化的利益主体，不同利益主体之间的利益博弈结果，在很大程度上取决于各利益集团自身的组织化程度。20世纪90年代以来，农民逐渐演变为改革成本的主要承担者和利益的最大受损阶层，没有制度化的利益表达组织无疑是其重要原因。随着市场经济体制的逐步完善和宪法权威的不断确立，成立表达农民利益诉求和维护农民正当权利的农会组织已经受到了广泛的关注。

关于人身权。人身权是指公民依法所享有的涉及其生存和发展空间安全的自由度。人身权也属于自由权的一种，与其他自由权相比，人身权又具有独特的地位。从狭义上来说，人身权包括人身自由不受侵犯、人格尊严不受侵犯、住宅不受侵犯、通信自由和通信秘密受法律保护；从广义上来说，人身权主要包括人身自由权、生命健康权、人格权、姓名权、肖像权、名誉权、荣誉权、监护权、代理权、住宅不受侵犯权、通信自由和通信秘密权、知识产权、环境权等。在当前，由于农民的人身自由权显得特别突出，所以我们所说的人身权主要侧重于人身自由权。公民的人身自由权，是指公民的人身由自己支配和控制，非经法定程序不受逮捕、拘禁、搜查和侵犯。最早将人身自由权写入宪法性法律文件并提出对之限制须经正当程序要求的是1215年英国的《自由大宪章》，该宪章第39条规定：“任何自由人，如未经其同级贵族之依法裁判，或经国法判决，皆不得被逮捕、监禁，没收财产，剥夺法律保护权，流放，或加以任何其他损害。”1628年的《权利请愿书》，1679年的《人身保护法》，1789年的《人权宣言》等宪法性文件都对人身自由作了保障规定。《世界人权宣言》第3条规定“人人享有生命，自由与人身安全”。《公民权利和政治权利国际公约》第9条规定了“人人有权享有人身自由和安全。任何人不得加以任意逮捕或拘禁。除非依照法律所确定的根据和程序，任何人不得被剥夺自由。”我国宪法第37条对人身自由权有着明确的规定：“公民的人身自由不受侵犯。任何公民，非经人民检察院批准或者决定或者人民法院决定，并由公安机关执行，不受逮捕。禁止非法拘禁和以其他方法非法剥夺或者限制公民的人身自由，禁止非法搜查公民的身体。”在社会转型时期，由于体制的不完善等多重原因，农民的人身自由权遭到了很大的侵害，这主要表现在两个方面：一方面在农村，基层政权的暴力行政使农民人身自由权遭到侵害。20世纪90年代以来，随着农民负担问题的尖锐化，一系列涉农恶性案件频频发生。基层政权尤其是乡镇政权在农业结构调整、农业税费收缴以及计划生育工作中，往往对农民暴力相向，动辄牵牛、抬猪、抢粮食、拆房子以及捆绑、关押、拘禁、殴打农民，逼死打死农民的恶性案件时有发生。据中办、国办关于涉农恶性案件的通报，2002 年下半年至 2003 年上半年，全国上报的涉农恶性案件 15 起，逼死农民 15 人，对此负有责任的 142 名党政干部受到党纪、政纪处分，其中市（地）级干部 3 人，县级干部 30 人，6 人被移送司法机关处理。另一方面在城市，一些执法部门非法收容遣送进城务工的农民工，严重侵害了农民的人身自由权。1982 年 5 月国务院颁布《城市流浪乞讨人员收容遣送办法》，1991 年收容对象扩大到“无合法证件、无固定住所、无稳定经济来源”的“三无”人员，外出务工的农民成为主要的收容对象。据民政部统计，全国 700 多个收容遣送站每年有 100 多万人被收容遣送，1999 年北京市共收容遣送 14.9 万人次；2000 年广东省共收容遣送 58 万人次。收容权力的肆意扩张，导致农民人身自由权受到严重侵害。2003 年 3 月 20 日武汉大学生孙志刚在广州被收容遣送殴打致死的事件发生后，引发了全国对收容遣送制度的声讨。2003 年 6 月 20 日温家宝总理签署第 381 号国务院令，公布施行《城市生活无着的流浪乞讨人员救助管理办法》，废止了实行 21 年之久的收容遣送制度。另外，劳动教养制度与《宪法》、《立法》、《行政处罚法》的规定相抵触，它未经正当法律程序审判而由行政机关以行政处罚的方式长期剥夺公民的人身自由，这与现代法治是相违背的，应当予以废止。

关于参政权。参政权是指公民依法参与国家公共事务的权利。参政权一般称为政治权利和政治自由，即狭义上的政治权利。根据中国宪法第 16、34、35、41 条，参政权主要包括选举权、被选举权、批评权、建议权、申诉权、控告权、检举权、取得赔偿权、民主管理企业权等。《世界人权宣言》第 21 条从三个方面规定了参政权：（一）人人有直接或通过自由选择的代表参与治理本国的权利。（二）人人有平等机会参加本国公务的权利。（三）公民的意志是政府权力的基础；这一意志应以定期的和真正的选举予以表现，而选举应依普遍和平等的投票权，并以不记名投票或相当的自由投票程序进行。《公民权利和政治权利国际公约》第 25 条作了类似的规定：（一）直接或通过自由选择的代表参与公共事务；（二）在真正的定期的选举中选举和被选举，这种选举应是普遍的和平等的并以无记名投票方式进行，以保证选举人的意志的自由表达；（三）在一般的平等的条件下，参加本国公务。我国宪法明确规定“一切权力属于人民”，人民依照法律规定，通过各种途径和形式，管理国家事务，管理经济和文化事业，管理社会事务。对中国农民来说，在参政权上，既实现了几千年来人民当家做主的历史性的突破，又存在着人为的旧制度和习惯做法的明显限制。在选举人大代表上，农民可以直接选举县乡级人大代表，但不能直接选举省、市和全国人大代表。1953 年 2 月 11 日，中央人民政府委员会第 22 次会议通过《选举法》，中国历史上第一次空前规模的普选全面展开，选举产生乡镇、市辖区和不设区的市的人大代表。1979 年 7 月五届全国人大二次会议重新制定选举法，作出人大代表直接选举由乡镇扩大到县一级、确立差额选举制度、规定无记名秘密投票等六大改革。1980 年前后，中国农民第一次直选县级人大代表。在选举权与被选举权上，一方面，各级人大代表中农民代表的比例与农民人口占绝大多数的现状不相符合。1953 年《选举法》对农村与城市每一个人大代表所代表的人口数作了不同规定，即自治州、县为 4:1，省、自治区为 5:1，全国为 8:1。1995 年选举法修改后，农村与城市每个代表所代表的人数改为 4:1。2009 年 10 月，根据中共十七大精神，十一届全国人大常委会第 11 次会议审议了选举法修正案，提出将一步到位实行城乡按相同人口比例选举人大代表。这表明农民将获得与市民平等的选举权。选举法修正案将提请 2010 年 3 月召开的十一届全国人大三次会议审议。[①] 从全国人大代表的构成来看，真正属于农民身份的人大代表不足 5%。在十届全国政协 2238 名委员中，真正的农民委员只有 1 名。另一方面，农民既不能直接选举省、市和全国人大代表，也不能直选各级政府的行政首长。在参与本国公务上，农民被长期限制和剥夺了担任公职的权利和机会。自从 20 世纪 50 年代城乡二元户籍制度建立以来，从中央到地方，各级国家机关录用工作人员，首要条件就是具备城镇户口，这就使拥有农村户口的广大农民被完全排除了担任公职的可能性。近些年来一些地方在报考公务员时开始突破传统的窠臼，把眼光投向了农民。2002 年 9 月 8 日山东省 1413 名农村青年与城市考生一样参加了全省公务员录用考试，这是山东省农民第一次获得竞考县级党政机关工作的权利和机会。另外，在信访上，农民遭到打击报复的比较普遍。信访权是我国公民特有的参政权，它是公民以信访的方式向各级国家机关及其工作人员反映问题，提出要求和建议，进行申诉、控告和检举，促使有关部门处理解决并给予答复的权利。农民在行使信访权时，一个普遍存在的问题是，农民反映的问题迟迟得不到解决，有的上访农民还遭到了严重的打击报复和迫害。

关于自治权。自治权是指公民自我管理社区公共事务的权利，自治权的实行意味着国家权力退出其不应当干预的社会领域。在当代中国，农民的自治权主要体现在村民自治上。村民自治被誉为是与包产到户、乡镇企业并称的农民三个伟大创造之一。1980 年 2 月广西宜山县三岔公社合寨大队六个生产队各提一位候选人，125 户有 85 户各派一名代表参加投票，选举出中国第一个村委会，中国乡村民主自治由此发端。1982 年宪法规定村委会是基层群众性自治组织。1987 年 11 月 24 日六届全国人大常委会第 23 次会议通过了《村民委员会组织法（试行）》，1998 年 11 月 4 日九届全国人大常委会第 5 次会议通过了新修改的《村民委员会组织法》，新法规定了直接选举程序，使中国农

① 参见《选举法修正案将提请明年全国人大审议》，载《北京日报》2009 年 11 月 1 日第 2 版。

民第一次获得了直接选举“村官”的权利。虽然村民自治在推行过程中有不少村流于形式，也面临着乡镇传统思维习惯和权力惯性对村民自治的强力干预，但从权力的自上而下授予到权力的自下而上选举，村民自治无疑是世人理解中国农民实践民主政治的伟大标本。毫无疑问，村民自治是当代中国农民正在实践着的一个重要自治权。对农民来说，另一个可以预期的自治权应该是乡镇自治。乡镇自治已经成为学术理论界讨论的一个热点问题。从秦始皇统一中国至今，乡镇体制的演变大致可分为三大时期，一是从公元前 221 年秦王朝建立到清末，2000 多年来“皇权不下县”的传统，国家政权止于县政，县以下实行皇权下的乡绅和宗法自治。二是从 1908 年到 1949 年，40 多年纷乱的“地方自治”探索。1908 年清王朝颁布《城镇乡地方自治章程》，从此，具有西方话语色彩的“地方自治”成为政权合法性的重要基础。北洋政府和国民党政府也都延续了这一自治的努力。三是 1949 年至今。50 多年来全能主义主导下的万能政府构建。中国共产党执掌全国政权后，建立了历史上最强大、最集权的中央政权和渗透最深入、控制最严密的地方和基层政权组织，并且突破了几千年“皇权不下县”的传统，第一次将国家政权下沉到乡镇一级。这种强国家—弱社会的结构，虽有利于维持统治和秩序，但却大大增加了统治的成本，扼制了民众的创造力。当前，依据历史传统和国际惯例，将政府的层级由现在的中央、省、市、县、乡镇五级缩减到中央、省、县三级，在乡镇实行乡镇自治，是扩大农民自治权的重大现实选择。

日常抵抗、依法抗争与宪法关怀

中国是共产党领导的社会主义国家，执政党和国家始终倡导和推行人民当家做主。在公开的文本中，尊重、保障和实现人民当家做主的权利，具有不可挑战的强势话语地位。但一个基本的事实是，中国是一个具有几千年专制主义传统的国家，加上几十年的计划经济实践，使中国无论在立法上还是在实际生活中，农民的各项政治权利远没有得到应有的尊重、保障和实现。在社会转型时期，尤其是 20 世纪 90 年代以来，此起彼伏的农民抗争和维权活动进入了当代中国的政治视野。对于权利受损后农民展开的抗争和维权活动，主要有斯科特提出的“日常抵抗”、李连江与欧博文提出的“依法抗争”、于建嵘提出的“以法抗争”等解释框架。笔者则提出和强调“宪法关怀”这个概念。

“日常抵抗”是美国耶鲁大学教授、著名的农民研究专家詹姆斯·斯科特在《农民道义经济学：东南亚的反抗与生存》中提出的重要概念。为了具体描述农民的隐蔽的抵抗，斯科特又出版了《弱者的武器：农民反抗的日常形式》和《支配与反抗的艺术：隐藏的文本》两部重要著作。斯科特认为，贫困本身不是农民反抗的原因，只有当农民的生存道德和社会公正感受到侵犯时，他们才会奋起反抗，甚至铤而走险。斯科特对农民的反抗作了两种区分：一种是"真正"的反抗，一种是象征的、偶然的，或附带性的反抗行动。真正的反抗被认为是（a）有组织的、系统的与合作的；（b）有原则的或非自利的；（c）具有革命性的后果并且／或（d）将观念或动机具体化为对统治基础的否定。象征的、偶然的，或附带性的行动则是（a）无组织的、非系统的和个体的；（b）机会主义的、自我放纵的；（c）没有革命性的后果而且／或（d）就其意图或意义而言，含有一种与统治体系的融合。斯科特以其在马来西亚农村的田野调查材料为证据，认为公开的、有组织的政治行动对于多数下层阶级来说是过于奢侈了，因为那即使不是自取灭亡，也是过于危险。所以农民更多的是日常抵抗，即平常的却持续不断的农民与从他们那索取超量的劳动、食物、税收、租金和利益的那些人之间的争斗。这些日常形式的反抗通常包括：偷懒，装糊涂，开小差，假装顺从，偷盗，装傻卖呆，诽谤，纵火，怠工等等。这种被称为"弱者的武器"的日常的抵抗形式是一种没有正式组织、没有正式领导、不需证明、没有期限、没有名目和旗号的社会运动。①

"依法抗争"是香港中文大学李连江教授与美国俄亥俄州立大学欧博文教授在《当代中国农民的依法抗争》这一重要论文中提出来的。李连江等考察了20世纪80年代末到90年代以来中国农民的反抗；认为除了种种政治参与活动以及个人或集体的暴力或非暴力反抗以外，中国农村许多地区出现了一种新型的农民抗争，他们将这种"以政策为依据的抗争"称为"依法抗争"。依法抗争是农民积极运用国家法律和中央政策维护其政治权利和经济利益不受地方政府和地方官员侵害的政治活动。依法抗争的特点是，农民在抵制各种各样的"土政策"和农村干部的独断专制和腐败行为时，援引有关的政策或法律条文，并经常有组织地向上级直至中央政府施加压力，以促使政府官员遵守有关的中央政策或法律。依法抗争的典型例子包括：拒绝缴纳违犯中央政策和法规的地方政府收费，抵制或冲击不符合《村委会组织法》的村民委员会选举，迫使乡镇政府执行受农民欢迎的法律或政策，废止土政策和罢免违法乱纪的村干部。

依法抗争处于一般意义上的"政治抵抗"和"政治参与"之间的灰色地带，它在内容上基本属于政治参与，但在形式上则明显地兼有"抵抗"和"参与"的特点。依法抗争所依的法是中央政府制定的法律和政策，抗争的目标则是地方政府制定的不符合中央法律、政策或"中央精神"的种种"土政策"和其他侵犯农民"合法权益"的行为。农民以上级为诉讼对象，抗争者认定的解决问题的主体是上级，抗争者不直接对抗他的控诉的对象。这种反抗形式是一种公开的、准制度化或半制度化的形式，采用的方式主要

① 参见郭于华：《"弱者的武器"与"隐藏的文本"——研究农民反抗的底层视角》，载中国社会学网站http://www.chinasociology.com/rzgd/rzgd046.htm。[美] 詹姆斯·斯科特：《弱者的武器》，郑广怀、张敏、何江穗译，南京：译林出版社，2007年版。

是上访，以诉求上级的权威来对抗基层干部的“枉法”行为。[①]

“以法抗争”是于建嵘与李连江在湖南农村调查时共同探讨形成并在《当前农民维权活动的一个解释框架》一文中提出的。于建嵘根据自己在湖南衡阳等农村的长期调查认为，在1992年以前，农民的多数反抗可以大体归结为西方学者所谓的“弱者的武器”的“日常抵抗”形式；自1992—1998年，农民的反抗可以归结为“依法抗争”或“合法的反抗”这种形式；自1998年以后，农民的抗争实际上已进入了“有组织抗争”或“以法抗争”阶段。[②]于建嵘对以法抗争和依法抗争作了区分，认为两者虽一字之差，但有实质性差别。他认为，这里说的“法”，仍然泛指国家法律和中央政策。但“以法”是直接意义上的以法律为抗争武器，“依法”是间接意义上的以法律为抗争依据。“以法抗争”是抗争者以直接挑战抗争对象为主，诉诸“立法者”为辅；“依法抗争”则是抗争者诉诸“立法者”为主，直接挑战抗争对象为辅甚至避免直接挑战抗争对象。在“以法抗争”中，抗争者更多地以自身为实现抗争目标的主体；而在“依法抗争”中，抗争者更多地以立法者为实现抗争目标的主体。“以法抗争”作为有关农民维权活动的新的解释框架，上访、宣传、阻收、诉讼和逼退、静坐和示威是其主要方式。于建嵘认为农民以法抗争的基本目标已经从资源性权益抗争向政治性权利抗争方向发展，政治性是农民以法抗争的一个显著特征。以法抗争的另一个显著特点就是抗争精英的维权活动具有明确的组织性。以法抗争的宗旨就是维护中央政策和国家法律赋予农民的种种合法权益。[③]

“宪法关怀”是笔者在《给农民以宪法关怀》一文中提出并在《宪法关怀：解开农民问题千千结》论文中展开阐述的。[④]无论是“日常抵抗”，还是“依法抗争”和“以法抗争”，都是对农民在合法权益尤其是政治权利受到基层权力侵害时的事实描述和行为概括；“宪法关怀”则兼有农民抗争的终极诉求和国家或政府应对农民抗争的根本方略选择的特征，宪法关怀重在建设性。

宪法关怀的核心就是限制和约束公共权力，尊重和保障农民人权。几千年来，中国农民始终在“兴亡百姓苦”的历史怪圈中循环，要么逆来顺受，要么揭竿而起。这种对立的二元性思维，使中国历史成为不断重复上演农民起义的“武侠剧”，它只是以暴易

---

① 参见李连江、欧博文:《当代中国农民的依法抗争》，载吴国光编:《九七效益:香港与太平洋》，香港:太平洋世纪研究所，1997年版，第141—170页。另参见李连江、欧博文:《当代中国农民的依法抗争》，载吴毅主编:《乡村中国评论》（第3辑），济南:山东人民出版社，2008年版，第1—18页。Kevin O'Brien, Lianjiang Li, *Rightful Resistance in Rural China*, New York: Cambridge University Press, 2006。

② 于建嵘:《农民有组织抗争及其政治风险——湖南H县调查》，载《战略与管理》2003年第3期。

③ 于建嵘:《当前农民维权活动的一个解释框架》，载《社会学研究》2004年第2期。于建嵘:《当代中国农民的维权抗争——湖南衡阳考察》，北京:中国文化出版社，2007年版。

④ 张英洪:《给农民以宪法关怀》，载《南风窗》2002年1月上。

暴地更改国号和主人，缺乏对社会文明进步的实质性推动。宪法关怀的意义在于既超越了历史上农民暴力颠覆政权的反体制诉求，又超越了执政者暴力镇压农民反抗的统治观念，它使农民坚守着抗争的生存底线，也使执政者认识到依宪治国的价值目标。

当代中国，对农民政治权利的限制和侵害主要有两个方面，一是宏观层面上的二元社会结构。在这种歧视农民的二元社会结构中，农民丧失了许多平等的政治权利和机会；二是微观层面上的基层暴力行政倾向。在基层的暴力行政中，农民的政治权利遭到了严重的侵害。给农民以宪法关怀，就是要统筹城乡发展，破除二元社会结构，约束公共权力的滥用，使农民的合法权利得到平等的保障。建立违宪审查制度，及时纠正有关部门和地方政府违背宪法精神的部门法规和“土政策”，对于保障农民的政治权利具有十分现实的积极意义。现在的关键是要采取有效措施，全面实施宪法，将国家尊重和保障人权落到实处，落到每一个农民头上。当前中国农民的根本问题已经凸显为权利问题。历史上暴力式的农民起义不能解决农民问题，统治阶级暴力式的镇压农民同样不能解决农民问题。农民自觉进行的日常抵抗、依法抗争和以法抗争，核心价值在于农民在宪法的框架内对不受约束而侵害公民基本权利和自由的公共权力说“不”。这就充分体现了中国农民从臣民意识到现代公民意识的转变，折射了中国农民权利意识的觉醒和社会文明进步的趋势。20 世纪 80 年代以知识分子为主流的民主诉求被边缘化后，90 年代以来以农民为主体的维权活动在接过中国民主火炬的同时，明显改变了中国民主化的激进路向，这种来自底层民众自发性的维权活动，或许是民主在中国本土化的崭新起点。

当代中国农民的社会保障权 ①

建立和完善我国的社会保障制度，已经成为学界讨论的热点问题之一。但农民应否享有社会保障，竟然成了社会保障理论研究中的一个富有争论的话题。笔者无意为众说纷纭的社会保障理论界徒添一篇论文，而将权利观念引入社会保障研究领域，正是本文的旨趣所在。如果说我们承认农民也是共和国公民，有权享有宪法和法律赋予的基本权利和自由，那么再去争论农民是否应该享有社会保障权利就会变得毫无意义。

社会保障权：农民的一项基本权利

人作为一种高级生物，吃五谷杂粮，难免生、老、病、死和鳏、寡、孤、独；同时，人又是一种天生的“社会动物”，懂得和需要彼此合作和相互扶助。于是，建立自由平等、和谐文明的美好社会就成为人类的共同追求和终极目标。保障人的幸福的社会保障思想也就在中外应运而生。

在中国，2000 多年前的孔子就描绘了人人享有社会保障的大同社会的美好蓝图。孔子说：“大道之行也，天下为公，选贤任能，讲信修睦。故人不独亲其亲，不独子其子；使老有所终，壮有所用，幼有所长，鳏、寡、孤、独、废、疾者皆有所养；男有分，女有归；货恶其弃于地也，不必藏于己，力恶其不出于身也，不必为己；是故谋闭而不兴，盗窃乱贼而不作，故外户而不闭，是谓大同。”② 可见，孔子憧憬的大同社会其实就是一种人人享有社会保障的文明社会。

这种人人享有保障的大同社会，对中国历史的发展产生了深远的影响，康有为:《大同书》，描绘了包含社会保障内容的大同世界。孙中山则是中国传统大同社会思想的杰出继承者，他提出的“三民主义”思想中的“民生”就是“人民的生活，社会的生存，国家的生计，群众的生命”。③ 孙中山领导的辛亥革命推翻了几千年的君主专制统治，

---

① 本文原载《湖南公安高等专科学校学报》2005 年第 1 期。

② 《礼记·礼运篇》。

③ 《孙中山选集》，北京：人民出版社，1956 年版，第 765 页。

建立了亚洲第一个民主共和国。

在西方，对美好社会的向往和追求同样源远流长。柏拉图著述《理想国》是古希腊人渴望幸福社会的杰出代表。后来的莫尔、康帕内拉、圣西门、傅立叶、欧文等空想社会主义者对社会保障理论的诞生和发展作出了突出的贡献。马克思、恩格斯所构想的共产主义社会，不外乎是一个人人平等、人人有社会保障的“自由人的联合体”。

思想家对人类美好社会的向往、追求和描述，也促进了执政者的具体实践。英国政府于1601年颁布了世界上第一部《济贫法》，这个被视为现代社会保障制度“前身”的《济贫法》，使民间和教会从事的济贫活动首次上升为法律并成为政府的重要职责。

现代社会保障制度是工业化和市场经济的产物，也是人类文明进步的结晶。被誉为现代社会保障制度第一个里程碑的是德国“铁血宰相”俾斯麦执政时期于1883年颁布的“疾病保险法”。这一年被视为现代社会保障制度产生的标志。之所以将社会保险制度的出现作为现代社会保障制度产生的标志，是因为“尽管社会保险制度在产生之初只不过是统治者的一种‘怀柔术’，但它的出现确实使社会保障进程产生了如下质的飞跃，即零星的救灾济贫措施发展成为国家固定的社会政策，施舍式的社会救助发展成为公民的一种法定权利。”①

1935年罗斯福当政时美国通过《社会保障法》，第一次正式提出了“社会保障”的概念，成为现代社会保障史上的第二个里程碑。罗斯福特别重视社会保障的立法及其实施，他认为：“如果对老年人和病人不能提供照顾，对身强力壮者不能提供工作，把青年人注入工业体系之中，听任无保障的阴影笼罩每个家庭，那样的政府就是一个不能存在也不应该存在下去的政府。”② 1937年1月20日罗斯福在连任总统的就职演说中进一步阐述了对社会保障的看法：“检验我们进步的标准，不是看我们是否为那些绰绰有余者锦上添花，而是看我们能否使那些缺衣少吃者丰衣足食。”③

现代社会保障制度的第三个里程碑是1942年英国的贝弗里奇报告。贝弗里奇报告是英国内阁成立的以著名社会学家、经济学家贝弗里奇为首的委员会提出的一份题为“社会保障与协调服务”的著名报告，该报告称要为那些因失业、疾病、退休、生育和鳏寡者等在经济生活中处于不利地位的人们提供社会保障。贝弗里奇报告的一个重要思想是“全面性和普遍性原则”。根据这一原则，社会保险的对象扩大到全体人口，而不论其年龄、性别、阶级、种族和宗教信仰如何。到1948年，英国宣布建成世界上第一个福利国家。之后，西欧、北欧等一些国家也纷纷宣布建立了福利国家。“福利国家的最大特色就是以公民权利为核心，确立了福利普遍性和保险全面性原则，它以国家为直

---

① 郑功成：《社会保障学》，北京：商务印书馆，2000年版，第129页。

② 解力夫：《身残志坚——罗斯福》，北京：世界知识出版社，1989年版，第91页。

③ 转引自魏新武编著：《社会保障世纪回眸》，北京：中国社会科学出版社，2003年版，第55—56页。

接责任主体，以国家为全体国民提供全面保障为基本内容，以充分就业、收入均等化和消灭贫困等为目标，政府与公民之间的责任关系取代了建立福利国家之前的雇主与雇员、领主与农奴及社团伙伴之间、家庭亲属之间的责任关系。”①

第二次世界大战后，随着国际人权事业的发展，社会保障权被国际社会普遍确认为一国公民的基本权利。1948 年 12 月 10 日联合国大会通过的《世界人权宣言》第 22 条规定：“每个人，作为社会的一员，有权享受社会保障。”1966 年 12 月 16 日联合国大会通过的具有法律约束力的《经济、社会和文化权利国际公约》第 9 条规定：“本公约缔约各国承认人人有权享受社会保障，包括社会保险。”

从社会保障的历程尤其是国际社会普遍遵守的国际人权宪章来看，农民并不被排除在社会保障的体系之外。从我国的宪法精神和宪法规定来看，同样如此。中国是一个农业人口占绝大比例的农民大国，中国农民的苦难是最深重的。中国共产党虽然诞生于城市，但却扎根于农村，最终通过领导农民革命建立了人民当家做主的社会主义新中国。无论是革命年代还是执政时期，中国共产党从不讳言对包括农民在内的人权的尊重和保障。在革命战争年代，中国共产党就举起了“争人权”的旗帜；成为执政党后，中国共产党领导和颁布了以人民主权为原则的社会主义新宪法。《中华人民共和国宪法》第 45 条规定：“中华人民共和国公民在年老、疾病或者丧失劳动能力的情况下，有从国家和社会获得物质帮助的权利。国家发展为公民享受这些权利所需要的社会保险、社会救济和医疗卫生事业。”在这里，中华人民共和国公民肯定包括农民在内。1997 年中共十五大正式提出“尊重和保障人权”，1997 年 10 月 27 日中国政府签署了《经济、社会和文化权利国际公约》，2001 年 2 月 28 日九届全国人大常委会第 20 次会议批准了该公约，2001 年 7 月该公约开始在我国生效。2004 年 3 月 4 日十届全国人大二次会议通过的宪法修正案明确规定“国家尊重和保障人权”以及“国家建立健全同经济发展水平相适应的社会保障制度”。人权和社会保障入宪，是我国政治文明建设史上新的里程碑。

由上可知，社会保障权是公民的一项基本权利。农民作为共和国公民，理所当然享有社会保障的权利。而建立包括农民在内的全国统一的社会保障制度之所以成为学界讨论的一个话题，实在是城乡分割的二元社会结构长期作用的结果。

二元社会结构中农民社会保障权利的缺失

由于历史的原因，中国社会保障制度是一种城乡分离的二元社会保障模式。在考察和分析中国二元社会保障模式之前，先了解一下当今世界上社会保障的主要模式很有

① 郑功成：《社会保障学》，北京：商务印书馆，2000 年版，第 145 页。

必要。

对社会保障模式的分类，在不同的人看来有不同的方法。著名的社会保障学者郑功成将其分为福利国家型模式、社会保险型保障模式、强制储蓄型保障模式、国家保险模式以及混合型保障模式等种类。①

福利国家模式主要是西欧和北欧等国，其特征主要是由国家主办的全民社会保障制度构成了完备的社会安全网，它的覆盖面一般达到总人口的95%以上，基本实现了全民保险的目标，保障了国民“从摇篮到坟墓”的各种福利，如生、老、病、死、伤残、失业以及其他不测事故和特殊需要。福利国家的社会保障开支一般占到国民生产总值的15%—20%。②作为福利国家的首倡者，英国社会保障制度的特点主要体现在范围上的全民保障、内容上的全面保障、实施方式上的现收现付、政府策略上的“劫富济贫”与多缴多得，个人账户仅仅作为能否享受社会保障权益的资格凭证。瑞典建成了全民福利、收入均等化的高福利国家，被称为“福利国家的橱窗”。

社会保险型保障模式是以面向劳动者建立各种社会保险制度为中心、再补充以其他救助福利性政策、构成能够满足工业社会需要的较完备的社会安全网。社会保险型保障模式在制度上解除了劳动者的后顾之忧，建立起政府、社会、雇主与个人之间的责任共担机制，强调受保障者权利与义务相结合，实现市场效率与公平的协调。社会保险制度首先产生于德国，随后在工业化国家产生了巨大的影响。德国社会保障制度使社会保险具有普遍性，其对象由产业工人扩展到职员、农民乃至全体劳动者，养老保险和医疗保险成为社会保障体系中开支最大的项目，也是覆盖范围最广的保障项目。美国的社会保障以社会保险为主体内容，具有普遍性和选择性相结合的特点。

强制储蓄型保障模式是新加坡等国创立的公积金制度，它以雇主与雇员自己为责任主体，通过立法强制雇主与雇员参加公积金制度，并按规定缴纳公积金，存入受保人的个人账户，逐年积累，到受保人退休时再行付给并用于养老等方面的开支，政府只充当一般监督。公积金制度实行到后来，其用途由养老扩展到医疗、住房开支等。公积金制度不是以政府为直接责任主体，其最大缺陷是缺乏互济性，从而使该制度的公平性大打折扣。

国家保险模式是苏联创造并被其他社会主义国家仿效的一种社会保障模式，其特点是社会保障事务完全由国家或通过国营企业等包办，个人不交纳任何保险费。这种以计划经济为背景的曾经为社会主义国家普遍采用的保障模式已随着苏联解体和东欧剧变而被摒弃。

---

① 参见郑功成：《社会保障学》，北京：商务印书馆，2004年版，第144页。郑功成先生关于社会保障的诸多观点与笔者甚合，本节内容参考了郑功成的研究成果，在此致谢。

② 转引自魏新武编著：《社会保障世纪回眸》，北京：中国社会科学出版社，2003年版，第181—182页。

郑功成认为，“中国在摒弃社会主义国家传统的国家保险模式（它实际上由国家保障制、企业保障制与乡村集体保障制组成）后，经过近20年来的改革正在逐渐形成中的即是一种混合型社会保障制度。”[①]在笔者看来，建国以来，中国社会保障制度有其自身的特殊性，这种特殊性表现在两个方面：一是以城乡分离的二元户籍制度为依托，建立了世界上独特的二元社会保障制度，农民基本上被排除在国家社会保障制度之外；二是在城镇，国家对机关事业单位、国营企业职工实行苏联式的国家保险制度。改革开放以来，我国的经济体制由计划经济向社会主义市场经济转变，被户籍制度长期束缚的农民大量涌入城市谋求职业。这样，实践大大发展了，而传统的社会保障制度却并无多大改变，新的适应社会主义市场经济需要的现代社会保障制度尚未建立起来，实践发展与制度滞后的矛盾相当突出，从而孳生了诸如农民工问题、城市化问题、“三农”问题等一系列社会问题。二元社会保障模式是中国社会保障的根本特征。

1949年成立的新中国是在中国共产党领导下的社会主义国家。在当时社会主义阵营与资本主义阵营的敌对“冷战”中，中国自然“一边倒”向第一个社会主义国家苏联，并照搬苏联高度集中的计划经济模式建设社会主义。但与其他社会主义国家明显不同的一个“中国特色”是，我国人为地建立了城乡分离的二元社会结构。就社会保障制度来说，苏联和东欧国家设计的社会保障是覆盖全民的，农民自然被纳入到社会保障体系之中，而我国的特点却是将农民排除在社会保障体系之外。农民在总体上没有社会保障的历史一直持续下来。

1949年9月中国人民政治协商会议通过的起临时宪法作用的《共同纲领》第32条规定在企业中“实行劳动保险制度”。1951年2月20日中央人民政府政务院颁布了《中华人民共和国劳动保险条例》，标志着中国社会保障制度的确立。当时我国企业职工劳动保障（即社会保险）涉及职工伤残、疾病、生育、年老、死亡等项目及职工供养直系亲属的有关规定，各种保险项目的经费一般由企业和国家提供，个人不缴费。“但是当时占人口总数90%以上的农民却没有被纳入保障之列。这是因为一方面国家出于迅速建立工业化国家的考虑，有意对城市居民的社会保障实行倾斜政策，即对有工资收入的国家机关工作人员、国营企业职工、大中小学的教师等实行国家保障，对没有工资收入的城市居民实行定期或者不定期的社会救济；另一方面当时国家没有充足的国力为占人口绝大多数的农民提供保障。”[②]这种把农民排除在社会保障之外的制度安排长期未有根本性的改变。

随着1958年以限制农民迁入城市为主要内容的《户口登记条例》的出台，农民就被人为地固定在农村的土地上。从此，国家一系列政策法律制度安排，不断地强化这种

① 郑功成：《社会保障学》，北京：商务印书馆，2000年版，第153页。

② 刘翠霄：《中国农民的社会保障问题》，载《法学研究》2001年第6期。

城乡分割的二元社会结构。长期以来，农民在没有社会保障的情况下，为国家工业化发展做出了巨大贡献，也使自身和整个国家蒙受了重大的损失。有关研究表明，从1952年到1990年，中国农业通过税收方式、“剪刀差”方式和储蓄方式为工业化提供资金积累总量达11594亿元，其中，通过税收方式提供1527.8亿元；通过“剪刀差”方式提供8707亿元；通过储蓄方式提供1359.2亿元。1952年到1990年，中国工业化建设从农业中净调走了约1万亿元的资金，平均每年高达250亿元。[①]

由于社会保障制度的缺失，在1959—1961年“三年困难时期”，全国饿死农民达3000多万人，酿成了举世罕见的大饥荒和大悲剧。1998年诺贝尔经济学奖得主、印度著名的经济学家阿马蒂亚·森通过对贫困和饥荒的研究认为：“当饥饿现象发生时，社会保障系统尤为重要。世界上富裕的发达国家之所以不存在饥荒，并不是因为就平均水平来说那里的人是富有的。……如果没有社会保障系统，今天美国或英国的失业状况会使很多人挨饿，甚至有可能发展成饥荒。因此，成功地避免了饥荒发生，靠的不是英国人的平均高收入，也不是美国人的普遍富裕，而是由其社会保障系统所提供保证的最低限度的交换权利。”[②]

一般来说，社会保障体系主要包括养老保险、医疗保险、社会救济、社会优抚、社会救助、社会福利等方面。长期以来，农民被排除在社会保障制度之外，农民主要依靠家庭保障和自我保障。当然，这并不是说政府对农民的生存状况“一概不管”。建国以来，政府对农民不全面的“社会保障”主要有五保供养制度、合作医疗制度、养老保险制度和农村最低生活保障制度等。

农村“五保”供养制度产生于1956年的《高级农业生产合作社示范章程》，完善于1960年的《全国农业发展纲要》，是适应集体经济形式的集体保障制度，它规定集体经济必须保障农村农民中无法定抚养义务人、无劳动能力、无生活来源者的保吃、保穿、保住、保医、保葬（孤儿保教），使他们的生养死葬都有指靠。五保供养的标准不低于当地一般群众的实际生活水平。“五保”形式分为集体供养、分散供养、亲友供养、义务供养等，农村实际上一直以分散供养为主。家庭联产责任制以后则以乡统筹村提留的形式保证“五保”供养。

农村合作医疗制度是在农村没有医疗保险的情况下建立的有中国特色的医疗制度，该制度最早源于20世纪40年代陕甘宁边区的医疗合作社。1959年11月全国农村卫生工作会议在山西稷县召开，会议总结了陕甘宁边区卫生合作社和山西省高平县开展合作医疗的经验，并决定在全国推广。到1980年，全国约有90%的行政村实行了合作医疗，农民看病时实行部分免费。在农村实行家庭联产承包责任以来，合作医疗制度受到了严

---

① 转引自王国军：《中国城乡社会保障制度衔接初探》，载《战略与管理》2002年第2期。

② ［印度］阿马蒂亚·森：《贫困与饥荒——论权利与剥夺》，王宇、王文玉译，北京：商务印书馆，2001年版，第12—13页。

重影响，到1985年全国实行合作医疗的行政村由过去的90%下降到5%。国家财政在卫生事业费中用于农村合作医疗的补助费大幅度下降，从1979年的1亿元下降到1992年的3500万元，仅占卫生事业费的0.36%，农民人均不足4分钱。[①]到1996年，实行合作医疗的村占全国行政村总数的17.7%，农民人口覆盖面仅为10.1%。[②] 20世纪90年代以来，随着医疗产业化的推行，高昂的医疗费用使农民看不起病的情况相当普遍，农民“小病靠挨、大病等死”已经成为当前农村一个十分令人揪心的现象。

中国农民几千年来靠家庭保障和自我保障，没有社会养老保险。城市居民退休后可以领取养老金，农民则只有靠自己和儿女养老。“养儿防老”的观念并不是中国农民愚昧落后的表现，而是农民缺乏社会养老保险制度的现实选择。改革开放以来，农民的养老保险开始引起有关部门的重视。1991年1月国务院决定由民政部负责开展建立农村养老保险制度试点工作，同年6月开始在山东省组织试点。1992年1月3日民政部正式颁发《县级农村社会养老保险基本方案》，该方案的制定和颁布，“实现了农民养老保险制度在中国从‘0’到‘1’的突破，标志着中国在不断健全和完善现代社会保障制度上迈出了重要的一步。”[③]到2000年底，全国31个省、市、自治区的294个地区，2052个县（市、区），32610个乡镇，428889个村，10169个乡镇企业开展了农村养老保险工作。全国参保人数为6172.34万人。农村养老保险金积累计额为195.81万人。[④]众所周知，中国有13亿人口，其中9亿是农民，农村养老保险还处在试点阶段，绝大部分农民还没有基本的社会养老保险。

农村最低生活保障制度是近些年来才出现的“新事物”。1995年民政部在部分地区开展农村最低生活保障制度试点工作。在此之前，中国农村只存在对“五保户”的救济。到1999年底，全国农村得到最低生活保障的人数为316.17万人，占农业人口的0.34%。[⑤]最低生活保障是市场经济的客观需要。1999年国务院颁布《城市居民最低生活保障条例》，其适用范围只限于城市居民，而最需关心和帮助的困难农民群众未被纳入保障范围。浙江省在保障农民最低生活保障上迈出了重要的一步，从2001年10月1日起正式施行的《浙江省最低生活保障办法》规定：家庭人均收入低于其户籍所在县市最低生活保障标准的居民、村民，均有从当地人民政府获得基本生活物质帮助的权利。这一规定意味着浙江用法律形式将农民纳入了社会保障制度的保护范围。以法律形式对最低生活保障制度实行城乡一体化规范这在全国尚属首创。据了解，浙江省最低生活保

---

① 参见蔡仁华主编：《中国医疗保障制度改革实用全书》，北京：中国人事出版社，1998年版，第356页。

② 参见郑秉文、春雷主编：《社会保障分析导论》，北京：法律出版社，2001年版，第266页。

③ 刘翠霄：《中国农民的社会保障问题》，载《法学研究》2001年第6期。

④ 刘翠霄：《中国农民的社会保障问题》，载《法学研究》2001年第6期。

⑤ 张太英、刘小姚：《中国农村的社会保障制度建设》，载《中国农村研究》2000年第19期。

障标准，城镇居民平均每月 180 元，农村村民为 95 元。[①]

城乡分离的二元社会结构，使城乡社会保障的巨大差距相当惊人，据统计，1990 年全国社会保障支出 1103 亿元，其中城市社会保障支出 977 亿元，占总支出的 88.6%，农村仅支出 126 亿元，占 17.4%，城市人均 413 元，农村人均 14 元（这其中包括农村五保户救济和优抚军烈属等），相差近 30 倍。[②] 在当代中国，农民社会保障权的尊重、保障和实现，是一项任重道远而又相当紧迫的时代任务。

和谐社会构建与执政能力建设

社会保障权是每一个公民应当享有的基本权利，农民和进城务工的农民工都应当平等地享有社会保障权，这是我国宪法的明文规定，也是国际社会普遍确认的人权原则。社会保障权属于经济、社会和文化权利界定的范畴，它的实现需要国家的积极行为，因而被称之为积极的权利。在社会转型时期，政府在为公民提供社会保障上不应“缺位”，应担当起作为社会保障主体的公共职责。

在学术理论界，关于农村社会保障则存在诸多的认识误区，有的认为农民有土地保障而不必搞社会保障；有的强调农村人口众多、国家财力不够；有的过分突出福利国家的“福利病”而反对建立全民福利制度，等等。针对这些阻碍我国社会保障制度建立健全的种种传统思维和习惯偏见，有的学者对此作了分析和澄清。[③] 在反对建立统一社会保障制度者中，北京大学教授陈平是比较突出的一个。他称建立统一的社会保障体系是“短视国策”，是乌托邦式的“洋跃进”。他的理由是：第一，统一社保在经济上根本不可行；第二，将严重削弱中国的国际竞争力；第三，违背小政府大市场的改革潮流，在体制上重演西方和东欧的错误道路。[④] 针对这种观点，笔者当时率先作了反驳。[⑤] 陈平

---

① 《浙江农民首次纳人保障范围》，载人大复印资料《社会保障制度》2001 年第 12 期。

② 周其明：《农民平等权的法律保障问题》，载《法商研究》2000 年第 2 期。

③ 郑功成：《农村社会保障的误区与政策取向》，载《理论与实践》2003 年第 9 期。

④ 陈平：《建立统一的社会保障体系是短视国策》，载《中国改革》2002 年第 4 期。

⑤ 参见张英洪：《驳陈平的“短视国策”和“洋跃进”论》，载《中国改革》2002 年第 7 期。一些社会保障研究学者也对陈平的观点作了批驳回应，比如田凯在《社会工作》2003 年第 6 期上发表与陈平教授商榷文章《中国当前的社会保障制改革是“短视政策”吗》；著名的社会保障专家郑功成在 2004 年第 7 期的《中国社会保障》杂志的记者访谈中认为：“目前人们对社会保障的认识混乱，诸如‘天下没有免费的午餐’、‘效率优先’等市场经济术语和‘警惕福利病’、‘降低社会保障成本，维护我国在国际竞争中的劳工优势’等等一些论调盛行，纯粹市场的东西被套到社会保障制度上并受到追捧……任何一个社会总是有人付不起费的，但付不起费的人也有生存的权利，人与动物世界毕竟是有区别的……至于说通过降低社会保障水平来维护所谓国际竞争力的说法更是荒谬……通过牺牲劳工利益和降低社会保障水平来提高所谓国际竞争力的做法，实际上是真正损害中国长远的国际竞争力的短视做法……建立统一的社会保障制度，不是短视，恰恰是为了中国的可持续发展。”

先生纯粹从“效率优先”的经济角度看社会保障。但作为一个健全的社会，仅仅追求经济增长是远远不够的，否则马克思也没有必要撰写《资本论》批判资本主义了，社会主义思想和运动也就不可能产生。在笔者看来，反对建立包括农民、农民工等弱势群体在内的全国统一的社会保障制度论者，其要害在于权利观念的缺乏和公正意识的淡薄。

老子说：“治大国若烹小鲜。”治国是门艺术，尤其是要治理好中国这样一个经济文化比较落后的大国，没有治国的智慧和能力是不可想象的。“无产阶级政党夺取政权不容易，执掌好政权尤其是长期执掌好政权更不容易。”这是中国共产党执政55年后对治理中国这样一个东方大国的深刻认识。2004年9月中国共产党第十六届中央委员会第四次全体会议作出了《中共中央关于加强党的执政能力建设的决定》，第一次将提高执政能力摆在了世人面前。《决定》还第一次把“和谐社会”建设作为提高执政能力的重要内容。《决定》提出：“形成全体人民各尽其能，各得其所而又和谐相处的社会，是巩固党执政的社会基础、实现党执政的历史任务的必然要求。要适应我国社会的深刻变化，把和谐社会建设摆在重要位置，注重激发社会活力，促进社会公平和正义，增强全社会的法律意识和诚信意识，维护社会安定团结。”[①]笔者认为尊重、保障和实现农民的社会保障权，促进公平和正义，既是和谐社会建设的重要内容，也是提高执政能力的必然选择。

中国共产党执政后，囿于当时的历史条件和认识局限，在社会主义建设中仍然习惯于革命党的思维和模式，长期坚持以阶级斗争为纲，接连发动群众性的政治运动，使国民经济到了崩溃的边缘，国家和民族为此遭受了巨大的损失。中共十一届三中全会以后，以经济建设为中心取代了以阶级斗争为纲，经过20多年的改革开放和现代化建设，人民的生活总体上实现了由温饱到小康的历史性跨越。但人们又发现，片面追求经济增长也是远远不够的。盲目追求GDP增长而忽视社会公正的社会政策缺位，积累了大量的社会问题，诱发了一系列不稳定因素。社会政策缺位的一个重要表现是社会保障制度不健全，贫困阶层的基本生存未得到充分保证。“中国已经建立起来的社会保障体系主要属于城市居民，农村居民基本上没有什么保障可言……中国的社会保障制度还没有起到保护弱势阶层和贫困阶层的作用。”[②]

因此，构建和谐社会，必须树立社会公正的价值取向。公正是人类社会具有永恒价值的基本理念和基本行为法则，是现代社会制度设计和安排的价值理念依据。罗尔斯认为：“每个人都拥有一种基于正义的不可侵犯性，这种不可侵犯性即使以社会整体利益之名也不能逾越。因此，正义否认为了一些人分享更大利益而剥夺另一些人的自由是正

① 《中共中央关于加强党的执政能力建设的决定》，载《人民日报》2004年9月27日。
② 陆学艺主编：《当代中国社会阶层研究报告》，北京：社会科学文献出版，2002年版，第94页。

当的，不承认许多人享受的较大利益能绰绰有余地补偿强加于少数人的牺牲。”[①] 在全面建设小康社会中，必须改变那种忽视社会公正的发展思路。政府是全民政府，既要为市民造福，也要为农民提供福利。城乡分离的二元社会结构，扭曲了政府职能，形成了重城市轻农村、重市民轻农民的不正常现象。那种以只计算城镇失业人口而忽视农村失业人口所得出的失业率和以把绝大部分农村人口排除在外的社会保障成果作为政绩炫耀，对农民来说是不公正的。正确的做法，正如中共十六届三中全会提出的那样，要坚持以人为本，树立全面协调可持续的科学发展观，统筹城乡发展、统筹区域发展、统筹经济社会发展、统筹人与自然和谐发展、统筹国内发展和对外开放，促进经济社会和人的全面发展。这对执政能力建设提出了新的时代要求。

社会保障是国家实现社会公平的一种必要手段和重要方面，是一个国家社会文明和进步的标志，也是衡量执政能力的重要尺度。2004 年 9 月在北京召开的第 28 届国际社会保障协会全球大会的主旨是“社会保障：确保社会公平”。大会深切关注“世界上多数人在年老、残疾、死亡、疾病、工伤事故和失业等方面没有任何正规社会保障的保护”，大会认为“为了减少贫困和实现社会融合，必须将社会保障的覆盖面扩大到那些尚未从任何正规社会保障计划中受益的群体”，应“让更多的人享有保障”。[②] 笔者希望国际社会保障协会全球大会的《北京宣言》能成为亿万中国农民和农民工享有社会保障的福音。使中国农民享有现代社会保障，是全面建设小康社会的重要目标，是中国特色社会主义优越性的重要体现，是实现社会公正的重要途径，是构建和谐社会的重要内容，也是检验执政能力的重要标志。“我深深地期待着：在同一蓝天之下的同胞和公民，能够有着同样的尊严和基本权利，能够有着同样的发展机会；对社会做出了不同贡献的社会成员也都能够得到相应的、应有的回报；‘结束牺牲一些人的利益来满足另一些人的需要的状况’（恩格斯语），使富裕群众利益的增进同弱势群体生活状况的改善之间能够实现同步化；中国不但能够成为一个发达的社会，同时也能够成为一个公正的社会。”[③] 总之，社会保障是宪法权利，农民是共和国公民，农民应当享有社会保障权，这是本文的基本结论。“如果政府不认真地对待权利，那么它也不能够认真地对待法律。”[④]

① ［美］罗尔斯：《正义论》，北京：中国社会科学出版社，1988 年版，第 3—4 页。
② 《国际社会保障协会全球大会北京宣言》，载《人民日报》2004 年 9 月 18 日。
③ 吴忠民：《社会公正论》，济南：山东人民出版社，2004 年版，第 404 页。
④ ［美］罗纳德·德沃金：《认真对待权利》，北京：中国大百科全书出版社，1998 年版，第 270 页。

促进农民自由而全面发展的战略思考①

农民的生存境况：数字的视角

“三农”问题的核心是农民问题，农民问题突出表现在农民增收困难上，表现在农民生存状况的恶化上。对此，大家都会有相同的感受。我想，了解和掌握下面的一些数据可能更有助于我们加深对“三农”问题的认识。

第一，从1997年起农民收入增长连年下降。从1997年到2003年，中国农民收入增长持续下降。1997年农民收入增长从上年的9%猛降到4.6%，1998年降到4.3%，1999年又降到3.8%，2000年再降到2.1%，陷入历史低谷，2001年因粮价上升回升到4.2%，2002年增长4.8%，2003年增长4.3%。这7年中农民人均纯收入年均增长4%，而同一时期，城镇居民人均可支配收入年均增长8%。农民人均纯收入增长只有城镇居民收入增长的一半。

第二，农村还有9000万人口生活在贫困之中。中国扶贫基金会会长王郁昭2003年指出，当前中国农村人均年收入在500元人民币（1.37元／天）以下的绝对贫困人口有1459万人，人均年收入在1000元人民币（2.74元／天）以下的贫困人口9033万，人均年收入在1000—2000元（2.74—5.48元／天）的人口31079万人。中国13亿人口中9亿是农民，按人均625元／年的标准，没有摆脱贫困的人口是3000万，如果标准再增加200元，中国的贫困人口就是9000万之多。

第三，农民负担居高不下，各种支出呈刚性增长之势。中国农民负担一直就存在。上个世纪90年代以来，农民负担逐年增长，农民已不堪重负。据统计，从1990—2000年，国家征收农业各税总额由87.9亿元增加到465.3亿元，增长4.3倍。从1993—1998年全国提留统筹费由380亿元增加到729.7亿元，年均增长13.9%，至于各种乱收费则无法统计。“一税轻、二税重、三税是个无底洞”正是农民对各种乱收费的形象概括。

---

① 本文原载《湖南文理学院学报（社会科学版）》2005年第1期，合作者周作翰。该文最初稿系本人2004年3月17日在湖南省C县学习2004年中央1号文件专题讲座上准备的报告提纲。

另外，高昂的学费和医疗费成为农民最沉重的经济负担和精神负担。一个十分严重的困境是，农民收入增长连年下降，而各种支出却呈刚性增长之势。

第四，中国城乡居民收入差距已高达6:1的惊人程度。自从人类社会创造出城市以来，城乡差别就产生了。一定范围内的城乡差别既是城乡不同属性决定的，也有利于农村人口向城市流动和集聚，有利于整个国民经济发展和社会文明进步。但城乡差距一旦超过了一定的限度，就会产生新的矛盾和问题。改革开放以来，我国城乡收入差距明显拉大了。据有关部门测算，我国城乡居民收入差距已经由上个世纪80年代的1.8:1扩大到2002年的3.11:1，这个比率没有计算城市居民大量的隐性收入，大部分学者认为城乡收入差距要远远高于这个比率。有的学者认为城乡居民收入差距实际上高达6:1的比率。而世界上绝大多数国家城乡收入之比为1.5:1，超过2:1的极为少见。我国已成为世界上城乡收入差距最大的国家。

第五，财富日益集中到少数人手中，统计平均数大大掩盖了农民的生存困境。基尼系数是国际上衡量一个国家和地区贫富差距的重要指标。基尼系数越大，说明社会贫富差距也就越大。西方国家基尼系数在0.3左右。据一些专家测算，1980年中国大陆的基尼系数为0.3左右，整体差距不大。到1988年，城乡合计的基尼系数已上升到0.382，1994年为0.434，突破了0.4的国际警戒线。到1998年，基尼系数又上升到0.456。据1998年数据，10%的高收入者占了总收入的38.4%，而20%的低收入者仅占总收入的5.5%；从全国居民储蓄存款来看，1.26%的富人占有7万亿元存款的27%，7.8%的富人占有7万亿元存款的65%。中国15%的人却拥有了85%的财富。这说明社会财富日益集中到少数人手中，贫富差距明显拉大，两极分化已相当突出。世界银行认为中国已成为世界上收入分配最不平等的国家。现在经常使用的一些统计平均数，大大掩盖了农民和其他低收入阶层的贫困状况。

第六，农民要靠外出打工才能维持基本的生存和生活需要。现在一些地方种田不仅没有赚头，而且还要倒垫。同时，农民负担居高不下、高昂的学费和医疗费迫使农民进城打工以谋求最基本的生存和生活。据2000年第五次人口普查资料，离开户籍所在地半年以上的人口约1.2亿，其中进入城镇二、三产业打工的农民工约8000万人，农业部、劳动和社会保障部等有关部门估计2002年离土又离乡的农民工约9460万人。2002年农民工打工总收入约5278亿元，寄回、带回家的约3274亿元。在统计中，农民人均纯收入的一半是靠一亿多农民进城打工挣来的。如果没有农民进城打工的收入，几乎不能想象农民怎样生存和生活下去，而一个被普遍忽视的问题是农民工的打工收入本应该全部用于农民工在城市的消费。

制约农民自由而全面发展的人为因素

"三农"问题既有自然的历史的原因，也有人为的政策制度原因。自然的历史的原因就是人们常说的中国是一个人多地少的农业大国。这种自然的历史的原因是客观存在的，需要在长期的发展中逐步加以解决。我们感兴趣的是到底有哪些人为的政策制度因素制约了农民增收和农民的全面发展。撇开历史上的极"左"路线和革命化的政治运动不谈，我认为主要有以下三个大的方面。

一是在发展战略上，选择"挖农补工"。建国以后，我国照搬苏联模式建设社会主义，实施工业化尤其是重工业优先发展，实行"挖农补工"战略。国家从1953年开始实行农产品统购统销政策，实行工农业产品不等价交换，以剪刀差的形式从农村源源不断地吸取巨额资金支持工业和城市的发展。这种以国家权力作后盾实行的工农产品不等价交换，使广大农民付出了惨重的代价。当年斯大林、毛泽东都承认国家对农民"挖得很苦"，承认农民对国家的工业化作出了"很大贡献"。据测算，1954—1978年，国家通过剪刀差从农民手中获取了5100亿元的巨额资金，1978—1991年，剪刀差累计已高达12329.5亿元，相当于同期农业生产总值的22%，也就是说农民将自己创造的五分之一的财富无偿交给了国家。进入20世纪90年代以来，剪刀差还呈不断扩大的趋势，每年剪刀差绝对额都在1000亿元以上。这就是说，本来收入较少的农民，每年还要通过剪刀差的形式向远远高于自己收入的城市市民无偿支援1000亿元。这种人为的工农产品不等价交换，给中国农民造成的负担时间之长、数额之大在历史上都是绝无仅有的，在世界上也是十分罕见的。

建国初期实施工业化优先发展战略时，将工业化分为三个阶段，在工业化初期，实行挖农补工，农业支持工业的发展；在工业化中期阶段，实行农工自补，农业与工业平等发展；在工业化后期，实行以工补农，工业反哺农业。学术理论界普遍认为，到20世纪80年代中期，我国工业化初期阶段即农业向工业提供剩余的历史时期已经完成。按理说，国家应及时调整挖农补工政策，但国家的宏观经济政策却惯性运行。连续半个世纪的挖农补工，使整整二三代农民为国家工业化、城市繁荣和市民生活水平的提高作了巨大的牺牲，也付出了惨重的代价。

二是在制度安排上，实行"一国两策"。建国以来，我国建立了高度集中的计划经济体制，为确保这个体制的运转，国家就人为地实施了一系列城乡分离、工农分离、市民和农民分离的城乡隔离政策，形成了中国特有的二元社会结构。著名的社会学家陆学艺称之为"城乡分治、一国两策"。根据一些学者的研究，我国农村人口和城市人口在国民待遇上有14个方面是完全不一样的。农民被人为地降为"二等公民"的地位。

在户籍制度上，1958年1月9日，第一届全国人大常委会第91次会议不顾1954年《宪法》关于公民居住和迁徙自由权的规定，出台了限制和剥夺农民进城的《户口登记条例》。从此，国家以农业和非农业户口把全体公民划分成标志鲜明的两个类别，农业户口的公民除考取国家正规大中专院校外，原则上不能转为非农业户口。改革开放以来虽然不同程度进行了户籍制度改革，但各大中城市的城门仍然对农民紧闭着。居住和迁徙自由权自1975年从《宪法》取消以来，至今未能在宪法中予以恢复。

以二元户籍制度为依据，一系列城乡不平等的政策制度纷纷建立起来。比如，在政治上，选举全国人大代表时，城市人口是24万人选举产生一名代表，而农村人口却是96万人才产生一名代表。在教育制度上，城市中小学教育全部由国家投资，农村中小学教育则以摊派的方式主要由农民掏腰包解决。据国务院发展研究中心调查，现在农村义务教育经费中央只负担2%，省地两级负担11%，县级负担9%，78%的经费要由乡镇这一级负担，而所谓乡镇负担，实质上就是由农民负担。在就业制度上，国家只负责城市市民的就业和培训，农民则自谋生路，市民失业有救济，农民失业无人问。对农民来说也不存在童工和退休的问题，从小就得干活，一直劳累到年老躺在床上不能动弹为止。同时，农民不能到党政机关、事业单位和国有企业谋求正式工作，因为招工招干和录用公务员的首要条件就是城镇户口，这就完全把广大农民排除在国家政权机关和国有企事业单位就业之外，农民制度化地丧失了公平参与管理国家事务、经济事务和社会事务的权利。在社会保障制度上，国家每年为城市居民提供成百上千亿元的各类社会保障（养老、医疗、救济、补助等），而农民的生老病死就只能自己照顾自己和寄希望于孝子贤孙上。大多数农民有病无钱治疗，小病靠忍，大病等死。除此之外，在公共设施上、在税费负担上、在财政补贴上、在兵役制度上等各个方面都明显存在着城乡有别的"双重标准"。

三是在施政手段上，推行暴力行政。当代中国的农民身处在一个大环境和小环境之中。大环境就是国家宏观层面人为建立的二元社会结构，二元社会结构的本质就是歧视农民。小环境，就是直接管理农民的县乡村三级，这三级基层权力组织在与农民的博弈中，形成了利益共同体。这个县乡村三级在不少地方呈现出暴力行政的倾向。县乡村三级之所以结成一定的利益共同体和推行暴力行政，这除了直接面对农民的地域性特征外，在县乡村三级内部形成了一整套欲罢不能的游戏规则。首先是自上而下的干部任命制。马克思主义老祖宗对干部的任命制是坚决反对的，恩格斯曾明确说过："州政府任命专区区长和市镇长官，这在讲英语的国家是绝对没有的，而我们将来也应该断然消除这种现象，就像消除普鲁士的县官和参政官那样。"[①] 干部的任命制是在苏联时期才得到

---

① 《马克思恩格斯选集》（第四卷），北京：人民出版社，1995年版，第4147页。

普遍采用并逐渐僵化起来的。我国深受苏联模式的影响，广为推行干部自上而下的任命制。这种自上而下的任命制成为维系县乡村三级的主要纽带。县里任命乡镇干部，乡镇任命村级干部，这种干部自上而下的任命制，决定了各级干部只能对上负责而难以对下负责。其次是层层分解的目标管理责任制。这种目标管理责任制将政府确定的经济和社会发展的指标层层分解，从县分解到乡镇，从乡镇分解到村，村再分解到每个农民头上。这种目标管理责任制在实践中形成了一种典型的“压力型体制”，使县乡村三级的经济指标承包制演变为政治责任承包制。为加大这种目标管理责任制的成效，各级还相应地制定了计划生育、财税任务、社会治安综合治理等“一票否决制”。这种三级利益共同体内的游戏规则，孕育和助长了行政暴力，产生了触目惊心的“基层暴政”现象。一些地方的暴力行政集中体现在四个方面：一是以调整农业结构为名，强迫农民意愿，呈现出逼迫农民致富的现象。二是在收缴税费中抢劫农民财物、关押毒打农民，甚至致农民于死地，严重侵害农民的财产权利和人身权利。三是打击报复为首的农民上访代表。四是计划生育工作中的暴力行为。改革开放以来出现的基层暴力行政现象，是一个后果极其严重的社会政治问题。面对这种严重侵害农民人身权利和财产权利的暴力行政，一个主流的观点是指责某些干部作风粗暴、工作方法简单。其实，这是典型的违法犯罪行为，应该绳之以法，从严惩处。

农民生活的艰辛和困苦，大家都是有目共睹的。50 多年来为农民说话的有三个标志性人物，第一个是梁漱溟。梁漱溟可能是共和国为农民说话第一人。1953 年，在农村做了长时期调查的著名爱国民主人士梁漱溟一次在全国政协会议上发言，引用有人说“工人生活在九天之上，农民生活在九天之下”来说农民生活还很苦，提醒共产党进城后不要忘了农民等等。谁知这番逆耳忠言使毛泽东极为不快，过了几天，毛泽东就在会议上对梁漱溟的“九天九地之说”的“反动思想”进行了猛烈的批判。梁漱溟被打倒后，再也没有人敢为农民说话了。1959—1961 年三年困难时期，农民被活活饿死的达 4000 万人众，这是人类历史上空前的大灾难。第二个为农民说话的是彭德怀。三年困难时期饿死那么多的农民，鉴于梁漱溟的教训，知识分子是不敢说话了，这时候只有开国元勋的彭德怀敢在庐山会议上对“大跃进”运动的“狂热性”提出质疑。在那种极“左”思潮盛行的不正常年代，彭德怀也就在劫难逃了。第三个为农民说话的标志性人物就是 2000 年上书国务院总理朱镕基的李昌平。李昌平无疑是为农民说话最幸运的人，他在一定程度上大大促进了中央高层和普通民众对“三农”问题的重视。

当然，基层干部也有很大的委屈。中国社会科学院于建嵘在湖南衡阳调查时就说，他看到了许多流泪的场面。农民在讲述他们受的冤屈时痛哭失声；减负上访代表为自己受到县乡政府不公正镇压和得到农民舍身营救与精心照顾而泪流满面；乡镇干部为领不到工资而不得不让独生子女远行打工而哽咽难言。应该说，流泪的农民和流泪的乡镇干部，都是不合理的干部管理体制的受害者，而这不合理的体制又把两个受害者变成了冤家对头。乡干部迫于各种压力（当然也出于自己的利益）对农民暴力相向，农民则称阻止宣传政策的干部是现行“反革命”。不少农民领袖扬言与县乡干部誓不两立，你死我活。这是他们双方的不幸，更是国家的不幸。国家的长治久安，系于上下级的平等沟通。自下而上的言路不畅，必导致自上而下政令不通。

中国的“三农”问题是个十分复杂的经济、政治和社会问题。广大农民不仅关心自己的经济利益，也关注自己的民主权利。所以，我们不能就农民增收而谈农民增收。要真正解决“三农”问题，必须着眼于促进农民自由而全面的发展。

构建农民自由而全面发展的制度环境

邓小平曾说过，制度问题更带有根本性、全局性、稳定性和长期性，制度好，可以使坏人无法任意横行，制度不好，则使好人无法充分做好事，甚至会走向反面。促进农民自由而全面发展，就是要构建一个良好的制度环境。在计划经济体制下出台的歧视农民的政策制度，违背了宪法原则和宪法精神。这些违宪性政策制度突出表现在限制和剥夺了农民作为共和国公民应当享有的平等权利，同时放纵了公共权力的滥用。这些旧的政策制度已经完全不适应改革开放和市场经济发展的需要，不利于建设现代法治国家。我们要构建制度环境，就是要建立一个有效约束公共权力、切实保障农民人权的制度环境，就是要建立一个有利于促进每个农民自由而全面发展的制度环境。

为此，必须树立宪法的神圣权威，破除对农民命运擅作主张的陈旧思维。宪法是共和国之母，没有宪法就没有共和国。宪法的基本功能有二：一是约束公共权力，二是保障公民的权利。宪法学界已有基本的共识，即宪法是人民给政府制定的契约，它是人民用来规范约束政府权力、防止政府权力滥用、保障公民基本权利和自由的根本大法。宪政的基本原理是人民制定一个根本的法律即宪法来约束政府，然后政府才根据宪法精神制定法律来管理社会。政府权力受到宪法的约束，人民的行为受到法律的约束。如果政府只要求公民守法，而自己不受宪法的约束，这就不是一个现代法治社会。著名宪法学家蔡定剑认为，从理论上说，依法治国主要是依宪治国，在走向法治的今天，普通法律已越来越深入大众生活，为广大民众所熟悉，惟有宪法在现实生活中仍默默无闻，备受冷落。2004 年第十届全国人大第二次会议对现行宪法作了第四次修正，尤其是把“国家尊重和保障人权”写入宪法，大大激活了现行宪法的生命力。笔者一直执著于从宪法的高度关注农民问题，认为只有严格约束公共权力、切实保障农民权利，才能从根本上解决农民问题，只有给农民以宪法关怀，才能走出“兴亡百姓苦”的历史怪圈。既然农民是人民共和国大家庭中的平等一员，既然各级领导干部都是人民的公仆，我们就没有理由歧视农民，我们就不能自以为是地为民做主。新一届中央领导提出以人为本的执政理念，内在地要求促进每个农民自由而全面的发展。

一是解放农民，给农民国民待遇。歧视农民的二元社会结构是中国农民面临的最大和最不公平的制度环境。这种二元性的制度安排严重违背了人人平等的宪法原则，必须尽快予以废除。在法治的视野下解放农民，给农民平等的国民待遇。

给农民国民待遇，首先要废除1958年出台的《户口登记条例》，彻底改革户籍制度，恢复公民的居住和迁徙自由权。1954年《宪法》明确规定了公民的居住和迁徙自由权，1958年出台的《户口登记条例》却严格限制农民进城，在事实上取消了宪法规定的公民居住和迁徙自由权。1975年《宪法》干脆取消了公民居住和迁徙自由权的规定，1978年《宪法》和1982年《宪法》也都没有恢复，这次修宪也没有恢复，这不能不说是一个遗憾。公民的居住和迁徙自由是全世界普遍公认的一项基本人权。多年来，我们一直在呼吁加快户籍改革尤其是大中城市的户籍制度改革。近些年来户籍改革明显加快，农民已经可以到县城安家落户了。这次中央一号文件也提出“推进大中城市户籍制度改革，放宽农民进城就业和定居的条件”，这是一个巨大历史性进步。其实，在世界上，比如欧洲，公民可以在国与国之间自由流动，而我国公民却要在自己祖国的大地上受到种种限制，这是很不正常的。

给农民国民待遇，就是要统一城乡税制，从减轻农民负担到取消农民负担。全世界只有中国才有农民负担这种概念。发达国家如法国，每年对农民人均补贴4万元人民币以上；不发达国家如印度，不但不找农民要负担，还提供免费的教育和医疗。世界上仅仅只有中国和越南对农民征收农业税费。印度能做得到的事，中国为什么做不到？现行农村税费改革在一定程度上降低了农民负担，但并没有突破城乡二元税制结构。这次中央一号文件就突破性地取消了除烟叶以外的农业特产税，降低农业税率1个百分点，同时鼓励有条件的地区进一步降低农业税税率或免征农业税。北京第一个宣布取消农业税，实行农民零赋税。2004年3月，温家宝总理在十届全国人大二次会议上又宣布5年内取消农业税。这对于广大农民和“三农”问题研究者来说是十分令人欣喜的。现在看来本届中央政府的农业和农村政策比较对头，令人鼓舞。根据国务院发展研究中心韩俊的研究，现在取消专门针对农民的农业税收在财政上也是可以承受的。2002年全国各地征收农业税320.067亿元，农业特产税99.9531亿元，合计为420.0205亿元，占地方财政收入的4.93%，相当于中央财政收入的4.04%。统一城乡税制是国际上通行的做法。综观世界各国的税收制度，基本不设立农业税这一专门面向农业的税种。在统一税制下，农民的税收负担与其他社会成员一样，按其经济活动的属性，分别在相应的税种下缴纳所得税、增值税、地产税、遗产税等。农民作为纳税人，与其他社会成员一样享有相同的税收制度，只是在税率的减免等方面与其他纳税对象有所差别。

给农民以国民待遇，就是要给农民平等的受教育权、就业权和社会保障权。义务教育的主要责任在政府，尤其是中央和省级政府。可我国农村义务教育却成了农民的义务。这对农民来说是极不公平的，对国家对民族来说也是极其有害的。因为广大农民子女上不起学，这不但剥夺了他们的受教育权，也势必影响整个民族素质的提高。义务教育是政府的一项重要公共职责，必须由政府尤其是中央和省市政府承担起来，同时应当普遍实行免费教育。在就业问题上，必须打破农民在农村就业、市民在城市就业的思想观念和政策制度。现在农民进城打工，却享受不到市民的身份和产业工人的地位，这是长期以来僵化的思想观念和僵化的体制造成的。其实，农民不仅可以到城市打工成为正式的工人，而且有权平等地进入党政机关、事业单位和国有企业谋取正式的工作职业。长期以来在录用国家公务员和企事业单位录用正式工作人员时事先设置要具备“城镇户口”这样一个准入条件，这对农民来说是不公平的，同时也是违宪的。在社会保障上，我国 50 多年来社会保障仅仅覆盖城镇居民，这种状况也必须加以改变。因为最需要社会保障的人群应该是农民和其他社会弱势群体。可我国现行社会保障制度的功能却恰好相反，它几十年来只保障那些生活条件本来就好的城镇居民，而把广大农民排除在外。20 世纪 90 年代以来，城镇下岗职工的社会保障也成了问题。如果农民和下岗职工没有社会保障，那么这种社会保障就只能是一种少数人的特权制度。以“国家财力不够”为由搞少数人特权式的社会保障在现代社会是站不住脚的。其实，国际人权公约对每个人的受教育权、工作权和社会保障权都有明确的规定和要求。比如，我国政府 1997 年签署并已经全国人大常委会批准生效的《经济、社会和文化权利国际公约》明确规定：“人人有受教育的权利”，“初等教育应属义务性质并一律免费”，各种形式的中等教育和高等教育“特别要逐渐做到免费”。我们原以为义务教育应当免费，想当然地认为高等教育不属义务教育可以“高收费”，看了国际人权公约后才知道国际上对高等教育也是要求做到免费的。该国际公约还规定“人人有工作权”，“人人有权享受社会保障”等等。十届人大二次会议通过修正后的宪法明确增加了“国家建立和完善与经济发展水平相适应的社会保障制度”的条文，这又是一个历史性的重大进步。

二是重构基层政权，保障农民的基本权利和自由。如果国家在宏观政策制度层面解放了农民，使农民获得了平等的国民待遇，这就构建了农民自由而全面发展的大环境。与此相适应，直接与农民打交道的县乡基层政权也必须进行新的构建，以营造有利于促进农民自由而全面发展的小环境（这种大小环境的构建没有先后之分）。政府行为要“有所为有所不为”，政府行政可分为“积极行政”和“消极行政”。我在这里从政府的“有所不为”和“消极行政”入手，探讨基层政府主要是乡镇的重构问题，因为村级实行了村民自治，目标已经十分明确，而且村民自治的主要障碍来自于乡镇的干预。县级政权历史悠久，自秦设郡县制以来 2000 多年基本保持稳定不变。只有乡镇设置变化极大，学术理论界的争论也大。在当前的“三农”问题中，乡镇的各种问题也特别集中，它迫使人们去深入思考。

当前，乡镇事实上成为干群矛盾的焦点，其中的一个重要原因在于乡镇政权的“积极行政”相当突出，比如发展集体经济、调整农业结构、兴建政绩工程等等。这种“以权谋公”式的“积极行政”，在当前十分盛行，它严重干预了农民的生产生活，侵害了农民的基本权利和自由。农民作为公民应当享有的基本权利和自由，比如言论自由权、人身自由权、财产权以及生命权等，政府不去干预，农民自然会享有。农民的这种“消极自由”只有遭到政府干预时才会遭受损害。按照200多年前《独立宣言》的说法，政府存在的目的就是“保障公民的生命权、自由权和财产权”。当前乡镇政府在很大程度上背离了这一目的。为什么乡镇政府热衷于充当发展经济的主角、乐于兴建劳民伤财的“政绩工程”？这与现行的体制安排和政绩观有密切关系。从历史眼光、世界眼光和发展眼光来看，我们主张撤销乡镇政府，实行乡镇自治。

对于基层的党员干部来说，可能大多数人听到撤销乡镇政府，第一个反应恐怕就是“谁去管理农民”。这暴露了我们时时想管住农民、控制农民和当官为民做主的传统心态。您怎么老是想到要去管理农民？为什么就没想到去服务农民？事实上，政府要去管理的不是人而是公共事务，要服务的对象才是人。我们要相信农民具有自治的能力。从历史上看，自秦以来“皇权不下县”，县以下实行自治。从世界上来看，各国一般也只设置中央、州、县三级政府，而我国从中央到乡镇却设有五级政府。在现实中，我国的乡镇政府实质上是“虚设”的，还不是一级“完全政府”。农业税收的取消，对乡镇政府来说无异于釜底抽薪。乡镇政府何去何从，现在已经从一个探讨性的理论问题变成为一个紧迫性的现实问题。

2004年2月底，笔者在武汉参加一个乡镇体制改革研讨会。与会代表提出了很多乡镇体制改革的方案。主要有三种：一是撤并乡镇。这是当前中央政策鼓励和允许的，也是各地正在进行的一种改革举措。但这种方案只是原有乡镇规模的撤销或扩大，至于政府职能和权力运行机制并没有根本性的变化。二是改为派出机构。就是撤销乡级政府，设立办事处，作为县政府的派出机构，其建制相当于城市区级政府下属的街道办事处，乡办事处负责人由县政府委派，取消乡级财政，精简职能，协助县政府办理乡域内的公共事务，指导村委会的工作。三是实行乡镇自治。撤销乡镇政府，建立自治组织，健全和强化县级政府职能部门如公安、工商、税务、计生、教育等派出机构，发展农村经济中介组织，开放农会等农民利益代表组织。

中国是一个幅员辽阔的人口大国，各地的情况千差万别，上述方案都可以试，应避免一刀切。但总的要求是尊重农民的自主权，相信农民的自治能力，通过重构基层政权，使官权退，民权进，让民休养生息，变现在的掠夺型政府为服务型政府。

三是转变政府职能，服务和扶持农民。上面我们说了农民的“消极自由”和政府的“消极行政”，就是说政府不要“越位”，不要去做不该做的事，要“有所不为”。但在现代社会，分工越来越细，人们对政府的要求也越来越高，政府的职能也呈不断扩大之势。对农民来说，一方面希望政府不要干预他们的生活，另一方面又需要政府提供必要的公共服务和保障。这是所谓的农民的“积极自由”，与此相适应，政府也应当“积极行政”，要把政府“缺位”的事补上去，要“有所为”。在市场经济条件下，政府的主要职能是经济调节、市场监管、社会管理和公共服务四个方面。在这里，我想突出强调两点：一是公共服务，二是扶持农业、补贴农民。

我们先说公共服务，就是政府要为农民提供公共产品和服务，包括公共设施建设，为农民提供就业、社会保障和教育、科技、文化、卫生、体育等公共事业，发布公共信息等，要为农民的公共生活和农民参与社会经济、政治、文化活动提供保障和创造条件，建设一个服务型的政府。对照这些要求，我们的县乡镇政府为农民提供了多少公共服务？我们习惯说税收“取之于民，用之于民”，而我们县乡镇两级从农民手中收取税费后又把多少钱用在农民身上？一个普遍的现象是县乡镇财政都成了“吃饭财政”，甚至连发工资都没有保障，哪里还能“用之于民”呢？“我统治你，你就应该交税供养我”，这是几千年来中国传统政府的强权逻辑。在现代文明社会，不向民众提供公共服务，政府就没有征税的合法性。农民需要的公共服务很多，但当前农民迫切需要的公共服务是“教育、医疗和就业”。现在农民有三怕：一怕上学，二怕生病，三怕乡镇干部来收费。我国高昂收费式的义务教育实在是有损义务教育的名声。从失学儿童到交不起学费的大学生，这难道只是一家一户的悲剧吗？最近一件事又使我认识到医疗保险比义务教育更重要更急迫。2004 年 2 月，湖南省溆浦县第二中学女学生刘某突因四肢发麻、不能正常行走，来到长沙湘雅医院就医。医院诊断为格林巴利综合症，需要医疗费一二十万元，这对于一个普通的农村家庭来说，无异于天文数字。刘某住了十几天院就花费了 1 万多元，而这 1 万多元全是刘的父母四处借来的，包括学校募捐的 3000 元。医院多次催交医药费，但病人的父母实在是借不到钱了，没有办法，医院就动员病人出院。3 月 3 日，在病床上度过 17 岁生日的刘某虽然病情未见好转，但仅仅是因为没有钱治疗，她的父母不得不办理了出院手续，回农村老家去顺其自然疗养。我们发现，在现行的卫生医疗体制下，出现了一个很奇特的现象：对病人来说，不是病治不好；对医院来说，不是没有药治疗，只是因为病人支付不起昂贵的医疗费，医院就要对病人停止治疗。这种对生命的漠视令人十分震惊！当我们在医院说到学校和医院的高昂收费使农民不堪重负时，刘某的父母说，医院高收费的害处比学校高收费的害处要大得多，因为农民交不起学费，充其量不读书算了，回家还可以务农生存下去，而农民交不起医疗费，生命就会危在旦夕！这使我们感到我国现行的农民没有医疗保险和医院实行高昂收费的体制是多么的不正义！据世界卫生组织公布的2000年全球医疗卫生服务报告，在191个国家和地区医疗卫生资源分配公正指数中，中国排名第188位，是全世界最不公平的少数几个国家之一。对于就业，世界各国都将全体国民考虑在内，而我国建国以来只考虑城镇居民的就业，把广大农民排除在就业视野之外。我国的失业率只统计城镇的失业人口，不包括农村农业人口，比如2003年城镇失业率是4.3%。如果把全国失业农民统计在内，这个比率是多少？就业是民生之本，把广大农民纳入就业体系，既是对几十年来人们思想观念的一种巨大冲击，也是对各级政府执政能力和领导水平的严重考验。

再说扶持农业、补贴农民，这既是一种奢望，也是一种发展趋势。我国农业在GDP构成中的份额已经降到14%以下，工业化已进入中期阶段，“挖农补工”的历史任务早已完成。按照国际惯例，人均GDP超过800美元就应该进入“以工补农”阶段，而2003年我国人均GDP已达1090美元。实行“以工补农”，既是对几十年来农业支持工业的历史性回报，也是整个国民经济和社会持续协调发展的内在需要。现在中央提出统筹城乡发展，这是非常及时和正确的，关键是要落到实处。另一方面，农业既是基础产业，也是弱势产业，要承担自然风险和市场风险，加快农业农村发展仅靠市场调节是不行的，国家必须加强扶持和保护，这是世界各国普遍的做法。国际上一个通行的做法就是对种粮农民实行直接补贴。比如在美国，每个农户每年平均得到政府的农业补贴是12500美元。我国已加入WTO，根据WTO的黄箱政策，我国政府对农民的收入补贴可以达到农业总产值的8.5%，按照2001年农业总产值26180亿元测算，补贴总额可达2225亿元，平均每个农民可得到171元的补贴收入，但我国目前还没有做到。令人欣慰的是，2004年中央一号文件已经明确提出为保护种粮农民利益要“建立对农民的直接补贴制度”。另外，面对市场经济造成“贫者越贫，富者越富”的“马太效应”，防止社会过度的两极分化，政府尤其要在国民收入的第二次分配中突出公平优先的原则，向低收入阶层实行适当的政策倾斜，这是现代国家宏观调控的重要内容。

通过上面的分析，可以预料，经过体制改革和制度创新，农民的负担会减轻，农民的收入会增长，农民的权利也会得到保障。但一个基本事实是，我国农村人多地少，农业总体上仍然处在小农经济阶段，在市场经济的竞争中，农民很难富裕起来，或者说，要使中国农民富裕起来，还有很长的路要走。不过，对中国农民来说，还有一条充满希望的出路，这就是城市化。加快城市化发展应该成为我国经济和社会发展的战略任务，现在的关键是消除人为的体制性障碍，打开“城门”，做大做强大中城市，兴建新兴城市，保障农民的居住和迁徙自由权，农民愿意到哪座城市生活就尊重农民的意愿。只要做到这样，我国的城市化将有一个大的快速发展。现在上亿的农民工在全国各大中城市打工谋生，他们事实上已经成为城市居民中的一部分，应该享有城市居民的基本权利，可传统的旧制度却不承认他们的市民身份和地位，致使形成了世界上绝无仅有的“农民工阶层”，这种不正常的状况应当尽快加以改变。只有大多数农民进入城市成为市民后，我们才能从一个“乡村中国”转变为一个“城市中国”，也只有这样，我们才能真正谈得上富裕农民。

在当前，中央已经提出把解决“三农”问题作为全党工作的重中之重，明确要求“地县两级领导要把主要精力放在农业和农村工作上”。对于各级党委政府和领导干部来说，关键是要做到三条：

第一条，要树立和落实科学的发展观和正确的政绩观。就是要以人为本，关注民生，保障民权，坚持经济社会协调发展，统筹城乡共同发展，促进农民自由而全面发展。政府不能只顾城市不顾农村，只顾市民不顾农民；也不能只追求经济增长而忽视社会的公平和正义，更不能以发展经济为名掠夺自然资源、破坏生态环境、侵害公民的基本权利和自由。对此，温家宝总理有个很全面的讲话。

第二条，要有革除体制弊端的勇气。我国正处在社会转型时期，这种转型是由计划经济向市场经济转型，由传统人治向现代法治转型，由集权型政治向民主型政治转型，由单纯的经济发展向政治经济社会和人的全面发展转型。在这种社会转型中，一系列束缚发展的旧观念、旧做法、旧体制，必须予以坚决冲破、改变和革除。如果各级领导干部没有革除旧体制的勇气，我们就不能前进一步。

第三条，要提高执政能力和领导水平。改革开放以来，我国社会发生了巨大的变化，这对于各级党委、政府和领导干部的领导水平和执政能力提出了现实的紧迫要求。在我们这个建设政治文明、促进人的全面发展的新时代，农民可以对一切不公正的旧制度说不，可以对一切违法行政的党政干部说不，可以对一切侵害农民合法权利的行为说不！对各级党委、政府和领导干部来说，提高领导水平和执政能力，最基本的要求就是要统筹兼顾、依法行政、保障人权。不统筹兼顾就会顾此失彼，不依法行政就会滥用权力，不保障人权就丧失了政府存在的基本理由。在现代法治社会，对于政府来说，法无明确规定不可为之；对于公民来说，法无明文禁止皆可为之。

张　英　洪　自　选　集

2006 年

当代中国农民的平等权[①]

平等：人类文明的基本信条

170 多年前的 1831 年 5 月 9 日，一位年仅 26 岁的法国贵族托克维尔到达美国，进行为期 9 个多月的考察。这位天才的年轻人在其 30 岁时出版的考察美国民主社会的世界名著中写道："我在合众国逗留期间见到一些新鲜事物，其中最引我注意的，莫过于身份平等。我没有费力就发现这件大事对社会的进展发生的重大影响。它赋予舆论以一定的方向，法律以一定的方针，执政者以新的箴言，被治者以特有的习惯。"[②] 这位此后备受尊敬的政治思想家继续写道："翻阅一下我们的历史，可以说我们在过去的七百年里没有一件大事不曾推动平等。"[③] 他发现"身份平等的逐渐发展，是事所必至，天意使然。这种发展具有的主要特征是：它是普遍的和持久的，它每时每刻都能摆脱人力的阻挠，所有的事和所有的人都在帮助它前进。"[④] 托克维尔特别强调身份平等，在他看来，身份平等既是民主制度最基本的特征，也体现了民主制度的正义性质。托克维尔认为："追求平等的激情是一个不可抗拒的力量，凡是想与它抗衡的人和权力，都必将被它摧毁和打倒。在我们这个时代，没有它的支持，就不可能实现自由，而专制制度本身没有它也难以统治下去。"[⑤] 对平等的理解和信念，使托克维尔相信："我们迟早也会像美国人一样，达到身份的几乎完全平等。"[⑥] 的确，平等显得如此重要，以至古今中外的仁人志士无不对之孜孜以求。"在平等理论的视角中，整个人类文明就是一部不断追求并逐步实现平等的历史。"[⑦]

---

① 本文原载《探索》2006 年第 1 期。

② [法] 托克维尔：《论美国的民主》上卷，董果良译，北京：商务印书馆，1997 年版，第 4 页。

③ [法] 托克维尔：《论美国的民主》上卷，董果良译，北京：商务印书馆，1997 年版，第 6 页。

④ [法] 托克维尔：《论美国的民主》上卷，董果良译，北京：商务印书馆，1997 年版，第 7 页。

⑤ [法] 托克维尔：《论美国的民主》下卷，董果良译，北京：商务印书馆，1997 年版，第 624 页。

⑥ [法] 托克维尔：《论美国的民主》上卷，董果良译，北京：商务印书馆，1997 年版，第 15 页。

⑦ 周仲秋：《平等观念的历程》，海口：海南出版社，2002 年版，第 1 页。

对平等涵义的理解和实现平等路径的选择却存在着千差万别。《现代汉语词典》对“平等”的解释是“平等是人们在社会、政治、经济、法律等方面享有相等待遇。”《辞海》未对“平等”词条作出定义，只是解释平等作为政治概念在不同的历史时期有不同的涵义，并举例说明中国封建社会农民起义提出过“均贫富”的主张、法国大革命提出过“平等”的口号，而马克思列宁主义认为“只有消灭阶级和阶级差别，才能实现真正的实质上的平等。”①《布莱克维尔政治学百科全书》关于“平等”一词是这样释义的：“在政治思想中，平等的概念有两种基本的用法：第一是指本质上的平等，即人是平等的动物；第二是指分配上的平等，即人与人之间应在财产分配、社会机会和（或）政治权力的分配上较为平等。在平等主义的理论中，本质上的平等常被用来证明分配上的较为平等。”②事实上，在人类追求平等的历程中，形成了诸如平均主义的平等、自由主义的平等、民主主义的平等、社会主义的平等、共产主义的平等、女权主义的平等等多种平等思想观念，各种平等主义的理想观念互不一致，有的甚至存在内部价值的严重冲突。但这并不妨碍人们对平等的执着追求。

平等价值凸显的原因乃是社会不平等现象的严重存在。社会不平等的恶性发展，必然相应地催生平等观念的滋长。这是宇宙的辩证法。中国的老子就洞悉“损有余而补不足”的“天之道”：“高者抑之，下者举之；有余者损之，不足者补之。”③对不平等所积累的社会矛盾及其严重后果，中国圣人孔子深感忧虑：“丘也闻有国有家者，不患寡而患不均。”④对财富分配不平等所造就的贫富两极分化现象，是中国社会孕育和扩展平均主义的主要因素。而“从平均主义的立场上去理解平等要求，去实践平等主张”，在中国传统思想中“经久不息”。⑤这种以“等贵贱、均贫富”为诉求的平均主义理想，始终是中国两千多年来农民起义的主要旗帜。即便到20世纪五六十年代，共产党革命胜利后所建立的新生的人民共和国政权，仍然豪情满怀地在神州大地上践行“平均主义大锅饭”的共产主义“伟大实验”。对于平均主义，或许这句话是不错的：“平均主义的根源是个体农民的思想方式，是平分一切财富的心理，是原始的农民‘共产主义’的心理。”⑥

西方许多思想家也都阐述过平等的重要思想。从古希腊罗马的古典平等理论，到中世纪“在上帝面前人人平等”的神学平等原则，到近现代以来“在法律面前人人平等”，

---

① 《辞海》上，上海：上海辞书出版社，2000年版，第118—119页。

② ［英］戴维·米勒、韦农·波格丹诺主编：《布莱克维尔政治学百科全书》（修订版），邓正来译，北京：中国政法大学出版社，2002年版，第244页。

③ 《老子》第七十七章。

④ 《论语·季氏篇》第十六。

⑤ 周仲秋：《平等观念的历程》，海口：海南出版社，2002年版，第33页。

⑥ 《斯大林全集》第13卷，北京：人民出版社，1956年版，第105页。

再到当代罗尔斯、萨托利、德沃金等人的当代平等思想，平等的确是人类政治理想中既令人神往又面临困惑的重大价值理念之一。

亚里士多德认为平等是一种美德，并区分了数量平等和比例平等。他解释比例平等时说："既然公正是平等，基于比例的平等就应是公正的。"[①] 卢梭认为"在人类中有两种不平等：一种，我把它叫着自然的或生理上不平等，因为它是基于自然，由年龄、健康、体力以及智慧或心灵的性质的不同而产生的；另一种可以称为精神上的或政治上的不平等，因为它是起因于一种协议，由于人们的同意而设定的，或者至少是它的存在为大家所认可的。第二种不平等包括某一虚无缥缈由于损害别人而得以享受的各种特权，譬如：比别人更富足、更光荣、更有权势，或者甚至叫别人服从他们。"[②] 卢梭在这里区分了自然不平等和社会不平等。其实，基于性别、年龄、肤色、人种、相貌等自然因素的不平等，不过是一种自然选择的差异性而不是人为选择的不平等性，不存在善恶的道德评价，因而也不能成为人们应当消除的不平等的范畴，而社会不平等则是可选择和可以进行道德评价的。

孟德斯鸠认为"平等是国家的灵魂"，他在《论法的精神》中写道："在民主政治下，爱共和国就是爱民主政治；爱民主政治就是爱平等。"[③] 被认为是法国启蒙运动中最伟大的平等论者，卢梭的平等思想对后世产生了深远的影响。作为卢梭平等思想的追随者，皮埃尔·勒鲁就认为"平等"一词来自卢梭，"正是卢梭，卢梭的书籍，他的学派，把平等献给了我们的革命。"他认为在卢梭的著作中，"平等几乎构成了一种完整的学说。卢梭的每一篇著作都建立在人类平等的基础之上。"[④] 对平等的信念和追求，使皮埃尔·勒鲁相信"现在的社会，无论从哪一方面看，除了平等的信条外，再没有别的基础。"[⑤] 皮埃尔·勒鲁认为"由全体人民大声说出的平等这个词就成为一种原则、一种信条、一种信念、一种信仰、一种宗教。"[⑥] 平等对人类显得如此重要，以至于皮埃尔·勒鲁在《论平等》中说："平等这个词概括了人类迄今为止所取得的一切进步，也可以说它概括了人类过去的一切生活。从这个意义上说，它代表着人类已经走过的全部历程的结果、目的和最终的事业。为了平等的实现，所有的启蒙者和启示者前赴后继，在一切领域进行探索，绵延不断的战争使无数人的鲜血洒遍了江河大地，在多少个世纪中，全人类洒下多少汗水。人们个人的苦难，正像他们经受的集体的苦难一样，其神圣的目的正是为了

① 《亚里士多德全集》第 8 卷，北京：中国人民大学出版社，1992 年版，第 279 页。
② [法]卢梭：《论人类不平等的起源和基础》，北京：商务印书馆，1982 年版，第 70 页。
③ [法]孟德斯鸠：《论法的精神》上卷，北京：商务印书馆，1978 年版，第 41 页。
④ [法]皮埃尔·勒鲁：《论平等》，北京：商务印书馆，2005 年版，第 21 页。
⑤ [法]皮埃尔·勒鲁：《论平等》，北京：商务印书馆，2005 年版，第 5 页。
⑥ [法]皮埃尔·勒鲁：《论平等》，北京：商务印书馆，2005 年版，第 21 页。

平等，为了平等的感情，平等的观念。”①

平等作为人类文明的基本信条，始终根植于社会的土壤之中。但想要做到绝对平等不仅几乎是不可能的，也被认为是非正义的；同时，平等一旦滑向绝对平均主义却又同样是有害的。不少思想家和学者在对平等的探索中，发现平等与自由、平等与效率的内在矛盾和冲突，有的则怀疑和否定人人平等的可能性和价值。当然，厘清各种平等理论和学说显然不是本章的旨趣。在现代社会中，我们可以确定的是，权利的平等应该说是大致没有分歧的普遍共识。

萨托利将平等分为法律—政治平等、社会平等、机会平等和经济平等四种形式。②王海明则认为，社会平等实际上是政治、经济等平等的统称，所以具体的平等问题可归为政治、经济和机会平等三大类。同时，在王海明看来，机会平等原则也是一种权利平等原则。王海明认为平等作为一种应该如何的道德原则，只能是社会平等而不能是自然平等。而社会平等实质上是权利平等。所以平等原则实乃权利平等原则。权利平等原则有两层含义：一方面，人人所享有的基本权利应该完全平等，另一方面，人人所享有的非基本权利应该比例平等。③王海明提出基本权利应该完全平等而非基本权利应该比例平等的划分是有启示意义的。

从平等的理念发展到作为基本人权的平等权，从而成为世界各国普遍遵循的宪法原则，是人类文明进步最重要的成果之一。有的学者认为“平等权可以说不是一种具有具体内容的权利，而是一种实现权利的原则。”④周仲秋认为“平等权的实质是将那些公认的、最基本的、而又在社会政治经济和文化生活中可能实现的平等要求确认为法定权利而受到国家的强力保护。”⑤林喆认为，平等权概念包括以下几层含义：首先，平等权并不只是指在适用法律上的平等，严格地说，它由四部分组成。一是权利平等，二是义务平等，三是法律适用平等，四是法律界限平等。其次，平等权表达的是一种原则和信念。它否定那种强调有差别的个人，且把社会等级的存在视为社会正义的基础，依据各个人的身份或社会地位有差别地分配权利和义务，对多数人的自由严加限制而对少数人的自由加以特殊保护的社会现象和制度。与公民的其他权利相比，平等权的特殊性在于，它所强调的一视同仁对待的原则渗透在个体、群体彼此之间，或公民与他人相联系的各种法律权利的享有中。再次，平等权表达的是权利主体在法律所限定的范围内的平等。范围的限定决定了这种平等是绝对性和相对性的统一。⑥

---

① [法]皮埃尔·勒鲁：《论平等》，北京：商务印书馆，2005年版，第266页。

② 参见[美]乔·萨托利：《民主新论》，冯克利、阎克文译，北京：东方出版社，1998年版，第388页。

③ 参见王海明：《平等新论》，载《中国社会科学》1998年第5期。

④ 何华辉：《比较宪法学》，武汉：武汉大学出版社，1988年版，第226页。

⑤ 周仲秋：《平等观念的历程》，海口：海南出版社，2002年版，第338—339页。

⑥ 参见林喆：《平等权：法律上的一视同仁》，载《学习时报》2004年3月15日。

"将平等提升为一种法律权利，将有差别的个人提升为无差别的个人，以法律上的平等形式分配权利和义务，将平等视作社会实现自由、正义和安全的基础，是资产阶级反封建专制革命的胜利。"①在人类追求平等的历史上，美国的《独立宣言》和法国的《人权宣言》率先从法律上确认了平等权。1776年美国《独立宣言》第一次以法的形式宣告和规定"人人生而平等"是不言而喻的"真理"。1789年法国大革命的著名口号就是"自由、平等、博爱"。法国《人权宣言》第1条规定"在权利方面，人们生来是而且始终是自由平等的。"此后，"在法律面前人人平等"就成为世界各国——无论是资本主义国家还是社会主义国家都共同遵守的一条最基本的宪法原则。1868年7月28日批准生效的美国宪法第十四条修正案规定："任何一州，都不得制定或实施拒绝给予其管辖下的任何人以平等法律保护的法律。"这被法学界认为是平等权宪法保障的又一里程碑。1918年《俄罗斯社会主义联邦苏维埃共和国宪法》第22条也规定"公民不分种族及民族享有平等权利"，从而成为社会主义各国宪法确定人人平等权利之条文的滥觞。

二战后，平等权发展成为全世界一致公认的国际准则，得到了国际法的普遍确认和保护。1948年12月10日联合国大会通过的《世界人权宣言》第1条明确规定："人人生而自由，在尊严和权利上一律平等。"第7条又规定："法律之前人人平等，并有权享受法律的平等保护，不受任何歧视。人人有权享受平等保护，以免受违反本宣言的任何歧视行为以及煽动这种歧视的任何行为之害。"1966年12月16日联合国大会通过的《公民权利和政治权利国际公约》第2条、第3条都规定了一切个人所享受的平等权利，不分种族、肤色、性别、语言、宗教、政治或其它见解、国籍或社会出身、财产、出生或其它身份等任何区别。

中国对平等的理解和追求曾长期局限于平分财富和结果平等的平均主义诉求上。19世纪中叶以后，随着国门的被迫打开，西方的自由、民主、平等、博爱思想也传入中国，这为中国人思考平等问题提供了新的思想资源。孙中山的三民主义平等观就是当时中西平等思想交融的结晶："民族主义是对外人争平等的，不许外国人欺侮中国人；民权主义是对本国人争平等的，不许有军阀官僚的特别阶级，要全国男女的政治地位一律平等；民生主义是对贫富争平等的，不许全国男女有大富人和大穷人的分别，要人人都能够做事，人人都有饭吃。"②1912年《中华民国临时约法》第5条在中国历史上破天荒地规定："中华民国人民，一律平等，无种族，阶级，宗教之区别。"从此以后，各种宪法文本无不依例奉行"一律平等原则"。

在革命战争时期，平等是中国共产党人高举的伟大旗帜之一。1931年《中华苏维埃共和国宪法大纲》第4条规定了工人、农民、红军兵士及一切劳苦民众和他们的家属

---

① 林喆：《平等权：法律上的一视同仁》，载《学习时报》2004年3月15日。

② 《孙中山全集》第十卷，北京：中华书局，1986年版，第31页。

“在苏维埃法律前一律平等”。建国后，1954年《宪法》第85条明确规定“中华人民共和国公民在法律面前一律平等。”现行《宪法》第33条完全沿袭了这条规定。“在法律面前一律平等”就成为中国公民享有平等权的宪法依据。

通过对平等和平等权的考察，不难看出，无论是从道德上，还是从政治上和法律上说，在现代社会，中国农民应该享有平等权，这是毋庸置疑的。

二元社会结构中农民的不平等地位

正因为平等是政治核心价值之一，所以对公民的平等关切就被当代著名的法理学家罗纳德·德沃金视为“至上的美德”。罗纳德·德沃金在《认真对待权利》一书中区分了“平等对待的权利”和“作为一个平等的个人而受到平等对待的权利”这两类不同的权利，[①]后又在研究平等的专著中慎重提出我们不能对平等不闻不问，他认为：“宣称对全体公民拥有统治权并要求他们忠诚的政府，如果它对于他们的命运没有表现出平等的关切，它也不可能是个合法的政府。平等的关切是政治社会至上的美德——没有这种美德的政府，只能是专制的政府。”[②]在现代社会，对全体公民表现出平等的关切，是执政者特殊的、必不可少的美德；而尊重、保障和实现每一个公民的平等权利，是现代政府合法性的基石。

然而，不必讳言，由于人为的歧视性政策制度的安排，中国形成了特有的二元社会结构。在这个结构中，农民作为共和国公民应当享有的平等权利被普遍消解，从而沦落为在政治、经济、社会等各个方面与城市市民明显相区别的“二等公民”。所谓二元社会结构，是指20世纪50年代以来国家通过一系列分割城乡、歧视农民的政策制度安排而人为构建的以城镇为一元、以农村为另一元的城乡互相隔离的制度体系和社会状态。在一个主权统一的国家内，政府人为地将全体公民区分为农业户口和非农业户口，形成农民和市民之社会地位完全不平等的制度体系，这在当今世界上是绝无仅有的。

二元社会结构的概念是农业部原政策研究中心农村工业化城市化课题组于1988年最早提出并详细论述的。由刘纯彬执笔的这个课题研究报告提出的二元社会结构概念，既受到诺贝尔经济学奖获得者、美国著名经济学家刘易斯所创立的二元经济结构理论的启发，又不同于二元经济结构。在经济现代化的过程中，发展中国家普遍呈现出城乡有别的二元结构。刘易斯通过对发展中国家经济的研究，于1954年提出了著名的二元

---

① 参见[美]罗纳德·德沃金：《认真对待权利》，信春鹰、吴玉章译，北京：中国大百科全书出版社，1998年版，第299—300页。

② [美]罗纳德·德沃金：《至上的美德——平等的理论与实践》，冯克利译，南京：江苏人民出版社，2003年版，第1页。

经济结构理论。他在 1954 年和 1955 年先后发表的《劳动力无限供给下的经济发展》和《经济增长理论》两本著作中，确立了发展经济学的第一个理论模型。刘易斯认为，发展中国家经济发展的典型特点是二元经济结构。

在二元经济结构理论的基础上，郭书田、刘纯彬认为“中国二元结构的特征，不仅是一般发展中国家通常存在的二元经济结构的特征，也不仅仅是更典型一些。中国二元结构的要害是造成了一个二元社会结构。在运行中这两种结构越来越紧密地凝结为一体。普通市民和农民是从中国二元结构的现实存在中认识社会主义的经济制度和社会制度的；而我们决策时却往往是把中国二元社会结构的现实存在作为大前提去谋划政治、经济、社会发展行动的。”①

作为“中国国情根本特征”的二元社会结构，郭书田、刘纯彬将其内涵概括为“由 14 种具体制度构成的，即户籍制度、住宅制度、粮食供给制度、副食品和燃料供给制度、生产资料供给制度、教育制度、医疗制度、养老保险制度、劳动保护制度、婚姻制度，等等。由此，中国被切割成泾渭分明的两大块，构成发展中国家特有的中国式社会状态。”②

众所周知，在这种城乡分割的二元社会结构中，城市和市民享有各种特定权利和利益，而农村和农民则丧失了一系列基本的平等权利和利益。政府的城市偏好使权利保障和经济发展的城乡差距有天壤之别。在中国，“现代城市文明与愚昧肮脏的穷乡僻壤并存；受到良好教育的市民与大量文盲半文盲的农民并存；‘奔驰’‘皇冠’与毛驴拉板车并驾齐驱。”③在这种权利的显著差别和利益的巨大落差中，“跳农门”就成为中国农民梦寐以求的人生理想。长期生活在二元社会结构中的中国人，倘若看到法国思想家皮埃尔·勒鲁 160 多年前写下的下述有关平等方面的话语，定不会感到陌生：“一部分人享有权利，另一部分人却没有权利，这是一种特权制度，这样就确立了人的两种截然不同的种类和状况，并由此会派生出一系列别的种类和状况，它必然形成城邦内外人们之间的等级和差异，城邦外的人丧失一切权利，城邦内的人却能享有一切权利。”④心有戚戚的笔者在引用这段文字之后，紧接着又看到了皮埃尔·勒鲁对这种城邦内外有别的特权制度所埋下的社会政治后果的洞见：“从这些等级中的某一等级升到另一等级，并使自己

① 农业部政策研究中心农村工业化城市化课题组：《二元社会结构——城乡关系：工业化·城市化》，载《经济研究参考资料》1988 年第 90 期。

② 郭书田、刘纯彬等：《失衡的中国——农村城市化的过去、现在与未来》，石家庄：河北人民出版社，1990 年版，第 7—8 页。

③ 郭书田、刘纯彬等：《失衡的中国——农村城市化的过去、现在与未来》，石家庄：河北人民出版社，1990 年版，第 7 页。

④ [法]皮埃尔·勒鲁：《论平等》，北京：商务印书馆，2005 年版，第 80 页。

进入城邦之内，这就成为人类活动的目的。因此，引起了种种革命。”① 中国二元社会结构的实质及其直接后果在于漠视和限制了农民的平等权。很显然，为这种不平等不公正的二元社会结构付出惨重代价的，不仅仅是忠厚的亿万农民，还有我们深爱的伟大国家和民族。

当代中国农民生活在不平等的制度环境中已经半个多世纪，对农民不平等的观念、做法和体制已经渗透到政治经济社会生活的各个方面。

1. 农民政治权利方面的不平等。平等权本身就是政治权利的重要内容，同时，平等权又是公民享有和实现其它各项权利的前提和基础。如果公民没有参与政治的平等权利，我们就很难想象他或她能够充分有效地享有其它权利。根据国际人权公约的规定，公民权利和政治权利除了作为一种集体人权而不是个人人权的自决权外，主要有生命权、免受酷刑权、免于奴役权、人身自由权、安全权、人格尊严权、迁徙自由权、平等权、隐私权、思想自由权、良心自由权、宗教信仰自由权、言论自由权、和平集会权、结社自由权、家庭与缔婚权、儿童受保护权、选举权、参政权等。中国现行《宪法》明文规定的公民权利和政治权利有：平等权、选举权和被选举权、言论自由权、出版自由权、集会自由权、结社自由权、游行自由权、示威自由权、宗教信仰自由权、人身自由权、人格尊严权、住宅不受侵犯权、通信自由和通信秘密权、批评建议权、申诉控告和检举权、婚姻、家庭、老人、妇女、儿童受保护权等。从宪法文本来看，我国宪法除了未明确规定生命权以及将迁徙自由权从1954年宪法中取消外，其它所列举的公民权利和政治权利与国际人权公约的规定基本上是相吻合的。

当代中国农民不平等地位的制度渊源，滥觞于有中国特色的城乡二元户籍制度建立。20世纪50年代以来人为建立的城乡二元户籍制度，既是中国农民丧失迁徙自由权的标志，也是中国农民平等权利失落的起点。1958年出台的《户口登记条例》，从法律上把中国公民划分为“农业户口”和“非农业户口”这两个标志鲜明的类别，从此在中国大地上筑起了城乡隔离的“户籍之墙”。二元户籍制度作为建立和维持二元社会结构的工具，发挥了一道强有力的“闸门的作用”，“这道闸门向你开放还是不向你开放，或者说把你关在哪一边，对于中国公民的重要性是尽人皆知的。在一定的背景下，会使一个人升值到‘天堂’或贬值到‘地狱’。这种制度确立以来，几十年的风风雨雨使不少人尝到了此中滋味。注销城市户口几乎是近于坐牢的惩治。”② 长期以来，我们就是以这种城乡分离的二元户籍制度为依据，殚精竭虑地在二元社会结构中，有差别地分配资源，忠诚地“谋划发展”。

---

① ［法］皮埃尔·勒鲁：《论平等》，北京：商务印书馆，2005年版，第80页。

② 郭书田、刘纯彬等：《失衡的中国——农村城市化的过去、现在与未来》，石家庄：河北人民出版社，1990年版，第31页。

从选举权和被选举权来看，1953年的《选举法》对农村与城市每一代表所代表的人口数作了不同规定，即自治州、县为4:1；省、自治区为5:1；全国为8:1。1995年《选举法》才统一把各级人民代表选举中的农村与城市每一代表所代表的人数改为4:1，即农村每一代表所代表的人口数4倍于城市每一代表所代表的人口数。[①]“这意味着农村人口的选举权相当于城市人口的四分之一。这显然是在法律上设置了农村人口与城市人口的政治权利的不平等。”[②]从1995年统计的全国人口数分析，农村约每88万人选1名全国人大代表，城市约每22万人选1名全国人大代表。第十届全国人大代表选举农村按人口每96万人选代表1人，城市按人口每24万人选代表1人。农民代表在全国人大的构成比例与其总人数也是极不相称的，第一届有农民代表63人，占5.14%；第二届67人，占5.46%；第三届209人，占6.87%；第四届662人，占22.9%；第五届720人，占20.59%；第六届348人，占11.7%；第七届与工人代表合占23%；第八届280人，占9.4%；第九届240人，占8%；第十届与工人代表共551名，占2985名全国人大代表总数的18.46%。[③]在十届全国政协2238名委员中，真正的农民委员仅只1名。农民政治权利的不平等还体现在担任公共职务、结社等诸多方面。

2. 农民经济权利方面的不平等。国际人权公约和我国宪法对经济权利的规定并不像公民权利和政治权利那么明确，经济权利常与社会权利交织在一起，这使学界对经济权利的涵义有许多不同的解释。

郑贤君对经济权利作广义和狭义的理解，认为广义的经济权利是指包括财产权在内的与经济有关的权利，狭义的经济权利仅指与工人享有的与工厂和劳动场所有关的权利。具体而言，经济权利包括劳动的权利、男女同工同酬的权利、未成年人的劳动权利、劳动者的休息的权利、组织和参加工会的权利、罢工的权利、接受就业培训的权利、在失去工作能力的情况下获得社会扶养和救济的权利、在失业之时享受生活保障的权利、参与决策的权利等。[④]笔者认为郑贤君关于狭义的经济权利的概念仅仅指与工人有关而忽视农民和其他社会阶层也同样拥有经济权利，这肯定是不全面的。

刘育喆、王锴将学界关于经济权利的观点归纳为三种：第一种观点认为经济权利包括劳动权、休息权、物质帮助权和取得赔偿权等，第二种认为社会经济权利有公民个人财产权、劳动权、休息权、获得物质帮助权（也有称社会保障权的），第三种认为经济权利包括劳动权、休息权和获得基本生活保障权等。刘育喆、王锴分析认为第一种观点

---

① 参见周其明：《农民平等权利的法律保障问题》，载《法商研究》2000年第2期。

② 张帆：《取消对农民的歧视待遇——与法学博士许志永的对话》，载《中国经济时报》2005年4月27日。

③ 关于农民在全国人大代表中的构成比例参见管清友：《中国农地制度：收益和成本》，载《大国》2005年第4期；另参见周其明：《农民平等权利的法律保障问题》，载《法商研究》2000年第2期。

④ 参见郑贤君：《论宪法上的经济权利》，载《长春市委党校学报》2004年第4期。

将国家赔偿权纳入经济权利的范围不妥，第二种观点中的休息权只是劳动权的一个派生形态，第三种观点没有将财产权列入经济权利的范畴。他们主张经济权利的内容应当包括财产权，同时财产权至少还需要工作权（即劳动权）和社会保障权这两项权利作为补充，由此构成一个逻辑上完整的经济权利，即公民通过劳动权（工作权）获得财产，对合法获得的财产享有处置权并不受他人侵犯，从而获得良好的生活水平。但是，在由于公民自身的弱势地位或者外部经济地位的差别导致了公民无法获得良好的生活水平时，国家有给予财产上的补助的义务。①

从学理上探讨经济权利比较复杂，上述对经济权利的界定内容有的可归为社会权利的范畴。在本章中，我们仅从剪刀差、城乡差距和基尼系数中管窥农民不平等的经济地位。

剪刀差一词源于20世纪20年代的苏维埃俄国，是斯大林社会主义模式的产物。它是指工农业产品交换时，工业品价格高于价值，农产品价格低于价值所出现的差额，因用图表表示呈剪刀张开形态而得名。它表明工农业产品价值的不等量交换，如果价格背离价值的差额越来越大，就是扩大剪刀差；反之，叫缩小剪刀差。剪刀差的实质是国家有针对性地对农民进行超经济剥夺。中国照搬苏联模式建设社会主义，长期通过剪刀差从农民身上“抽血”滋补城市市民。据统计，农民通过工农业产品“剪刀差”向国家提供的积累，从1952年到1986年是5823.74亿元，加上收缴的农业税1044.38亿元，两项合计6868.12亿元,约占农民所创造价值的18.5%。② 在1979年到1994年的16年间，政府通过工农产品剪刀差从农民那里占有了大约15000亿元的收入，同期农业税收总额1755亿元，各项支农支出3769亿元，政府通过农村税费制度提取农业剩余约12986亿元，农民平均每年的总负担高达811亿元。③ 本来就生活在贫困之中的农民在这种不平等的超经济剥夺中陷入了更加贫困的境地，在1958—1961年的三年大饥荒中，有4000万人因挨饿而非正常死亡。根据诺贝尔经济学奖获得者阿马蒂亚·森对大饥荒的经典研究，造成大饥荒的根本原因并不是常人认为的那样是缘于粮食的歉收，而在于交换权利的缺失。

城乡居民收入差距是验证农民经济平等权利的一个重要因素。据测算，1983年城乡居民收入差距为1.6:1，1997年扩大到2.7:1，2002年为3.11:1，如果城市居民的收入再计入各种福利收入，而农民的收入则扣减各种负担和不能进入社会交换的实物收入，实际城乡居民的收入差距是5:1。④ 国家统计部副局长邱晓华认为城乡居民收入差距实

① 参见刘育喆、王锴：《经济权利的宪法保障》，载《长白学刊》2004年第2期。

② 参见郭书田：《再论当今的中国农民问题》，载《农业经济问题》1995年第10期。

③ 转引自徐冰：《城乡差距：世纪难题求解》，载《中国经济时报》2005年3月9日。

④ 参见周其明：《农民平等权利的法律保障问题》，载《法商研究》2000年第2期。

际上高达 6:1 的比率。而世界上绝大多数国家城乡收入之比为 1.5:1，超过 2:1 的并不多见。中国已成为世界上城乡收入差距最大的国家。[①] 至于农民收入连年下降、各种乱收费加重农民负担、农村贫困人口众多等现象，不仅动摇着农民经济的平等权利，而且直接冲击农民的生存底线。

基尼系数是意大利统计学家基尼 1922 年提出并被国际社会广泛用于衡量一个国家和地区贫富差距的权威性指标。根据基尼的测算，基尼系数的取值范围为 0—1 间，其数值越小，表明收入分配状态越趋于平均。一般经验认为，基尼系数在 0.2 以下，表明收入分配处于高度平均状态；基尼系数在 0.2—0.3 时，为相比平均；基尼系数在 0.3—0.4 时，为比较合理；基尼系数超过 0.4 时，即全部居民收入中用于不平均分配的比例超过 40% 时，收入差距偏大，为国际警戒线；基尼系数超过 0.5 时，表明收入分配出现严重的两极分化。据有关方面测算数字，我国的基尼系数在改革开放前为 0.16，1980 为 0.3 左右，1990 年为 0.343，1994 年为 0.434，突破了 0.4 的国际警戒线，2003 年已经达 0.458，2004 年已超过 0 .465，2005 年逼近 0 .47，有的认为已达 0.5。[②] 另据 1998 年数据，我国 10% 的高收入者占了总收入的 38.4%，而 20% 的低收入者仅占总收入的 5.5%；从全国居民储蓄存款来看，1.26% 的富人占有 7 万亿元存款的 27%，7.8% 的富人占有 7 万亿元存款的 65%。中国 15% 的人却拥有了 85% 的财富。[③] 这说明社会财富日益集中到少数人手中，贫富差距明显拉大，两极分化已相当突出。世界银行认为中国已成为世界上收入分配最不平等的国家。社会贫富的两极分化，对农民这些弱势阶层的经济平等权利提出了严峻的挑战。

3. 农民社会权利方面的不平等。社会权利是宪法赋予国家积极作为之义务以增进民众福祉的权利，因而被视为积极权利。社会权利最早可以追溯到法国大革命时期 1793 年的雅各宾宪法，这一宪法是在左派思想主导之下制定的，其内容更多地贯彻了实质平等思想。1919 年德国魏玛宪法正式给予这类权利以宪法地位。其后，一些福利国家、摆脱殖民统治走向独立的国家与社会主义国家也将社会基本权规定在宪法中。除此之外，社会权利的规定与内容还见于一系列的国际人权文件和区域性人权文件，其中比较集中的是 1966 年的《经济、社会和文化国际权利公约》、1961 年的《欧洲社会宪章》

---

① 参见周作翰、张英洪：《促进农民自由而全面发展的战略思考》，载《湖南文理学院学报》（社会科学版）2005 年第 1 期。

② 相关数据参见西乌拉帕：《数字看“三农”，触目又惊心》，载《改革内参》2003 年第 26 期；2004 年 12 月 13 日公布的中国社会科学院：《2005 年社会蓝皮书》，北京：社会科学文献出版社，2004 年版，http://news.tom.com/hot/lanpishu/；郑秉文：《中国怎么防止“拉美化”》，载《环球时报》2004 年 12 月 20 日第 18 版等。

③ 参见周作翰、张英洪：《促进农民自由而全面发展的战略思考》，载《湖南文理学院学报》（社会科学版）2005 年第 1 期。

与《关于经济、社会和文化领域的美洲人权公约补充条例》。广义的社会权利包括经济权利、社会权利和文化权利，狭义的社会权利主要仅限于与社会保障和社会安全有关的权利，与救助联系在一起的，是国家向个人伸出的援助之手。但狭义的社会权利也并没有一个明确的定义，《经济、社会和文化国际权利公约》只是笼统地将三类权利规定在一起，至于哪些是经济权利，哪些是社会权利，哪些是文化权利，立法者并没明确说明。①

从《经济、社会和文化国际权利公约》来看，具体的社会权利主要有社会保障权、家庭妇女儿童和未成年人受保护权、享受适当生活水准权、健康权、受教育权（受教育权也被看为文化权利）。《欧洲社会宪章》规定的属于社会权利的内容则包括健康保障权、社会安全权、社会照养权及行使社会工作权。我国《宪法》规定的社会权利有获得物质帮助权、社会保障权、受教育权、婚姻家庭老人妇女儿童受保护权（这些权利又被视为政治权利）等。

当代中国农民在社会权利方面的不平等是相当广泛的。

首先，农民没有平等的就业权。就业是民生之本，是公民获得物质保障所必要的权利，是生存权的基础。长期以来，国家只负责市民的就业和培训，而不负责农民的就业和培训。政府在统计失业率时，只统计城镇居民的失业率，而根本不把人口众多的农村剩余劳力统计在内。“所谓农村剩余劳动力说穿了是失业公民，不分城乡从一个国家的角度客观地计算一下，失业率恐怕不是百分之几而是百分之几十。农村劳动力就业问题几乎完全处于自生自灭状态。农村劳动力的就业培训问题更是完全处于自流状态。中华人民共和国的劳动部、厅、局等机构是城市的机构，是2/10公民的机构，从来而且似乎将永远如此。”②这是农民没有获得国家承认的平等就业权的一个典型标志物，另一个说明农民没有平等就业权的典型标志物就是所谓“农民工”现象的存在，农民工是改革开放的产物，是市场经济发展的产物，同时也是中国特有的歧视农民平等权利的产物。

其次，农民没有平等的社会保障权。1949年以来，中国建立的社会保障制度就是以户口划线，有城镇户口的居民享有社会保障，而农村户口的居民则与国家社会保障无缘。农民没有养老保险、没有医疗保险、没有劳动保护、没有工伤事故保险。在农村，长期以来农民不存在童工也无所谓退休问题，农民处于终身制劳动而又毫无社会保障的困苦境地。如果说中国农民在其它权利方面的不平等还体现为多与少的不平等的话，那么农民在社会保障权利上的不平等就完全是有与无的不平等了，这种不平等已超出了现代文明社会的底线。

① 参见郑贤君：《论宪法社会基本权利的分类与构成》，载《法律科学》2004年第2期。

② 郭书田、刘纯彬等：《失衡的中国——农村城市化的过去、现在与未来》，石家庄：河北人民出版社，1990年版，第58页。

再次，农民没有平等的受教育权。当今世界各国无不对全体国民实行统一的教育制度，以尊重、保障和实现公民的受教育权。中国则在二元社会结构中，凡事皆分城镇与农村，从而实行城乡有别的政策制度，教育也就“自然”分成了城市教育和农村教育两大块，这种有中国特色的二元教育制度，实质上是将农民的受教育权人为地置于不平等的地位。“城市中小学教育基本是国家投资；农村中小学教育基本是以摊派的方式由农民自己投资。一部分大中专院校录取分数线，农村考生竟被要求程度不同地高于城市考生。”[①] 教育不公已经成为中国社会不公的最突出的问题之一。[②]

农民在社会权利方面的不平等还有诸多表现，比如农民在健康、生活水准、法律诉讼、社会交际、应征入伍等方面的不平等状况，世人对此并不陌生，因限于篇幅，此不赘述。[③]

反歧视：国际视野与中国选择

总的来说，几千年来中国社会是一个极不平等的社会。中国农民面对自身不平等地位的反应主要有两种典型的表现：一是消极认命，就是认定“生死有命，富贵在天”，在看不到改变不平等命运的希望也找不到改变不平等命运的途径的境况中，消极地接受不平等的社会现实，安于现状，逆来顺受，忍辱负重；二是暴力抗命，就是在基本的生存权都得不到保障的情势下，发出“王侯将相，宁有种乎”的怒吼，进行暴力的反抗，揭竿而起，直接叫板统治者，实行最后的一搏。

纵观中国历史，农民在对平等追求的积极抗命中，又可分为两种类型：一是中国传统社会以平均主义为诉求的农民起义。从“等贵贱、均贫富”到“均田免赋”，再到太平天国的“无处不均匀、无人不饱暖”的理想社会，其追求财富的平分和结果的完全平等是其主要特征。这样，即便农民起义成功了，新政权除了建立新的特权外，并没有赋予所有农民以平等的权利，农民精英在“彼可取而代之”和“大丈夫当如是也”中进行“二挑一”的选择；农民大众则在“兴，百姓苦；亡，百姓苦”的历史怪圈中循环。二是中国现代社会以共产主义为诉求的农民革命。社会主义和共产主义思想传入中国后，中国对平等理想的追求出现了新的转机，马克思列宁主义就成为中国共产党人动员群众主要是动员工人和农民改变自身不平等地位、实现共产主义美好社会的理论武器。在革

① 郭书田、刘纯彬等：《失衡的中国——农村城市化的过去、现在与未来》，石家庄：河北人民出版社，1990年版，第50页。

② 有关教育不平等相关的文献，参见张玉林：《中国城乡教育差距》，载《战略与管理》2002年第6期。

③ 关于农民不平等地位的相关文献，参见舟莲村：《谈农民的不平等地位》，载《社会》1988年第9期；周其明：《农民平等权利的法律保障问题》，载《法商研究》2000年第2期。

命战争年代，共产党领导农民“打土豪、分田地”，来满足农民新时期的平等主义要求；1949年革命胜利以后，在强有力的人民政权的推动下，中国社会原有的封建等级歧视、民族歧视和性别歧视等不公正的社会现象几乎被一扫而光，但贫下中农在共产党的领导下“打倒地主富农”的平等主义取向，和人民公社化运动中“大办公共食堂”、跑步进入“按需分配”的共产主义试验，都不过是无法实现且有害于社会的“乌托邦”。

时代发展到今天，有过几千年平均主义诉求和几十年共产主义运动之深刻教训的中国人，在解决农民的不平等问题上应该更加清醒和理性。我们认为，当前中国农民面临改变不平等地位的双重任务。一是改变计划经济条件下国家人为构建的二元社会结构致使农民处于二等公民的不平等地位之旧任务，二是改变市场经济条件下缘于市场竞争而自然形成的弱势阶层不平等地位之新任务。我们把第一种不平等称作人为造成的不平等，把第二种不平等称作市场形成的不平等。当然还有一种不平等可称作第三种不平等，即基于生理的历史的或社会的原因而演成的不平等。需要指出的是，第二种和第三种不平等是当今世界各国都可能存在的普遍现象，只是其程度不同的差别，而第一种不平等则是只有中国才有的特殊现象。

与历史上解决农民不平等问题的宏观环境不一样的制度条件是，我们现在拥有明确规定“在法律面前人人平等”的“共和国宪法”。换言之，就是无论执政者或是农民、各级各部门或是非政府组织、专家学者或是普通民众，都应该在宪法的框架下，去尊重、保障和实现农民的平等权利。卢梭有一句名言：“恰恰因为事物的力量总是倾向于破坏平等，所以，法律的力量就应该总是倾向于维护平等。”[①] 选择法律的意义在于选择和平，选择秩序，选择非暴力，从而选择真正的长治久安。

在国际上，尊重和保障公民平等权利的运动或行动不叫平等权运动或平等权行动，却习惯于叫反歧视运动或反歧视行动。平等和反歧视，是一个事物的两种不同表述。对于歧视的定义，《现代汉语词典》解释为“不平等地看待。”[②]《布莱克维尔政治学百科全书》认为歧视从最广泛的意义上说，是“指对一种差异、一种区别或不同待遇的感受。从这个道德上的中性含义来说，在某种特定的环境中，亚里士多德的正义原则也要求歧视的存在。这种原则告诉我们用相同的方式对待相同的情况，用不同的方式对待不同的情况。”[③] 歧视可以从广义和狭义上去理解，广义上的歧视是指有所区别的对待，狭义上的歧视是指“相同的人（事）被不平等地对待或者不同的人（事）受到同等的对待。”

---

① ［法］卢梭：《社会契约论》，何兆武译，北京：商务印书馆，1980年版，第70页。

② 中国社会科学院语言研究所词典编辑室：《现代汉语词典》，北京：商务印书馆，2002年版，第995页。

③ ［英］戴维·米勒、韦农·波格丹诺主编：《布莱克维尔政治学百科全书》（修订版），邓正来译，北京：中国政法大学出版社，2002年版，第218页。

吴忠民认为：“所谓歧视，不是以能力、贡献、合作等为依据，而是以诸如身份、性别、种族或社会经济资源拥有状况为依据，对社会成员进行‘有所区别的对待’，以实现‘不合理’的目的，其结果是对某些社会群体、某些社会成员形成一种剥夺，造成一种不公正的社会现象。狭义上的‘歧视’的反义词是公正对待、公平对待，有时也用平等对待。”①

当今世界歧视所涉及的范围十分广泛，主要有种族歧视、性别歧视、宗教信仰歧视、年龄歧视、生理缺陷如残疾人歧视、艾滋病、乙肝等疾病歧视、长相外貌歧视、同性恋变性人等特殊人群歧视、城乡歧视等种种表现形式。当代世界最著名的歧视是种族歧视和性别歧视，当然还有其他歧视也为国际社会所关注。国际社会已经专门制定了针对歧视方面的人权公约，主要有《关于就业和职业歧视的公约》、《取缔教育歧视公约》、《消除一切形式种族歧视国际公约》、《消除对妇女一切形式歧视公约》等。

国际劳工组织 1958 年 6 月 25 日第 111 号公约通过的《关于就业和职业歧视的公约》第 1 条将歧视定义为“(1)基于种族、肤色、性别、宗教、政治见解、民族血统或社会出身的区别，排斥或特惠，其后果是取消或损害就业或职业方面的机会平等或待遇平等；(2)有关成员国在同雇主代表组织和工人代表组织——如果这种组织存在的话——以及其他有关机构磋商后可能确定其后果为取消或损害就业或职业方面的机会平等的其他区别、排斥或特惠。”

联合国教育、科学及文化组织大会第十一届会议于 1960 年 12 月 14 日通过的《取缔教育歧视公约》第 1 条界定歧视一语指“基于种族、肤色、性别、语言、宗教、政治或其他见解、国籍或社会出身、经济条件或出生的任何区别、排斥、限制或特惠，其目的或效果为取消或损害教育上的待遇平等。”该《公约》第 3 条规定缔约各国承担“废止含有教育上歧视的任何法律规定和行政命令，并停止含有教育上歧视的任何行政惯例。”

为了消除种族歧视，1963 年 11 月 20 日联合国大会通过《联合国消除一切形式种族歧视宣言》，1966 年 3 月 7 日又订立了《消除一切形式种族歧视国际公约》，《公约》第 1 条称“种族歧视”为“基于种族、肤色、世系或原属国或民族本源之任何区别、排斥、限制或优惠，其目的或效果为取消或损害政治、经济、社会、文化或公共生活任何其他方面人权及基本自由在平等地位上之承认、享受或行使。”

基于对基本人权、人格尊严与价值以及男女平等权利的信念，联合国大会于 1967 年 11 月 7 日通过《消除对妇女歧视宣言》，《宣言》认为“对妇女的歧视，其作用为否认或限制妇女与男子平等之权利，实属根本不公平且构成侵犯人格尊严的罪行。”联合

---

① 吴忠民：《社会公正论》，济南：山东人民出版社，2004 年版，第 286 页。

国大会1980年3月1日向各国开放签署《消除对妇女一切形式歧视公约》,《公约》第1条指出“对妇女的歧视”是指“基于性别而作的任何区别、排除和限制其作用或目的是要妨碍或破坏对在政治、经济、社会、文化、公民或任何其他方面的人权和基本自由的承认以及妇女不论已婚未婚在男女平等的基础上享有或行使这些人权和基本自由。”

《联合国宪章》所确定的重申基本人权、人格尊严与价值及平等之宗旨，成为国际人权立法的共同原则。联合国一系列消除歧视的努力，大大促进了各国对公民平等权利的尊重和保障。中国作为联合国常任理事国，要对“人类作出更大的贡献”，首先尊重、保障和实现九亿中国农民的平等权利无疑具有重大的现实意义。在中国，没有种族歧视，但却有农民歧视。对农民的歧视，有的称为身份歧视、户籍歧视或城乡歧视，笔者曾提出和使用农民歧视的概念，它指的“是我们在思想观念上、在制定政策法律上，对农民群体利益的忽视以及对农民采取的不公开、不平等和不公正的认识与对待。众所周知，农民一向都是弱势群体。历史和现实都已证明，农民的权利不容易得到维护，农民的利益容易受到伤害。在我们的现实生活中，对农民的歧视常常表现为对农民的种种限制上。这些限制的陈年积淀，似乎使之成了一种习以为常的事情。”[①]在中国，消除对农民的歧视，确立和保障农民的平等权利，依据“人人平等”的宪法原则开展反歧视行动，具有重要的现实意义。

在世界反歧视的历史上，富有价值且为世人所称道的两个主要经验是：一是被歧视的群体通过和平的非暴力的抗争去争取平等。20世纪发生的三大著名的非暴力抗争运动，都具有争平等反歧视的特点。印度圣雄甘地首创非暴力不合作的抵抗方式，以此反对英国的殖民统治，终于赢得了民族平等和独立；美国黑人民权领袖马丁·路德·金以非暴力方式开展民权运动，争取和维护黑人的平等权利；南非的纳尔逊·曼德拉以非暴力方式反对种族歧视，最终和平结束了持续300多年的种族歧视制度，建立了没有歧视和仇恨的新南非。有的学者对这三大非暴力抵抗运动成功的经验作了探讨。[②]二是国际社会和各国通过反歧视立法来消除歧视。从国际法层面上看，《联合国宪章》、《世界人权宣言》、《公民权利和政治权利国际公约》、《经济、社会和文化权利国际公约》以及其他专门反歧视公约，确立、遵循和表述了“人人生而自由，在尊严和权利上一律平等”、“法律面前人人平等，并有权享受法律的平等保护，不受任何歧视”等原则。权利平等和不受歧视已成为国际社会公认的基本准则。从各国立法来看，美国、英国、澳大利亚以及中国香港等许多国家和地区，有的制定专门的反歧视法，有的制定各单行法以反对

① 参见拙作《城市化滞后与农民歧视》，载《城市化导报》2000年第5期。

② 参见骆晓会:《20世纪反殖反种族主义三大非暴力抵抗运动成功原因初探》,载《湖南教育学院学报》1998年第4期。

任何形式的歧视。[①]国际社会以及各国和地区的反歧视立法的成功经验，值得借鉴。

在宪法的框架内，消除对农民的种种歧视，尊重和保障宪法赋予农民的平等权利，对党的执政能力和政府的管理水平提出了新的时代要求。众所周知，共产党执政以后，在当时的国际环境和国内情势下，对于一个刚刚从革命党转变为执政党的中国共产党以及新生的人民共和国政权来说，执政和治国的经验远未成熟，且又长期受到了极"左"思想的严重影响，从而建立了城乡分离的二元社会结构，使广大农民不能与少数城镇居民一同享受各项平等的权利。在半个世纪的历史进程中，中国习惯性地在既定的二元社会结构中谋划社会主义现代化建设。2002年中国共产党十六大以后，"统筹城乡发展"开始成为中国共产党执政兴国的新理念。这为中国农民平等权利的保障和实现创造了前所未有的政治环境。"统筹城乡发展"的新理念意味着，长期存在的二元社会结构已经丧失了存在的合法性，农民不平等地位高度制度化了的社会状况将得到根本的改变，执政党和政府将从重点保障城镇居民的各项权利扩展到包括广大农民在内的全部人口，从而使全体国民共同享有改革发展的成果。不难看出，"统筹城乡发展"是中国共产党治国理政日益自信成熟的产物，同时，也对党的执政能力和政府的管理水平提出了新的挑战。

20世纪90年代以来，农民的维权抗争已经进入当代中国的政治视野。[②]学界对"给农民以国民待遇"和建立"违宪审查制度"等有利于消除对农民歧视的呼声日高。在执政党提出以"科学发展观"统领经济社会发展全局、努力构建以公平正义为重要内容的"社会主义和谐社会"的今天，我们重温罗尔斯的话或许并不显得多余："正义是社会制度的首要价值，正像真理是思想体系的首要价值一样。一种理论，无论它多么精致和简洁，只要它不真实，就必须另以拒绝或修正；同样，某些法律和制度，不管它们如何有效率和有条理，只要它们不正义，就必须加以改造或废除。每个人都拥有一种基于正义的不可侵犯性，这种不可侵犯性即使以社会整体利益之名也不能逾越。"[③]在消除对农民的歧视和实现农民平等权利的进程中，每一个农民是否与全体国民一样享有宪法规定的平等权利，每一个农民是否得到政府的平等关切，是构建和谐社会的基本前提，也是检验党的执政能力和政府管理水平提高与否的重要标志。

---

① 参见金俭：《国外反歧视立法与借鉴》，载《求索》2004年第7期。

② 参见于建嵘：《农民有组织抗争及其政治风险》，载《战略与管理》2003年第3期。

③ [美]约翰·罗尔斯：《正义论》，何怀宏、何包钢、廖申白译，北京：中国社会科学出版社，1988年版，第3页。

当代中国农民的居住和迁徙自由权①

从迁徙自由权的视角审视中国城乡隔离的户籍制度、关怀当代中国农民的自由幸福，具有紧要的现实意义。1949 年共产党成为执政党后，建立了高度集中的计划经济体制。在当时的历史条件下，执政党和国家为了实现重工业优先发展的战略目标，历史性地建立了旨在限制农民“盲目流入城市”的二元户籍制度，从而构建起有中国特色的城乡分离的二元社会结构。农民在这种城乡分离的二元社会结构中丧失了 1954 年宪法规定的居住和迁徙自由权。限制和剥夺农民的居住和迁徙自由权，虽然在短期内对服务于国家的重工业优先发展战略有所补益，但从长远来看，它不仅使农民饱尝了户籍歧视的辛酸，也使国家的经济和社会发展蒙受了重大的损失。改革开放以来，严格限制农民进城的户籍制度开始被逐步打破，执政党和国家也明确提出了以人为本、尊重和保障人权、科学发展观、构建社会主义和谐社会等一系列崭新的理念，这为彻底废除二元户籍制度、恢复和保障农民的居住和迁徙自由权创造了极为有利的宏观环境，也提出了更为紧迫的时代要求。

迁徙自由是一项基本人权

根据《辞海》解释，迁，登也，移徙也；徙，移也，迁也。《现代汉语词典》对迁徙的解释是迁移。②《辞海》上只有“迁移”词条而没有“迁徙”词条，看来从词义上说，迁徙等同于迁移。《辞海》对“迁移”有较详细的解释：动物皆具移动、迁居之习性。迁移可分为：（1）水平式，如鸟类、昆虫、海兽之迁徙与鱼类回游；（2）垂直式，如高山兽类之季节迁徙与水生无脊椎动物之昼夜垂直移动；（3）规律性，如季节性和昼夜迁移；（4）无规律性，如鸟类之漂泊与旅鼠、松鼠、狐等兽类之成群迁移。迁移有出于主动，亦有出于被动者。③ 有的学者对“迁徙”和“移民”这两个概念作了比较，认

---

① 本文原载《湖南人文科技学院学报》2006 年第 1 期。

② 中国科学院语言研究所词典编辑室编：《现代汉语词典》，香港：商务印书馆香港分馆，1977 年版，第 814 页。

③ 参见《辞海》下册，台北：台湾中华书局，1980 年版，第 4359 页。

为“移民”是指迁离原来的居住地而在其它地方定居或居住了较长时间的人口，而将那种外出工作、学习等与生活有直接影响的离开原驻地的行为称为“迁徙”。[①]

迁徙是每一种动物的生命本能现象，是动物之所以为动物的最基本的生命特征。老虎可以从甲山奔跑到乙山，狗可以从山头溜达到街头，蚊子可以从窗内飞向窗外，鸟儿可以从北方飞到南方，鱼儿可以从江河游向大海。动物的这种自由栖居和自由翱翔，既是生命的本能展现，又使生命本身充满了乐趣。作为高级动物的人类，虽然还不能在宇宙中“自由翱翔”，但完全应该在地球这颗人类的家园里“胜似闲庭信步”，享有充分的居住和迁徙自由。迁徙作为人的一种生命本能的展现，天赋是自由的。迁徙自由具有两重含义，即人既有迁徙的自由，也有不迁徙的自由。同时，迁徙自由不仅指在国内自由迁徙，还包括出入国境的自由。任何强迫人们迁徙或强迫人们不迁徙的做法都是违背基本人性的行为。

在所有动物中，或许仅仅只有人类这种动物才形成了人对人的限制和奴役。我们没有看到老虎奴役老虎、狗奴役狗、蚊子奴役蚊子、鸟奴役鸟、鱼奴役鱼的现象，但我们却看到了人奴役人的种种罪恶。在动物界，恰恰是人，也只有人，才在社会关系中形成了人对人的奴役关系。自从国家这种机器产生以来，在相当长的历史时期，人的自由受到了人为的严重束缚和限制。

人的居住和迁徙自由，经历了从自然状态的自由到专制社会“无往不在枷锁之中”的种种制约，再到现代文明社会的明文法律保障的漫长过程。从制度和法律的演进来看，英国 1215 年 6 月 15 日颁布的《自由大宪章》最早把居住和迁徙自由作为自由民的一项基本权利确定下来。该宪章第 42 条规定：“任何对余等效忠之人民，除在战时为国家与公共幸福得暂加限制外，皆可由水道或旱道安全出国或入国。”这里的居住和迁徙自由实际上除了人们在国内自由迁徙外，特别强调了出国或入国的自由。到了 17、18 世纪，居住和迁徙自由已被自然法学派认定为人的一种与生俱有的自然权利。美国 1776 年 7 月 4 日《独立宣言》宣称：“我们认为这些真理是不言而喻的：人人生而平等，他们都从他们的‘造物主’那边被赋予了某些不可转让的权利，其中包括生命权、自由权和追求幸福的权利。为了保障这些权利，所以才在人们中间成立政府。而政府的正当权力，则系得自被统治者的同意。如果遇有任何一种形式的政府变成损害这些目的的，那么，人民就有权利来改变它或废除它，以建立新的政府。”《独立宣言》虽然没有明确提到居住和迁徙自由，但从其所捍卫的“自由权”和“追求幸福权”来看，应该涵括了人的居住和迁徙自由。法国 1789 年《人权和公民权宣言》界定“自由就是有权从事一切无害于他人的行为”，并宣称“在权利方面，人们生来是而且始终是自由平等的。”德

① 参见张永和：《权利的由来——人类居住和迁徙自由的研究报告》，北京：中国检察出版社，2001 年版，第 248 页。

国1919年的《德意志宪法》率先在宪法中规定了居住和迁徙自由权，该宪法第111条规定："一切德国人民，在联邦内享居住和迁徙自由之权，无论何人，得随意居留或居住于联邦内各地，并有取得不动产及自由营生之权。"

第二次世界大战后，居住和迁徙自由权得到了国际社会的普遍认同和尊重，开始成为国际人权法的重要内容。联合国大会1948年12月10日通过的《世界人权宣言》第13条规定："（一）人人在各国境内有权自由迁徙和居住。（二）人人有权离开任何国家，包括其本国在内，并有权返回他的国家。"1950年12月4日联合国大会第423（v）号决议确定"每年12月10日为人权日"。从国际法上看，宣言尚不具有强制约束力。国际社会为了推进全人类的人权和进步事业，决定制定具有法律约束力的国际人权宪章。1966年12月16日联合国大会通过了《经济、社会、文化权利国际公约》和《公民权利和政治权利国际公约》，规定了居住和迁徙自由权的内容。《公民权利和政治权利国际公约》第12条规定："一、合法处在一国领土内的每一个人在该领土内有权享受居住和迁徙自由和选择住所的自由。二、人人有自由离开任何国家，包括其本国在内。三、上述权利，除法律所规定并为保护国家安全、公共秩序、公共卫生或道德、或他人的权利和自由所必需且与本公约所承认的其他权利不抵触的限制外，应不受任何其它限制。四、任何人进入其本国的权利，不得任意加以剥夺。"此外，1966年3月7日联合国订立的《消除一切形式种族歧视国际公约》第5条强调了公民"在国境内自由迁徙及居住之权"。联合国大会1980年3月1日开放签字的《消除对妇女一切形式歧视公约》第15条第四款规定："缔约各国在有关人身移动和自由择居的法律方面，应给予男女相同的权利。"

在中国，真正将居住和迁徙自由作为公民的权利上升到法律层面的，是孙中山领导的中华民国。1912年3月21日公布的《中华民国临时约法》第6条将"人民有居住迁徙之自由"明确列为人民享有的自由权之一。此后各种"中华民国宪法"都有人民享有"居住和迁徙自由"之类的规定，即使在中国国民党"训政"时期，"人民有迁徙之自由，非依法律不得停止或限制之"的条款也明确载入"训政宪法"之中。1946年12月25日国民大会三读通过、1947年元月1日国民政府公布的《中华民国宪法》第10条规定"人民有居住及迁徙之自由。"

居住和迁徙自由作为基本人权，中国共产党在革命战争年代和在执政之初都是公开承认并予以法律保障的。在执掌中国政权之前，中国共产党领导下的各地区公布的有关人权约法，有的就明确将居住和迁徙自由载入其中，比如，山东省临时参议会1940年11月11日通过公布实施的《山东省人权保障条例》第4条第二款规定"人民有居住与迁徙之自由"。1941年11月17日陕甘宁边区二届参议会通过、1942年2月陕甘宁边区政府公布的《陕甘宁边区保障人权财权条例》第2条规定："边区一切抗日人民，不分民族、阶级、党派、性别、职业与宗教，都有言论、出版、集会、结社、居住、迁徙及思想、信仰之自由。”但有的重要法律文件却没有居住和迁徙自由的明文规定，比如1931年11月7日通过的《中华苏维埃共和国宪法大纲》以及1946年4月23日通过的《陕甘宁边区宪法原则》等。

中国共产党执政之后，对公民居住和迁徙自由权，存在着从肯定到否定两种不同的态度。1949年9月29日通过的《中国人民政治协商会议共同纲领》这个起着临时宪法作用的历史文献第5条规定人民有“居住、迁徙”的自由权。1954年第一届全国人民代表大会第一次会议通过的新中国第一部宪法《中华人民共和国宪法》第90条第二款规定“中华人民共和国公民有居住和迁徙的自由”。不过由于苏联模式的消极影响，全能主义体制在中国建立起来，与此相适应，公民的“居住和迁徙自由权”也就被人为地取消了。1958年通过的《户口登记条例》第一次从法律上正式限制农民进城，这就事实上使农民的居住和迁徙自由权失去了宪法的保障。1975年《宪法》则干脆将公民的居住和迁徙自由从宪法条文中予以取消，1978年《宪法》以及被称之为建国以来最好的1982年宪法都没有恢复居住和迁徙自由的规定。改革开放以来对现行宪法的先后四次修正也都没有恢复和重新确立公民的居住和迁徙自由权。

长期以来，在“极左”思想的严重影响下，我们将“自由”、“人权”与“资产阶级”划上等号，对之进行批判和否认。这就使国际社会普遍公认的人权价值在我国得不到应有的尊重和保障，从而人为地延缓了我国社会主义人权事业的大发展。1997年中共十五大正式提出“尊重和保障人权”后，人们开始对国际社会公认的人权价值有了新的认识，其重要成果之一就是体现在中国共产党和中国政府对国际两个重要人权公约的签署和批准上。1997年10月27日，中国政府代表在纽约联合国总部签署了《经济、社会、文化权利国际公约》，2001年2月28日第九届全国人大常委会第20次会议批准通过该公约，2001年6月27日该公约在我国生效；1998年10月5日中国政府签署了《公民权利和政治权利国际公约》，到笔者写稿时，全国人大常委会尚未批准该公约。2004年十届全国人大二次会议将“国家尊重和保障人权”载入《宪法》，“人权”入宪，使人们有信心期待中国政府在履行国际人权公约和保障国内人权的崇高事业上有新的作为。

中国在对待公民居住和迁徙自由上的曲折历程，反映了中国共产党执政理念和执政能力的深刻变化。一个特别引人注目的历史事实是，当代中国农民的命运与中国共产党这种执政理念和执政能力紧密相连。居住和迁徙自由作为一项基本人权，已经得到了国际社会广泛的尊重和保障。人们可以期待的是，在人类文明的历史进程中，我国终有一天会在《宪法》中正式恢复公民的居住和迁徙自由权的规定。

农民迁徙自由权的丧失与复归

对农民迁徙自由权的限制和剥夺，是通过中国特色的户籍制度来实现和完成的。

中国共产党在革命胜利后的初期，并没有对居住和迁徙自由权进行限制乃至废除，这从1949年《中国人民政治协商会议共同纲领》和1954年《宪法》对公民居住和迁徙自由权的明文规定可以看出。但随着苏联模式的推广和全能主义体制的建立，以限制和剥夺农民为主要内容的二元户籍制度就成为其逻辑发展的必然结果。

1949年革命胜利后，对偌大个中国方方面面进行控制和管理就成为党执政的第一要务。在优先发展重工业的战略中，国家对农民的控制是以户籍制度为突破口和基石的。1950年8月，公安部制定《关于特种人口管理的暂行办法》，加强了对“特种人口”的管理，其目的是肃清反革命和国民党反动派的需要。这个人口管理办法当时并不是针对农民，但这种以强制力为后盾的人口控制方法，对以后二元户籍制度的形成具有示范意义。同年11月第一次全国公安工作会议召开，会议要求先在城市开展户籍管理工作。1951年7月政务院批准公安部颁布实施《城市户口管理暂行条例》，第一次把“管理”与“户口”连用。[①] 这种以户口管理为切入点逐步加强社会控制和管理成为新中国行之有效的工作方法。

在政府逐步加强城乡户口统一管理的同时，广大农民在谋求生存的本能和惯性作用下，大量地从农村流向城市。从世界历史的进程来看，大规模的农村人口流向城市，体现了工业社会人口城市化的内在规律。中国农民从农村迁往城市，既符合世界城市化的必然要求，更体现了农民对都市美好生活的向往和追求。农民迁往城市的行为，应该说是进步和理性的。但在当时历史条件下，面对农民从农村迁入城市的理性选择，政府对之深感不安，将之视为“盲流”而连连下文“劝阻”，进行“围追堵截”。

1953年4月17日政务院发出《关于劝阻农民盲目流入城市的指示》，第一次将农民的自由迁徙行为贬称为“盲流”。这个中国特色的“盲流”概念，十分生动地暗示了其背离“计划”这一主流思想的内在逻辑。之后，中央政府又连续下发文件通知，力图将农民进入城市这一“自发秩序”纳入执政党和政府的“计划秩序”之中。在1954年《宪法》刚刚颁布实施的情况下，1956年12月30日国务院又发出了《关于防止农村人口盲目外流的指示》，1957年3月2日国务院再次发出《关于防止农村人口盲目外流的补充指示》，同年9月14日国务院又一次发出《关于防止农民盲目流入城市的通知》。在中央政府连发四道“金牌”不准农民进城但效果却不令人满意的情况下，中共中央与

---

① 俞德鹏：《城乡社会：从隔离走向开放》，济南：山东人民出版社，2002年版，第13页。

国务院于1957年12月18日联合发出了《关于制止农村人口盲目外流的指示》。在这些不准农民进城的文件中，所使用的动词已经从“劝阻”到“防止”，最后是果断地“制止”。

这个“制止农民进城”的联合“指示”，有具体的行政强制措施:（1）组建以民政部门牵头，公安、铁道、交通、商业、粮食、监察等部门参加的专门机构，全面负责制止“盲流”工作;（2）农村干部要加强对农民群众的思想教育，提高农民的思想觉悟;（3）铁道、交通部门在主要铁路沿线和交通要道要严格查验车票，防止农民流入城市;（4）民政部门应将流入城市和工矿区的农村人口遣返原籍，并严禁他们乞讨;（5）公安机关应当严格户口管理，不得让流入城市的农民取得城市户口;（6）粮食部门不得供应没有城市户口的人员粮食;（7）城市一切用人单位，一律不得擅自招收工人和临时工。这些天罗地网的行政措施意味着：在农村的广大想进城的农民，首先要接受干部们的思想政治教育，树立顾全大局，与党中央保持一致的思想觉悟，安心扎根农村，不要到城市去；如果一些思想觉悟还没有提高仍然想要去城市的农民，交通部门使你上不了车；万一你上车跑到城市来了，用人单位不招你，你就没有活干，粮食部门不给你口粮，你就没有饭吃，公安部门不给你上户，那你就成了黑人口，危险得很，接下来民政部门就将你遣返原籍，你干不成活吃不成饭饿坏了肚皮还不准你乞讨。这样，农民本来是想到城市去追求幸福生活，可到头来却弄得连乞丐都当不成了。

为了从法制建设的高度将限制农民进城的政策行为“法制化”，1958年1月9日第一届全国人大常委会第91次会议通过了影响极其深远的《中华人民共和国户口登记条例》，该条例第10条规定:“公民由农村迁往城市，必须持有城市劳动部门的录用证明，学校的录取证明，或者城市户口登记机关的准予迁入的证明，向常住户口登记机关申请办理迁出手续。”《中华人民共和国户口登记条例》的通过，标志着中国城乡分离的二元户籍制度的正式建立。

二元户籍制度的核心内容是“把全国的人口划分为城镇户口和农村户口两大主要户口类型，并实行有差别的社会福利待遇政策；把户口划分为‘农业’和‘非农业’两大户口性质，并对‘农转非’实行严格控制。这在客观上把城乡人口分成经济利益上不平等的阶层，形成了事实上的人身等级关系；限制了人口随着经济发展水平的变化的合理流动，强化了人口对所在地区的人身依附关系；制约了人口城市化和工业化的进程，严重阻碍了社会主义市场经济体制的建立和现代化建设。”[①] 在二元户籍制度下，农民除了经济利益不平等外，在政治、社会和文化等各个方面与市民都是不平等的，农民已不折不扣地沦为二等公民。

---

① 殷志静、郁奇虹:《中国户籍制度改革》，北京：中国政法大学出版社，1996年版，第1页。

二元户籍制度的正式建立，标志着中国农民从法律上完全失去了宪法赋予的居住和迁徙自由权。农民失去居住和迁徙自由权，其后果是相当严重的。1958 年发起的“大跃进运动”，迅速使中国陷入史无前例的“大饥荒”之中。被户籍之绳束缚在土地上的中国农民在 1959—1961 年的三年“大饥荒”中，饿死了数千万人。这一空前的惨剧不能不说与被限制和剥夺了居住和迁徙自由权后农民丧失了基本的谋生手段有关。

施行至今的《户口登记》条例，不仅使农民失去了居住和迁徙自由权，也使市民的居住和迁徙自由权同样受到了限制。与农民完全不能从农村迁往城市相对应，市民也不能自由地从城市迁往农村、从甲城市迁往乙城市。当然，享受着各种福利特权的市民不能自由地从城市迁往农村，与被沦为二等公民、不能从农村自由迁往城市的农民相比，其身心的苦楚要明显小得多。在“极左”思想指导下，1975 年《宪法》将公民的居住和迁徙自由从宪法条文中取消了。这是《宪法》服从《户口登记条例》的典型个案。

1978 年中国共产党十一届三中全会揭开了改革开放的序幕。经济的发展和社会的变革，开始打破固若金汤几十年的二元社会结构，农民的迁徙自由权开始得到事实上的回归。1984 年 1 月 1 日中共中央一号文件《关于一九八四年农村工作的通知》历史性地规定：“1984 年，各省、自治区、直辖市可选若干集镇进行试点，允许务工、经商、办服务业的农民自理口粮到集镇落户。”同年 10 月 13 日国务院发出了《关于农民进集镇落户问题的通知》，实行“自理口粮户口”。到 1986 年底，在不到三年的时间里，全国共办理自理口粮户达 1633828 户，计 4542988 人。① 此时，被人为圈在农村几十年的中国农民，虽然还不能到县城及县城以上城市落户，但可以在县城以下的集镇落户，这的确是一个历史的新起点。

随着改革的深入，人们已日益认识到户籍制度改革的必要性。1992 年中国开始试行“当地有效城镇户口”，同年全国出现了“卖户口”热潮。2000 年 6 月 13 日中共中央、国务院下发了《关于促进小城镇健康发展的若干意见》，规定“从 2000 年起，凡在县级市区、县级人民政府驻地镇及县以下小城镇有合法固定住所、固定职业或生活来源的农民，均可根据本人意愿转为城镇户口，并在子女入学、参军、就业等方面享受与城镇居民同等待遇，不得实行歧视性政策。”从此，中国农民可以到县城落户居住。此后，全国各大中城市纷纷掀起了户籍制度改革的“高潮”。不过，这种“改革高潮”的一个共同点，就是各地以发展经济和引进人才为名，吸引符合条件的人到各城市落户。这种纯经济功利主义取向的“户籍改革”，尚未上升到保障和实现公民“居住和迁徙自由权”的宪法高度。时至今日，各大中城市的户籍改革还没有取得实质性进展，农民作为公民应当享有的居住和迁徙自由权还没有得到应有的尊重和保障。

① 殷志静、郁奇虹：《中国户籍制度改革》，北京：中国政法大学出版社，1996 年版，第 14 页。

需要特别指出的是，丧失了居住和迁徙自由几十年的中国农民，大都不知道自己还有居住和迁徙的自由权利，他们误以为中国历来就如此，世界普遍皆如此。其实大谬不然。从中国历史来看，户籍制度确实源远流长，据考察，历史上中国存在着征赋派役户籍制、世袭身份户籍制、人口统计户籍制和保甲治安户籍制四种基本类型，其目的和功能虽然各不相同，但不外乎统计民户人口、为国家征税征兵提供依据、固定社会部分成员身份、维护社会治安等。[①] 可见历史上中国并没有将农民这个阶层全部封锁在农村而不准进城的二元性户籍制度。尤其值得关注的是，1911 年清政府发布的中国历史上第一部《户籍法》和 1935 年中国国民党政府公布的中国历史上第二部正规的《户籍法》都坚持"居住和迁徙自由"的原则。从世界各国来看，当今世上，只有中国、朝鲜和贝宁三个国家实行限制公民居住和迁徙自由的"异常严格的户籍制度"，除此之外，世界各国普遍实行居住和迁徙自由。英、美、法、日、印度和中国的台湾、香港等国家和地区的户籍制度的功能只是人事登记，主要对人口的出生、死亡、婚姻等进行登记和统计。[②] 前苏联东欧社会主义国家的户籍制度也只是进行出生、死亡等登记事项，掌握社会成员的基本情况，以维护社会秩序和社会治安管理，其公民的居住和迁徙自由并没有受到限制和剥夺。[③]

中国农民丧失居住和迁徙自由的过程，实质上也是国家失去效率和公平的过程。"无论从制度的效率，还是从公平度来看，具有传统色彩的户籍制度与现时代的社会发展需要已显得不相称。因此，致力于户籍制度创新，使其有利于降低公民的生活成本，关心和体现弱势群体的需要，已势在必行。"[④] 除此之外，尤其值得人们关切的是，在全面建设小康社会的新形势下，以限制和剥夺农民居住和迁徙自由为前提的发展之路，已经走到了历史的尽头。市场经济的发展，内在地需要人员的自由流动。迁徙自由权的恢复与保障，将与中国经济和社会发展同行。

以自由看待发展

对于二元户籍制度的建立，现在的主流评价是，在当时的历史条件下，建立限制农民进城的户籍制度有其"历史必然性和合理性"，并起到了应有的"积极作用"，但随着时代的发展，传统的户籍制度已经不适应发展的需要了，应该予以改革。

1949 年以后，决策者并不想在主观上硬要与广大农民"过不去"，恰恰相反，决策

---

① 参见俞德鹏:《城乡社会:从隔离走向开放》，济南:山东人民出版社，2002 年版，第 340—342 页。

② 殷志静、郁奇虹:《中国户籍制度改革》，北京：中国政法大学出版社，1996 年版，第 31—40 页。

③ 参见俞德鹏:《城乡社会:从隔离走向开放》，济南:山东人民出版社，2002 年版，第 353—356 页。

④ 陆益龙:《户籍制度——控制与社会差别》，北京：商务印书馆，2003 年版，第 456 页。

者正是满腔热情地在为农民“谋幸福”的社会主义建设中，却事与愿违地将亿万农民推入了二元社会结构之中。对此，理性的人们需要认真检讨中国传统的社会主义发展观。

对于中共十一届三中全会以前中央指导思想上长期的“左倾”错误，官方已经作了定论。但对于今天的人们来说，更深层次的反思和体认还有待于不断地掘进。回首50多年来的发展，可以看出两种不同的发展观：一是在限制和剥夺公民基本权利和自由的基础上求发展，二是在尊重和保障公民基本权利和自由的基础上求发展。1949年以来，应该说我们始终在谋求国家的发展，进行着社会主义现代化建设。只是在改革开放以前，我们建设社会主义犯了严重的“左倾”错误，实行计划经济，搞政治挂帅，大兴群众运动，忽视或轻视公民的基本权利和自由。城乡分离的二元社会结构正是这种思想观念和发展思路的产物。改革开放以来，我们实行市场经济，坚持以经济建设为中心，强调“国家尊重和保障人权”，开始注重促进人的自由而全面发展。20多年来，城乡分离的二元社会结构开始打破，户籍制度改革逐步深化。但不必讳言，我们改革的任务还没有完成，“改革的大关还没有过”。这就是我们现在还没有彻底废除二元户籍制度、还没有在宪法中重新恢复和确立公民的居住和迁徙自由权的原因所在。令人欣慰的是，我们正在朝着在尊重和保障人权的基础上促进发展的道路迈进。

众所周知，政务院第一次发出《关于劝阻农民盲目流入城市的指示》的1953年，正是中共根据过渡时期的总路线开始对农业、手工业和资本主义工商业进行社会主义改造之年，同时，中国也开始照搬苏联计划经济模式进行“第一个五年计划”。计划经济曾被普遍认为是社会主义的本质特征之一。我们是在改革开放以后才开始反思和抛弃计划经济的。西方一些经济学家对计划经济的反思比我们要早得多。著名经济学家海耶克（大陆译为哈耶克）在20世纪40年代发出“计划经济是一条通向奴役之路”的警告，但在当时，他的警告并未引起世人尤其是社会主义者的关注。直到20世纪90年代，在苏联东欧社会主义崩溃以及我国也抛弃了计划经济之后，人们才开始重新出版和阅读这位睿智老人的大著《到奴役之路》（大陆译作《通往奴役之路》）。

这位1974年获得诺贝尔经济学奖的经济学家，在看到各种极权主义运动的起始和演变后，对英语国家的大众意见特别是他的那些对社会事务具有“前进”观点的朋友们，完全看错了“那些运动的性质”而忧心忡忡，为此，他要写一部“对英国社会主义的知识分子成为一种警告”的书，并将之献给“一切党派的社会主义者”。[①] 这部于1944年出版的书震惊了世界。通过对当时流行的激进的社会主义的敏锐观察，海耶克感到“我们所追求的一些最具怀抱的理想，已明显地产生了与我们所期待的完全不同的

① 参见［英］海耶克:《到奴役之路》，张尚德译，台北:桂冠图书股份有限公司，1987年版，第1—2页。

结果。"[①] 在人们对经济计划的迷信中，海耶克就发现了经济控制与极权主义的内在关联。"控制财富的生产，就是控制人类自由的生活"。海耶克发现，计划者的权力对私人生活的控制，即使不是运用直接控制消费品，也可完全控制私人的生活。总而言之，一个计划的社会为了尽量使人们符合其计划及符合计划所决定的时间，就会"彻底地剥夺人们的自由选择"。毫无怀疑的是，计划必然会在不同人民的特殊需要之间，刻意制造歧视，允许某一类人做的，却不允许另一类人去做。它必定会订下法律的规则，准许某些特殊人士可拥有和可做什么，其他不同的人不可拥有和不能做什么。这意味着"实际上是回到身份统治的时代"。[②] 海耶克对计划经济的反思，是以德国国家社会主义和苏联共产主义为观察依据的。当时中共还没有在中国建立苏联式的共产主义政权，海耶克显然对中国的共产主义建设一无所知。但后来共产主义在中国的实践，却不幸验证了海耶克十分忧虑的结论。

改革开放冲破了中国几十年来铁板一块的二元户籍制度的裂缝，但至今并未完全摧毁它。在当代中国，实践的深入发展与制度的缓慢演进存在着相当大的落差。当前中国特色的"农民工现象"，正是这种市场经济大发展的实践与计划经济体制下形成的僵化的户籍制度"严重冲突"的畸形产物。时至今日，中国农民的居住和迁徙自由之所以至今没有载入《宪法》以及得不到法律的应有保障，原因是多方面的，但有两个重要原因值得关注：一个重要原因是受制于旧的思想观念的束缚。由于计划体制的惯性和旧的思想观念的残余影响，有的人仍然跳不出二元户籍社会结构的局限，认为继续限制和剥夺中国农民的居住和迁徙自由权有一定的理由，比如，一是认为相对于几百年前有的国家采取"割耳"、"砍手指"等酷刑阻止农民进城来说，中国限制农民进城的做法要"文明得多"，因而不必大惊小怪；二是认为发达国家如美国也不同意中国大量人口"自由迁徙"到美国去从而嘲笑迁徙自由的价值。这些人喜欢引证的例证就是举出 1979 年邓小平访美时针对美方指责中国没有迁徙自由时邓小平说可以让 5000 万中国人迁徙到美国去的例子。这就是说，既然美国都不答应让中国人大量"自由迁徙"去美国，那么中国的农民也就别指望在自己的国土上享有居住和迁徙自由权了；三是认为"如果西方真正实行了国际间的迁徙自由，那么，发展中国家就不会有那么多人作为'偷渡客'惨死他乡了"。这显然是把"偷渡"混同于"迁徙自由"了；四是认为对于中国长期实行二元户籍制度所造成的种种后果，"绝不是宣布一条迁徙自由的法令就能解决得好的"，并绝对化地认为"在当代中国，谁也不敢让几亿人口一时涌进城市。那样的话，给中国带来的绝不是什么自由，而是天下大乱。"为此，在这些人看来，中国农民就永远别指望什么"居住和迁徙自由权"了。幸好，在中国，头脑清醒的人都能认识到这种思想观念的

① [英]海耶克：《到奴役之路》，张尚德译，台北：桂冠图书股份有限公司，1987 年版，第 2 页。
② [英]海耶克：《到奴役之路》，张尚德译，台北：桂冠图书股份有限公司，1987 年版，第 71 页。

陈旧性、冷战性、僵化性和有害性。最近《中国青年报》就公开发表名为“取消户籍限制，天塌不下来”的文章，[①] 这对于那些仍然抱有歧视农民态度的某些人来说，是一副好的“猛醒剂”。

另一个原因是受制于狭隘发展观的局限。改革开放以来，中国以经济建设为中心，但由于种种原因，在如何搞好经济建设方面，只能“摸着石头过河”，走上了一条侧重于单纯追求经济增长的发展道路。毫无疑问，相对于长期“以阶级斗争为纲”来说，以经济建设为中心的提出，实现了中国历史性的大跨越。然而毋庸置疑，这样片面的发展观还处在探索初级阶段。人们看到，改革总设计师邓小平规划的中国现代化建设“三步走”的发展战略目标，都是以国内生产总值 GDP（开始使用国民生产总值 GNP 的概念）为标准的。第一步，从 1981 年到 1990 年实现国民生产总值翻一番，人均达到 500 美元，解决温饱问题；第二步，从 1991 年到 20 世纪末，实现国民生产总值再翻一番，人均达到 1000 美元，人民生活达到小康；第三步，到 21 世纪中叶，使人均国民生产总值达到 4000 美元的中等发达国家水平，基本实现现代化。[②] 这种只见数字不见人的发展观，被称为狭隘的发展观，它将发展简单地界定为“就是国民生产总值的增长、或个人收入的提高、或工业化、或技术进步、或社会现代化”等内容。

在当前中国“发展是硬道理”、“发展是党执政兴国的第一要务”的发展主义的强势逻辑中，确立怎样的发展观就成为事关民众真正福祉的关键。2002 年中国共产党十六大以来，新一届中央领导集体明确提出了以人为本、树立科学发展观的新理念。这是执政党总结长期的历史经验教训得出的正确结论。在世界上，不少经济学家也在深入思考发展道路问题。尤其是诺贝尔经济学奖获得者、印度著名经济学家阿马蒂亚·森的“以自由看待发展”的观点引人注目。在阿马蒂亚·森看来，“自由不仅是发展的首要目的，也是发展的主要手段”。[③] 这对我国“以科学发展观统领经济社会发展全局”不无裨益。

阿马蒂亚·森认为，以人为中心，最高的价值标准就是自由。在阿马蒂亚·森的理论框架中，自由在发展中具有建构性和工具性双重作用。建构性作用是关于实质自由对提升人们生活质量的重要性。实质自由包括免受困苦——诸如饥饿、营养不良、可避免的疾病、过早死亡之类。自由的建构性作用，就是说自由是人们的价值标准与发展目标中自身固有的组成部分，它自身就是价值，因而不需要通过与别的有价值的事物的联系来表现其价值，也不需要通过对别的有价值的事物起促进作用而显示其重要性。就建

① 参见邓聿文：《取消户籍限制，天塌不下来》，载《中国青年报》2005 年 11 月 1 日。

② 参见《邓小平文选》第 3 卷，北京：人民出版社，1993 年版，第 226 页。

③ ［印］阿马蒂亚·森：《以自由看待发展》，任赜、于真译，北京：中国人民大学出版社，2002 年版，第 7 页。

构性而言，“发展的过程就是扩展人类自由的过程。”[①] 自由的工具性作用，是关于各种权利、机会和权益是如何为扩展人类一般自由，从而为经济发展做出贡献的。阿马蒂亚·森用大量证据说明，自由如何促进发展，而缺乏自由、压制自由如何阻碍发展。阿马蒂亚·森在发展问题上的核心诉求是“让个人自由成为社会的承诺”。

长期以来，囿于历史和时代的局限，我们习惯于在限制农民居住和迁徙自由的二元社会结构中谋求发展。随着改革的不断深化和新的执政理念的确立，彻底废除二元户籍制度，尽快恢复和保障农民的居住和迁徙自由权，在尊重和保障人权的基础上谋划中国经济社会和人的全面发展，已成为提高党的执政能力、构建社会主义和谐社会的新考量。

① [印]阿马蒂亚·森:《以自由看待发展》，任赜、于真译，北京:中国人民大学出版社，2002年版，第30页。

和谐社会构建中的农民权益保护[①]

农民占我国人口的绝大多数，是我国最大的社会群体，为中国革命和社会主义现代化建设做出了巨大贡献。没有农民的小康，就没有全国人民的小康；没有农村的现代化，就没有整个国家的现代化；没有农民的和谐生活，就没有全社会的生活和谐。当前，执政党明确把解决好“三农”问题列为全党工作的重中之重，并把社会更加和谐作为全面建设小康社会的目标之一。构建和谐社会，一个很重要的方面就是要保护农民的各项正当合法的基本权益。

农民维权抗争进入当代视野

随着我国社会主义市场经济的发展，广大农民的权利意识明显增强。但是，在计划经济时期形成的一系列旧观念、旧体制、旧做法尚未得到全面的清理和改变，而市场经济发展引发的新问题也日益突出。在此社会转型过程中，农民的权益常常遭到这样或那样的侵害。如何切实保护农民正当合法的权益，已成为当今引人注目的重大社会问题。

孙志刚事件：收容制度的终结

改革开放以来，随着经济的发展，广大农村富余劳力涌入城市寻求新的职业和工作机会，形成了举世瞩目的“民工潮”。但囿于二元社会结构的影响，进城务工的农民长期以来没有城市市民的身份，也享受不到与市民平等的权利。进城务工的农民工和其他外来人员成为城市的边缘人和弱势群体。

据报道，2003 年 1 月 24 日晚，湖南籍 5 名农民工因无“暂住证”被广州市白云区庆斗居委会治保队关进收容车后没多久，便一个一个地从高速行驶的收容车上“掉下来”，1 名轻伤者像脱离魔窟一样当场“夺命逃跑”，另 2 人摔下车后因脑颅积血死亡。

不少城市的收容遣送部门在运作过程中实质上将收容遣送制度异化为权力寻租的工具，大量进城务工的农民成为城市收容遣送部门敲诈勒索的主要对象。据民政部统计，全国 700 多个收容遣送站每年要收容遣送 100 多万人，1999 年北京市共收容遣送 14.9

---

① 本文原载《湖南师范大学社会科学学报》2006 年第 2 期。

万人次，2000年广东省共收容遣送58万人次。

《中华人民共和国宪法》第37条规定：“中华人民共和国公民的人身自由不受侵犯。”但收容权力的异化和肆意扩张，导致农民正当的人身自由权遭到了严重的侵害。大量进城务工的农民被非法收容遣送，严重侵害了农民的合法权益，激化了社会矛盾。这种主要针对进城农民工的收容遣送制度，直到孙志刚事件的爆发才最后走向终结。

据《南方都市报》2003年4月25日报道，出身于农民之家、毕业于武汉科技学院的孙志刚在广州一家公司打工，3月17日晚10点，他像往常一样出门上网，因没有“暂住证”而被警察带至黄村街派出所，3月18日被派出所送至广州收容遣送中转站，后又被送往广州收容人员救治站，3月20日救治站宣布孙志刚“不治身亡”。4月18日尸检结果表明，事主死前72小时曾遭殴打。孙志刚在广州被收容遣送惨遭殴打致死事件的发生，引起了全国对收容遣送制度的质疑和反思。

1982年5月国务院颁布《城市流浪乞讨人员收容遣送办法》规定收容遣送工作的主要目的是为了救济、教育和安置城市流浪乞讨人员，致力于社会救助和维护“城市形象”。1991年国务院发布了《关于收容遣送工作改革问题的意见》，将收容遣送对象扩大到“三证”（身份证、暂住证、务工证）不全的人员；1992年公安部发布《关于对外国人和华侨、港澳台同胞不得实行收容审查和劳动教养的通知》，这就使进城务工的农民和城市外来人员成为收容遣送的主要对象。

由此可见，收容遣送制度是一种在实行过程中被异化了的明显违背《宪法》精神的城市“特权制度”，它只针对中国人而不是外国人，只针对大陆人而不是港澳台同胞，只针对农民而不是市民，只针对城市外来人而不是城市本地人。

2003年6月18日温家宝总理主持国务院常务会议，废止了实行21年之久的收容遣送制度，审议并原则通过了《城市生活无着的流浪乞讨人员救助管理办法》，6月20日温总理签署第381号国务院令，予以公布施行。中央政府以超乎人们想象的快捷速度，回应了孙志刚事件引发的有关收容遣送的讨论。这标志着本届中央政府对民意的异乎寻常的关注和尊重。

嘉禾事件：权益保护新标志

改革开放和社会主义市场经济的发展，使长期以来城乡隔离的樊篱被冲破，大量的农村人口进入城市，我国的城市化进程明显加快，这是经济和社会发展的必然结果，也是社会文明进步的重要标志。但在城市化进程中，一些地方以加快发展为由，强制性征地拆迁，引发了比较普遍的征地拆迁问题，造成了被征地拆迁的农民无地可耕、无家可归的现象，极大地侵害了农民的正当权益。广大失地无屋的农民纷纷拿起法律的武器维护自己的合法权益。震惊高层的2004年嘉禾拆迁事件，成为建国以来征地拆迁中最富有标志性意义的重大事件。

湖南嘉禾县曾因2000年的高考舞弊事件吸引过国人的眼球。时隔四年，嘉禾再次以强制拆迁事件“震惊全国”。

2002年5月，嘉禾县成立珠泉商贸城项目办公室进行前期准备工作。2003年1月10日，嘉禾县第十四届人民代表大会第一次会议作出了关于加快建设珠泉商贸城的决议。8月7日，嘉禾县印发《关于党员干部职工做好珠泉商贸城被拆迁对象亲属拆迁“四包”工作的通知》。此后，又印发了《关于对急、难、险、重事项中工作不力者实施组织处理的暂行规定》等文件，决定用“四包”、“两停”推进拆迁工作。“四包”的内容为：公职人员必须做好拆迁亲属的工作，包在规定期限内完成拆迁补偿评估；包在规定期限内签订好拆迁安置补偿协议；包在规定期限内腾房并交付各种证件；包协助做好妥善安置工作，不得无理取闹，寻衅滋事，不得参与集体上访和联名告状。对未按规定完成任务者实施“两停”（暂停原工作单位或调离工作单位，停发工资）。

就珠泉商贸城拆迁中损害被拆迁户利益问题和县委、县政府的做法，被拆迁户陆水德等人不断上访。其间，湖南省委书记杨正午曾就此作出批示和指示，但嘉禾县委、县政府未予改正。2003年10月28日，建设部批请湖南省建设厅调查处理嘉禾群众上访问题。12月14日，嘉禾县委、县政府召开大会，挂出了“谁影响嘉禾发展一阵子，就影响他一辈子”，“谁不顾嘉禾面子，就摘他帽子”，“谁工作迈不开步子，就换他位子”等标语。

2004年4月26日，嘉禾县组织人员对珠泉商贸城部分被拆迁户实施强拆，并拘捕了陆水德、李公明、李爱珍等三人。5月，嘉禾强制拆迁已经引起了媒体的广泛关注，但以县委书记周余武为代表的嘉禾县领导层，不仅没有顺从民意，相反却在滥用权力的道路上越走越远，最终惊动中央高层，致使国务院总理温家宝亲自出面，才制止了这一飞速行驶的权力车轮对群众利益的践踏和侵害。

2004年6月4日，国务院总理温家宝主持国务院第52次常务会议，研究控制城镇房屋拆迁规模，严格拆迁管理的有关问题，同意湖南省对嘉禾县珠泉商贸城建设中违法违规有关责任人所作出的严肃处理。会议认为这是一起“集体滥用行政权力、违法违规、损害群众利益并造成极坏影响的事件”。

国务院常务会议专门听取一个县的问题调查汇报，并公布全国，明确要求举一反三，警示干部，这在执政党的历史上是罕见的。

嘉禾事件的实质是公权力的滥用而导致公民个人权利的损害。当嘉禾县在拆迁中遇到阻力时，县领导曾专门到湖南数县进行考察，“取经”归来后的嘉禾县在对待拆迁户时“出招”更狠。嘉禾县领导在新闻媒体曝光后，不但没有深刻反省，反而形成了“三不怕”认识，即不怕新闻曝光、不怕少数人闹事、不怕有人上访。嘉禾县领导之所以在侵害群众利益、遭到群众反抗时却一意孤行、滥施权力，关键在于计划经济体制下形成的传统思维逻辑，即认为“只要代表了最广大人民的根本利益”，就可以对极少数实行“暴力打击”。这种强调目的正当性（实质主义）而不顾程序正义的思维方式和行为模式，极易滑向托克维尔警惕的“多数人的暴政”的陷阱之中。

嘉禾事件中的权力主角、县委书记周余武在事后的反思材料中坦露了心迹：“我一直认为，只要符合最广大人民群众的根本利益，就是实践‘三个代表’重要思想，就必须竭尽全力办好，再大的困难也要克服。”在这里，周余武明显地把群众维权抗争与他所说的工作困难划上等号了。所以，周余武虽然认识到自己“错了”，但并未认识到自己错在没有“尊重和保障人权”上。嘉禾县的老百姓不像周余武那么认为。他们在遭到政府权力侵害时，勇敢地拿起法律的武器维权抗争。拆迁户李爱珍在家门口贴了一幅大对联：“当守法公民，做维权人家”。拆迁户李会明说：“他们（指政府干部）这是比拿着枪逼着还厉害……我说了，我要以自己的鲜血和生命捍卫法律的尊严和自己的权利。”①

在嘉禾拆迁中，有的是农民，有的是城镇居民。但不管如何，一个共同的特点是不受制约的公共权力对公民权利的侵害。居民也好，农民也罢，总之，经过几十年的宣传教育和普法学习，民众的法律意识已经显著增强。面对基层政府对个人权利的侵害，农民的维权活动已经成为当今社会一个十分引人注目的现象。

依法抗争：农民权利大觉醒

20 世纪 80 年代中后期以来，一些地方政府不顾中央三令五申，任意加重农民负担，侵害农民正当权益，诱发了一系列重大涉农群体性事件。湖南宁乡、衡阳、安仁、湘阴、涟源、安化、溆浦等地接连爆发了农民要求减负的群体性事件。农村许多地区出现的农民以政策为依据的抗争活动，被有的学者称之为“依法抗争”。②依法抗争是农民积极运用国家法律和中央政策维护其正当权利不受地方政府和官员侵害的活动。依法抗争的特点是，农民在抵制各种各样的“土政策”和农村干部的独断专制和腐败行为时，援引有关的政策或法律条文，并经常有组织地向上级直至中央政府施加压力，以促进政府官员遵守有关的中央政策或法律。依法抗争的典型例子包括：拒绝缴纳违反中央政策和法规的地方政府收费，抵制或冲击不符合《村委会组织法》的村委会选举，迫使乡镇政府执行受农民欢迎的法律和政策，废止“土政策”和罢免违法犯纪的村干部。依法抗争所依的法是中央政府制定的法律和政策，抗争的目标则是地方政府制定的不符合中央法律、政策或中央精神的种种“土政策”和其他侵犯农民合法权益的行为。

于建嵘进一步指出，在 1992 年以前，农民的多数维权抗争可以大体归纳为西方学

① 参见于磊焰、段羡菊、谭剑：《关于“嘉禾事件”的反思》，载《新华文摘》2004 年第 17 期。

② 参见李连江、欧博文：《当代中国农民的依法抗争》，载吴国光编：《九七效益：香港与太平洋》，香港：太平洋世纪研究所，1997 年版，第 141—170 页。另参见李连江、欧博文：《当代中国农民的依法抗争》，载吴毅主编：《乡村中国评论》（第 3 辑），济南：山东人民出版社，2008 年版，第 1—18 页。

者所谓的“弱者的武器”的“日常抵抗”形式，自1992—1998年，农民的维权抗争可归结为“依法抗争”，自1998年以后，农民的维权抗争实际上已进入了有组织抗争或以法抗争阶段。[①]农民以法抗争的主要方式有上访、宣传、阻收、诉讼和逼退、静坐和示威等。以法抗争的宗旨是维护中央政策和国家法律赋予农民的种种合法权益，其基本目标具有十分明确的政治性，已经从资源性权益抗争向政治性权利抗争方向发展。这主要表现在两个方面：其一，抗争的内容具有公共性。目前抗争的主要问题有“减轻农民负担，反对贪官污吏”、“保护农民的土地财产”、“村务公开和民主理财”等。由于这些问题在目前的农村普遍存在并较为严重，同时均有中央文件和国家的法律及政策规定，因此，很容易确定抗争精英行为的正当性和合法性。其二，由于上述问题一般都是公共权力机关施政行为造成的，因此，以法抗争的主要对象是乡镇一级基层党政机关以及村级组织。这种用国家法律来抵制国家最基层政权来达到农民维权目标的活动，是一种政治行为。因此，政治性是目前农民以法抗争的一个显著特征。在社会转型时期，农民的正当合法权益的不保，使他们沦落为备受关注的弱势群体。

张敏杰认为，弱势群体的成因受各种因素的制约，既可能是客观的或自然的，有明显的生理性特征；也可能是主观的或人为的，可以从文化和社会性角度进行界定。从弱势群体形成的深层原因看，无论是老弱病残还是社会的贫困群众，他们之所以陷入弱势困境，是由于他们失去或被剥夺了发展的能力或机会。因此，“能力的弱势”或“机会的贫困”是他们处于弱势地位的本质。[②]

在农民权利受损后，无论是日常抵抗，还是依法抗争或以法抗争，都是对农民在合法权益受到基层政权侵害时的事实描述和行为概括。笔者提出和强调“给农民以宪法关怀”，其核心是限制和约束公共权力，尊重和保障农民权利。宪法关怀的意义在于既超越了历史上农民暴力颠覆政权的反体制诉求惯性，又超越了执政者暴力镇压农民反抗的传统统治观念，它使农民坚守着维权抗争的生存底线，也使执政者认识到以人为本、尊重和保障人权的全新的执政理念。

农民为什么成了弱势群体？

中国是一个典型的农民大国，农民占总人口的70%，是我国最大的弱势群体。农民沦为弱势群体，有其多方面的综合因素。其中关键因素是二元社会结构对农民的制度性歧视和社会主义市场经济中政府职能的越位、错位和缺位。

---

① 参见于建嵘：《当前农民维权活动的一个解释框架》，载《社会学研究》2004年第2期。

② 参见张敏杰：《中国弱势群体研究》，长春：长春出版社，2003年版。

弱势群体：概念的提出和界定

弱势群体是任何时代任何社会都存在的一种普遍现象。弱势群体成为社会学、社会工作专业领域的一个专业术语，只有不长的时间，在中国更是近年来才成为在媒体上出现频率较高的一个词汇。党和国家领导人曾在不同场合的讲话、指示中不同角度地使用了“弱势群体”的提法。[①] 2002 年 3 月朱镕基总理在九届人大五次会议的《政治工作报告》中专门提到了保护“弱势群体”这一概念，这是政府工作报告首次提到弱势群体的概念，充分表明弱势群体已经引起了党和政府的高度关注。

在欧美社会政策和社会福利文献中，则使用弱势群体和劣势群体概念。从界定角度和衡量弱势或劣势群体的指标看，弱势群体主要指那些丧失或缺乏劳动能力的群体，劣势群体主要是指那些在劳动市场和生活机会分配中竞争力较弱，或是综合性能力较低而受到不平等对待的群体。“一般来说，欧美社会政策文献中已经形成的学术传统是，弱势群体的概念可以包含劣势群体的涵义，但是，劣势群体的概念通常不包含弱势群体的涵义。”[②]

中国学者对弱势群体的概念有不同的界定，张敏杰认为，弱势群体应该是指由于自然、经济、社会和文化方面的低下状态而难以像正常人那样去化解社会问题造成的压力，导致其陷入困境，处于不利社会地位的人群或阶层。在传统意义上，弱势群体主要指老弱病残者或无劳动能力的依赖人群。但是随着农村改革和城市国有企业改革的不断深入，弱势群体还包括那些在劳动市场和生活机会分配中竞争力较弱、综合性能力较低而受到不平等对待的群体。[③]

1998 年度诺贝尔经济学奖获得者阿马蒂亚·森认为，出现饥荒、产生贫困的最重要的原因未必是粮食的大幅度减少，一个重要的方面在于，社会上不同群体的许多人，由于能力或机会的缺乏，以至于他们获得的实际机会不包括获得足够粮食的途径，于是饥饿便产生了，他们也就陷入了贫困的境地。因此，一个人创造收入的能力、机会的失去或被剥夺是处于社会弱势地位的根本原因。[④]

弱势群体的形成并不是由于他们自身不努力，而是因为社会没有提供一个公平的舞台。比如，与城里人相比，农村户口的人在出生、入学、就业、医疗、养老等各方面都处于不平等的起点。从表面上看，这是一种起点的不平等（贫富差距），而实质上是“游戏规则”的不平等（准入限制）。从这个意义上说，弱势群体有意无意地受到了不公

---

① 张敏杰：《中国弱势群体研究》，长春：长春出版社，2003 年版，第 3—4 页。

② 张敏杰：《中国弱势群体研究》，长春：长春出版社，2003 年版，第 13 页。

③ 张敏杰：《中国弱势群体研究》，长春：长春出版社，2003 年版，第 21 页。

④ [印]阿马蒂亚·森：《贫困与饥荒——论权利与剥夺》，王宇、王文玉译，北京：商务印书馆，2001 年版。

正的对待，相对于其他正常群体而言，弱势群体在社会中的应有权利和占有份额未能得到公平的体现，其公正待遇也未能得到制度的有效保障。

制度歧视：农民是二等公民？

农民成为弱势群体，一个很重要的方面是因为社会没有提供公平的舞台。建国以后，在苏联模式的影响下，我国逐步建立了城乡分割的二元社会结构，使农民处于极其不利的二等公民地位。我国是一个农业人口占绝大多数的农民大国，城乡之间的差别历来就存在。不过，当前我国城乡之间的差别不只是体现了发展中国家普遍存在的二元经济结构，更关键的在于建国后通过一系列城乡分割的制度安排而形成的人为的二元社会结构。二元社会结构是当代中国不同于任何发展中国家的显著标志，是有中国特色的"三农"问题的要害和根源。

所谓二元社会结构，是指我国建国后通过一系列歧视农民的制度安排而在城乡之间人为构建的城乡隔离的社会结构。1958年1月9日，第一届全国人大常委会第91次会议通过《中华人民共和国户口登记条例》，从此在法律上正式确立了二元户籍制度。此后，以二元户籍制度为支点，一系列对农民不公平的政策制度不断建立起来，使农民处在完全不平等的制度环境中。20世纪80年代后期，一些学者就研究出农村人口和城镇人口在国民待遇方面有14个不一样。[①] 著名社会学家陆学艺称之为"城乡分治，一国两策"。[②] 这种"城乡分治，一国两策"，实质上是一种治国上的"双重标准"，对农村和农民是一种歧视性的标准，对城市和市民是一种特权式的标准。在户籍制度、就业制度、教育制度、社会保障制度等各个方面，农民丧失了宪法赋予的平等的公民权利。

在这种二元社会结构中，农民的不利地位是多方面的。从城乡差距日益拉大上就可见一斑。1980年，中国大陆包括农村居民在内的基尼系数为0.3左右，到1988年已上升到0.382，1994年为0.434，超过了0.4的国际警戒线，1998年又上升到0.45。有学者指出，2001年中国城市居民收入为6860元，农民收入2366元，表面差距是3:1，但实际上，农民收入中实物性占40%，每个农民每月真正能用做商品性消费的货币收入只有120元，而城市居民的货币收入平均每月600元，城乡差距为5:1；如加上城市居民中各种隐性福利、住宅、教育、卫生等没有纳入统计范围的因素，加以全面考虑，中国城乡差距可能达6:1。而世界上绝大多数国家的城乡收入比率为1.5:1，超过2:1的极为罕见。改革以来，我国城乡差距不是缩小了，而是人为拉大了。

---

① 农业部政策研究中心农村工业化城市化课题组：《二元社会结构——城乡关系：工业化·城市化》，载《经济研究参考资料》1988年第90期（总第1890期）；农村工业化城市化与农业现代化课题组：《二元社会结构：分析中国农村工业化城市化的一条思路》，载《经济研究参考资料》1988年第171/172期（总第2171/2172期）。

② 陆学艺：《走出"城乡分治，一国两策"的困境》，载《读书》2000年第5期。

政府失灵：农民流汗又流泪

以市场为取向的改革，使农民在歧视性制度的束缚下走向市场经济的大海。市场经济是优胜劣汰的竞争性经济，它要求市场主体的平等地位和自主权，可中国农民却在歧视性制度之绳捆绑住手脚的情势下去与市场中的强势主体进行不平等的竞争，其不利因素是显而易见的。

家庭联产承包责任制的推行，使农民从人民公社的体制下解放出来，农民有了更多的自主权。但农民并未完全成为市场经济中独立的市场主体，农民的生产自主权就常遭到基层政府的干预，乡镇政府可以打着农业结构调整的旗号强制农民种植指令性作物。在种田无利乃至亏本时，农民也没有休耕的权利，乡镇政府对那些休耕的农民强制收取“撂荒费”。在温铁军看来，中国农村最基本的土地、劳动和资金三要素现在还没有条件被市场这只“看不见的手”自发调节，[①] 农民面临市场失灵的困惑。

在市场失灵的同时，政府失灵则使农民面临流汗又流泪的更大困惑。在市场经济条件下，政府的主要职能是提供公共物品，维护社会的公平和正义。在社会转型时期，我国政府职能比较普遍地呈现出“越位”、“错位”和“缺位”倾向。

一方面，政府“越位”，热衷于“积极行政”，侵害了农民的消极权利。政府要“有所为有所不为”。政府行政可分为“积极行政”和“消极行政”。基层政府的“积极行政”就可能侵害农民的“消极权利”。比如发展集体经济、调整农业结构、大兴政绩工程等这种“以权谋公”式的“积极行政”在当前比较盛行，它严重干预了农民的生产生活，侵害了农民的基本权利和自由。农民作为共和国公民应当享有的人身自由权、财产权以及生命权等基本权利和自由，政府不去干预，农民自然享有。农民享有的这种“消极权利”，只有在遭到政府干预时才会遭受损害。政府的这种“积极行政”，就是“越位”，做了不该做的事。

另一方面，政府又不能“缺位”，不能无所作为“消极行政”。面对市场经济的竞争，政府要在提供公共物品和社会福利上“积极行政”“有所为”。高额收费的义务教育和产业化的医疗卫生事业，使农民一怕上学二怕生病。计划经济体制下形成的一系列旧政策旧体制，使进城务工的农民工在就业上遭受不平等的待遇，拖欠农民工工资等成为一大社会问题。政府“积极行政”的范围，主要包括为农民提供公共设施、就业、社会保障、教育、科技、文化、卫生、体育等公共事业；为农民的公共生活和公共活动提供保障和创造条件。

---

① 温铁军：《“市场失灵＋政府失灵”：双重困境下的“三农”问题》，载《读书》2001年第10期。

农民权益保护与构建和谐社会

1997年中共十五大首次提出要“尊重和保障人权”，2004年宪法修正案正式将执政党的这一主张纳入国家的根本大法，成为宪法的正式条款。尊重、保障和实现农民的各项权利，是全面建设小康社会的重要内容，也是构建社会主义和谐社会的题中应有之义。

权利扫描：现在就做个公民

人的权利即人权，是人依其自然属性和社会本质所享有和应当享有的权利，它最初是英国在反对中世纪神权和封建特权的斗争中提出的革命口号。格劳秀斯、洛克、卢梭、伏尔泰等思想先哲对近代人权概念和人权理论的形成起了极为重要的作用。第二次世界大战后，人权开始从国内走向国际。

中国共产党根据“人民主权”原则建立了新中国，制定了《中华人民共和国宪法》，规定了公民广泛的权利和自由。中国又是联合国创始成员国和五大常任理事国之一，是世界上最大的发展中国家。早在1955年，周恩来总理就指出：“尊重基本人权，尊重联合国宪章的宗旨和原则，尊重正义和国际义务，和平解决国际争端等原则，这些都是中国人民的一贯主张，也是中国一贯尊重的原则。”中国作为当今世界负责任的大国，已经签署了《国际人权公约》，这对于从权利入手解决中国农民问题富有极为重要的现实意义和长远的历史意义。

1945年《联合国宪章》将“重申基本人权，人格尊严与价值之信念”作为主要宗旨之一，并载入了7条保护人权的条款。1948年12月10日联合国大会通过了《世界人权宣言》，指出“人人有资格享有本宣言所载的一切权利和自由”。《世界人权宣言》第一次在国际范围内比较系统、全面地提出了人权和基本自由的具体内容，是第一个被国际社会普遍接受的关于人权问题的国际文件。12月10日也由此成为国际人权日，全世界许多国家和人民都会在这一天欢庆国际人权日。1966年12月16日第21届联合国大会通过了《经济、社会和文化权利国际公约》、《公民权利和政治权利国际公约》及其《任择议定书》，这是人类文明进步史上的重要里程碑。

国际人权理论将权利分为“公民权利和政治权利”以及“经济、社会和文化权利”两大类。前一类权利可称为“消极权利”，后一类权利可称为“积极权利”。根据国际人权宪章，公民权利和政治权利主要包括民族自决权，生命权，免于酷刑权，免于奴役权，人身自由与安全权，人格尊严权，免于因债务而被监禁权，迁徙和居住自由权，平等权，隐私权，思想、良心、宗教和信仰自由权，言论自由权，集会自由权，结社自由权，家庭与缔婚自由权，选举权和被选举权，参与公共事务权，担任公职权等。经济、社会和文化权利主要有：工作权（劳动权），组织和参加工会权，休息权，同工同酬权，社会保障权，获得相当生活水准权，免于饥饿权，身心健康权，受教育权，参加和享受科学技术文化生活权，以及家庭、婚姻、妇女、儿童享受特殊保障权等。

《经济、社会和文化权利国际公约》于 1975 年 1 月 3 日开始生效，我国政府于 1997 年 10 月 27 日签署了该公约。2001 年 2 月 28 日第九届全国人大常委会第 20 次会议批准了《经济、社会和文化权利国际公约》，2001 年 7 月该公约开始在我国生效。《公民权利和政治权利国际公约》于 1976 年 3 月 23 日生效，我国政府于 1998 年 10 月 5 日签署了该公约，但全国人大常委会尚未正式批准该公约，不过根据我国人权事业的发展，该公约在不久的将来肯定会得到批准。

国际人权公约与中国共产党的执政理念和我国宪法的基本原则在总体上是一致的。随着中国的和平崛起，中国将承担起更大的国际责任；同时，随着执政党和国家依法治国、以人为本以及科学发展观等一系列崭新理论的确立，中国农民的正当权益将越来越得到执政党和政府的重视和保障，同时广大农民也应该在宪法和法律的框架内维护自身的合法权益，做个维权守法的现代公民。

依法行政：政府面临大转型

2004 年 3 月 14 日，十届全国人大二次会议通过了现行宪法的第四次修正案，历史性地将“国家尊重和保障人权”载入宪法，这为农民权利的保障提供了新的宪法依据。但现实生活中农民的各项权利要得到充分地尊重和保障，关键在于各级政府依法行政，实现政府职能的转变，建设法治政府。

中共十一届三中全会以来，我国民主和法制建设取得了显著成绩。1997 年 9 月，中共十五大确立了依法治国、建设社会主义法治国家的基本方略。1999 年 3 月，九届全国人大二次会议将其载入宪法。作为依法治国的重要组成部分，依法行政也取得了明显进展。1999 年 11 月，国务院发布了《国务院关于全面推进依法行政的决定》，2004 年 3 月 22 日，国务院又印发了《全面推进依法行政实施纲要》，把建设法治政府作为基本目标。各级政府及其工作部门不断加强制度建设，严格行政执法，强化行政执法监督，使依法办事的能力和水平不断提高。

中共十六大把发展社会主义民主政治、建设社会主义政治文明作为全面建设小康社会的重要目标之一，并明确提出“加强对执法活动的监督，推进依法行政”。但与完善社会主义市场经济体制、建设社会主义政治文明以及依法治国的客观要求相比，依法行政还存在不少差距，主要是：行政管理体制与发展社会主义市场经济的要求还不适应，依法行政面临诸多体制性障碍；制度建设反映客观规律不够，难以全面、有效解决实际问题；行政决策程序和机制不够完善；有法不依、执法不严、违法不究现象时有发生，人民群众反映比较强烈；对行政行为的监督制约不够健全，一些违法或者不当的行政行为得不到及时、有效制止或者纠正，行政管理相对人的合法权益受到损害得不到及时救济；一些行政机关工作人员依法行政的观念还比较淡薄，依法行政的能力和水平有待进一步提高。

这些问题在一定程度上损害了人民群众的利益和政府的形象，妨碍了经济社会的全面发展。解决这些问题，适应全面建设小康社会的新形势和依法治国的进程，必须全面推进依法行政，建设法治政府。①建设法治政府，是中国政府职能实现大转型的新起点。

建设法治政府，就要求行政机关自觉运用体现最广大人民根本利益的法律管理国家事务、经济文化事业和社会事务，按照合法行政、合理行政、程序正当、高效便民、诚实守信、权责统一的要求，做到有权必有责、用权受监督、违法受追究、侵权要赔偿。

法治政府的具体目标是建设守法政府、廉价政府、诚信政府、透明政府和责任政府。②守法政府是法治政府的首要目标。在法治社会，善意不等于合法。执政为民，体现了目标的正当性，但其实现还必须谋求手段和程序的合法性。

政府守法，要求政府机关及其公务员必须养成尊重法律、崇尚法律的观念和习惯，改变过去那种“把领导人说的话当做‘法’，不服从领导人说的话叫做‘违法’，领导人的话改变了，‘法’也跟着改变”的观念和习惯。政府守法，要求政府坚持无法律即无行政和法无明文禁止即公民自由的法治原则。政府机关只能基于宪法和法律所赋予的权力并在其范围内实施行政管理，对宪法和法律没有赋予的权力不得自行创制、行使或规制公众的行为。法无明文禁止即公民自由，是一个基本的人权原则。它意味着只要法律没有明文禁止，公民就可以自由地作为或不作为，不受政府机关的任意干涉。法治政府还要求政府是厉行节约、降低行政成本的廉价政府，诚实守信的政府，阳光下的透明政府和权责统一可问责的责任政府。

和谐社会：执政能力新考量

2004年9月，中共十六届四中全会作出了《中共中央关于加强党的执政能力建设的决定》，第一次提出了建设社会主义和谐社会。和谐社会的建设是多方面的，但毋庸置疑，保障农民（包括农民工）这一弱势群体的基本权利，构建社会安全网，是构建和谐社会的重要内容。

有的学者认为，和谐社会至少应当包括四个方面：一是和谐社会是社会资源兼容共生的社会。和谐社会应当给各类人谋取一定的物质利益，提供生存与发展的条件，从而把各类社会资源联合起来，形成合力。二是和谐社会是社会结构合理的社会。社会结构是社会的框架，社会结构合理是社会和谐的前提。社会结构不合理，必将会把社会距离和社会矛盾拉大，与此相应的是社会张力也大。三是和谐社会是行为规范的社会。规范

---

① 参见《全面推进依法行政实施纲要》，北京：中国法制出版社，2004年版，第3—4页。

② 参见叶必丰：《法治政府的建设目标》，载《光明日报》2004年10月19日。

的内容很广泛，风俗、道德、法律、纪律、宗教都属于社会规范。社会规范是社会控制的防火墙，是社会发展的支撑点。四是和谐社会是社会运筹得当的社会。就是在调节社会中不同群体的利益时，运筹得当，兼顾各方，兼容并包，各得其所。①

笔者要补充和强调的是，和谐社会是公民权利得到尊重和保障的社会。2004 年人权入宪，体现了社会主义制度的本质要求，是执政党治国理念和人民意志在宪法上的明确化，是中国对社会主义和人权问题再认识的新成果，是新一届中央领导集体在执政理念上体现时代性、把握规律性、富于创造性的一个重要表现。② 马克思、恩格斯在《共产党宣言》中就提出："代替那存在着阶级和阶级对立的资产阶级旧社会的，将是这样一个联合体，在那里，每个人的自由发展是一切人的自由发展的条件。"③ 列宁也说："一切'民主制'就在于宣布和实现在资本主义制度下只能实现得很少和附带条件很多的'权利'。不宣布这些权利，不为立即实现这些权利而斗争，不用这种斗争精神教育群众，社会主义是不可能实现的。"④

在市场经济的竞争中，农民处于弱势的地位，构建保障农民这一弱势群体基本权利的社会安全网，是提高执政能力和领导水平的现实要求。构建社会安全网，体现了对公民权利的重视，体现了公民正当权益高于一切利益的原则，也体现了人权与福利之间彼此依存、相互促进的关系。民主化的过程，就是人权得到尊重、保障和实现的过程。

保护中国农民正当合法的权益当然是多方面的。从构建社会安全网来说，确立和保护农民的社会保障权就富有重要的现实意义。从世界范围来看，现代意义上的社会保障就是现代国家为解除或者预防贫困以及某些经济和社会灾害对社会成员造成的威胁，维护人格尊严，通过立法和一系列公共措施，为社会成员基本生活的安全提供保护。公民享有社会保障等福利权是基本人权的重要内容，这种权利来自人类在社会化大生产和市场经济条件下维护自身生存和人格尊严的正当性。⑤

在当前，保护农民的权益，构建和谐社会，对各级党委和政府的执政能力提出了新要求。这就是要坚持以人为本，树立全面协调可持续的科学发展观，坚持统筹城乡发展，统筹区域发展，统筹经济和社会发展，统筹人与自然和谐发展，统筹国内发展和对外开放；坚持依法治国、依法行政，尊重和保障人权，保证人民依法享有广泛的权利和自由。

① 参见邓伟志：《论"和谐社会"》，载《学习时报》2005 年 1 月 3 日。

② 参见董云虎：《全面准确地领会把握和贯彻实施国家尊重和保护人权的宪法原则》，载《人民日报》2004 年 5 月 11 日。

③ 《马克思恩格斯选集》，北京：人民出版社，1972 年版，第 273 页。

④ 《列宁全集》第 23 卷，北京：人民出版社，1958 年版，第 69 页。

⑤ 张敏杰：《中国弱势群体研究》，长春：长春出版社，2003 年版，第 250—251 页。

产权残缺、利益博弈与社会冲突[①]

在产权经济学文献中，登姆塞茨认为产权“包括一个人或其他人受益或受损的权利”。[②]阿尔钦将产权界定为“一个社会所强制实施的选择一种经济品的使用的权利”。[③]黄少安将产权与所有权和法权的概念关系作了厘清，认为广义的所有权等于产权，狭义的所有权只是产权的一个组成部分；法权是得到法律认可的产权，产权是法权的本源，法权是产权的反映。[④]关于财产权的权能，学界并未取得共识。

中国民法学界普遍采用占有权、使用权、收益权和处分权四项权能说。[⑤]经济学界对此也有认识差异，有的学者将产权权能划分为所有权、占有权、支配权、使用权四权，且认为收益权不是一项独立的产权，是任何一项产权中应有的内容，不能与其他权利并列。[⑥]周诚认为中国土地产权是由层次不同的多种权能构成的，第一层次分为管理者产权束、所有者产权束和使用者产权束，其中所有者产权束由占有权、使用权、收益权和处分权四权组成，使用者产权束由占有权、使用权、部分收益权和部分处分权四权组成。[⑦]有效率的产权，具有排他性、可分割性、可让渡性和明晰性。

农地产权残缺的主要表现

阿尔钦与卡塞尔1962年认识了产权的残缺与行为之间可能遵循的相互关系。产权的残缺可以被理解为是对那些用来确定完整的所有制权利束中的一些私有权的删除。产权之所以常常会变得残缺，是因为一些代理者（如国家）获得了允许其他人改变所有制

---

① 本文原载《湖南科技大学学报（社会科学版）》2006年第5期，合作者周作翰。

② H.登姆塞茨:《关于产权的理论》,载《财产权利与制度变迁——产权学派与新制度学派译文集》,上海：三联书店、上海人民出版社，1994年新版，第97页。

③ A.阿尔钦:《产权:一个经典注释》,载《财产权利与制度变迁——产权学派与新制度学派译文集》,上海：三联书店、上海人民出版社，1994年新版，第166页。

④ 参见黄少安:《产权经济学导论》，北京：经济科学出版社，2004年版，第64—77页。

⑤ 参见王卫国:《中国土地权利研究》，北京：中国政法大学出版社，1997年版，第50—51页。

⑥ 参见袁庆明:《新制度经济学》，北京：中国发展出版社，2005年版，第103—104页。

⑦ 参见周诚:《土地经济学原理》，北京：商务印书馆，2003年版，第167—168页。

安排的权利。[①] 20世纪80年代以来，中国农民土地财产权的残缺，可归因于“先天不足，后天失调”。

所谓“先天不足”，指的是发轫于“包产到户”的家庭承包责任制是在铁板一块的公有制的缝隙中生长出来的，其天生就带有不触及集体所有制这一底线的妥协性、脆弱性和残缺性。在当时暴风骤雨般的阶级斗争环境中，农民冒死搞的“包产到户”，绝不是为了什么神圣的私有产权，只不过是为了眼前的活命。

所谓“后天失调”，指的是家庭承包责任制具有路径依赖（path dependence）的特性，人们过去做出的选择决定了他们现在可能的选择，一方面，家庭承包责任制从呈锁定状态的长期无效率的集体所有制中发育出来，不可避免地带有集体所有制的某些特征；另一方面，家庭承包责任制自身也形成了某种路径，修修补补的后续制度，既未能确立有效的土地产权，亦不足以约束权势阶层对农民土地权益的觊觎与攫取。

土地所有权残缺突出表现在产权主体的模糊和虚置上。1979年以来的家庭承包制，只是实现了农村土地所有权与经营权的分离，并没有改变人民公社体制下形成的“三级所有、队为基础”的产权结构。1982年《宪法》第6条规定中国经济制度的基础是“生产资料的社会主义公有制”，即“全民所有制和劳动群众集体所有制”。第10条规定“城镇土地属于国家所有。农村和城市郊区的土地，除法律规定属于国家所有的以外，属于集体所有；宅基地和自留地、自留山，也属于集体所有。”第9条规定“矿藏、水流、森林、山岭、草原、荒地、滩涂等自然资源属于国家所有，即全民所有；由法律规定属于集体所有的森林和山岭、草原、荒地、滩涂除外。”这说明中国只存在土地全民所有制（国有制）和集体所有制两种公有制形式。1987年《民法通则》第74条对“集体所有制”的主体作了界定：“集体所有的土地依照法律属于村农民集体所有，由村农业生产合作社等农业集体经济组织或者村民委员会经营、管理。已经属于乡（镇）农民集体经济组织所有的，可以属于乡（镇）农民集体所有。”1986年通过、后经1988年、1998年和2004年三次修改的《土地管理法》第10条进一步规定：“农民集体所有的土地依法属于村农民集体所有的，由村集体经济组织或村民委员会经营、管理；已经分别属于村内两个以上农村集体经济组织的农民集体所有的，由村内各该农村集体经济组织或者村民小组经营、管理；已经属于乡（镇）农民集体所有的，由乡（镇）农村集体经济组织经营、管理。”这就将农村集体土地所有权的主体界定为村民小组、行政村、乡（镇）三级所有。村民小组、行政村、乡（镇）的经济组织、行政组织、自治组织、党组织都可能是土地所有者主体。据农业部1997年的调查，农村集体土地所有权归行政村占有的为调查数的39.6%，村民小组占有的为44.9%，行政村与村民小组共有的为

① 参见H.登姆塞茨：《关于产权的理论》，载《财产权利与制度变迁——产权学派与新制度学派译文集》，上海：上海三联书店、上海人民出版社，1994年新版，第187—189页。

14.7%，其他所有的为0.8%。[①] 这种所有权主体的多级性，与物权法要求的“一物一权主义”是相冲突的。这是土地集体所有制产权残缺的要害之一。

其二，多级性的集体所有权主体，又都不具备法律上的人格。“农民集体”是一个抽象的、没有法律人格意义的集合。按照传统的公有制理论解释，“农民集体所有”指的是属于一定区域内（乡、村、村以下）全体农民所有，既不归任何一个组织（生产合作社或村民委员会或村民小组）所有，也不归任何一个农民所有。国家才是农村土地的终极所有者。[②] 任何产权，如果其所有者是确定的且是唯一的，那么这个产权就是明晰的。集体所有制“既不是一种‘共有的、合作的私有产权’，也不是一种纯粹的国家所有权，它是由国家控制但由集体来承担受其控制结果的一种农村社会主义制度安排”。[③] 集体所有与民法上的共有也是完全不同的，集体所有权与其说是一个法律概念，毋宁说是一种政治符号。许多学者都注意到了集体所有制主体在法律上的虚置性，但没有指出其在传统社会主义公有制理论中的政治符号功能。与英美法系不同，在大陆法系中，所有权具有“至高无上的支配地位”，其他如使用权、收益权和处分权等物权都依附于所有权。中国属于大陆法系，如果没有明晰的所有权，就很难保障农民的土地财产权。“所有权是一种根本性的基本权，与个人自由的保障具有内在关联性。在基本权的整体结构中，所有权负有双重使命：确保权利人在财产法领域中的自由空间，并因此使其得自我负责地形成生活。将所有权作为法之建制，有助于确保此项基本权。个人的基本权系以‘所有权’此一法律制度作为前提。若立法者以名实不符的‘所有权’取代私有财产时，则个人基本权将无法获得有效的保障。”[④]

积极产权与消极产权

农民没有个人土地所有权，这是现行制度框架下土地产权结构的主要特点和基本约束。1979年农村改革以来，稳定和完善家庭承包制、保障农民的土地使用权，一直是中央农村政策的主要考虑。大多数农地制度的研究者在规避风险与力求创新的考量中，也就将主要精力和才智倾注在如何稳定和保障农民的土地使用权上。以至于土地使用权问题被一些学者视为“中国农地产权问题的核心”。中央农村政策与主流农地研究学者的良性互动，决定了土地使用权变迁的现实路径。1984年中央第三个“一号文件”规

---

① 参见全国农村固定观察点办公室:《当前农村土地承包经营管理的现状及问题》，载《农村经济研究参考》1998年第5期。

② 参见于建嵘:《农民是如何失去土地所有权?》，载 http://www.china-village.org，2003-1-11。

③ 周其仁:《中国农村改革:国家与土地所有权关系的变化——一个经济制度变迁史的回顾》，载《中国社会科学季刊》1994年夏季卷。

④ 转引自王利明、杨立新等:《民法学》，北京：法律出版社，2005年版，第309—310页。

定土地承包期一般应在15年以上，1993年11月《中共中央、国务院关于当前农业和农村经济发展若干政策措施》提出在原定15年承包期到期后再延长30年不变，1998年在土地政策中明确提出“赋予农民长期而有保障的土地使用权”，2003年3月1日施行的《土地承包法》将上述政策措施吸收为法律规定，并确定农民在承包期内拥有土地使用权、流转权、收益权，农民对土地的使用权被法律确认为具有一定私有产权特性的财产权。2005年7月全国人大常委会公布的《物权法》（草案）将土地承包经营权（使用权）作为用益物权纳入到物权法的保护范围内。农民土地使用权的预期物权化趋势，可能会支持周其仁关于“有效率的私有产权可以在原公有制的体系中逐步生成”的研究结论。不过，农民土地使用权的残缺仍然十分突出，其引发的利益争夺和社会冲突，已成为当前一个十分令人关注的社会问题。

一是从积极产权来看，土地使用权受到国家权力的限制。可以把权利人对产权的自主性支配称为积极产权。只要不违反公正的法律、公共的利益和公认的习俗，权利人对明晰界定到个人的产权就可以自由行使而不致受到限制。现实情况是，农民行使土地使用权的自主性存在不少合法或非法的限制。首先，农民没有决定土地非农使用的权利。《土地管理法》第36条禁止“在耕地上建房、挖砂、采石、采矿、取土”及禁止“占有基本农田发展林果业和挖塘养鱼”。《土地承包法》规定农民有“维持土地的农业用途，不得用于非农建设”的义务。限制农民改变土地非农用途的立法目的在于保护耕地，但却剥夺了农民通过改变土地非农使用增加收入、提高生活水平的可能空间。在耕地收益呈边际递减、增产不增收甚至倒赔成本时，农民却不能基于市场的变化而进行理性的选择。在国家支持农业发展的保护体系尚未有效建立的情况下，却要强行规定农民只能将土地用于农业生产，“无异于强迫农民维持贫困的生活”。①其次，农民没有土地休耕的权利。《土地管理法》第37条禁止“任何单位和个人闲置、荒芜耕地”，“承包经营耕地的单位或者个人连续两年弃耕抛荒的，原发包单位应当终止承包合同，收回发包的耕地。”禁止休耕的立法意图可能出于粮食安全考虑，但这违背了市场经济规律和农民的意愿，同时也为基层政权的合法寻租提供了空间。②在市场经济中，农民是理性的经济人，休耕与否，取决于农民对耕种的成本—收益计算，当农民发现耕种无利可图甚至还要赔本，或者农民发现进城打工比耕种土地更为合算时，农民当然有选择休耕的权利，这是最简单的经济学常识。不许农民休耕，“既不是计划经济行为，更不是市场经济行为，是一种强制劳役的政府行为。”③为了达到某项国家政策目标，我们总习惯于运用惩戒性的负激

---

① 洪朝辉：《论中国农民土地财产权利的贫困》，载《当代中国研究》2004年第1期。

② 刘守英在浙江乐清调查时发现，地方政府为了防止农民荒地，规定农民每荒置1亩地，要被处以1500元的罚金。参见刘守英：《中国农地集体所有制的结构与变迁》，参见数字中国网 http://www.china001.com。

③ 李竹子（李昌平笔名）：《给农民休耕的权利吧》，载《中国改革》2001年第11期。

励而不是借助引导性的正激励。再次，农民没有退出集体经济的权利。林毅夫研究认为1959—1961年的农业危机是由于“农民退社的自由被剥夺所造成的”，这就使合作社的性质从一种重复博弈（repeated game）变为一次性博弈（one-time game），在一次性博弈中，一个自我强制实行的协议是无法维持的。[①] 在家庭承包制中，农民有承包土地的权利，却没有不承包土地的权利。20世纪90年代以来，面对不堪重负的农业税费负担，农民承包无利、退包无门。2003年《土地承包法》增加了农民可以自愿放弃承包土地权利的规定。但问题是，在市场经济中，有利时可以承包，无利时可以退包，这是农民不用钻研市场经济高深理论就明白的浅显道理。况且，没有任何补偿的弃包与弃包后可能永无再包权，都使农民面临“鸡肋式困惑”。在城市化进程中，农民进入城市实现非农化是经济社会发展的必然趋势。《土地承包法》规定“承包方全家迁入设区的市，转为非农业户口的，应当将承包的耕地和草地交回承包方。”同时还规定“承包方在承包期内交回承包地的，在承包期内不得再要求承包土地。”这表明立法者没有摆脱城乡分离的二元思维的束缚，也包办代替了农民根据市场变化进行合约选择的自由权利。最后，农民没有土地交易的权利。在现行集体所有制产权框架下，农民没有对土地的自由交易权尚在情理之中。但对农民承包经营权交易的限制就有于理不合之感。《宪法》规定“任何组织或者个人不得侵占、买卖或者以其他形式非法转让土地”，《民法通则》第80条规定“土地不得买卖、出租、抵押或者以其他形式非法转让”，《土地管理法》第2条规定“任何组织或者个人不得侵占、买卖或者以其他形式非法转让土地”。1988年《宪法》修正案增加了“土地的使用权可以依照法律的规定转让”的条款，但并没有明确这项权利归属农民个人还是村集体，事实上国家才拥有土地的真正处置权。当前农民土地使用权流转层次低、流转率低，[②] 是土地这一最重要的生产要素未能在市场经济中实现资源优化配置的反映。农民土地使用权不能抵押和继承，都降低了土地使用权的物权强度。

二是从消极产权来看，土地使用权遭到权势集团的侵害。排他性是产权的根本特性。农民免于外界侵害的土地财产权可称之为消极产权。农民无法有效阻止外界对土地财产权（使用权）的侵害是当前一个十分严峻的社会问题。首先，土地承包中的违约调整降低了农民的长期预期。在第一轮和第二轮承包合约中，中央明文规定了15年和30年不变的承包期限，并强调“增人不增地、减人不减地”，但乡村违约调整土地的情况比较普遍。自1978年以来，农民承包土地已平均调整3.01次，至少有超过60%的村

① 参见林毅夫：《制度、技术与中国农业发展》，上海：上海三联书店、上海人民出版社，2005年版，第2页。

② 土地使用权流转主要有转让、转包、入股、互换等形式，土地使用权流转的发生率不高。张红宇认为，从总体上判断，90%以上的农村还不具备土地流转的条件。参见张红宇：《中国农村的土地制度变迁》，北京：中国农业出版社，2002年版，第140—145页。

庄和60%的农户经历过土地调整。① 杨学成等人2000年对山东、江苏、江西、河南四省344个县（市、区）742个村的调查表明，89.6%的村对土地进行过调整，平均次数为3.9次，有的一年一调整。② 模糊的土地产权，使素有平均主义传统的农民自身也有根据人口变化调整土地的诉求，乡村干部则有基于利益算计的调地冲动。其次，基层政权的政绩导向干预了农民的自主经营。主要表现在政府行政主导的调整农业产业结构、农业产业化、扩大规模经营等政绩性行为中。2000年5月13日湖北省房县桥上乡党委政府打着调整农业结构的旗号，强行拔掉农民陈龙菊种的苞谷苗，迫使她种辣椒，最终逼迫陈龙菊服毒身亡。③ 中原某乡党委政府习惯于强迫农民种这种那，1986年强迫农民种葡萄，1990年为迎接上级参观强迫农民在沿乡公路100米搞麦田套种，1993年强迫农民种"红富士"苹果，1994年强迫农民种槲桑，1996年，农民种上小麦后，乡政府又强迫农民将公路两边种的麦子毁掉改成大蒜。④ 再次，不公正的强制征地剥夺了农民的土地产权。这是当前农民土地产权所遭受的最为严重的侵害，已造成了数以千万计的失地农民，积累了大量的社会矛盾。现行法律规定农村土地实行集体所有制，城市土地实行国家所有制，而任何单位和个人进行非农建设需要土地的，必须申请使用国有土地。就是说，国家垄断了土地一级市场，只有经过国家通过征地权征收或征用农村集体所有制土地为国家所有制土地后，才能由国家将征来的土地有偿出让或划拨给需要建设用地的单位和个人。集体所有制土地与国家所有制土地处于不平等的地位，此为不公正的征地制度之一。其二，在征地决策和实施过程中，各级政府习惯性地制定单一的规则，农民缺乏平等参与制定游戏规则和平等对话的管道与制度平台。征收农民的土地却排除农民参与的单边主义，无论如何都与现代社会有效的公共治理理念相去甚远。其三，低价征地、高价出让，使农民蒙受巨大损失。征用农民土地的补偿费是按照法定的低价补偿标准计算的，而出让价却是按市场定价，其差价惊人。据有的专家研究，征地价与出让价之比为1：10。一般用几千元几万元从农民手中征来的土地，一出让就是几十万元上百万元。而在超低的征地费用中，农民的所得又少之又少。

基于土地产权的冲突

土地产权遭到限制和侵害后，农民的反应呈现出较大的差异性。农民在积极产权遭

① 参见迟福林、王景新、唐涛：《赋予农民长期而有保障的土地使用权》，载《人民日报》1999年1月5日。

② 参见杨学成、罗伊·普罗斯特曼、徐孝白：《关于农村土地承包30年不变政策实施过程的评估》，载《中国农村经济》2001年第1期。

③ 参见黄广明、张仲民：《逼农"致富"逼死农妇》，载《南方周末》2000年6月23日。

④ 参见厉名震：《咋就不落好》，载《经济日报》1998年7月17日。

到限制后，一般予以默认，即使心有抱怨，也尚能自我抑制在可容忍的限度内，鲜有爆发成群体性抗争事件。然而，当农民的消极土地产权遭到侵害后，农民的不满就容易上升为群体性抗争。

当前因征地引发的社会矛盾成为困扰中国社会的六大问题之首。2004 年发生的 130 起农村群体性事件中，有 87 起是因土地而引起的，占 66.9%。于建嵘的研究表明，土地问题已成为农民维权抗争的焦点。无救济就无权利。农民土地产权被侵害后，缺乏有效的救济渠道，是当前存在的又一突出的社会问题。

作为社会正义最后一道防线的法院，似乎在化解土地侵权事件中力不从心，同时，司法腐败也使农民对法院的信心明显不足。政府似乎也不乐意让法院来裁决与农民发生的冲突。托克维尔精辟地指出："司法工作的最大目的，是用权利观念代替暴力观念，在国家管理与物质力量使用之间设立中间屏障。"[①] 以其中立的立场与和平的方式，化解社会矛盾和冲突，保障社会正义与和谐，是司法的真正价值所在。一旦司法在解决社会冲突上的功能不足，暴力就会成为社会的共同信仰。农民在土地维权中碰到司法救济失灵后，就会选择上访甚至激烈的方式寻求正义；政府在忽视司法平衡和整合社会利益的特有价值后，也会过于信赖暴力机器来保持社会稳定。其结果是"双输"的恶性循环。在 2004 年发生的 87 起因土地问题发生的警农冲突事件中，农民在被征地或被占土地阻止施工而引发的事件 48 起，占总数的 55.2%，地方政府派警力阻止农民上访而发生的事件 31 起，占总数的 35.6%，农民到市政府、铁路及高速公路或交通要道静坐、请愿而引发的事件 8 起，占总数的 9.2%。在这些警农冲突中，共造成数百名农民受伤，3 人死亡，160 多人被关押，有的村民被绑游街示众。有 12 起事件政府出动了特警或防暴警察。[②]

与历史上农民与国家的关系紧张不同，新时期的社会冲突，主要表现为农民与利益集团的矛盾。在历史上，国家主要追求基于传统社会主义信仰的意识形态目标，"左"的指导思想和群众性政治运动，完全来自于中央的统一发动和部署，与"中央保持高度一致"的地方和基层，既没有与中央不同的意识形态意图，也没有突出的独立的部门利益。农民问题因而就表现在农民与国家的关系上。改革开放以来，市场取向的改革，使中央、地方、基层、各部门和农民个人都形成了各自的利益意识。当前的农民问题，主要表现在农民与地方、基层政府、各部门甚至个别领导人的利益冲突上。在多重利益博弈的时代，如何创造公平有序的竞争环境、有效平衡各方面的正当利益、切实保障弱势阶层的基本权利和自由，就成为执政者新的重大考量。

在中央与地方博弈、中央与基层博弈、中央与农民博弈、中央与利益集团博弈、基

① ［法］托克维尔：《论美国的民主》上卷，董果良译，北京：商务印书馆，1997 年版，第 156 页。
② 参见于建嵘：《农民土地维权抗争的调查》，载《改革内参》2004 年第 27 期。

层与农民博弈、农民与利益集团博弈中，利益是这些多重博弈的核心。中央追求执政有效性和执政合法性，具体追求科层管理高效廉洁、社会和谐稳定、国家长治久安等；农民追求安居乐业、生活环境宽松、基本权利保障、公共福利增进、天下太平；地方和基层政府，对中央和上级政府则确保完成上级下达的目标任务、追求政绩突出以求升迁、保持辖区“太平无事”以免遭不测；对农民则以不酿成群体性事件而令中央或上级恼怒为底线，为此积极实现自身利益的最大化。在当前比较严峻的征地事件中，地方、基层政府和开发商是最大的受益者，农民和国家则是最大的受害者。国家征地制度的不合理不完善，为利益集团提供了攫取农民土地利益的巨大空间。比如《土地管理法》第55条规定新增建设用地有偿使用费30%上缴中央财政，70%归地方政府。这为地方政府“以地生财”提供了难以自禁的巨大激励。2002年苏州市出让土地4441.32公顷，获得土地出让收入151.87亿元，占该市财政总收入的52.22%。① 有人将政府的征地权称为“第二财政”。中央财政虽然从征地中分得了“一杯羹”，但相对于广大农民利益的损失和由此积累的社会矛盾所造成的政权合法性流失来说，可谓得不偿失。

地方和基层政府与中央政府的最大区别，在于地方和基层政府不必把执政合法性作为核心考量。历史上所谓“官逼民反”的“官”，从来就是地方和基层的官吏。地方和基层政府在实现利益最大化中，必然因欲壑难填、搜刮太甚而遭民怨，超过临界点的民怨所引发的抗争，在某种程度上就会妨碍了地方和基层政府以及开发商利益最大化的实现。在传统强权政治逻辑中，地方和基层政府容易以国家利益的名义来打压维权的民众，习惯性地使用暴力来迫民就范。其结果，或以暴力打压而平息事端，或以警民暴力冲突升级而危及社会安定。不管何种情况，暴力在社会治理中的滥用必然使政府的公信力蒙受损失。警惕地方政府以国家的名义滥施暴力，是现代社会谋求善治的内在逻辑。国家要在各方利益的博弈中达到有效整合社会的目的，不至于使任何一方利益强大到足以压制对方而危及社会安宁，就需要提升现代社会的治理技术。公民的基本权利是走向现代世界的关键。利益博弈引发的现代社会冲突，特别需要保护弱势阶层的基本权利。市场只有在人能够作为平等的市场参与者进入市场的情况下，才能发挥其功能。

现代社会冲突与一些不平等的影响有关，这些不平等限制着人们用社会的、经济的和政治的手段进行充分的公民参与。因此，关键是应得权利，它们能把公民的地位变成为一种实现了的身份地位。②

---

① 转引自廖小军：《中国失地农民研究》，北京：社会科学文献出版社，2005年版，第123页。

② 参见［英］拉尔夫·达仁道夫：《现代社会冲突》，林荣远译，北京：中国社会科学出版社，2000年版，第52—53页。

不断提高中国农民享受人权的水平[1]

托克维尔发现："没有一个伟大人物没有德行，没有一个伟大民族不尊重权利，因为一个理性与良知的集合体怎么能单凭强制而结合起来呢？"[2]个人权利不仅是公共权力行使的边界和目的，也是一个国家长治久安的根本所系。在当代中国，不断提高亿万农民享受人权的水平，是社会主义新农村建设的根本目的所在。

权利保障扑面来

长期以来，中国囿于苏联模式和冷战思维的局限，将"人权"视为"资产阶级"的"专利"而予以批判和拒绝，从而大大延缓了中国人权事业的发展。改革开放后，人权的观念和价值逐渐被人们所认同和接受。1997年中国共产党正式将"尊重和保障人权"写入政治报告，2004年执政党的这一理念又被载入国家宪法。"人权入宪"揭开了中国人权保障事业的新篇章。

中国国家主席胡锦涛2005年11月20日在与来访的美国总统布什共同会见记者时表示，我们将继续从中国的国情出发，根据中国人民的意愿，不断建设中国特色的民主政治，不断提高中国人民享受人权的水平。

2006年5月9日，第60届联合国大会以无记名投票的方式选出了新成立的人权理事会首届47个成员，中国以146票之高票当选为首届联合国人权理事会成员国。据联合国新闻报道，所有当选国都对保护人权作出了具体的保证和承诺。中国当选人权理事会首届成员国意味着，中国将在保障本国公民人权和促进国际社会人权保障上迈出新步伐。这是中国将对人类政治文明和世界人权事业做出更大贡献的新起点。在促进人权事业的历史进程中，尊重、保障和实现亿万农民的基本权利，无疑是中国共产党和中国政府致力于人权保障事业的重中之重。

2002年中国共产党十六大以来，新一届中央领导集体确立了一系列新的执政理念

① 本文原载《湖南公安高等专科学校学报》2006年第5期。

② [法]托克维尔：《论美国的民主》上卷，董果良译，北京：商务印书馆，1988年版，第272页。

和发展战略：坚持以人为本，统筹城乡发展、统筹区域发展、统筹经济社会发展、统筹人与自然和谐发展、统筹国内发展和对外开放，树立全面、协调、可持续的发展观，构建社会主义和谐社会，提高党的执政能力，等等，这些新的执政理念和发展战略，打开了中国人权保障事业的崭新局面。

近些年来，人们欣喜地看到，维护农民群众合法权益已经摆在了党和政府工作更加突出的位置上。2006 年 3 月 5 日，温家宝总理在十届全国人大四次会议的《政府工作报告》中，历史性地提出了三个明确的政府工作时间表：一是在 2006 年在全国彻底取消了农业税，二是从 2006 年起用两年时间即到 2007 年全部免除农村义务教育阶段学生学杂费，三是到 2008 年在全国农村基本建立新型合作医疗制度和医疗救助制度。[①] 由此可知本届中央政府在解决农民基本权益上的急迫心情和坚强决心。这一系列有利于促进农民基本权益保护的政策出台，使人们乐观地看到一个权利保障的时代正在到来。

农民权利的宪法保障

学界一般认为权利有三种存在形态：应然权利、法定权利和实然权利。应然权利是指道德权利，即权利主体应当享有的权利；法定权利是指国内和国际立法加以确认的权利；实然权利是指权利主体实际享有的权利。应然权利不一定全部被纳入法定权利，法定权利也不一定被完完全全地落到实处。在民主法制健全的国家，应然权利能够充分地纳入到法定权利中，法定权利也能得到充分地保障，即使公民的法定权利遭到损害，也能通过有效的司法渠道予以救济。在民主法制不健全的国家，应然权利只有一部分被纳入到法定权利中，这种被克扣了的法定权利在现实生活中又会得不到应有的执行和保障，实然权利与法定权利存在着较大的差距，加上权利救济渠道不畅，权利主体一旦权利受损，维权成本极高，整个社会比较普遍地存在着无法可依、有法不依、执法不严、违法不究、维权无门等现象。

中国现行《宪法》第二章对公民的基本权利和自由作了规定，主要有：选举权和被选举权，言论、出版、集会、结社、游行、示威的自由，宗教信仰自由，人身自由，人权尊严权，住宅不受侵害权，通信自由和通信秘密权，批评、建议权，申诉、控告、检举权，获得国家赔偿权，劳动权，社会保障权，获得物质帮助权，受教育权，科学研究、文艺创作和其他文化活动自由权，男女平等权，婚姻、家庭、母亲和儿童受保护权等。由此可知，中国《宪法》规定的公民权利与国际人权宪章规定的基本人权在总体上是一致的。亿万农民作为共和国公民，理所当然享有宪法赋予的一切基本权利和自由。

① 参见温家宝：《政府工作报告——2006 年 3 月 5 日在第十届全国人民代表大会第四次会议上》，北京：人民出版社，2006 年版，第 18、19、25、32 页。

众所周知，我国宪法尚处在不断的完善和发展之中。从国际人权宪章和我国公民对权利的需求来看，现行宪法在权利保障方面存在许多有待进一步完善的地方。中国政法大学徐显明教授提出修宪时应将生存权、财产权、环境权、发展权、知情权、隐私权、经济自由权、迁徙自由权、平等权、接受公正审判权等十项人权载入宪法。① 苏州大学杨海坤教授将我国宪法与两个国际人权公约进行比较后发现，我国现行宪法没有规定或规定得不全面或不明确的公民基本权利多达 30 项。杨海坤教授主张，我国应尽快将生命权、平等权、私有财产权、知情权、公职权、迁徙自由权、工作权、社会保障权、接受公正审判权和生活环境权等最切实际需要的基本权利，完整、明确、具体地载入宪法。②

列宁认为："宪法是一张写满人民权利的纸。"③ 中国在政治文明的历史进程中，将人类社会普遍公认的基本权利载入宪法之中，对于充分保障公民的基本权利和自由是必不可少的。

走出兴亡百姓苦怪圈

漫长的中国历史，有一个著名的治乱循环周期率。这个历史周期率是由黄炎培提出的。1945 年 7 月，国民参政会参政员黄炎培访问延安时对毛泽东说："一部历史，'政怠宦成'的也有，'人亡政息'的也有，'求荣取辱'的也有。总之没有能跳出这周期率的支配。"对如何跳出历史周期率，毛泽东自信地作出解答："我们已经找到新路，我们能跳出这周期率。这条新路就是民主。只有让人民来监督政府，政府才不敢松懈。只有人人起来负责，才不会人亡政息。"④

除了治乱循环周期率外，中国还有一个著名的历史怪圈，即兴亡百姓苦怪圈。这个兴亡百姓苦怪圈是由元代张养浩（1270—1329）提出的："兴，百姓苦，亡，百姓苦。"⑤ 笔者曾将张养浩的这一千古叹息概括为兴亡百姓苦怪圈，如何走出这个兴亡百姓苦怪圈，笔者的尝试性回答就是"尊重和保障人权"。

在保障农民权利上，还存在不少认识误区。一是认为保障农民权利将降低行政效率。的确，设定了农民的权利范围，也就相应地界定了公共权力的目的和边界。对于习

① 参见齐彬：《中国宪法有待增加十项人权——访中国政法大学校长徐显明》，载中国新闻网 http://www.chinanews.com.cn.，2002-12-08。

② 参见杨海坤：《论我国公民基本权利的宪法安排》，载杨海坤主编：《宪法基本权利新论》，北京：北京大学出版社，2004 年版，第 4—9 页。

③ 《列宁全集》第 9 卷，北京：人民出版社，1959 年版，第 448 页。

④ 黄炎培：《八十年来》，北京：文史资料出版社，1982 年版，第 149 页。

⑤ 张养浩：《山坡羊·潼关怀古》。

惯于放手运用不受制约的权力“全心全意为民谋利益”的权力行使者来说，确实会有些碍手碍脚。对他们来说，最合常理的抱怨或许是，保障农民权利将降低行政效率。但经验表明，不受约束、不负责任的权力运行，将走向疯狂，其结果将是灾难的不可控制性。一时的行政效率，将毁于持久的权力滥用症。公权力的规范和约束可能会降低一时一事的效率，但必将增强社会整体治理的水平。

二是认为保障农民权利只利于农民而无益于他人。一般来说，保障农民的权利会对农民有利，这是显而易见的。但如果认为权利保障只有利于农民，则就大谬不然了。事实是，保障农民权利，不但有利于农民的福祉，也有利于执政者，有利于社会阶层之间和谐和国家的长治久安。在没有基本人权保障的专制社会，即使所谓的三公九卿、达官贵人并不比普通百姓更有保障。密尔就精辟地指出：“中国的一个大官和一个最卑下的农夫一样，同是专制政体的工具和仆役。”① 没有权利保障的社会，表面上显然对普通民众最为不利，实则危及每一个人的生活预期。这事的事例是数不胜数的。在“文化大革命”中，身为国家主席的刘少奇手捧宪法却保护不了自己的人身权利，最后被迫害致死。这是缺乏人权保障的社会置大官与草民一样朝不保夕的深刻教训。

三是认为农民权利保障可以缓行。一个常见的说辞是发展经济优先，权利保障缓行。殊不知，发展经济的目的不是别的，正是为了尊重、保障和实现农民的各项基本权利和自由。人是目的而不是手段。将发展经济与权利保障割裂开来是十分有害的。长期以来，在一些地方，打着发展经济的旗号而侵害农民权利的事不断发生，比如，在调整农业结构中，基层干部强迫农民种这种那，最后发生逼得农民自杀的惨剧；在招商引资过程中，地方政府强行征地拆迁，导致大规模侵害农民权益的现象，等等。侵害农民基本权利的所谓经济发展，最终毁掉的将不仅是经济发展本身。密尔认为：“国家的价值，从长远看来，归根结蒂还在组成它的全体个人的价值。”② “无论是从人口的比例，还是从苦难的程度，我们都可以说，中国最重要的公民权利，当是乡民的权利；中国最重要的人权，当是农人的人权。”③

不断提高亿万农民享受人权的水平，是中国走出兴亡百姓苦怪圈的必由之路，是中国共产党担当民族复兴大业的时代课题。

从农民权利到公民权利

我们强调保障农民权利，并不是要将农民身份固定化，将农民权利概念化。而是在

① [英]约翰·密尔：《论自由》，程崇华译，北京：商务印书馆，1959年版，第122页。
② [英]约翰·密尔：《论自由》，程崇华译，北京：商务印书馆，1959年版，第125页。
③ 夏勇：《中国民权哲学》，北京：三联出版社，2004年版，第2页。

提升农民基本权利保障的基础上，指向公平统一的公民权利。不可否认，权利的实现存在着差序格局，保障和实现人的权利也需要相当的成本。因而期望所有的人在短期内立即享有完全平等的权利，这虽然符合道德价值标准，却可能并不现实。但这绝不是政府可以漠视社会不平等的理由。

当我们说到公民权利时，一个习惯性思维就是想到公民义务。不错，马克思说过："没有无义务的权利，也没有无权利的义务。"[①]但是，权利所对应的概念除了义务外，还有一个更重要的概念被忽视了，那就是责任。从学理上说，与权利对应的责任包括政府责任（国家责任）、社会责任和个人责任。这个人责任就是我们习惯性强调的义务。公民行使自己权利时当然负有相应的义务即个人责任。但是，尊重、保障和实现公民权利的更大责任在政府。就是说，当我们强调公民权利时，意味着政府负有不可推卸的责任。

政府的目的就是为了尊重、保障和实现公民的基本权利和自由。在中国古代的话语中，政府（君主）就是要做到"民之所好好之，民之所恶恶之"。[②]孟子认为："民为贵，社稷次之，君为轻。"[③]在孟子看来，民为邦本，如君主不施仁义，滥施暴政，人民就有推翻暴君之权："贼仁者，谓之贼；贼义者，谓之残。残贼之人，谓之一夫。闻诛一夫纣矣，未闻弑君也。"[④]荀子提出："天之生民，非为君也。天之立君，以为民也。"[⑤]

在中国当代的话语中，执政党和政府就是要坚持"全心全意为人民服务"，就是要"代表最广大人民的根本利益"，就是要"情为民所系，权为民所用，利为民所谋"。

在西方语境中，政府所有的一切权力都"只是为社会谋幸福"。[⑥]1776年《独立宣言》宣告："人人生而平等，他们都从他们的'造物主'那边被赋予了某些不可转让的权利，其中包括生命权、自由权和追求幸福的权利。这了保障这些权利，所以才在人们中间成立政府。而政府的正当权力，则系得自被统治者的同意。如果遇有任何一种形式的政府变成损害这些目的的，那么，人民就有权利来改变它或废除它，以建立新的政府。"[⑦]

在国际人权语境中，保障人权是各国政府的首要责任。正如1993年6月25日世界人权大会通过的《维也纳宣言》所申明的那样："人权和基本自由是全人类与生俱来的

---

① 《马克思恩格斯全集》第16卷，北京：人民出版社，1964年版，第16页。

② 《四书·大学》。

③ 《孟子·尽心下》。

④ 《孟子·梁惠王下》。

⑤ 《荀子·大略》。

⑥ ［英］洛克：《政府论》下篇，叶启芳、瞿菊农译，北京：商务印书馆，1964年版，第86页。

⑦ 参见董云虎、刘武萍编著：《世界人权约法总览》，成都：四川人民出版社，1991年版，第272页。

权利；保护和促进人权和基本自由是各国政府的首要责任。”[①]

一个公民权利的社会，必然是政府承担责任的社会。政府自信地承担起人权保障的责任，是政府转型成功与否的重要标志。

在当代中国，保障农民权利，走向公民权利的时代，需要我们将宪政与仁政有机地结合起来。宪政是西方几千年政治文明发展的最高成果，仁政是中国几千年政治文化最耀眼的结晶。传统的中国社会，以伦理为本位，故半部《论语》可治天下；现代工业化社会，以权利为本位，故需依宪治国。在全球化时代，中国不可能封闭自我，孤立发展；同时，中国也不应当丧失自我，割裂传统。以余观之，将宪政与仁政有机地结合起来，或许是中国文明发展的最佳路径。

① 参见《维也纳宣言和行动纲领》，载新华网 http://news.xinhuanet.com/ziliao/2003-01/20/content_698241.htm。

社会主义新农村建设中的征地制度改革①

建设社会主义新农村，需要大力深化农村体制改革，切实保护农民权益。现行征地制度存在极不适应社会经济发展的严重弊端，已成为社会主义新农村建设中亟需改革的重要领域。众所周知，中国《宪法》规定土地实行国家所有和集体所有两种所有制形式，城市的土地属于国家所有，国务院代表国家行使国有土地所有权；农村和城市郊区的土地，除由法律规定属于国家所有的以外，属于集体所有；宅基地和自留地、自留山，也属于集体所有。在目前中国不存在土地的私有制。国家为了公共利益的需要，可以对土地实行征收或征用并给予补偿。《土地管理法》规定任何单位和个人进行建设需要使用土地的，必须依法申请使用国有土地；涉及农用地转为建设用地的，应当办理农用地转为建设用地审批手续。就是说，国家对土地资源实行了高度集中的严格管制，任何单位或者个人不得侵占、买卖、出租或以其他形式非法转让土地。凡农用地转为非农建设用地，必须通过国家的征收或征用。《土地管理法》第45条规定了国务院与省级政府的审批权限：征用基本农田、基本农田以外的耕地超过35公顷的、其他土地超过70公顷的，由国务院批准；此规定以外的土地，由省、自治区、直辖市人民政府批准。

不可否认，在现行的征地制度下，农民的权益遭到了严重的侵害。为此，有的人将之归咎于城市化上，于是便对城市化大加挞伐。其实，在中国农业人口众多、城市化长期受到人为阻止的背景下，适应市场经济发展需要，不断加快城市化进程，实现农村人口向城市的大规模转移，仍然是中国现代化的必由之路。真正的问题不在于城市化，而在于现行土地制度的缺陷。当前在城市化进程中引发的征地矛盾与失地农民等问题，根本上说是我国市场经济的快速发展与僵化的土地制度和其他相关制度变革滞后的集中反映。现行征地制度的不合理性和僵化性亟需改革。

改革城乡二元土地制度，取消土地市场“双轨制”

我国对城市土地实行国有制，对农村土地实行集体所有制。这是中国特有的二

① 本文原载《求索》2006年第4期。

元结构的体现和反映。在法律上，农村土地集体所有权与城市土地国家所有权处于完全不平等的地位，这是导致农地产权残缺的重要因素。城乡土地市场被人为地隔离，形成城市土地市场与农村土地市场界线分明的两个不同的市场体系，而农村土地市场则被国家严格控制，农用地要转变为非农建设用地，必须经过政府审批。

在此二元土地制度框架下，我国先后采取了三种不同的征地模式：一是计划经济时期的征地模式。一个建设项目列入计划后，国家拨款征用农村集体所有的土地，然后将征用的土地无偿划拨给用地单位使用；征地补偿主要是农业产值和劳动力安置。二是市场经济时期单独选址项目的征地模式。市场化改革以后，城镇土地使用逐步实行有偿、有限期、可流动的制度。除了部分国家机关、军事、基础设施和公益事业用地仍沿用传统的计划经济征地模式外，其他建设项目多采用单独选址建设项目征地模式，征地补偿费由用地单位依法向农村集体经济组织和农民支付，土地使用权的转移采取划拨和出让两种方式，经营性建设项目的土地使用权以出让方式获得；征地补偿费用包括土地补偿费、青苗补偿费、地上附着物补偿费和农业人口安置补助费。三是城市分批次建设征地模式。在土地利用总体规划确定的城市、集镇和村庄建设用地规模范围内，为实施该规划而将农用地转为建设用地的，根据土地利用总体规划和土地利用年度计划，分批次按照土地规划统一征地，然后再由当地政府按项目提供用地。用地单位不再与农村集体经济组织和农民发生直接的经济关系。政府将按照规划要求选择项目。征地补偿费由政府按法定标准支付给农村集体经济组织。①

在计划经济时期，国家对城市和农村土地市场都实行计划管理，涉及征地问题的矛盾似乎不够明显；但在向市场经济转型后，国家对城市土地注入了市场化因素，而对农村土地仍然实行计划经济管理的模式。政府在征收农地时按照计划经济方式运作，而出让土地时则按市场经济方式运作，这种土地市场上的“双轨制”，使被征土地出让价格大大高于征地补偿安置费，土地在经济发展中形成的巨大级差收益完全被政府和开发商所得，农民的土地权益蒙受巨大损失，涉及征地问题的社会矛盾也就相当尖锐地突显出来。可以说，自从我国市场化改革以来，农村土地市场是市场化程度最低的领域之一。我国城乡土地所有制上的“二元结构”和城乡土地市场上的“双轨制”，是我国土地问题及其改革的核心和焦点。

根据传统社会主义理论，国家曾关闭了城乡土地自由市场，政府成为土地市场的唯一主体。不管是公益性用地还是经营性用地，一律由政府对土地实行征用。政府在“土地农转非”上的垄断地位，使自已在城乡土地市场交易中成为唯一合法的中间人，就是说，只有政府有权强制性地低价征购农用地，然后再高价出卖给建设用地方。我国城乡

---

① 参见刘小玲：《制度变迁中的城乡土地市场发育研究》，广州：中山大学出版社，2005年版，第187—188页。

土地制度设计上的这种严重缺陷，为制度性寻租提供了巨大的空间，使政府充当了城乡土地市场交易中名副其实的“二道贩子”，以地生财就成为不少地方政府打造政绩的有效途径。农民则在这种不合理的土地制度安排中成为最大的受害者。农民土地财产权益的流失是继“剪刀差”之后中国农民对国家的又一最大“贡献”。

界定公益性与经营性用地，规范和约束国家征地权，充分发育土地交易市场

私有财产权是人权重要的内容，土地财产权是农民最重要的财产权。保障私有财产权是宪法的基本精神之一。私有财产权可能受到私法和公法两方面的侵害。在当代中国，对农民土地财产权的侵害主要来自公权力的滥用。国家对农民土地财产权的侵害，又来自国家合法拥有的强制性征地权。国家对私有财产强制性取得的合法方式主要有征收和征用两种。一般认为征收是财产所有权的转移，征用是财产使用权的转移。[①]2004年《宪法》修正案区分了征收和征用概念。国家强制性征地权的存在是对私有财产权的最大威胁，但社会公共利益的需要又使国家保有强制性征地权具有了正当性。在政治文明发展史上，人类找到了宪法这个解决国家强制征地权与公民私有财产权之间冲突的制度框架。一方面，宪法规定私有财产不可侵犯；另一方面，宪法将国家的强制征地权严格界定并限制在公共利益之内。

长期以来，我国在《宪法》和《土地管理法》中虽然都规定了国家为公共利益的需要可以依法征收或者征用，但既没有明确界定公共利益的范围，也没有严格区分公益性征地和经营性用地。在实行土地私有和民主法制健全的国家和地区中，一般都明确公共利益的范围，且政府强制征地权仅限于公共利益的需要，而经营性用地则通过土地自由市场来解决，政府强制征地权不予介入。一般说来，各国关于国家强制性征地的法律有三种方式来定义公共利益的需要：一是仅确立国家只能因公共目的而征地的一般原则；二是列出可以定义为公共目的的具体公共用途；三是两者结合使用。许多发达国家和发展中国家的征地法律确定的公共利益通常包括公共交通、公共设施建设、军事用途、公共事业建设等内容。[②]之所以要将国家的强制征地权严格限制在公共利益之内，是为了不致使国家特有强制性征地权的滥用而损害公民的私有财产权。

区分公益性与经营性用地，目的有二：一是将国家强制性征地权严格限定在公益性征地范围内，二是经营性用地则由土地市场公平交易决定，严格禁止国家征地权的介入。2003年10月《中共中央关于完善社会主义市场经济体制若干问题的决定》提出

---

① 参见石佑启：《征收、征用与私有财产权保护》，载《法商研究》2004年第3期。

② 参见普罗斯特曼、徐孝白、李平：《征地制度改革与农民土地权利》，载中国（海南）改革发展研究院编：《中国农民权益保护》，北京：中国经济出版社，2004年版，第412—428页。

“严格界定公益性和经营性建设用地”。[①] 应该说这是一个新起点。但随之面临三个亟需解决的大问题：

第一，如何在相关法律中明确界定公共利益的征地范围的问题。有的学者提出将公益性用地进一步分为非营利性公益性用地和营利性公益性用地两类，对非营利性公益性用地采取列举式规定，将其严格限制在国防建设用地、政府机关用地等范围内；营利性公益性用地可采用列举式与定义法相结合的方式界定，如国家重点工程建设、交通建设、能源建设等。[②] 无论如何，国家在相关的法律中明确公益性征地范围是必要的。

第二，如何规范和约束国家征地权的问题。国家尊重和保障人权，与法律规范和约束公权力，是一个硬币的两面。国家虽然在《宪法》中载明了保障人权的条款，但如未能从制度上有效规范和约束国家公权力，则人权保障的实际效果就会难以尽如人意。众所周知，2003 年以来，中央文件明确提出了对公益性和经营性建设用地的界定，国家宪法也明确规定了私有财产不受侵犯，但由于国家公权力的规范与约束制度建设的滞后，全国涉及征地引起的社会冲突仍然十分突出。由此可知，征地制度并不是孤立地存在，而是处于整个国家的制度结构之中。公权力的规范和约束，涉及国家政治体制改革和政治文明建设。“我们所有的改革最终能不能成功，还是决定于政治体制的改革。”[③]

第三，如何发育土地自由交易市场的问题。如果城乡土地自由交易市场未能建立，即使明确区分了公益性和经营性建设用地的界限，也不能将政府的征地权限定在公益性征地的范围之内，因为市场经济中“看不见的手”一旦缺席，[④] 政府这只“看得见的手”就会伸过来予以干预。目前政府的征地权广泛使用于公益性征地和经营性征地，这既是征地权滥用的表现，也是我国土地自由交易市场未能健康发展的必然结果。土地是财富之母，是最重要的生产要素。生产要素的自由流通和自由交易，是市场经济最为本质的内在要求。财产只有在自由流通和交易中才能由死的财产变为活的财产，也才能增值。[⑤] 亚里士多德把“交易”视为三种“致富技术”之一。[⑥] 自由交易能增进财富，这已是经济学的常识。以市场机制配置土地资源，充分发育和健全城乡土地自由交易市场，对中国“三农”问题的解决和国民经济的发展意义重大。“西欧、北美、日本的工业化和城

---

① 《中共中央关于完善社会主义市场经济体制若干问题的决定》，北京：人民出版社，2003 年版，第 17 页。

② 参见刘小玲：《制度变迁中的城乡土地市场发育研究》，广州：中山大学出版社，2005 年版，第 205 页。

③ 《邓小平文选》第三卷，北京：人民出版社，1993 年版，第 164 页。

④ [英] 亚当·斯密：《同民财富的性质和原因的研究》下卷，郭大力、王亚南译，北京：商务印书馆，1974 年版，第 27 页。

⑤ 参见江平：《私有财产权的保护》，载《中国司法》2004 年第 7 期。

⑥ 参见 [古希腊] 亚里士多德：《政治学》，吴寿彭译，北京：商务印书馆，1965 年版，第 32—33 页。

市化领先全球，土地制度都是清楚的私人所有、自由买卖、按值成交。”[①] 中国土地自由市场如得以确立，不仅将化解经营性用地却要动用政府强制征地权的问题，而且将空前增进国民的财富。

实行公平合理的征地补偿、分配和安置

在征地引发的严重社会冲突中，问题并不在于农民同不同意征地，而在于政府对农民不公平不合理的征地补偿、分配和安置。这主要体现在三个方面：

一是补偿费标准明显过低。根据现行《土地管理法》的规定，国家征收耕地的补偿费由三项组成：①土地补偿费，②安置补助费，③地上附着物和青苗补偿费。征用耕地的土地补偿费标准为：①该耕地前 3 年平均产值的 6 至 10 倍，②每一个需要安置的农业人口的安置补偿费标准为该耕地前 3 年平均产值的 6 至 10 倍，③土地补偿费和安置补助费的总和不得超过土地被征用前 3 年平均产值的 30 倍。

二是补偿分配比例明显不公。按照《土地管理法实施条例》的规定，征地补偿费的具体分配是：①土地补偿费归农村集体经济组织所有，②土地安置补助费交付农村集体经济组织或其他安置单位，③被征土地的地上附着物及青苗补偿费用给农民。据有的学者调查，如果政府征地成本价为 100%，被征土地收益分配比例为：地方政府占 20%—30%，企业占 40%—50%，村级组织占 25%—30%，农民仅占 5%—10%。从成本价到出让价之间所生成的土地增值巨额收益大部分被中间商和地方政府所得。[②]“如果说计划经济时代的‘剪刀差’让农民付出了 6000 亿—8000 亿元的代价的话，那改革开放以来通过低价征用农民的土地，最少使农民蒙受了 2 万亿元的损失。”[③] 据党国英估算，从 1952 年到 2002 年，农民向社会无偿贡献的土地收益为 51535 亿元；以 2002 年无偿贡献的土地收益 7858 亿元计算，相当于放弃了价值 26 万亿的土地财产权。[④]

三是安置明显不到位。政府征地后，由于安置工作的严重欠缺，造成了数以千万计种田无地、就业无岗、社保无份的“三无”失地农民，成为当前中国最为突出的社会问题之一。据统计，1987—2001 年全国非农建设占用耕地 3394.6 万亩，其中 70% 以上是

---

① 周其仁：《产权与制度变迁》（增订本），北京：北京大学出版社，2004 年版，第 109 页。

② 参见鲍海君、吴次芳：《论失地农民社会保障体系建设》，载《管理世界》2002 年第 1 期。

③ 不管是城镇周围还是偏远乡村，以发展为名，肆意侵犯农民土地使用权的例子比比皆是。“万亩果园基地”、“千亩蔬菜基地”在某些地方遍地开花；“某某一条街”、“某某开发区”在一些城乡结合部也越建越多，而这背后，大都是以农民被迫低价出让土地使用权为代价。开发浦东时向当地农民征一亩粮田补偿 2.3 万元，一亩菜地补偿 2.8 万元，另外再投入六七万元完成“七通一平”工程，等出让给开发商时，已高达二三十万元一亩。参见陈锡文：《农民增收需打破制度障碍》，载《中国经济时报》2002 年 10 月 9 日。

④ 参见党国英：《土地制度对农民的剥夺》，载《中国改革》2005 年第 7 期。

征地。这是依法审批的占用数，卫星遥感资料表明，违法占地数量占一般占用地总量的20%—30%，有的地方多达80%。目前全国失地农民总数在4000万人。[①]另据国务院批准实施的《1997—2010年全国土地利用总体规划纲要》，至2010年全国共安排非农建设占用耕地1850万亩，其中90%以上为征用农村集体土地，按照目前全国人均耕地水平测算，将新增约1200多万被征地农民。国土资源部的研究课题《21世纪我国耕地资源前景分析及保护对策》表明，在严格控制的前提下，2001—2030年全国年均建设占用耕地不低于180万亩，30年间将新占耕地5450万亩，如不妥善安置，将新增失地农民7800万人。[②]

我国关于征地补偿标准、征地补偿费分配比例和被征地农业人口安置的规定，都深深打上了计划经济的烙印，反映了立法者受制于传统观念的立法意图。首先，过低的征收耕地补偿标准，反映了立法者孤立地考虑耕地作为农作物生产的年产值，而忽视被征耕地一旦转为非农使用所飙升的级差价值。一句话，以人为本的富民导向与市场经济的发展要求为立法者所忽略。其次，农民只能获得地上附着物及青苗补偿费的分配体制，是立法者基于农村土地的集体所有制背景所作的判断。这里就有两个问题需要深化认识：第一个问题是现行的农村土地集体所有制难以有效地保障农民的土地财产权，农地产权改革的确不容迟缓；第二个问题，立法者忽视了农民合法拥有长达约50年的承包土地使用权。再次，现行的补偿安置费，同样没有考虑农民长期的承包期限，也没有考虑失去土地后农民的就业和社会保障问题。法律上的缺陷与漏洞，为现实征地中引发的社会矛盾埋下了祸根。至于有的地方公然截留农民应得的征地补偿费，那就纯属行政失灵、官吏腐败了。

在私有财产得到严格保护的国家，法律对征地都有公平合理补偿的明确规定。像著名的美国宪法修正案第5条就有对征收私有财产必须给予公正补偿的规定。其他各国对征收私有财产也大都有类似的规定。公平合理补偿的基本标准，一般是使被征地的所有者和使用者的经济状况不因征地而受影响，至少使他们不因政府征地而使原有的生活水平下降。大多数民主法治和市场经济体制的国家都是依据市场价值来确定征地补偿的。

以市场价值来确定公正的补偿，是中国征地改革中最为急迫的任务。我国《宪法》2004年修正案增加了对国家征地"给予补偿"的新规定。虽然宪法没有说明这种"补偿"是否是"公正补偿"，但可以预料，如果国家在征地中给予的补偿明显"不公正"，那么由此而起的社会问题就不会消失。因为治国离开了公正，就难以长治久安。正如亚里士多德所言："正义恰正是树立社会秩序的基础。"[③]亚当·斯密也认为："人民如对政府

① 参见段应碧：《改革现行土地征用制度，切实保护农民的土地权益》，载中国（海南）改革发展研究院编：《中国农民权益保护》，北京：中国经济出版社，2004年版，第363页。

② 转引自廖小军：《中国失地农民研究》，北京：社会科学文献出版社，2005年版，第99页。

③ [古希腊]亚里士多德：《政治学》，吴寿彭译，北京：商务印书馆，1965年版，第9页。

的公正，没有信心，这种国家的商业制造业，就很少能长久发达。”① 国家在征地上给予公正的补偿，立法者不应再有别的犹豫。公正的征地补偿，对公益性征地和经营性征地都同样适应。有的人误以为国家的公益性征地可以低价补偿，这种认识的有害性是明显的，一方面这违背了国家应当始终坚持的正义性原则，另一方面则为政府以公益事业为名征地寻租打开了方便之门。在私有财产得到严格保障的法治国家，所谓公正补偿的征地就是公益性征地。在确立了公正补偿后，国家的征地成本将大为提高，这使一些人感到忧虑。事实上，这种忧虑是不合时宜的。国家征地成本的上升可谓利远大于弊。首先，征地上升的成本正是将原本应该付给农民的土地财产权益公正地还给农民；其次，征地成本的上升可以有效约束地方政府基于经济的理性计算而抑制大规模围占土地的内在冲动与政绩行为。国家虽然比以往多支付了征地费，但却维护了社会正义，赢得了民意支持，且保护了耕地，两相权衡，利弊立现。

在实行土地私有产权的国家，不存在经营性征地的概念，非公益性用地均由土地买卖双方根据市场自由交易，不需政府费心，政府只需提供和维护公平的市场交易规则。在中国土地自由交易市场形成以前，经营性征地仍然离不开政府。但需要改革的是，废除中央政府与地方政府在征地收益中分成的做法，政府除了收取土地交易税外，不应从征地中获利。这是革除地方政府以地生财、确保政府回归公共服务职能的根本措施之一。同时，政府要保证经营性用地的市场价值补偿，这就要使土地开发商与农民直接谈判，农民就自己被征土地与开发商平等地讨价还价是理所当然的，问题在于，分散的农民在谈判中通常会处于弱势地位，政府应当允许和鼓励农民组织起来，建立维护自身利益的农民协会组织。农民有序的参与对于维护自身权益和社会秩序可谓有益无害，只是农民参与的扩大对党的执政能力和政府公共管理水平提出了新要求。

征地补偿费的分配格局应该作出大调整。农民在整个征地补偿费分配中所得份额明显偏低，这主要源于两个方面的错误认识：一是认为土地涨价要归公。传统理论认为，土地从农业转为工业和城市用途而引起的市值上升，是社会因素使然，与土地的主人没有关系。周其仁从经济学上论证了“土地涨价归公”的错误之处，认为农地之主对土地增值有一项重要贡献，那就是“放弃”农地的使用权。放弃一项权利要有代价，这个代价就是农地产权的主人认为补偿是不是“值”。② 二是认为农民不是土地所有者。这种观点认为，农村土地是集体所有制，国家征收的土地是集体所有的土地而不是农民的土地，农民自然不应得到征地补偿费的足够部分。现行有关征地补偿分配的法规充分体现了立法者的这种认识。然而这种立法认识忽视了两个重要方面：一是农民也是土地的所有者。虽然从法律上说，农村土地实行集体所有制，似乎农民对集体财产没有所有权；但

① ［英］亚当·斯密：《同民财富的性质和原因的研究》下卷，郭大力、王亚南译，北京：商务印书馆，1974年版，第473页。

② 周其仁：《产权与制度变迁》（增订本），北京：北京大学出版社，2004年版，第108—109页。

从逻辑推导上来说，每个农民对集体所有的土地却拥有一份所有权。因为集体内的每个农民享有本集体的成员权，应该对集体所有的土地拥有与自己成员权相对称的一份产权，就是说，集体内的每个成员对集体财产都拥有相等份额的所有权。国家征收了集体所有的土地，集体内的每个农民就自然丧失了对被征土地的所有权。如果被征地农民得到集体通过预留的机动地补偿了相应的土地，那么该农民也失去了集体所有土地中被征地的一部分所有权；如果被征地农民没有得到集体的机动土地补偿，那么他就全部失去了对集体所有制土地的所有权。二是农民长期的承包经营权。现行的征地补偿分配体制没有充分考虑农民对集体所有制土地长达约 50 年甚至更长的承包经营权。综合上述因素，因国家征地而失去土地的农民应该获得总补偿 90% 以上的份额。有学者研究认为，承包期 30 年的土地使用权代表着完全私有土地所有权 75%—95% 的经济价值，因而建议对于国家公益性征地，集体获得补偿费的比例应为 5%—25%，受征地影响的农户应获得 75%—95% 的补偿费；对于经营性用地的协商流转，国家获得协商流转价格的 5%，集体获得 5%—25%，受征地影响的农户应获得 70%—90% 的协商流转价格。①

妥善安置因国家征地而造成的失地农民，理应成为政府的首要责任。各地在实践中采取了一些不同的安置模式，可能会产生一些局部的和短期的效果，但从总体上看，失地农民安置仍然是我国征地和城市化过程中的一个突出的社会问题。失地农民安置的核心问题是就业和社会保障。本文认为，第一，征地补偿费中不应包括或取代对失地农民的安置。不管是公益性征地还是经营性征地，征地补偿费只是对农民土地财产的补偿，就是说，农民不能以自己的财产为自己提供就业与保障。失地农民的就业与社会保障是政府应当为公民提供的公共服务和社会福利。第二，土地作为特殊的生产要素和财产，具有与其他财产不相同的特性，换言之，土地除了具有一般的财产特性外，还为农民提供了就业岗位和生活保障，以及特有的生活方式和情调。政府征地后，农民失去了土地这具有一般财产特性的财产，这部分私有财产的损失通过国家公正的征地补偿予以弥补。但土地对农民承担的就业和生活保障功能，并没有在征地补偿费中予以安排，征地补偿费也不应该作出这样的安排。现实中数以千万计的失地农民的存在，对此作了最好的解释。由此可以对征地补偿作狭义和广义的理解，狭义的征地补偿就是常用的对被征土地作为一般财产的补偿费；广义的征地补偿除了狭义的征地补偿费外，还应包括对失地农民就业和社会保障的解决。第三，不管是否征地，为全体公民创造就业机会、对全体公民提供社会保障，是现代政府最基本的公共职能，也是执政合法性和执政有效性的重要标志。因征地而造成的失地农民对政府的这一公共职能提出了更为迫切的现实要求。具体来说，在公益性征地中，政府除给予公正的征地补偿费外，应将全部被征地农

---

① 参见普罗斯特曼、徐孝白、李平：《征地制度改革与农民土地权利》，载中国（海南）改革发展研究院编：《中国农民权益保护》，北京：中国经济出版社，2004 年版，第 420 页。

民的就业和社会保障纳入工作日程。在户籍身份上，失地农民自然转为城市户口，享有城市人口的就业和社会保障。就业是民生之本。与计划经济时期政府对就业的计划安排不同，新时期政府解决失地农民就业问题，首先要对失地农民地进行相应的就业培训，要把优先安排失地农民就业作为当地政府和社区的首要职责。在失地农民正式就业以前，政府应从土地被征之日起，为失地农民提供失业救济和社会保障。为全体公民提供统一的户籍身份、就业机会和社会保障，是统筹城乡发展的重要内容，失地农民安置可以作为统筹城乡发展的重要突破口之一。在经营性征地上，开发商只承担对被征土地公正的财产损失补偿，不应承担对失地农民的就业和社会保障。这项工作仍然是政府的公共职责所在。

此外，征地的程序应该公开透明，被征地农民应该自始至终参与征地过程，传统的政府单边主义作风应予以改变，公民合理的政治和社会参与是现代民主国家提高治理艺术和治理效率的可行路径。民主是解决社会问题的制度平台，用民主的方法解决错综复杂的社会问题，是现代国家整合社会利益冲突的法宝。民主观念的形成、民主制度的构建和民主机制的运行，正是来源于现实生活对人类智慧的启迪。

公正的司法救济，对于保障社会弱者的基本权益、化解社会冲突、维护社会正义，具有不可替代的功效。“任何国家，如果没有具备正规的司法行政制度，以致人民关于自己的财产所有权，不能感到安全，以致于人民对于人们遵守契约的信心，没有法律予以支持，以致人民设想政府未必经常地行使权力，强制一切有支付能力者偿还债务，那么，那里的商业制造业，很少能够长久发达。”① 亚当·斯密在这里指出了司法在保障私有财产权免遭私法方面侵害的重大意义。司法制度的另一个重要功能是防止公权力对私有财产权的侵害，并对受到公权力侵害的公民权利予以及时有效的救济。在当前因征地发生的社会冲突中，司法未能发挥应有的权利救济功能，不能不说是一件令人深感遗憾和不安的事。在依法治国、建设现代法治国家的进程中，强化司法在权利救济上的特有功能，对国家的政治文明建设意义重大。但同时也要看到，受长期计划经济体制的严重影响，我国立法上的缺陷和体制上的弊端，对国家的公正司法和法治建设带来了很大的负面约束。“法治应包含两重意义：已成立的法律获得普遍的服从，而大家所服从的法律又应该本身是制订得良好的法律。”② 按照现行的土地法规，法院即使严格“依法办事”，也不能为被征地农民讨还公正。社会正义防线的构筑，还需体制改革与民主法治建设的齐头并进。

---

① ［英］亚当·斯密：《同民财富的性质和原因的研究》下卷，郭大力、王亚南译，北京：商务印书馆，1974 年版，第 473 页。

② ［古希腊］亚里士多德：《政治学》，吴寿彭译，北京：商务印书馆，1965 年版，第 199 页。

当代中国农民的结社权①

结社自由与法律保障

亚里士多德指出“人类生来就有合群的性情”，是天生的“政治动物”，生来就要与他人一起过城邦的公共生活——但凡隔离而自外于城邦的人，他“如果不是一只野兽，那就是一位神祇。”② 托克维尔认为：“人们把自己的力量同自己的同志的力量联合起来共同活动的自由，是仅次于自己活动自由的最自然的自由。因此，我认为结社权在性质上几乎与个人自由一样是不能转让的。一个立法者要想破坏结社权，他就得损害社会本身。”③ 托克维尔在考察美国的民主生活后感到：“在民主国家，结社的学问是一门主要学问。其余一切学问的进展，都取决于这门学问的进展。”④ 他坚信：“在规制人类社会的一切法则中，有一条法则似乎是最正确和最明晰的。这便是：要是人类打算文明下去或走向文明，那就要使结社的艺术随着身份平等的扩大而正比地发展和完善。”⑤ 托克维尔这位目光最为敏锐的法国学者关于结社自由在人类社会治理中的崇高价值，获得了包括当代美国著名政治学者亨廷顿在内的许多思想家的赞颂。⑥

结社就是组织社会团体。结社自由是公民依照法律规定组织社会团体的自由，这已被当今世界各国宪法普遍保障的一项公民基本权利。1919 年德国《魏玛宪法》就在宪法中规定了结社自由权。该宪法第 124 条规定德国人民“有组织社团及法团之权。此项权利不得以预防方法限制之。”二战后，国际社会将结社自由权载入国际人权文件中。1948 年《世界人权宣言》第 20 条规定：“人人有权享有和平集会和结社的自由。任何

① 本文原载《云梦学刊》2006 年第 6 期，合作者周作翰。

② 参见 [古希腊] 亚里士多德：《政治学》，吴寿彭译，北京：商务印书馆，1965 年版，第 7—9 页。

③ [法] 托克维尔：《论美国的民主》上卷，董果良译，北京：商务印书馆，1988 年版，第 218 页。

④ [法] 托克维尔：《论美国的民主》下卷，董果良译，北京：商务印书馆，1988 年版，第 640 页。

⑤ [法] 托克维尔：《论美国的民主》下卷，董果良译，北京：商务印书馆，1988 年版，第 640 页。

⑥ 参见 [美] 亨廷顿：《变化社会中的政治秩序》，王冠华、刘为等译，北京：三联书店，1987 年版，第 4 页。

人不得迫使隶属于某一团体。”1966 年《公民权利和政治权利国际公约》第 22 条规定：“人人有权享受与他人结社的自由，包括组织和参加工会以保护他的利益的权利。对此项权利的行使不得加以限制，除去法律所规定的限制以及在民主社会中为维护国家安全或公共安全、公共秩序，保护公共卫生或道德，或他人的权利和自由所必需的限制。”《经济、社会、文化权利国际公约》第 8 条规定有“人人有权组织工会和参加他所选择的工会，以促进和保护他的经济和社会利益”等条款。国际劳工组织在促进国际社会尊重和保障结社自由方面做出不懈努力。早在《世界人权宣言》发布之前，国际劳工组织于 1948 年 7 月 9 日通过了《关于结社自由和保护组织权公约》，专门就结社自由作出了明确规定。

中国对结社自由的保障在各种宪法文本中均有体现。1908 年清末《宪法大纲》承认臣民在法律范围内“准其结社自由”。1912 年《中华民国临时约法》第 6 条规定人民享有“结社之自由”。此后，1913 年《天坛宪法》、1914 年《中华民国约法》、1923 年《中华民国宪法》、1931 年《中华民国训政时期约法》、1934 年《中华民国宪法》、1936 年《中华民国宪法》、1946 年《中华民国宪法》都规定了结社自由的条款。中国共产党在革命时期的有关宪法性文件中，对结社自由都有明确规定。1931 年《中华苏维埃共和国宪法大纲》第 10 条规定“中国苏维埃政权以保证工农劳苦民众有言论出版集会结社的自由为目的。”1940 年《山东省人权保障条例》、1941 年《陕甘宁边区保障人权财权条例》等均规定了结社自由。中国共产党执政后，将公民的结社自由权正式载入宪法之中。起临时宪法作用的 1949 年《中国人民政治协商会议共同纲领》第 5 条规定人民有结社等自由权。1954 年《中华人民共和国宪法》第 87 条规定公民有结社的自由。1975 年《宪法》、1978 年《宪法》和 1982 年《宪法》都对公民的结社自由权作了明确规定。

一切宪法权利的规定都需要相应的专门法规予以明确化。迄今为止，中国尚未制定结社法或社团法。宪法规定的公民结社自由权的行使主要由国务院制定的社团登记法规予以确认和规范。1950 年 9 月政务院制定《社会团体登记暂行办法》，确立了社会团体的类别、登记等有关事项，形成了社会团体分级登记管理体制。1989 年国务院公布《社会团体登记管理条例》，该条例确立了社会团体双重管理的体制。1998 年国务院修订《社会团体登记管理条例》，《条例》的目的在于“保障公民的结社自由”。

通过上述梳理，人们不难发现结社自由在道德上的正当性与法律上的合法性。结社自由的内容是多方面的。本章重点探讨的是，农民协会（农会）作为农民行使结社自由权的重要形式与结果，在当代中国演变的历程与思考。

中国农会的历史考察

农会又称农协或农民协会。作为农业和农民大国的中国，农业生产历史悠久、农业人口为数众多，传统的农业文明高度发达，但却长期未能孕育出农会这样旨在维护农民权益、发展农业生产的社团组织。中国最早的农会产生于清末时期。国门的打开，使一批仁人志士纷纷倡议效法西方国家兴办农会以“强国足民”。1890 年孙中山主张“仿泰西兴农之会”。[①] 1895 年康有为在“公车上书”中吁请“设立农会”。张謇于 1896 年和 1897 年先后在《农会议》和《请兴农会奏》中详述创办农会之法。1898 年戊戌变法中，光绪帝正式命各省府州县“设立学堂，广开农会”。[②] 1907 年农会在各省纷纷设立。1910 年 6 月全国农务联合会成立。到 1911 年，全国已成立农务总会及农桑总会 19 处，分会 276 处。[③]

中华民国成立后，农会得到了较快发展。中国国民党与中国共产党对发展农会的兴趣与热情都很高昂。1912 年国民政府农林部公布“农会暂行章程”，要求各县成立农会。1913 年全国各县大都成立了农会。1924 年国民党中央执行委员会公布农民协会章程，要求解散旧农会、设立新的农民协会。1928 年国民政府公布《农民协会组织条例》，1930 年正式颁布《农会法》，《农会法》规定农会以发展农民经济、增进农民智识、改善农民生活，而图农业之发达为宗旨。到 1935 年，全国有省农会 2 个，甲种市农会 4 个，县市农会 692 个，区农会 3508 个，乡农会 28330 个，基本会员 3361420 人。[④] 1943 年国民政府修正公布了《农会法》。1949 年国民党在内战中败退台湾后，继续在台湾发展农会组织。至今，台湾农会组织在维护农民权益、发展农业经济上声誉卓越，其做法为不少东南亚国家所效法，亦为大陆学界所称颂。

如果说“国民党的农会是以地主阶级为主体的政治性组织，其目的是维护社会稳定”的话，那么“共产党的农会，则是按照阶级斗争原则组织起来的准政权组织，是破坏传统乡村秩序的武器。”[⑤] 在革命时期，中国共产党积极动员农民利用农会进行革命斗争，从而将农会组织革命化。1920 年 9 月 27 日浙江萧山衙前农民协会召开成立大会，

① 《孙中山全集》第一卷，北京：中华书局，1982 年版，第 2 页。

② 转引自常书红、王先明：《清末农会的兴起和士绅权力功能的变化》，载《社会科学研究》1999 年第 2 期。

③ 参见朱英：《辛亥革命前的农会》，载《历史研究》1991 年第 5 期。

④ 参见《中华民国史档案资料汇编》第五辑，南京：江苏古籍出版社，1994 年版，第 86 页。转引自郭圣福：《贫下中农协会述论》，载《中共党史研究》2005 年第 6 期。

⑤ 于建嵘：《20 世纪中国农会制度的变迁及启迪》，载《福建师范大学学报》（哲学社会科学版）2003 年第 5 期。

通过《衙前农民协会宣言》和《衙前农民协会章程》，选举贫苦农民李成虎等6人为农会委员。这个被称为共产党领导的“第一个”农民协会，开始改变农会自上而下奉命而建的组织方式，具有了鲜明的“革命”性质。① 1923年1月广东海陆丰农民协会成立，彭湃当选为会长。1923年9月16日湖南衡阳县白果岳北农工会成立，刘东轩任农工会主任。② 到1925年5月，广东全省已有22个县建立了农民协会。共产党领导的农民协会广泛开展暴烈的革命斗争，农会成为革命权力的象征。曾担任过农民运动讲习所所长的毛泽东，于1927年1月4日至2月5日到湖南五县实地考察农民运动，对农会的暴烈行动有生动的叙述并予以高度赞赏：“农会便成了唯一的权力机关，真正办到了人们所谓‘一切权力归农会’。连两公婆吵架的小事，也要到农民协会去解决。农会在乡村简直独裁一切，真是‘说得出，做得到’。外界的人只能说农会好，不能说农会坏。土豪劣绅，不法地主，则完全被剥夺了发言权，没有人敢说半个不字。在农会威力之下，土豪劣绅们头等的跑到上海，二等的跑到汉口，三等的跑到长沙，四等的跑到县城，五等以下土豪劣绅崽子们则在乡里向农会投降。”③ 有农民协会用清算、罚款、游团、关押、驱逐、枪毙等方法打击地主。乡政机关“跟了倒塌”，都总团总躲着不敢出面，“一切地方上的事都推到农民协会去办。”④ 1927年7月20日中共中央发出农字第9号通告，明确指出农民协会已经“不是一种职业组织”而是“农民政权”，肯定政权化的农民协会是“农村政权的一个正确形式”。⑤ 这种革命化的农会，其主要职能就是：掌握行政权，控制司法权，建立农民武装，推翻族权和绅权，成了拥有绝对权力的“新的政权形式”。⑥

1949年共产党成为执政党后，农会组织的发展可分为四个阶段：

其一，作为土改合法执行机关时期。1950年6月中央政府通过《土地改革法》，规定农民协会为“改革土地制度的合法执行机关”。1950年7月政务院通过《农民协会组织通则》，再次明确农民协会是“农村中改革土地制度的合法执行机关”。1953年土地复查结束后逐步组建乡村政权机构，原农民骨干转为乡村干部，农会的工作亦为乡村政

---

① 参见黄冬娅：《试析广东国民政府的农会政策》，载《学海》2005年第1期。

② 参见于建嵘：《岳村政治——转型期中国乡村政治结构的变迁》，北京：商务印书馆，2001年版，第142—143页。

③ 毛泽东：《湖南农民运动考察报告》（1927年3月），载《毛泽东选集》第一卷，北京：人民出版社，1991年版，第14页。

④ 毛泽东：《湖南农民运动考察报告》（1927年3月），载《毛泽东选集》第一卷，北京：人民出版社，1991年版，第28页。

⑤ 转引自于建嵘：《20世纪中国农会制度的变迁及启迪》，载《福建师范大学学报》（哲学社会科学版）2003年第5期。

⑥ 参见于建嵘：《岳村政治——转型期中国乡村政治结构的变迁》，北京：商务印书馆，2001年版，第152—156页。

权所取代。曾经叱咤风云 30 多年的农会组织开始偃旗息鼓。

其二，作为阶级斗争工具的贫下中农协会时期。20 世纪 60 年代贫下中农协会登上历史舞台。1960 年 12 月中央工作会议要求各地“组成贫下中农委员会”。1964 年 5 月中央工作会议制定《中华人民共和国贫下中农协会组织条例（草案）》，同年 6 月印发全国，《条例（草案）》规定：“贫下中农协会，是在中国共产党领导下，由贫农、下中农自愿组成的，革命的群众性的阶级组织。”全国各地纷纷成立贫下中农协会，由各级党委主要领导兼任同级贫下中农协会主席（主任）。从 20 世纪 60 年代问世到 80 年代中期撤销，贫下中农协会在中国历史中走过了 20 多年的风云历程。[①]

其三，作为过渡性质的农会成立与消亡时期。1978 年中共十一届三中全会将党的中心工作转移到经济建设上来，作为阶级斗争产物的贫下中农协会面临着存废的重大问题。湖北省在将贫下中农协会改为农会上迈出了第一步。作为中国大革命的中心区域，湖北省农会组织的发展在全国具有典型意义。早在 1943 年 12 月就成立过湖北省农会。[②]湖北省贫下中农协会成立于 1965 年 3 月。改革开放以后，贫下中农协会向何处去，成为一个值得注意的大问题。1979 年 12 月 5 日中共湖北省委向中央呈送《关于建议成立农会的报告》，《报告》建议中央成立全国性统一的农民协会，并附上代拟的《中国农会章程（草案）》。1980 年 4 月湖北省武昌县农会正式成立，这是改革开放后成立的全国第一个县农会。到 1981 年 11 月底，湖北省普遍建立了农会组织。1982 年 2 月湖北省正式成立全国第一个省级农会。但在 20 世纪 80 年代中期的机构改革中，农会机构面临撤并等困境。鉴于当时的困难处境，1986 年 7 月 24 日中共湖北省委常委会决定撤销省农会，8 月 15 日中共湖北省委发出《关于撤销省农会办事机构问题的通知》，全省各级农会机构被撤销。[③]改革开放以后短暂的农会实践由此走向消亡。

其四，作为市场经济内在需要的农会重建萌动时期。改革开放以来，总体上说，农会组织在中国已经销声匿迹。但以市场为取向的改革，又使重建农会成为内在的需要。新时期酝酿、商讨、吁请和重建农会的主要代表性力量有四个方面。一是中央领导考虑重建农会。早在 20 世纪 80 年代初，中共总书记胡耀邦就明确支持湖北省重建农会：“这个事情省委完全有权做主，反正你不增加编制，不要钱，你省委怎么没有权做主呢？你贫协改成农会，是顺当的事情嘛！是正确的事情嘛！省委决定搞，就可以搞嘛！”[④] 20 世纪 80 年代中期，邓小平对重建农会也有肯定意见。据杜润生回忆：“80 年代中期的时

① 详细内容参见郭圣福：《贫下中农协会述论》，载《中共党史研究》2005 年第 6 期。

② 参见魏文享：《试论南京国民政府时期湖北省的农会组织》，载《湖北师范学院学报》（哲学社会科学版）2005 年第 6 期。

③ 参见郭圣福：《贫下中农协会述论》，载《中共党史研究》2005 年第 6 期。

④ 参见王任重：《在接见参加湖北省农会第一次代表大会的八省、区代表时的讲话》（1982 年 2 月 7 日），湖北省档案馆，SZ-31-2-56。转引自郭圣福：《贫下中农协会述论》，载《中共党史研究》2005 年第 6 期。

候我曾经给邓小平同志建议过恢复农会。邓小平同志说，成立一个农民协会的意见可以考虑，这样吧，我们看三年，真的需要即可筹办。”[①] 1999 年 4 月，朱镕基总理访问美国时说，中国有工会，但没有农会。他会见了美国农场局主席并邀请他访华向中国介绍经验，以便中国研究一下是否该成立一个农会来代表农民的利益。二是学界人士呼吁重建农会。1992 年中国决定建立市场经济体制后，学术理论界发出了重建农会的声音，进入 21 世纪，主张重建农会的呼声日高。周一春、袁福珍认为新时期建立农会“刻不容缓”。[②] 黄平、孙立平等主张建立农会以调节、平衡、缓冲单个农民与市场、社会和国家的冲突。[③] 党国英认为一个健康发展的农会有利于改变农民相对低下的社会地位，有利于降低政府与农民对话的成本，有利于保障社会转型时期农村社会稳定。[④] 于建嵘认为农会可以成为社会整合组织，主张尽快重建农会。[⑤] 中国（海南）改革发展研究院于 2004 年 12 月在海口举办了中国农民组织建设国际论坛，对于重建农会作了多方面的研讨。[⑥] 还有不少学者从不同角度探讨了重建农会的可能路径，学者们大都肯定农会在新时期的积极价值。三是人大代表建议重建农会。1989 年七届全国人大二次会议期间，李祥苓等 30 名代表建议建立“中华全国农民协会”。2005 年十届全国人大三次会议期间，山西省一名全国人大代表提出建立全国农民协会的建议。四是基层探索成立农民协会。在政界、学界讨论重建农会之时，安徽、湖南、山西等省的农民自发地开展了组建农会的实践。2003 年 1 月 22 日湖南省衡阳县 27 名农民代表商议成立农民协会。[⑦] 2004 年 6 月 7 日山西省永济市蒲州镇寨子村的郑冰（女）在市民政局正式注册“永济市蒲州镇农民协会”，这是全国第一个正式注册的农民协会。[⑧] 在农村，酝酿成立农民协会的还有不少。可以判定，在新的形势下以新的理念重建中国的农民协会，已成大势所趋。

公民社会、利益集团与农民组织

在政治共同体中，对权力的规范和约束是维系公共生活的基础。权力之所以需要规范和约束，是因为“一切有权力的人都容易滥用权力，这是万古不易的一条经验。有权

① 转引自肖瑞、李利明：《农村土地变迁之路》，载《经济管理文摘》2003 年第 2 期。

② 参见周一春、袁福珍：《新时期我国“农会”的建立刻不容缓》，载《长白学刊》1994 年第 4 期。

③ 参见《学界人士呼吁：尽快建立新式农会》，载《福建农业》1994 年第 6 期。

④ 参见党国英：《中国需要重建农会》，载《中国国情国力》1999 年第 7 期。

⑤ 参见于建嵘：《我为什么主张重建农民协会》，载《决策咨询》2003 年第 4 期。

⑥ 参见中国（海南）改革发展研究院编：《中国农民组织建设》，北京：中国经济出版社，2005 年版。

⑦ 参见于建嵘：《当代中国农民维权组织的发育与成长——基于衡阳农民协会的实证研究》，载燕南网 http://www.yannan.cn/data/detail.php？ id=5548，2005-01-24。

⑧ 参见郭宇宽：《一个“农会”的成长》，载《南风窗》2005 年 6 月上。

力的人们使用权力一直到遇有界限的地方才休止。”[①] 不受制约的滥用权力，虽然可使权力的拥有者饱尝权力带来的私欲的满足，但其是以他人利益和公共利益的损害为代价的。故权力的滥用是滋生邪恶、诱发社会动乱的根源。

东方与西方都有约束权力的政治思想。在东方社会中，并不像有人认为的那样缺乏对权力制约的政治理论，儒家倡导以民为本、民贵君轻，其礼治、德治、仁政思想构成了对执政者权力运用的约束与导向。一旦君滥施淫威于臣，则臣可“视君如寇雠”；[②] 执政者滥用权力于民，民则可“覆其舟”。孟子在答复齐宣王问“臣弑其君可乎”时说：“残贼之人，谓之一夫。闻诛一夫纣矣，未闻弑君也。”[③] 此明显表达了孟子的价值取向，即君主统治的合法性建立在执政者施权力于仁政上，否则民众就有最终的“革命权”。这与西方的自然法思想有相通之处。

在西方政治理论中，对公共权力的制约有两大主要进路：一种是以洛克、孟德斯鸠为代表，力主以权力制约权力的路径。洛克认为：“滥用职权并违反对他的委托而施强力于人民，这是与人民为敌，人民有权恢复立法机关，使它重新行使权力。”[④] 这与孟子的思想如出一辙。洛克主张：“在一切情况和条件下，对于滥用职权的强力的真正纠正办法，就是用强力对付强力。越权使用强力，常使使用强力的人处于战争状态而成为侵略者，因而必须把他当作侵略者来对待。”[⑤] 孟德斯鸠发展了洛克的思想，认为“从事物的性质来说，要防止滥用权力，就必须以权力约束权力。”[⑥] 为此，他提出了著名的立法权、行政权和司法权分立与制衡的思想。另外一种进路是以潘恩、托克维尔为代表，肯定以社会制约权力的价值。在潘恩看来，“社会在各种情况下都是受欢迎的，可是政府呢，即使在其最好的情况下也不过是一件免不了的祸害。在其最坏的情况下就成了不可容忍的祸害。”[⑦] 托克维尔在考察美国时认为，有助于美国维护民主制度的原因有三：自然环境、法制和民情。但按贡献对它们分级，“自然环境不如法制，而法制又不如民情。”[⑧] 而结社自由以及所构造的市民生活则成为美国民情的重要特征。托克维尔发现“世界上只有一个国家能使人们每天行使政治结社的无限自由。在世界上也只有这个国家能使公民想到在社会生活中不断行使结社权，并由此得到文明所能提供的一切好处。”[⑨] 公民行使结社自由所构成的社会权力，对专横的国家权力是有效的平衡与约束。

---

① [法]孟德斯鸠：《论法的精神》上册，北京：商务印书馆，1961年版，第154页。
② 《孟子·离娄下》。
③ 《孟子·梁惠王下》。
④ [英]洛克：《政府论》下篇，叶启芳、瞿菊农译，北京：商务印书馆，1964年版，第95页。
⑤ [英]洛克：《政府论》下篇，叶启芳、瞿菊农译，北京：商务印书馆，1964年版，第95页。
⑥ [法]孟德斯鸠：《论法的精神》上册，北京：商务印书馆，1961年版，第154页。
⑦ 《潘恩选集》，马清槐等译，北京：商务印书馆，1981年版，第3页。
⑧ [法]托克维尔：《论美国的民主》上卷，董果良译，北京：商务印书馆，1988年版，第358页。
⑨ [法]托克维尔：《论美国的民主》下卷，董果良译，北京：商务印书馆，1988年版，第645页。

“在我们这个时代，结社自由已成为反对多数专制的一项必要保障。”[①] 托克维尔最睿智地看到了结社自由这个社会权力对于防止专制的重要意义：“再没有比社会情况民主的国家更需要用结社自由去防止政党专制或大人物专权的了。在贵族制国家，贵族社团是制止滥用职权的天然社团。在没有这种社团的国家，如果人们之间不能随时仿造出类似的社团，我看不出有任何可以防止暴政的堤坝。另外，在这样的国家，一个伟大的民族不是要受一小撮无赖的残酷压迫，就是要受一个独夫的残酷压迫。”[②] 需要注意的是，以权力制约权力与以社会制约权力并不是截然分开的。它往往同时存在于民主的国家，也常常同时消失在极权的社会。

20 世纪 80 年代以来，公民社会（Civil Society）理论再度成为西方学术界研究的热门话题。[③] 对于什么是公民社会，戈登·怀特认为，当代使用公民社会这个术语的大多数人所公认的主要思想是：“公民社会是国家和家庭之间的一个中介性的社团领域，这一领域由同国家相分离的组织所占据，这些组织在同国家的关系上享有自主权并由社会成员自愿地结合而形成以保护或增进他们的利益或价值。”[④] 公民社会组织具有非官方性、非营利性、自主性和自愿性等特点。[⑤] 20 世纪 90 年代初，以邓正来为代表的中国学者将公民社会理论引入中国社会科学研究领域，以探求“建构起中国的市民社会”。[⑥] 公民社会或市民社会理论无疑是新时期重建中国农会的重要思想资源。

作为当代政治学研究热点之一的利益集团理论，对于中国重建农会亦有启示意义。众所周知，组织起来的集体力量要远远大于单个的个人力量。利益集团是指“在利益多元化的社会中，具有相似观点或利益要求的人们组成的，并企图通过参与政治过程，影响公共政策实现或维护其利益的社会团体”。[⑦] 艾萨克认为形成一个利益集团必须有三个要素：“有某种共同利益的一群人；他们组织在一起；试图借此向政治机构和决策者提出要求来满足他们的利益。”[⑧] 阿瑟·本特利最早注意到利益集团对政治的影响，他在 1908 年出版的《政府过程》一书中指出利益集团的互动已成构成了政治过程的核心。

---

① ［法］托克维尔：《论美国的民主》上卷，董果良译，北京：商务印书馆，1988 年版，第 216 页。

② ［法］托克维尔：《论美国的民主》上卷，董果良译，北京：商务印书馆，1988 年版，第 217 页。

③ 公民社会（Civil Society）的概念在中国又译为市民社会、民间社会。俞可平对其微妙的差别作了厘清。参见俞可平：《中国公民社会的兴起与治理的变迁》，载《中国社会科学季刊》1999 年秋季号（总第 27 期），第 107 页。

④ ［英］戈登·怀特：《公民社会、民主化和发展：廓清分析的范围》，载何增科主编：《公民社会与第三部门》，北京：社会科学文献出版社，2000 年版，第 64 页。

⑤ 参见俞可平等：《中国公民社会的兴起与治理的变迁》，北京：社会科学文献出版社，2002 年版，第 190 页。

⑥ 参见邓正来：《市民社会与国家——学理上的分野与两种架构》，载《中国社会科学季刊》1993 年总第 3 期。

⑦ 陈振明主编：《政治学——概念、理论和方法》，北京：中国社会科学出版社，2004 年版，第 234 页。

⑧ ［美］艾伦·艾萨克：《政治学概论》，台北：五南图书出版公司，1993 年版，第 342 页。

1953年杜鲁门在《政府过程》这一名著中对利益集团理论作出了重要贡献。他认为:"在任何一个宪法允许自由结社的国家中,都可以见到利益集团的活动。"[①]杜鲁门在该书中专门评述了美国农业集团兴起和由于农业市场的恶化而建立农会组织的情况。[②]奥尔森在《集体行动的逻辑》中用经济学的理论和方法研究了利益集团,他发现:"在任何一种情况下,规模是决定对个体利益自发、理性的追求是否会导致有利于集团的行为的决定性因素。比起大集团来,小集团能够更好地增进其共同利益。"[③]中国由计划经济向市场经济转轨,社会阶层的分化和利益主体的多元化日趋凸显。正如马克思所说:"人们奋斗所争取的一切,都同他们的利益有关。"[④]各利益集团的博弈使得惟一没有自己组织的农民,不可避免地沦落为利益明显受损的社会弱势阶层。市场经济的快速发展与全球化进程的迅猛推进,内在地要求中国将亿万分散的单个的"一袋马铃薯"式的农民组织起来。[⑤]

1992年中国明确以建立市场经济体制为改革的目标以来,农民的组织建设开始引起了关注,特别是近几年来,农民组织建设成为学界关注的热门话题。仅2004年就在浙江和海南先后召开了有关农民组织建设方面的专题国际学术研讨会。[⑥]当前,我国的农民组织建设到了关键时期,村民自治组织、农村经济合作组织、农民自发的维权组织、农村社会公益组织等四类农民组织在全国或局部地区都有一定的发展。据调查,有些地方农民要求成立基层农会的呼声非常强烈,有65.8%的专家认为目前在农村成立基层农民协会的条件与时机较为成熟。[⑦]

当今世界各国的农会就在维护农民权益、发展农业生产、促进社会秩序上成就斐然,令人瞩目。

美国农民有农民协会、农民联盟和农场局三大团体。农民协会是农民自发组织起来

① [美]戴维·杜鲁门:《政治过程——政治利益与公共舆论》,陈尧译,胡伟校,天津:天津人民出版社,2005年版,第11页。译者凭个人的理解将书名 The Governmental Process:Political Interests and Public Opinion 由"政府过程"曲译成"政治过程"是欠妥的。政府与政治有明显的差别。

② 参见[美]戴维·杜鲁门:《政治过程——政治利益与公共舆论》,陈尧译,胡伟校,天津:天津人民出版社,2005年版,第94—100页。

③ [美]曼瑟尔·奥尔森:《集体行动的逻辑》,陈郁、郭宇峰、李崇新译,上海:上海三联书店、上海人民出版社,1995年版,第42页。

④ 《马克思恩格斯全集》第1卷,北京:人民出版社,1968年版,第82页。

⑤ 马克思曾将法国农民比喻为马铃薯,形象地反映了没有组织起来的农民的典型特征。马克思写道:"小农人数众多,他们的生活条件相同,但是彼此间并没有发生多式多样的联系。他们的生产方式不是使他们互相交往,而是令他们互相隔离……法国国民的广大群众,便是由一些同名数目相加形成的,好像一袋马铃薯是由袋中的一个个马铃薯所集成的那样。"参见《马克思恩格斯全集》第8卷,北京:人民出版社,1968年版,第217页。

⑥ 参见王习明:《近年来中国农民组织建设问题研究述评》,载《教学与研究》2005年第11期。

⑦ 参见迟福林:《我国改革发展新阶段的农民组织建设》,载中国(海南)改革发展研究院编:《中国农民组织建设》,北京:中国经济出版社,2005年版,第1—4页。

的群众服务组织，大体分为两种形式，一种是行业形式，例如小麦协会、谷物协会等。协会为生产服务，也为农民提供商业信息，不以赢利为目的。众所周知的农庄协会创立于1867年，德克萨斯的农民于1902年成立了农民协会。美国农民的组织化水平之高与政治影响力之大，为世界所公认。美国目前从事农业的劳动力只有200万人左右，不到美国人口的2%。2001年联邦政府农业直接补贴占农场农业净收入的42%。2001年美国农业的净收入为490亿美元，其中207.26亿美元来自联邦政府的直接现金支付，平均每个农场补贴9539美元。①

法国的农会成立于1924年，在全国设有116个分支机构，共有职工7750人，年度预算为5.33亿欧元。1994年法国农会确定全国农会向农民提供六大主要服务：经济研究与前景分析、向企业提供建议、研究开发和试验、促进项目实施、帮助农民与外界联系并提供信息、培训等。②

日本农协是依据1947年《农业协同组合法》建立和发展起来的。全日本共有综合农协2472个，专业农协3513个，所有农民及部分非农民参加了农协，现有正式会员546万人，准会员350万人。正式会员是从事农业生产的农民，准会员不从事农业生产，只靠出资通过农协做生意。农协的经费除了会费外，主要靠收取农产品交易手续费作为补充。农协的职能主要是指导农业生产、集中销售农产品和采购农业生产资料、信用合作、提供福利和保险。日本农协的福利事业包括医疗保险、婚丧嫁娶等各个方面。③

韩国现在的农协是根据1961年颁布的新《农协法》，通过合并旧农协与农业银行而由政府自上而下创建的。95%以上的农户属于其地方或基层农协。农协工作目标是提高农业生产率、改善农户的社会经济状况、增进农民文化科技素质。在20世纪70年代新村运动中，农协作为农民利益代言人的角色进一步强化，与农民的生产生活关系更加紧密。④

中国台湾的农民组织比较发达，农民团体主要有农会、渔会、农业合作社、合作农场、农田水利会。农会是台湾分布最广、影响最大、功能最为齐全的农民组织。最早的农会于1900年9月在台北县三峡镇成立。按照《农会法》，各级农会的主要任务是保障农民权益、改良农田水利、推广良种及农技、提供农村公共报务、经营农副产品、开展防灾救灾以及农村合作与社会服务等事业。经验表明，台湾农会组织在沟通政府与农

① 参见闫磊、阙巍：《农业利益集团的国际比较研究及其启示》，载《中国农村经济》2005年第12期。

② 参见史菁：《法国的农会与观光旅游农场》，载《全球科技经济瞭望》2004年第5期。

③ 参见曲国庆：《日本农协与我国农村合作经济组织建设》，载《农业经济问题》1997年第5期；朱国云：《农民合作经济组织发展的现状、问题和对策》，载《江海学刊》2005年第6期；史金善：《美日欧农民合作经济比较及对我国合作经济的启示》，载《当代经济研究》2005年第9期。

④ 参见石磊：《建构国家与农民关系的"第二纵队"——韩国国农协的变革及其启示》，载《国家行政学院学报》2005年第4期。

民、农民与市场中起到了不可替代的中介作用，农会在维护农民权益、推动农业生产、建设农村社会等方面发挥了极为重要的功效。①

重建中国农会的几个问题

在当代中国，重建农会组织不仅十分必要，而且尤为紧迫。当前，重建农会需要厘清和深化对几个重要问题的认识，以求正本清源、谋求共识。

其一，排除认知障碍。在重建农会上，不少人还有这样或那样的疑虑。比如有的顾虑农会不利于社会稳定，有的认为农会没有建立的必要，有的怀疑农民办好农会的能力，有的担心农会将增大政府工作的难度等。对于这些问题，有的学者作了辨析。② 在笔者看来，造成种种不利于农会正常发展的认识阻碍的主要原因，一是社会科学知识的欠缺。中国传统文化中以文史哲研究见长，而诸如政治学、经济学、法学、社会学等社会科学都是近代以来的“舶来品”，中国人对这些社会科学既有引进慢慢消化不断适应的过程，又有根据中国实际加以利用和发展的重任。在由传统社会向现代社会转型过程中，我们对源自西方的各种社会科学的认识态度容易陷入两种困境：要么全盘接受，机械照搬；要么盲目拒绝，闭目塞听。一百多年来我们吃过这两种极端的苦头。林毅夫已经认识到：“社会科学的进步能改进人心的有限理性，因而不仅能提高个人管理现行制度安排的能力，而且还能提高他领会和创新制度安排的能力。”③ 20 世纪 90 年代以来，我们在社会科学知识方面有了新的增长，对许多长期困扰的社会问题有了更为清晰的认识。分散的农民抑或有组织的农民谁更有利于社会长治久安，睿智的学者对此有清醒的认识。分散的农民可能是革命者的社会基础，而有组织的农民则可能是改良主义甚至是保守主义的社会基础。社会集团的组织程度越高，社会集团之间妥协的可能性就越大。如果通过农会把分散的农民组织起来，政府与农民的对话成本就可以大大降低，农民的愿望就容易通过秩序化的组织渠道得到表达。④ 二是宪法观念的淡薄。既然人是天生的政治动物，要过公共的政治生活，就要对这个政治共同体的运作进行规范，以便让人们过上文明而有保障的生活。规范国家这个政治共同体的最高章程就是宪法，宪法是人民

① 参见张强、胡登洲：《台湾的农会组织》，载《中国农村经济》1996 年第 3 期；刘荣章：《台湾的农会组织及其功效》，载《台湾农业探索》1999 年第 2 期；靳利华：《论台湾农村组织的运行及其对大陆的借鉴意义》，载《社会主义研究》2005 年第 5 期。

② 李锦顺、李世泽：《阻碍重建农会的社会心理分析》，载《广西社会科学》2004 年第 3 期。

③ 林毅夫：《关于制度变迁的经济学理论：诱致性变迁与强制性变迁》，载 [美]R. 科斯、A. 阿尔钦、D. 诺斯等：《财产权利与制度变迁——产权学派与新制度学派译文集》，上海：上海三联书店、上海人民出版社，1994 年版，第 385 页。

④ 参见党国英：《中国需要重建农会》，载《中国国情国力》1999 年第 7 期。

与国家的契约，它规定了公共权力运行的边界与目的，这个边界与目的就是公民的基本权利和自由。所谓宪法观念，最核心的莫过于权力有限观念和人权保障观念。既然结社自由权是宪法明文规定的公民基本权利，那么以借口农民文化素质不高等各种理由而剥夺农民对该项权利的行使，就是对神圣宪法的蔑视。托克维尔确信："没有一个伟大人物没有德行，没有一个伟大的民族不尊重权利。"他认为："除了一般的道德观念之外，我不知道再有什么观念可与权利观念媲美的了，或者毋宁说两者是浑然一体的。权利观念无非是道德观念在政界的应用。"用什么办法能使人们养成权利观念呢，托克维尔的见解是："只有让所有的人都和平地行使一定的权利。"①

其二，明确功能定位。历史上中国曾经不仅成立过农会，而且农会还风风光光、轰轰烈烈过。但为什么农会后来却消失了呢，原因也许很多，但根本的原因可能是传统农会的功能定位偏差。这种偏差体现在三个主要方面：一是将农会革命化。在革命战争年代，中国共产党没有自己的政权机关，就只有动员农民组织农会来进行革命斗争。农村革命是"农民阶级推翻封建地主阶级的权力的革命"，而"革命不是请客吃饭"，革命是"暴动"，是"一个阶级推翻另一个阶级的暴烈的行动"。②农会的活动具有明显的革命暴烈性质。在1949年革命胜利后，作为中国共产党从事革命斗争有效工具和强大武器的农会，显然缺乏继续存在的合理性。二是将农会行政化。在革命斗争时期，中国共产党领导的基层农会组织与旧政权分享行政权力，在县以下，农民协会对行政机构直接取而代之。在20世纪50年代初期，农会被定位为在农村开展土地改革的"合法执行机关"，实质上是将农会作为基层政权看待，使农会成为一个彻头彻尾的行政机构。土改完成后，中国共产党在全国农村建立起基层政权组织，农会就逻辑性地被归并到政权机构之中，没有单独存在的空间。此后出现的贫下中农协会，都没有跳出革命性、行政化的窠臼，也自然逃不过消亡的命运。三是将农会权力绝对化。在革命时期，提出"一切权力归农会"，农会享有不受任何法律监督与制约的绝对权力。"农会权力无上，不许地主说话"，"必须建立农民的绝对权力"，农会的这种绝对权力，在农村造成了"恐怖现象"。③历史已经表明，任何不受法律制约的权力，必然造成严重的后果。"绝对权力导致绝对腐败。"④在依法治国、建设法治国家的今天，重建农会时我们特别要吸取历史的经验教训。现在我们重建农会的知识和视野更为开阔。今天的农会应该定位于依法成

① 参见［法］托克维尔：《论美国的民主》上卷，董果良译，北京：商务印书馆，1988年版，第271—272页。

② 参见毛泽东：《湖南农民运动考察报告》（1927年3月），载《毛泽东选集》第一卷，北京：人民出版社，1991年版，第17页。

③ 毛泽东：《湖南农民运动考察报告》（1927年3月），载《毛泽东选集》第一卷，北京：人民出版社，1991年版，第16—19页。

④ ［英］阿克顿：《自由与权力》，侯健、范亚峰译，北京：商务印书馆，2001年版，第342页。

立的社会团体组织，充当沟通政府与农民的桥梁，主要起着维护农民基本权益，增进农民福祉，促进农业生产和社会和谐等功能。农会的创建宜在国家颁布《农会法》的基础上，实行自上而下与自下而上相结合、政府选择与社会选择相结合、干部组建与农民组建相结合，建立多元的农会重建与活动模式。

其三，提高执政能力。国家的长治久安绝不是建立在对民众的防范和对个人权利的剥夺上。卢梭发现："即使是最强者也绝不会强得足以永远做主人，除非他把自己的强力转化为权利，把服从转化为义务。"[①] 这就精辟地提出了统治的合法性问题。在中国，自古以来就有"得民心得天下"之说，为政之道在于"民之所好好之，民之所恶恶之"。[②] 秦始皇北筑长城以御外敌，内收天下兵器、焚书而坑儒，以为天下从此太平而无忧矣，岂知仁义不施二世而亡。前苏联统治者"可以不与人民商量而以人民的名义行事，把人民踩在脚下反而要求人民对他们感恩戴德"。[③] 貌似强大无比的苏联，其实脆弱不堪。历史的吊诡在于，取缔结社自由的苏联岂知一夜坍塌解体，而保障自由结社的美国却能长治久安。对此，托克维尔似乎预先提供了答案："在结社自由的国家，是没有秘密结社的。在美国，只有党派分子，而没有阴谋造反者。"[④] 古今中外朝代更替轮回、国家兴衰成败的经验教训，足以醒世资治。中国共产党在革命年代曾因善于组织农会而夺取政权，在执政时期，如何保障农民结社自由权，通过重建农会从而达到有效整合社会的目的，这对中国共产党的执政能力和政府公共管理水平提出了新的时代要求。

① [法]卢梭:《社会契约论》，何兆武译，北京：商务印书馆，1980年版，第12页。
② 《大学》。
③ [法]托克维尔:《论美国的民主》上卷，董果良译，北京：商务印书馆，1988年版，第461页。
④ [法]托克维尔:《论美国的民主》上卷，董果良译，北京：商务印书馆，1988年版，第217页。

张　英　洪　自　选　集　2007 年

财产权利、个人自由与国家繁荣[①]

财产和财产权

财产（property）和财产权（property rights）是人类文明的核心观念之一。它不仅关乎个人的自由幸福，而且关涉一个国家和民族的兴旺发达。古今中外的许多哲人都对财产和财产权作过深入的思考和讨论。

孟子说："民之为道也，有恒产者有恒心，无恒产者无恒心。苟无恒心，放辟邪侈，无不为已。及陷乎罪，然后从而刑之，是罔民也。"[②] 孟子洞察到，老百姓"无恒产"则"无恒心"，至于"无恒产而有恒心者"，"惟为士能"。孟子进而向执政者梁惠王建言："是故明君制民之产，必使仰足以事父母，俯足以畜妻子，乐岁终身饱，凶年免于死亡。"在当时，孟子认为普通百姓有"五亩之宅，树之以桑，五十者可以衣帛矣。鸡豚狗彘之畜，无失其时，七十者可以食肉矣。百亩之田，勿夺其时，八口之家可以无饥矣。"[③] 圣人孔子并不隐瞒自己对财富的渴求："富而可求也，虽执鞭之士，吾亦为之。"[④] 对财产的最大侵害来自于公权力的专横。对于这一点，两千多年前的老子就已经认识到了："我无为而民自化，我好静而民自正，我无事而民自富，我无欲而民自朴。"[⑤] 长期以来我们对老子的无为思想认识不足甚至偏差，其实，老子的"无为"思想与亚当·斯密的"守夜人"和哈耶克的"自发秩序"思想是相通的，都是对民众消极权利的关怀和对国家积极权力的警惕。

摩尔根通过对人类文明演进的考察后发现："财产观念在人类的心灵中是慢慢形成的，它在漫长的岁月中一直处于初萌的薄弱状态。它萌芽于蒙昧阶段，并需要这个阶段和继起的野蛮阶段的一切经验来助长它，使人类的头脑有所准备，以便于接受这种观念的操纵。对财产的欲望超乎其它一切欲望之上，这就是文明伊始的标志。这不仅促使人

---

① 本文原载《太平洋学报》2007年第4期。

② 《孟子·滕文公上》。

③ 《孟子·梁惠王上》。

④ 《论语·述而》。

⑤ 《道德经》五十七章。

类克服了阻滞文明发展的种种障碍，并且还使人类以地域和财产为基础而建立起政治社会。"[①] 摩尔根认为财产观念的发展是人类进步的表现。

恩格斯也感叹"财富，财富，第三还是财富——不是社会的财富，而是这个微不足道的单个的个人的财富，这就是文明时代唯一的、具有决定意义的目的。"[②] 可以说，财产几乎成为人类政治、经济和社会活动的中心内容。财产的匮乏、财富的增长、对财产的占有和分配，成为困扰人类自身的重大难题。"人类的智慧在自己的创造物面前感到迷惘而不知所措了"，虽然如此，摩尔根还是相信："终有一天，人类的理智一定会强健到能够支配财富，一定会规定国家对它所保护的财产关系，以及所有者的权利范围。"[③]

两种对立的财产观念

在人类文明的历史演进中，对财产的认知存在相当激烈的尖锐对立。

不少人看到了人们在追逐财产中衍生的种种罪恶。为此，在人类的左派（这是一个中性的词，不具贬义或褒义）思想家看来，财产私有制是造成人类不平等的根源，是万恶之源，人类要实现平等和幸福，就只有废除财产私有制，实行财产公有制。这种财产公有的愿望和思想源远流长。

柏拉图建构的"理想国"就是一种实行财产公有的"共产主义制度"。在"理想国"中，柏拉图主张任何人都不得拥有私人财产，食物统一分配。他还主张取消家庭，实行公妻制，妇女和儿童都是公有的。[④] 这对以后的社会主义和共产主义思想产生了较大的影响。早期空想社会主义者托马斯·莫尔深信："如不废除私有制，产品不可能公正分配，人类不可能获得幸福。私有制存在一天，人类中绝大的一部分也是最优秀的一部分将始终背上沉重而甩不掉的贫困灾难担子。"[⑤] 18 世纪的马布利在其设想的"美好社会"里，"人人都是富人，人人都是穷人，人人平等，人人是兄弟，这个共和国第一条法律就是禁止财产私有。"[⑥] 人类财产公有制思想发展的巅峰，无疑是马克思、恩格斯创立的共产主义理论。马克思、恩格斯在 1848 年 2 月发表的《共产党宣言》中，富有激情地写道："共产党人可以用一句话把自己的理论概括起来：消灭私有制。"[⑦]

---

① [美]路易斯·亨利·摩尔根：《古代社会》上，杨东纯等译，北京：商务印书馆，1977 年版，第 6 页。

② 《马克思恩格斯选集》第四卷，北京：人民出版社，1972 年版，第 173 页。

③ [美]路易斯·亨利·摩尔根：《古代社会》下，杨东纯等译，北京：商务印书馆，1977 年版，第 556 页。

④ 参见（古希腊）柏拉图：《理想国》，郭斌和、张竹明译，北京：商务印书馆，1989 年版，第 190、312 页。

⑤ [英]托马斯·莫尔：《乌托邦》，北京：商务印书馆，1982 年版，第 21 页。

⑥ 《马布利选集》，北京：商务印书馆，1960 年版，第 170 页。

⑦ 《马克思恩格斯选集》第一卷，北京：人民出版社，1972 年版，第 265 页。

如果说在人类发展的历史长河中，对财产的公有制还只是长期停留在一些人的政治主张、理论研究、学术探讨、强烈愿望和理想追求的层面上的话，那么1917年列宁领导的布尔什维克革命的胜利，则使财产公有制首次上升为一个国家的根本政治制度而开始在实践层面上强制推行开来。此后，苏联式社会主义模式又扩散到亚洲、欧洲、拉丁美洲等地。随着20世纪80年代末、90年代初东欧剧变、苏联解体，以及20世纪70年代末以来中国开始的以市场为取向的改革的巨大成效，使人们逐渐摆脱了传统社会主义理论认定计划经济和公有制能够建构完美社会的迷信。苏联模式的公有制实践表明，企图通过废除私人财产和财产权来消灭人间罪恶的努力，导致了事与愿违的结果，它不但没有消除人间的罪恶，相反还制造了普遍的贫穷、空前的极权和新的奴役。

与试图通过废除私人财产和财产权来消灭人间罪恶的路径相反，另一条道路就是尊重和保障私有财产权。这已经成为当今世界的共同选择。其实，早在古希腊，睿智的亚里士多德就洞察到以实行财产公有来消灭罪恶的想法之行不通："人们听到财产公有以后，深信人人都是各人的至亲好友，并为那无边的情谊而欢呼，大家听到现世种种罪恶，比如违反契约而行使欺诈和伪证的财物诉讼，以及谄媚富豪等都被指斥为导源于私产制度，更加感到高兴。实际上，所有这些罪恶都是导源于人类的罪恶本性。即使实行公产制度也无法为之补救。那些财产尚未区分而且参加共同管理的人们间比执管私产的人们间的纠纷实际上只会更多——但当今绝大多数的人都生活在私产制度中，在公产中生活的人却为之很少。于是我们因少见那一部分的罪恶，就将罪恶完全归于私产制度了。"① 与其不能将人类的自私从人性中删除，还不如顺其自然保障个人的私有财产权。这虽是一种无奈，却充满着理性。

多学科视野中的财产权

法学、政治学和经济学等学科对财产权都给予相当关注。"保护财产权：这是法理学和法律的目标。"② 按照法学的观点，财产权是"人身权利的对称，即民事权利主体所享有的具有经济利益的权利"。③ 财产的法律概念"就是一组所有者自由行使并且其行使不受他人干涉的关于资源的权利"。④ 法学着眼于对社会现实的承认、规范和调整来界定和保障财产权。大陆法系和英美法系的财产制度各有不同，其主要区别在于是否存

① （古希腊）亚里士多德：《政治学》，吴寿彭译，北京：商务印书馆，1965年版，第56页。

② [英]阿克顿：《自由与权力》，侯健、范亚峰译，北京：商务印书馆，2001年版，第331页。

③ 参见《中国大百科全书·法学》，北京：中国大百科全书出版社，1984年版，第33页。

④ [美]罗伯特·考特、托马斯·尤伦：《法和经济学》，张军等译，上海：上海人民出版社，1991年版，第125页。

在“绝对的所有权”，大陆法系以对有体物的绝对所有为基础，使各种利用权处于依附地位，而英美法系却是以抽象物为基准，对各种具体财产权利予以平等保护。[①] 财产法在各国民法和人们社会生活中占有非常重要的地位。[②]

政治学关注财产权，是认为财产权构成了对国家专横权力的制约，是人类自由与尊严的保障。财产权与生命权、自由权一道构成三项最基本的人权。洛克认为：“人们联合成为国家和置身于政府之下的重大的和主要的目的，是保护他们的财产。”[③] 对于财产权的性质，洛克认为“未经本人同意，不能剥夺任何人的财产”。[④] 一旦立法者“图谋夺取和破坏人民的财产”时，洛克宣称这就使立法者与人民“处于战争状态”，人民因此就“无需再予服从”，而人民起来“抵抗强暴”就具有正当性。[⑤] 卢梭认为财产是政治社会的真正基础，是公民订约的真正保障。“财产权的确是所有公民权利中最神圣的权利，它在某些方面，甚至比自由还重要。”[⑥] 一些著名的经济学家也从政治的角度阐述了对财产权的见解。米瑟斯认为，私有财产制度为个人创造了一个不受国家控制的领域，它对政府的意志加以限制，成为所有不受国家和强权控制的生活基础，成为自由、个人自治赖以植根和获取养料的土壤。那些想以其他的生产和分配方法取代私有财产的每次尝试，都总是很快就被证明是荒谬的。[⑦] 哈耶克认为，承认私有财产或是个别的所有权是“防止强制的根本条件，即令不是惟一条件”。[⑧] 私有财产是自由的最重要的保障，这不单是对有产者，而且对无产者也是一样。[⑨] 哈耶克断言：“如果没有一个把保护私有财产作为自己主要目标的政府，似乎不太可能发展出先进的文明。”[⑩] 布坎南在《财产与自由》（property as a guarantor of liberty）中论述了“个人的或者若干个人的财产适于作为自由——即完全独立于政治的或者集体的决策过程——的保证。”[⑪] 在政治学者看来，私有财产具有不受政治权力侵犯的神圣性。“风能进，雨能进，国王不能进。”

---

① 参见马俊驹、梅夏英：《财产制度的历史评析和现实思考》，载《中国社会科学》1999 年第 1 期。

② 参见刘坤、赵万一：《财产权制度的存在基础》，载《现代法学》2004 年第 5 期。

③ [英]洛克：《政府论》下篇，叶启芳、瞿菊农译，北京：商务印书馆，1964 年版，第 77 页。

④ [英]洛克：《政府论》下篇，叶启芳、瞿菊农译，北京：商务印书馆，1964 年版，第 118 页。

⑤ [英]洛克：《政府论》下篇，叶启芳、瞿菊农译，北京：商务印书馆，1964 年版，第 133 页。

⑥ [法]卢梭：《论政治经济学》，北京：商务印书馆，1962 年版，第 25 页。

⑦ （奥）路德维希·冯·米瑟斯：《自由与繁荣的国度》，韩光明等译，北京：中国社会科学出版社，1994 年版，第 104—105 页。

⑧ [英]哈耶克：《自由宪章》，杨玉生、冯兴元等译，北京：中国社会科学出版社，1998 年版，第 199 页。

⑨ [英]哈耶克：《通往奴役之路》，王明毅、冯兴元等译，北京：中国社会科学出版社，1997 年版，第 101 页。

⑩ [英]哈耶克：《致命的自负》，冯克利、胡晋华等译，北京：中国社会科学出版社，2000 年版，第 32 页。

⑪ [美]詹姆斯·布坎南：《财产与自由》，韩旭译，北京：中国社会科学出版社，2002 年版，第 63 页。

哪里没有财产权，哪里就没有正义。[①]

经济学尤其是新制度经济学和产权经济学对财产权的研究令人关注。在相关经济学中文文献中，财产权（property rights）常被译作“所有权”或“产权”。[②] 在新制度经济学中文文献中流行的“产权”（property rights）概念实质上就是“财产权”（property rights）的简称。科斯创造性地把交易费用、产权安排与资源配置效率联系起来，把产权问题纳入到经济学研究中。[③] 诺思（又译诺斯）将交易费用和产权理论应用于经济史的研究，把“产权理论”与“国家理论”一道作为理解制度结构的两个主要基石。[④] 在他与托马斯合著出版的《西方世界的兴起》中，他们提出：“有效率的经济组织是经济增长的关键，一个有效率的经济组织在西欧的发展正是西方兴起的原因所在。有效率的组织需要在制度上作出安排和确立财产所有权，以便造成一种刺激，将个人的经济努力变成私人收益率接近社会收益率的活动。”[⑤] 为保持经济组织效率，需要在制度上作出安排，其中最重要最基本的安排就是确立产权。[⑥] 产权能够对产权主体给以激励，并能将外部性内在化。正如登姆塞茨（又译德姆塞茨）所说：“产权是一种社会工具，其重要性就在于事实上它们能帮助一个人形成与其他人进行交易时的合理预期……产权的一个主要功能是导引人们实现将外部性较大地内在化的激励。”[⑦] 产权制度是经济运行的基础，“有什么样的产权制度就会有什么样的组织、什么样的技术和什么样的效率，这是

---

① 参见刘军宁：《风能进，雨能进，国王不能进》，载刘军宁等：《自由与社群》，北京：三联书店，1998年版，第138—162页。

② 中国改革以前，盛行将“财产权”（property rights）译为“所有权”（“所有权”常用的英文单词是“ownership”），改革后“产权”的中译法开始流行，但所有权的概念并未消失。新制度经济学创始人科斯1991年获得诺贝尔经济学奖的理由是他发现和澄清了交易费用（transaction costs）和产权（property rights）对经济制度结构与运行的意义。据王振中的研究，使用产权（property rights）概念进行经济研究的奠基者是马克思和恩格斯。中文译本将恩格斯主持翻译的英文版《资本论》中的术语“proprietary rights”、“property rights”、“rights of property”基本都译为“所有权”，也出现将“rights of property”译为“产权”的。与此相似的是，中文译本将《资本论》中的术语“private property”、“communal property”、“collective property”、“capitalist private property”等均译为“私有制”、“公有制”、“集体所有制”、“资本主义私有制”，笔者以为应分别译为“私有（人）财产”、“公有（共同）财产”、“集体财产”、“资本家私有（人）财产”更为贴切。相关内容参见王振中：《对产权理论若干问题的全新探讨》，载中国社会科学院经济研究所编：《产权理论与经济发展》，北京：社会科学文献出版社，2005年版，第1—19页。

③ 参见科斯：《社会成本问题》，载R. 科斯、A. 阿尔钦、D. 诺斯等：《财产权利与制度变迁——产权学派与新制度学派译文集》，上海：上海三联书店、上海人民出版社，1994年新版，第3—58页。

④ [美]道格拉斯·C. 诺思：《经济史中的结构与变迁》，陈郁、罗华平等译，上海：上海三联书店、上海人民出版社，1994年新版，第17页。

⑤ [美]道格拉斯C. 诺思、罗伯斯·托马斯：《西方世界的兴起》，厉以平、蔡磊译，北京：华夏出版社，1999年版，第5页。

⑥ 参见袁庆明：《新制度经济学》，北京：中国发展出版社，2005年版，第5页。

⑦ H. 登姆塞茨：《关于产权的理论》，载R. 科斯、A. 阿尔钦、D. 诺斯等：《财产权利与制度变迁——产权学派与新制度学派译文集》，上海：上海三联书店、上海人民出版社，1994年新版，第97—98页。

现代产权经济学的一个基本观点。”①

财产权事关人类文明

财产和财产权是文明社会的标志，衡量一个社会的文明程度就是看财产权在该社会中得到保护的程度。保障财产权是民富国强最有效的法宝。② 人类对财产权的保障并不是一帆风顺的。在各国人们持续不断的斗争中，财产权保障被逐步纳入到最高宪法性文件之中。保障财产权现已成为国际社会的基本共识和准则。

1215 年英国《自由大宪章》就含有保障财产的重要内容。1789 年法国《人权宣言》第 2 条宣称任何政治结合的目的都在于保障“自由、财产、安全和反抗压迫”的权利，第 17 条宣称“财产是神圣不可侵犯的权利，除非当合法认定的公共需要所显然必需时，且在公平而预先赔偿的条件下，任何人的财产不得受到剥夺。”1791 年批准生效的美国宪法修正案（《权利法案》）第 5 条就保障财产权作了规定：“未经正当法律手续，不得剥夺任何人的生命、自由或财产；凡私有财产，非有相当赔偿，不得占为公有。”

1945 年联合国成立后，财产权的保障开始成为国际法的重要内容。1948 年联合国大会通过的《世界人权宣言》第 17 条规定：“（一）人人得有单独的财产所有权以及同他人合有的所有权；（二）任何人的财产不得任意剥夺。”1966 年通过的两个重要的国际人权公约即《经济、社会和文化权利国际公约》、《公民权利和政治权利国际公约》却没有财产权的明确规定，这是因为当时以苏联为首的实行计划经济的社会主义国家和第三世界国家对财产权认识上的巨大差异所致。这些国家当时强调财产的社会功能，认为国家有权以公共利益的名义广泛干预财产权。东欧剧变、苏联解体以后，财产权的保障得到了东欧国家和独联体国家的认同，从而大大增加了国际社会对保障财产权的共识。《欧洲社会宪章》、《美洲人权公约》、《非洲人权和民族权宪章》、《阿拉伯人权宪章》等区域性人权文件都载有财产权的条款。③

中国自古以来就有“人为财死，鸟为食亡”的认识，但并未形成有效的产权观念和产权制度。故民间有“富不过三代”之叹，圣人有“君子之泽，五世而斩”之论。④ 中国的暴君动辄以抄家、没收臣民家产、诛杀九族为能事；暴民则以烧杀抢掠、劫富济贫为快事。公元前 206 年，项羽“引兵西屠咸阳，杀秦降王子婴，烧秦宫室，火三月不

---

① 卢现祥：《西方新制度经济学》（修订版），北京：中国发展出版社，2003 年版，第 156—157 页。

② 参见刘军宁：《风能进，雨能进，国王不能进》，载刘军宁等：《自由与社群》，北京：三联书店，1998 年版，第 160、146 页。

③ 参见 C. 克罗斯：《财产权》，载［挪威］艾德等：《经济、社会和文化的权利》，黄列译，北京：中国社会科学出版社，2003 年版，第 219—240 页。

④ 《孟子·离娄下》。

灭。”[①] 如此上下折腾恶性大循环，焉能长使民富国强人安乐。自从遭遇西方文明以来，财产权观念开始对国人产生影响。这可从有关宪法性文件中窥见一二。1908 年满清《宪法大纲》载入了“臣民之财产及居住，无故不加侵扰”之条款。此虽未能执行，但这在中国历史上却是“破天荒”的。1912 年《中华民国临时约法》第 6 条规定“人民有保有财产及营业之自由”。1931 年《中华民国训政时期约法》第 16 条规定“人民之财产非经法律不得查封或没收。”1946 年《中华民国宪法》第 15 条规定“人民之生存权、工作权及财产权，应予保障。”

以马列主义为指导思想的中国共产党，在革命时期虽然确立了消灭私有制、实行财产公有的远大革命理想，但也有根据革命形势的变化而对财产权作过明文保障的规定，比如 1941 年《陕甘宁边区保障人权财权条例》就规定有对财产的保护。执政以后，中国共产党对财产权的认识发生过很大的变化。1949 年《中国人民政治协商会议共同纲领》第 3 条规定将封建土地所有制改变为农民土地所有制，保护国家的公共财产和合作社的财产及私有财产。1954 年《宪法》规定了国家保护农民的土地所有权和其他生产资料所有权、私有财产的继承权等条款，第 101 条规定“公共财产神圣不可侵犯。”1956 年社会主义改造完成后，私有财产的概念几乎在公共领域消失了。1975 年《宪法》和 1978 年《宪法》不再使用财产或私有财产的概念，只规定“社会主义的公共财产不可侵犯。”

财产权是市场经济的基础，市场交易实质上是产权的交易。1978 年以来中国从计划经济向市场经济转变，必然逻辑性地催生私有财产权的回归。1982 年《宪法》在第 12 条规定“社会主义的公共财产神圣不可侵犯”和“国家保护社会主义的公共财产”的同时，第 13 条规定：“国家保护公民的合法的收入、储蓄、房屋和其他合法财产的所有权；国家依照法律规定保护公民的私有财产的继承权。”对私有财产的表述基本恢复了 1954 年《宪法》的规定，这是改革开放以来国家正视私有财产权的一次新突破。1982 年《宪法》迄今已先后经过 1988 年、1993 年、1999 年和 2004 年四次修正，每次修正都与私有财产权有关。尤其是 2004 年宪法修正案对私有财产权的规定最为引人注目。该修正案将原第 13 条修改为：“公民的合法的私有财产不受侵犯。国家依照法律规定保护公民的私有财产权和继承权。国家为了公共利益的需要，可以依照法律规定对公民的私有财产实行征收或者征用并给予补偿。”不受侵犯和受到国家保护的“私有财产权”，光明正大地登上了共和国宪法的神圣殿堂，这是中国实行私有财产权保护的一个新的里程碑。

没有财产权，就没有市场经济，没有自由和繁荣；没有财产权，就没有民主政治，没有法治和宪政；没有财产权，就没有和谐社会，没有道德和文明。中国财产权入宪，开启了一个时代，但要走的路还很长。

---

① 《史记·项羽本纪》。

改革以来中国乡村和农民问题研究的回顾[①]

改革开放以来，中国实现了历史性的转折。1979 年 3 月 30 日邓小平在党的理论工作务虚会上，公开承认“在民主的实践方面，我们过去做得不够，并且犯过错误”，他批判了“全面专政”时期“对人民实行封建法西斯专政”，提出了“没有民主就没有社会主义，就没有社会主义现代化”的命题。[②] 从而认为政治方面的问题需要研究，“政治学、法学、社会学以及世界政治的研究，我们过去多年忽视了，现在也需要赶快补课。”[③] 正是基于邓小平的这个著名讲话，政治学、法学、社会学等社会科学研究在中国大陆消失了几十年后才得以恢复和发展，西方学者也在此前后重新获得了进入中国大陆调查和研究的机会。中国乡村和农民研究从此进入一个新的繁荣时期。

80 年代乡村社会研究的转型

20 世纪 80 年代中期以来，中国农民战争史研究在经过改革初期一段时期的复兴后迅速趋于沉寂，整个学界和社会对乡村和农民现实问题的兴趣，取代了曾红极一时的对农民战争和农民运动的关注。家庭承包制的兴起与人民公社的解体、乡镇企业、小城镇、村民自治和乡村选举、民工潮、农民负担与税费改革、基层政权等诸多方面成为国内外学者研究的热点和重点。

从 1958 年人民公社成立到 1983 年人民公社最终撤销，在这 20 多年的时间里，中国农民与人民公社结下了不解之缘。有关人民公社研究的文献，除了上述提及有关台湾学者的研究外，香港学者李沛良、刘兆佳撰著了《人民公社与农村发展：台山县斗山公社的经验》（1981 年）对农村人民公社的经验进行了反思式的实证研究。内地学者王小强发表《农业社会主义批判》（1981 年）一文，检讨和批判了与历史上井田制与太平天国《天朝田亩制度》一脉相承的人民公社的空想性和反现代性。林蕴晖、顾训中合著

① 本文原载《当代世界与社会主义》2007 年第 3 期，合作者周作翰。

② 《邓小平文选》第 2 卷，北京：人民出版社，1994 年版，第 168 页。

③ 《邓小平文选》第 2 卷，北京：人民出版社，1994 年版，第 180—181 页。

出版《人民公社狂想曲》（1995年），较早对人民公社进行比较系统的回顾与反思。凌志军出版的《历史不再徘徊——人民公社在中国的兴起与失败》（1996年），全面系统地研究了人民公社的兴衰，作者力图通过对人民公社的回顾考察来透视中国的社会政治变迁。[①]张乐天著的《告别理想——人民公社制度研究》（1998年）以浙北一个普通村庄——联民村为研究对象，细致入微地描绘了一个普通村落中的农民在人民公社体制下的政治、经济、社会和文化生活。[②]此外，一些研究1949年以来当代乡村和农民生活的历史著作相继问世，如张永泉、赵泉钧著的《中国土地改革史》（1985年）、矣剑农等著的《中国农村生产关系研究》（1989年）、高化民著的《农业合作化运动始末》（1989年）、罗平汉著的《"大锅饭"——公共食堂始末》（2001年）以及《农村人民公社史》（2002年）等。

在继马若孟利用日本"满铁"资料研究出版《中国农民经济》（1970年）后，美国学者黄宗智（Philip Huang）利用"满铁"资料以及实地调查，先后出版了《华北的小农经济与社会变迁》（1985年）、《长江三角洲小农家庭与农村发展》（1990年）两部广为人知的著作。在《华北的小农经济与社会变迁》中，黄宗智试图描述20世纪自然村与国家政权之间关系的演变情况，指出20世纪国家权力对乡村社会的扩张、渗透和榨取，都超过了清代的国家机器。在西欧小农经济经历资本主义的发展和改造时，中国的小农经济却在日益内卷化；西欧小农社会经历阶级分化和全面向资本主义转化时，中国仍停留在小农社会阶段；西欧越来越多的小农转化为新兴的无产阶级时，中国的小农仍旧为小农，只是经历了部分的无产化。这种差别正是促成19、20世纪中国大规模农民运动的乡村危机的根源。[③]在《长江三角洲小农家庭与乡村发展》中，黄宗智分析了中国农村没有发展的"过密型增长"，并指出随着国家政权空前地深入自然村，旧日的国家政权、士绅或地主、农民的三角关系，被新的国家政权与农民的双边关系所取代。[④]

通过对"满铁"资料的研究发掘，美国学者杜赞奇（Prasenjit Duara）以《文化、权力与国家——1900—1942年的华北农村》（1988年）一书而名声大振，该书荣获1989年度美国历史学会费正清奖和1990年度美国亚洲研究学会约瑟夫·列文森奖。在这部博士论文中，杜赞奇研究了20世纪以来国家政权的扩张对华北乡村社会权力结构的影响，提出"国家政权建设"与"权力的文化网络"这两个贯穿全书的中心概念，认为国家政权的扩张导致了国家政权的内卷化。在国家权力加强对乡村社会的控制中，形成了国家经纪人，杜赞奇将国家经纪人分为保护型经纪人和赢利型经纪人（或掠夺性经

① 参见凌志军：《历史不再徘徊——人民公社在中国的兴起和失败》，北京：人民出版社，1997年版。
② 参见张乐天：《告别理想——人民公社制度研究》，北京：东方出版社，1998年版。
③ 参见黄宗智：《华北的小农经济与社会变迁》，北京：中华书局，2000年版。
④ 参见黄宗智：《长江三角洲小农家庭与乡村发展》，北京：中华书局，2000年版。

纪人），赢利型经纪人充分利用手中握有的国家权力榨取钱财以中饱私囊，国家权力在依赖经纪人的同时，却缺乏控制这些机构和人员贪污中饱的能力，这使国家政权深入蜕化为将赢利型经纪体制推进到社会的最底层。杜赞奇发现，乡村中的政权内卷化造成了一种恶性循环：国家捐税的增加造成赢利型经纪的增生，而赢利型经纪的增生则反过来要求更多的捐税，苛捐杂税成为乡村不安定的一个重要因素。卢西恩·比安科（Lucien Bianco）和田中忠夫等学者对二三十年代中国乡村农民暴动的研究也表明，农民暴动的主要原因是反对苛捐杂税，而不是阶级斗争。①

乡村社会、农村改革和政策研究

在国家与农民的关系中，不少西方学者对中国乡村社会政治关系进行了敏锐的观察，得出了许多富有洞察力的研究观点。伯恩斯（John P. Burns）较早关注中国农民的政治参与问题，在《中国农村的政治参与》（1988年）的著作中，他深刻分析了改革初期中国农民的政治参与形式与乡村权力的关系。② 舒绣文（Vivienne Shue）的研究表明，国家权力对乡村社会的纵向延伸达到了最基层，但权力的横向扩展明显不足，在集体化时期，各个基层单位相互隔离封闭和分散孤立，使乡村社会呈现出一种“蜂窝结构”（honeycomb），这种相对孤立和封闭的社会结构，削弱和阻碍了国家对社会的整合能力。改革后社会横向联系明显增多，这将有助于打破彼此隔离的“蜂窝结构”。③ 萧凤霞（Helen F. Sui）在《华南的代理人与受害者》（1989年）一书中，通过剖析广东新会县环城乡后发现，国家通过地方精英控制乡村社会，最后使村庄成了被国家控制的政治单位或“细胞社区”。④ 在《当代中国的国家与农民》（1989年）中，戴慕珍（Jean C. Oi）从集体化时期的粮食征购的分析中，发现国家、生产队和农民围绕剩余农产品的支配权进行的斗争中，形成了地方干部与农民之间的庇护—依附关系。⑤1978年5月，作为第一批到中国农村进行系统研究的社会科学家，爱德华·弗里德曼（Edward Friedman）等

① 参见［美］杜赞奇：《文化、权力与国家——1900—1942年的华北农村》，王明福译，南京：江苏人民出版社，2003年版。

② John P. Burn，*Political Participation in Rural China*, Berkely: University of California Press, 1988.

③ Vivienne Shue, *The Reach of the State: Sketches of the Chinese Body Politic*, Stanford University Press, 1988. Vivienne Shue, State-Society Relations in Rural China, Jorgen Delman Clemens Stubbe Osteraard and Flemming Christiansen (eds.),*Remaking Peasant China*, Denmark: Aarhus University Press, 1990, pp.60-76.

④ Helen F. Sui, *Agents and Victims in South China: Accomplices in Rural Revolution*, New Haven: Yale University Press, 1989.

⑤ Jean C. Oi, Communism and Clientelism: Rural Politics in China, *World Politics*, Vol.37, Issue 2(Jan.,1985). *State and Peasant in Contemporary China: the Political Economy of Village Government*, Berkely: University of California Press, 1989.

三人前后费时10余年对河北省饶阳县五公村进行调查研究，最后出版了《中国乡村，社会主义国家》（1991年），该书出版后颇受赞誉，荣获1993年度美国亚洲研究学会的约瑟夫·列文森奖。该书考察了华北平原农民的生活和社会状况，对置身于社会主义这个带来新的生存机遇之中的农民和当地干部，作了最为生动精彩的描述和最为鞭辟入里的分析。作者发现，革命修复了人们之间的关系，但当国家对农民强制实行共产主义原则时，新的裂痕产生了。作者还注意到税制改革对农民和国家关系的重要影响。[①]

家庭承包责任制取代人民公社，被认为是当代中国农民的一个伟大创造。西方学者注意到农民在农村改革中的作用。柯丹青（Daniel Ray Kelliher，1992）在《中国农民权力：农村改革时代1979—1989》中对农民在推动乡村改革的独特作用进行了深入的分析。[②]安戈（Jonathan Unger，1985）通过对28个样本村的调查发现，到1982年已经实行家庭承包责任制的26个村中，有24个村的承包制改革是由上级部门决定的。[③]而周凯（Kate Zhou，1996）在《农民如何改变中国：人民的权力》一书中却认为，乡村非集体化改革是由农民推动的一场自发的、无组织的、无领导的、无意识形态和无政治倾向的运动，政府在这场运动中基本处于被动应付的地位。[④]面对这两种不同的解释，崔大伟（David Zweig，1997）提出，中国乡村非集体化改革是国家、地方、基层干部和农民多方互动的结果。[⑤]被视为农民另一大创造的乡镇企业的“异军突起”，同样引起了广泛的研究。在卷帙浩繁的文献中，戴慕珍的研究无疑是最具学术价值的研究之一。戴慕珍（Jean C.Oi，1992）将20世纪80年代以来中国乡镇企业的崛起视为地方干部寻求自身利益的结果，随着地方政府的“企业化”和地方干部角色“政治企业家化”，一种她称之为“地方国家社团主义”（local state corporatism）的现象出现了。[⑥]

20世纪80年代中后期以来的村民自治和村民选举，激发了许多西方和其他海外学者的研究热情。在研究当代中国农村基层民主与治理等问题的众多学者中，国际知名的学者主要有欧博文（Kevin O，Brien）、李连江（Lianjiang Li）、白思鼎（Thomas P.

---

① 参见[美]弗里曼、毕克伟、赛尔登:《中国乡村，社会主义国家》，陶鹤山译，北京:社会科学文献出版社，2002年版。

② Daniel Ray Kelliher, *Peasant Power in China: The Era of Rural Reform 1979-1989*, New Haven: Yale University Press, 1992.

③ Jonathan Unger, The Decollectivization of the Chinese Countryside: A Survey of Twenty-eight Villages, *Pacific Affairs*, Vol.58, No.4, winter 1985, p.587.

④ Kate Xiao Zhou, *How the Farmers Changed China: Power of the People*, Boulder. CO: Westview Press, 1996.

⑤ David Zweig，*Freeing China's Farmers: Rural Restructuring in the Reform Era*, New York: M. E. Sharpe, 1997.

⑥ Jean C. Oi，Fiscal Reform and the Economic Foundations of Local State Corporatism in China, *World Politics*, Vol.45, No.1（October, 1992）.

Bernstein）、戴慕珍（Jean C. Oi）、柯丹青（Daniel Kelliher）、史天健（Shi Tianjian）、墨宁（Melanie Manion）、罗伦丝（Susan Lawrence）、郑永年、何包钢等。学者们的关注点主要集中在村民选举与农村社会经济发展的关系、村民选举的政治效应以及村民选举与公民权利意识的觉醒等三个方面。[①]20世纪90年代以来，中国农村各种矛盾加剧，农民税费负担沉重，农民与基层干部之间的冲突在一些地区相当严重，群体事件时有发生。这引起政界和学界的相当关注。在诸多研究中，欧博文和李连江的研究具有广泛影响，他们发现村民选举激活了农民的公民权利意识，农民为捍卫国家法律赋予的和中央政策规定的权力和利益而采取行动，他们最早提出了“依政策抗争”（policy-based resistance）这个关键性概念，在后续的研究中他们使用“依法抗争”（law-based resistance）这个概念，以此解释当代中国农民依据国家法律和中央政策的有关规定，通过信访甚至直接对抗等方式，抵抗地方政府损害农民利益的现象。[②]白思鼎、吕晓波在《中国农村的无代表征税》（2003年）一书中，对农村混乱的税费项目、暴力征税手段和农民的抗争行为进行了十分详尽的描述和分析，对税收制度与国家和农民关系的关系作了相当深刻的评论。[③]

中国内地对乡村和农民研究起步于农村的政策研究。20世纪80年代初期开始，以杜润生为代表的中央农村政策研究取得了相当突出的成效。杜润生时任中共中央农村政策研究室主任兼国务院农村发展研究中心主任，负责中国农村改革与发展的政策研究。杜润生及其同事的农村政策研究的主要成效，体现在1982年至1986年连续出台的五个著名的“中央一号文件”中。1982年“一号文件”第一次以中央的名义正式肯定承认包产到户的合法性，提出尊重群众的选择，宣布包产到户长期不变；1983年“一号文件”重在放活农村工商业；1984年“一号文件”重在疏通流通渠道，发育市场机制，如规定土地承包期延长15年，在此期间允许土地使用权有偿转让，允许农民自理口粮进城做工、经商办企业等；1985年“一号文件”调整产业结构，取消统购统销；1986年“一号文件”重在增加农业投入，调整工农城乡关系。[④]五个“一号文件”对于改革和推动农村工作发挥了重要的历史性作用。这一时期也是中国农村发展和农民生活比较好的时期。在农村政策研究中，另一特别值得一提的是农业部政策研究者郭书田和刘纯彬提出

① 参见郭正林：《中国农村权力结构》，北京：中国社会科学出版社，2005年版，第1—20页。

② Kevin O'Brien, Li Lianjiang, The Politics of Lodging Complaints in Rural China, *The China Quarterly*, No.143 (Sept.1995)。李连江、欧博文：《当代中国农民的依法抗争》，载吴国光编：《九七效应：香港与太平洋》，香港：太平洋世纪研究所，1997年版，第141—170页。

③ Thomas P. Bernstein, Xiaobo Lü, *Taxation Without Representation in Rural China*,Cambridge: Cambridge University Press, 2003.

④ 参见杜润生：《中国农村制度变迁》，成都：四川人民出版社，2003年版；杜润生：《杜润生自述：中国农村体制变革重大决策纪实》，北京：人民出版社，2005年版。

的产生了深远影响的“二元社会结构”理论。1988年初，他们就提出了二元社会结构理论，1988年6月第90期的《经济研究参考资料》(内部刊物)刊发了由刘纯彬执笔的农业部农村工业化城市化与农业现代化课题组研究论文《二元社会结构——城乡关系：工业化·城市化》，对城乡分离的二元社会结构的基本内容进行了初步的分析。1989年11月第171/172期《经济研究参考资料》(内部刊物)刊发了他们的进一步研究论文《二元社会结构：分析中国农村工业化城市化的一条思路》，文章认为二元社会结构是中国国情的要害，二元社会结构的理论意义在于“呼唤人的解放，争取人的解放”。[①]此后，郭书田、刘纯彬在《失衡的中国》(1990年)一书中，对包括户籍制度在内的14项具体制度所构成的二元社会结构进行了更为详尽的实证研究。[②]这是笔者所看到的最早且最触及中国农村和农民问题体制核心的重要论文。“二元社会结构”这个概念如今已被广泛使用，成为分析中国乡村和农民问题的重要工具。舟莲村在《谈农民的不平等地位》(1988年)一文中，对农民不平等状况及原因作了初步分析。该文的价值不在于它的分析是否透彻深刻，而在于它将“农民不平等地位”这个长期被视为敏感的现实问题提了出来。[③]众所周知，1949年以后，在相当长的时期内，除了历史上的农民起义和农民战争的颂扬性研究外，现实中农民问题的讨论具有相当大的敏感性和风险性。自从1953年梁漱溟关于农民生活在“九天之下”的发言遭到毛泽东严厉的政治批判后，中国进入鸦雀无声期。

90年代以来的多学科研究

20世纪90年代以来，严肃认真的社会科学学术研究成果开始大量涌现。80年代中期以后，随着农民负担问题的凸显，有关农民负担的研究引起了较广泛的讨论，具有代表性的著述主要有孙翊刚主编的《中国农民负担简史》(1991年)，财政部《中国农民负担史》编辑委员会编著的《中国农民负担史》1—4卷(1991—1994年)，这成为研究农民负担的基础性文献。研究农民负担问题的个人专著也相继问世，如李茂岚著的《中

① 农业部政策研究中心农村工业化城市化课题组:《二元社会结构——城乡关系:工业化·城市化》，载《经济研究参考资料》1988年第90期(总第1890期)；农村工业化城市化与农业现代化课题组:《二元社会结构：分析中国农村工业化城市化的一条思路》，载《经济研究参考资料》1988年第171/172期(总第2171/2172期)。

② 参见郭书田、刘纯彬等:《失衡的中国——农村城市化的过去、现在与未来》，石家庄:河北人民出版社，1990年版。

③ 刊发该文的《社会》杂志在舟莲村的文章前小心翼翼地加注了一个罕有的“说明”，称这是一篇“为农民说话的文章”，文章“提出了一个很尖锐的问题”，但怕“做小梁漱溟”，故而收到此稿后“迟迟未用”，不过在“在党的十三大春风吹拂下，还是大胆将它发表了”。此可见“农民问题”在当时的敏感性。参见舟莲村:《谈农民的不平等地位》，载《社会》1988年第9期。

国农民负担问题研究》（1996年）。一些出版社集中出版以农民问题为题材的丛书，如1994年贵州人民出版社出版的“中国农民问题丛书”，包括王贵宸著的《中国农村现代化与农民》，郭晓鸣等著的《农民与土地——历史·现实·未来》，徐璋勇、袁建歧著的《农民与城市化》，王宽让、贾生华著的《传统农民向现代农民的转化》，刘振伟著的《农民与农村组织建设》。1996年中央编译出版出版的“农民学丛书”，包括孙达人著的《中国农民变迁论》，秦晖、苏文著的《田园诗与狂想曲——关中模式与前近代社会的再认识》，俄国A.恰亚诺夫著的《农民经济组织》，美国J.米格代尔著的《农民、政治与革命——第三世界政治与社会变革的压力》，金雁、卞悟著的《农村公社、改革与革命——村社传统与俄国现代化之路》。这对于乡村和农民研究起到了一定的推动作用。

经过长期的学术沉寂，进入90年代，一批具有学术品位的本土的社会学、人类学著作开始破土而出。知名的主要有：王沪宁著的《当代中国村落家族文化——对中国社会现代化的一项探索》（1991），陆学艺的《改革中的农村与农民——对大寨、刘庄、华西等13个村庄的实证研究》（1992年），曹锦清、张乐天、陈中亚著的《当代浙北乡村的社会变迁》（1995年）、王铭铭著的《社区的历程——溪村汉人家族的个案研究》（1997年）以及《村落视野中的文化与权力：闽台三村五论》（1997年）、折晓叶著的《村庄的再造——一个超级村庄的社会变迁》（1997年）、周晓虹著的《传统与变迁——江浙农民的社会心理及其近代以来的嬗变》（1998年）、李书磊著的《村落中的“国家”——文化变迁中的乡村学校》（1999年）、庄韶银著的《银翅——中国的地方社会与文化变迁》（2000年）、毛丹著的《一个村落共同体的变迁——关于尖山下村的单位化的观察与阐释》（2000年），李培林著的《村落的终结——羊城村的故事》（2004年）等。与这些以村庄为个案的社会学人类学研究不同，一个以社会阶层结构为视角的社会学研究打开了一扇人们认识乡村和农民的重要窗口。其实，早在1926年1月，毛泽东就发表《中国农民中各阶级的分析及其对土地革命的态度》（收入《毛泽东选集》时更名为《中国社会各阶级的分析》）一文，将农村中的各个阶级作了剖析。显然，这种长期占据主导地位的服务于革命斗争需要的阶级分析法，在加剧阶级斗争，激化社会矛盾，推动革命运动等方面发挥了历史性作用，但在和平建设时期，阶级分析法就不适应了。90年代以来，社会阶层分析法得到了学界的引进和探索，出版了相关的研究著作，比如李强著的《当代中国社会分层与流动》（1993年）及《转型时期中国社会分层》（2004年）、朱光磊主编的《大分化、新组合——当代中国社会各阶层分析》（1994年）、陆学艺主编的《当代中国社会阶层研究报告》（2002年）及《当代中国社会流动》（2004年），李培林等著《中国社会分层》（2004年）等。《当代中国社会阶层研究报告》依据组织资源、经济资源和文化资源的占有状况，将当代中国社会划分为十大阶层，其中，农业劳动者阶层位于社会底层的第九阶层，略高于最底层的城乡无业失业半失业者阶层。[①]

改革以来中国社会结构发生了重大变化，农民工现象成为这种社会结构变迁的显著标本。自80年代后期开始，"民工潮"日趋汹涌澎湃，引起学界的强烈关注，相关的研究主要有：陈吉元主编的《中国农业劳动力转移》(1993年)，龚益鸣编的《"民工潮"的起落》(1994年)，朱力著的《中国民工潮》(2002年)，白南生、宋洪远著的《回乡，还是进城？——中国农村外出劳动力回流研究》(2002年)，刘开明著的《边缘人》(2003年)，李培林主编的《农民工——中国进城农民工的经济社会分析》(2003年)，李强著的《农民工与中国社会分层》(2004年)，史柏年著的《城市边缘人——进城农民工家庭及其子女问题研究》(2005年)，谢建社著的《新产业工人阶层——社会转型中的"农民工"》(2005年)，蒋月等著的《中国农民工劳动权利保护研究》(2006年)，国务院研究室课题组《中国农民工调研报告》(2006年)等。

将政治学研究的视野投向主流政治学关注较少的乡村社会，华中师范大学中国农村问题研究中心无疑是最早的开拓者。早在80年代初政治学恢复不久，以张厚安(1928—)为代表的华中师范大学研究人员秉承"三个面向、理论务农"的旨趣，倾情于田野调查，立足于实证研究。[②]经过十多年的不断探索和学术积累，中心取得了一批引人注目的研究成果，涌现了像张厚安、徐勇、项继权、唐鸣、于建嵘、吴毅、贺雪峰等一大群学界知名的农村问题研究学者。华中师范大学中国农村问题研究中心已成为享誉中外的中国农村问题研究的重要学术基地。在早期乡村政治问题的研究文献中，主要有张厚安主编的《中国农村基层政权》(1992年)及其撰著的《中国乡镇政权建设》(1992年)，徐勇著的《非均衡的中国政治——城市与乡村比较》(1992年)，张厚安、徐勇主笔的《中国农村政治稳定与发展》(1995年)，项继权著的《外国农村基层建制》(1995年)。华中师范大学出版社1997年开始推出"村治书系"，出版了徐勇著的《中国农村村民自治》(1997年)，张厚安、徐勇、项继权等著的《中国农村村级治理——22个村的调查与比较》(2000年)，徐勇、吴毅主编的《乡土中国的民主选举》(2001年)，项继权著的《集体经济背景下的乡村治理——南街、向高和方家泉村村治实证研究》(2002年)，何包钢、郎友兴著的《寻找民主与权威的平衡——浙江省村民选举经验研究》(2002年)，徐勇、项继权主编的《村民自治进程中的乡村关系》(2003年)，吴毅、吴淼著的《村民自治在乡土社会的遭遇——以白村为个案》(2003年)等。尤其值得一提的是，

---

① 参见陆学艺主编:《当代中国社会阶层研究报告》，北京:社会科学文献出版社，2002年版，第3—9页。

② "三个面向"指的是面向社会、面向基层、面向农村,"理论务农"指的是立足于农村改革实践,服务于农村改革实践。参见张厚安:《三个面向，理论务农：社会科学研究的反思性转换——华中师范大学中国农村问题研究中心20年回顾》，载《华中师范大学学报（人文社会科学版)》2001年第4期。

该中心研究农村政治问题的博士学位论文多次荣获全国百篇优秀博士学位论文奖，如徐勇的博士学位论文《中国农村村民自治：制度与运作》获得1999年首届全国优秀博士学位论文奖，项继权的博士学位论文《集体经济背景下的乡村治理——南街、向高和方家泉村村治实证研究》获得2002年全国优秀博士论文奖，于建嵘的博士学位论文《转型期中国乡村政治结构的变迁——以岳村为表述对象的实证研究》获得2003年全国优秀博士学位论文提名奖。吴毅的博士学位论文《村治变迁中的权威与秩序——20世纪川东双村的表达》获得2004年全国优秀博士学位论文奖。这从一个侧面反映了该中心研究农村问题的学术水准。

进入21世纪，中国乡村和农民研究出现了一个大的反思时期。2000年3月湖北省监利县棋盘乡党委书记李昌平给朱镕基总理写信，诉说“农民真苦、农村真穷、农业真危险”。8月24日，具有极大社会影响的媒体《南方周末》披露了李昌平的上书和总理的批复，由此引发了全国上下对农业、农村和农民的强烈反响和广泛讨论。[①]李昌平概括的“农民真苦、农村真穷、农业真危险”成为“三农”问题的经典表述。学者们对“三农”问题的研究开始直面现实、进入核心领域。这年3月，中央决定在安徽全省范围内进行以减轻农民负担为核心内容的农村税费改革，其他省、市、自治区选择少数县（市）进行农村税费改革。新世纪之初，出版了几部影响很大的“三农”问题著作，如曹锦清著的《黄河边的中国——一个学者对乡村社会的观察与思考》（2000年），应星著的《大河移民上访的故事：从“讨个说法”到“摆平理顺”》（2001年），李昌平著的《我向总理说实话》（2002年）和《我向百姓说实话》（2004年），于建嵘连续发表的重要论文《农民有组织抗争及其政治风险——湖南省H县调查》（2003年）及《农村黑恶势力和基层政权退化——河南调查》（2003年），陈桂棣、春桃著的《中国农民调查》（2004年）等。虽然李昌平、陈桂棣和春桃的著作并不是严格意义上的学术著作，但他们直击“三农”问题核心所形成的强烈的思维冲击和社会反响，在当时却是任何一部学术著作所不能比拟的。2001年，经过16年的艰苦谈判，中国加入世界贸易组织（WTO），加入WTO不仅使中国融入了经济全球化，而且使中国普通百姓知晓了“国民待遇”这个常用的词汇。杜润生倡导“给农民以国民待遇”（2001年），[②]李昌平呼吁“给农民同等国民待遇”（2002年），[③]张英洪主张从宪法视角上保障农民平等的公民权利，

① 参见黄广明、李思德：《乡党委书记含泪上书，国务院领导动情批复》，载《南方周末》2000年8月24日。

② 参见杜润生：《给农民以国民待遇》，载杜润生：《中国农村制度变迁》，成都：四川人民出版社，2003年版，第300页。

③ 参见李昌平：《我向总理说实话》，北京：光明日报出版社，2002年版，第228页。

提出"给农民以宪法关怀"、"给农民自由"(2002年)等。[①]"三农"问题的研究开始成为当今中国学术研究的显学之一。改革以来，国内涌现出一大批知名的"三农"研究学者。

农民权利研究的兴起

对农民权利或农民权益问题的关注开始成为学界研究的重要内容。夏勇在《乡民公法权利的生成》(1995年)一文中从公法的角度研究了乡民公法权利的生成，他认为，中国最重要的公民权利当是乡民的权利，中国最重要的人权当是农人的人权。[②]

岳悍惟在《从国家农民向社会农民的转变看农民人权》(2001年)的论文中，根据国家与社会二分法的理论框架，提出了国家农民与社会农民的概念，认为国家农民向社会农民转化的过程也是农民人权发展日趋完善的过程。[③]刘云升、任广浩在其合著的《农民权利及其法律保障问题研究》(2004年)一书中，从法律保障机制的角度对农民的政治、经济和社会权利进行了分析。[④]

以保障农民权利、维护农民利益为主题的学术会议也相继召开，主要有：2003年7—8月中国(海南)改革发展研究院主办了"中国农民权益保护国际研讨会"，出版了研讨会论文集《中国农民权益保护》(2004年)；2004年3月北京大学法学院人权研究中心与英国国际发展部、联合国人权事务高级专员亚太地区代表处以及联合国开发计划署驻华代表处联合在北京大学举行了"以权利为基础促进发展"的国际会议，出版了《以权利为基础促进发展》论文集；2004年12月中国社会科学院农村发展研究所召开了"中国农民权益保障"会议，汇编了论文打印稿《中国农民权益保障论文选》(2004年)等。有关农民权利或权益方面的论文或专题学术会议比较多，一些研究生开始将农民权益作为硕博士学位论文的选题进行研究。

权利的保障离不开健全的法制，为此，有关农民权益的立法研究和工作也已提上日程。1999年3月，王维忠教授在九届人大二次会议上首次提出制定《农民权益保护法》的建议案，2003年在十届人大一次会议上，王维忠教授再次就《农民权益保护法》提出建议案，并被列入十届人大常委会立法计划。2002年12月28日九届人大常委会第

① 参见张英洪:《给农民以宪法关怀》，载《南风窗》2002年1月上;《给农民自由》，载《改革与理论》2002年第2期。

② 参见夏勇:《乡民公法权利的生成》，载夏勇主编:《走向权利的时代——中国公民权利发展研究》，北京：中国政法大学出版社，1995年版，第615—681页。2000年出版了该书的修订版。

③ 参见岳悍惟:《从国家农民向社会农民的转变看农民人权》，载徐显明主编:《人权研究》第1卷，济南：山东人民出版社，2001年版，第518—562页。

④ 参见刘云升、任广浩:《农民权利及其法律保障问题研究》，北京：中国社会科学出版社，2004年版。

31 次会议通过了新修订的《农业法》，在 2003 年 3 月 1 日起正式实行的新修订的《农业法》中，专列第九章“农民权益保护”，首次将农民权益保护纳入了法律体系之中。中国农业大学围绕《农业法》第九章“农民权益保护”的实施情况进行了调研，出版了由李晓云、左停主编的《中国农民权益保护研究——< 农业法 > 第九章“农民权益保护”实施情况调查》（2007 年）。刘永信在《农民权利论》（2007 年）一书中，以土地权利关系为主线，系统考察了中国农民的权利变化，认为中国自秦汉以来土地的真正所有权归以皇帝为代表的国家所有，农民只是享有土地的占有权。①张英洪在《农民权利论》（2007 年）一书中以国际人权学的理论视野考察中国农民各项基本权利和自由，提出以权利看待农民，不断提高中国农民享受人权的水平。②

政界与学界的良性互动，是 21 世纪初以来中国乡村和农民问题理论研究与政策调整的一个显著特点。2002 年中共十六大以后，形成了以胡锦涛为总书记、温家宝为总理的政治架构，执政者明确提出把解决“三农”问题作为“全党工作的重中之重”。2003 年中共十六届三中全会提出以人为本、“五个”统筹的科学发展观。2004 年 1 月，在时隔 18 年后，中央重新出台了以解决“三农”问题为中心内容的“一号文件”。此后，新农村建设与和谐社会构建相继推出，2006 年起全国彻底取消了农业税，2007 年起全国农村义务教育阶段免收学杂费，等等。这些重大政策的调整，正朝着改善农民生存的制度环境方向迈进。中国乡村和中国农民正步入一个新的历史时期。毫无疑问，乡村和农民问题的研究也面临着一个新的时代课题。

通过对中国乡村和农民研究的文献梳理，以及对中国乡村和农民变迁的历史回顾，我们对此有了一个比较宏观的总体把握。已有的浩瀚研究成果和社会变迁的多彩画卷，给人以丰富的思想营养和思维启迪。但无论已有的研究如何透彻深广，后来者总能站在前人铺展的基础上找到切合自己志趣的学术小径。

---

① 参见刘永信：《农民权利论》，北京：中国经济出版社，2007 年版。

② 参见张英洪：《农民权利论》，北京：中国经济出版社，2007 年版。

中国农民的政治参与和参政权 ①

政治参与和参政权：概念辨析与界定

政治参与（political participation）是现代政治学的重要术语，也是发展政治学研究的重要内容。当代著名发展政治学家亨廷顿认为，政治现代化的三个要素是权威的理性化、结构的分化和政治参与的扩大。在亨廷顿看来，现代国家与传统国家的最大区别在于民众在大规模的政治组织中参与政治并受其影响的广泛程度。在传统社会中，政治参与在村落这个层次上可能是相当普遍的，但超过这个层次，政治参与便局限于很小的范围了。因而亨廷顿判定"政治现代化最基本的要素是，整个社会的各个集团在超于村镇层次之上参与政治，以及创立能够组织这种参与的新的政治制度。"②

对于作为现代政治重要特征和内容的政治参与的涵义，学界众说纷纭。诺曼·H. 尼、西德尼·维巴认为政治参与这个术语"指的是平民或多或少以影响政府人员的选择及（或）他们采取的行动为直接目的而进行的合法活动"。③ 这个定义将非法的政治活动排除在外。《布莱克维尔政治学百科全书》对政治参与的解释要宽泛得多，它指参与制订、通过或贯彻公共政策的活动。这一宽泛的定义适用于从事这类行动的任何人，无论他是当选的政治家、政府官员或是普通公民，只要他是在政治制度内以任何方式参加政策的形成过程。这一定义并不包括这样的含义，即政治参与必须成功地或有效地影响公共政策，尽管人们会指望这类行动具有超出纯象征性的作用。各种抗议活动，包括请愿、示威游行、抵制行动、抗税，甚至还有政治暴力，均可看成是政治参与的形式。④ 亨廷

---

① 本文原载《政治学研究》2007 年第 2 期，合作者周作翰。

② [美] 塞缪尔·亨廷顿:《变革社会中的政治秩序》，李盛平、杨玉生、李培华、张来明译，北京:华夏出版社，1988 年版，第 37 页。

③ 诺曼·H. 尼、西德尼·维巴:《政治参与》，载 [美] 格林斯坦、波尔斯比编:《政治学手册精选》（下卷），储复耘译，北京：商务印书馆，1996 年版，第 290 页。

④ 参见 [英] 戴维·米勒、韦农·波格丹诺主编:《布莱克维尔政治学百科全书》（修订版），邓正来译，北京：中国政法大学出版社，2002 年版，第 608—609 页。

顿和纳尔逊将政治参与定义为“平民试图影响政府决策的活动”。这一定义包括五个要点：第一，政治参与包括活动而不包括态度；第二，政治参与是指平民的政治活动，这就把政治参与者和政治职业者区别开来；第三，政治参与只是指试图影响政府决策的活动；第四，政治参与包括试图影响政府的所有活动，而不管这些活动是否产生实际效果；第五，政治参与不仅包括行动者本人自发的影响政府决策的活动，而且包括行动者受他人策动而发生的影响政府决策的活动，前者称为自动参与，后者称为动员参与。[①]蒲岛郁夫将政治参与定义为“旨在对政府决策施加影响的普通公民的活动”。[②]《中国大百科全书·政治学》将政治参与界定为“公民自愿地通过各种合法方式参与政治生活的行为”。[③]这个定义将非自愿的及非法的政治活动排除在外。王浦劬认为政治参与是“普通公民通过各种合法方式参与政治生活，并影响政治体系的构成、运行方式、行动规则和政策过程的行为。它是政治关系中政治权利得以实现的重要方式，反映着公民在社会政治生活中地位、作用和选择范围，体现着政治关系的本质。”[④]这也将非法的政治活动排除在外。陶东明、陈明明在《当代中国政治参与》中将政治参与定义为“公民试图影响和推动政治系统决策过程的活动”。[⑤]这个定义摆脱了合法与非法、自愿与动员等限定性概念的限制。上述有关政治参与的不同定义均有其启示意义，在观察实际政治参与中不应拘泥于诸如合法、自愿等限定性概念的局限。就当代中国农民的政治参与实际活动来说，既有合法的，也有非法的；既有自愿的，也有动员的；既有制度化的，也有非制度化的等多种形式。

在学界，研究政治参与的学者多而论述参政权的则较少。作为现代国家一项基本的政治权利，参政权亦即政治参与权。据考察，德国法学家戈博（C. F. V. Gerber）在1852年写成的《公权论》一书中提出了参政权的概念。德国另一位法学家杰列内克（G. Jellnek）在1892年出版的《主观公权之体系》中将参政权与受益权和自由权视为公权的三种形式，认为参政权是指个人参与国家意思之形成，请求国家承认能为国家活动之权利，包括各种政治权利、任国家元首及法官的权利、选举权和被选举权、公法上团体之代表者与官吏之请求权等。作为一项重要人权的参政权，叶必丰将之视为个人的一种自治权，是个人自治权在个人与国家关系中的表现。[⑥]李步云主编的《人权法学》将参

① 参见[美]塞缪尔·P.亨廷顿、琼·纳尔逊：《难以抉择——发展中国家的政治参与》，汪晓寿、吴志华、项继权译，北京：华夏出版社，1989年版，第5—7页。

② [日]蒲岛郁夫：《政治参与》，解莉莉译，北京：经济日报出版社，1989年版，第4页。

③ 《中国大百科全书·政治学》，北京：中国大百科全书出版社，1992年版，第485页。

④ 王浦劬主编：《政治学基础》，北京：北京大学出版社，1995年版，第206页。

⑤ 陶东明、陈明明：《当代中国政治参与》，杭州：浙江人民出版社，1998年版，第104页。

⑥ 参见叶必丰：《人权、参政权与国家主权》，载《法学》2005年第3期。

政权定义为"公民依法享有的参与国家政治生活、社会组织和管理活动的权利"。[①] 林喆认为，参政权是指公民依法参与国家生活的自由度。这里的"国家生活"主要指政治生活，由此参政权一般被称为政治权利和政治自由。参政权概念包含三层含义：(1) 公民有依法享受国家生活的权利；(2) 公民有依法参与国家管理的权利；(3) 公民有依法监督国家机关及其工作人员活动的权利。[②] 从更宽泛的意义上看，参政权等同于政治权利和政治自由，主要包括选举权、被选举权、批评权、建议权、申诉权、控告权、检举权、取得赔偿权、民主管理企业组织权以及言论、出版、集会、结社、游行、示威等自由。

参政权的规定和保障已纳入国际人权宪章的框架之内。联合国大会 1948 年 12 月 10 日通过的《世界人权宣言》第 21 条对参政权的规定具有相对狭义的含义："(一) 人人有直接或通过自由选择的代表参与治理本国的权利；(二) 人人有平等机会参加本国公务的权利；(三) 人民的意志是政府权力的基础，这一意志应以定期的和真正的选举予以表现，而选举应依据普遍和平等的投票权，并以不记名或相当的自由投票程序进行。" 1966 年 12 月 16 日通过的《公民权利和政治权利国际公约》第 25 条规定每个公民应有下列权利和机会："(甲) 直接或通过自由选择的代表参与公共事务；(乙) 在真正的定期的选举中选举和被选举，这种选举应是普遍的和平等的并以无记名投票方式进行，以保证选举人的意志的自由表达；(丙) 在一般的平等的条件下，参加本国公务。"

近代以来，人民主权原则成为世界各国立足的政治基础。在中国，孙中山倡导人民有"选举、罢免、创制、复决"之权，提出："凡为国民皆平等以有参政权。大总统由国民公举。议会以国民公举之议员构成之。制定中华民国宪法，人人共守。敢有帝制自为者，天下共击之。" [③] 在中国历史上 1912 年《中华民国临时约法》率先将人民主权原则载入宪法性文件，该《约法》第 2 条破天荒地规定国家主权"属于国民全体"。此后各种宪法文本无不申明人民主权原则。1954 年《宪法》第 2 条规定："中华人民共和国的一切权力属于人民。" 现行《宪法》在载明国家"一切权力属于人民"外，还规定"人民依照法律规定，通过各种途径和形式，管理国家事务，管理经济和文化事业，管理社会事务。"《宪法》第 17、34、35、41 条对有关参政权作了明确规定。[④] 可以看出，社会主义中国的公民依据宪法规定应当享有广泛的参政权。

---

① 李步云主编：《人权法学》，北京：高等教育出版社，2005 年版，第 200—201 页。

② 参见林喆：《公民基本人权法律制度研究》，北京：北京大学出版社，2006 年版，第 42 页。

③ 《孙中山全集》第 1 卷，北京：中华书局，1981 年版，第 297 页。

④ 参见《中华人民共和国宪法》，北京：中国法制出版社，2004 年版，第 40—46 页。

农民政治参与：方式和趋势

政治参与和参政权之间的关系密不可分，但二者亦有明显差别。政治参与是一种活动和行为，参政权是一种资格和能力。政治实践经验表明，并不是所有的政治参与活动都能被法律确定为公民的参政权。政治参与有合法参与和非法参与之别，但未被法律认可的非法参政活动就不能成为参政权。参政权与政治参与密不可分，一定的政治参与活动是公民行使参政权的表现形式，参政权要通过一定的政治参与活动来体现。

20世纪70年代以前，研究政治参与的学者大都把政治投票作为政治参与的惟一形式加以关注。美国学者西德尼·伏巴领导的调查小组于70年代初公布了他们关于政治参与方式的报告后，学界研究政治参与的视野逐渐拓展开来。[①] 诺曼·H. 尼、西德尼·伏巴将政治参与分为投票、竞选、接触与合作活动四种方式。[②] 阿尔蒙德和小鲍威尔将公民卷入政治分为参与者的活动和国民的活动两种方式，参与者的活动有三种基本形式：（1）利益表达——小范围接触、非正式团体活动、正式团体活动；（2）利益聚合——在竞选中投票、在竞选中从事政党工作；（3）政策制定——参加公民投票、市镇会议、工人会议成员。国民的活动有四种基本形式：（1）资源提供者——纳税人、应征入伍者、陪审员；（2）资源获得者——社会保障领受者、福利领受者、退伍军人福利领受者；（3）行为管理者——服从法律、父母送子女上学、制造商遵守安全条例；（4）象征领受者、提供者——宣誓入会和效忠、听取政治演说、在非竞争选举中投票。[③] 亨廷顿、纳尔逊将政治参与的方式归纳为选举活动、院外活动、组织活动、接触、暴力五种形式。[④] 蒲岛郁夫将投票、选举活动、地区活动、个别接触、暴力列为政治参与的五种形态。[⑤]

就中国的政治参与方式来说，阿尔蒙德和小鲍威尔曾列举出中国四种最重要的公民参政方式：（1）国家机构里的正式参政活动，主要是选举人民代表；（2）参加群众运动；（3）政治学习和讨论；（4）参与基层单位的内部事务。[⑥] 陶东明、陈明明从直接参与和

---

① 参见陈振明主编：《政治学——概念、理论和方法》，北京：中国社会科学出版社，2004年版，第324页。

② 参见诺曼·H. 尼、西德尼·伏巴：《政治参与》，载［美］格林斯坦、波尔斯比编：《政治学手册精选》（下卷），储复耘译，北京：商务印书馆，1996年版，第300—303页。

③ 参见［美］阿尔蒙德、小鲍威尔主编：《当代比较政治学——世界展望》，朱曾汶、林铮译，北京：商务印书馆，1993年版，第64—65页。

④ 参见［美］塞缪尔·P. 亨廷顿、琼·纳尔逊：《难以抉择——发展中国家的政治参与》，汪晓寿、吴志华、项继权译，北京：华夏出版社，1989年版，第13—14页。

⑤ ［日］蒲岛郁夫：《政治参与》，解莉莉译，北京：经济日报出版社，1989年版，第7—10页。

⑥ 参见［美］阿尔蒙德、小鲍威尔主编：《当代比较政治学——世界展望》，朱曾汶、林铮译，北京：商务印书馆，1993年版，第594—596页。

间接参与、显性参与和隐性参与、主动参与和被动参与、合法参与和非法参与、输入性参与和输出性参与五个方面考察了政治参与的一般形态。[①]

20 世纪 90 年代以来，有不少学者对于当代中国农民的政治参与活动作了探讨。程同顺将 1978 年以来中国农民政治参与的形式分为投票活动、接触活动、投诉活动、诉讼活动、抗议和暴力对抗活动等几种。[②] 约翰·P. 伯恩斯（John P. Burns）在 1988 年出版的《中国农民的政治参与》一书中考察了 1949—1985 年中国农民政治参与状况，重点研究了 1979 年前中国农民诸如个人接触（反映情况）、写控告信、上访、请愿、大小字报、游行示威以及行贿等个体化的政治参与行为。[③] 周晓虹借助国家与社会的分析框架讨论了 1949—1999 年中国农民的政治参与，认为毛泽东时代存在公认的国家对基层社会的严密控制，同时也存在基层社会对国家的改造和重构，这个时期被动员起来的农民政治参与成了国家的一部分（党）对另一部分（政府）进行改造和重构的力量。在后毛泽东时代，国家主动减弱对农村的强力控制，农村社会获得了一定的自主生长空间，村民自治的导入，构建了农民参与社区事务管理的制度化渠道。这两个时代农民政治参与发生了根本的变化，“毛泽东时代是让那些不能决定自己命运的贫下中农去决定国家的命运，后毛泽东时代则是让农民自己学会去决定自己的命运。”[④] 宋维强从制度化和非制度化二维视角探讨了农民的政治参与，将农民从事的人大代表选举活动和村民自治活动归入制度化的政治参与，将农民的家族或宗族活动（修家谱、祭祖、建宗祠）、人格化参与（个人结交、行贿、宴请等）、非正常参与（合法或非法上访、投诉、法律诉讼、抗议、暴力对抗、私人报复等）视为非制度化的政治参与。[⑤] 郭正林将 1949—1979 年中国的政治参与界定为政治卷入（political involvement），认为政治卷入是毛泽东时期农民政治参与的基本形态，其基本特征是人治取向、工具主义和阶级斗争。农民的这种政治卷入实质上是国家通过阶级斗争而实现对乡村社会的政治控制。[⑥] 高武平将 1979 年前农民政治参与的主要方式概括为参与各种政治运动、参与人大代表选举、参加农会组织、对村级政权的参与，其特点是非理性、不平等性、无序化与暴力化；1979 年后农民的政治参与方式主要有村民自治、人大代表选举、行政复议和行政诉讼、接触活动、投诉活动，其特点是：参与程度和水平仍然很低，但较改革前有显著提高。基本上是工具性参与而非目的性参与；总体上是合法有序的参与，但抗争性暴力性参与有所扩大。[⑦]

① 参见陶东明、陈明明:《当代中国政治参与》，杭州:浙江人民出版社，1998 年版，第 125—131 页。
② 程同顺:《当前中国农民的政治参与——一个比较政治学分析》，载《江海学刊》1995 年第 1 期。
③ John P. Burns, *Political Participation in Rural China*,Berkeley: University of California Press, 1988.
④ 周晓虹:《从国家与社会关系看中国农民的政治参与》，载《香港社会科学学报》2000 年秋季卷。
⑤ 宋维强:《当代中国农民的政治参与》，载《长白学刊》2001 年第 6 期。
⑥ 郭正林:《当代中国农民政治参与的程度、动机及社会效应》，载《社会学研究》2003 年第 3 期。
⑦ 高武平:《中国农民的政治参与问题研究》，载中国农村研究网 http://www.ccrs.org.cn, 2005-09-30。

贺东航等人注意到网络政治参与已日益成为公民表达利益的重要手段。[①] 当前，农民政治参与已成为学界研究的热点之一，不少学者从不同角度多方面探讨了中国农民的政治参与的状况。[②]

上述有关农民政治参与的研究见解，十分有助于我们加深对当代中国农民政治参与问题的认识。依据中国国情和农民实际，我们不妨从革命性参与和建设性参与、制度性参与和非制度性参与、合法性参与和非法性参与、自主性参与和动员性参与、工具性参与和价值性参与、权力主导性参与和权利导向性参与等向度对当代中国农民的政治参与作出梳理归纳、概括总结和提升展望。

（1）革命性参与和建设性参与。政治参与也具有“路径依赖”（path dependence）的特性，人们过去做出的选择决定了他们现在可能的选择。中国共产党在革命战争年代形成的政治参与模式，随着中共执掌全国政权，很自然地在全国得到推广运用。农民在1949年以后的政治参与在很大程度上承袭了革命时期的特性，只是规模和声势更为浩大。无论是暴风骤雨般的群众运动，抑或依照宪法和法律规定参加的人大代表选举，都可以用革命性将其串联起来。革命性政治参与的显著特点是狂热性、斗争性、运动性、非理性、反法制性和不可预期性。1979年以来，革命性的政治参与逐步走向终结，建设性的政治参与日益成为农民政治参与的主题。1982年《宪法》取消了1975年《宪法》奉为“人民群众创造的社会主义革命新形式”的“大鸣、大放、大辩论、大字报”，国家逐步转向市场化、理性化、民主化和法制化。从革命性参与转向建设性参与，是当代中国农民政治参与的一个重要特征，也是一个值得肯定、可以预期的政治走势。

（2）制度性参与和非制度性参与。制度是一个社会的游戏规则，有正式制度和非正式制度之分。凡在正式制度框架内的政治参与活动可称为制度性参与，超出现有制度框架的政治参与活动则称为非制度性参与。大多数论者对非制度性参与持否定态度。这虽有道理但没有看到中国在社会转型过程中存在着制度变迁明显滞后的特性。无论是改革前还是改革后，农民的非制度性参与构成了政治参与的重要方面。注意到非制度性参与的消极影响无疑是必要的，但如看到不到非制度性参与对政治体系输入的正面功能和推动制度变迁的积极作用，则是不可取的。诚如有的学者看到的那样：“非制度政治参与是一种不可避免的政治参与行为。在社会转型期，非制度政治参与呈现一种扩大的趋势

① 中国自1994年接通国际互联网以来，网络发展速度十分迅速。到2002年中国网民的数量居亚洲第一、全球第二。据中国互联网络信息中心2005年发布的《中国互联网络发展状况统计报告》，截至2004年年底，中国上网用户总人数已达到9400万。网络政治参与为国家政治生活注入了新的活力。相关讨论参见贺东航、郭细卿：《中国公民政治参与的特点》，载《河北学刊》2006年第2期。

② 王志强：《当前中国农民政治参与研究综述》，载《中国农村观察》2004年第4期。

是正常的，关键是政体的制度化能力。”[①] 农民非制度性参与有其自身的制度逻辑和现实理性。在政治现代化进程中，农民制度性参与和非制度性参与将长期并存。尽可能地将农民非制度性参与纳入制度性参与，是政治体系不断更新的现实要求。

（3）合法性参与和非法性参与。农民非法性政治参与亦多为论者所忧虑和诟病，一般地说这无可厚非。但如深究就会发现，对此很有进一步讨论的必要。农民非法的政治参与可以细分为若干子项，比如符合宪法规定却不符合法律法规或没有法律依据的政治参与，像依据《宪法》规定农民有结社的自由，但现实法律没有保障农民行使组建农会的权利；再比如说农民依据国家法律和中央政策规定可以依法就农民负担问题、计划生育问题等到人民法院提起行政诉讼，而法院迫于当地党委政府压力或司法腐败而不能公正司法，农民就会在依法参与的制度之外寻求正义。一些合宪、合理但不合法的政治参与行为，对于处在建设法治进程中的政治体系来说，无疑加大了制度变革的压力。

（4）自主性参与和动员性参与。1949—1979 年农民的政治参与主要是自上而下的动员性参与，1979 年后农民的自主性参与显著增强。从动员性参与到自主性参与是当代中国农民政治参与的发展趋势，也是政治现代化的内在逻辑，但这并不意味着自主性参与将完全取代动员性参与。郭正林认为动员起来的政治参与并不一定就没有自主性，决定参与自主性的关键因素不是“动员”，而是参与过程中的“选择机会”。[②] 从逻辑上说，动员起来的参与，其参与者的“选择机会”必然受到动员者的“预期约束”。动员性参与可能有三种形态：一是参与者受到动员者严格约束而没有任何自主选择机会的参与活动，二是参与者在动员者程度不同的约束内获得有限自主选择机会的参与活动，三是参与者突破了动员者之约束而演变为自主性参与的活动。就当前农民的政治参与来看，不管是自主性参与抑或动员性参与，关键问题在于两者都缺乏稳定有序的法治化的制度规范。

（5）工具性参与和价值性参与。工具性参与是把参与当作实现其他目的的手段和工具，价值性参与则是把参与本身当作目的。有论者将时下农民手段性（工具性）参与活动大于目标性（价值性）参与活动的现象视为当前农民政治参与存在的“主要问题之一”。[③] 应该说这是当前农民政治参与的一个显著特点，至于它是不是一个“主要问题”，还需对此作具体分析。从事物的性质来说，与其他公民权利有所不同的是，政治参与以及政治参与权是实现其他公民权利的重要途径和手段。换言之，政治参与本身具有比较突出的工具性特征。在现代社会，没有一定的政治参与，就很难实现其他各项公民权

---

① 方江山：《非制度政治参与——以转型期中国农民为对象分析》，北京：人民出版社，2000 年版，第 85 页。

② 郭正林：《当代中国农民政治参与的程度、动机及社会效应》，载《社会学研究》2003 年第 3 期。

③ 苏丽娜、郑立敏：《关于农民政治参与的思考》，载《中共长春市委党校学报》2005 年第 6 期。

利。当然这并不否认政治参与本身所具有的价值性存在。我们认为，农民政治参与的工具性特征不应简单否定。

（6）权力主导性参与和权利导向性参与。革命性参与和动员性参与都是一种权力主导性的参与。权力主导性参与的一个突出特点是权力对参与者的操纵，使参与活动朝向权力者预定的目标。这种权力主导性参与可直接称为权力操纵性参与；权力主导性参与的另一个特征是权力对民众政治参与活动的规范化行为，这可称为权力规范性参与。1979 年以前农民政治参与是一种典型的权力主导下的权力操纵性参与，一切政治参与紧紧围绕权力指挥棒运转。1979 年后农民政治参与开始从权力主导下的权力操纵性参与向权力规范性参与转变。这种转变同时又开始逐渐凸显出权利主导性参与的迹象。所谓权利主导性参与，简而言之，就是彰显和维护公民个人权利和利益的政治参与活动。权力主导性参与并不一定与权利主导性参与根本对立，特别是权力主导性参与中的权力规范性活动也可能有助于维护和实现个人权益。在社会转型期，制度化建设的滞后，将使农民权利性参与通过制度性和非制度性、合法性和非法性、自主性和动员性等多种形式表现出来。市场经济的快速发展和民主法治的不断推进，农民的权利和利益意识还将进一步提高。可以判定，权利主导性的政治参与将成为中国农民政治参与的主要诉求和可能趋势。

农民参政权：特征及张力

亨廷顿认为，现代化国家中政治体系的主要功能之一，就是为动员农民提供制度化的框架。如果一个政府没有得到农村的支持，就没有安定的可能。在某种程度上讲，现代化中国家的稳定取决于它进行农村改革的能力。而实现政治稳定的关键，是能否动员农村民众在承认现存政治体系而并非反对它的条件下参与政治。[①] 任何政体的稳定都依赖于政治参与水平和政治制度化程度之间的关系。要保持政治安定，就必须在政治参与发展的同时，一个社会政治的复杂性、自立性、适应性和凝聚性也必须随之提高。亨廷顿指出，政治参与的水平会随着现代化的推进而越来越高，政治参与的急剧增长，就必然要求政治体系能组织和疏导这种日益扩大的政治参与，并且能将现代化所产生的新社会势力成功地吸引到政治系统中来。否则，若把这些集团疏远于政治体系之外，就会造成公开的或隐蔽的内部冲突和分裂。为解决此问题，必须提高政治制度化水平。[②]

① ［美］塞缪尔·亨廷顿：《变革社会中的政治秩序》，李盛平、杨玉生、李培华、张来明译，北京：华夏出版社，1988 年版，第 74、365、418、420 页。

② 燕继荣主编：《发展政治学——政治发展研究的概念与理论》，北京：北京大学出版社，2006 年版，第 194—195 页。

公民对参政权的拥有和行使状况体现了政治制度化水平的高低。根据“国家一切权力属于人民”的人民主权原则，占全国人口绝大多数的农民应当享有广泛而充分的参政权。参政权是实现“人民当家作家”的根本体现，农民充分有效地行使参政权，也是成为国家、社会和自己命运主人的根本途径。农民参政权的实质就是亿万农民参与讨论和制定游戏规则、参与实施和监督游戏规则、参与反馈和修改游戏规则。从宪法上说，中国农民享有参与国家和社会经济事务的广泛民主权利，但众所周知，相对于经济建设来说，国家宪政体系建设比较滞后，相关法律法规未能依据宪法将农民的参政权充分制度化，从而事实上使农民的参与权表现为虚弱的特性。转型期农民参政权的虚弱性与农民利益诉求扩展之间存在巨大的张力。

（1）农民参政权领域的狭隘性。需要指明的是，参政权不同于政治参与，政治参与的广泛性不等于参政权的广泛性。政治参与可以是制度性参与和非制度性参与，也可以是合法性参与和非法性参与。但参政权必须是制度化、合法性的，否则参政权就不成为参政权，至少是不完整的。同时有关法律法规界定的参政权也有可能与宪法规定的参政权存在着不对称甚至脱节。在民主法制健全的社会，公民政治参与的幅度与公民参政权行使的幅度的重叠会尽可能地趋向一致。在民主转型国家，政治参与的幅度则要远远大于参政权所能涵盖的范围。在当今世界，普遍、平等、直接、秘密投票的选举被视为民主社会的重要标志。马克思、恩格斯对普选制都给予高度评价。恩格斯就明确说过“普选制是测量工人阶级成熟性的标尺。”[①] 邓小平 1987 年 4 月 16 日在会见香港特别行政区基本法起草委员会时说：“大陆在下个世纪，经过半个世纪以后可以实行普选。”[②] 根据现行宪法，农民的参政权主要局限在四个方面：一是参与集体经济组织的民主管理；二是选举县乡两级人民代表大会代表；三是参与村民委员会的选举；四是向国家机关和国家工作人员提出批评、建议、申诉、控告、检举。即使是这四个方面，农民参政权行使的质量和保障程度也常常令人困惑。

（2）农民参政权层级的低下性。政治参与的目的在于影响政府决策。农民行使参政权，从积极意义上说是为了争取和维护自身的合法权益，从消极意义上说是为了不致使自己的合法权益受到过多的损害。这就意味着，凡是与农民的生活密切相关的公共决策，农民都应当参与其中。亨廷顿通过对发展中国家的敏锐观察后发现：“在传统社会中，影响农民生活的决策，大多数由村长及村会议决定，因此，它们成为村民一切政治参与所指向的目标。然而，随着社会的现代化，影响村民生计的政府决策，更多的是在全国一级而不是在乡村一级制定的。决策中心迅速地转移了，但村民政治活动的中心却变化较慢。因此，在传统社会中，或许影响村民的政府决策的 90% 在乡村一级制定，

① 《马克思恩格斯选集》第 4 卷，北京：人民出版社，1995 年版，第 173 页。
② 《邓小平文选》第 3 卷，北京：人民出版社，1993 年版，第 220 页。

10%在全国一级制定。随着社会现代化的到来，这种比例分配可能会很快地接近50%对50%。然而，村民大量的政治参与，大部分（可以说80%）仍集中在村一级。”[①] 的确，作为发展中的农业大国，中国农民所享有的行使参政权的层级与亨廷顿的论述极为相似，即主要“集中在村一级”（至于在村一级农民参与的实际效果又另当别论）。农民对乡镇和县级政府的决策几乎都很难发生直接的影响。

（3）农民参政权规制的不平等性。公民平等地参与国家的政治生活，这在现代国家是不言而喻的。中国宪法对此也作了明确的规定：“中华人民共和国公民在法律面前一律平等。”但囿于计划经济体制下形成的城乡二元社会结构的制约，农民的参政权受到多方面体制的限制，其中城乡不平等就是一个突出的例证。我们可以从公民行使参政权最重要的体现——选举权和被选举权中窥见一斑。1953年《选举法》对农村和城市每一个人大代表所代表的人口数作了城乡有别的规定，即自治州、县为4:1，省、自治区为5:1，全国为8:1。1995年修改后的《选举法》将各级人民代表选举中农村与城市每一个代表的人数统一规定为4:1。这意味着农村人口的选举权只相当于城市人口的四分之一。2003年第十届全国人大代表选举在农村是按人口每96万人选举产生一名代表，城市则按人口每24万人选举产生一名代表。从历届全国人大代表的构成来看，第一届全国人大代表中有农民代表63人，占5.14%；第二届有67人，占5.46%；第三届有209人，占6.87%；第四届662人，占22.9%；第五届有720人，占20.59%；第六届有348人，占11.7%；第七届与工人代表合占23%；第八届有280人，占9.4%；第九届有240人，占8%；第十届与工人代表共551人，占18.46%。在十届全国政协2238名政协委员中，真正的农民委员只有一人。[②]

（4）农民参政权机会的缺失性。国际人权宪章规定“人人有平等机会参加本国公务的权利。”中国现行宪法规定：“人民依照法律规定，通过各种途径和形式，管理国家事务，管理经济和文化事业，管理社会事务。”20世纪50年代以来，中国特有的二元户籍制度将全国人口区分为城市人口和农村人口，而国家各级机关录用工作人员均以户籍制度为基础，从城镇居民中录用。拥有城镇户口是国家“招工招干”的首要条件。这样，广大农民就完全失去了平等参加本国公务的机会。这种限制农民平等参加本国公务的做法延续了半个多世纪。2002年9月8日山东省1413名农村青年与城市考生一样参加了全省公务员录用考试，这是山东省农民第一次获得竞考县级党政机关工作的权利和机会。从2006年起中央国家机关报考公务员首次对招考职位不设户籍限制，为全国范

---

① ［美］塞缪尔·P. 亨廷顿、琼·纳尔逊：《难以抉择——发展中国家的政治参与》，汪晓寿、吴志华、项继权译，北京：华夏出版社，1989年版，第54页。

② 相关数据参见刘智、史卫民、吴运浩：《数据选举——人大代表选举统计研究》，北京：中国社会科学出版社，2001年版，第339—374页。

围内符合条件的人员提供平等的报考机会。从此，农民平等参加国家公务的机会出现了历史性转机。但要使亿万农民充分得到宪法所规定的广泛参加管理国家公务的权利和机会，还有许多体制弊端与习惯做法亟需革除和改变。

（5）农民参政权行为的单个性。马克思在论述法国的小农时，生动地将单个的分散的原子化的小农比喻为“好像一袋马铃薯是由袋中的一个个马铃薯所集成的那样”。这样的小农“不能以自己的名义来保护自己的阶级利益，无论是通过议会或通过国民公会。他们不能代表自己，一定要别人来代表。他们的代表一定要同时是他们的主宰，是高高站在他们上面的权威，是不受限制的政府权力，这种权力保护他们不受其他阶级侵犯，并从上面赐给他们雨水和阳光。所以，归根到底，小农的政治影响表现为行政权力支配社会。”[①] 中国的小农社会历史悠久，难免具有马克思所阐述的那种小农社会的显著特征。工业化、城市化、全球化的快速发展，冲击和改变着传统的社会结构。但传统适应小农社会的制度安排未能随着经济基础的变化而相应地变化。在当今市场经济的博弈中，工人有工会，商人有商会，学生有学联，妇女有妇联，惟独人口最多的农民却没有自己的农会组织，所以尽管农民人数众多，却没有与之相配比的话语权。经验表明，没有组织起来的农民不可避免地要在利益博弈格局中边缘化、在社会分层结构中底层化。农民单个的参政行为既增大了农民参政的成本，也钝化了国家整合社会的能力。20 世纪 90 年代以来，中国以市场为取向的改革日益深化，社会利益分化急速加剧，诱发农民非制度化的政治参政，“依法抗争”[②] 和“有组织抗争”一时成为社会矛盾激化的焦点。[③] 90 年代以来的农民维权抗争成为转型期中国社会冲突的重要表征。[④]

将亿万农民纳入现代政治参与体系之中，拓展和提升农民平等的参政权，是中国政治现代化的新课题。近些年来，国家将解决“三农”问题列为全部工作的“重中之重”，出台了一系列解决“三农”问题的政策措施，启动了“社会主义新农村建设”的战略性工程。无疑，当前中央有关解决“三农”问题的政策处于最好的时期。但必须清醒地看到，建设社会主义新农村是一个长期的历史过程，涉及经济、政治、文化和社会建设的各个方面。农民政治参与的扩大和参政权的不断生长，是社会主义新农村建设的重要内容。

---

① 《马克思恩格斯选集》第 1 卷，北京：人民出版社，1972 年版，第 693 页。

② 有关农民“依法抗争”的讨论参见李连江、欧博文：《当代中国农民的依法抗争》，载吴国光编：《九七效益：香港与太平洋》，香港：太平洋世纪研究所，1997 年版。

③ 有关农民“有组织抗争”的分析参见于建嵘：《农民有组织抗争及其政治风险——湖南 H 县调查》，载《战略与管理》2003 年第 3 期。

④ 有关转型期中国社会冲突的见解参见于建嵘：《转型期中国的社会冲突——对当代工农维权抗争活动的观察和分析》，载《凤凰周刊》2005 年第 7 期。

新世纪、新农村、新农民

在传统社会中，农民远离政治权力的中心，被视为“无政治阶层”。政治共同体的游戏规则完全由政治精英决定，农民要么只是被动地服从，要么就暴烈地颠覆。这种传统的社会政治结构，形构了农民在顺民和暴民双重角色之间的剧烈转换。回溯历史，一般情形下，农民被动地接受上层政治精英单方面确立的政治共同体的规则，并在这单边规则中俯首听命做顺民，这常被视为“天下太平”。在特别情形下，不堪忍受的农民振臂一呼，揭竿而起，暴烈地颠覆现存的游戏规则。两千多年来，中国历史就在这“一治一乱”的历史周期率中循环，农民则在“兴亡百姓苦”的历史怪圈中沉浮。

2002年党的十六大政治报告强调，共产党执政就是领导和支持人民当家做主，最广泛地动员和组织人民群众依法管理国家和社会事务，管理经济和文化事业，维护和实现人民群众的根本利益。为此，必须坚持和完善社会主义民主制度，扩大公民有序的政治参与，保证人民依法实行民主选择、民主决策、民主管理和民主监督，享有广泛的权利和自由，尊重和保障人权。① 回顾50多年来，农民政治参与有两大经验教训值得吸取：一是改革前，服从于革命意志的权力动员型的政治参与，使中国亿万农民在第一次普遍尝到政治参与滋味的同时，却以非理性、非法制的群众性运动的方式展现出来，给整个国家和社会造成了重大的损失。二是改革以来，市场经济的发展，加速了社会利益的分化，而维护农民利益和社会整合的制度变革明显滞后，制约了农民通过合法渠道参与政治生活以表达自身利益诉求的选择，从而助长了一些地方农民的非理性参与行为，引发了诸如群体性事件等严重的社会冲突。

在社会主义新农村建设与和谐社会构建中，如何引导和规范农民理性、有序地参与政治，正当、合法地行使参政权，是一项极为紧迫的现实课题。

（1）培育和塑造具有权利和责任共识的新型农民。人是天生的政治动物，也是天生的社会动物。每个人都不可能离开社会而孤立地生存和发展，社会也是由每个人天然组成的共同体，离开了个人的存在就无所谓社会。建设社会主义新农村，需要一代代新型农民的积极参与。没有农民的积极参与，就不可能建成新农村。新型农民，应该是知悉自己合法权利，并勇于承担社会责任的农民；新型农民，是共和国中平等地享有宪法和法律规定的各项基本权利和自由，并积极捍卫国家和社会公共利益从而实现自由而全面发展的公民。建设社会主义新农村，构建社会主义和谐社会，实现社会的公平正义，既是为了广大农民的根本利益，同时也离不开广大农民的积极参与。应当充分尊重农民的

① 参见江泽民:《全面建设小康社会,开创中国特色社会主义事业新局面——在中国共产党第十六次全国代表大会上的报告（2002年11月8日）》，北京：人民出版社，2002年版，第31—32页。

个人意愿，抛弃那种自上而下强迫命令的官僚主义作风。新的时代要求农民既充分认识到自己的各项合法的参与权利，又明了参与政治生活的相应责任。将权利与责任结合起来，将热情与理性融合起来，是时代对农民提出的新要求，是农民实现自我提升和转型的新契机。家庭、学校、社区、单位、社会和政府，对此都负有重大的责任。

（2）改革和拓展满足农民现实需要的参政渠道。当前农民体制外的甚至非法的政治参与，不符合国家现代化、法制化的基本要求，但其责任并不全在农民，更根本的原因在于体制改革滞后于实践发展的需要。市场取向的改革，极大地改变了中国的社会结构，社会阶层之间的利益摩擦和冲突加剧，民主化不可阻挡。如何将人口数量庞大、日渐活跃起来的亿万农民纳入到体制内来，确保农民依法、有序地参与政治并维护其自身利益，是时代发展对我们提出的新挑战。一段时期以来，农民大规模上访所形成的“上访洪峰”，以及一系列群体性事件的发生，都是已有的参与渠道不能满足农民现实政治参与的结果，是过于狭窄的制度管道发生“参与拥挤”和“参与膨胀”的表现。正如国家适时将私营企业主纳入制度化的参与渠道一样，应当通过改革和立法，扩大和规范农民参与国家和社会生活的各种渠道。为确保农民参与的有序性和参与效率，应当在法律的范围内，允许和支持农民成立维护自身利益的农会组织，使农民在与社会各阶层的利益博弈中，既壮大自身的组织力量，又有序地参与国家的政治生活，从而降低农民政治参与以及国家治理和社会整合的成本。

（3）保障和提升适应时代发展要求的参政权利。权利的发展与社会的发展紧密相连，农民参政权利也将随着社会的发展而发展。随着现代化进程的加快，农民比以前任何时候都更多地参与到国家和社会中来。在长期的城乡分离的二元社会结构中，农民被人为的二元制度极大地限制了参政权的享有和行使。随着城乡统筹发展战略的实施，城乡二元体制将逐渐打破，农民的参政权利将有一个明显的发展。这就要求适应形势发展的需要，创新农民在各个层次和领域的民主选择、民主决策、民主管理和民主监督的权利。保障、实现和提升农民的参政权利，既符合农民的个人利益，也符合社会的公共利益和国家的整体利益。因为国家和社会的利益最终体现在对每个公民权益的保障和维护上。当前，保障和提升农民的参政权，有两重含义，一是保障农民已有的参政权利，二是与社会与经济的发展相适应，不断拓展和提升农民参政权的范围和水平。

从农民到公民：农民身份的变迁路径[①]

美国学者茱迪·史珂拉（Judith N. Shklar，1928—1992）认为："再也没有哪一个词汇比'公民权'（citizenship）这个概念在政治上更为核心。"[②] 学界公认英国著名的社会学家托马斯·H. 马歇尔（Thomas Humphrey Marshall，1893—1981）对公民权（citizenship）理论（或公民身份理论）的研究作出了开创性的贡献。马歇尔将公民权分为三个维度，即公民权利（civil rights）、政治权利和社会权利，并将公民权利归于18世纪，政治权利归于19世纪，社会权利归于20世纪。[③]

托马斯·雅诺斯基（Thomas Janoski）将公民身份定义为个人在一民族国家中，在特定水平上，具有一定普遍性权利与义务的被动及主动的成员身份。这一定义有四个要点，第一，公民身份确定为一民族国家的成员身份；第二，公民身份包含主动的和被动的权利与义务；第三，公民权利是已载入法律且供所有公民行使的普遍的权利；第四，公民身份是一种平等的表述，其权利与义务在一定限度内保持平衡。[④] 恩格斯也曾指出："一切人，或至少是一个国家的一切公民，或一个社会的一切成员，都应当有平等的政

① 本文原载《湖南文理学院学报（社会科学版）》2007年第6期，合作者周作翰。

② 茱迪·史珂拉认为政治权利平等是美国公民权的首要标志，其第二个标志是否定世袭特权。参见[美]茱迪·史珂拉：《美国公民权：寻求接纳》，刘满贵译，上海：上海人民出版社，2006年版，第3页。

③ 关于citizenship的中文译名，主要有公民权、公民身份、公民资格、公民身份权利等，鉴于上述中文译名在中文语境中的微妙差别，笔者将根据不同的语境使用不同的中文译名。1949年，英国社会学家托马斯·H. 马歇尔在剑桥大学作了《公民身份与社会阶级》的讲座，开创性地提出了公民权（公民身份）理论。参见Thomas Humphrey Marshall，*Citizenship and Social Class and Other Essays*, Cambridge University Press, 1950。有关马歇尔这次著名讲座内容的中文译文，参见[英]托马斯·H. 马歇尔：《公民权与社会阶级》，刘继同译，载《国外社会学》2003年第1期；托马斯·H. 马歇尔：《公民身份与社会阶级》，刘训练、李丽红、宁睿英译，载马德普、[加]威尔·金里卡主编：《中西政治文化论丛》第5辑，天津：天津人民出版社，2006年版，第507—574页；郭忠华、刘训练编：《公民身份与社会阶级》，南京：江苏人民出版社，2007年版。

④ 参见[美]托马斯·雅诺斯基：《公民与文明社会》，柯雄译，沈阳：辽宁教育出版社，2000年版，第11—13页。关于雅诺斯基对公民身份定义的内容，另参见托马斯·雅诺斯基、布雷恩·格兰（Brian Gran）：《政治公民权：权利的根基》，载[英]恩靳·伊辛、布雷恩·特纳主编：《公民权研究手册》，王小章译，杭州：浙江人民出版社，2007年版，第17—20页。

治地位和社会地位。”①

中国农民在通向现代国家公民身份道路上备经曲折。1949年以来的60年，中国农民的身份经历了四次大的身份变迁，即农民身份的阶级化、农民身份的结构化、农民身份的社会化以及农民身份可能的公民化。

农民身份的阶级化

革命胜利后的共产党，按照马列主义阶级斗争理论在中国建立无产阶级专政的国家政权。1949年9月29日中国人民政治协商会议第一届全体会议通过的起临时宪法作用的《中国人民政治协商会议共同纲领》属于“革命宪法”。②在“革命宪法”中，国民没有被赋予平等的公民身份，而是被划分为“人民”和“敌人”两大生死对立的阶级身份。《共同纲领》第12条规定“中华人民共和国的国家政权属于人民”，第4条、第5条规定“人民”依法享有“选举权”和“被选举权”，“人民”有“思想、言论、出版、集会、结社、通讯、人身、居住、迁徙、宗教信仰及示威游行的自由权”。③对于什么是“人民”的具体意涵，毛泽东在执政前夕作了明确界定：“在中国，在现阶段，（人民）是工人阶级，农民阶级，城市小资产阶级和民族资产阶级。”④这是从全国总体而言的，具体到某个地区、某个阶级内部，又会按照“人民”与“敌人”的二元方法不断进行细分。随着阶级斗争的不断扩大，“人民”中的任何一员都可能被划为“敌人”而成为无产阶级专政的对象。

1950年，共产党将在执政以前就在局部地区实行的暴力土改推广到除西藏以外的所有大陆地区。在土改中，党通过划分阶级成分，在农民阶层内部划分为两大对立的阶级身份，即以地主、富农为代表的剥削阶级，他们是阶级敌人，是专政的对象；以贫雇农为代表的被剥削阶级，属于人民阵营，享有人民民主权利。

土改在中国历史上第一次实现了农民身份的重大变化，即实现了农民身份的阶级化。农民身份阶级化的基本特点是：（1）身份变迁的动力来自于意识形态亢奋的国家强制性主导，它以“消灭剥削”的名义进行。（2）阶级身份使农村内部被人为地划分为权

① 《马克思恩格斯全集》第20卷，北京：人民出版社，1965年版，第113页。

② 有学者将世界范围内的宪法类型分为革命宪法、改革宪法和宪政宪法。关于三种宪法划分的详细讨论，参见夏勇：《宪政建设——政权与人民》，北京：社会科学文献出版社，2004年版，第41—34页。

③ 参见《中国人民政治协商会议共同纲领》（1949年9月29日中国人民政治协商会议第一届全体会议通过），载董云虎、刘武萍主编：《世界人权约法总览》，成都：四川人民出版社，1990年版，第811—812页。

④ 毛泽东：《论人民民主专政》（1949年6月30日），载《毛泽东选集》第4卷，北京：人民出版社，1991年版，第1475页。

利、义务极不平等的两大阶级。（3）地主、富农及其子女成为新政权专政的对象，他们在新的国家共同体中不仅被排除在享有参与公共事务的政治权利和分享社会发展的福利权利之外，而且也被大规模地剥夺了私有财产权利和人身权利。（4）贫雇农等传统乡村社会的弱势阶层获得空前的“翻身”和“解放”，但他们只是赢得了一时的“政治特权”，而不是获得永久的“公民身份”。

土改中的阶级斗争，是国家发动的一场针对地主、富农的阶级战争。它以暴力剥夺农村中的一部分人（富人）即地主、富农的私有财产权和人身权为代价，来满足大多数人（穷人）的暂时的物质上和精神上的平均主义需求。其实质是国家政权与穷人结成同盟共同剥夺富人。土改中的“富人”与历史上任何时期的富人身份不同，他们被新政权戴上“剥削阶级”的政治帽子。因而剥夺“富人”的旗号不再是以历史上常见的“劫富济贫”的名义，而是以“消灭剥削”的名义进行。国家对农民进行阶级身份的构建，实现了农民内部的“政治分层”，[①] 人为地构建了农民内部的不平等结构。背离法治原则的阶级斗争，放纵和激活了社会的野蛮暴力，强化了公权力的肆意滥用。这是中国在追求现代化进程中远离现代国家公民身份构建的第一大步。

农民身份的结构化

新政权在完成暴力土改后，从 1953 年开始，以苏联模式为圭臬强制推行农业集体化运动，并罕见地构建起城乡隔离的二元社会结构，实现了农民身份的第二次重大变化，即实现了农民身份的结构化。

农民身份的结构化，是通过两方面强制性制度安排进行的。一方面，国家为了追求苏联模式的社会主义目标和苏联模式的国家工业化目标，在农村强制推行集体化运动，将农民组织在集体单位即人民公社之中，使之成为被集体单位所强力支配的集体社员，从而实现中国农民的身份从阶级身份向社员身份的转换（但阶级身份并未完全消失）；另一方面，国家又通过城乡隔离的制度安排，在整个社会构建了农业人口和非农业人口两种人，将农民限制和束缚在城镇之外的农村，使之成为被户籍制度严重羁绊的乡里人。作为农业人口的农民，被人为地屏蔽在城市之外，丧失了宪法规定的平等权利，从而沦落为备受制度歧视的“二等公民”。[②]

---

① 参见李强：《政治分层与经济分层》，载《社会学研究》1997 年第 4 期；李强：《回应：再谈政治分层与经济分层》，载《社会学研究》1998 年第 1 期。

② 有关中国农民不平等状况的讨论，参见舟莲村：《谈农民的不平等地位》，载《社会》1988 年第 9 期；郭书田、刘纯彬等：《失衡的中国——农村城市化的过去、现在与未来》，石家庄：河北人民出版社，1990 年。

农民身份的结构化有两方面的意涵，一是农民被国家权力强制组织在“一大二公”的人民公社体制之中，成为被公权力强力支配的集体社员。农民从历史上的个体农民、相对自由农民，转变为土地私产权充公以及人身自由受到严格控制的集体社员，社员被集中组织到各个生产大队之中进行统一的生产生活。各生产大队形成边界分明而相互隔离的封闭单元，农民生活在一种舒绣文（Vivienne Shue）称之为蜂窝结构（honeycomb structure）的社会单元之中。① 每一个蜂窝都有一个自上而下任命的权力支配者，这个权力支配者在他权力所及的范围内成为支配所有社员命运的主人。在排斥法治的集体社会中，权力的支配者往往习惯于“和尚打伞——无法无天”。二是国家通过建立二元户籍制度，将全体国民划分为农业户口和非农业户口，形成了农民与市民两种权利和义务截然不同的人，农民沦落为国家成员中的“二等公民”。国家实行农民身份的结构化，实质上是给农民安装了两把“制度之锁”：“一把锁”将单个的农民集中锁定在人民公社和生产大队中，由社队干部严加看守；“另一把锁”将所有农民锁定在城镇之外的农村，农民进入城门的“钥匙”掌握在官僚的手中。

农民身份结构化的基本特点是：（1）国家以“社会主义”（实质上是苏联模式的社会主义）的名义，剥夺所有农民的私有产权和自主权，将农民强行组织到人民公社的集体单位之中，农民成为受到集体单位支配的集体社员。（2）国家以“工业化”（实质上是苏联模式的工业化）的名义，将农民锁定在农村，农民成为丧失自由择业和自由迁徙权利的“笼中人”，成为国家从其身上榨取工业化原始资金积累的牺牲品。（3）结构化的农民是集体社员身份和农业户籍身份的双重结合，这种强制结合的结构化身份，使农民一方面丧失了私有财产权，另一方面又丧失了平等权利。与此相关，农民的人身自由权、迁徙自由权、意志自主权等基本权利和自由也被剥夺殆尽。（4）农民成为国家的义务特大主体，基本上只尽义务而没有权利。

1954 年 9 月 20 日第一届全国人民代表大会第一次会议通过的《中华人民共和国宪法》第 58 条规定“中华人民共和国公民在法律面前一律平等”，其他各条还规定了公民享有的基本权利和自由。② 这个宪法将《共同纲领》中的“人民”改为“公民”概念，也赋予了公民比较广泛的权利。但《宪法》条文的进步并不完全代表国家政治生活的进

① Vivienne Shue, *The Reach of the State: Sketches of the Chinese Body Politic*, Standford University Press, 1998。转引自秦晖：《传统中华帝国的乡村基层控制：汉唐间的基层控制》，载秦晖：《传统十论——本土社会的制度、文化及其变革》，上海：复旦大学出版社，2005 年版，第 4 页；项继权：《集体经济背景下的乡村治理——南街、向高和方家泉村村治实证研究》，武汉：华中师范大学出版社，2002 年版，第 29 页。

② 参见《中华人民共和国宪法》（1954 年 9 月 20 日第一届全国人民代表大会第一次会议通过），载董云虎、刘武萍主编：《世界人权约法总览》，成都：四川人民出版社，1990 年版，第 818—824 页。

步。制定宪法的政治精英一开始就并不打算遵守由自己制定的宪法规则。[①]长期以来，执政者热衷于在宪法的框架外“治国理政”。

农民身份的结构化，实质上是将农民固定在生产大队、固定在农村，将农民置于地方政权的支配之下，实质上大大疏离了农民与国家的直接联系。地方对农民的控制，阻隔了农民对国家的认同。这与现代国家普遍确立的公民对国家的认同明显背离。

国家未能有效地赋予农民的公民身份，不可避免地削弱了国家对社会有效整合的能力。这是中国在现代国家构建中远离现代国家公民身份的第二大步。

农民身份的社会化

远离人类主流文明的“极左”路线，将苦苦追求现代化的中国引向了“死胡同”。[②]官方在总结历史经验教训时承认党犯了持续20年之久的严重“左倾错误”。[③]“左倾错误”的实质是权力的所有者对公民基本权利、个人自由和人格尊严的大规模践踏和摧残，是对人类普世价值的蔑视和背离。1978年开始的改革，实质上是将远离人类主流文明发展轨道的中国调整过来，逐步朝向人类主流文明的正道上前行。就中国农民身份的变迁来说，农村改革开启了农民身份的社会化和公民化。

农民身份的社会化有三重意涵：一是通过国家主导的平反和摘帽，实现了农民阶层内部身份的平等化。一方面，由第一代改革者胡耀邦主导的平反冤假错案，不仅为大量党的干部、知识分子平反昭雪、恢复名誉，也为不少农民平反昭雪、恢复名誉。不少在冤假错案中受到镇压、打击、批斗和歧视的农民及其子女和家庭逐步恢复了正常的社会生活。另一方面，中共中央决定给地主、富农以及反革命分子、坏分子摘掉政治帽子，将他们本人的成分一律定为公社社员，赋予其享有公社社员一样的平等待遇。这一重大举措终结了农村30年之久的阶级斗争，实现了农民内部身份的平等化。

二是通过国家给农民“松绑”，使农民获得了空前的“自由选择权”，促进了农民的

---

① 中共建政后，苏联的执政者斯大林多次建议中共制定宪法，以确立苏联模式的一党制政治体制。相关内容参见韩大元编著：《1954年宪法与新中国宪政》，长沙：湖南人民出版社，2004年版，第56页；蔡定剑：《宪法精解》，北京：法律出版社，2006年版，第22—28页。

② 关于中国现代化的详细讨论，参见罗荣渠：《现代化新论——世界与中国的现代化进程》，北京：商务印书馆，2004年版；［美］吉尔伯特·罗兹曼主编：《中国的现代化》，国家社会科学基金“比较现代化课题组”译，南京：江苏人民出版社，2005年版；虞和平主编：《中国现代化历程》（第1—3卷），南京：江苏人民出版社，2001年版；许纪霖、陈达凯主编：《中国现代化史》（第1卷），上海：学林出版社，2006年版。

③ 官方对历史经验教训的总结，参见《中国共产党中央委员会关于建国以来党的若干历史问题的决议》（1981年6月27日中国共产党第十一届中央委员会第六次全体会议一致通过），北京：人民出版社，1981年版。

分化和流动。家庭承包责任制的推行，使农民获得土地的承包经营权等部分土地产权，同时获得了空前的生产自主和人身自由。除了家庭承包制外，被称为“农民伟大创造”的乡镇企业，以及小城镇、村民自治、进城打工等，实质上是农民在生存本能的驱动下，在既定的制度结构中，对幸福生活自主性追求的突出表征。

三是农民身份的社会化是对阶级化身份和结构化身份的逐步解构（deconstruction），社会化身份与阶级化身份、结构化身份是对立的，但并不与公民身份相对立，就是说，社会化身份与公民化身份彼此相融合。一个享有公民身份的人一定是社会化的人，但农民身份的社会化并不意味着农民身份的公民化，不过，它为农民身份的公民化提供了可能的社会基础。

农民身份社会化的基本特点是：（1）与纯粹由国家强制构建的阶级身份和结构身份不同，农民的社会化身份是在国家高压政治松动的前提下，在已有的旧制度结构中，农民有限追求自由生活的结果，它体现了农民在阶级身份和结构身份双重束缚下的自主性选择。国家在此身份转换过程中虽未采取强制性的措施，但也发挥着明显的政治主导和政策引导功能。（2）农民身份的社会化是对集体社员身份和城乡隔离的户籍身份的有限突破，在一定程度上对农民阶级身份和结构身份产生了冲击和消解。（3）农民身份社会化是在坚守土地集体所有制和不改变户籍身份的前提下不断演变的。在社会日益分化和城乡流动中，农民却始终背负着土地集体所有和农业户籍身份行走在城乡之间。（4）农民身份的社会化与土地集体所有制及二元户籍制度变革的滞后，构成了当代中国社会转型的巨大张力。

农民身份的社会化实质上是农民在旧制度约束下的有限自由选择，在一定程度上打破了阶级身份和结构身份加在农民身上的严重束缚。

农民身份的社会化已取得三大成绩。一是终结了30年之久的阶级身份，在农民内部实现了身份的平等化。二是冲破了集体社员身份的束缚，农民重新回归到相对自由的个体农民的生活状态。三是动摇了长达半个世纪的户籍墙的根基，农民在事实上已经突破城乡隔离之墙进入城市择业和生活。

农民身份的社会化始终存在一对基本的矛盾和问题，即农民没有获得完全的土地产权和与城镇居民一致的平等公民身份。农民仍然在土地的集体所有制和身份的农业户籍制的束缚下参与市场经济的竞争和社会的转型。不过，农民身份的社会化为其身份的公民化提供了可能性。

农民身份的公民化

农民身份的完全公民化应该有四重意涵：一是农民获得与市民一样的平等公民身

份。二是农民获得完整的土地产权。三是农民作为现代国家的公民充分参与国家和社会的公共生活。四是农民与其他社会成员一样共同分享社会发展和人类进步的共同成果。

经过第一波和第二波改革后，第三波改革面临的主要问题在于，既要解决计划经济体制所遗留的旧问题，又要解决市场经济改革中所孳生的新问题。在正在进行的第三波改革中，已经出现了以人为本、科学发展观、统筹城乡发展、免除农业税、新农村建设、改善民生、公平正义、服务型政府等一系列新的改革关键词。这可能为农民公民身份的构建创造新的有利条件。

新农村建设的推行，使解决“三农”问题获得了一个新的总体性话语框架。如果我们将新农村建设视为中国农民可能逐步获得完整的土地产权和完全的公民身份的新契机的话，那么，正在变动中的农民身份的公民化的基本特点是：（1）农民的维权抗争、社会的公共舆论与政治领导人的尊重民意，将共同推动着农民身份公民化的历史车轮。（2）与马歇尔提出的公民权从公民权利到政治权利再到社会权利的发展路径可能不同，中国农民身份的公民化或许是以改善民生即社会福利权利的增进为起点。[①]（3）中国农民可能正朝着享有完整的土地产权与平等的公民身份权利的方向发展。（4）农民身份的公民化进程受到政治改革滞后的严重制约。

农民身份的公民化，是中国社会进步的必然趋势。[②]但如果没有相应的政治改革和制度建设，中国农民享有完全的公民权就将面临重重困难。在新农村建设中，中国能否有效地推动农民身份的公民化进程，将首先取决于国家如何进一步改革土地的集体所有制和城乡二元结构。中国的发展趋势必然是在统一的主权国家范围内，实现全体国民身份的平等化。这将成为中国现代国家构建成功与否的重要标志。

① 邹谠认为，从18世纪以来，西方国家构建的指导思想是“公民”概念，这个概念在中世纪以后的应用始于英国，后传遍全球。“公民”的意涵是，每个孤立的个人都有他的抽象的天赋权利。“公民”概念有一个发展的过程。中国革命建国的指导思想是“群众”观念，因而中国的革命和建国的过程是以“群众”这个概念开始而不是从“公民”这个概念开始。邹谠设想，中国建国的道路能不能从社会经济权利开始，然后再重新切实保障个人权利和自由，最后在巩固个人权利的基础上，扩大公民的政治权利。参见邹谠：《二十世纪中国政治：从宏观历史与微观行动的角度看》，香港：牛津大学出版社，1994年版，第17页。

② 邓小平认为：“大陆在下个世纪（按：指21世纪），经过半个世纪以后可以实行普选。”参见邓小平：《会见香港特别行政区基本法起草委员会时的讲话》（1987年4月16日），载《邓小平文选》第3卷，北京：人民出版社，1993年版，第220页。历史学家唐德刚认为：“在接连秦皇汉武以后两千年帝制中国的，一定是个真正的民治中国，这是个历史的必然，如此而已。……我们就知道我民族下一个民治阶段在将来的具体型态……现在我们虽可略窥其端倪；欲知其具体型态，最早恐要在21世纪中叶以后也。但是它必然会出现，则无可怀疑也。”参见唐德刚：《袁氏当国》，桂林：广西师范大学出版社，2004年版，第93—94页。

张 英 洪 自 选 集 | 2008 年

农民生命权面临的几个问题[①]

1978年中国实现了历史性的大转折，告别了邓小平称之为“对人民实行封建法西斯专政”的时期，[②]进入了改革开放的新时代。从此，国家的法制生活逐步得到恢复和发展，农民的生命权不再因为阶级成分和阶级斗争而被任意剥夺。但在社会转型过程中，农民的生命权并非因为终结“文革”而万事大吉。当今世界，人类社会对生命权的内涵又有了新的认识。传统意义上的生命权被定义为“免于被任意杀害的权利”。联合国人权委员会则把生命权的保护范围扩展到诸如营养不良、威胁生命的疾病、原子能或武装冲突等对人的生命构成威胁的形式上来。就中国农民的生命权面临一系列新的问题而言，不妨从如下几个主要方面予以简要考察。

死刑存废与农民生命权

死刑是以国家复仇的合法形式剥夺生命的最为严重的刑罚。在中国传统文化中，“杀人偿命”，天经地义。但自从意大利法学家贝卡利亚在1764年出版的《论犯罪与刑罚》一书中正式提出废除死刑以来，死刑的存废就成为人们认识上颇为分歧的一个重大问题。[③]

恩格斯曾论述过死刑，他认为：“我们今日的死刑，只是这种复仇的文明形式，而带有文明的一切好处与弊害。”[④]列宁把死刑视为革命政府实行专政的一个重要武器，他提出：“任何一个革命政府没有死刑是不行的，问题仅在于该政府用死刑这个武器来对付哪一个阶级。”[⑤] 1989年12月15日联合国大会通过《旨在废除死刑的公民权利与政治权利国际公约第二项任择议定书》指出，废除死刑有助于提高人的尊严和促进人权的继续发展，深信废除死刑的所有措施应被视为是人类在享受生命权方面的巨大进步。该

---

① 本文原载《湖南公安高等专科学校学报》2008年第1期。

② 《邓小平文选》第2卷，北京：人民出版社，1994年版，第168页。

③ 参见侯国云、么惠君：《析贝卡利亚废除死刑的理由》，载《政治与法律》2005年第2期。

④ 《马克思恩格斯选集》第4卷，北京：人民出版社，1972年版，第92页。

⑤ 《列宁全集》第30卷，北京：人民出版社，1963年版，第9页。

《议定书》要求各缔约国在其管辖范围内，任何人不得判处死刑，每一缔约国应采取一切必要措施废除死刑。据统计，到2001年6月止，全世界对所有犯罪废止死刑的国家和地区75个，对普通犯罪废死刑的国家和地区有14个，事实上废止死刑的国家和地区至少有20个，这样在法律上或事实上废止死刑的国家或地区为109个，而保留死刑的国家和地区有86个。①

农民人口占中国总人口的绝大多数，死刑的存废显然与农民的生命权密切相关。特别是在“严打”斗争中，强大的宣传攻势和政策压力，削弱了司法的冷静和理性，加上其他因素引起的司法不公等问题，农村中的冤假错案时有耳闻。近年来曝光的诸多冤案，严重地侵害了农民的生命权，发人深省。如湖北农民佘祥林杀妻冤案、② 河北农民聂树斌冤杀案③ 湖南农民滕兴善冤杀案，④ 等等。2005年10月最高法院发布“二五改革纲要”，提出最高法院将于2006年收回死刑复核权。2006年2月最高人民法院院长肖扬又强调确保2006年下半年所有死刑二审案件实行开庭审理。⑤

劳动教养与农民生命权

劳动教养的本来含义是劳动、教育和培养。但其在实践中成为一种方便公安部门不经正当司法程序即可剥夺公民人身自由的刑罚。1949年以后，在国家尚未正式出台刑

① 参见李步云主编：《人权法学》，北京：高等教育出版社，2005年版，第126页。

② 湖北佘祥林杀妻冤案。1994年4月间，湖北省京山县雁门口镇何场村九组村民佘祥林被当地公安机关逮捕，京山县公安局怀疑他谋杀了自己的妻子。逮捕前四个月，佘的妻子张在玉走失，村民们说她患有间歇性精神病。同年4月11日清晨，一具腐烂得面目全非的女尸在附近一个村落的池塘里浮起，公安认定这具女尸就是佘祥林的妻子。1994年10月13日，佘祥林被判了死刑，后因证据不足这个判决被湖北省高院发回重审。到1998年6月15日，佘被京山县人民法院判处有期徒刑15年，同年9月22日，荆门市中级人民法院驳回了佘的上诉，维持原判，此为终审裁定。2005年3月28日被“谋害”了11年的妻子张在玉突然出现，表明佘祥林案成为错案。3月30日下午，京山县人民法院决定对佘祥林变更强制措施。4月1日早上7时许，蒙冤11年的佘祥林终于出狱。参见http://www.cnradio.com/shiting/t20050618_504069943.html。

③ 河北聂树斌冤杀案。1994年，河北石家庄发生一起强奸杀人案，石家庄市公安局郊区分局将嫌疑人河北省鹿泉市鹿泉镇下聂村的聂树斌抓获并宣布破案，经石家庄市中院一审，河北省高院二审并复核，聂树斌于1995年被执行死刑。2005年1月18日，一嫌犯王书金供出曾在河北强奸多名妇女，并将其中4人杀害。4人中，有一人正是聂案中受害人康某。而且，王书金供认自己是单独作案，并不认识聂树斌。2005年3月15日，媒体披露“聂树斌冤杀案”，舆论哗然。参见http://society.zjol.com.cn/05society/system/2006/01/12/006440085.shtml。

④ 湖南滕兴善冤杀案。1989年1月28日，湖南怀化麻阳县高村镇马兰村农民滕兴善因为“杀人碎尸”而被押赴刑场执行枪决。2006年1月18日，湖南省高级人民法院依照审判监督程序对滕兴善故意杀人案做出再审判决，滕兴善被宣告无罪。这时滕兴善已经被枪决了17年。参见http://www.xinhuanet.com/chinanews/2006-02/13/content_6226081.htm。

⑤ 参见http://news3.xinhuanet.com/legal/2006-02/25/content_4225031.htm。

法的条件下，中共中央文件起着替代国家法律的功效。1956 年 1 月 10 日中共中央发布《关于各省市应立即筹办劳动教养机构的指示》，全面部署劳动教养的具体工作。之后，劳动教养的适用范围不断扩大。

在 1957 年的“反右”运动中，全国被划为右派的 552877 人，劳动教养是处置这些“右派分子”的主要方式和首要手段。改革开放后，劳动教养制度有了新的发展。1979 年 12 月 5 日，国务院公布了《关于劳动教养的补充规定》，并将 1957 年颁布的《关于劳动教养问题的决定》重新发布实施。1980 年国务院发布《关于将强制劳动与收容审查两项措施统一于劳动教养的通知》，将原来按照“强制劳动”和“收容审查”处理的“违法犯罪人员”，均一律按劳动教养加以处理。1990 年 12 月 28 日第七届全国人大常委会第 17 次会议通过《关于禁毒的决定》、1991 年 9 月 4 日第七届全国人大常委会第 21 次会议通过《关于严禁卖淫嫖娼的决定》等法律法规以及其他行政法规、司法解释甚至一些省市区、大中城市的政府和行政部门通过的地方性法规或部门规章，都不约而同地扩大了劳动教养的对象。现全国共有劳教场所 310 多个，干警职工 10 多万人，收容劳教人员 31 万多人。①

劳教制度的主要功能在于限制和剥夺公民的人身自由。但在法制不健全、人权观念淡薄的社会环境中，时常发生因劳教而致人死亡的事件。1959 年到 1961 年，在甘肃酒泉市夹边沟劳教农场，3000 名右派中有两千余人死亡。近些年来，劳教人员被致死的事时有发生。如在陕西劳教所，劳教人员惠晓东被打死；在辽宁葫芦岛市劳教所，劳教人员张斌被人折磨、殴打致死。② 在劳动教养人员中，农民占有多大比例，是一个尚待实证研究的问题，不过，以农民人口之众，其比例恐不在小。

收容遣送与农民生命权

1961 年，中共中央批转公安部《关于制止人口自由流动的报告》，决定以民政部门为主在大中城市设立收容遣送站，负责将“盲流”到城市的农村人口遣送回原籍。公安机关要对收容对象进行审查。中国收容遣送制度的发端主要针对因大饥荒而进城谋食的饥饿农民。1982 年 5 月国务院发布《城市流浪乞讨人员收容遣送办法》。1991 年国务院发布《关于收容遣送工作改革问题的意见》，将收容遣送对象扩大到“无合法证件、无固定住所、无稳定经济来源”的所谓“三无人员”。在执行过程中，“三无”就变成身份

① 参见张英洪：《劳教制度：是改还是废？》，载《书屋》2004 年第 3 期。

② 参见胡星斗：《审视劳动教养制度》，载 http://www.huxingdou.com.cn/chinaissues/jjsh/seeoverlaojiaosys.html。

证、暂住证、务工证“三证”缺一不可。①

1992年公安部发布《关于对外国人和华侨、港澳台同胞不得实行收容遣送和劳动教养的通知》。从立法意图和执法实践来看，收容遣送的对象实质上是进城的农民。20世纪90年代以来，市场经济的发展，催生了浩浩荡荡的“民工潮”，但限制农民进城的旧体制却未能与实践发展同步变革，致使收容遣送制度异化为谋取部门利益和个人私利的可怕工具，从而严重侵害和威胁千百万进城农民的人身自由和生命安全。1953年底，全国城市共收容34.4万人，1958年收容7.5万人，1964年收容14万人，1978年收容5.7万人。1985年收容入站62.6万人。1989年全国收容遣送站收容773679人次（其中广东为236909人次），不设站收容遣送166350人次，两项共计94万人次。1998年以前，北京市每年收容遣送4万—6万人，1999年遣送高达149359人，其中最多的一个月组织了123节车厢，每天向遣送人员供应的馒头就达5吨。上海1993年收容遣送人数达到4万人，1996年达到8万人，1997年超过10万人。深圳市收容遣送站41年共收容遣送收容人员490万人次。中国大陆在废止收容遣送制度前有833个收容遣送站，共有编制1.2万人，每年大概收容300万人次。②

收容遣送在实际运作中制造了骇人听闻的种种罪恶。江苏徐州收容遣送站将收容来的农村女性交易到北京石景山区金宝酒家卖淫，其中最小的仅13岁。③ 2000年7月26日《中国青年报》报道，湖南女青年苏萍（化名）被收容后遭到了暴力轮奸。2000年8月24日夜19岁农村少女被几名以查暂住为名的警察押上警车后致死。2001年10月25日四川农民蔡刚在深圳被以查证件为名的龙新派出所殴打死亡。2003年1月24日晚湖南籍5名农民工因无暂住证被广州市白云区庆丰居委会治保大队收容后致使2人死亡。④

2003年3月在广州打工的湖北青年孙志刚在收容中被活活打死。因孙志刚系毕业于武汉科技大学的大学生，因而引起了媒体和中央政府的空前关注。6月18日温家宝总理主持召开国务院常务会议，审议并原则通过《城市生活无着的流浪乞讨人员救助管理办法》，6月20日温家宝总理签署第381号国务院令，公布《救助管理办法》，自8月1日起正式施行，同时废止实行21年之久的《城市流浪乞讨人员收容遣送办法》。从此，收容遣送对进城农民人身自由和生命安全的现实威胁得以解除。

① 参见朱文轶：《我国收容制度始末》，载《新闻月刊》2003年第9期。
② 参见黄钟：《我们需要免于恐惧的自由》，载 http://www.tecn.cn/data/detail.php?id=5833。
③ 参见冯举：《收容遣送制度研究》，载《河南省政治管理干部学院学报》2002年第6期。
④ 参见张英洪：《给农民以宪法关怀》，北京：长征出版社，2003年版，第346页。

刑讯逼供与农民生命权

刑讯逼供是一种使一个人遭受肉体或精神上的痛苦，以便从他（她）那里获得口供的审讯犯罪嫌疑人的行为。所谓“严刑之下，能忍痛者不吐实，不能忍痛者吐不实。”[①] 刑讯逼供在中国有着悠久的历史传统，在现实生活中又有着禁而不止的普遍性。

刑讯逼供对人的生命权构成了严重的威胁和侵害。故国际社会一直在共同努力防止刑讯逼供。无罪推定和沉默权原则也得以在刑事诉讼中普遍确立。1798 年法国《人权宣言》第 9 条规定：“任何人在其未被宣告为犯罪以前应被推定为无罪，即使认为必须予以逮捕，但为扣留其人身所不需要的各种残酷行为都应受到法律的严厉制裁。”1948 年《世界人权宣言》第 5 条和 1966 年《公民权利和政治权利国际公约》第 7 条都规定“任何人不得加以酷刑，或施以残忍的、不人道的或侮辱性的待遇或刑罚。”联合国大会 1975 年 12 月 9 日通过《保护人人不受酷刑和其他残忍、不人道或有辱人格待遇或处罚宣言》，1984 年 12 月 10 日联合国大会通过并开放供签署、批准和加入的《禁止酷刑和其他残忍、不人道或有辱人格的待遇或处罚公约》。

该《公约》界定的“酷刑”是指“为了向某人或第三者取得情报或供状，为了他或第三者所作或涉嫌的行为对他加以处罚，或为了恐吓或威胁他或第三者，或为了基于任何一种歧视的理由，蓄意使某人在肉体上或精神上遭受剧烈疼痛或痛苦的任何行为，而这种疼痛或痛苦是由公职人员或以官方身份行使职权的其他人所造成或在其唆使、同意或默许下造成的。”

严禁刑讯逼供也是我国刑事诉讼的重要原则。[②] 毛泽东 1940 年指出：“对任何犯人，应坚决废止肉刑，重证据而不轻信口供。”1972 年他指出刑讯逼供是“法西斯式的审查方式”。我国《刑事诉讼法》第 43 条规定：“严禁刑讯逼供和以威胁、引诱欺骗以及其他非法的方法收集证据。”《刑法》第 247 条规定：“司法工作人员对犯罪嫌疑人、被告人实行刑讯逼供或者使用暴力逼取证人证言的，处 3 年以下有期限徒刑或拘役。致人伤残、死亡的，依照本法第二百三十四条、第二百三十二条的规定定罪从重处罚。”

尽管如此，刑讯逼供却屡禁不止，为害甚烈。[③] 在刑讯逼供的法制环境中，身处弱势地位的农民不可避免地成为刑讯逼供的最大牺牲品。在法治社会中，即使身犯重罪的人，也不得对之施加任何酷刑。而在法治不健全的社会，即使没有违法犯罪行为的人，

---

① 参见俞树毅、梁红斌：《略论刑讯逼供的成因及矫治》，载《兰州大学学报》（社会科学版）2000 年第 4 期。

② 参见傅宽芝：《严禁刑讯逼供是我国刑事诉讼的重要原则》，载《法学杂志》2000 年第 3 期。

③ 参见魏湘林、刘峰、王宏君：《刑讯逼供为何屡禁不止》，载《人民公安》1999 年第 10 期。

却也常遭刑讯逼供和酷刑之害。面对刑讯逼供禁而不止的社会环境，农民的生命权面临两大主要威胁：一是刑讯逼供制造冤假错案，导致枉杀无辜。河北聂树斌冤杀案、湖南滕兴善冤杀案、湖北佘祥林杀妻冤案就是典型的刑讯逼供案。[①] 因司法权的专横和滥用而产生的冤假错案，是侵害公民生命、安全和自由等最基本人权的重要方面。[②]

二是某些公安干警滥用职权惯施暴力，动辄打人致死。1994 年山东省泰安市泰山区徐家楼派出所所长马洪庆等人凶残地将一个完全无辜的嫌疑人张现春活活打死并埋尸，4 年后这一罪恶才被暴露。[③] 1998 年 1 月 15 日，江苏省泗洪县车门派出所干警陶涛、朱维刚以及该县刑警大队刑警汪宏和联防队员周某、朱某等人，将涉嫌盗窃三头生猪的该县车门乡刘圩村村民杜学闯传唤至派出所，继而用各种残忍的刑罚对之毒打折磨，1 月 17 日杜学闯被干警们活活打死。[④] 1986 年 9 月 26 日河南省郏县农民、乡村医生贾金发在与同伴至城里办事的路上与他人发生纠纷，随即双方来到当地派出所请求解决。但仅仅 4 个小时后，贾金发就被派出所民警活活打死。而 20 年来，涉案民警岳建军却步步高升，如今在该县公安局当上了科长。[⑤]

计划生育与农民生命权

20 世纪 70 年代中国感受到人口的压力，开始推行计划生育。80 年代起，计划生育成为执行最为严厉的“基本国策”。计划生育事关中华民族的前途命运，也事关亿万农民的生育权和生命权。如何在实行“控制人口数量、提高人口素质”的基本国策中，保持国家公共目标与农民个人权利的平衡，是新时期中国人口与计划生育工作的新的时代课题。

1968 年联合国人权会议通过的《德黑兰宣言》宣称：“父母享有自由负责地决定子女人数及其出生间隔的基本人权。”1974 年《世界人口行动计划》规定所有夫妇和个人都享有自由负责地决定其子女数量和间隔以及为此目的而获得信息、教育与方法的基本权利。1994 年《国际人口与发展会议行动纲领》进一步肯定了作为基本人权的生育权的价值。中国《宪法》、《民法通则》、《婚姻法》对生育权未作规定。1992 年通过的《妇女权益保障法》第 35 条规定：“妇女的生育健康权不受侵犯。”2001 年颁布的《人口与计划生育法》第 17 条规定：“公民有生育的权利。”

---

① 参见刘兰：《从“佘祥林案”看我国的刑讯逼供》，载《河北青年管理干部学院学报》2005 年第 4 期。

② 参见蔡定剑：《冤假错案与人权保护》，载《法学》2000 年第 4 期。

③ 参见《沉埋地底的罪恶》，载《南方周末》1998 年 9 月 4 日。

④ 参见郑直：《敲响刑讯逼供的警钟》，载《政府法制》1999 年第 5 期。

⑤ 参见《乡村医生离奇死亡，涉案民警 19 年里竟获升迁》，载《北京晨报》2006 年 5 月 19 日。

但在计划生育具体工作中，严格的计划生育指标控制政策和“一票否决”制的政绩导向，使县乡两级政权普遍地存在运用暴力手段来实现计划生育工作目标的现象。“刮宫、流产”成为乡镇政权自我概括的主要工作。中国计划生育政策在降低人口出生率、控制人口过快增长方面发挥了积极的作用，但也不能不看到现行计划生育工作的一些不容忽视的严重负面后果：

一是强制堕胎与胎儿生命权的问题。胎儿有无生命权是一个引起世界争论的问题。《美洲人权公约》规定人的生命权“从胚胎时起就应受到法律保护”。我国宪法对生命权没有明确规定，也没有明确界定生命权的起始时间。在巨大的人口压力下，法律并不禁止堕胎。但强行堕胎是否正当，强行堕胎是否就是计划生育的必然选择，还是一个值得讨论的问题。①

二是溺杀女婴与性别失调的问题。男女出生比例从理论上说应该是100:100，但在现实中是不可能的。统计学认为男女性别的正常比例变动范围应该在103:100到107:100之间。超出了这个比例，说明男女性别比例失调，将引发新的社会问题。20世纪80年代以来，中国出生男女比例开始失调，令众多专家学者忧虑。② 1982年第三次全国人口普查的性别比为108.5:100，1987年1%人口抽样调查性别比为110.9:100，1990年第四次全国人口普查的性别比为111.3:100，1995年1%人口抽样调查性别比为115.6:100，2000年第五次全国人口普查的性别比为116.9:100。根据第五次人口普查资料分析，女孩比男孩少生4000万。③ 利用B超技术识别胎儿性别进行选择性流产和溺杀女婴等是导致男女性别失调的一个直接原因。④ 据人口专家估算，1984—2004年间中国短缺女婴为1776万。中国出生人口性别20多年来持续失调，暴露出我国人口科学研究的滞后，也显示政府在科学决策和民主决策上的明显不足。⑤

三是计生暴力与基本人权保障的问题。只要目的是正当的，就可以不择手段。这是一些地方计划生育工作所体现的现实逻辑。计划生育作为一项“基本国策”，对基层干部政绩具有“一票否决”的硬约束。尽管国家还有诸如“保护耕地”等其他“基本国策”，但乡镇政权真正视为“第一国策”的就是“计划生育”，各乡镇单单将计划生育办公楼命名为“国策楼”就是明证。为了控制人口增长的高尚目标，滥用暴力就成为计生工作的基本手段。笔者曾将一些地方计划生育工作中的暴力行为视为“基层暴政”的四

① 参见吕芳：《胎儿人格权保护的法律解析》，载《山东社会科学》2004年第10期。
② 参见《令人忧虑的性别比失调》，载《法律与生活》，2004年7月上半月。
③ 参见蔡建文：《中国新生儿性别失调现象调查》，载《记者观察》2003年第3期。
④ 参见孙婧：《中国出生性别比升高的特征、原因及对策分析》，载《兰州学刊》2005年第5期。
⑤ 参见马瀛通：《出生人口性别比失调与从严控制人口中的误导与失误》，载《中国人口科学》2005年第2期。

个主要表现之一。[①] 曹锦清认为：“计划生育，其实是国家发动的一场针对农民生育行为的‘战争’。”[②] 为落实农村计划生育任务，“乡村干部使用各种他们认为行之有效的手段：从罚款到体罚；从牵牛羊搬家具到破门、毁屋；从直系亲属连保到邻里连保。”[③]

于建嵘在湘南调查时发现：“农民控告最多的就是基层政府在征收税费和实行计划生育时使用暴力，其中又以计划生育问题更为严重。由于计划生育作为一项基本国策，对基层党政往往实行‘一票否决’和‘政治承包’。因此，一些基层党政就采取诸如重罚、抄家、限制人身自由、强行手术、近亲连坐等‘非常手段’来对待和处理那些超生的村民。”[④] 滕彪在山东临沂进行农村计划生育调查中发现，当地计生口号充满了赤裸裸的、血淋淋的暴力：“打出来、堕出来、流出来，就是不能生出来”、“该扎不扎，房倒屋塌；该流不流，扒房牵牛”、“喝药不抢瓶，上吊就给绳”、“宁添十座坟，不添一个人”。费县探沂镇镇长在该县电视台公然提出“宁可错杀一千，不可放过一个”的计生口号。

计生暴力的公然盛行，在临沂农村制造了众多的恐惧、肉刑乃至死亡。临沂农村计生人员的暴行，“不仅仅是普通的犯罪，它已经越过起码的人道底线，是在向人类宣战，向人性自身宣战。”[⑤] 多年来，强行引流产、强制结扎以及非法关押村民等计生暴力致人死亡的事件在农村不少地方均有发生。20 世纪 90 年代初，安徽省界首市刘窑等乡镇就发生过开办计划生育“学习班”致人死亡的恶性案件。2004 年 5 月 26 日安徽省界首市陶庙镇孙小集行政村农民张玉芹又被当地计生部门威逼自杀身亡。[⑥]

随着时代的发展，既要实现国家人口控制目标，又能保障公民基本人权，这应成为中国计划生育新的战略抉择。

除了农村计划生育暴力外，20 世纪 90 年代以来，一些乡村基层干部在农村税费收缴、农业结构调整、村民自治等方面滥施暴力的现象也很突出。据中共中央办公厅、国务院办公厅关于涉及农民负担恶性案件的通报，1995 年乡村干部逼死打死农民 12 人，1996 年上升到 26 人。[⑦] 2002 年下半年至 2003 年上半年，全国上报的涉农恶性案件 15

---

① 参见周作翰、张英洪：《农民自由发展与乡镇体制改革》，载《湖南师范大学社会科学学报》2004 年第 4 期。

② 曹锦清：《黄河边的中国——一个学者对乡村社会的观察与思考》，上海：上海文艺出版社，2000 年版，第 113 页。

③ 曹锦清：《黄河边的中国——一个学者对乡村社会的观察与思考》，上海：上海文艺出版社，2000 年版，第 16 页。

④ 于建嵘：《农村黑恶势力和基层政权退化》，载《战略与管理》2003 年第 5 期。

⑤ 参见滕彪：《临沂计划生育调查手记》，载 http://tengbiao.blogbus.com/logs/2005/11/。

⑥ 参见《“老妇服毒少妇跳楼”安徽界首有关官员粗暴行政造成恶果》，载 http://www.ah.xinhuanet.com/xinwen/2004-06/04/content_2254497.htm。

⑦ 参见梁骏等编：《村民自治——黄土地上的政治革命》，北京：中国青年出版社，2001 年版，第 18 页。

起，基层干部逼死打死农民15人。[①] 近几年来，中央在解决"三农"问题上出现了历史性的大转机，减免农业税等一系列重大政策的出台，使曾经因农民负担过重而此起彼伏的涉农恶性事件得到明显缓解。在社会主义新农村建设中，从体制机制着眼，消除基层公权力运行中的非正当化暴力，应当说是一个重要的任务。

此外，矿山安全生产、食品药品安全、公共卫生与环境安全等也与农民的生命权密切相关，值得高度关注和进一步研究。

① 参见周作翰、张英洪：《论当代中国农民的政治权利》，载《湖南师范大学社会科学学报》2005年第1期。

农民与国家关系的演变模式及前景[①]

农民与国家的关系，是个体与共同体的关系。[②]在现代国家，连结个体与共国体关系的核心纽带是公民权（公民身份或公民资格）。从中国农民与国家关系的历时性视角来看，农民与国家关系的演变可能有五种变动模式：（1）传统社会中的农民与国家是一种四位一体、虚实双线关系；（2）土改时期的农民与国家是一种四位一体、双边二重关系；（3）集体化时期农民与国家是一种三位一体、城乡二元关系；（4）改革以来农民与国家是一种四位一体、强弱双线关系，（5）未来农民与国家关系演变的可能前景，或许是一种多元一体、合作共赢关系。

传统社会农民与国家：四位一体、虚实双线关系

在传统社会中，农民与国家的关系，已有的理论将之归纳为国家（政权）一地主、士绅一农民的三角关系，且强调士绅、地主与农民关系的重要性。[③]这将国家政权看成一个利益和意志缺乏分化的统一整体，同时忽略了民间社会的存在和功能。笔者对此进行了必要的补充和修正，将传统社会中农民与国家的关系称为四位一体、虚实双线结构关系，见图 1：

---

① 本文原载《湖南师范大学社会科学学报》2008 年第 2 期，合作者周作翰。

② 相关讨论，参见褚松燕：《个体与共同体——公民资格的演变及其义》，北京：中国社会出版社，2003 年版，第 155—178 页：褚松燕：《权利发展与公民参与——我国公民资格权利发展与有序参与研究》，北京：中国法制出版社，2007 年版。

③ 黄宗智认为："在历代王朝由国家政权、地主士绅和农民三角结构所形成的多元关系中，最重要的是地主和农民的关系。"参见 [美] 黄宗智：《长江三角洲小农家庭与乡村发展》，北京：中华书局，2000 年版，第 194 页。有关地主与农民关系的讨论，参见陈翰笙：《解放前的地主与农民——华南农村危机研究》，冯峰译，北京：中国社会科学出版社，1984 年版；何高潮：《地主·农民·共产党——社会博弈论分析》，香港：牛津大学出版社，1997 年版。

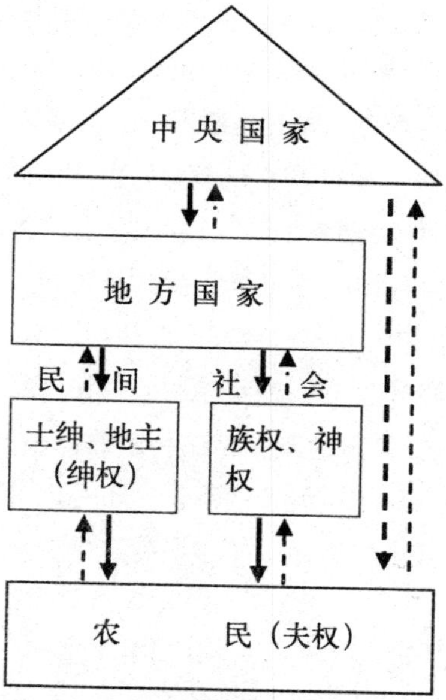

图 1：四位一体、虚实双线关系

在四位一体、虚实双线结构关系中，中央国家、地方国家、士绅地主、农民四方面构成一个社会结构整体。农民与国家之间存在着一实一虚的双线联系。

将国家区分为中央国家（central state）和地方国家（local state）两个层面（地方国家内部仍可进行更细的区分，为简略起见，本研究暂将地方国家假定为一个整体），这种区分是基于对国家政权内部分层结构及其偏好分殊的正视与关切。对于农民来说，区分中央国家与地方国家是必要的。中国俗话说的"天高皇帝远"，揭示的正是身处社会底层而又远离皇权（中央国家）的农民对中央国家与地方国家的深刻体验。在中国，自古以来，"老百姓不怕大官，只怕小官。"中国的农民，"对小官是又恨又怕，但对大官则尊敬到迷信的程度。"[①] 地方国家作为中央国家的代理者，有其自身的利益诉求和行为偏好，在委托—代理关系中，地方国家会偏离中央国家的委托意愿。委托者无法有效监督和约束代理人的行为，是中国传统社会政治结构无法解决的重大症结。"官逼民反"的"官"往往是地方的"官吏"。

在农民与国家关系中存在着"虚实双线关系"。所谓"实"的关系，就是中央国家通过地方国家和士绅地主与农民建立的直接联系关系，这种联系主要体现在农民向国家纳税缴粮上。在农民看来，"皇粮国税，不交有罪。"这是一条义务明确、实实在在的

① 参见曹锦清：《黄河边的中国——一个学者对乡村社会的观察与思考》，上海：上海文艺出版社，1999年版，第 428、199 页。

“实”的关系；所谓“虚”的关系，就是中央国家绕开地方国家和士绅、地主这一中间隔离层，而经由社会直接与农民的联系，农民也可同样绕开地方国家和士绅、地主这一中间隔离层，经由社会直接与中央国家发生联系。这种遥远而阻隔重重的关系，对中央国家和农民双方来说，都只具有象征和文化意义，借用安德森“想象的共同体”概念，这是一种“想象的联系”，对中央国家来说，“普天之下，莫非王土；率土之滨，莫非王臣。”对农民来说，代表中央国家的皇（王）权，是统一、权威和秩序的象征，“纳完粮，自在王。”由于传统国家控制能力的约束，这种农民与国家的“想象的联系”，只是一种比较“虚”的联系。在传统社会，国家除了经由其代理人即地方国家与农民建立的间接联系外，中央国家还通过皇帝的微服私访和派遣钦差大臣与农民建立直接的联系；农民除了通过经由地方国家与国家的间接联系外，还可通过在钦差大臣巡视地方时拦轿喊冤等方式与中央国家建立直接的联系。不过所有这种农民与国家之间的直接联系都不是日常的联系。

传统中国存在着比较发达的民间社会——如果不是叫市民社会的话。社会的存在，为农民提供了一定的自主选择的空间。相对于中世纪西欧的“农奴”来说，传统中国农民是“自由”的。传统社会中，“皇权止于县政”，国家对农民的控制受到客观统治条件的限制而鞭长莫及。但这并不意味皇权对农民没有控制和影响。国家权力的触角仍然深入到千家万户之中。[①]只是相对于现代全能主义来说，传统国家权力在乡村社会的强度呈递减趋势。民间社会在农民与国家之间设立了缓冲带，使国家权力在乡村社会的行使中相对受到了弱化，在一定程度上抵挡了国家权力对农民的侵害。不过，民间社会的这种保护性功能是相对性的，就是说，如果国家权力的注意力集中到某一乡村事务上，那么民间社会也将难以抵抗专横的国家意志。对国家权力缺乏制度化的制约，是中国传统政治结构的核心因素。

不可否认，在传统中国社会中存在着相对分化的权力，除了国家权力外，对农民产生支配关系的社会权力，主要有绅权、族权、神权、夫权等。毛泽东将“政权、族权、神权、夫权”视为传统社会束缚农民的“四条极大的绳索”。[②]绅权、族权、神权、夫权等社会权力，既对农民个体产生支配关系，又在一定程度上对农民产生庇护关系。在传统乡村社会，中国农民对小共同体如家族的依赖，远胜于对国家这个大的政治共同体

① 参见秦晖：《传统中华帝国的乡村基层控制：汉唐间的基层控制》，载秦晖：《传统十论——本土社会的制度、文化及其变革》，上海：复旦大学出版社，2005年版，第3页。

② 见毛泽东：《湖南农民运动考察报告》（1927年3月），载《毛泽东选集》第1卷，北京：人民出版社，1991年版，第31页。

的依赖。所以孙中山感叹说中国人只有“家族观念”而无“国族观念”。[①]

在传统国家中，虽然没有公民权这个属于现代国家的概念，但并不意味着传统社会没有农民与国家之间的权利与义务关系结构。农民在传统国家中的身份是处于服从地位、承担各种义务的臣民身份，农民作为国家的义务主体，对国家尽的义务主要是缴纳“皇粮国税”，并服劳役和兵役。国家在灾荒之年也开展抗灾赈灾、开仓放粮等救济性服务。远离皇权中心的农民属于“无政治阶层”，农民不能通过相关渠道参与公共决策。政治精英单方制定游戏规则，单方面决定农民的命运。传统政治结构的一个致命伤在于中央国家既无法自我约束其欲望的膨胀，又无法约束作为其代理人的地方国家对农民的盘剥。“官吏的任务是操纵百姓而不是代表百姓。”[②]传统中国的官僚组织，“不啻一部榨油机器，为统治者向人民榨取利润”。[③]这样，常见的政治后果是苛政猛于虎、官逼民反、农民起义、改朝换代。国家跳不出“治乱循环周期率”，农民则走不出“兴亡百姓苦怪圈”。

土改时期农民与国家：四位一体、双边二重关系

1949年共产党夺取政权后，将在农村开展土地改革运动作为其施展执政理想的第一步。土改使国家权力空前深入乡村社会，“旧日的国家政权、士绅或地主、农民的三角关系被新的国家政权与农民的双边关系取代了。”[④]共产党政权不仅彻底地铲除了支配农民的旧政权，也同时彻底铲除了束缚农民的族权、神权、绅权和夫权。

但根本问题不在这里，而在于：照搬苏联模式建立的高度集权的党国体制，使现代宪政民主的制度功能处于休眠状态，公民社会被全能主义的国家所吞没，这使得农民从传统的政权、族权、神权、绅权和夫权的束缚下解放出来的同时，却陷入了集政权、族权、神权、绅权和夫权于一身的强大的新政权的体制束缚之下。“在政治上获得解放的社会，很快又在体制上被国家所吞食。”[⑤]新政权虽然完全打破了旧的政权、族权、神权、绅权和夫权对农民的束缚，但却把传统社会中分化的权力统一集中到新政权手中。出现在农民面前的新政权，是一个亘古未有的囊括所有旧的政权、族权、神权、绅权和夫权

---

① 1924年1月27日，孙中山在《三民主义》的演讲中说：“中国人最崇拜的是家族主义和宗族主义，所以中国只是家族主义和宗族主义，没有国族主义。”参见《孙中山全集》第9卷，北京：中华书局，1986年版，第185页。

② [美]费正清：《美国与中国》（第4版），张理京译，北京：世界知识出版社，2003年版，第126页。

③ [美]巴林顿·摩尔：《民主与专制的社会起源》，拓夫、张东东、杨念群、刘鸿辉译，北京：华夏出版社，1987年版，第138页。

④ [美]黄宗智：《长江三角洲小农家庭与乡村发展》，北京：中华书局，2000年版，第173页。

⑤ 参见林尚立等：《制度创新与国家成长——中国的探索》，天津：天津人民出版社，2005年版，第10页。

以及意识形态权力为一身的空前集权强大的政权。

作为继清政府、国民党之后中国现代国家构建的第三个“能动者”，共产党建立了空前强大的中央权威，但权力的公共性建构明显滞后。① 新政权满足于建立人民群众对党的领袖的个人认同与革命认同，未能有效地建立国民在公民身份基础上的“国家认同”。新政权建立后推行的第一场政治运动——土改，使农民与国家的关系发生了历史上从未有过的根本性转变，即演变为四位一体、双边二重关系，见图 2：

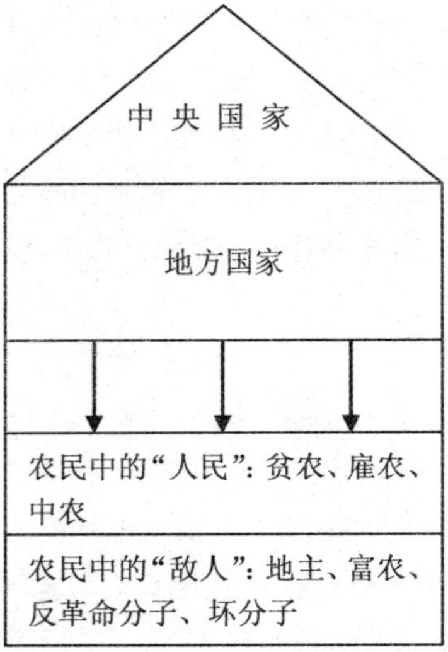

图 2：四位一体、双边二重关系

在四位一体、双边二重结构关系中，中央国家、地方国家、农民中的“人民”、农民中的“敌人”四个方面构成一个社会结构整体，农民与国家之间构成面对面的双边关系，国家通过阶级成分的划分，将农民内部分为“敌”与“我”二重根本对立的社会阶层，这是一种服务于阶级斗争的政治分层。

党根据列宁式的“民主集中制”的制度安排，在各级各部门和各行各业层层实行“个人服从组织、下级服从上级、少数服从多数、全党服从中央”的原则，这使各级各部门和各个组织的负责人成为本组织的最高主宰。党奉为圭臬的指导思想——马列主义的意识形态，有利于降低中央国家监督其代理人的成本。这使得地方国家与其委托者——中央国家的意志与利益高度重合。在具体政治过程中，地方国家为突出其“与中

① 林尚立认为，中国从传统国家向现代国家转型的首要任务，就是确立具有公共性的最高权力，从而使国家成长经公共权力为轴心展开。公共权力的本质就是以社会的公共意志为基础，以公共利益为根本诉求。参见林尚立等：《制度创新与国家成长——中国的探索》，天津：天津人民出版社，2005 年版，第 7 页。

央保持高度一致”的政治态度，常常采取弄虚作假的日常政治技术——在“好事”上无限夸大、在“坏事”上合力隐瞒——以应付和讨好中央。在极左政治年代，地方国家常常争先恐后地推行比中央更左的“政治竞赛”，以示对中央的“政治忠诚”。①

新政权彻底消灭了旧社会所有的社会组织和社会权力，将旧政权的权力转移给新政权。新政权以破除“封建迷信”和根除“资产阶级腐朽思想”的名义，彻底摧毁传统社会中的族权、神权、绅权、夫权，并将这些权力全部集中到新政权手中。在此后的岁月里，新政权还以马列主义的意识形态取代传统的儒家意识形态，并通过计划经济体制将市场交易权力也集中到国家手中，这样，新政权逐渐掌握了社会几乎所有包罗万象的权力，中国成为一个全能主义（totalism）的国家。② 国家吞噬了社会，农民与国家之间失去了社会的缓冲带，变成了农民与国家权力直接面对面的双边关系。

国家现代化的过程是国家将农民从分散的家族、村庄等地方性组织的控制中解放出来，赋予其统一、平等的公民身份，直接增强农民对国家认同的过程。但新政权在将农民从旧有的权力支配结构中解放出来的同时，并没有赋予农民公民身份。一方面，中央国家权力呈现出“集中性”与“人民性”的失衡。③20 世纪的世界政治实践表明，如果高度集权的现代国家没有进行“人民性”或民主政治的改造，将走向具有毁灭性的“极权主义”（totalitarianism）。另一方面，被挤出传统“民间社会”的个体农民，却找不到与现代国家相适应的“公民社会”和公共空间。这就使得原子化的农民被置于强大而赤裸裸的国家权力的独家支配之下。

新政权不是赋予其统治下的所有国民以平等而有法律保障的公民身份，而是依据阶级斗争的理论，给予每个农民以阶级身份。在农村，国家将全体农民划分为两种根本对立的阶级阵营：作为“阶级敌人”的地主、富农以及反革命分子、坏分子，与作为“人民”的贫农、雇农、中农等。就是说，国家在农民内部构建“敌”与“我”的二重阶级身份，对“阶级敌人”实行“专政”，对“人民”内部实行“民主”。国家动员农民中的大多数人即贫雇农等“人民群众”，暴力瓜分农民中的少数人即地主、富农等“剥削阶级”的私有财产，并对他们进行暴力批斗甚至从肉体上消灭。被扣上剥削阶级政治帽子的地主、富农等阶级敌人，在新政权建立的无产阶级专政的国家中，既丧失了私有财产权，也丧失了人身权利，甚至连生命权也被剥夺了。在土改中，作为阶级的地主富农已被新政权所消灭。美国著名的汉学家费正清就观察到在中国，“当权者并不承认公民权利、言论和人身的基本自由、人身保护法以及陪审团参加的审判，总之，并不承认法律

① 见杨大利：《从跃进饥荒到农村改革》，载《二十一世纪》1998 年 8 月号。

② 见邹谠：《二十世纪中国政治——从宏观历史与微观行动的角度看》，香港：牛津大学出版社，1994 年版，第 3 页。

③ 见郑永年、王旭：《论中央地方关系中的集权和民主问题》，载《战略与管理》2001 年第 3 期。

有至高无上的权威……私有财产也和个人一样，在享有无限权力的官府面前毫无法律保障。”①

集体化时期农民与国家：三位一体、双边二元关系

土改完成后，新政权以苏联模式的“社会主义”名义，通过合作化运动和人民公社化运动，剥夺了全体农民的私有财产和人身自由，将个体的农民转变为集体的社员；同时，国家又通过户籍制度，将整个社会划分为农业户口和非农业户口，形成城乡隔离的二元社会结构，与城市市民相比，农民沦落为“二等公民”。农民与国家的关系转变成为三位一体、城乡二元关系，见图3：

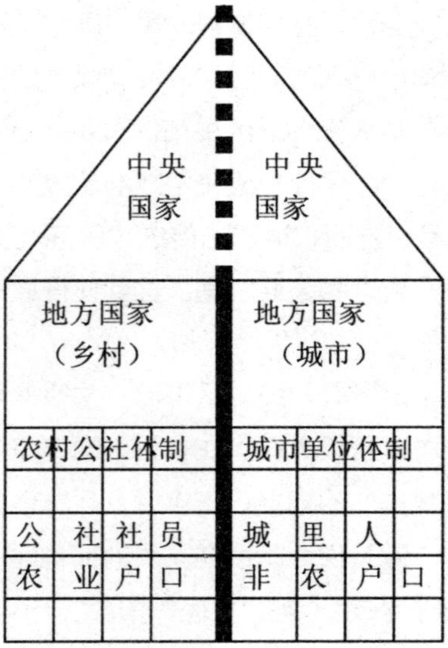

图3：三位一体、城乡二元关系

在三位一体、城乡二元结构关系中，中央国家、地方国家、农村人民公社（城市单位体）三个方面构成社会的整体，整个国家被人为的制度划分为城乡有别的两大块，城乡之间的制度性隔离形成中国特有的二元社会结构。在这种关系结构中，农民的身份被国家结构化。国家赋予农民以双重结构身份：一是相对于历史上的个体农民，赋予农民以集体社员身份。国家通过强制性的集体化运动，将农民强制组织在人民公社即集体单

① ［美］费正清：《美国与中国》（第4版），张理京译，北京：世界知识出版社，2003年版，第314—315页。

位之中，农民由历史上的个体农民转变为集体社员，在集体化运动中，农民失去了私有财产和人身自由，受到人民公社体制的强力支配。二是相对于城镇居民所拥有的非农业户口，国家赋予农民以农业户口的户籍身份。国家通过歧视性的制度安排，人为地将全体国民划分为权利与义务完全不平等的两种人，农民成为只向国家尽义务而无从享受相应权利的义务人。中央国家在政治上是统一的整体，但在执政思维上呈现出城乡分离的二元性特征，执政者先是不断构筑城乡分离的制度体系，接着就在既定的二元社会结构中“谋发展”。

国家通过建立农村人民公社体制和城市单位体制，形成了彼此孤立封闭的“蜂窝结构”（honeycomb structure），① 城乡居民不仅不能在城乡之间自由流动，即农民不能自由进入城市，市民也不能自由迁徙到农村；同时，在农村内部和在城市之间居民也不能自由迁徙流动，即甲公社社员不能自由迁徙到乙公社，丙城市居民不能自由迁徙到丁城市。

在农民与国家的关系上，国家通过强制性制度安排，实质上是将农民上了两把制度之锁，一把锁将每一个个体农民锁在公社集体单位里，另一把锁将全体农民锁在屏蔽于城市之外的农村里。

集体化时期的国家不必与单个的农民打交道，与国家打交道的是人民公社的集体单位，由集体单位向国家缴纳税赋，国家向集体单位下达任务指标。个体农民被集体单位所淹没。

集体化时期的地方国家，主要扮演着中央国家的代理人和影子角色，其自主性受到强大的意识形态的刚性约束和高度集中的计划体制的制约。农村人民公社实质上是地方国家的组成部分，集体单位体现的不是由农民自主组成的集体成员的意愿，而是体现国家的意志。被国家建构起来的农村集体，本身并没有自主选择权，几乎完全听命于国家权力的掌控，集体事实上成为国家的一种特殊的代理人。在这种政治架构中，社会被强大的国家所遮蔽，农民与国家之间的中间缓冲带消失了。在中间缓冲带消失和中立仲裁者缺失情势下，置身于强大国家控制下的农民，在摆脱了历史上的绅权、族权等地方小共同体支配的同时，却空前强化了对国家政权的依附。换言之，国家权力及其支配下的集体，对农民的控制到达了空前的程度。“农民总是处在社会的从属地位。在农民之上的无论是地主，还是集权国家的官员，都控制着农民生活的基本资源。”②

---

① Vivienne Shue, *The Reach of the State: Sketches of the Chinese Body Politic*, Standford University Press, 1998.

② [美]J. 米格代尔：《农民、政治与革命——第三世界政治与社会变革的压力》，李玉琪、袁宁译，北京：中央编译出版社，1996年版，第9页。

改革以来农民与国家：四位一体、强弱双线关系

1978年开始的改革，是中国现代国家构建的一个转捩点，也是公民身份发生变化的新的起点。改革以来，农民与国家的关系也发生了巨大的变化，农民的公民权也得以缓慢生长。农民与国家的关系演变为四位一体、强弱双线关系，见图4：

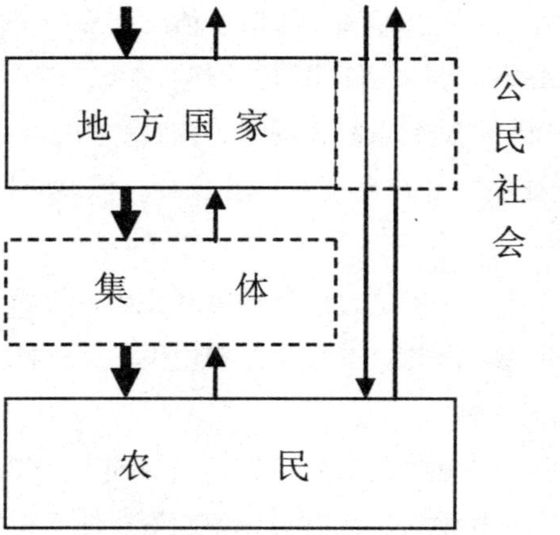

图4：四位一体、强弱双线关系

在四位一体、强弱双线关系中，中央国家、地方国家、集体、农民四方面构成一个整体，农民与国家的联系存在强弱双线的关系。一方面，中央国家通过地方国家和集体与农民建立科层制的强力联系，另一方面，现代科学技术和交通通讯的迅猛发展，使中央国家与农民之间的双向直接联系明显增强，但是，相对于制度化的官僚体制的内部联系通道来说，农民与中央国家的直接联系还比较薄弱，尤其是农民与中央国家制度化的直接联系通道尚未形成。

国家通过给农民“松绑”，使农民获得了中共执政以来前所未有的自由。家庭承包责任制的推行和人民公社的解体，使农民从高度控制的人民公社体制中解放出来，农民获得空前的生产自主权和人身自由权，农民的私有财产权也得以生长和发展。

国家通过平反和摘帽，使在农民内部人为制造的长达30年之久的不平等阶级身份所造成的裂痕得以弥合，地主、富农以及反革命分子、坏分子及其子女开始享有与公社社员平等的身份。这使农民内部获得了平等的身份地位。

市场化的改革使公民社会得以生长。与集体化时期国家完全遮蔽社会不同，改革以来，邹谠所称之为的深入到社会各个肌体之内的全能主义国家，经过几十年对社会的强

力扩张，自身已精疲力竭，不得不从对社会的广泛控制和深度干预中撤退回来。以市场为取向的改革在解构全能主义的同时，[①]为社会的生长和发育提供了可能的空间。

以给农民“松绑”、给地方放权为特征，旨在调动农民和地方积极性的改革，大大促进了经济的发展。与此同时，地方、集体和农民三方也都形成了各自明确的利益边界，由于国家制度建设的滞后，单纯的放权让利以及片面追求经济增长目标的发展主义导向，造成了地方政权公共职能的企业化，产生了“政治企业家”，形成了独具中国特色的“地方国家公司主义”（local state corporatism）。非制度化的分权改革，在调动地方积极性的同时，也放纵了地方权力的滥用。改革以来，执政者强调放权让利，追求亨廷顿（Samuel P. Huntington）所说的“政绩合法性”，[②]但忽视公共权力和公民身份的构建，致使20世纪90年代以后，地方权力寻租、地方权力市场化、地方权力的非正当化暴力倾向等泛滥开来，在乡村社会中，孳生了种种“土皇帝”、“南霸天”之类的“地方专制主义独裁者”现象。地方国家虽然是中央国家的代理人，但因其自身利益的过度膨胀，严重损害着农民的利益，并削弱中央国家整合社会的能力。

无论是中央国家与农民，还是农民与中央国家，双方之间的双向直接联系，因现代交通、通讯、网络等技术的发展以及人员流动和人际交流的空前扩大而得以强化。一方面，中央国家通过地方国家与自身加强间接联系，这种联系相对来说比较强；另一方面，中央国家通过社会与农民发生直接联系，但相对来说比较弱。中央国家通过广播电视网络和报纸杂志或者政治领导人深入到农民中间调研、考察等方式与农民建立直接联系。同时，农民也因为现代交通通讯以及社会流动等方面，加强了与国家之间的直接联系。农民越级到中央上访，是农民与中央国家建立直接联系的一个重要表征。但是，这种联系是非常有限的，特别是中央国家的合法性还没有建立在农民直接选举的基础之上。“最高统治者和人民之间的直接联系对于中央政府的权威是至关重要的，没有这样一种直接关系，中央政府的权力不可能深入社会的各个角落。”中国政治结构的深层次问题在于，“中央权力缺乏‘中央性’，而人民的力量没有通过民主的方式为中央权力的有效性提供足够的政治支持。”[③]

分权式的改革，使地方主义的迅速崛起，使之成为横亘在农民与中央国家之间直接联系的重大屏障。一方面，地方国家根据自身利益的算计，对中央国家政策采取有利于

---

① 参见李强：《自由主义与现代国家》，载陈祖为等编：《政治理论在中国》，香港：牛津大学出版社，2001年版，第166页。另参见李强：《后全能体制下现代国家的构建》，载《战略与管理》2001年第6期；李强《宪政自由主义与国家构建》，载王焱编：《宪政主义与现代国家》，北京：三联书店，2003年版，第19—46页。

② 参见［美］塞缪尔·亨廷顿：《第三波——20世纪后期民主化浪潮》，刘军宁译，上海：上海三联书店，1998年版，第59页。

③ 参见郑永年、王旭：《论中央地方关系中的集权和民主问题》，载《战略与管理》2001年第3期。

自己的“选择性执行”，[①] 甚至对中央国家的法律政策实行公开的“区域封锁”和“信息屏蔽”。另一方面，地方国家暴力打压试图向中央和社会揭露其腐败和滥用职权的农民维权代表或新闻记者，使农民与中央国家的直接联系被地方国家所切割。对农民维权代表进行关押、毒打、劫访、判刑等行为，是地方国家维护其自身利益而损害公民个人利益和国家整体利益的突出表现。20 世纪 90 年代以来，一些地方国家为保护其官僚腐败利益，公然切割农民与中央国家的直接联系，这是中国现代国家构建面临的最为严重的问题之一。

研究中国历史的中外学者都发现，“官逼民反”是中国传统政治的最大“毒瘤”。官逼民反的“官”，往往是地方官。中央国家如何约束地方官吏对农民的盘剥，是中国传统政治的最大难题。正如巴林顿·摩尔所指出的那样：“社会系统中缺少有效率的机构来制止官员的压榨行为这一点，可以说是中国社会中最基本的结构性弱点之一。”[②]

任何一个中央国家，都不能离开民众（农民），也不能没有地方国家。问题是如何使三者之间的关系达到均衡。一个基本的治理经验是，将三者各自的权力与责任、权利与义务关系明晰化、规范化、制度化。中央国家赋予每个国民以统一而平等的公民身份，划定地方国家行使权力的范围和限度，并为其行使权力的后果承担责任，正是现代国家构建的核心内容。

农民与国家关系的可能前景：多元一体、合作共赢关系

中国在改革初期，通过平反和摘帽，实现了农民内部身份的平等化。但改革 30 年来，城乡居民之间的身份不平等却一直没有消除。“农民工”问题正是城乡户籍身份不平等的产物。2002 年中共十六大后，新的政治领导人推出“农村新政”，提出统筹城乡发展、改变城乡二元结构的执政理念，2006 年中国全部取消农业税，开始推行新农村建设。在新农村建设中，农民能否取得与市民平等的身份地位，从而构建全体国民统一、平等的公民身份，是衡量新农村建设成功与否的主要标志。作为人类文明的基本信条的平等，是公民身份的首要特征。

从目前中国农村改革的良好态势来看，国家正朝着可能扩大农民公民权的正确的方向上行进。这为中国农民与国家关系朝着成熟的现代国家中公民与国家的正常关系的方

---

① Kevin O'Brien, Li Lianjiang, Selective Policy Implementation in Rural China, *Comparative Politics*, Vol.31, No.2 (January 1999), pp.167-186。参见欧博文、李连江：《中国乡村中的选择性政策执行》，唐海华译，载香港中文大学中国研究服务中心中国研究论文库，http://www.usc.cuhk.edu.hk/wkgb.asp。

② ［美］巴林顿·摩尔：《民主与专制的社会起源》，拓夫、张东东、杨念群、刘鸿辉译，北京：华夏出版社，1987 年版，第 135 页。

向发展提供了一个或许乐观的前瞻性基点。中国农民与国家的关系前景，可能会演变为一种多元一体、合作共赢的新型关系，见图 5：

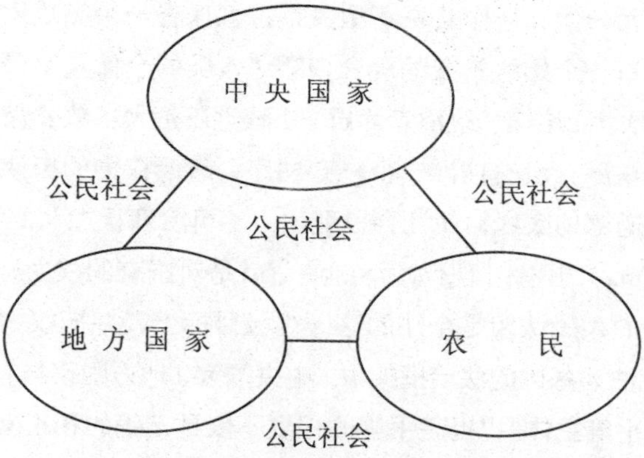

图 5：多元一体、合作共赢关系

在未来可能的多元一体、合作共赢的新型关系，中央国家、地方国家、农民以及各种社会组织等多元社会主体共同获得在宪法框架内的平等法律地位。

未来中国农民与国家关系的结构性转变，根本地取决于农民获得完成的公民身份。就是说，“要把农民变成公民，使农民大众参加现代生活，进行技术化生产，并积极参与当地的政治活动。但这就需要去掉旧中国的一项最经久的成就，即统治阶级的传统。”①

中国现代国家构建的过程，应当是中国农民获得完全公民身份的过程。“没有公民身份的确立和强大的保护出现，国家政权的集中化过程就得不到来自民众的政治支持，也无法成功排除来自旧权威的抵抗。”②就当前来说，中国农民若要获得完全的公民身份，至少要改变三重高度失衡的政治生态：一是改变城乡居民之间权利义务配置的高度失衡状态，③消除对农民的制度性歧视，使农民获得与城市市民平等的身份地位。二是改变权利与权力之间的高度失衡状态，使严重短缺的公民权利与高度集中的公共权力之间达至均衡。现代政治的发展是基于权利和自由的发展。正如康德所说：“人的权利是不可亵渎的，无论它可能使统治者付出多么大的牺牲。……一切政治都必须在权利面前

① [美]费正清：《美国与中国》（第 4 版），张理京译，北京：世界知识出版社，2003 年版，第 374 页。

② 张静：《基层政权：乡村制度诸问题》（增订本），上海：上海人民出版社，2007 年版，第 304—305 页。

③ 参见徐勇：《非均衡的中国政治——城市与乡村比较》，北京：中国广播电视出版社，1992 年版；王绍光、胡鞍钢：《中国：不平衡发展的政治经济学》，北京：中国计划出版社，1999 年版。

屈膝。”[①] 三是改变农民公民权的发展与社会经济发展之间的高度失衡状态，使农民公民权的发展与国内经济社会发展相适应，与全球化时代人权保护的国际化相适应，使亿万农民共享国内改革发展的成果，使中国农民共享全球文明发展的共同成果。

未来可能的多元一体、合作共赢新型关系，意味着一种宪政秩序的确立。在人类宪政史中上，存在着一个始终不变的观念，即“人类的个体具有最高的价值，他应当免受其统治者的干预，无论这一统治者为君王、政党还是大多数公众。”[②] 宪政秩序是现代政治发展的核心秩序，没有这样一个核心秩序，政治权力的行使将冲决社会正义的堤防，突破传统和道德的底线，使社会呈现出“不可治理状态”的种种“乱象”。[③] 福山（Francis Fukuyama）指出：“现代政治的使命就是对国家的权力施加制约，把国家的活动引向它所服务的人民认为是合法的这一终极目标上，并把权力的行使置于法治原则之下。”[④] 在以宪法为基础的法治框架中，中央国家、地方国家与农民以及其他社会组织，都是国家中的平等主体。“提高平等的程度不仅是正确的和正义的，而且对我国举国的兴旺切实攸关。”[⑤] 整个社会政治结构将由传统的等级森严的金字塔形的命令—服从结构，向现代平等合作的扁平型的规则—遵守结构转型，中央国家、地方国家与农民彼此之间在既定的可预期的规则内各行其是，合作共赢。这使中央国家和地方国家都面临着与全球政治发展相适应的治理转型。

作为公民的农民在多元一体、合作共赢的新型关系结构中，政治参与将扩大到与其切身利益攸关的所有领域。参与公共生活，是公民之所以为公民的本质特征。在传统国家中，“农民被排斥于政治运转之外”，农民“除了忍受或起义很少受益”。[⑥] 现代国家的政治发展内在地要求公民参与其中。亨廷顿认为：“现代国家与传统国家的最大区别是，人民在大规模的政治组织中参与政治并受其影响的广泛程度。在传统社会中，政治参与在村落这个层次上可能是相当普遍的，但超过这个层次，政治参与便局限于很小的范围了。……因此，政治现代化最基本的要素是，整个社会的各个集团在超于村镇层次

---

① ［德］伊曼努尔·康德：《永久和平论》，何兆武译，上海：上海人民出版社，2005 年版，第 56 页。

② ［美］卡尔·J. 弗里德里希：《超验正义——宪政的宗教之维》，周勇、王丽芝译，北京：三联书店，1997 年版，第 15 页。

③ 见孙立平：《守卫底线——转型社会生活的基础秩序》，北京：社会科学文献出版社，2007 年版。

④ ［美］弗朗西斯·福山：《国家构建——21 世纪的国家治理与世界秩序》，黄胜强、许铭原译，北京：中国社会科学出版社，2007 年版，第 1—2 页。

⑤ ［美］戴维·奥斯本、特德·盖布勒：《改革政府——企业家精神如何改革着公共部门》，周敦仁等译，上海：上海译文出版社，2006 年版，第 4 页。

⑥ ［美］费正清：《美国与中国》（第 4 版），张理京译，北京：世界知识出版社，2003 年版，第 463—464 页。

之上参与政治，以及创立能够组织这种参与的新的政治制度。”[①] 农民以平等的公民身份参与政治过程，参与制定游戏规则，是中国走向现代国家必不可少的环节。农民有序而高效的政治参与，需要将分散的农民组织起来。在宪法和法律的框架下，农民自组织的发展，有利于农民与其他社会集团、政府之间的平等对话与沟通协作，有利于构建与国家互强的公民社会。组织化的农民，既可降低农民参与政治的成本，又将提高国家整合社会的能力。

全球化将大大促进中国农民公民身份的确立和中国现代国家的构建。中国不可能离开世界而求得发展。在这个地球村时代，经济全球化、信息全球化、人员流动的全球化以及人权保护的国际化，成为势不可挡的时代潮流，任何一个民族国家在全球化进程中如忽视本国的公民权建设以及人权保障，都将面临巨大的治理危机，甚至危及整个国家和民族的根本利益。

---

① [美]塞缪尔·亨廷顿：《变革社会中的政治秩序》，李盛平、杨玉生等译，北京：华夏出版社，1988年版，第36—37页。

中国农地制度变迁考察——以土地财产权为视角[①]

在西方成熟的市场经济国家，普遍实行土地私有制。土地是所有财产集合中的一种财产，说到财产，自然就包含了土地财产，一般不必再单独讨论土地财产权，除非有特殊研究的需要。前苏联、东欧转型后，摆脱了对公有制的束缚，实行了土地私有化。在当代中国，土地是不是农民的财产，土地如何成为农民的财产，还是一个值得研究的问题。以土地财产权为视角考察中国农地制度变迁，有助于加深转型国家对加强基本人权和自由的理解与尊重。

集体所有制理念及其强制实施

经济学研究稀缺资源的优化配置。张五常认为，在一个人人为使用不充足的资源而竞争的社会里，必须有某些竞争规则或标准来解决这一冲突。这些规则通称为财产权，由法律、规章、习惯或等级地位予以确立。财产权结构可以采用各种各样的形式，私有财产权和公共财产权是两个极端，无论哪一种财产权都难得是绝对纯粹的。在私有财产中，明确界定到个人的财产权利具有排他性，能够自由转让并获取收入。而公共财产的权利则没有界定到任何个人，任何人都无权排斥其他人使用财产，大家都可以为使用这一财产而自由地进行竞争。在公共财产权结构中，没有排他性的使用权和转让权。主流经济学家们认为，如果不充足的资源的大多数是公有的话，经济就不可能维持。[②]

产权经济学家登姆塞茨将财产所有制区分为共有制、私有制和国家所有制。共有制是一种由共同体的所有成员实施的权利，它意味着共同体否定了国家或单个的个人干扰共同体内的任何人行使共有权利的权利；私有制意味着共同体承认所有者有权排除其他人行使所有者的私有权；国有制则意味着只要国家是按照可接受的政治程序来决定谁不

① 本文原载《社会科学辑刊》2008 年第 2 期，合作者李芳。

② 参见《新帕尔格雷夫经济学大词典》第一卷中张五常撰写的“公共财产权（Common property rights）”词条，北京：经济科学出版社，1996 年版，第 548—550 页。

能使用国有资产，它就能排除任何人使用这一权利。[①] 共有制和国有制都是公有制，公有制导致很大的外部性已成为现代经济学的共识。

传统社会主义理论认为私有制是万恶之源，只有公有制才能实现人的自由、平等和高效率。集体所有制与全民所有制反映了传统社会主义理论的价值追求。马克思是集体所有制概念的首创者，而集体所有制体制的建构则是苏联的创举。1874 年马克思在《巴枯宁〈国家制度与无政府状态〉一书摘要》中写道："凡是农民作为土地私有者大批存在的地方，凡是像古西欧大陆各国那样农民甚至多少还占据多数的地方，凡是农民没有消失，没有像在英国那样为雇农所代替的地方，就会发生下列情况，或者农民会阻碍和断送一切工人革命，就像法国到现在所发生的那样；或者无产阶级将以政府的身份采取措施，一开始就应当促进土地私有制向集体所有制过渡，让农民自己通过经济的道路来实现这种过渡；但是，不能采取得罪农民的措施，例如宣布废除继承权或废除农民所有权。只有租佃资本家排挤了农民，而真正的农民变成为同城市工人一样的无产者、雇佣工人，因而直接地而不是间接地变成了同城市工人有共同利益的时候，才能够废除继承权或废除农民所有制。"[②]

很明显，马克思这段话既提出了农民土地私有制向集体所有制过渡的命题，也明确界定了这种过渡的条件和方式。恩格斯在去世的前一年即 1894 年撰写了《法德农民问题》，着重回答了在"我们夺得国家权力"后如何对待小农的问题："我们预见到小农必然灭亡，但我们无论如何不要以自己的干预去加速其灭亡。"恩格斯还特别充满自信地主张："当我们掌握了国家权力的时候，我们绝不会用暴力去剥夺小农（不论有无报偿，都是一样），像我们将不得不如此对待大土地占有者那样。我们对于小农的任务，首先是把他们的私人生产和私人占有变为合作社的生产和占有，但不是采用暴力，而是通过示范和为此提供社会帮助。"[③] 马克思主义经典作家虽然对集体所有制和合作社怀有个人偏好，但尊重农民意愿、不搞强迫命令以及暴力，则是马克思和恩格斯都十分明确的共同态度。遗憾的是后来的马克思主义者在掌握政权后，并没有牢记马克思和恩格斯这个特别宝贵的告诫。

1917 年列宁领导的布尔什维克夺取俄国政权，宣布世界上第一个由共产党领导的社会主义国家正式诞生。废除私有制、实行公有制就成为新型的无产阶级专政国家的第一要务。1918 年 1 月由列宁提出并经立宪会议批准的《被剥削劳动人民权利宣言》宣布："废除土地私有制。全部土地以及一切建筑物、农具和其他农业生产用具均为全体

① 参见 H. 登姆塞茨：《关于产权的理论》，载《财产权利与制度变迁——产权学派与新制度学派译文集》，上海：上海三联书店、上海人民出版社，1994 年新版，第 105 页。

② 《马克思恩格斯全集》第 18 卷，北京：人民出版社，1964 年版，第 694—695 页。

③ 《马克思恩格斯选集》第 4 卷，北京：人民出版社，1972 年版，第 310 页。

劳动人民的财产。”

此后，苏联根据斯大林的思想理论强制推行工业化和农业集体化。1927 年联共（布）十五大决议提出：“在目前时期，把个体小农经济联合并改造为大规模集体经济这一任务应该作为党在农村中的基本任务。”[①] 1930 年 1 月联共（布）中央提出在“一五”计划期间完成“绝大多数农户集体化的任务”，规定了从限制富农到消灭富农的政策，决定集体农庄为集体经济的基本形式。苏联推行全盘农业集体化运动的主要特征就是违背农民意愿的强制和国家暴力的滥用。苏共中央将富农分为三类，分别实行处以极刑、驱逐到边远地区、迁移到本地区特定地段。富农不准加入农庄，并被没收财产。遭到没收财产的有 850 万—900 万人，占农户总数的 6%—7%，有的地方高达 15%。有 500 万人被强迫迁往西伯利亚和北极地区，其中有四分之一的人在途中死去。到 1937 年，苏联有 93% 的农户和 87.4% 的播种面积实行了集体化。

苏联的农业集体化被证明是完全失败的，它不仅强迫农民的意志、没收农民的财产，造成了 500 万农民的死亡（大约每 25 个俄国农民中就有 1 人死亡），而且也使苏联农业和生产力遭到了重大和长期性的破坏，到 1953 年苏联粮食产量仍然低于 1913 年时的俄国。[②] 苏联在所有制方面消灭了私有制，实行了单一的公有制。1936 年《苏联宪法》第 5 条规定：“苏联社会主义所有制表现为两种形式：国家财产（全民财产）；合作社集体农庄财产（集体农庄财产、各合作社财产）。”全民所有制被认为是社会主义所有制的高级形式，集体所有制是低级形式，低级形式要尽快过渡到高级形式。之后，苏共将苏联社会主义模式在东欧和亚洲等国强力推行，并将之视为自己当然的道义原则和崇高的国际责任。

在人类历史上，土地产权关系由原始公有制到私有制是社会自然演化的产物，属于诱致性制度变迁；实行公有制则是社会主义思潮和共产主义运动的结果，属于强制性制度变迁。恩格斯认为一切文明民族都是从土地公有制开始的，当这种原始公有制在农业的发展进程中变成生产发展的桎梏时，经过了或短或长的中间阶段之后转变为私有制，当私有制成为其本身所导致的较高的农业发展阶段的桎梏时，就必然产生出新的公有制的要求。恩格斯相信不同于原始公有制的新的公有制，“将第一次使生产摆脱桎梏”。[③] 后来的历史证明，土地公有制并未产生恩格斯所期待的理想绩效。

---

① 《苏共决议汇编》第三分册，北京：人民出版社，1956 年版，第 402 页。

② 参见黄宗良、孔寒冰主编：《世界社会主义史论》，北京：北京大学出版社，2004 年版，第 317—318 页。农民在集体化中的死亡人数，参见费正清等主编：《剑桥中华人民共和国史》（1949—1965），王建朗等译，上海：上海人民出版社，1990 年版，第 406 页；林毅夫：《制度、技术与中国农业发展》，上海：上海三联书店、上海人民出版社，2005 年版，第 24 页。

③ 《马克思恩格斯选集》第 3 卷，北京：人民出版社，1972 年版，第 178 页。

中国土地产权的强制性变迁

在中国，1949年以前，土地的私人所有制已延续了千百年。20世纪50年代以来，中国农民的土地财产权制度经历了三次大规模的历史性变迁：一是1950年到1952年的土地改革，变封建地主所有制为农民土地所有制。需要指出的是，地主所有制和农民土地所有制都属于土地私有制。二是1952年—1978年的合作化和人民公社化运动，变农民土地私有制为集体所有制。这两次都是强制性制度变迁。三是1979年以来的家庭联产承包责任制，它实现了土地的集体所有权与农民承包经营权的分离，这种诱致性制度变迁取得了特别引人注目的成效，但并未完成对土地产权的彻底变革，目前仍然处在变动之中。

当代中国土地制度的变革与中国共产党的革命志向和执政理念是密不可分的。不懂得这个基本道理，就没法抓住问题的根本。以马克思列宁主义为指导思想的中国共产党，1921年成立时作为共产国际的一个支部，要接受共产国际和苏共的直接指导甚至强力控制，1949年执政以后，实行向苏联“一边倒”的基本国策，照搬苏联模式建设社会主义，这是集体所有制从苏联移植到中国的历史背景。鉴于苏联模式的深刻教训，1982年邓小平在中共十二大上正式宣布中国要“走自己的路，建设有中国特色的社会主义”。这是中国共产党“总结长期历史经验得出的基本结论”。①

在革命战争年代，中国共产党就认为土地制度的改革是中国革命的主要内容。1925年中共发表《中国共产党告农民书》，提出：“解决农民的困苦，根本是要实行‘耕者有其田’的办法，就是谁耕种的田地归谁自己所有。”从1928年《井冈山土地法》到1947年《中国土地法大纲》，中国共产党发布的有关土地制度改革的文件相当多，其主要原则是“没收地主土地分配给农民”（抗战时期实行“减租减息”）。1931年《中华苏维埃共和国宪法大纲》曾规定“以实现土地国有为目的”。1940年毛泽东提出新民主主义共和国的农村产权制度是：“没收地主的土地，分配给无地和少地的农民，实行中山先生‘耕者有其田’的口号，扫除农村中的封建关系，把土地变为农民的私产。”②

1949年中国共产党执政以后，迅速开展了土地改革运动，1950年6月公布《中华人民共和国土地改革法》，基本任务是废除地主土地所有制，实行农民土地所有制。土改是一场暴烈的农村革命，严酷的阶级斗争和激烈的群众运动是完成土改的主要方式，“大批地主，大概有100万到200万被处于死刑”，发动起来的群众“经常对地主实施无

---

① 《邓小平文选》第3卷，北京：人民出版社，1993年版，第3页。

② 《毛泽东选集》第2卷，北京：人民出版社，1991年版，第678页。

节制的野蛮暴力”，结果导致一些“额外死亡事件。”[①] 到1953年春，除了新疆、西藏和台湾外，全国土地改革基本完成，3亿多无地、少地的农民先后无偿获得了7亿亩土地和其他生产资料，免除了过去每年向地主缴纳大约350亿公斤粮食的地租。[②] 土地改革确立的农民土地私有产权，在随后几年农业增长中表现出明显的制度绩效，1952年与1949年相比，粮食总产量年均递增13.14%，棉花总产年均递增43.15%。[③]

但具有彻底改造整个旧社会宏大志向的中国共产党，并不满足于此。因为这不过是共产党“革命两步走”战略的第一步。毛泽东在《新民主主义论》中提出中国革命分两步走，第一步是新民主主义，第二步是社会主义。中国“只有进到社会主义时代才是真正幸福的时代”。[④] 在新民主主义时期，土地实行农民私有制；在社会主义阶段，土地实行集体所有制。土地改革一完成，毛泽东就急于向社会主义过渡。但在社会主义建设中“我们没有经验”，毛泽东认为，“我们只得照抄苏联”。1953年2月，毛泽东号召全国上下“掀起一个学习苏联”的热潮。后来毛泽东承认我们“几乎一切都抄苏联，自己的创造性很少”，但又强调照抄苏联“在当时是完全必要的。”[⑤]

1953年6月毛泽东提出党在过渡时期的总路线，要求实现对农业、工业、手工业和资本主义工商业的社会主义改造。对农业进行社会主义改造的实质就是将农民的私有财产权转变为社会主义性质的集体产权。在强劲的意识形态动员和政治高压下，1953

---

① 参见费正清等主编：《剑桥中华人民共和国史》（1949—1965），王建朗等译，上海：上海人民出版社，1990年版，第91页。

② 参见李文：《中国土地制度的昨天、今天和明天》，延吉：延边大学出版社，1997年版，第74页。

③ 参见张红宇：《中国农村的土地制度变迁》，北京：中国农业出版社，2002年版，第41页。

④ 参见《毛泽东选集》第2卷，北京：人民出版社，1991年版，第683—684页。

⑤ 参见《毛泽东著作选读》下册，北京：人民出版社，1986年版，第831页。

年开始的农业合作化运动，在农业互助组的基础上，[①]经过初级社，[②]再到高级社，[③]将千百年来的农民私有产权转变为公有性质的集体产权。需要指出的是，农业合作化并不是在农民自愿的基础上完成的。[④]1958年中共中央又部署和掀起了人民公社化运动，试图“跑步进入共产主义”。[⑤] 1962年中央颁布《农村人民公社工作条例》（修正草案），将人民公社的产权定义为社会主义劳动群众集体所有制，实行公社、生产大队和生产队三级所有，以生产队为基本核算单位。以“一大二公三拉平”以及“三级所有、队为基础”为主要特征的农村人民公社，彻底否定了私有产权的价值，空前剥夺了农民的私有财产权，并取消了农民的选择自由，将公有制在中国农村的试验强制推向到了历史的巅峰。

这种重复苏联集体化运动的严重后果就是重演了苏联集体化的悲剧，所不同的是，农村人口众多的中国集体化的后果更为惨重。在1959—1961年的农业危机和大饥荒中，造成了“约3000万以上人口的死亡及约3300万应出生人口没有出生或延后出生”，这无疑是“人类历史上最惨重的灾难”。[⑥]

---

① 小农经济条件下农民自愿进行的农业互助合作具有客观必然性和合理性。1949年《中国人民政治协商会议共同纲领》第34条强调人民政府应“引导农民逐步地按照自愿和互利的原则，组织各种形式的劳动互助和生产合作。”1951年9月中共中央通过《关于农业生产互助合作的决议》（草案），1953年2月正式公布。《决议》指出当时农民互助合作的三种形式是简单的劳动互助、常年性互助组和以土地入股为特点的农业生产合作社。互助组只是劳动上的互助，土地产权不变。1950年全国共有互助组272.4万个，初级社18个，高级社1个。

② 1953年12月中共中央发布《关于发展农业生产合作化的决议》，《决议》认为互助组具有少量公共财产，初级社具有较多公共财产，高级社则实行完全社会主义集体公有制。从互助组到初级社再到高级社是中国开展合作化的具体道路。初级社的特点是土地入股、按股分红，统一经营，土地所有制未变，但所有权与经营权开始分离。1953年全国农村有互助组745万个，入组农户占总农户的39.5%，初级社15053个，高级社15个，入社农户占总农户的0.2%。参见李文：《中国土地制度的昨天、今天和明天》，延吉：延边大学出版社，1997年版，第77、78、91页。

③ 高级农业合作社是在初级社基础上取消土地分红，实行统一生产、集体分配，土地所有权和经营权都收归集权。1956年基本完成初级社，1958年基本完成高级社。1958年底入社农户1.2亿户，占全国总农户的96.3%，其中参加高级社的农户占全国农户总数的88%，集体经营的土地占全国耕地面积的90%以上。

④ 在合作化中许多农民不愿入社，出现了“拉牛退社”现象，各地在处理农民退社闹社事件时，普遍采取强迫命令甚至乱捕、乱打的做法。比如浙江仙居县抓捕39人、拘留42人；河北永城县召集退社户开会，对要求退社的农民采取捆绑、吊打、管制、扣押、罚钱等方法，强迫农民回社。转引自张红宇：《中国农村的土地制度变迁》，北京：中国农业出版社，2002年版，第51页。

⑤ 1958年8月中共中央政治局扩大会议通过《关于在农村建立人民公社问题的决议》，认为建立人民公社是“指导农民加速社会主义建设、提前建成社会主义并逐步过渡到共产主义而必须采取的基本方针。”

⑥ 林毅夫：《集体化与中国1959—1961年的农业危机》，载林毅夫：《制度、技术与中国农业发展》，上海：上海三联书店、上海人民出版社，2005年版，第2页。

作为诱致性变迁的家庭承包制

我们已经看到了集体所有制的源起以及在中国的实践和低效率。这是1979年以来家庭承包责任制生成和发展的制度前提。

被称为中国农民伟大创造的家庭承包责任制，20世纪50年代以来就已经以“包产到户”或“包干到户”的形式在农村不断出现，这是农民在集体产权约束下求生存的本能选择。在安徽凤阳小岗大包干长成大树终成正果之前，先后出现过五次“包产到户”的制度变迁实践。[①] 在长期占统治地位的“左”倾思想和“左”倾路线控制下，农民自发变革土地产权的诉求——“包产到户”，几经曲折，中央围绕承包制的争论和斗争非常激烈，全国因“包产到户”而身败名裂、家破人亡、惨遭迫害的不下400万人。[②]

1978年12月安徽小岗村18户农民按下18颗红手印搞起了“大包干”，这被后来誉为“揭开了中国农村改革序幕”的壮举，在当时并未被主流社会所认可，相反，却面临巨大的政治风险。直到邓小平发表肯定“包产到户”的重要讲话后，“包产到户”才开始作为一个正面的词语公开出现在中国的主流话语中。1980年5月31日邓小平就“包产到户”发表谈话：“农村政策放宽以后，一些适宜搞包产到户的地方搞了包产到户，效果很好，变化很快。安徽肥西县绝大多数生产队搞好包产到户，增产幅度很大。‘凤阳花鼓’中唱的那个凤阳县，绝大多数生产队搞了大包干，也是一年翻身，改变面貌。有的同志担心，这样搞会不会影响集体经济。我看这种担心是不必要的。”邓小平还指出“现在农村工作中的主要问题还是思想不够解放。”[③] 此后，“包产到户”在全国得到了迅速推广。

1982年中央第一个关于农村问题的“一号文件”指出包产到户、包干到户或大包干“都是社会主义生产责任制”，而且说明它“不同于合作化以前的小私有的个体经济，而是社会主义农业经济的组成部分”，以此来化解传统意识形态的强大阻力。到1982年6月，实行责任制的生产队占全国农村总数的99.2%。

1983年中央第二个“一号文件”从理论上说明了家庭联产承包责任制“是在党的领导下中国农民的伟大创造，是马克思主义农业合作化理论在我国实践中的新发展”。以土地集体所有、家庭承包经营、所有权与经营权分离的农村改革，使农户代替了生产

---

① 五次“包产到户”实践先后发生于1956年浙江永嘉、瑞安，四川江津，山西榆次，安徽凤阳；1959年河南新乡；1960年四川、安徽、广西；1964年云南、贵州和1970年福建、江西、广东等。参见张红宇：《中国农村的土地制度变迁》，北京：中国农业出版社，2002年版，第51页。

② 关于包产到户的曲折历程的详细内容，参见徐勇：《包产到户沉浮录》，珠海：珠海出版社，1998年版。

③ 参见《邓小平文选》第2卷，北京：人民出版社，1994年版，第315—316页。

队，成为农业生产与收益分配的基本单位，并重新界定了国家、集体与农户之间的产权关系，形成了农民“交够国家的，留够集体的，剩下的全是自己的”利益分配格局。同时，农民的人身自由从高度集中的集体生产中获得解放，农民之间的平等权利关系日益凸显。这场农民私人产权开始生成的农村改革，释放了显著的经济绩效。林毅夫认为，1979 年农业改革开始以前中国农业并不存在骄人的业绩。1952—1979 年间，粮食增长率年均为 2.4%，仅高于同期人口增长率 0.4 个百分点，人民生活水平在社会主义革命 30 年后并没有显著提高。家庭责任制改革到 1984 年已经彻底恢复了个体家庭的地位，使农户取代集体生产队成为中国农村基本的生产经营单位。1978—1984 年间虽然人口每年增长 1.36%，但同期农业净产值和粮食产量每年分别增长了 7.73% 和 4.95%，粮食生产 1984 年达到 4.07 亿吨的历史峰值。[①] 1978—1984 年农业总产出增长 42.23%，在这一产出增长中，来自家庭承包责任制改革所带来的制度贡献为 46.89%，超过同期化肥、资本、劳动力、土地投入 45.79% 的总贡献。[②]

半个多世纪以来农村土地制度的变革，深刻地影响农民的土地财产权结构。政治高压下的集体化运动，取消了农民的土地财产权，农民和国家都为此付出了惨重的代价。农民自发兴起的“包产到户”，历经险阻，最终得到务实的政治领导人的首肯，继而成为国家合法性的制度安排。这种以家庭承包制定型的诱致性制度变迁，冲破了传统公有制的神话，使私有产权在公有制体系中得以生长。产权的本质是“一种排他性权利”，作为“在暴力方面具有比较优势”的组织——国家，处于界定和行使产权的地位。诺思的开创性研究表明，“国家的存在是经济增长的关键，然而国家又是人为经济衰退的根源。”[③] 这一“诺思悖论”为宪政民主的价值提供了新的经济学论证。制定宪法条款的目的是为了“消除私有财产的不安全性”。在诺思看来，“私有产权制度的强度很大程度上在于限制政府的权力。目的就是使一套综合性的规则体现在客观的法律结构中，这套规则不会出现政治狂热和立法机构的变化而变化。”[④]

---

① 参见林毅夫 1998 年 11 月提交的农业部纪念农村改革 20 周年学术研讨会论文《体制改革和中国农业增长》，载 http://www.cei.gov.cn/doc/50ren/LinYiFu/txt4.htm。

② 参见林毅夫著：《制度、技术与中国农业发展》，上海：上海三联书店、上海人民出版社，2005 年版，第 80—82 页。

③ ［美］道格拉斯·C. 诺思：《经济史中的结构与变迁》，陈郁、罗华平等译，上海：上海三联书店、上海人民出版社，1994 年新版，第 21、20 页。

④ ［美］道格拉斯·C. 诺思：《经济史中的结构与变迁》，陈郁、罗华平等译，上海：上海三联书店、上海人民出版社，1994 年新版，第 212 页。

宪法秩序与农民土地财产权①

正因为任何有效率的制度效益都可能存在递减现象，所以制度变迁才能成为人类政治社会的永恒主题。当一种能够释放制度绩效的有效率的制度不再产生新的效益时，新的制度创新就会成为社会的需求。供给一种新制度使之对另一种制度进行替代就是制度变迁。新制度经济学认为制度是经济增长的决定性因素。既然如此，为什么国家有时会维持甚至长期维持一种无效率的制度安排？国家的基本功能是提供法律和秩序，并保护产权以换取税收。为何国家不能采取行动来消除制度不均衡，以提供更有效率的产权制度？林毅夫的解释是：统治者的偏好和有限理性、意识形态刚性、官僚政治、集团利益冲突和社会科学知识的局限性。②半个多世纪以来中国农地制度变迁的经验表明，最高政治领导人的偏好和理性化具有决定性作用。从土改到集体化这两次强制性制度变迁，主要是在毛泽东这样一位克里斯玛型政治领导人的强力主导下供给的，而对“包产到户”这一诱致性制度变迁的认可，得益于邓小平这样一位从克里斯玛型向法理性转变过程中务实的政治领导人的理性化。虽然我们现在不能对政治领导人寄予更多的期望，但开明的政治领导人的卓识和决断，无疑对于制度变迁具有不可替代的影响，尤其是在中国这样一个高度信赖最高政治领导人的东方社会。

农民参与和宪法秩序

产权理论来源于西方经济学家对经验的观察和研究，对于体制转型国家具有不可忽视的启示意义。需要指出的是，西方成熟的市场经济国家，民主法制健全，私有财产神圣不可侵犯的观念深入人心。在西方产权经济学家看来，只要明晰和界定产权，产权就能够得到有效的保护。在西方产权理论中，民主、法治和有限政府是给定的。

在中国，与西方的产权保护已有几百年历史不同，中国的私有财产保护入宪还只有

① 本文原载《经济问题探索》2008年第6期，合作者李芳。

② 参见林毅夫:《关于制度变迁的经济学理论:诱致性变迁与强制性变迁》,载林毅夫:《制度、技术与中国农业发展》，上海：上海三联书店、上海人民出版社，2005年版，第397页。

几年的时间，私有财产保护还刚刚起步。此外，公民的政治参与、法治和有限政府是影响中国产权保护的重要变量。为此，中国的产权理论研究，既有如何明晰产权的要求，又有如何保护产权的任务。不认识到这一点，无论怎样明晰有效率的产权制度，在中国都可能会“淮桔成枳”。明晰产权与保护产权的双重使命决定中国产权理论和产权改革的路径。现实已经提供了两个重要的改革镜鉴：一是中国国有企业在不公正的明晰产权改革中，一方面是“掌勺者独占大锅饭”，另一方面是“企业主人靠边站”，造成国有资产大量流失和国企工人大量失业的“双失局面”。这种不公正的改革已为社会所诟病，甚至激起一批左派（此处是个中性词）学者对“产权理论”的讨伐。[①] 二是中国农村改革在中央和主流政策理论家极力推行和倡导“赋予农民长期而有保障的土地使用权”改革中，农民的土地使用权仍然不断地遭到权势阶层的大规模侵害。有的学者对2002年颁布的《土地承包法》较为乐观，认为该法第一次从法律上“承认了农民对土地的私有产权”。[②] 而事实上该法并未有效地保护农民的土地使用权，相反，近些年来对农民土地权利的侵害已成为最为突出的社会焦点问题。现在的物权立法草案已有将土地使用权物权化的趋势，但我们切不要以为农民土地使用权物权化后就可以万事大吉。这倒不是说《土地承包法》和《物权法》不要规定产权保护的条款，而是要表明在中国的国情中，学者需要更开阔的视野，以便考虑到更为复杂而相互关联的变量。农民的政治参与和国家的宪法秩序就是两个事关农民土地财产权保护的重要变量。当然也还有其他重要的变量。

政治参与是民主政治的重要内容。当代著名的政治学家亨廷顿认为，政治现代化政治参与的扩大等三个方面，并将大众的政治参与作为区分现代国家与传统国家最重要的标志。[③] 在高度发达和复杂的现代社会，政治的稳定性取决于政治参与和政治制度化二者保持的高水平平衡，在政治参与和政治制度化二者之间保持低度平衡的那些政体，面临着日后不稳定的前景。一个处在现代化之中的社会，其政治共同体的建立，应当在“横向”上将社会群体加以融合，在“纵向”上能把社会和经济阶级加以同化。一个执掌现代国家政权的强有力的政党若要保持政治稳定，应该有能力做到两条，第一条是通过体制本身扩大政治参与，从而达到先发制人并使紊乱或革命的政治活动无法展开，第二条是缓解和疏导新近动员起来的集团得以参与政治，使其不至于扰乱体制本身。通过这两条为同化新集团提供出制度化的组织和程序，这是处于现代化之中的国家政治稳定

① 参见吴易风:《不能让西方产权理论误导中国国有企业产权改革》,载王振中主编:《产权理论与经济发展》，北京：社会科学文献出版社，2005年版，第72—85页。

② 参见刘凤芹:《农地制度与农业经济组织》，北京：中国社会科学出版社，2005年版，第201页。

③ 参见塞缪尔·P. 亨廷顿:《变化社会中的政治秩序》,王冠华、刘为等译,北京:三联书店,1987年版,第366—367、380—381页。

性的先决条件。[①] 在中国社会转型时期，没有制度化参与管道的广大农民，在基本权益遭到严重侵害后只能诉诸上访和其他非制度化的方式表达诉求，使社会政治稳定面临空前的巨大压力。

宪法秩序就是一种宪政。宪政是当代一种比较理想的政治制度，是人类政治文明的共同成果。毛泽东认为宪政"就是民主的政治"。[②] 宪政包含民主、法治、人权基本要素，"民主是宪政的基础，法治是它的主要条件，人权保障则是宪政的目的。"[③] 宪政是一种现代政治技术，它通过具体的制度安排来实现社会正义和保障基本人权，同时，宪政也是国家长治久安的真正法宝。宪政的基本原则包括宪法至上、民主、法治、人权、权力制约、有限政府、财产权保障、违宪审查、正当程序等内容。[④] 对私有财产的最大侵害来自公权力的滥用。所以很多民主国家的宪法都对私有财产及私有财产权给予特别保护。1791 年美国宪法第 5 条修正案规定"未经正当法律程序不得剥夺任何人的生命、自由或财产"，"凡是私有财产非有公正的补偿，不得收归公有。"1946 年联邦德国宪法第 14 条规定"财产和财产继承权受到法律保护"。1946 年日本国宪法第 29 条规定"私有财产不得侵犯，私有财产权在正当赔偿下收归国有"。2004 年中国宪法修正案首次确立了"合法的私有财产不受侵犯"的原则，为农民土地财产权的确立和保障提供了宪法依据。当前，农民的土地财产权在法律上很不完整，在事实上遭到严重侵害。在强制性征地乃至侵害农民土地财产权的事件中，民法与刑法似乎都难以发挥作用，这对我们以宪法为依据推进体制改革、形成规范有效的宪法秩序，提出了现实的要求。现行农地制度的改革应当考虑上述因素。

农地所有制改革的讨论

土地集体所有制没有效率，对现行农村土地制度进行改革，这是学界的一致共识。至于怎么改，则意见分歧较大。已有讨论主要有：

一是坚持集体所有、完善家庭承包制思路。这是现行主流政策取向，自然也成为大多数学者研习的主要内容。这种主流思路总的来说，就是坚持土地的集体所有制不变，稳定和完善家庭承包制，赋予农民长期而有保障的土地使用权。通过对土地使用权的不断强化，逐步使土地使用权具有物权的性质，进而弱化和分割集体所有权，但不可能完

① 参见塞缪尔·P. 亨廷顿：《变化社会中的政治秩序》，王冠华、刘为等译，北京：三联书店，1987 年版，第 87、35 页。

② 《毛泽东选集》第 2 卷，北京：人民出版社，1991 年版，第 732 页。

③ 李步云：《宪政与中国》，载宪法比较研究课题组编：《宪法比较研究文集》（2），北京：中国法制出版社，1993 年版，第 2 页。

④ 参见白钢、林广华：《宪政通论》，北京：社会科学文献出版社，2005 版，第 73—102 页。

全取消集体所有权。在集体所有、家庭承包制的框架内，实践中出现了诸如山东平度“两田制”、江苏苏南规模经营、广东南海股份合作制、陕西延安“四荒地”使用拍卖、湖南怀化山地流转等具体形式。这种由政府主导被一些人誉为的“制度创新”，在另一些学者看来则属于承包制的“蜕变形式”，并指出推动承包制发生蜕变的是乡村权势阶层的利益所在。[①] 事实上，只要某种路径存在禁止通行的“红灯”，就会有往四周绕道而行的“潜流”。很多学者围绕如何进一步强化土地使用权做了不少理论文章，也都有一定的思考价值。坚持集体所有、完善家庭承包制，具有路径依赖的特性，在当前情况下，无疑是最具现实合理性和可操作性，制度变革的风险小而可行性大，尽管并未摆脱困境。

二是实行土地国有化改革思路。具体有国有永佃制、国有加 999 年使用期制、国有田底所有权与农民田面所有权等。[②] 持这些观点的学者，看到了集体所有制的弊端，充满对国家所有制的高度信赖，但对私有制却信心不足，或不能正视。其一，在中国历史上，曾有过地主所有、佃农永佃和地主拥有田底权、农民拥有田面权等土地形式。国有化的主张使国家取代地主成为最大和唯一的地主，农民不能成为土地的真正主人。“国家所有制最重要的后果就是政治权力与经济财富的融合。”[③] 国家所有制在实践中极易演化为政府所有制和官僚所有制。其二，土地国有制的实践并不成功。1917 年 11 月 8 日全俄工人和士兵代表苏维埃代表大会第二次会议通过《土地法令》，宣布废除土地私有制，实行土地公有制，这是人类历史上首次出现的社会主义性质的土地公有制。但结果表明是失败的。1991 年苏联解体后恢复了土地私有制。中国共产党在 20 世纪 30 年代曾主张过土地国有制，但后来就放弃了。1956 年在实行农业合作化中，国家也否决了土地国有化方案而实行集体所有制。[④] 集体所有制在本质上与国有制没有多大的区别，都是社会主义公有制。其三，国有制需要在农村确立代理人，在耕地上可能发生很高的

① 参见党国英：《论农村集体产权》，载《中国农村观察》1998 年第 4 期。

② 相关文献参见郑风田：《我国现行土地制度的产权残缺与新型农地制度构想》，载《管理科学》1995 年第 4 期；王卫国：《中国土地权利研究》，北京：中国政法大学出版社，1997 年版，第 108—109 页；周天勇：《农村土地制度改革的模式比较和方案选择》，载《中国经济时报》2004 年 2 月 26 日；刘凤芹：《农民土地权利的保护与“三农”问题》，载《经济社会体制比较》2005 年第 1 期；黄海：《赋予农民双重地权下的土地财产权》，载《黑龙江社会科学》2005 年第 1 期。

③ [南] 斯韦托扎尔·平乔维奇：《产权经济学——一种关于体制比较的研究》，蒋琳琦译，北京：经济科学出版社，1999 年版，第 110 页。

④ 1956年6月15日农业部长廖鲁言在全国人大一届三次会议上作《关于高级农业生产合作社示范章程（草案）的说明》中解释不实行土地国有制的原因：“为什么高级社实行集体所有，而不实行国有？这是因为，土地归合作社集体所有，容易为广大农民所接受，也同样可以保障社会主义经济建设的正常进行；如果实行土地国有，反而可能引起农民的误解。”

代理成本，造成效率损失。[①] 其四，国有制不能消除众所周知的“公地悲剧”。[②]

三是推行土地私有化改革思路。20 世纪 80 年代以来，土地私有化就不断有人提出来。具体就是将农地产权直接分配给农民个人所有，农民对土地享有完整的私有财产权。土地私有化所带来的产权明晰和效率的提高是公认的，但与其他主张不同，土地私有化方案的最大压力来自传统意识形态的约束。信奉传统社会主义公有制理论的人会认为土地私有制是资本主义制度，与社会主义制度“背道而驰”，具有不可行性。对此，可以深化这么几个认识：首先，社会主义理论和实践是不断发展的，不能让理论成为教条束缚实践，只能以生动的实践去发展理论。在传统社会主义理论中，也曾长期将计划经济等同于社会主义，市场经济等同于资本主义。但 1992 年邓小平发表社会主义也可以搞市场经济后，中国实现了由计划经济向市场经济的转变，天不但没有塌下来，相反却大大促进了中国社会经济的快速发展。其次，在社会主义初级阶段，中国坚持公有制为主体、多种所有制经济共同发展的基本经济制度同样可以适用于农村土地所有制改革。公有制经济不仅包括国有经济和集体经济，还包括混合所有制经济中的国有成分和集体成分，国有经济的主导作用主要体现在控制力上，股份制是公有制主要实现形式。这些来自中共十五大对公有制经济认识上的突破，还主要应用在城市改革和国有企业改革中，至于农村的产权改革则几乎停滞不前。在农村土地所有制改革上，是否也能打破集体所有制这一单一的公有制形式、实行多种所有制共同发展？据 1996 年全国土地普查，中国国有土地面积占 53.17%，农村集体所有土地占 46.18%，尚未确定权属的公地占 0.65%。2003 年国土资源部公布的最新数据，全国现有总耕地面积为 18.51 亿亩，这相当于全国土地总面积 144 亿亩的 12.85%。由此可知，即使将全部集体所有土地或全部耕地实行私有化，国家土地的公有制成分仍占主导地位，因而并未改变以公有制为主体的社会主义性质。

除了传统意识形态上的禁锢外，土地私有化也遭遇一些理论认识上的诘难。认为土地不能私有化的理由主要有：土地是农民的社会保障，土地兼并将激化社会矛盾，土地自由买卖导致贫富分化，权势阶层侵占土地，非农建设用地成本上升，实施操作困难，

① 参见党国英：《当前中国农村土地制度改革的现状与问题》，载《华中师范大学学报（人文社会科学版）》2005 年第 4 期。

② 相关内容参见张新光：《“公地悲剧”何时谢幕》，载《中国改革》2005 年第 7 期；邓大才：《现代“公地悲剧”的经济学解释》，载徐勇主编：《中国农村研究》2003 年卷，北京：中国社会科学出版社，2005 年版，第 87—106 页。

农民没有私有化的要求等等。[①] 这些诘问表面上看都有一定道理，但并未击中问题的要害。笔者虽不刻意追求土地私有化，但却看出反对土地私有化的理由并不充分。

其一，农地是农民最基本的社会保障，社会保障不能私有化，所以土地不能私有化。首先，土地给农民提供了生存的手段，但土地本身并不是社会保障，土地是农民的社会保障的命题不能成立。社会保障权是国际人权公约规定的每一个公民都应当享有的基本人权，给全体国民提供社会保障是公认的国际准则，也是现代国家存在和发展的合法性基石。中国农民没有享有国家提供的社会保障，这是二元社会结构的结果，是政府对农民公共物品供给不足的表现，不能认为农民拥有一份土地就认为农民享有社会保障，而将政府应当提供社会保障的责任推给土地去承担，世界上没有将土地作为农民社会保障的惯例。其次，土地承担不了社会保障的责任。中国人均耕地 1.2 亩，不足世界平均水平的 40%，有三分之一的省人均耕地不到 1 亩，有 666 多个县人均耕地不足 0.5 亩，低于联合国确定的 0.8 亩的最低标准线。在税费负担过重的情况下，农民种田不但无利可图，而且还要倒垫成本，土地的社会保障功能无从谈起。再次，如果说农民的土地归集体所有时能够有社会保障，难道变成自己的土地就没有社会保障了？除非集体能提供农民自己不能提供的基于土地核算的福利，但这基本上是不存在的。以土地是农民的社会保障而误导国家建立保障农民的社会保障体系“是有害的”。[②]

其二，土地自由买卖和土地兼并将导致贫富分化，激化社会矛盾。这几乎是反对土地私有化的“常识性定律”，因而震慑了不少人。但只要深究，就会发现这“常识”中大有“谬误”。秦晖认为中国历史学中长期奉为圭臬的“土地兼并—农民战争—改朝换代”的逻辑实属谬论。[③] 首先，如果说历史上存在土地兼并的话，那也是权贵吞并不堪赋役重负的农民土地等政治原因造成的，与民间的土地买卖没有太大的关系。其次，中国历史上的“农民起义”主要是官民矛盾而非主佃矛盾激化所致。“官逼民反”四字，可谓抓住了农村问题的实质。再次，现代国家管理社会的能力和技术大为增强，国家可

---

① 温铁军被认为是反对土地私有化的主要代表人之一，他提出一个广为人知的观点是农地承担了农民的社会保障功能，而世界上没有哪个国家把社会保障私有化，因而逻辑地推导土地不能私有化。但他又认为“假如能通过国有化或私有化法案，把所有农民的社会保障包下来，农民也会同意改变土地制度。可如果不是这样，农村以土地为核心的基本经济制度切莫轻易言动，既不可国有，也不可私有。”由此可知温铁军似乎并没有从学理上阐明土地私有化本身的不可行性，而强调的是如果不解决农民的社会保障问题则土地不能私有化。参见温铁军的《“市场失灵＋政府失灵”：双重困境下的“三农”问题》、《交易成本与制度安排——关于农地制度创新的思考》，载温铁军：《“三农”问题与世纪反思》，北京：三联书店，2005 年版，第 57—66 页、第 161—169 页。李昌平称受温铁军之嘱发表了《慎言土地私有化》，认为土地私有化是农村改革的“底线”。参见李昌平著：《我向百姓说实话》，呼和浩特：远方出版社，2004 年版，第 2—9 页。

② 参见秦晖：《中国农村土地制度与农民权利保障》，载《探索与争鸣》2002 年第 7 期。

③ 参见秦晖：《中国农村土地制度与农民权利保障》，载《探索与争鸣》2002 年第 7 期。

以通过反垄断反兼并法律控制权力资本圈占土地，工业化、城市化又可以使大量农民进入城市实现非农化，通过社会保障制度建立“社会安全网”，同时，国家政治生活的民主化、法治化，都有利于整合现代社会利益冲突。第四，现代市场经济中的土地自由买卖，能够实现土地的优化配置，不仅不会导致农民贫困，“只会使现在相对贫穷的农民变得更富”。[①] 现代国家还具备历史上不可比拟的社会经济宏观调控能力和手段，能够消除贫富两极分化，实现社会公正。

其三，权势阶层侵占土地、非农建设用地成本上升、实施操作困难、农民没有私有化的要求等问题。这些问题确实有可能存在和发生，在改革过程中充分考虑到这些问题显然是完全必要的，但这些问题还不至于成为土地不能私有化的根本问题。首先，权势阶层有可能购买土地，也可能出现新的大地主。问题是，既然城市可以鼓励和允许新的“资本家”（企业主、企业家）存在，农村为什么不可以允许产生新的“地主”（土地企业家、农场主）？农村的“大地主”（土地企业家、农场主）与城市的“资本家”（企业主、企业家）同样也是“中国特色社会主义的建设者”。中国改革虽然是先从农村率先起步，但农村的市场化程度却远远低于城市。另外，一定的土地兼并是规模经营的必要条件，我们一方面要消灭小农，实现规模经营，另一方面又担心土地兼并，对所谓的地主保持高度的警惕，这是个典型的“二律背反”。这当然不是说可以放纵权势阶层的为所欲为，恰恰相反，对权势阶层的法律约束和对农民基本权利和自由的保障，构成现代国家的一个主要职能。一个值得注意的问题是，在现行的土地制度下，人们已经见识了权势阶层对农民土地的疯狂掠夺。其次，土地私有化后非农建设用地成本提高问题。这不应该成为担忧的问题，相反恰巧应该值得庆幸。非农建设用地成本的提高，正是对低价征用农民土地的纠正，这个征地中上升的价格本来就应该归属农民，只是原来的非市场运作剥夺了农民的巨额利益而已。我们总不能长期把用地成本锁定在以前对农民的强制剥夺水平线上。土地利用的市场化运作，符合市场经济基本规律，也有利于增加农民的收入。土地利用成本上升，还能够强化对土地滥用的约束，真正起到有效保护耕地的功效。再次，说到实施操作复杂困难的问题，这要具体问题具体分析，不必强求一致。办法总比困难多，实践自身的发展总能解开学者解不开的结。至于说到农民没有私有化的要求，这当然首先要尊重农民的意愿。不过对此问题也要具体分析，对于土地私有化，或许有的地方农民没有要求，但另外一些地方农民却可能有；有的农民此时没有要求，但彼时他又可能会有。不管农民是不是有土地私有化的要求，凡是出于农民自愿的选择都应受到尊重。强制实行土地私有化也是要反对的。政府的政策应真正以民意为依归，“民之所好好之，民之所恶恶之”。[②]

① 参见杨小凯：《为什么城乡土地并轨是当务之急》，载《经济学消息报》2001年5月11日。

② 《礼记·大学》。

在已有的农地产权制度相关改革讨论中，至少存在三个方面的局限性：一是对产权认识上的误区。受传统社会主义理论思维路径影响，长期以来我们强调了产权的阶级性，忽视了产权的中立性；突出了产权的消极影响，忽视了产权的积极功能；强调了产权的实物性，忽视了产权的价值性；强调从社会公平上平均分配和严格限制产权，忽视从市场经济角度优化配置和有效保护产权。[①] 二是代民做主的倾向严重。受中国传统儒家文化以天下为己任、为民做主的巨大激励，我们总习惯于在价值取向上试图规划一个造福于民的尽善尽美的统一蓝图，在程序上又习惯于将农民排除在外的规则单边主义，致使社会自发秩序常遭干扰、公共参与规则难以形成，其后果是行政强制、理论霸权、规则僵化、制度一律、朝令夕改，民则无所适从。三是未能充分关注和吸收城乡一体化、政治民主化、规则法治化、经济全球化、社会多元化的现实及其发展成果。加入WTO后，各行各业呈现出与国际接轨的大趋势，唯独农地产权制度领域鲜闻。市场经济不断发展，农地制度的市场化程度却最低，几为计划经济之最后堡垒。

农地制度改革的前景

人类历史的经验表明，产权制度安排从根本上说包含私有产权和公有产权安排，在这两者之间则可以存在共有产权，共有产权兼具私有产权和公有产权的特性，其基础和本质属于私有产权，其形式属于公有产权。人类社会已经经过了对私有产权和公有产权的试验，总的来说，私有产权的长期效率明显高于公有产权已被证实和接受。问题是任何一个国家都不可长期能实行单一的私有产权或公有产权，私有产权和公有产权共存总是常态。至于何种物品宜实行私有产权，何种物品宜实行公有产权，何种物品宜实行共有产权，则取决于资产的性质。就中国农地产权制度的未来安排来说，理论上可以采取农户所有制、社区所有制和国家所有制共存的形式。

1. 农户所有制。对于具有竞争性和排他性的私人物品，私有产权是最适宜采取的产权形式，如果对私人物品采取公有产权的形式，必然导致“租金损耗”。把社会的大部分有价值的资源托付给公有产权结构，任何一个社会都将难以长期承担。对于农村的耕地和宅基地，宜实行农户所有制，就是将产权明确界定给农户。农户所有制从字面上可以避免传统观念对私有制的憎恶。正如在城市改革中使用民营化而不使用私有化一样。这是中国制度变迁特有的名实策略。农户所有制当然是以农民个人权利为基础的。

2. 农村社区所有制。对于农村社区内不适合分割的公共资源，既不适宜私有产权安排，也不应该实行有的学者建议的国有产权安排，其最适宜的产权安排应当是社区共同

① 相关内容参见卢现详：《西方新制度经济学》（修订版），北京：中国发展出版社，2003年版，第169页。

所有，这类似于布坎南的俱乐部物品及产权安排。宜实行社区所有的物品具有成员资格性和非对抗性的特征，社区公共物品只有具有社区成员资格的人才能享有，对外具有排他性。农村宜实行社区共同所有的物品主要有山塘水库、山林果园、社区企业、道路、图书馆，等公共设施，很显然，将社区公共物品实行私有产权或国有产权都是不合适的，同时，社区所有制不同于传统的集体所有制。与集体所有制不同，社区所有制能够与民法上的财产共有制接轨，社区共有制可根据具体情况采取按份共有和共同共有的方式。

3. 国家所有制。对于在消费和使用上不具有竞争性和排他性的纯公共物品或具有竞争性但不具有排他性的公共物品，既不适宜采取私有产权又不适宜社区产权，宜采取国家所有的产权形式。这包括宪法规定的矿藏、水流、森林、山岭、草原、荒地、滩涂，以及经过村社区的铁路、公路交通和其他属于国家所有的公共设施。

对于有的农村社区，可能同时存在上述三种产权形式，但有的农村社区可能只有农户所有和社区所有形式而没有国家所有制的产权结构。

这里特别需要指出的是，土地是一种特殊的资源，任何个人和单位都不可能将土地"搬走"或"消费掉"。就是说，实质上，对于土地资源，任何个人和单位都只能是享有土地使用权，所谓"个人所有"，只不过是从法律上界定了对土地使用权的边界，土地的真正的永恒的所有权还是归属于主权国家。在主权国家真正所有或名义所有的土地上，将适宜私人所有的土地从法律上将其产权界定给公民个人，完全是出于社会秩序和市场交易的需要。千万不能误以为国家将部分土地产权界定给公民个人或社区组织后，国家就丧失了这部分土地。无论是否将土地产权界定到农民个人，土地都永远是国家的财富。况且，"国家的价值，从长远看来，归根结蒂还在于组成它的全体个人的价值。"①

实践上，宜尊重各地农民意愿，构建农民平等参与和自主选择的制度环境。在农地产权改革上，应当反对两种倾向：一是对农民的自主选择和首创精神进行粗暴打压，二是将未经农民参与的改革方案强加于人。以中国幅员之广大，人口之众多，情况之千差万别，应允许土地所有制的多元发展，在集体所有、家庭承包经营为主体的情况下，应当鼓励和允许各地根据当地实际和农民意愿，可以实行集体所有及集体经营、国有永佃、农户所有等多种产权形式，使之竞相发展，通过制度竞争来实现优胜劣汰。在制度变革中，应该认识到，任何一项具体的制度都处在国家的制度结构之中，学者们常孤立地讨论自己关心的某项具体制度比如土地制度的改革而假定其他制度的"静止状态"，在实践中也常常出现某一单项制度改革"孤军深入"的情况，这就使得即便是最佳的单个制度设计也会在已有制度结构中欲罢不能，结果不是因为新制度失效，就是导致新制度扭曲，人们也常习惯性地将之归因于"中国国情特殊"。土地制度并不是孤立地身处

① [英]约翰·密尔：《论自由》，程崇华译，北京：商务印书馆，1959年版，第125页。

国家制度结构之外，不能单纯地就土地制度改革而改革，没有其他相关制度的配套改革，任何所谓土地制度改革的“最佳方案”，都会最终归于失败。

在可预见的期限内，国家不可能宣布农村土地国有制，也不可能宣布实行土地私有制。最现实最可能的路径显然是稳定和完善现行的集体所有、家庭承包制。通过将农地承包期从延长15年、30年甚至到50年、70年、100年以至更长来稳定和保障农民的土地使用权。这种路径演进的可能结果有三：

一是如通过延长承包期能有效地起到稳定和保障农民的土地使用权的目的，这种主流思路就会坚持和发展下去。但是经验表明，承包期的延长，并未如执政者和主流学者所愿能有效保障农民的土地使用期权。当前涉及农村土地纠纷矛盾的加剧所引发的严重社会问题，使稳定和保障农民土地使用权的预期压力甚大。此外，城市化的快速发展，与力图将农民束缚在土地上的现行土地制度安排形成了巨大的张力。

二是通过对农民土地使用权的不断强化和物权化，在条件成熟的时候自然过渡到土地的农户所有制。依笔者所见，这或许是中国农地从集体所有转向私有产权的可能路径。

三是务实的政治领导人对土地私有产权的认同与倡导。中国共产党的一个鲜明特点是，能够根据自身所处的历史方位和肩负的历史使命，不断调整方针政策。在历史上，中国共产党对土地的国有制、私有制和集体所有制都有过明确的主张，但无论实行何种土地所有制，都没有改变和动摇党的性质和根本宗旨。的确，政府至今并未面临农民自身对土地私有化要求的任何压力。但现行土地制度下农民土地权益被严重侵害所引发的激烈社会冲突，以及国际范围内私有产权的高效率，足以使明智的政治领导人在全球化进程中基于亿万农民的富裕、国家的繁荣，理性思考私有产权的正面价值。

有学者研究表明，有效率的土地制度对农民收入水平的增长意义重大，如果有利于农民向城市转移和能够自由交易的土地制度得以确立，国家不仅可以从土地交易中获取可观的税收，而且可以使农民人均收入增加30%。[①] 如果将耕地的产权界定给农民，以每亩1万元的静态价格计算，可使每个农民平均增加1万多元、全国农民增加近20万亿元的巨额财富。土地是农民最重要的财产，在当前千方百计增加农民收入的种种方案中，与其将现行的土地财富虚置，不如藏富于民。两千多年前的政治家管仲就认识到治国之道在于富民：“凡治国之道，必先富民。民富则易治也，民贫则难治也，奚以知其然也？民富则安乡重家，安乡重家则敬上畏罪，敬上畏罪则易治也。民贫则危乡轻家，危乡轻家则敢凌上犯禁，凌上犯禁则难治也。故治国常富，而乱国必贫。是以善为国者，必先富民，然后治之。”[②]

---

① 参见党国英：《当前中国农村土地制度改革的现状与问题》，载《华中师范大学学报（人文社会科学版）》2005年第4期。

② 《国语·治国》。

公民权：现代国家最基本的公共品①

公民权作为现代国家最基本的公共物品，有以下几个特点：第一，公民权具有全国性，是一种全国性的公共物品而非地方性公共物品，因而公民权的确立需要国家通过最高法律——宪法——来规定和保障。公民权的确立正是现代国家将国民从传统的地方性权威束缚下解放出来而赋予其公民身份以增强其现代国家认同的核心媒介。第二，公民权具有统一性，是国家赋予国民共同享有的作为现代国家统一的成员资格和身份权利，公民权不同于地方或社会组织成员资格的分割性和封闭性。第三，公民权具有平等性，即在一个民族国家主权范围内所有社会成员都享有平等的公民身份。如果公民权进行差别性分配，那就是一种传统社会的等级秩序和特权制度，与现代国家是不相容的。

公民权短缺是农民问题的主因

考察中国农民问题，公民权短缺是其主因。农民公民权的短缺，突出体现在如下几个方面：一是农民没有获得完整的土地产权，二是农民没有获得与市民一样的平等权利；三是农民没有获得国家宪法规定的各项宪法权利保障；四是农民没有分享国家建设与社会进步的共同成果；五是农民没有享有人类社会促进人权保障国际化的新水平。

公民权建设滞后，公民权发展不足，是中国现代国家构建的主要结构性缺陷。中国农民公民权的短缺，与国家和政府的职能定位密切相关。1949 年以来，国家的角色和政府职能大概每 30 年就会发生一次较大的调整，每一次调整都会对农民公民权的发展产生重大影响。

从总体上说，1949 年以后的第一个 30 年，中国是一个“以阶级斗争为纲”、实行革命专政的阶级国家，这一时期的政府可称之为“阶级斗争型政府”。要进行阶级斗争，就必然要划分出阶级身份，分清“敌”和“友”。“敌”与“友”的身份是一种政治性的阶级身份。存在着明显政治差别的阶级身份必然与要求平等的公民身份格格不入。“阶级斗争型政府”的首要任务就是“分清敌友”，以“团结真正的朋友，攻击真正的敌

---

① 本文原载《中共福建省委党校学报》2008 年第 6 期。

人”。[①]“阶级斗争型政府”不可能产生出公民权，这不单对于“阶级敌人”是如此，对于“人民”也是如此。“人民”作为整体性的政治概念，虽然享有比“阶级敌人”优越的政治特权地位，但其与“阶级敌人”一样并未获得法律保障的公民权利。随着阶级斗争的不断扩大，“人民”中的任何一员，都可能随时被划为“阶级敌人”中的一份子而成为无产阶级专政的对象。

1978年以来的改革，使中国农民的公民权得以成长。第一代改革者放弃了几乎使人人都可能成为专政对象的“以阶级斗争为纲”的治国方略，代之以“以经济建设为中心”的建设理念，政府的首要职能被界定为经济建设，这一时期的政府可称之为“经济建设型政府”，要进行经济建设，就要追求效率和利润。国家吸取了阶级斗争时期的教训，重新颁布了宪法和法律，但公民权建设并不是政府工作的主要关切。“经济建设型政府”特别对追求经济增长感兴趣，这导致其最终走向GDP崇拜。在追求GDP的竞赛中，各级地方政府及其部门行为普遍市场化，政府官员行为则企业家化。公共物品和公共服务的供给被经济建设所遮蔽。

在现代社会，作为公共机关的政府，其职能既不应该是鼓动阶级斗争，也不应该是单纯追求经济增长。17世纪的英国政治哲学家洛克就提出政治社会和政府的主要目的在于保护人们的“生命、自由与财产”。[②]1776年美国《独立宣言》宣称在人们中间成立政府的目的是为了保障每个人不可转让的“生命权、自由权和追求幸福的权利”。1789年法国《人权和公民权宣言》认为任何政治结合的目的都在于保存人的自然的和不可动摇的权利，这些权利就是自由、财产、安全和反抗压迫。制度经济学家们也认为“政府存在的一个主要理由就是确保所有人都能够得到保护，以免受到权势的个人或集团的强制。”[③]1993年6月25日，世界人权大会通过的《维也纳宣言》载明了国际社会的共识：“人权和基本自由是全人类与生俱来的权利；保护和促进人权和基本自由是各国政府的首要责任。”2008年3月，温家宝总理在回答中外记者提问时罕有地指出：“政府的任务就是保护人民的自由、财产和安全。”[④]看来，经过30年的改革开放，第三代改革者的执政理念与思想观念，正在逐步与世界主流文明及人类普世价值相汇合。

2007年10月，中共十七大提出建设“服务型政府”。一个“公共服务型政府”的定位被提了出来。“公共服务型政府”的构建，或许将成为第三波改革中政府自身转型的基本取向。从以阶级斗争为纲，到以经济建设为中心，再到以人为本，中国政府的职

① 参见毛泽东：《中国社会各阶级分析》（1925年12月1日），载《毛泽东选集》第1卷，北京：人民出版社，1991年版，第3页。

② 参见［英］洛克：《政府论》（下篇），叶启芳、瞿菊农译，北京：商务印书馆，1964年版，第77页。

③ ［德］柯武刚、史漫飞：《制度经济学——社会秩序与公共政策》，韩朝华译，北京：商务印书馆，2000年版，第93页。

④ 参见《温家宝总理回答中外记者提问》，载《人民日报》2008年3月19日。

能定位经历了一个不断提升与拓展的历史过程。

1949年以来的60年，中国在公民权建设上的严重不足，导致了农民公民权的严重短缺。说也奇怪，在传统社会中，国民没有平等的公民权尚可以维持下去；而在现代社会，国家如不赋予国民平等的公民权，国家的治理和社会的整合都将面临深刻的危机。

现代国家以公民权为基础

现代国家有三个基本特征：一是国家对合法使用暴力的垄断，二是国家垄断税收、建立公共财政，三是国家垄断合法使用暴力与垄断税收的目的在于为本国的公民提供基本的公共物品，并提升国民的福利生活水准。①

历史学家黄仁宇认为，传统中国社会结构就像一个庞大的"潜水艇夹心面包"，位于上面的一块长面包是大而无当的国家官僚阶层，位于下面的一块长面包则是没有有效组织的农民阶层，高层与低层之间因缺乏法律制度的联系使之成为一个现代国家。②黄仁宇用"立"字来形象地表示中国现代国家构建的进程，即"立"字上面的一点一横代表高层机构，下面的一长横代表低层机构，当中两点代表上下间法律制度的联系。③

在黄仁宇看来，中国在现代国家构建中，先后重塑了高层与低层结构，但却缺乏现代国家高层与低层之间的制度性联系。为此，黄仁宇认为："现在中国当前的任务，则是在高层机构和低层机构间敷设有制度性的联系（institutional links）才能从上至下，能够以经济及法治的方法管理，脱离官僚政治的垄断。"④这种制度性的联系，就是笔者反复申明的公民权。

黄仁宇认为，到20世纪末，经过长期革命和建设的中国已经或即将进入他所说的"数目字管理"的境界。在中国现代国家构建中，"立"字上的一点一横和下面的一长横都已在位，目下的任务是加入当中的两点，即在法律面前厘定个人的权利与义务。只有在法律上确立公民的权利，才能造成永久的体制，即实现国家的长治久安。⑤

其实，"立"字中间的两点就是公民权中的两个基本要素，即权利要素和义务要素。如果说左边的一点代表义务、右边的一点代表权利的话，那么在中国现代国家构建中并不是缺乏"立"字中的两点，问题的症结恐怕在于这两点的严重失衡，即国家对公民义务的建构远胜于对公民权利的构建。所以可以说这"立"字是一个左重右轻的"斜体

① 参见李强：《后全能体制下现代国家的构建》，载《战略与管理》2001年第6期。

② 参见黄仁宇：《中国大历史》，北京：三联书店，1997年版，第231页；另参见黄仁宇：《万历十五年》，北京：三联书店，1997年版，第270页。

③ 黄仁宇：《大历史不会萎缩》，桂林：广西师范大学出版社，2004年版，第59页。

④ 黄仁宇：《万历十五年》，北京：生活·读书·新知三联书店，1997年版，第271页。

⑤ 黄仁宇：《大历史不会萎缩》，桂林：广西师范大学出版社，2004年版，第91页。

字”。身处低层的农民与高层的国家之间的联系主要通过“立”字左边这一点即义务体系与国家建立联系，而右边的权利体系则明显虚弱甚至缺位。而综观当今之世界，现代国家的构建无不以公民权为基础。

现代国家以公民权为基础有三重意涵：一是现代国家通过政治革命普遍确立了人民主权原则，公民权为现代国家提供了不同于传统国家的合法性基础；二是现代各种类型的国家都以宪法的形式确立公民权，所不同的只是国家对公民权事实上保障程度的差异。三是凡是公民权未能得到有效保障甚至践踏公民权的国家，无论是大国、小国，抑或强国、弱国，都将面临国家整合与治理的深刻危机，严重的将造成国家内部的解体，如前苏联；或将面临国际社会的强力干预而导致政权垮台，如伊拉克萨达姆政权。

徐勇教授提出现代国家的二维分析框架，即现代国家的建构是一个民族—国家和民主—国家的双重化建构过程。[①] 笔者认为应在二维分析框架的基础上拓展为三维分析框架，即增加以公民权为核心与纽带的公民—国家视角，这对于中国公民权的发展意义深远。公民—国家视角为现代国家提供了最本质的基础和灵魂。

毋庸置疑，缺乏宪法和法律界定与保障的完善的公民权结构，是中国现代国家构建的最薄弱环节。中国在现代国家构建中，以宪法和法律界定及保障公民权，将不仅为国家连结高层与低层提供稳定可靠的制度技术，而且能够以个人权利为导向重塑国家的高层机构与底层机构的合法性。

全球化推动中国公民权发展

中华文明源远流长。但传统中国社会一个基本的结构性特征在于人治而非法治、专制而非民主、臣民而非公民、特权而非人权。黄仁宇指出，传统中国社会以抽象的道德取代法律，遏止了法制的生长发育。“上自官僚下至村民，其判断是非的标准是‘善’和‘恶’，而不是‘合法’或‘非法’。”[②] 精英和大众追求的都是个人和家族的特权而非每个人的人权。

全球化进程加速了中国的文明进步。改革开放以来，中国开始从长期的封闭状态逐步汇入世界主流文明。2001 年中国加入 WTO，融入经济全球化。在人权保护国际化的潮流中，中国政府于 1997 年 10 月和 1998 年 10 月先后签署《经济、社会和文化权利国际公约》及《公民权利和政治权利国际公约》，2001 年 2 月 28 日九届全国人大常委会第 20 次会议批准《经济、社会和文化权利国际公约》。签署和批准国际人权公约，意味

---

① 参见徐勇：《现代国家建构中的非均衡性和自主性分析》，载《华中师范大学学报（人文社会科学版）》2003 年第 5 期；《“回归国家”与现代国家的建构》，载《东南学术》2006 年第 4 期。

② 参见黄仁宇：《万历十五年》，北京：三联书店，1997 年版，第 151 页。

着中国政府愿意向世界表明其主动承担保护人权的国际责任。2004 年 3 月 15 日十届全国人大二次会议通过宪法修正案，将“国家尊重和保障人权”载入宪法。在全球化时代，对中国来说，如何正确认识和处理与美国的关系，是加速其国家现代化进程与和平崛起最为重要的国际因素。2008 年 8 月中国将首次举办奥林匹克运动会，这一全球性体育盛会或许将进一步促使中国认同和融入人类主流文明。

中国渐进式的改革，使第三代改革者试图谋求和推动和谐社会与和谐世界的构建。和谐社会与和谐世界的构建，需要人们重新认识人类头脑中长期形成的“敌人”观念。“敌人”这一观念，是人类在长期的利益冲突中形成和建构的野蛮的话语体系和思维模式，是人类解决冲突时的不成熟状态的反应。在人类共同生活的地球上，只有唇齿相依的骨肉同胞，没有你死我活的敌人。和谐相处的社会与文明友好的世界应该是一个只有同胞没有敌人的世界。这就需要人类从“你死我活”的暴力决斗思维方式向“我活你也活”的妥协合作思维方式转换。

人类的文明进程始终受到一只正义之手的引导。“正义是政府的目的。正义是人类社会的目的。”① 路易斯·博洛尔（Louis Proal）特别强调，在现代政治体制下信奉的格言应该是：“诚实，不断诚实，永远诚实；正义，不断正义，永远正义。”② 在第三波改革中，改革者罕有地提出“让正义成为社会主义国家制度的首要价值”。③ 这表明，对于一个中国人久违了的概念和观念——正义，开始进入中国改革家的头脑。

全球化进程在促进中国经济繁荣的同时，也将促进公民权利的增进。随着中国经济的发展和国际地位的提高，中国的公民权也将在全球化进程中得到增进和发展。

农民公民权成长的新起点

正在推进的第三波改革，已成为中国农民公民权成长的新起点。

首先，以人为本的改革理念有利于农民公民权成长。中国在取得经济改革巨大成就的同时，也孳生了许多严重的社会、政治、文化和生态问题。第三波改革不仅面临着进一步革除计划经济体制旧问题的艰巨任务，同时面临着消除市场化改革产生的新问题的严重挑战。为此，第三代改革者提出了以人为本、科学发展观这一新的重大改革理念。在以人为本、科学发展观的指导下，破除城乡二元结构、统筹城乡发展已成为改革者的共识；单纯

① [美]汉密尔顿、杰伊、麦迪逊：《联邦党人文集》，程逢如、在汉、舒逊译，北京：商务印书馆，1980 年版，第 266 页。

② [法]路易斯·博洛尔：《政治的罪恶》，蒋庆、王天成、李柏光、刘曙光译，北京：改革出版社，1999 年版，第 310 页。

③ 温家宝：《政府工作报告——2007 年 3 月 5 日在第十届全国人民代表大会第五次会议上》，北京：人民出版社，2007 年版，第 70 页。

的经济改革被否定，以民生为重点的社会改革浮出水面。随着和谐社会理念的提出、新农村建设的推行以及公共服务型政府的构建，农民公民权的成长面临着新的时代契机。

其次，以免征农业税为起点的农村新政，成为农民公民权成长的转捩点。2004 年 3 月，温家宝总理政府工作报告中首次提出“五年内取消农业税”，并对“种粮农民实行直接补贴”。这是第三代改革者为走出“黄宗羲定律”怪圈，在解决农民负担问题上战略思维的一个根本性转变。从此，第三代改革者在一个全新的思维方式框架内推进“农村新政”。到 2006 年，全国彻底取消了农业税和农业特产税，“终结了延续 2600 多年农民种田交税的历史”。2004 年 3 月，十届全国人大二次会议通过宪法修正案，将“公民合法的私有财产不受侵犯”、“国家建立健全同经济发展水平相适应的社会保障制度”、“国家尊重和保障人权”等与公民权紧密相关的内容载入宪法。私有财产权、社会保障权以及人权“入宪”，在一定程度上反映了改革者的执政取向。2006 年中央正式推出社会主义新农村建设，实行工业反哺农业、城市支持农村、“多予少取放活”的方针。2007 年 3 月，中国在全国农村免除义务教育阶段的学杂费。7 月，国务院发布《关于在全国建立农村最低生活保障制度的通知》，决定从 2007 年起在全国农村建立最低生活保障制度。2007 年 10 月 1 日起施行的《中华人民共和国物权法》，将私有财产的保护提到了一个新的阶段。10 月，中共十七大提出以改善民生为重点的社会建设，着力实现基本公共服务均等化，将公共服务型政府作为政府转型的目标。中国可能走向有利于增进公民经济、社会和文化权利的福利国家。如果中国在继批准《经济、社会和文化权利国际公约》后，正式批准《公民权利和政治权利国际公约》，将国际人权法规定的各项基本人权纳入国内法的保障之中，那么，既顺应人权保护国际化潮流又符合中国国家利益的公民权和人权保障事业将取得新的快速发展。

再次，第三代改革者不再将自由、平等、民主、人权、博爱、正义等人类普世价值视为“资产阶级”的“口号”与“专利”。2005 年 2 月，中共中央总书记胡锦涛将“公平正义”视为社会主义和谐社会的重要内容。2005 年 11 月 20 日，国家主席胡锦涛在与美国总统布什共同会见记者时表示，中国将“不断提高中国人民享受人权的水平”。2007 年 3 月，国务院总理温家宝提出：“民主、法制、自由、人权、平等、博爱等等，这不是资本主义所特有的，这是全世界在漫长的历史过程中共同形成的文明成果，也是人类共同追求的价值观。”他还倡导“让正义成为社会主义国家制度的首要价值”，并提出要创造一种条件，“让人民监督和批评政府”，要在“平等、公正和自由的环境下，让每一个人都得到全面的发展。”[①] 在改革 30 年之际，温家宝总理进一步指出：“如同真理是

---

① 参见《在十届全国人大五次会议记者招待会上温家宝总理答中外记者问》，载温家宝：《政府工作报告——2007 年 3 月 5 日在第十届全国人民代表大会第五次会议上》，北京：人民出版社，2007 年版，第 68—69 页。

思想体系的首要价值，公平正义是社会主义国家制度的首要价值。公平正义就是要尊重每一个人的合法权益，在自由平等的条件下，为每一个人创造全面发展的机会。如果说发展经济、改善民生是政府的天职，那么，推进社会公平正义就是政府的良心。”[①] 第三代改革者的上述公开言论表明，他们的头脑中已经产生了对人类普世价值观的基本认同。

不可否认，现代国家制度建筑在人类普世价值观念的基础上。中国农民要获得和享有充分的公民权利，离不开与人类普世价值相融合的政治改革与国家制度建设。

提升国家发展公民权的能力

正如经济建设和经济发展一样，公民权也有一个不断建设和发展的过程。发展公民权的能力，是现代国家的一项基础性能力。没有国家的积极作用，公民权的发展是不可想象的。王绍光、胡鞍钢较早地研究了中国的国家能力，但他们的学术兴趣侧重于国家的汲取能力，而对国家建设和发展公民权的能力未予以应有的注意。

国家的汲取能力实质上是国家征税的能力，在中国，一般来说国家从来就不缺少征税的能力。历史上，过度的征税能力往往蜕变为政府横征暴敛的能力。几千年来，中国人对政府“横征暴敛”的搜刮能力并不陌生。中国在由传统国家向现代国家转型过程中最缺乏的是建设和发展公民权的能力。建设和发展公民权的能力是现代国家与传统国家的一个最本质的区别。公民权是市场经济健康运行和现代国家立足与发展的根基。发展公民权的能力，是现代国家不可或缺的基础性能力，缺乏这一基础性能力，国家的治理与社会的整合就会面临不可化解的严重隐患。

经验表明，国家权力的强弱并不与国家能力的强弱正相关。全能政府必然是无能政府，只有有限政府才可能是有效政府。[②] 一个权力不受限制的极权国家，国家权力虽然强大到无所不在、无所不包的地步，但其国家能力却可能脆弱不堪，如前苏联。令人惊奇的是，限制国家权力并不等于削弱国家能力，相反，受到法律限制的国家权力，却可能拥有强大的国家能力。正如美国政治学家斯蒂芬·霍尔姆斯（Stephen Holmes）所言：“有限政府会比无限政府更强有力。制约成为力量的渊源，这并非自相矛盾，而是一种充满悖论的洞见。……宪法通过限制政府官员的专断权力，可能在适当条件下增加国家解决特定问题以及为了共同目标而动员集体资源的能力。”[③] 对国家权力进行限制，犹如

---

① 参见《温家宝总理回答中外记者提问》，载《人民日报》2008年3月19日。

② 参见李强：《自由主义》，长春：吉林出版集团有限责任公司，2007年版，第223页。

③ Stephen Holmes, *Passions and Constraint: on the Theory of Liberal Democracy*, Chicago: the University of Chicago Press, 1995. p.xi。转引自李强：《自由主义》，长春：吉林出版集团有限责任公司，2007年版，第238页。

对火车设置轨道、红绿灯和刹车装置，轨道、红绿灯和刹车装置表面上似乎限制了火车的快速行使，但实际上却大大增强了火车运行的速度、安全和效率。追求不受约束的权力运行，犹如不要轨道、红绿灯和刹车装置的火车，一时富有效率的高速运行，将导致可怕的车毁人亡。

在权力受到法律制约的宪政国家，却拥有更强大的国家能力。福山（Francis Fukuyama）指出："美国建立的是一套有限政府制度，在历史上就限制了国家活动的范围。但在这个范围内，国家制定及实施法律和政策的能力非常之强。"[①]中国不是没有宪法，而是没有宪政。在改革进程中，如何建立健全宪法实施的体制机制，让"宪法运转起来"，从而使公民个人与神圣宪法之间不再"隔海相望"而遥不可及，这对中国公民权的发展至关重要。

致力于民族复兴与和平崛起的中国，在现代国家构建中，最需要的是"认真对待权利"，不断提升国家建设和发展公民权的能力。中国农民问题的解决程度，最终取决于国家建设与发展公民权的进度。徐勇教授在分析中国现代国家构建中，将1912年诞生的中华民国视为中国的"第一共和"，1949年成立的中华人民共和国被视为中国的"第二共和"。[②]如果沿循徐勇教授的思维进路，那么，中国现代国家构建的成熟时期或许将是中国的"第三共和"，即一个建立在现代宪政民主基础上、实现两岸和平统一的中华共和国。在这个成熟的共和国中，中华文明将与人类的主流文明交相辉映。

"周虽旧邦，其命维新。"[③]在当代中国的改革事业中，如果中国人有足够的智慧和勇气不断解放思想，实现思想自由，完全摆脱俄国人对其民族头脑的长期支配，彻底革除苏联模式的体制弊端，重新发掘中华民族的优秀传统文化，理性回归人类主流文明，主动顺应时代进步潮流和民众的普遍意愿，将传统中国的仁政文明，与现代世界的宪政文明结合起来，在宪法和法律上确立与保障农民认同于现代国家的公民身份，使每个农民在职业上享有完整的土地产权、在身份上拥有完全的公民权利，那么，中国也许就只有受到平等对待和尊重的农民，而不再有恼人的农民问题。换言之，中国农民问题将在工业化、城市化、民主化和全球化进程中走向"终结"。

---

① [美]弗朗西斯·福山：《国家构建——21世纪的国家治理与世界秩序》，黄胜强、许铭原译，北京：中国社会科学出版社，2007年版，第6页。

② 参见徐勇：《"回归国家"与现代国家的构建》，载《东南学术》2006年第4期。

③ 《诗经·大雅·文王》。

“土皇帝”与地方专制主义①

对于中国老百姓来说，最痛恨的不是皇帝，而是土皇帝。学者大多研究中央层面的专制主义，而对地方层面的专制主义鲜有论及。地方专制主义主要表现在：对国家法律的蔑视，以地方的“土政策”消解国家法律的统一性和权威性，以发展的名义集体滥用权力，“一把手”高度集权，利用公共资源营造严密的庇护网络。

中国乡村社会的理论假说

对传统中国乡村社会政治的认识，学界有四种影响较大的解释范式（paradigm），一是乡绅自治说。皇权止于县，县以下实行自治。温铁军概括为“国权（或皇权）不下县”，秦晖将之拓展为“国权不下县，县下惟宗族，宗族皆自治，自治靠伦理，伦理造乡绅。”② 这种乡绅自治并非排除皇权的影响，而是皇权下的自治。传统中国的正式国家机构虽然只设在县一级，但并非皇权只达到县一级为止，事实上，皇权仍然以里社、乡里和保甲等制度安排进入乡村社会并影响千家万户。只是以皇权为中心的权力辐射强度呈不断递减律，愈是离皇权越远的乡村地区，皇权的控制力度就愈弱。马克斯·韦伯（Max Weber，1864—1920）注意到中国的皇权“事实上只限于市区和市辖区的行政……一出城墙，皇家行政的威力就一落千丈，无所作为了。因为除了本身就足够厉害的宗族势力外，它还得面对乡村本身有组织的自治。”③

二是双重秩序结构说。舒绣文（Vivienne Shue）认为，传统中国社会存在两种秩序和结构，一种是官治秩序，以皇权为中心，自上而下形成等级分明的梯形结构（trapezoid structure），一种是自治秩序，以家族为中心，形成聚族而居的村落自治体，各自治体相互隔离，形成蜂窝结构（honeycomb structure）。乡绅阶层将这两种秩序和结构连接起

---

① 本文原载《当代世界与社会主义》2008年第3期，刊发时对原文做了增册，合作者周作翰。

② 秦晖：《传统十论——本土社会的制度、文化及其变革》，上海：复旦大学出版社，2005年版，第3页。

③ [德]马克斯·韦伯：《儒教与道教》，王容芬译，北京：商务印书馆，1995年版，第145页。

来。[①] 传统中国乡村的官治与自治，构成皇权与绅权二元权威结构。

三是大共同体本位说。秦晖认为，传统中国乡村社会既不是被租佃制严重分裂的两极社会，也不是和谐而自治的内聚性小共同体，而是大共同体本位的"伪个人主义"社会。中国历来有"官逼民反"之说而从无"主逼佃反"之说。秦晖进而认为，与西方小共同体本位的社会在现代化起步阶段经过公民与王权的联盟不同，中国的现代化可能以"公民与小共同体的联盟为中介"。[②]

四是国家政权内卷说。杜赞奇（Prasenjit Duara）认为古代中国崇尚无为而治，并不讲求"效益"，故在一定程度上不存在政权内卷化问题。只有到了20世纪前半期，中国国家权力开始向乡村的扩张和延伸中才造成了国家政权内卷化（state involution），国家政权依赖旧有的赢利型经纪体制来扩大其在乡村社会的控制，致使国家经纪体制深入到社会的最底层——村庄。[③]

上述解释模型对中国乡村政治都具有一定的解释力。在笔者看来，不能因为某种解释模型不能解释所有社会现象就否认其价值。同时，与其认为上述解释模型是彼此对立和相互替代的，毋宁说它们是相互补充和不断延展的。追求一种贯通古今、放之四海而皆准的万能的理论解释模型，或许是学界的一个思维陷阱。

乡村社会中的"土皇帝"

在中国乡村社会政治中，还存在着一种"土皇帝"和地方专制主义现象。这种现象几乎贯穿古今。

中国的皇帝制度历史悠久，从公元前221年秦始皇统一中国首创皇帝制度，到1911年清朝宣统皇帝逊位，经历了2132年。作为欲望无穷的人类，却生活在资源有限的地球上。面对资源有限而欲望无穷的矛盾，争做皇帝以放纵欲望几乎是所有中国人的普遍梦想。因为在中国人的心目中，皇帝代表了最高权威，是人世间欲望的最大满足者，是为所欲为的惟一代表。但俗话说："天无二日，人无二主。"做皇帝的"指标有限"，一国之内位居九五之尊的皇帝，同时态的只能有一位，而继承皇位的资格只能是皇子皇孙。除了这种正常的皇帝产生程序外，非正常的皇帝产生程序要不是阴谋篡位，

① Vivienne Shue, *The Reach of the State: Sketches of the Chinese Body Politic*, Standford University Press,1998。转引自秦晖：《传统十论——本土社会的制度、文化及其变革》，上海：复旦大学出版社，2005年版，第4页。

② 秦晖：《传统十论——本土社会的制度、文化及其变革》，上海：复旦大学出版社，2005年版，第62—63页。

③ [美]杜赞奇：《文化、权力与国家——1900—1942年的华北农村》，王福明译，南京：江苏人民出版社，2003年版，第50—51页。

就是暴力夺位。无论哪种方式，对绝大多数人来说梦想黄袍加身是绝无希望的。但做皇帝之梦的欲望又不能根除，于是出现了一个有效的替代方案：做“土皇帝”。

“土皇帝”就是那些在各行各业各部门各地区各组织各单位掌握垄断资源、为实现个人欲望最大化而比照皇帝的享乐待遇、在自己控制的权力范围内生杀予夺、无法无天、无恶不作的人。自古及今，“土皇帝”在中国绵延不断。在推翻帝制后孙中山就感叹中国打倒了一个大皇帝，却冒出了无数的“小皇帝”、“土皇帝”，于是孙中山与国人相约：“敢有帝制自为者，天下共击之。”①袁世凯不知时势贸然称帝，最后落了个“身败名裂、遗臭万年”的结局。从此以后，鉴于公开称帝的社会成本太高、政治风险太大，中国想做皇帝的人就不再图那个“皇帝”的名号，而采取“去其名而取其实”的策略。

在封建社会，中国老百姓最痛恨的不是皇帝，而是“土皇帝”。“因为我国的皇帝向来不直接管黎民百姓，直接管黎民百姓的，是县太爷和知府、道尹之类的亲民之官和巡抚、总督之类的地方官。”②这些大大小小、遍布全国、多如牛毛的地方官，就是一个地方之主，就可能演变成“土皇帝”。几千年的中国皇帝文化，事实上在全社会形成了皇权下的多重主奴结构。整个社会成员划分了主子与奴才两种人，每个人又都身兼主子和奴才两种身份。两种身份的转换依据其所面对的对象的地位。主子在更高的主子面前是奴才，奴才在更低的奴才面前是主子。在皇帝面前，大臣们就是奴才，而大臣们回到自己的管辖区内就成为主子。

以全心全意为人民服务为宗旨的中国共产党绝不会容许各种“土皇帝”的存在。但是，由于受两千多年封建残余的影响，由于社会转型尚未完成，政治经济体制不完善，“土皇帝”的思想观念仍有一定的市场和影响，“土皇帝”的滋生土壤仍有一定的体制环境，因此，类似原天津大邱庄党支部书记禹作敏这样的“土皇帝”不可避免或多或少地散布在各个地区、各个层次和各个领域。

地方专制主义

与“土皇帝”相联系的是地方专制主义。在《布莱克维尔政治学百科全书》中，专制主义是指“统治者与被统治者的关系是主奴关系的统治形式”。③不受制约的专制主义只是东方社会的现象，东方社会没有“封建主义”，只有东方“专制主义”。④西方所

---

① 《孙中山全集》第1卷，北京：中华书局，1981年版，第297页。

② 唐德刚：《袁氏当国》，桂林：广西师范大学出版社，2004年版，第50—51页。

③ 参见[英]戴维·米勒、韦农·波格丹诺主编：《布莱克维尔政治学百科全书》(修订版)，邓正来等译，北京：中国政法大学出版社，2002年版，第207页。

④ 参见刘北成：《中译者序言》，载[英]佩里·安德森：《绝对主义国家的系谱》，刘北成、龚晓庄译，上海人民出版社，2001年版，第1—8页。

谓的绝对主义国家却"从未行使过绝对权力"，真正行使绝对权力的是东方的专制主义。英国的佩里·安德森指出："从不受约束的专制主义的意义上看，没有一个西方君主享有统治其臣民的绝对权力。……没有一个绝对主义国家能像同时代的亚洲暴君那样，可以随意剥夺贵族或资产阶级的自由或地产。"①

法国的孟德斯鸠对中国历史上的专制主义有深刻的评论，他说："中国是一个专制的国家，它的原则是恐怖。"在专制的国家里，"人就是一个生物服从另一个发出意志的生物罢了。在那里，人们不得不把坏的遭遇归咎于命运之无常，也不得表示对将来厄运的畏惧。在那里，人的命运与牲畜一样，就是本能、服从与惩罚。"② 马克思指出："专制制度的惟一原则就是轻视人，使人不成其为人。"

中国自秦始皇建立中央集权的专制主义政治统治形式以来，专制主义不仅持续发展了几千年，而且深入到社会的各个肌体之中。学者大多研究中央层面的专制主义，而对地方层面的专制主义鲜有论及。对于身处社会底层、远离中央权威的农民来说，最要命的是地方专制主义及其孳生出来的无法无天的土皇帝的欺压和掠夺。中国民间有一句著名的俗语叫"天高皇帝远"。这句话有两层含义，一是老百姓与皇帝相距遥远，可以躲避皇权的直接干预和侵害，老百姓"纳完粮，自在王"。另一层含义是，皇权不能有效制约地方权贵对百姓权益的侵害，百姓叹息皇权遥远而远水不能救近火。中国农民对皇帝或中央国家素来保持好感和尊敬，深受地方盘剥的农民一向寄希望皇帝或中央国家为他们主持正义。

当代中国的地方专制主义，首要表现在其对国家法律的蔑视，以地方的"土政策"消解国家法律的统一性和权威性。中国地方普遍存在的"上有政策，下有对策"现象，是地方政权消解中央国家法令统一性的突出表现。国家法律在地方得不到有效的遵循，造成国家法律的失灵和制度失败，这是"软政权"和"苏丹化政权"的共同特征，也是地方专制主义的基本特征。各地以自身的利益和愿望为基点，出台被农民称为"土政策"的政策，以违背宪法精神为特征，成为地方专制主义的运行"规则"。"土政策"有成文的"土政策"，也有不成文的"土政策"。在这里，农民并不是受到国家法律的统治，而是受到地方"土政策"的控制。

以发展的名义集体滥用权力，是地方专制主义的又一表征。1992 年以后，不少地方展开了一场追求经济发展的竞赛运动。追求当地经济发展的发展主义，为各地在"高尚目标"驱动下集体滥用职权提供了"政治正确性"。20 世纪 90 年代以来，无论是农业结构调整、招商引资、征地拆迁、收缴税费、计划生育等方面，地方政权集体滥用职

---

① [英]佩里·安德森:《绝对主义国家的系谱》，刘北成、龚晓庄译，上海:上海人民出版社，2001 年版，第 40—41 页。

② [法]孟德斯鸠:《论法的精神》上册，张雁深译，北京:商务印书馆，1961 年版，第 129、27 页。

权而侵害农民个人权利的现象极为普遍。“谁影响嘉禾发展一阵子，我影响他一辈子。”这个湖南嘉禾县暴力拆迁中的著名口号，折射了地方执政者以发展的名义集体滥用权力而蔑视公民个人权利的专横和傲慢。嘉禾事件只是被媒体曝光的地方专制主义的冰山一角，它绝不仅仅只发生在嘉禾。

在地方专制主义中，“一把手”高度集权，成为其权力所能控制范围内的当然主人。充分认识中国“一把手”的权力，对于理解当代中国政治的运行逻辑极为重要。在个别官场生态恶化的地方，“个人服从组织，下级服从上级”的组织原则，客观上为上级集权和“一把手”个人集权提供了制度化的安排。“个人服从组织”的结果就是个人服从领导，最终服从于“一把手”的意志。干部人事上的任命制、组织原则上的民主集中制和工作任务上的压力型体制，使各个地区、各个部门、各个单位、各个组织的“一把手”负有对本地区、本部门、本单位、本组织的“第一责任”。而“第一责任”在逻辑上要求“一把手”拥有相应的“第一权力”。于是造成在一些地方，监督制约机制难以落实，“一把手”的“第一权力”成了“一把手说了算”的权力格局。“一把手说了算”常常又演变成“一把手一手遮天”。20 世纪 90 年代以来，“老板”的称呼流行开来，各个层级和各个部门的“一把手”均被称为“老板”。“老板”是私有企业的所有者。各地方各部门各单位领导干部身份的“老板化”，是公权力私有化的时代见证。

不断营造严密的庇护网络，是地方专制主义自我扩张和强化的必然产物。地方专制主义缺乏意识形态的信仰，它纯粹建基于个人利益、单位利益和各种形式的腐败关系之上。20 世纪 90 年代以来，地方专制主义日益形成官僚腐败利益集团。通过多层次的庇护关系网络的构建，地方官僚腐败利益集团为自身构建了一层层严密的“防火墙”。在个人层面上，通过任人惟亲、拉帮结派以及与社会黑恶势力相勾结，开发运用红黑两道资源，构建牢固的个人关系庇护网络。在横向层面上，通过权力控制、利益交换、拉拢打压等手段，构建本层级各部门心照不宣的共谋关系，从而将个人利益、小团体利益和单位利益构筑在损害和侵蚀国家整体利益和民众个人利益之上。在这个横向构建的地方官僚腐败庇护关系网络中，形成了一整套“潜规则”，潜规则的功能之一就是“劣币驱逐良币”。在地方官僚腐败利益网络中，良心未泯的正直之士将被排斥出局，如湖北省监利县棋盘乡党委书记李昌平经不过住良心的折磨，上书总理诉说“三农”问题真相后被迫辞职南下打工；维权正义之士将受到打压，如各地被关押、被毒打、被判刑的农民上访代表。只有顺从潜规则的人，才能在地方官僚腐败利益网络中站稳脚跟，以至步步高升。在个别地方的官僚腐败利益网络中，“年龄是个宝，文凭作参考，政绩算个鸟，关系最重要”这句话很有市场。在纵向层面，通过对“社会资本”的开发利用，构建层层互相庇护利用的关系网络。

在地方专制主义中，权力不是一般论者所称的没有任何制约，而是只受到上级领导的制约。就是说，自上而下的同体权力制约成为专制主义社会中权力惟一的制约模式。但是，这种自上而下的权力制约有其内在的缺陷和不足。首先，自上而下的任命制使上级官员直接任命下级官员，上下级官员之间存在着天然的同盟关系；其次，自上而下的权力制约存在着信息不对称和制约成本太高的技术难题；再次，下级官员通过公款请客送礼和贿赂等各种方式将上级官员及其相关人员拉入到地方庇护网络之中，从而钝化来自上级的制约力量。

20 世纪 90 年代以来，个别地方官僚腐败庇护网络得到了迅速发展。某些重大案件表明，个别地方内部之间已结成牢固的利益共享、风险共担的同盟关系，换言之，这些地方政权内部的监督制约能力几乎丧失殆尽，社会正义的力量更多地来自中央高层的决断和来自底层的抗争。有些重大事件，都要仰仗中央的直接干预才能惩恶扬善、匡扶正义，个别地方政权内部的自我净化功能已严重退化。

现代国家的一个显著特征在于民众对国家的认同取代传统时期对地方权威的认同。在现代国家，国家第一次与社会的每一成员发生了直接的联系，但地方专制主义阻隔了公民与国家之间的直接联系，并将统一的国家法律体系肢解为各自为政的服务于地方权威和个人权威的“土政策”，成为国家现代化的最大障碍。因此，在深化改革的过程中，必须消除地方专制主义，维护中央权威，从而确保中央大政方针的有效贯彻和落实。

“土改”：革命专政和暴力再分配[①]

国家是政治学研究的核心。在国家理论研究中，美国学者诺思（Douglass C. North，1920—）将国家存在的两种理论解释作了分析。契约国家理论认为国家是公民达成契约的结果，契约界定国家公权力行使的边界，也限定着每个人相对于他人的活动边界，这就为个人自由提供了空间。国家契约理论有着悠久的历史。国家掠夺理论或剥削理论认为国家是某一集团或阶级的代理者，它的作用是代表该集团或阶级的利益向其他集团或阶级的成员榨取收入。马列主义是坚持这种理论的代表。诺思认为这两种关于国家的理论都不全面。为此，他提出使两者统一起来的暴力潜能分配理论，假如暴力潜能在主体间的平等分配，就产生契约国家，而暴力潜能在主体间的不平等分配，就产生掠夺国家。[②]在诺思看来，现代国家提供的基本服务是“博弈的基本规则”，如果没有这样的规则和约束，“我们将生活在霍布斯主义的丛林中，也就不可能有文明存在。”[③]

马列主义创始人将掠夺国家或剥削国家理论发展到极致。恩格斯指出：“国家无非是一个阶级镇压另一个阶级的机器。”[④]列宁进一步强调：“国家是一个阶级压迫另一个阶级的机器，是迫使一切从属的阶级服从另一个阶级的机器。”[⑤]正是在这种剥削国家理论的指导下，中国实现了国家政权的一次历史性更替。

诉苦：预热革命斗志

共产党所建立的无产阶级专政的革命政权，通过服务于阶级斗争的政治分层，确立了农村社会中的阶级敌人——地（主）、富（农）、反（革命）、坏（分子，即罪犯）。贫

---

① 本文原载《当代中国研究》2008 年第 3 期。

② 参见［美］道格拉斯·C. 诺思：《经济史中的结构与变迁》，陈郁、罗华平等译，上海：上海三联书店、上海人民出版社，1994 年版，第 21—22 页。

③ 参见［美］道格拉斯·C. 诺思：《经济史中的结构与变迁》，陈郁、罗华平等译，上海：上海三联书店、上海人民出版社，1994 年版，第 24、227 页。

④ 《马克思恩格斯选集》第 2 卷，北京：人民出版社，1972 年版，第 336 页。

⑤ 《列宁选集》第 4 卷，北京：人民出版社，1995 年版，第 33 页。

雇农则被党积极动员起来，向着阶级敌人进行最残酷的斗争。诉苦是新政权将贫苦农民纳入到党所规划的农村阶级斗争的心理动员技术。

郭于华（1956—）、孙立平（1955—）讨论了新政权重塑下层农民国家观念重要机制的诉苦。在西欧，民族国家形成的过程同时也是现代公民形成的过程；而在中国，贫苦农民是通过诉苦以确认自己的阶级身份来形成国家观念的。这种国家观念是一种"感恩型国家观念"。每个个体形成的不是现代意义上的"公民"，而是"阶级中的一分子"和相对于"国家"的"人民"或"群众"。新政权通过诉苦这种国家仪式和权力技术，在贫苦农民心中植入阶级仇恨，从而预热革命斗志，为彻底撕裂传统乡村社会的秩序结构埋下伏笔。在诉苦过程中，一方面，通过把苦难的一切根源归咎于"万恶的旧社会"而建立"消极的国家形象"，地主阶级则是这种消极国家的罪恶总代表；另一方面，通过"翻身"意识等建立"积极的国家形象"，毛主席、共产党是贫苦农民翻身得解放的"大救星"。①

溆浦县土改运动一般经过访贫问苦、扎根串连、斗争地主、分配胜利果实等步骤。溆浦县委先在大江口搞土改试点，经过一个多月的土改试点后，随即在全县开展激烈的土改运动。毛泽东后来对土改的经验作了一个总结："我们形成了一套具体的办法，就是：访贫问苦，物色积极分子，扎根串连，团结核心，进行诉苦，组织阶级队伍，展开阶级斗争。"②

曾担任溆浦县桥江区土改工作总队副总队长的郭静秋（1922—），1948年6月毕业于湖南大学，1948年10月随南下工作团回溆浦工作。他回忆当年土改时说，土改工作队干部进入村庄，要求与贫雇农实行"三同"（同吃、同住、同劳动），进行访贫问苦，以赢得贫苦农民的信任，再摸清底子，为斗争地主、顺利开展土改做准备。

1951年12月，溆浦县委在枣子坡省立九中（引者按：现溆浦一中）召开三级干部大会，布置了全县土改工作。大会结束后，1000多名土改干部奔赴各区乡，开展土改运动。这时，我从（县政府）文教科抽出派到桥江区担任土改总队副总队长，谌鸿章（引者按：时任县长）任总队长，桥江区委书记于永起也是副总队长。不久，我下到址坊村蹲点。

---

① 参见郭于华、孙立平：《诉苦：一种农民国家观念形成的中介机制》，载《中国学术》2002年第4期，北京：商务印书馆，2002年版。

② 毛泽东：《读苏联《〈政治经济学（教科书）〉谈话记录（1959年12月—1960年2月）》，转引自温锐：《毛泽东视野中的中国农民问题》，南昌：江西人民出版社，2004年版，第36页。据笔者核查，《毛泽东文集》第8卷收录的《读苏联〈政治经济学（教科书）〉谈话记录（节选）》（1959年12月—1960年2月）未见收入上述引言，参见《毛泽东文集》第8卷，北京：人民出版社，1999年版，第103—140页。后向温锐教授当面请教，温锐教授通过查阅后称其著引自1967年江西造纸厂"破阻力兵团"编印的《红太阳文献》（第2册）第402页。笔者在此向温锐教授致谢。

址坊、油洋一带是穷山沟，过去曾是土匪出没的地方。这地方的农民很穷很苦，一年到头难得吃上几顿白米饭。这里的贫苦农民受地主、土匪的剥削和压迫极深，苦大仇深。

工作组到达址坊村的第二天，即召开全保贫雇农群众大会，宣传土改政策，布置安排工作。散会后已近傍晚，北风呼啸，且雨夹着雪。我的住户是个穷得叮当响的贫农，一家4口人只有一场破棉絮。我自己带的被子很薄，一件大衣盖在被子上，半夜被冻醒了。好（不）容易熬到天亮，我才知道夜里下了一场大雪。我穿上从财政科借来的一件棉大衣，又去访贫问苦。一些低矮的贫雇农家被埋在大雪中了。我踏着深深的积雪，一步一个洞，挨家挨户向贫雇农问寒问暖。那时天气虽然寒冷，但心里是热乎乎的。

经过几天的访贫问苦，便召开诉苦会，从小组诉苦到大会诉苦，用活生生的事实教育农民。

逢到夜晚开会，农民提着灯笼来参加。诉苦是为了引导群众进入斗地主阶级的氛围中来。群众倒尽了苦水，斗争情绪高涨了，就可以由农会干部打锣召开斗争大会了。记得每次斗争大会，全场愤怒；在这种情况下，容易发生打人的事。这时干部必须善于引导，使运动健康发展下去。①

诉苦是党对贫苦农民的一种强制性动员。土改干部深入到村庄后，通过访贫问苦、扎根串连，培养土改根子或积极分子，为批斗地主作准备。群众认为地主有三种："草鞋地主、劳动地主和剥削地主"。②有的贫苦农民刚开始时认为地主并不坏，在乡村与大家相处和谐，没有必要批斗。因而土改干部进入乡村社会后，开始并不为乡村社会所认同。有不少土改干部一开始就遭遇到农民的防范和冷淡，一些贫苦农民并不欢迎土改干部在他家里吃、住。这使那些来自大城市的土改干部多少有点灰心丧气。但为了革命工作的需要，他们必须硬着头皮坚持宣传和动员下去。"对于文化程度不高的人来说，知道阶级斗争就是生活的全部内容以及共产主义社会将为人们带来巨大的幸福就足够了。"③那些被干部着力动员和培养的根子，在党的革命斗争思想的启发下，很快成为土改中的急先锋。

诉苦一般有贫苦农民向与其"三同"的土改干部诉苦、在家庭诉苦会上诉苦、在批斗地主大会上诉苦等形式。溆浦县七区（麻阳水）均坪十保在土改总结会上作了典型经验报告，介绍了土改中访贫问苦、扎根子、动员诉苦等具体经验：

---

① 参见郭静秋：《我在溆浦的那些日子》，载溆浦县政协文史资料研究委员会编：《溆浦文史》第4辑《南下纪实》，1991年12月，第16—17页。

② 参见《彭燕郊溆浦土改日记》，1952年1月11日，第155页。

③ [美]兹·布热津斯基：《大失败——二十世纪共产主义的兴亡》，军事科学院外国军事研究部译，北京：军事科学出版社，1989年版，第2页。

（均坪十保）4个自然村，在七区比较集中富裕，300多户分为12个行政小组，1434人。其中，地主27户，富农9户，中农74户，贫雇农242户、842人，其他11户、90人。田土1451亩，地主占田843亩，富农112亩，中农464亩，贫雇农226亩。

（工作组干部1951年）11月23日到保，绝大部分深入到户，一小部分留在农会。

七组是个封建堡垒，有两个院子，每院住七八户，每院住两个、三个地主，住在一起，都是姓向，都是一宗，祖先分家以来从来没有搬出过。去找就找不到贫雇农，找到人连这院子有地主都不告诉你。干部跑到六组，从六组了解七组情况，利用矛盾来突破。知道其中有个姓肖的，是清反（清匪反霸）时搬进去的，必须找他。第二天（干部）去找（姓肖的），进门（肖）就问你来做什么，吃饭时五口人，只拿出五个碗，不留他吃饭。（干部）又回六组，决定从劳动上与他建立感情。第三天再去找，肖一见他就跑上山砍柴，干部跟上山，也跟他打了一担柴，才开始说话，回家让他吃饭，但苦还不敢诉，情况也不敢反映。第四天，两个人睡在一个床上。一个被窝有五个大孔。王同志半夜把（自己的）棉衣给他盖上。肖半夜醒来，两个人谈起来。王同志把过去被抓壮丁说出，正打动他的心，（肖）慢慢把自己过去从8岁给地主放牛，16岁被抓壮丁说出来，哭了，王同志也哭了。你也哭，我也哭，感情融洽了。但情况还不敢反映。

（王同志）第二天回组汇报，很高兴。

全保共扎12个正根，16个副根。……通过（根子）互相诉苦，互相发动，作用也不小。

有一个根子，苦始终不说出来，在碰头会上听其他人诉苦，满身抖，流出泪，终于诉出苦来。

……通过根子，将家庭诉苦会开起来，提出一人有苦，全家有苦，一人翻身，全家翻身。

第二批串连后，又开第二次积极分子会，进入第三批串连，这时已是（干部）进保后的十八九天了。到三批共串连172户，300多人，达到贫雇农总数百分之八十五了。声势浩大，劲头高了。召开贫雇小组诉苦会，在会上通过典型诉苦，具体算账，贫雇农觉悟进一步提高了。五个小组先培养四个（诉苦）典型：抓（壮）丁、逼租、逼债等。接着有19个诉苦，这时候行动要求高了。……准备召开贫雇农诉苦大会，全保贫雇农大会师，干部、根子都很重视，（如）开坏了，工作还要从头再来。……在小组诉苦的基础上，召开片诉苦会，目的是进一步提高觉悟，把诉苦大会变成整个贫雇农的要求。……在全保会开前，把全保典型苦主十八人找来开全保苦主会，首先自己介绍历史，就很容易形成诉苦，大家觉得彼此的苦一样，提高了阶级觉悟。进一步说明诉苦是为了教育贫雇农，大家都重视了。“我要不诉苦，大家不起来，我的仇也不能报了。”（苦主们）一致说：“我们这几个人的苦，也是全体贫雇农的苦。”接着，把苦的轻重安排好，第一个和最后一个苦（是）最典型的。

……在这个基础上，把（全保诉苦）会开了。因为大家都认识重要意义，本来规定早饭后开，天刚亮（人）都到了。主席团主席先把自己的苦说了，干部又加引导，共17个苦主，有16个诉得流泪了。有个诉到地主把他抓壮丁，妻子在家吃南瓜叶，还被地主赶出去，全场都哭了。有的还自动喊口号，冷风中站了一天动也不动，直开了一天，主席做了总结。①

党通过动员贫苦农民诉苦，将农民群众引导到彻底批斗地主阶级的轨道上来。旧社会的一切罪恶，人们心中的一切不满和积怨，都被集中引向地主身上。每个保被划出来的地主，就成为该保群众发泄所有怨愤和仇恨的对象。地主们注定要在仇视他们的新政权机器的专政中被彻底消灭。“从心理学的观点看来，证明反对‘人民的敌人’的残暴暴力是正当行为的观点，使社会地位低下的人们尤其高兴。这些‘人民的敌人’就是那些过去拥有更多物质财富而现在被人幸灾乐祸地贬低、压迫和消灭的人。”② 在土改运动中，贫苦农民被教导说，消灭了地主阶级的剥削后，他们将过上没有剥削和压迫的“新生活”。

批斗：宣泄阶级仇恨

黄宗智将共产党的土改运动分为三种模式，第一种是1937到1945年抗日战争时期的老解放区模式，第二种是1946年到1949年解放战争时期国共交战区的模式，第三种是1949年到1952年共产党执政后的新解放区模式。③

溆浦县属于新解放区，但其土改很难属于黄宗智概括的“温和的”新解放区模式。黄宗智认为1949年共产党获得胜利后的土改“变得比较有序和温和”。其实并非如此，至少经过农民运动洗礼的溆浦县在土改中就并不显得“温和”，它充满了一切土改中常有的暴烈性和残酷性。在土改中，残酷无情的阶级斗争被普遍认为是革命的象征，任何对地主或富农的同情或怜悯，都会被视为背叛革命而遭到纠正、制止或打击。正如黄宗智正确揭示的那样，“作为人民的敌人，阶级敌人的危害性要大于罪犯。”④ 从地、富、反、坏四类分子的排序中就可以看出这一点。党通过有组织有步骤有纪律的动员，充

① 参见《彭燕郊溆浦土改日记》，1952年1月29日，第153—163页。

② [美]兹·布热津斯基:《大失败——二十世纪共产主义的兴亡》，军事科学院外国军事研究部译，北京：军事科学出版社，1989年版，第2页。

③ 参见黄宗智:《中国革命中的农村阶级斗争——从土改到文革时期的表达性现实与客观性现实》，载黄宗智主编:《中国乡村研究》第2辑，北京：商务印书馆，2003年版，第77页。

④ 参见黄宗智:《中国革命中的农村阶级斗争——从土改到文革时期的表达性现实与客观性现实》，载黄宗智主编:《中国乡村研究》第2辑，北京：商务印书馆，2003年版，第84页。

分地激活贫雇农的阶级仇恨，并将之引向被党称为旧社会罪恶势力的总代表——地主阶级。在雷锋（1940—1962）这个被新政权树立的最具广泛影响的"榜样人物"的身上，就集中体现了对阶级敌人的仇恨和对革命同志的友爱的双重人格。

人性并不能以人性善或人性恶所能简单地加以区分。每个人的人性中，或许都包含有善与恶的因子，换言之，人既可以为善，亦可以作恶。人性为善，就像甘霖，只恨太少；人性为恶，如同洪水，为害尤烈。在新社会，对阶级敌人的仇恨受到了格外的赞扬和褒奖。被贴上阶级敌人标签、只占人口极少数的地主富农阶级，势必要在这场势不可当的阶级斗争洪流中被全部淹没。

残酷无情地批斗地主阶级，是党动员贫雇农发泄阶级仇恨的合法方式。与历史上任何一个新政权不同，共产党建立的新政权，并不满足于它所统辖下的民众向其缴粮纳税和表示政治忠诚——显然这一点是必不可少的。新政权还要在宏大理论的指导下，彻底地改造乃至消灭旧社会遗留下来的阶级敌人——不管他们是否积极向新政权缴粮纳税并如何表示政治忠诚——以实现其伟大的"雄心壮志"。刘少奇（1898—1969）对党的雄心壮志作过概括："共产党是用马克思列宁主义武装起来的、最革命的、战斗的无产阶级政党。当它处于被压迫地位的时候，它要利用一切可能，组织和领导广大人民，为准备和进行革命、为夺取政权而斗争。当它取得了国家政权以后，它要组织和领导人民把革命进行到底，建设社会主义和共产主义，并且继续同国际帝国主义作斗争，支援世界各国人民的革命运动，一直到共产主义世界的实现。这些就是无产阶级革命政党的雄心壮志。"中国共产党就是"这样一个具有无产阶级的雄心壮志的革命政党"。①

地主、富农等被新政权贴上阶级敌人的政治标签后，他们的阶级成分和家庭出身就已经一劳永逸地将他们钉死在历史的罪恶榜上，除了等待新政权有领导有计划有组织地专政和改造外，他们别无选择——历史上的遵纪守法、缴粮纳税和政治忠诚，已经远远不能令具有宏大革命理想的新政权所满足了。新政权公开宣称国家法律决不保障阶级敌人的基本权利和自由，阶级敌人自然不可能有任何申辩和维权的空间。面对无产阶级专政的革命政权，他们的私有财产权和人身权利都将丧失殆尽。

早在20世纪20年代的农民运动中，打击地主就成为农民运动的中心内容。热衷于农民运动的毛泽东，在1927年3月的《湖南农民运动考察报告》一文中，综计了农民从政治上打击地主的9种方法：清算、罚款、捐款、小质问、大示威、戴高帽子游乡、关进县监狱、驱逐、枪毙。②位于中国中部的湖南省，一直是中国农民问题最严重的典

① 刘少奇：《在扩大的中央工作会议上的报告》（1962年1月27日），载《刘少奇选集》下卷，北京：人民出版社，1985年版，第395页。

② 参见毛泽东：《湖南农民运动考察报告》（1927年3月），载《毛泽东选集》第1卷，北京：人民出版社，1991年版，第23—26页。

型地区，也是农民运动最激烈的中心地带。在 20 年代，湖南各县积极组织农会，将农民吸收到农会中来开展轰轰烈烈的农民运动。毛泽东当年将湖南农民组织程度划分为四等，湘中的湘潭、湘乡和湘南的衡山为第一等，“湘西一带，在袁祖铭势力之下，农会宣传未到位，许多县的农民还全未组织起来，这是第四等。”[①] 虽然与湘潭、湘乡和衡山的农民组织相比，位于湘西的溆浦县可能要稍逊一筹，但在湘西地区，溆浦县却是农民运动的中心，其暴烈程度绝不低于任何地区。1926 年 11 月湖南省各县农会会员统计见表 1：

1926 年 11 月份湖南省各县农民协会会员统计

县别	区协数	乡协数	会员成分									会员数量
			雇农	佃农	半自耕农	自耕农	手工业者	小学教师	小商人	妇女	其他	
湘乡	44	498	16400	91500	41000	13100	28000	540	—	—	—	190540
长沙	12	640	17519	25948	9131	5381	4915	1425	1463	643	—	66425
衡阳	23	244	27385	37725	7530	5638	6135	2256	—	—	1579	86642
衡山	13	203	3623	16993	2765	2174	3328	—	—	—	1133	30016
溆浦	2	11	540	775	331	204	108	7	—	—	—	1965
小计	94	1596	65467	172943	60757	26497	42486	4228	1463	643	2712	375588
全省总计	462	6867	—	—	—	—	—	—	—	—	—	1367727

说明：小计系表中 5 个县的统计数，总计原系全省 57 个县的统计数，本表只从中选择 5 个县制作。

资料来源：原载 1927 年 3 月 27 日《战士周报》第 38 期，转引自王全营、曾广兴、黄明鉴：《中国现代农民运动史》，郑州：中原农民出版社，1989 年版，第 137—140 页。

溆浦虽位于交通闭塞的湘西，但革命的烈火却迅速蔓延到这个山区县。1926 年 7 月，北伐军攻克长沙，湖南农民运动“风起云涌”。9 月成立中共溆浦直属支部。与此同时，省农运特派员李声振到溆浦成立县农民协会筹备处，不久正式成立县农民协会。到 1927 年 5 月中旬，全县共成立 11 个区农协（大的区分上、下区农协），44 个乡建立了 35 个乡农协和 200 多个村农协。农协会员由 1926 年 10 月的 1965 人猛增至 2 万余人，其中雇农、佃农、半自耕农占 80%，受党直接领导的农民群众达 10 万人，占全县总人口的 1/3。[②] 在农民运动中，各区、乡农民协会相继开展对土豪劣绅的斗争，“农会成为

① 毛泽东：《湖南农民运动考察报告》（1927 年 3 月），载《毛泽东选集》第 1 卷，北京：人民出版社，1991 年版，第 23 页。

② 参见欧阳仪、严延桃、张家骥、戴桂斌执笔：《中共溆浦党史概述（新民主主义革命时期）》，载中共溆浦县委党史办公室编：《湖南溆浦党史资料丛书》第 2 辑《溆水风云》，1986 年 9 月，第 7、86 页。

农村唯一的权力机关，事无大小都归农民解决，真正做到了'一切权力归农会'。"[①]

在暴烈的湖南农民运动中，"农会权力无上，不许地主说话，把地主的威风扫光……将地主打倒在地，再踏上一只脚。"[②]对于这种拥有绝对权力的农会，在一些农民眼里成为杀人的象征，"什么农民协会，砍脑壳会，莫害人！"[③]拥有绝对权力而不受制约的农民协会，在农村所造成的暴力恐怖现象，却受到毛泽东的极力推崇："必须建立农民的绝对权力。必须不准人恶意地批评农会。必须把一切绅权都打倒，把绅士打在地上，甚至用脚踏上。所谓一切'过分'的举动，在第二时期都有革命的意义。质言之，每个农村都必须造成一个短时期的恐怖现象，非如此绝不能镇压农村反革命派的活动，绝不能打倒绅权。矫枉必须过正，不过正不能矫枉。"[④]

不让任何权力占有压倒一切的绝对地位，是人类政治文明中的一条基本经验。睿智的思想家对任何绝对权力都始终保持高度警惕和谨慎提防。中国人显然还不可能认识和理解托克维尔和阿克顿等思想先哲对防范绝对权力的忠告。托克维尔坦言："无限权威是一个坏而危险的东西。在我看来，不管任何人，都无力行使无限权威。我只承认上帝可以拥有无限权威而不致造成危险，因为上帝的智慧和公正始终是与它的权力相等的。人世间没有一个权威因其本身值得尊重或因其拥有的权利不可侵犯，而使我愿意承认它可以任意行动而不受监督，和随便发号施令而无人抵制。当我看到任何一个权威被授以决定一切的权利和能力时，不管人们把这个权威称着人民还是国王，或者称着民主政府还是贵族政府，或者这个权威是在君主国行使还是在共和国行使，我都要说：这是给暴政播下了种子，而且我将设法离开那里，到别的法制下生活。"[⑤]阿克顿（John Emerich Edward Dalberg Acton，1834—1902）指出，绝对权力导致绝对腐败，防止任何一种政治力量或派别在社会政治生活中占绝对支配地位，这种理念是亚里士多德、波里比阿、西塞罗、斯多葛学派等人的政治学说本义。[⑥]

追求不受制约和谋求支配一切的绝对权力，却一直是中国传统政治演进的主流趋

---

① 参见欧阳仪、严延桃、张家骥、戴桂斌执笔：《中共溆浦党史概述（新民主主义革命时期）》，载中共溆浦县委党史办公室编：《湖南溆浦党史资料丛书》第2辑《溆水风云》，1986年9月，第14页。另参见毛泽东：《湖南农民运动考察报告》，载《毛泽东选集》第1卷，北京：人民出版社，1991年版，第17页。

② 毛泽东：《湖南农民运动考察报告》，载《毛泽东选集》第1卷，北京：人民出版社，1991年版，第16页。

③ 毛泽东：《湖南农民运动考察报告》，载《毛泽东选集》第1卷，北京：人民出版社，1991年版，第19页。

④ 毛泽东：《湖南农民运动考察报告》，载《毛泽东选集》第1卷，北京：人民出版社，1991年版，第17页。

⑤ [法]托克维尔：《论美国的民主》上卷，董果良译，北京：商务印书馆，1988年版，第289页。

⑥ 参见[英]阿克顿：《自由与权力》，侯健、范亚峰译，北京：商务印书馆，2001年版，第342、347页。

势。这种政治观念延展到20世纪即演变成为一种被邹谠（1918—1999）称为的全能主义政治生态。[①]“一切权力归农会”的农民运动，给这个民族所带来的持久的伤痛，或许要经过几代人的痛苦磨难才可能逐渐醒悟过来。

在20世纪20年代的溆浦农民运动中，镇压陈壬龄（俗称陈老二）是农民革命斗争的重要标志性事件。陈壬龄时任溆浦县团防局长，此人被革命人士认为“心性狠毒”，“横行城乡”。据称全县被他杀害的无辜群众达“200多人”。1923年的一天，陈壬龄为避土匪抢劫，将家里的财物装入18个铁桶加以密封沉入屋前的水塘里。待土匪抢劫风声平息后，陈回家车干水塘，发现少了一桶，就怀疑是在附近卖油糍粑粑的陈三伢所盗，便将其抓来，为逼其供认，竟施用惨无人道的“剥皮抽筋”酷刑：先将陈三伢上衣脱光，在木板上钉上两排粗针，抽打陈三伢的背部，把肉皮打得稀烂，乘鲜血尚未凝结，用细麻线从肩部一直密密麻麻摆到臀部，然后涂上石灰粉，使石灰与鲜血、皮肉凝结在一起，成为血痂。过一两天再来抽动麻线，就如万箭穿心，疼痛难忍。陈三伢被折磨得死去活来，最后上吊自尽。后来陈壬龄发现盗窃者乃其一抽大烟成瘾的侄子所为。陈壬龄被革命党人认为是全县反动势力的靠山和总头目，是农民运动的“拦路虎”。中共溆浦县委为了将刚刚兴起的农民运动推向高潮，秘密决定除掉陈壬龄。

1927年2月26日（农历正月25日），中共溆浦县委在县城寺坪召开庆祝中国国民党溆浦县党部成立的万人群众大会，大会主席团由中共溆浦县委书记刘绩成（1895—1927）、县委宣传委员向五九、县委委员杜永庆、县长龙之瑞、县党部妇女部长舒劲秋、城区党部负责人杜永廉等人组成。陈壬龄被突然抓获押入会场台下时，群情激昂。“疾恶如仇”的向五九操起广播筒大喊一声：“赞成枪毙陈老二的鼓掌！”全场顿时掌声雷动。杜元富抽出手枪对准陈老二就是一枪，击中陈的腿部，士兵们连复几枪，“结束了陈老二的狗命”。随即，与陈老二有“深仇大恨”的群众，纷纷跑到附近人家借来刀子，“割其耳朵和鼻子，有的剖膛取心祭灵，有的割一块肉拿去下酒；有个士兵一刺刀挖出陈的眼珠子，猛然用脚踏破，眼液四溅。有人问他对陈老二为什么如此痛恨？他愤然答道：‘我家被他弄死三个人，我是为了报仇才来当兵的。’不过一袋烟功夫，陈老二只剩下一副骨架子。”在陈老二被镇压处死后的当天下午，县委才在县城和各区张贴布告，宣布陈的“十大罪状”。[②]

为保证农民运动向前发展，1927年3月，遵照上级指示，溆浦县成立审判土豪劣绅特别法庭，在全县开展了一场“镇压土豪劣绅的伟大斗争”。在短短一二个月内，全

① 有关全能主义的讨论，参见邹谠：《二十世纪中国政治：从宏观历史和微观行动的角度看》，香港：牛津大学出版社，1994年版。

② 参见中共溆浦县委党史办公室编：《湖南溆浦党史资料丛书》第2辑《溆水风云》，1986年9月，第10—14页。

县受到惩治的土豪劣绅达616人，其中镇压的11人，游斗的44人，坐牢的33人。1927年4月12日，国共两党正式分裂，5月21日，许克祥在湖南长沙发动“马日事变”。5月24日（这一日电报代日韵目为“敬”字），溆浦则发生了“敬日事变”。包括中共溆浦县委书记刘绩成在内的19人被溆浦驻军的陈汉章杀害，尸体被拖至县城溆水边的水码头，多被丢入溆水河中。之后，革命斗争更趋于激烈。“杀我们一个，还他们杀百个。”[①]1928年5月19日，中共溆浦县委遵照省委“暴动就是成绩”的指示精神，发动了震撼湘西的舒溶溪农民暴动，舒溶溪小学校长龙明汉被“凌迟处死”。[②]

在20年代暴烈的农民运动中，充满无限仇恨的斗争双方，都以无比残忍的手段置对方于死地而后快。人的尊严和价值，人的生命权、人身权、自由权和财产权等基本权利和自由，都在这种无比残酷的零和政治斗争中趋于毁灭。在传统中央权威被摧毁后，中国社会陷入了费孝通（1910—2005）所说的现代“法治秩序的好处未得而破坏礼治秩序的弊病已现”的状态之中。[③]霍布斯（T. Hobbes，1588—1679）指出：“在没有一个共同权力使大家慑服的时候，人们便处在所谓的战争状态之下。这种战争是每一个人对每一个人的战争。”[④]一个拥有几千年文明的社会，竟再现了人对人都是狼的“霍布斯主义丛林”的恐怖景象。在溆浦，抢劫、强奸和杀戮，惨绝人寰。强者和弱者，强者和强者，几乎都缺乏基本的人身安全预期。溆浦县水东乡溪口人贺幼农（1901—1949）1948年任溆浦县自卫总队副总队长（总队长由县长兼任）。1949年4月22日，贺幼农部下黄友良因嫖娼，指示舒均友开枪打死了贺的儿子贺谱生。贺幼农当即带人将舒抓获，酷刑拷打，尔后将其枪杀并枭首示众数天。贺幼农又抄了舒均友养父舒云太的家，将其全家老小近10人抓去关押。同时，贺幼农将黄友良押到溪口贺谱生坟前，并将黄友良绑在门板上，在其背上插上3把杀猪刀，将其嘴里塞上一束松毛，将活人当猪祭奠其子。黄友良在惨叫中死去。人对人的残忍狠毒，超过了人性所能作恶的极限。1949年12月25日，贺幼农在邵阳被人民政府枪毙。[⑤]20世纪20年代的湖南农民运动，许多土豪劣绅被愤怒的农民群众打死。湖南湘潭县大劣绅晏容秋，被农民送进监狱后没有立即枪毙，县农民协会就率领农民和各界人士拥向县署，迫使县长交出晏容秋，让农民将其活活打死。湖南宁乡县劣绅刘昭在被农民捕捉押解县署途中被击毙。湖南石门的龚星伯、

---

① 参见中共溆浦县委党史办公室编：《湖南溆浦党史资料丛书》第2辑《溆水风云》，1986年9月，第101页。

② 参见中共溆浦县委党史办公室编：《湖南溆浦党史资料丛书》第2辑《溆水风云》，1986年9月，第14—15、23、24、35—36、117页。

③ 费孝通：《乡土中国 生育制度》，北京：北京大学出版社，1998年版，第58页。

④ 参见［英］霍布斯：《利维坦》，黎思复、黎廷弼译，北京：商务印书馆，1985年版，第94页。

⑤ 参见中共溆浦县委党史办公室编：《湖南溆浦党史资料丛书》第3辑《溆浦剿匪资料选编》，1989年6月，第40—45页。

曾茂斋、王吉吾等地主，都是被农民自己动手打死的。同时，农会干部也有不少被残忍地杀害，如湖南茶陵县22都睦乡农民协会召开会议时，“劣绅黄卓甫等勾结团防局长罗兆鸿，将会议主席范荣桂包围殴击，‘以洋油、柴薪活活烧死，尸首粉碎，丢弃灭迹。’”①法国学者路易斯·博洛尔（Louis Proal）在《政治的罪恶》一书中深刻地指出：“每一种动物以另外的一种动物作为自己的敌人，但人类的最大敌人却是人类自己。”②

溆浦1951年开始的暴烈土改运动，与20年代暴烈的农民运动所种下的阶级仇恨是一脉相承的。不同的是，这一次土改是以国家政权为后盾的大范围全局性的统一革命行动。

马克斯·韦伯曾揭示：“通过诉诸暴力反对不正义，最终的结果不是更多权利的胜利，而是更多的武力或狡诈。”③批斗地主实质上是一种以革命群众专政的暴力方式，践踏和剥夺地主的人身权利。以践踏人的尊严和价值为特征的土改运动，先是堂而皇之地对准地主这些阶级敌人，但用不了多久，这种对付阶级敌人的武器，很快就将对准包括国家主席刘少奇在内的党的几乎所有的政治精英和知识精英。

斗地主是为了打地主的“威风”，不把地主的“威风”打下去，就分不成田。斗地主一般经过群众诉苦责问、殴打，有的地主在批斗后被立即枪毙。彭燕郊在溆浦土改运动的日记中记录了一些斗地主的详细过程。

召开全保斗争会。

陈主席的讲话：“十里路，今天要走八里，明天就只有里把了。”

地主押上台，跪下。农会主席要地主陈思义自报五大财产。

群众问（地主）：卖那它，卖好多？（地主说36年卖了田。）

证人说：是四担一斛。（地主说做佛事卖的，四担多。）

口号：地主不坦白不行。群众说：你坦白讲呵。

“你每年收好多谷，做佛事要卖田吗？”

“要人民知道你就讲，不知道你不讲，你还是不坦白。”

“吃人民血汗不还不行。”

“老实点，说好多，是好多，不要人家问。”

“人家问一丘你讲一丘。”

“四架还是三架，”群众，“四架就是四架，三架就是三架。”

---

① 参见王全营、曾广兴、黄明鉴：《中国现代农民运动史》，郑州：中原农民出版社，1989年版，第218—227页。

② ［法］路易斯·博洛尔：《政治的罪恶》，蒋庆、王天成、李柏光、刘曙光译，北京：改革出版社，1999年版，第96页。

③ 转引自［美］贾恩弗朗哥·波齐：《国家：本质、发展与前景》，陈尧译，上海：上海人民出版社，2007年版，第11页。

（9亩田应打36担）地主说只打20多担。

200多鸭子，说是死了多少，卖了多少。一条卖两升，只是卖升半。

"到底吃饭要劳动，还是吃现成的？"

口号没喊完，有人站起来讲：不坦白不行。

"还有哪里寄得有，我屋里（按：溆浦方言，指妻子）没告诉我，我不知道。"

喊陈思义堂客（按：溆浦方言，指妻子）来问，（陈思义堂客）站在台下，只有些包裙、鞋子、袜子之类。

群众追问：还有冇拿。

陈思义寄四床被窝到塘湾，说是农会打证明的。问他是哪里农会打的？答是塘湾农会。

证人出场，东西两个人看见，他挑出去的，共挑两担，挑到黑。地主婆还不承认。（两个证人没有培养好，袖着手，不敢认地主婆。）证人是地主。（其实一个小土地出租，一个雇农，老易记错。）

借谷六担，大加五息，每年还三担，从民国16年到31年（按：1927年到1942年），共还息16年，共还48担。

牛吃了他的麦，要赔4担谷。

儿子在台上诉，父母跑到台前指着地主同诉。

斗争结果，因材料掌握不多，形成下不得台，其中几乎发生吊打（已将陈思义堂客衣服脱下）。①

溆浦县均坪十一保将斗地主的做法在全县土改总结会上作了经验介绍：

斗争大会前一天，召开中贫雇农会，提出大会是个翻身关键，"几千年就看这一天"，对地主罪恶进一步揭穿。这时大家斗争情绪很高，大家提出"明天斗不垮（地主）不散会"。再开小组讨论会，提出不带小孩，不带烟袋。……明确斗争对象，23户地主斗5户，进一步培养苦主，根据诉苦大会情况，个别重苦轻诉纠正。先一天开全保苦主会，进一步培养，共63人，培养了一天一夜，先演习一下，把地主可能的顽强估计到，50几个苦主准备了人证物证。

又召开贫雇农代表会，产生主席团，分工。

（1951年）12月19日开全保反霸斗争大会。群众情绪相当高，天没亮就到齐，有的等了一夜，半夜就起来。妇女不带小孩，男的不带烟斗。到了800多人。富农站在后面。

第一个斗肖玉高，苦主25个。从诉苦一直追。"为什么压迫？""我有钱有势。""你

---

① 参见《彭燕郊溆浦土改日记》，1952年1月27日，第127—128页。

为什么有钱有势？”（收租、国民党）……

另一个（地主）向××，不承认，苦主坚持了一个多钟头，斗倒了才下来。一整天，没休息，一点儿不倦。到最后一个，群众喊：“斗不垮晚上我们点灯斗。”有些群众把油柴都拿来了。

狗腿子也跑出来作证，诉晕倒的也有。从剥削追到政治，从政治追到思想，从思想上打垮了。①

曾在溆浦县八区（江口）担任区长的郭静秋在回忆录中写道：

有一次，我在曹家溪村，领导一次反霸斗争大会。一个恶霸地主站在台上被斗，贫雇农一个个上台诉苦斗争。一个苦大仇深的雇农，诉苦诉得大哭起来，走过去就将那地主的右耳朵咬下一半，“呸！”一声吐在台上，台下的群众骇了一跳。他又准备去咬地主的左耳，我马上制止他。②

对于所谓的恶霸地主，有的没有经过批斗就枪毙，有的在召开群众批斗会后立即拉出去枪毙。在土改中担任过民兵的卢峰镇横岩村的李佑良回忆说：

对于欺压百姓的地主，就整他，关起来，有材料的就打掉（按：枪打掉，即枪毙）。都是民兵去抓，用绳子捆起来，只捆地主，那叫打威风，不然田土分不下去。十三保地主陈宗元，当过乡长，抓到后三天就枪毙了，不要诉苦。

有一次在水东区，斗完地主后，将地主牵到江坪（按：江坪不是地名，溆浦将江河的河床滩头叫江坪）去，排一路跪着，一个个打掉。吹号了，就同时打掉。用枪对准地主后脑壳，一枪，脑壳开了花，脑壳不见了，只剩下肩膀、脖子垛垛。那一次，一下子就打掉了18条人。家里有人属的就将尸体抬回去埋了。没有人属的就死在江坪让狗吃掉。

当时斗争时，有一个地主的孙子斗爷爷的争，说爷爷睏了他妈妈，也打掉了。

那时水东区是岳区委当书记。

思蒙和尚坪的地主雷继熹，有几百亩田、几十杆枪，属于武装地主。将他抓到后，用铁丝穿起他的鼻子，牵起火火起走。在思蒙批斗后打掉了。他全家20多人全部打掉。雷继熹小婆子生的儿子，七八岁，也打掉了。他一屋人冇留根根，全家诛灭。③

据《溆浦县公安志》记载，恶霸雷继熹，男，1897年生，思蒙乡七保人，家有田产800余亩，茶山、橘园100余亩，置有长枪10支，短枪3支，任过区团防分局局长。

① 参见《彭燕郊溆浦土改日记》，1952年1月29日，第164—165页。

② 参见郭静秋：《流放者之歌》，2000年8月，第101页。

③ 2007年9月23日笔者湖南溆浦调查访谈记录。

1950 年 9 月 2 日在当地公审后执行枪决。[1] 路易斯·博洛尔揭示：“在谋杀了父母之后，一定要宰杀这些父母亲生下来的儿女。长期以来，这是一条不成文的政府行为准则。这条准则一直在起作用，政治的残酷性要求斩草必须除根。”[2]

在当时，杀人杀得多、杀得狠，是革命的表现。毛泽东提出，镇压反革命分子，必须“打得稳，打得准，打得狠”。对于什么叫“打得狠”，毛泽东解释说，就是“要坚决地杀掉一切应杀的反动分子”。为此，毛泽东对湘西地区杀人杀得狠给予充分肯定：“在湘西二十一个县中杀了一批匪首、恶霸、特务，准备在今年由地方再杀一批。我认为这个处置是很必要的。”[3] 毛泽东将杀人权下放到地方后，各地诛杀“反动分子”的革命干劲大涨。中共沅陵地委就曾电告溆浦，对“罪大恶极，群众痛恨的，即时枪毙。对发动群众有利，但来不及请示者可个别的杀了再报，或电话中请示。”溆浦县遵照此指示，在全县范围内开展了对地主恶霸、反革命分子进行“大张旗鼓的镇压”运动，结果是“效果很好”。1951 年 6 月，地委专门派检查组对溆浦县芙蓉乡（现横板桥乡）五、六两个保（农会）（现芙蓉、大洞、乌峰、集中四个村）的镇压运动进行验收。这两保于 1950 年 12 月 27 日联保（农会）召开群众斗争大会，斗争后就地镇压（即枪毙）11 人，其中惯匪 1 人、特务 3 人、恶霸 6 人，地特 1 人。[4]

时过 50 多年后，李佑良在回忆时感叹“那时打人打多了”。在结束笔者访谈时，李佑良反复说：“那时太乱了，还是正规好，还是正规好。不管国民党、共产党，一要正规，二要正派，正规过旧些，这样好，不要乱来。”

溆浦那时打人（按：枪毙）最多，如有人报复，只要揭发就打掉。溆浦县那时打得太多了。当时溆浦有两个著名的社会贤达人士，一个差一点被枪毙了，一个被枪毙了。差一点枪毙的荆嗣佑，马田坪荆家人，当过毛主席的老师。当时荆嗣佑说，你们要打我，你们先给毛主席打电报，他说打，你们就打。后来县里发了电报，上面不准打，将他派到（黔阳县）安江去安排了工作。一个叫陈遐龄，马田坪地坪村人，当过将军。当时他将近 80 岁了，生病走不动路。就将他的手脚捆起来抬出去枪毙了。[5]

荆嗣佑（1889—1969），溆浦马田坪荆家村人，同盟会会员，系宋教仁（1882—1913）领导的小组成员之一，1910 年毕业于京师农商部高等实验学校，被清廷赐为

---

① 参见《溆浦县公安志》，1995 年 10 月，第 93 页。有关雷继熹“罪状”情况，参见中共溆浦县委党史办公室编：《溆浦剿匪资料选编》，1989 年 6 月，第 207—215 页。

② [法] 路易斯·博洛尔：《政治的罪恶》，蒋庆、王天成、李柏光、刘曙光译，北京：改革出版社，1999 年版，第 30 页。

③ 毛泽东：《镇压反革命必须打得稳，打得准，打得狠》（1950 年 12 月——1951 年 9 月），载《毛泽东选集》第 5 卷，北京：人民出版社，1977 年版，第 42 页。

④ 参见《溆浦县公安志》，1995 年 10 月，第 90 页。

⑤ 2007 年 9 月 23 日笔者湖南溆浦调查访谈记录。

“举人”，随即入日本明治大学。辛亥革命前后追随孙中山从事革命的反袁斗争。1916年，他受中华革命党派遣回湖南，参加长沙暴动成功后，任湖南省榷运局局长。1917年重渡日本，进明治大学学习。回国后执教于湖南长沙群治法政学校，其间经何叔衡（1875—1935）介绍义务担任船山学社自修大学英文教师。1921年春，赵恒惕（1880—1971）在湖南搞“联省自治”，荆嗣佑当选为省议员。1927年“四一二”国共分裂后，荆嗣佑先后执教于北京大学、交通大学。1933年，胡汉民（1879—1935）在广州成立反蒋的西南政府，荆嗣佑出任参议，后担任李宗仁（1891—1969）的顾问。抗战胜利后，荆嗣佑回长沙受聘于文艺中学、克强学院。共产党执政后，荆嗣佑先任溆浦县马田坪小学校长，后调沅陵行署工作。1951年调任湖南文史馆馆员，1969年病故于安江。①

陈遐龄（1873—1950），溆浦马田坪地坪村人。1894年中甲午武举，后东渡日本，毕业于日本陆军士官学校。1907年，陈遐龄任标统入四川驻防雅州。1918年北京政府任命陈遐龄为川边镇守使。不久被北京政府授予康威将军军衔。1937年卢沟桥事变后，陈遐龄回到溆浦，先后担任湖南省参议员、县军事参议会名誉会长、县自卫总队副总队长。他带头捐资倡修溆浦西湖口浮桥，方便溆水两岸民众通行。1945年，他应湖南省政府主席王东原（1899—1997）邀请出席沅陵专区行政会议，力主当局减轻民众负担：“谁要摊派，谁就不是好县长、好乡镇长。”1950年12月，77岁的陈遐龄在镇压反革命运动中被枪毙。1984年5月，中共溆浦县委对陈遐龄予以平反。②

有的农民回忆当年土改、镇反时，十分困惑地说：

那时，一批批人都被捆去枪毙了，死掉好多人，死掉好多人！都是些农民，犯了什么砍脑壳的罪？③

曾主持溆浦县公安局工作、领导过溆浦八区（江口）土改运动的郭静秋，④时隔50多年后在接受笔者访谈时认为那时“杀人还是杀得太多了”：

当时杀这么几种人：一是土匪头子，二是惯匪，三是恶霸，四是帮会头目，五是国民党反动党团头子。

当时我们看来是正确的，要杀一批，不杀不行。但是杀多了。政策归政策，到下面就杀尽了。

---

① 参见《溆浦县志》，北京：社会科学文献出版社，1993年版，第681—682页。

② 参见《溆浦县志》，北京：社会科学文献出版社，1993年版，第666—667页。

③ 2007年2月15日笔者调查访谈记录。

④ 郭静秋1922年出生于溆浦县城长冲口，1948年6月毕业于湖南大学文学系，1949年11月随南下工作队回到溆浦，同年底主持溆浦县公安局的日常工作约半年时间（时县委书记任之兼任公安局长），后任八区区长，领导过当地的土改运动，1953年1月离开溆浦，调入湖南省文化局。1955年被当成肃反对象，1957年被打成右派，1962年被清理出干部队伍，流放到屈原农场。1979年后平反，担任过湖南省艺术学校校长、党委书记等职。相关内容参见郭静秋：《流放者之歌》，2000年8月。

那时也没有办法，上面分配任务，你不完成杀人任务，就是右倾。我到沅陵地委（当时设在辰溪）开会，书记叫陈郁发，部队下来的。地委上一级是湘西区党委，书记周赤萍，这个人很左。在会上布置任务时说：“宁愿错杀一百，不要放走一个。”

我是（溆浦县八区）区长，还有区委书记赵中财，山西人，溆浦话他听不懂。他没有文化，写不得，认不得，人的能力很好。区里20几个干部，基本上高中毕业生。

在地委开会时要求各地报杀人计划，我做计划，说大概杀十七八个人。这不得了了，领导不高兴了，说你们只杀十几个人，太少了，是右倾。在小组会议上我受到了批评。我说我回去跟区委书记商量后再报。

我从辰溪走路到江口70多里。回到区里与赵中财书记商量，他很正直，也说杀一二十个吧。我说这个数字我在地委开会时就挨了批评。后来，江口一次就杀了十几个人。

这不是我能控制的。那时没有法治，当时说是说（杀人）要县委批准，其实不是那么回事，每个干部都可以批准，罪名是“罪大恶极”就行了。上面也不管你，只要你完成任务。我们区里有个干部叫罗良骥，我当区长也管他不到。他将一个80多岁的一般地主杀掉了，还将他全家男的都杀了，只有一个男的跑掉了。

有杀错的吗？肯定有杀错的。我认识的一个同学钟学厚就杀错了。他纯粹是个学生，他家里是地主，他与贫下中农相骂，打了起来。在当时，你屋里是地主成分，打贫下中农，就是恶霸，枪毙了。我认为他肯定杀错了，他不是反革命，也不是恶霸。

那时，贫下中农说你是恶霸，你就是恶霸。这样的例子很多，讲不清，没有法治啊。

到底溆浦杀了多少，我也不晓得。记得当时溆浦有人告到中央，说溆浦乱杀人。中央要求溆浦将名单和数字报上去。当时县委书记任之、县长谌鸿章急急忙忙跑到我们区里，要统计数字，我们也统计不出来。①

土改与镇压反革命基本是同步进行的。镇压反革命的目的是为了确保“土改的顺利进行”。自1950年8月至1951年秋，在一年多时间的镇压反革命中，溆浦县共枪毙特务、匪首、帮会头子、恶霸地主等反革命分子689人，其中特务48人、匪首276人、恶霸315人、反动党员骨干18人，反动会道门8人、其他24人，关押反革命分子603人，交群众管制的反革命分子901人。②

另据《溆浦县公安志》记载，在整个镇反运动中，全县处决一大批反革命，占全县总人口的2‰。逮捕3785人，管制3231人。对罪行轻微、认罪态度好和有立功表现的

---

① 2007年7月28日笔者湖南长沙调查访谈记录。

② 参见溆浦县史志办编湖南省溆浦县党史资料丛书第6辑《溆浦县开展抗美援朝运动资料选编》，1998年7月，第14页。

假释或教育释放1135人，随军服役125人（其中土匪76人），牢内病亡62人，自然死亡209人，另外逃不知下落者72人。[①]

没收：瓜分胜利果实

如果说，批斗地主是对地主人身权的剥夺的话，那么没收和瓜分斗争果实，则是对地主私有财产权的剥夺。

按照《土地改革法》的规定，没收财产只限于地主的五大财产，即土地、耕畜、农具、多余的粮食和多余的房屋，并规定对地主的其他财产不予没收。而实际上，在溆浦土改中几乎没收地主的所有财产，同时也没收富农的财产，并且通过提高阶级成分，一些属于中农的家庭财产也被划为地主而被没收。

在溆浦县参加过两期土改的郭静秋妻子黄克和（1930—）介绍：

将地主斗完了，就分土地、造册子，将没收来的土地、财产拿来分，叫分胜利果实。没收地主、富农的财产叫浮财。主要是些被子、家具、衣服等，叫胜利果实。贫雇农将分得的家具、衣服抬回家。

贫雇农最高兴的就是分胜利果实。[②]

桥江镇革命村向祚书的父亲原划为下中农，后因提高阶级成分而被划为官僚地主。他家的所有财产被全部没收，全家七口人被"扫地出门"：

没收了田、土。家里的所有东西，农具（没有耕牛）、被子、蚊帐、米、油、床、板凳、柜子、箱子，等等，都没收了。

我结婚时（1948年）老婆从娘家带来的嫁妆，也都被没收。没收的财产由农会分给贫农、雇农、佃农。将我家的房屋没收分给贫农向章兴住，我们7口人全部被赶出家门不准住。

我们一家只有搬到黄家冲庄屋住，庄屋只准住一半，另一半安排雇农黄恒生住。住在我家的向章兴已去世，他的弟弟向章发一家现在还住在我们以前的屋里。[③]

卢峰镇横岩村的李佑良回忆：

工作队带民兵到地主家里没收东西，所有的粮油、家具、衣服、被子、床、桌椅板凳、柜子、缸子、金银、花币全部没收，抬到农会去。把屋也没收，交给没有屋住的贫雇农去住。金银、花币上交，其他财产分给贫雇农。

---

① 20世纪50年代初溆浦县总人口约40余万人，以2‰计，在镇反运动中全县被枪毙的人约在1000人左右。参见《溆浦县公安志》，1995年10月，第92页。

② 2007年7月28日笔者湖南长沙调查访谈记录。

③ 2007年9月23日笔者湖南溆浦调查访谈记录。

没收来的财产分为三等，最好的最值钱的为一等，最差的为三等。最穷的人先分东西，只能选一样。只有贫雇农分，中农没有参加分。[①]

七区均坪十一保在介绍土改工作时，指出没收中存在的问题：

选举的代表去地主屋里没收时，干部包办，登记、清算各股都是我们的干部。不分大中小，一到地主家里，要其老老小小都跪下来，地主哭了，代表也哭（妇女）。代表在旁边走来走去，干部要包办，有个代表向地主说："你快交东西吧，不然，工作同志来了要斗争你了。"

群众要清算中农，对中贫雇团结宣传不够，把一个贫雇的4两纱没收了。[②]

经过暴风骤雨般的土改，全县共没收和征收多余土地197787亩、山林2240416亩、房屋23649间、耕牛4319头、农具33207件、粮食662.18万斤。有224290人分得土地、山林、房屋、耕牛、农具等。[③]

土改后农村各阶级人平占有土地几乎接近绝对平均的水平。经过土改，新政权自豪地宣布废除了延续几千年的封建土地所有制，实现了"耕者有其田"的农民土地所有制。土改前后溆浦各阶级占有土地的变化情况，见表2：

土改前后溆浦各阶级土地占有情况

阶级	人口（人）	比例（%）	土改前			土改后		
			占有土地数（亩）	比例（%）	人均（亩）	占有土地数（亩）	比例（%）	人均（亩）
地主	21926	6.00	217590	37.60	9.93	33546	5.80	1.52
富农	15716	4.30	74073	12.80	4.71	24045	4.16	1.53
中农	116942	32.00	197906	34.20	1.69	197906	34.20	1.69
贫（雇）农	190031	52.00	68853	11.90	0.40	291609	50.39	1.54
其他	20830	5.70	20253	3.50	0.97	31569	5.45	1.51
合计	365445	100	578675	100	1.58	578675	100	1.58

资料来源：《溆浦县志》，北京：社会科学文献出版社，1993年版，第220—221页。

"再没有比革命给一个国家带来的创伤更严重的事件了，因为革命意味着一个国家政治、社会智力上的全盘变革。"[④]中国革命从近因上看，直接受到俄国革命的影响；从长远看，则是霍布斯鲍姆（Eric Hobsbawm，1917—）所概括的"双元革命"即英国的工业革命和法国的政治革命的影响。世界上所有古老的文明与帝国在"双元革命"的冲

① 2007年9月23日笔者湖南溆浦调查访谈记录。

② 参见《彭燕郊溆浦土改日记》，1952年1月30日，第175页。

③ 参见《溆浦县志》，北京：社会科学文献出版社，1993年版，第220页。

④ [美]苏珊·邓恩：《姊妹革命：美国革命与法国革命启示录》，杨小刚译，上海：上海文艺出版社，2003年版，第250页。

击下都崩溃了，中国也不例外。“双元革命”改变了世界，也改变了中国。[①]

中国革命创造了一系列革命话语用以承载革命观念。在革命者看来，革命具有无可比拟的正当性和神圣性。在人的身份、职业或行为举止前面加上“革命”二字的修饰，一切就变得神圣和光荣起来。如革命领袖、革命干部、革命军人、革命同志、革命群众、革命知识分子、革命家庭、革命事业、革命运动、革命感情、革命友谊、革命斗争、革命竞赛、革命歌曲、革命行动、革命组织、革命队伍、革命纪律、革命理想、革命人生观等，甚至人名、地名和单位名，都纷纷加上革命二字。每个人“都觉得只有戴上一个革命帽子才安全，才光荣。”[②]中国人开始陶醉在对革命的绝对崇拜之中。“反革命罪”是革命岁月里最罪大恶极的罪名。即使在中国进入改革年代后，改革的旗帜也要打上革命的标签才能在众人心中获得正当性和权威性，如众所周知的流行话语——“改革是中国的第二次革命”——就是假以革命的声威来为改革颁发出生证和通行证。

对于革命的最大受益者之一，贫雇农常用的革命话语就是“翻身”。美国学者韩丁（William Hinton，1919—2004）专门写了一部反映中国农民“翻身”的书，书名就叫《翻身》。在该书中，韩丁解释了“翻身”的涵义。从字面意义上，它就是“躺着翻过身来”，对于贫苦农民来说，这意味着站起来，打碎地主的枷锁，获得土地、牲畜、农具和房屋，意味着进入一个新世界。[③]

---

① 参见［英］艾瑞克·霍布斯鲍姆：《革命的年代》，王章辉译，南京：江苏人民出版社，1999年版，第2—5页。

② 李泽厚、刘再复：《告别革命——回望二十世纪中国》，香港：天地图书有限公司，2004年版，第63页。

③ ［美］韩丁：《翻身——中国一个村庄的革命纪实》，韩倞等译，北京：北京出版社，1980年版，关于“翻身”一词的说明。另参见［加］伊莎贝尔·柯鲁克、［英］大卫·柯鲁克：《十里店——中国一个村庄的群众运动》，安强、高健译，北京：北京出版社，1982年版，第1页。

以权利看待农民——我为什么关注农民公民权①

笔者主张从公民权的视角研究农民问题，主要缘起于本人多年来对农民命运与国家治理的历史沉思、现实困惑、未来憧憬和理论追寻。

历史沉思：兴亡百姓苦怪圈

每个人都生活在人类历史的长河中，每个学者都跋涉于人类思想的山川间。人类的历史知识是人类社会的共同财富，也是所有科学研究的基础。历史的头脑是一个优秀的学者所不可或缺的。"历史的确证实了爱因斯坦的一句名言，除非一个人摈弃细枝末节，具有更广阔的视野，否则，在科学中就不会有任何伟大的发现。"②英国历史学家阿诺德·汤因比（Arnold Joseph Toynbee，1889—1975）在著名的《历史研究》中，考察了人类文明的起源、文明的成长、文明的衰落和文明的解体。在他先计算出 21 种文明、后又重新统计出的 31 种人类文明的比较研究中，中国文明被列为独立的不从属于其他文明的 5 种文明中的一种。③在对人类事务的研究中，汤因比延续了波里比乌斯（Polibius，公元前 210—公元前 128）的观念，认为"在一个时间和空间均已统一的世界上，对人类事务的研究若想取得成效的话，就必须从广阔的视界入手。"④著名的全球通史专家斯塔夫里阿诺斯（Stavrianos，1913—2004）认为中国文明是"世界上最古老的、连续不断的文明"。⑤斯塔夫里阿诺斯在解释中国为什么会拥有世界上最古老的、连续不断的文明的诸因素中，提到了有助于中国文明连续性的庞大人口和农业生活方

---

① 本文原载《湖南公安高等专科学校学报》2008 年第 5 期。

② 转引自［英］阿诺德·汤因比：《历史研究》，刘北成、郭小凌译，上海：上海人民出版社，2005 年版，第 23 页。

③ ［英］阿德诺·汤因比：《历史研究》，刘北成、郭小凌译，上海：上海人民出版社，2005 年版，第 52 页。

④ ［英］阿德诺·汤因比：《历史研究》，刘北成、郭小凌译，上海：上海人民出版社，2005 年版，第 23 页。

⑤ ［美］斯塔夫里阿诺斯：《全球通史：1500 年以后的世界》，吴象婴、梁赤民译，上海：上海社会科学院出版社，1999 年版，第 66 页。

式，他对“头戴草帽，在麦田或水稻田里辛勤劳动”的典型中国农民形象印象深刻，他认为中国农民“至少占总人口的五分之四，他们用自己宽厚的背脊，担负着供养城市居民、朝臣和士兵的重荷。”① 毋庸置疑，农民是中国传统农业文明的主要创造者和传承者。

农民的命运与国家的治理息息相关。历史上，农民在“太平”与“乱世”之间，选择“宁做太平犬，不做乱世人”。他们近乎宗教般虔诚地渴望“太平盛世”。中国农民始终把自己的命运与国家的命运紧紧联系在一起，“国泰民安”四字高度浓缩了中国人心目中“国”与“民”密不可分的关系。

“国家”这一概念在中国，至少有三种意涵：一是“国”与“家”密不可分，相互依存，即所谓“家国不分”，“国”离不开“家”，“家”也离不开“国”。正如卡尔·马克思指出的那样：“政治国家没有家庭的天然基础和市民社会的人为基础就不可能存在。”② 二是“国”在“家”前，即所谓“有国才有家”，只有“国家”太平，农民才能安居乐业。换言之，只有把“国”治理好了，“民”才能安享太平。三是“国”的职责在保卫“家”，“国”的后面有“家”作基础、作后盾、作支撑；“家”的前面有“国”作堡垒、作前锋、作护卫。

几千年来的中国历史，实质上就是“国”与“家”或者说是“国”与“民”关系的历史。中国古代学者荀子（约公元前298—公元前238）对君民关系的见解影响深远：“天之生民，非为君也。天之立君，以为民也。”③ 他强调君民关系为“舟”与“水”的关系：“《传》曰：‘君者，舟也；庶人者，水也。水则载舟，水则覆舟。’此之谓也。”④ 唐太宗李世民（599—649）深悟“水可载舟亦可覆舟”之理，从而提出：“为君之道，必须先存百姓，若损百姓以奉其身，犹割股以啖腹，腹饱而身毙。”⑤ 民本思想是中国古典政治哲学中最具价值的部分。

但在中国历史上，农民与国家的关系始终没有得到根本的解决，一治一乱循环的历史周期率没法打破；“兴，百姓苦；亡，百姓苦”的历史怪圈没法跳出；孔子（公元前552—公元前479）叹息过的“猛于虎”的“苛政”没法根治；“天高皇帝远，民少相公多，一日三遍打，不反待如何”，这种官逼民反式的中国传统政治困境没法终止。于是，在世界历史上并不多见的农民起义和农民战争，在中国历史上却频频发生。自从公元前209年陈胜、吴广举起中国历史上第一次农民起义的大旗后，几千年来各种大大小小的农民起义或农民叛乱，充斥着几乎每个朝代，成为中国改朝换代的重要机制。

① ［英］阿德诺·汤因比：《历史研究》，刘北成、郭小凌译，上海：上海人民出版社，2005年版，第68页。

② 《马克思恩格斯全集》第1卷，北京：人民出版社，1956年版，第252页。

③ 《荀子·大略》。

④ 《荀子·王制》。

⑤ 《贞观政要·君道》。

令人深思的是，不管农民起义成功与否，农民的悲惨命运似乎并没有得到根本的改观。遇乱世，“白骨露于野，千里无鸡鸣。”[①]处盛世，“朱门酒肉臭，路有冻死骨。”[②]斯考切波（Theda Skocpol，1947—）在对中国的研究中发现：“在整个帝制中国的历史上，正是农民的怨愤点燃了起义——但即使是成功的起义，也只不过是使现存制度获得新生。”[③]纵览二十五史，中国农民的悲惨命运充斥字里行间，无不令读史之人痛心扼腕；放眼大好河山，中国农民的血泪生活随处可觅，直叫多少仁人志士作“哀民生多艰”之叹。[④]国家如何跳出“治乱循环周期率”，农民如何走出“兴亡百姓苦怪圈”，这是我对中国历史的一个长久的沉思。

现实困惑：农民真苦?

现实的种种困惑又常常迫使我静下心来不断思索农民问题的症结所在与解决之道。马克思说：“我们越往前追溯历史，个人，也就是进行生产的个人，就显得越不独立，越从属于一个更大的整体。”[⑤]在传统中国，农民被各种压制性力量所束缚。毛泽东（1893—1976）就认为：“政权、族权、神权、夫权，代表了全部封建宗法的思想和制度，是束缚中国人民特别是农民的四条极大的绳索。”[⑥]传统中国皇权主义的政治实践，印证了马克思的一个著名判断：“专制制度的唯一原则就是轻视人，蔑视人，使人不成其为人。”[⑦]在人类文明进程中，摆脱专制制度下个人受制于共同体支配的过程，也就是近代以来以张扬人的个性、追求人的自由、确立个人权利为标志的民主化过程。“人摆脱对共同体的依附成为独立的个人这样一个过程就是民主革命的实质，对农民来说，就是使农民得到完全的充分的公民权利，包括公共事务中的民主参与权利与私人领域中的自由权利。”[⑧]平等的公民权利的确立和保障，是现代国家构建的普遍取向。

中国从传统国家向现代国家的转型，经历了惊心动魄的革命和惨绝人寰的内乱。以农民为主体的1949年革命，实质上是一次新型的农民革命。革命的胜利使农民获得了

---

① 《曹操集·蒿里行》，北京：中华书局，1959年版，第4页。

② 杜甫：《自京赴奉先县咏怀五百字》，载《杜诗详注》第1册，北京：中华书局，1979年版，第270页。

③ [美] 西达·斯考切波：《国家与社会革命：对法国、俄国和中国的比较分析》，何俊志、王学东译，上海：上海人民出版社，2007年版，第182页。

④ 《楚辞·离骚》。

⑤ 《马克思恩格斯选集》第2卷，北京：人民出版社，1972年版，第87页。

⑥ 毛泽东：《湖南农民运动考察报告》（1927年3月），载《毛泽东选集》第1卷，北京：人民出版社，1991年版，第31页。

⑦ 《马克思恩格斯全集》第1卷，郑州：人民出版社1956年版，第411页。

⑧ 秦晖：《农民中国：历史反思与现实选择》，郑州：河南人民出版社，2003年版，第6页。

新的政治解放，农民空前冲破了传统族权、神权和夫权的束缚，历史性地摆脱了传统小共同体的宰割。但与此同时，农民却陷入了高度集权的体制性束缚之中。林尚立指出，1949年后中国的国家权力全面渗透到社会生产生活之中，这样，“在政治上获得解放的社会，很快又在体制上被国家所吞食”。[①]新政权在动员农民摆脱传统小共同体束缚的同时，却大大强化了农民对大共同体即对国家的严重依赖。特别是在人民公社时期，农民遭遇了有史以来无与伦比的国家权力的强力支配。农民的土地私有产权被废除，共和国宪法明文规定的公民基本权利和自由，在计划经济体制中被消解。20世纪50年代，国家推行的农业集体化和构建的城乡二元社会结构，使农民在职业上丧失了土地私有产权，在身份上被降为二等公民的地位。亿万农民和整个国家为此都付出了惨重的代价，包括1959—1961年大饥荒所造成的数千万农民的非正常死亡。农民革命的胜利与农民命运的多舛，不禁使人追问：为什么农民革命并没有解决农民问题？为什么大多出身于农民家庭的共和国元勋却创设了限制和歧视农民的城乡二元体制？显然，我们丝毫不能假设人民共和国的开国元勋们没有基本的农民情怀。恰恰相反，以毛泽东为代表的新政权的建立者大多出身于农民家庭，他们对农民的深情关切，给人印象深刻。毛泽东就被认为是“代表农民说话的”。[②]

治国有道，非激情所能为之。《淮南子》云：“治国有常，而利民为本。”[③]老子说的“治大国若烹小鲜”似过于哲学化了，[④]但他提倡“为无为则无不治”的无为政治思想，[⑤]则体现了对滥用民力、横征暴敛的国家权力的防范，与西方自由主义防范国家权力的观念是相通的。20世纪50年代中国农村的强制集体化运动以及90年代农村一些地方“逼民致富”的举措所酿成的苦果，似乎可以看作是背离“无为政治”的典型案例。西汉初期，帝国秉承黄老“无为而治”的政治理念，实行“休养生息”，使民得其利，国亦增其强，开创了颇为史家称颂的中国历史上第一个盛世——“文景之治”。汉文帝（公元前179—公元前157在位）十二年宣布免收当年田租之半，即实行三十税一；次年6月下诏免收天下田租，即全部免征农业税，直至景帝（公元前156—公元前141在位）前元二年才以三十税一复收田租至西汉末。[⑥]汉文帝和景帝在全国免征农业税持续时间长达10余年，成为中国两千多年皇权社会中改善民生的奇迹。

需要申明的是，在现代，“无为而治”的政治观念在排除国家权力滥用的同时，也

① 林尚立等:《制度创新与国家成长——中国的探索》，天津:天津人民出版社，2005年版，第10页。

② [美] 莫里斯·迈斯纳:《马克思主义、毛泽东主义与乌托邦主义》，张宁、陈铭康等译，北京:中国人民大学出版社，2005年版，第160—161页。

③ 《淮南子·氾论训》。

④ 《老子》第六十章。

⑤ 《老子》第三章。

⑥ 《汉书》。

极有可能推卸国家的公共服务之责。对这一点，美国的全球通史专家斯塔夫里阿诺斯注意到了："中国有句谚言说，'治理国家犹如煮一条小鱼：不宜过分。'因而，在现代世界中被认为理所当然的那些为社会服务的职责，中国历代政府均不承担……更确切地说，中国政府的主要作用在于征收捐税、保卫国家免遭外来进攻和巩固王朝不受内部颠覆。"① 在当代，如何区分和界定国家权力的"无为"与"有为"领域，如何在限制国家权力的同时提高国家能力，如何谋求国家专断性权力与基础性权力的均衡，是中国现代国家构建不可回避的时代课题。

农民基于饥饿逻辑而自发兴起的包产到户，经过多次沉浮终成正果。随着家庭联产承包责任制的推行，强制集体化所造成的粮食短缺与饥饿威胁一举得到了根本性的扭转。人们有理由深思：土地还是那块土地，农民还是那些农民，为何体制不同两重天？70 年代末以来，纠正政府失灵的市场化改革，开始冲破全能主义对个人身心的重重束缚，农民获得了空前的生产自主和选择自由，蕴藏于每个人心灵深处的积极性和创造性得到了巨大的释放。但随着改革的推进，市场失灵问题日益凸显。同时，政府公共服务职能在市场化改革中发生了迷失。缘起于城乡二元体制所积累的深层次矛盾，在市场化改革中未能得到及时有效的解决。自 80 年代中后期特别是 90 年代以来，以农民负担、农民工、强制征地拆迁等为主要表征的"三农"问题，在 21 世纪之交得到了最为集中的爆发。"农民真苦，农村真穷，农业真危险"成为当代中国"三农"问题的经典表述。造成这种令人不安的农民问题的深层次原因是什么呢？为什么人口最多的农民反而会在利益博弈中被边缘化与弱势化？农民公民权的发展与经济增长及社会转型有何逻辑关联？中国能否转向以尊重个人权利为基础的发展？这是现实的困惑对我理论思维的刺激性追问。

未来憧憬：走进公民权时代

对未来的憧憬即是我心中久藏的一个梦想，这就是在宪法的框架内，尊重、保障和实现农民平等的公民权，使每一个农民作为共和国的公民而在祖国的大地上得到自由而全面的发展。1963 年 8 月 28 日，美国著名的黑人民权运动领袖马丁·路德·金（Martin Luther King, 1929—1968）在华盛顿特区林肯纪念堂前发表了震撼美国和世界的反种族歧视的演讲——《我有一个梦》。在这个著名的演讲中，马丁·路德·金指出："在承认黑人的公民权利之前，美国将不会有安宁和平静。"他梦想在他的国家，"黑人的孩子将能和白人的孩子像兄弟姐妹一样携手联欢"；他梦想有一天他的祖国"将变成一块自由

① ［美］斯塔夫里阿诺斯：《全球通史：1500 年以前的世界》，吴象婴、梁赤民译，上海：上海社会科学院出版社，1999 年版，第 291 页。

和正义的绿洲”。[①] 在当代中国，“没有种族歧视，却有农民歧视。”中国农民在多大程度上享有宪法规定和保障的公民权利，这不仅对于农民，而且对于正致力于和平崛起的东方大国来说，都尤为重要。“如果中国能有未来，那么为未来而奋斗的人们应该为建立起码的公民权而共同努力。”[②]

每个人心中都有梦，学者也不例外。科学研究，无论是自然科学还是社会科学领域，亦不管是规范研究抑或实证研究方法，它们绝不排斥研究者对真善美的追求和对社会正义的捍卫。顾炎武（1613—1682）指出：“君子之为学也，以明道也，以救世也。”[③] 拉贝莱（Rabelais）也说过一句值得学者们记取的名言：“学问无良知即是灵魂的毁灭，政治无道德即是社会的毁灭。”[④] 学术研究中的价值中立或价值无涉，并不意味着学者可以泯灭社会良知或丧失人类关怀。政治学者王沪宁声称：“我一直认为政治学的研究和探索应该有助于促进社会的进步和人类生活的完善。离开了这一原则，政治学的研究就没有生命力，就脱离了芸芸众生。”[⑤] 党国英也认为：“我们不想只做那种归于清流的学者，在农民痛苦的面前，在国家命运的面前，等待事变的发生，好让我们证明一个学理观点，得来一个学术的奖赏。我们要把事实告诉我们的官员，告诉我们的农民，告诉那些最可能决定中国命运的人士。或许我们共同打造的清醒使我们的力量得以增强，更深入的改革由此开始，农民的痛苦得以减轻，中国社会的转型得以平稳实现。”[⑥] 项继权教授同样指出：“对于社会科学工作者来说，理论的价值在于社会的需要，关注农村、研究农村、为农村的发展和稳定、农民的富裕和农村的民主，以及国家对农村的有效治理提供切实可行的对策和建议，无疑是责无旁贷的。”[⑦]

回首人类文明的演进历史，我们发现，社会进步的车轮往往是那些有志于献身人类共同利益的勇士们的双手最先推动的。社会主义的终极目标是实现全社会的公平和正义。没有公平和正义的学术理念，就不能成为真正的社会学者。1835 年，17 岁的卡尔·马克思在《青年在选择职业时的考虑》一文中写下了自己的人生志向：“如果我们

---

① 马丁·路德·金：《我有一个梦想》（1963 年 8 月 28 日），何怀宏译，载何怀宏编：《西方公民不服从的传统》，长春：吉林人民出版社，2001 年版，第 111—115 页。

② ［美］艾恺：《最后的儒家——梁漱溟与中国现代化的两难》，王宗昱、冀建中译，南京：江苏人民出版社 2004 年版，第 49 页。

③ 《亭林文集》卷四《与人书》二十五。

④ 转引自［法］路易斯·博洛尔：《政治的罪恶》，蒋庆、王天成、李柏光、刘曙光译，北京：改革出版社，1999 年版，第 320 页。

⑤ 参见王沪宁撰写的“现代政治透视丛书”总序，载陶东明：《公民政治》，香港：三联书店（香港）有限公司，1993 年版，总序第 4 页。

⑥ 党国英：《农村改革攻坚》，北京：中国水利水电出版社，2005 年版，第 6 页。

⑦ 项继权：《集体经济背景下的乡村治理——南街、向高和方家泉村村治实证研究》，武汉：华中师范大学出版社，2002 年版，第 2 页。

选择了最能为人类而工作的职业，那么，重担就不能把我们压倒，因为这是为大家所作出的牺牲；那时我们所享受的就不是可怜的、有限的、自私的乐趣，我们的幸福将属于千百万人，我们的事业将悄无声息地存在下去，但是它会永远发挥作用。”①面对不公平不公正的社会，恩格斯（Frederick Engels，1820—1895）明确提出要“结束牺牲一些人的利益来满足另一些人的需要的状况”，“使所有人共同享受大家创造出来的福利，通过城乡融合，使社会全体成员的才能得到全面的发展”。②

政治哲学中存在着两种不同的政治观，一种是“追求至善”的政治观，一种是“避免大恶”的政治观。③体悟这两种政治观，对于当代政治学者来说不可或缺。亚里士多德（Aristotle，公元前384—公元前322）有一个著名的观点：“政治学术本来是一切学术中最为重要的学术，其终极（目的）正是为大家所最重视的善德，也就是人间的至善。政治学上的善就是‘正义’，正义以公共利益为依归。”④对任何治理国家的执政者来说，“正义恰正是树立社会秩序的基础。”作为政治的动物，“人类由于志趋善良而有所成就，成为最优良的动物，如果不讲礼法、违背正义，他就堕落为最恶劣的动物。”在亚里士多德看来，“城邦不仅为生活而存在，实在应该为优良的生活而存在。”⑤通过对城邦政治的研究，亚里士多德得出了一个重要的结论：“在同类的人们所组成的社会中，大家就应享有平等的权利；凡不合乎正义[违反平等原则]的政体一定难以久长。”⑥与亚里士多德思索每个人在城邦都能过上一种“优良的生活”相似，中国古代圣人也为后人描绘了一个值得想望的大同社会：“大道之行也，天下为公，选贤任能，讲信修睦。故人不独亲其亲，不独子其子；使老有所终，壮有所用，幼有所长，鳏、寡、孤、独、废、疾者皆有所养；男有分，女有归；货恶其弃于地也，不必藏于己，力恶其不出于身也，不必为己；是故谋闭而不兴，盗窃乱贼而不作，故外户而不闭，是谓大同。”⑦在当今世界，市场经济和民主政治的发展，增进了社会的财富和民众的福利，促进了公民权和人权的发展，提升了国家协调利益、整合社会的能力。福利国家的出现从一个侧面实践了大同社会的部分理想，其特点可以说就是让每个人都享有充分的公民权和人权。

人类在追求至善的理想中，也始终伴随着一种恶的力量。正如卡尔·波普尔（Karl

① 《马克思恩格斯全集》第1卷，北京：人民出版社，1995年版，第459—460页；另参见《马克思恩格斯全集》第40卷，北京：人民出版社，1956年版，第7页。不同版本的个别词句的翻译有所不同。
② 《马克思恩格斯全集》第4卷，北京：人民出版社，1958年版，第371页。
③ 刘军宁：《善恶：两种政治观与国家能力》，载《读书》1994年第5期。
④ [古希腊] 亚里士多德：《政治学》，吴寿彭译，北京：商务印书馆，1965年版，第148页。
⑤ [古希腊] 亚里士多德：《政治学》，吴寿彭译，北京：商务印书馆，1965年版，第9、137页。
⑥ [古希腊] 亚里士多德：《政治学》，吴寿彭译，北京：商务印书馆，1965年版，第386页。
⑦ 《礼记·礼运篇》。

Raimund Popper，1902—1994）指出的那样，人类“即使怀抱着建立人间天堂的最美好的愿望，但它只是成功地制造了人间地狱——人以其自身的力量为自己的同胞准备的地狱。”① 求善与防恶，是政治发展的两个维度。界定和保护人的基本权利和自由，体现了两种政治观之间的结合。

一个正义的社会必然是尊重和保障个人权利的社会，一个蔑视和践踏个人权利的社会必然背离正义、趋向邪恶。偏离正义的社会，必将危机四伏。治国若离开正义，势必自食苦果。著名政治哲学家罗尔斯（John Rawls，1921—2002）认为：“正义是社会制度的首要价值，正像真理是思想体系的首要价值一样。一种理论，无论它多么精致和简洁，只要它不真实，就必须加以拒绝或修正；同样，某些法律和制度，不管它们如何有效率和有条理，只要它们不正义，就必须加以改造或废除。每个人都拥有一种基于正义的不可侵犯性，这种不可侵犯性即使以社会整体利益之名也不能逾越。因此，正义否认为了一些人分享更大利益而剥夺另一些人的自由是正当的，不承认许多人享受的较大利益能绰绰有余地补偿强加于少数人的牺牲。”② 一个正义的社会，既不是多数人剥夺少数人的社会，也不是少数人剥夺多数人的社会，而是每个人的基本权利和自由得到尊重、保障和实现的社会，是社会各个阶层的成员共享发展成果的社会。

中国正处在社会转型和体制转轨时期，一些不利于农民享有平等公民权的旧体制，可以通过新的体制改革和制度创新而予以变革。与世界上一些国家具有深远文化背景的种族歧视不同，处身于城乡二元结构之中的中国农民的不平等地位，主要是人为的政策制度安排的结果。凡是人为的不合理的政策制度安排，就可以通过新的政策制度安排予以改革或废除。展望中国的未来，一个公民权发展的时代正在到来。长久以来我心中渴望每个农民都享有平等而充分的公民权的梦想，正可能一步步地变为现实。

理论追寻：以权利看待农民

李普塞特（Seymour Martin Lipset，1922—2006）指出：“一个人的经验和稳定感越少，他越可能支持简单化的政治观点，越不可能理解与自己意见不同的人，越不可能支持宽容的基本原则，越可能感到难以领会或容忍政治变革的渐进主义思想。”③

学者可以激愤，但学术研究必须冷静而理性。理论来源于现实，也服务于现实。已

① ［英］卡尔·波普尔：《开放社会及其敌人》第 1 卷，陆衡、张群群、杨光明、李少平等译，北京：中国社会科学出版社，1999 年版，第 315 页。

② ［美］约翰·罗尔斯：《正义论》，何怀宏、何包钢、廖申白译，北京：中国社会科学出版社，1988 年版，第 3—4 页。

③ ［美］西摩·马丁·李普塞特：《政治人——政治的社会基础》，张绍宗译，上海：上海人民出版社，1997 年版，第 88—89 页。

有的理论研究大大拓展了人们的视野，但在解释中国农民问题上，似乎还不令人十分满足。滞后于现实的理论，势必成为发展的桎梏。放眼世界，在社会经济发展水平较高的民族—国家，公民权的保护和实现程度通常也比较高。公民权已经成为一个国家和社会文明发展的基本指标。正如马克思所说的那样："一个人有责任不仅为自己本人，而且为每一个履行自己义务的人要求人权和公民权。"① 如何不断提高中国农民享有人权和公民权的水平，这是我理论追寻和学术关怀的基本诉求。

20 世纪以来，关于中国农民问题研究的基本假设主要有四种：

一是认为农民问题的根本是土地问题。以孙中山为代表的国民党和以毛泽东为代表的共产党都持此种观点，为此，他们提出"平均地权"、"耕者有其田"、"打土豪、分田地"等口号。所不同的是，国民党主张以和平改革的方式实现"耕者有其田"，台湾的土地改革即属此类；共产党主张以暴力革命的方式实现"耕者有其田"，共产党控制的革命根据地及共产党执政后在大陆实行的土改就属此类。

二是认为农民问题的实质是文化问题。以晏阳初为代表的平民教育理论与以梁漱溟为代表的乡村建设运动均以此认识为基础。晏阳初将中国农民归为"愚、穷、弱、私"四个基本问题，主张以文艺、生计、卫生、公民四大教育医治之，以文艺教育治"愚"，以生计教育治"穷"，以卫生教育治"弱"，以公民教育治"私"。梁漱溟认为农民的苦难源于西方现代化对中国农村的破坏和对农民的掠夺。他提出解决农民问题第一个政治上不通的路是"欧洲近代民主政治的路"，第二个政治上不通的路是"俄国共产党发明的路"，唯一出路在于复兴中华文明。②

三是认为农民问题实质上是收入问题。费孝通是主要代表。在费孝通看来，中国农村的基本问题是"农民的收入降低到不足以维持最低生活水平所需的程度"，农民的真正问题是"饥饿问题"。③ 解决的办法最终在于"增加农民的收入"。20 世纪 80 年代后，费孝通倡导的农村工业化、农民"离土不离乡"、"小城镇大战略"等，都是基于对增加农民收入这个基本信念的延展。当前官方的主流政策话语仍然是"增加农民收入"。

四是认为农民问题是人地矛盾问题。温铁军是主要代表。在温铁军看来，人地矛盾高度紧张是中国"最基本的国情矛盾"。④ 这个观点也可以归结到土地问题之中，它强调的核心问题是人与地的关系问题。

毋庸置疑，农民问题是一个十分复杂的综合性问题，上述四种主要的理论假设从不

① 《马克思恩格斯全集》第 16 卷，北京：人民出版社，1964 年版，第 16 页。

② 《梁漱溟全集》第 5 卷，济南：山东人民出版社，1990 年版，第 111、261 页。

③ 费孝通：《江村经济——中国农民的生活》，戴可景译，南京：江苏人民出版社，2001 年版，第 236 页。

④ 温铁军：《中国农村基本经济制度研究——"三农"问题的世纪反思》，北京：中国经济出版社，2000 年版，第 31 页。另参见温铁军：《三农问题与世纪反思》，北京：三联书店，2005 年版。

同角度解释了农民问题。但令笔者深思的是，上述四种主要理论假设都只不过解释了农民问题的某一个方面，其解释力具有一定的局限性。在农民问题的各种表象下面，有没有一个相对来说具有更为基础和较强解释力的理论假说？

在我看来或许就是公民权问题。公民权的短缺是农民问题的一个主要根源。所以我主张以权利看待农民。“没有一个伟大人物没有德行，没有一个伟大民族不尊重权利，因为一个理性与良知集合体怎么能单凭强制而结合起来呢？”① 我一直珍藏托克维尔这一名句名言，因为我始终坚信，对于中国这个伟大的民族来说，终将走向公民权的时代。②

---

① ［法］托克维尔：《论美国的民主》上卷，董果良译，北京：商务印书馆，1988年版，第272页。

② 相关讨论，参见［美］路易斯·亨金：《权利的时代》，信春鹰、吴玉章、李林译，北京：知识出版社，1997年版，夏勇主编：《走向权利的时代——中国公民权利发展研究》（修订本），中国政法大学出版社，2000年版。

城乡一体化的根本：破除双重二元结构[①]

城乡二元结构具有鲜明的中国特色，它是造成中国“三农”问题的重要体制根源。20世纪80年代，以郭书田、刘纯彬为代表的农村政策研究者对中国二元社会结构作了开创性的重要研究。[②]在此基础上，我们曾提出解决“三农”问题的根本在于破除二元社会结构。[③]2008年10月，中共十七届三中全会明确提出要着力破除城乡二元结构，加快形成城乡经济社会发展一体化新格局，到2020年，城乡经济社会发展一体化体制机制基本建立。[④]近些年来，加快推进城乡一体化、破除城乡二元结构，已成为主流政策选择，各地在推进城乡一体化中出台了不少新措施，取得了许多新进展。但是，笔者在调研中发现，当前各地正在推进的城乡一体化，还主要侧重于破除静态的二元结构，而忽视破除动态的二元结构。为此，我们提出要真正构建城乡一体化新格局，就必须全面破除双重城乡二元结构。[⑤]

高度关注双重二元结构

我们认为我国二元社会结构有静态与动态两种形态。静态的二元结构就是在计划经济体制下基于农民与市民两种不同的户籍身份，以此建立城市与农村、市民与农民两种权利不平等的制度体系，实行“城乡分治、一国两策”，[⑥]使农民处于“二等公民”的不平等地位。动态的二元结构是基于本地居民与外来人口（主要是农民工，但不只是农民

---

① 本文原载《调研世界》2010年第12期。

② 农业部政策研究中心农村工业化城市化课题组：《二元社会结构——城乡关系：工业化·城市化》，载《经济研究参考资料》1988年第90期。另参见郭书田、刘纯彬等：《失衡的中国——农村城市化的过去、现在与未来》，石家庄：河北人民出版社，1990年版。

③ 周作翰、张英洪：《解决三农问题的根本：破除二元社会结构》，载《当代世界与社会主义》2004年第3期。

④ 《中共中央关于推进农村改革发展若干重大问题的决定》，北京：人民出版社，2008年10月版，第7—8页。

⑤ 周作翰、张英洪：《城乡一体化要破除双重二元结构》，载《光明日报》2010年7月14日。

⑥ 陆学艺：《走出“城乡分治、一国两策”的困境》，载《读书》2000年第5期。

工）两种不同的身份，以此建立城市本地居民与外来人口两种权利不平等的制度体系，实行“城市分治、一市两策”，使外来人口处于“二等公民”的不平等地位。动态的二元结构是市场化改革以来原静态二元结构在城市中的新形态。

静态二元结构与动态二元结构共同构成了当代中国的双重二元结构。在沿海发达地区和各大中城市，双重二元结构交织在一起，共同构成了城市化和城乡一体化面临的重大体制障碍。

我国静态二元社会结构形成于20世纪50年代，它是计划经济体制的产物，是政府主导的制度安排的结果，其基本特征是城乡分治，农民与市民身份不平等，享受的权利不平等，所尽的义务也不平等。这种以歧视农民为核心的城乡二元结构，将农民限制在农村，不准农民向城市流动，形成了一种静止状态的二元社会结构，我们称之为静态二元结构，静态二元结构从制度上歧视的对象是农民群体，他们被深深打上了农业户籍的身份印记。长期以来，我国在既定的城乡二元结构中谋发展。中共十六大以来，特别是党的十七届三中全会明确将破除城乡二元结构上升为国家的基本公共政策。静态二元结构已持续50多年，现在正处于破除之中。

我国动态二元社会结构形成于20世纪80年代，它是市场化改革的产物，是市场力量和政府行为双重作用的结果。其基本特征是城市内部分治，外来人口与本市人口身份不平等，享受的权利不平等，所尽的义务也不平等。这种以歧视外来人口为核心的二元结构，将外来人口排除在政府提供的公共服务之外，形成了一种因人口流动而产生的动态的二元社会结构，我们称之为动态二元结构，动态二元结构从制度上歧视的对象是外来人口。进入城市的外来人口很多是农民工，但也有其他非农业户籍的外地人员，他们被统一打上了外来人口或流动人口的身份印记。改革以来，我国各类城市在既定的动态二元结构中谋发展。中共十六大以来，解决农民工问题引起了国家的高度重视，但包括农民工在内的外来人口始终未能真正融入城市成为平等的新市民，他们是城市严加管理的对象。动态二元结构已持续30多年。

改革以来，随着工业化、城市化的发展，人口不断向城市集中，全国各类城市的外来人口不断增长，一些城市的外来人口大大超过了本地人口。在传统的城乡二元社会结构的基础上，市场化改革的力量又在城市催生了新的动态二元结构。全国各类城市特别是大中城市和经济发达地区的城镇，同时形成了传统的静态城乡二元结构与改革以来出现的动态二元结构叠加在一起的双重二元结构。凡是有外来人口的城市和城镇都存在着双重二元结构，在外来人口大量集聚的大中城市，双重二元结构表现得尤为突出。

如果说传统计划经济体制下的静态城乡二元结构主要是行政力量主导的结果的话，那么改革以来随着工业化、城市化进程的加快，包括农村剩余劳动力在内的大量外来人口向城市流动迁移所形成的动态二元结构则是市场力量和政府行为共同作用的产物，但这种动态二元结构却是在传统静态城乡二元结构的基础上形成的，换言之，城市中的动态二元结构是对静态城乡二元结构的复制与异地再生。二者之间的共同本质在于不平等地对待某一群体。双重二元结构是我国城市化、城乡一体化发展面临的主要社会结构性障碍。

我们提出的双重二元结构与有的学者所说的“新二元结构”不同。孙立平教授曾提出“新二元结构”概念，他将改革前形成的城乡二元结构视为一种行政主导型二元结构，20 世纪 90 年代以来，一种他称之为市场主导型二元结构开始出现，这是一种新的二元结构，导致“新二元结构”出现的是我国经济生活从生活必需品阶段向耐用消费品阶段的转型，就是说，到了耐用消费品时代，城里人的消费项目与农村或农民几乎没有什么关系，城里人的耐用消费支出很难流向农村，城乡之间形成了一种消费断裂，这种因市场因素造成的城乡二元结构是一种市场主导的“新二元结构”。[①] 显然，“新二元结构”概念丰富了传统城乡二元结构的内涵，但“新二元结构”仍然属于传统城乡二元结构或我们称之为的静态二元结构的范畴之内，它没有涉及城市中的动态二元结构。

20 世纪 90 年代，也有学者提出和讨论“三元社会结构”问题。[②] 我们发现不同的学者对“三元结构”的内涵有不同的理解，与我们提出的动态二元结构最接近的一种“三元结构”概念是将农民工或流动人口作为社会的一元，在此种意义上使用“三元结构”概念主要着眼于农民工问题和流动人口问题。我们使用的动态二元结构的外延比“三元结构”更广，在各类城市中，作为本地户籍人口的一元，与所有外来人口的一元，构成了身份和权利不平等的动态二元结构。城市中的外来人口主体是农民工，但不仅仅是农民工，还有其他城镇非农业户籍人口；外来人口也不只是流动人口，那些在某城市定居一二十年的外来人口，虽然不再“流动”，但仍视为“流动人口”。

提出和使用双重二元结构的概念具有重要的理论意义和现实意义。从理论上说，改革以来形成的农民工问题、蚁族问题、流动人口问题等城市外来人口问题，都可以纳入到动态二元结构的框架中加以解释。从实践上说，破除城乡二元结构已成为当前的主流公共政策，但各地在破除城乡二元结构上，比较普遍的现象是侧重于破除传统静态的城乡二元结构，而相对忽视动态的二元结构。对于外来人口，各地虽然出台了改善农民工等外来人口待遇的政策，但各个城市政府在对待外来人口上的传统思维和政策仍然严重存在。各类城市在对待外来人口问题上还主要局限在加强对外来人口的治安管理上，而不是将其作为新移居城市的新市民加以平等对待。就是说，各地在城乡一体化进程中，

① 孙立平：《城乡之间的“新二元结构”与农民工流动》，载李培林主编：《农民工——中国进城农民工的经济社会分析》，北京：社会科学文献出版社，2003 年版，第 149—160 页。

② 孙立平：《城乡“三元结构”的挑战》，载《21 世纪商业评论》2005 年 2 月 5 日；王春光：《要警惕城乡三元结构化》，载《镇江日报》2009 年 12 月 1 日。

在对待外来人口问题上还没有上升到破除动态二元结构上来。动态二元结构概念的提出，为各类城市推进城市一体化实践提供了重要的理论支持。

动态二元结构问题正日益凸显

我们看到，各地为破除传统静态城乡二元结构，出台了一系列公共政策，取得了明显进展，如加快推进社会主义新农村建设，对种粮农民进行直接补贴，加大农村基础设施建设力度，建立覆盖农村居民的新型农村合作医疗、新型农民养老保险、农村居民最低生活保障等社会保障制度，推进基本公共服务均等化，加快中心城市和小城镇户籍制度改革等。

但在破除动态二元结构上，则存在许多认识误区和思维惯性，相应的公共政策供给明显滞后，由此造成的一种新现象是，在城乡一体化进程中，传统静态的城乡二元结构正在破除，而动态二元结构却在日益强化。我国各个城市在空间结构上包括城区与郊区农村，在人口构成上包括非农业户籍的市民与农业户籍的农民以及外来人口。20 世纪 50 年代以来，我国各城市内部就开始存在静态的城乡二元结构。80 年代以来，随着外来人口向城市流动迁居，受传统城乡二元结构的影响，一种区分于城市本地人口与外来人口的新的动态二元结构逐渐形成，并日益成为影响城市发展的重要因素。

发达地区各大中城市中的动态二元结构相当突出。以北京为例，据统计数据，2009 年末，全市常住人口 1755 万人，其中本市户籍人口 1245.8 万人，居住半年以上的外来人口 509.2 万人，占常住人口的比重为 29%。在北京市户籍人口中农业户籍人口 273.9 万人。另据北京市政协 2010 年 7 月公布的最新调查，2009 年底北京市实际常住人口已达 1972 万人，其中居住半年以上的流动人口 726 万人。[①] 在北京人口构成中，受传统静态城乡二元结构直接影响的是 273.9 万的本市农业户籍人口，受动态二元结构直接影响的是 509.2 万或 726 万的外来人口。外来人口远多于北京市农业户籍人口。从某种意义上说，动态二元结构的消极影响甚至超过静态二元结构。全国其他各大城市都与北京一样，都存在双重二元结构的复杂问题。

近年来，北京在统筹城乡发展、推进城乡一体、破除传统静态城乡二元结构上力度较大，成效显著。为推进城乡基本公共服务均等化，从 2006 年开始推进新农村建设到 2008 年，北京共投入 26 亿元，对 79 个试点村和 320 个整体推进村实施“五项基础设施”工程建设，平均每个村投入 651 万元。2008 年北京农村安全饮水目标全面实现。2009 年和 2010 年两年全面实施新农村建设“五项基础设施”和“三起来工程”，2009

① 傅沙沙：《2020 年京常住人口预计达 2500 万》，载《新京报》2010 年 7 月 17 日 A07 版。

年“五加三”工程建设共投入83亿元，2010年预计投入70亿元。到2010年底，全市农村“五项基础设施”建设任务将全面完成。北京还大力实施农村医疗、养老、低保、就业、教育、文化、邮政等民生工程，使轨道交通、水、电、气、网络通信等基础设施建设不断向农村延伸，首都农民享受到了越来越多的改革发展成果。北京现已全面实现区区通高速、村村通油路、村村通公交、村村通网络、村村通自来水、村村通邮，公共交通、信息网络也已基本实现村村通，义务教育、医疗卫生、社会保障等基本公共服务已全面覆盖农村人口，北京农村社会保障制度建设走在全国前列。

但与上海、天津、广州、深圳等全国各大中城市一样，北京在破除动态二元结构上面临巨大的压力和观念体制障碍。随着城市化的快速推进，外来人口不断增多，全国各大城市中的动态二元结构所引发的经济社会问题明显加剧。例如在城乡结合部改造中，当地户籍居民的安置问题容易受到地方政府的重视，而大量外来人口的居住权益等问题却常常受到忽视。在拆迁安置中呈现出城乡结合部改造截然不同的安置失衡现象。一方面，当地居民得到了安置房，获得了拆迁补偿款；另一方面，外来租户则基本没有得到安置，更谈不上拆迁补偿。

以北京大望京村拆迁安置为例，该村户籍人口1692户、2998人，其中居民人口2100人，农民898人，流动登记人口3万多人，未登记的估算有近2万人，流动人口总数是户籍人口的10多倍。2009年开始的大望京村城乡一体化试点形成了颇受人们称赞的“大望京模式”，其拆迁安置补偿明显保障了当地村民的居住权益，当地村民因拆迁补偿而“一夜暴富”，该村改造一年来，当地居民利用拆迁补偿款新购置小汽车就达600多辆。[①]而原本同样生活在该村的数万“蚁族”、“蜗居”者等外来人口，他们虽然是当地常住人口，但却没有分享该村城乡一体化改造发展的“一杯羹”，他们必须自谋出路，卷起铺盖向附近或更远的村庄安营扎寨。作为当地居住人口的绝大多数，外来租住户在城乡结合部改造中，未能相应地改善居住条件，相反给他们的居住权益造成了很大的损害，这不仅增加了他们工作生活的物质成本，而且加大了他们的精神压力，其消极后果影响深远。

外来租住户缺乏对当地公共事务的知情权和参与权，必然导致其利益难以保障。权益权益，有权利才有利益。城乡结合部的外来租住户与当地居民生活在同一村庄之中，构成了村庄生活共同体，并且是所在村庄共同体的重要组成部分。但在传统的思想观念和体制束缚中，他们被当作“外来人口”对待，缺乏参与当地公共生活的话语权、参与权与表达权。在城乡结合部拆迁改造中，他们对拆迁改造方案无权知晓，对由此造成的自身利益损失无从表达，对拆迁所产生的利弊得失无权置喙，其结果是他们被摒弃在城

① 《大望京村民的百万富翁生活》，载《新京报》2010年5月19日A13版。

市化和城乡一体化进程之外，从而使原本属于低收入人群的外来租住户的生存境遇更加恶化，社会地位更加弱势化。

近些年来城市社会中日益凸显的农民工问题、[①]“蚁族”问题、[②]“蜗居”问题、[③]暴力犯罪问题以及富士康员工连续跳楼等城市社会问题，正是动态二元结构所积累的深层次矛盾的典型反映。不破除动态二元结构，就不可能解决上述社会问题。

以农民工为主体的城市外来人口是我国改革开放的直接产物，他们实质上是城市的新移民。[④]外来人口工作在城市，生活在城市，奉献在城市，与城市原住民共同构成了现代城市生活的有机整体。只是因为传统城乡二元户籍制度的影响，他们没有获得城市户籍身份，被视为城市的外来人口，享受不到城市的基本公共服务，也难以参与城市的公共事务。这是我国改革实践快速发展与相应的制度变革明显滞后所造成的消极后果。

在城市的动态二元结构中，外来人口面临的主要问题是户籍身份、上学就医、房屋居住、社会保障、公共参与等公民身份问题和基本公共服务问题。长期的不平等境遇，使城市外来人口的不公正感不断积累，由此造成日益严重的自卑感和对社会的强烈不满，其社会后果堪忧。

改革以来，各大城市在对待动态二元结构问题上，形成的传统思维方法和应对措施主要局限在从社会治安的角度加强对外来人口或流动人口的严格管理和严密控制。这种治标不治本的思想观念和管理模式，基本特征是以城乡二元思维去解决二元结构问题，其严重局限性和滞后性是不言而喻的。当前，因动态二元结构所引发的各种经济社会问题正在加速集聚裂变，造成了日益严重的社会“断裂”，[⑤]其对城市和谐发展与持续繁荣构成了巨大的挑战。因外来人口引发的各种经济社会问题，必须从破除动态二元结构这个根本上去认识和解决，任何不触及动态二元结构的思维和政策，都不可能真正解决外来人口问题，因而也就不可能塑造现代城市文明。

全面推进城乡一体化

改革以来中国城市的人口来源和构成发生了巨大的变化，城市居民主要由本市户籍市民、本市户籍农民和外来人口三大部分组成，他们共同构成了城市的常住人口，他们都是城市的市民，共同为城市的发展贡献力量和智慧，共同分享城市的文明与荣耀，共

① 国务院研究室课题组：《中国农民工调研报告》，北京：中国言实出版社，2006年4月版。
② 廉思主编：《蚁族：大学毕业生聚居村实录》，桂林：广西师范大学出版社，2009年9月版。
③ 六六：《蜗居》，武汉：长江文艺出版社，2007年12月版。
④ 俞可平：《“新移民运动”：牵动中国社会的大变迁》，载《北京日报》2010年5月31日。
⑤ 孙立平：《断裂：20世纪90年代以来的中国社会》，北京：社会科学文献出版社，2003年10月版。

同创造城市的品格与未来。要真正解决城市中的户籍农民问题与外来人口问题，建设具有开放包容和平等关怀的现代城市，必须全面推进城乡一体化进程，破除双重二元结构。

第一，要树立全面的而不是片面的城乡一体化思维。所谓全面的城乡一体化思维，就是要破除静态与动态两种二元结构，树立既统筹兼顾当地城乡居民权益，又统筹兼顾本地户籍居民与外来流动人口的权益，实现市民与农民、本地居民与外来人口的身份平等、机会平等和权利平等。既要使本市户籍农民共享城市发展成果，也要使外来人口共享城市发展的成果。忽视外来人口基本权益的城乡一体化，只是片面的城乡一体化，实质上并没有完全跳出城乡二元结构的传统窠臼。

第二，要继续破除静态的城乡二元结构。要根据党的十七届三中全会精神，坚持统筹城乡发展，把加快形成城乡经济社会发展一体化新格局作为根本要求，坚持工业反哺农业、城市支持农村和多予少取放活的方针，推进城乡基本公共服务均等化，消除对农民的制度性歧视，使广大农民平等参与现代化进程、共享改革发展成果。静态的城乡二元结构有比较明显的城乡和户籍界限，这是当前破除城乡二元结构的工作重点和落脚点。动态的二元结构存在于城市之中，它没有明显的地理界限，但却有显著的身份界限。

第三，要重新认识城市的外来人口，着力破除动态二元结构。对于现代城市来说，其居民只应有职业的差别，而不应有身份的歧视；其居民也只应有先后之分，不应有内外之别。北京市委书记刘淇曾提出重新认识首都“三农”的重要命题，他提出：“首都的农民是北京的市民，是推动郊区发展的动力，是拥有集体资产的市民。”据此，在重新认识北京的外来人口上，我们也完全可以说：“外来人口是移居城市的新市民，是城市发展的重要力量，是拥有人力资本的新市民。”各个城市的外来人口实质上都是所在城市的新移民，是所在城市的新市民，他们事实上是城市发展不可分割的重要组成部分。在城乡一体化进程中，各地要以破除静态二元结构的精神来破除动态二元结构，要让普照农村的公共财政阳光同样普照城市中的外来人口，要将覆盖城乡的基本公共服务同样覆盖城市中的外来人口，消除对外来人口的制度性歧视，使广大外来人口平等参与现代化进程、共享改革发展成果。要通过体制机制创新，重点实现和保障外来人口平等的就业权、受教育权、健康权、居住权和社会保障权，实现和保障外来人口对城市公共事务的选举权、知情权、参与权、表达权和监督权。切实破除城市中的动态二元结构，应当成为各类城市加快城市化和城乡一体化的重中之重。

第四，以公民权为基础深化体制改革。双重二元结构的实质在于没有赋予农民及外来人口平等的公民身份，没有保障和实现其平等的公民权利。这是造成困惑中国改革前及改革后众多社会问题的根本。我们一向主张从宪法的高度正视农民及外来人口的公民身份与公民地位，保障和实现其公民权。[①] 离开宪法和公民权，其他任何解决农民问题或外来人口问题的政策举措均非正道。我们说过，“对现代国家治理来说，没有什么比尊重和保障人权和公民权更重要了。”[②] 首先，要创新户籍制度改革思路，消除户籍差别与歧视，无条件赋予农民及外来人口与市民平等的户籍身份。其次，要废除外来人口或流动人口管理体制，将所有外来人口或流动人口视为城市的新移民，将其纳入社区化管理和服务。再次，平等地向农民以及城市中的外来人口提供均等的基本公共服务，确保农民与外来人口有序参与事关其正当利益的公共事务。

统筹破除双重二元结构，全面推进城乡一体化，体现了以人为本的科学发展观的本质要求。对任何城市发展来说，只有全面破除静态二元结构和动态二元结构，才能真正形成城乡经济社会发展一体化新格局。只有统筹破除双重二元结构，全面推进城乡一体化，才能使城市郊区农民、外来人口与城市户籍市民一样融为一体、休戚与共，才能从根本上解决农民问题、农民工问题和城市其他外来人口等问题，才能有效应对城市快速发展所面临的各种危机与挑战。破除双重二元结构既是工业反哺农民、城市支持农村的基本要求与具体体现，也是城市获得新的人力资本的公正选择。只有统筹破除双重二元结构，全面推进城乡一体化，才能使城市中的全体常住人口都生活得更加幸福、更有尊严，使城乡社会更加公正、更加和谐。对于现代城市来说，没有包容和平等关怀的品格，就没有城市的文明和未来。

① 张英洪：《给农民以宪法关怀》，北京：中央编译出版社，2010 年 3 月版。

② 周作翰、张英洪：《新农村建设和公民权建设》，载《深圳大学学报（人文社会科学版）》2009 年第 5 期。

张 英 洪 自 选 集 | 2011 年

强制拆迁、财产权保护与地方宪政构建[①]

近年来，在全国不少地方出现了以侵占农民宅基地和强拆民房为主要标志的拆村并居、强制农民上楼的运动，掀起了对农民权益的新一轮掠夺，引发了不少自焚抗争现象。农民被迫自焚，充分体现了地方权力的滥用与失控。在中央以行政手段制止地方滥用权力的同时，自焚抗争现象也对学界提出了如何加强地方宪政建设的理论课题。加强地方宪政建设，将地方权力纳入宪政框架和法治轨道，是坚持以人为本的科学发展观、保障农民基本权利和自由、实现国家长治久安的重大任务。

掠夺农民第三波

当前，在不少地方，出现了以侵占农民宅基地和强拆民房为主要标志的新一轮掠夺农民的现象，掀起了改革以来掠夺农民的第三波。

20 世纪 80 年代中期以后，中国出现了以加重农民负担为突出特征的掠夺农民第一波。在掠夺农民第一波中，地方政府组织各种收缴税费小分队到农民家里强行收费，造成了一系列干群冲突事件，甚至接连出现农民被逼服毒自杀的恶性事件。据中办、国办通报，仅 1996 年全国被乡村干部逼死、打死的农民 26 人。[②] 中央为从根本上解决农民负担问题，2006 年全部取消了农业税，农民税费负担问题得到了明显缓解。

90 年代以后，中国出现了以圈占农民承包土地为突出特征的掠夺农民第二波。在掠夺农民第二波中，地方政府大办开发区和工业园区，掀起了侵占农民土地的圈地运动，造成了大量的失地农民。据研究，在 2004 年后，土地问题开始取代税费问题成为社会的焦点问题，每年发生的土地冲突事件约占全国发生的群体性事件的 25%，占农村群体性突发事件的 65% 左右。全国每年至少有 300 万农民成为失地农民，目前累计失地农民在 5000 万到 6000 万人。[③] 地方政府大规模圈占土地，既侵害了农民利益，又威

---

① 本文原载《湖南警察学院学报》2011 年第 1 期。

② 梁骏等编：《村民自治——黄土地上的政治革命》，北京：中国青年出版社，2001 年版，第 18 页。

③ 于建嵘：《底层政治》，香港：中国文化出版社，2009 年版，第 119—122 页。

胁到耕地保护，影响粮食安全。为此，中央实行最严格的土地管理制度，设定了一个18亿亩的耕地红线，地方政府圈占耕地的势头得到了一定程度的遏制。

2004年以后，特别是近年来，中国出现了以侵占农民宅基地和强拆民房为突出特征的掠夺农民第三波。在掠夺农民第三波中，地方政府大势推行拆村并居和村庄土地整理，强迫农民集中上楼，掀起了以侵占农民宅基地和强拆民房为主要标志的拆村运动，造成了此起彼伏的农民自焚等恶性事件。

掠夺农民宅基地和强拆民房的重要背景是，在国家严格土地管理中，地方政府的建设用地饥渴症爆发。在发展主义驱使下的地方政府，无法克制追求GDP增长的政绩冲动，换言之，在工业化、城市化快速推进中，地方政府不能没有建设用地指标，就像一头彪悍的野兽不能没有食物一样。中央政府显然看到了这一点，因而在严格控制地方政府圈占耕地的同时，也给地方政府用地开了一个新的小口子，即“城乡建设用地增减挂钩”。2004年10月，国务院发布《关于深化改革严格土地管理的决定》，该《决定》在强调实行“最严格的土地管理制度”的同时，提出“鼓励农村建设用地整理，城镇建设用地增加要与农村建设用地减少相挂钩。”2005年10月，国土资源部发布《关于规范城镇建设用地增加与农村建设用地减少相挂钩试点工作的意见》，在天津、浙江、江苏、安徽、山东、湖北、广东、四川等省（市）进行“城乡建设用地增减挂钩”试点。2008年6月，国土资源部发布《城乡建设用地增减挂钩试点管理办法》，进一步扩大和规范“城乡建设用地增减挂钩”。“城乡建设用地增减挂钩”政策成为地方政府增加建设用地的最新途径。

中央政府也许没有预料到的是，只要给地方政府用地松开一寸宽的口子，用地饥饿的地方政府就能群起将之撕裂到一丈宽。“增减挂钩”的用地政策出台后，各地纷纷以统筹城乡发展和新农村建设等名义，突破试点范围和政策规定，大规模实行村庄拆迁，推行农民集中上楼。侵夺农民宅基地和强拆民房的第三波浪潮开始了。

被陈锡文称为“史无前例的拆村造城运动”，使地方政府攫取了属于农民的大量农村建设用地，以此换取城市建设用地指标，核心是获取巨额的土地收益。近年来，山东、河北、江苏、重庆等20多个省市都掀起了拆村并居、让农民集中上楼的风潮。2010年6月，山东省诸城将1249个建制村合并成208个农村社区。有一位地方执政者则理性地算计说，他将用三至五年时间将其管辖下的100万户农民居住的村庄全部拆除，让农民集中上楼，原农民所占有的100万亩建设用地可节约70万亩，以50万元一亩的价格就能获取3500亿元。

在掠夺农民宅基地的同时，各地暴力拆迁事件频频上演。农民的房屋与宅基地不可分，地方政府要农民的宅基地，就必须拆除建筑于宅基地上的房屋。在农民被集中上楼的过程中，农民世代居住享有的宅基地被轻易地拿走了，“风能进、雨能进、国王不能进”的农民私宅被强拆了。地方政府组织、授权或默认的庞大的拆迁队伍开拔了，农民被逼自焚的恶性事件频频发生了。

自焚抗争

农民在权益受到地方政府侵害后，出现了多种形式的维权抗争。在掠夺农民第一波中，农民进行“依法抗争”；在掠夺农民第二波中，农民进行“以法抗争”；在掠夺农民第三波中，农民被迫进行“自焚抗争”。

1997年，著名农村问题研究学者李连江和欧博文（O'Brien）对当代中国农民的维权抗争作了重要分析，他们最早将农民的抗争行动称为“依法抗争”（Law-based resistance）。依法抗争的特点是，农民在抵制各种各样的“土政策”和农村干部的独断专制和腐败行为时，援引有关的政策或法律条文，并经常有组织地向上级直至中央政府施加压力，以促使政府官员遵守有关的中央政策或法律。依法抗争是农民积极运用国家法律和中央政策维护其政治权利和经济利益不受地方官员侵害的政治活动，它兼具政治参与和政治抗争的特点。进行依法抗争的农民，开始在思想意识和行为方式上从传统的臣民向具有政治权利意识的公民转化。[①]

2003年，著名农村问题研究学者于建嵘在对湖南省衡阳县的调查后提出农民“有组织抗争”和“以法抗争”概念。在于建嵘看来，1992年以前的农民抗争可归之为“弱者的武器”的“日常抵抗”形式，1992至1998年农民的抗争属于“依法抗争”；1998年以后农民的抗争进入“有组织抗争”或“以法抗争”阶段。农民以法抗争，是以具有明确政治信仰的农民利益代言人为核心，通过各种方式建立了相对稳定的社会动员网络，以中央或上级政策为依据，以县乡两级政府制定的土政策为抗争对象、以直接动员农民抵制为手段、以宣示和确立农民合法权益或公民权利为目标的一种政治性抗争。[②]

最近几年来，特别是2009年以来，农民为维护自己的住宅权益，在强大的地方政府压迫下，纷纷以自焚的方式抗击地方强权，出现了一种自焚抗争现象。[③]自焚抗争是农民（或市民）在面对地方政府强拆自己住宅时被迫采取以汽油焚烧自身的极端抗争活动。自焚者在自己住宅遭到地方政府的公然侵害后，既不能通过上访维护其财产权利，

---

① 李连江、欧博文:《当代中国农民的依法抗争》，载吴国光编《九七效应:香港与太平洋》，香港:太平洋世纪研究所，1997年，第141—170页。

② 于建嵘:《农民有组织抗争及其政治风险》，载《战略与管理》2003年第3期;于建嵘:《当前农民维权活动的一个解释框架》，载《社会学研究》2004年第2期；于建嵘:《九十年代以来中国农民的维权抗争》，载《二十一世纪》2004年第5期。

③ 2010年11月9日，笔者在郑州大学中国土地法律研究中心、天则经济研究所主办的“土地制度的历史、理论、价值与原则研讨会”上，首次提出掠夺农民第三波以及自焚抗争这一观点。

又不能通过法院进行权利救济，从而选择以死抗争，表达对个人住宅权利的捍卫和对地方滥用公权力的悲壮抗议。

早在几年前，就发生过以自焚反抗强制拆迁的事件。2003 年 8 月 22 日，江苏南京市翁彪抗议暴力拆迁，在当地拆迁办公室用汽油自焚身亡，拆迁办 6 名工作人员被烧伤。翁彪自焚成为暴力拆迁造成公民自焚的第一人。2009 年以来，以自焚反抗强拆的恶性事件频繁发生：

——2009 年 11 月 13 日，四川省成都市金牛区天回乡金华村唐福珍抗议强制拆迁自焚。

——2009 年 12 月 14 日，北京海淀区四季青镇北坞村席新柱自焚抗议拆迁。

——2010 年 1 月 26 日，江苏盐城市曾焕抗议强迁自焚。

——2010 年 3 月 27 日，江苏连云港市东海县黄川镇一户村民为阻拦镇政府强拆自家的养猪场自焚。

——2010 年 9 月 10 日，江西省抚州市宜黄县凤冈镇发生强拆自焚事件。

——2010 年 9 月 16 日，安徽宁国市西津街道潘村孙某户因强拆自焚。

——2010 年 10 月 30 日，黑龙江省密山市崔德喜因强拆自焚。

……

在强拆运动中，2010 年还发生了两起涉及名牌大学博士生老家被强拆而引起关注的事件。2010 年 10 月 30 日，复旦大学博士生孟建伟的老家——山西省太原市晋源区金胜镇古寨村的房屋被强拆，其父被强拆人员活活打死。2010 年 11 月 17 日，清华大学博士研究生王进文老家——山东省潍坊市潍城区西关街道北三里村的房屋被强拆，这位法学博士在给工学博士潍坊市长许立全发的公开信中说：“推土机推不出政治，推不出和谐社会，也推不出真正的城市化，反而可能推出不和谐，推出不稳定，推出上访，推出流血，推出官民对立，推出对政府尤其是基层工作人员的不信任，推出潍坊市数十年来苦心孤诣惨淡经营出来的良好的形象毁于嚣嚣众口。您可以认为推出了新潍坊乃至新中国，但却把我的家推没了！老百姓的声音作为个体固然无足重轻，可以轻易过滤乃至封杀，但是对立与仇怨的种子一旦生根，便会迅速弥漫……潍坊古称潍县，自明迄清凡五百余年，所历知县凡以百数，而至今为乡民所念念所称道者，为郑燮郑板桥，‘衙斋卧听萧萧竹，疑是民间疾苦声。些小吾曹州县吏，一枝一叶总关情。’迄今为止，尚未有任何一位守土官长在声望上超越板桥先生。我们是不是需要反思一下呢？”[①]

暴力强拆已使天怒人怨。有网友绘制了“血拆地图”，将公开报道的发生强拆导致流血冲突等悲剧事件的地区在中国地图上一一标明。遍布各地的血拆，充分展现了没有

① 王进文：《致工学博士潍坊市长许立全先生有关拆迁问题的公开信》，http://wenku.baidu.com/view/00d015c75fbfc77da269b13a.html。

约束的地方权力的专横性。

权力失控

在第三波掠夺农民的浪潮中出现的以自焚抵抗地方强权的悲惨景象，是地方政府公然侵夺农民财产权而又全面围攻农民行使公民权的必然产物。

掠夺农民的第三波冲破了农民安身立命的最后底线——住宅。善良的农民在地方强权的掠夺中，从第一波中的服毒，到第二波中的集体上访，再到第三波中的自焚，农民的境遇一波比一波悲惨。那些肆无忌惮的地方执政者，脑子里装有的只是"没有强拆就没有新中国"、"为了发展就得拆"、"第一次上访罚款、第二次拘留，第三次劳教"等暴力观念，法治和人权在他们的脑袋里几乎没有任何位置。一些地方政府开足马力驾驶的推土机，不仅推倒了公民的个人住宅，也推掉了国家和谐稳定的根基。地方权力的失控，既是对公民个人权利和尊严的最大威胁，也是对国家和谐稳定的最大破坏。地方权力的滥用是中国最大的不稳定因素。

当前地方权力的失控主要有以下几个特点：

一是以发展的名义侵犯公民的财产权利。一些地方政府往往打着新农村建设、统筹城乡发展、城乡一体化、城市化等旗号，侵占农民的宅基地，强拆农民住宅，直接侵害农民的宅基地用益物权和农民的住房权利。山东省诸城市以统筹城乡发展的名义，将1249个行政村合并为208个万人社区，农民宅基地被掠夺，农民被"打上楼"，政府从这项名为农民造福实为土地财政的并村运动中赚得预计每年两三亿元的土地收益。这种违背农民意愿、强拆民居、让农民"上楼"的行动，已迅速演变为一场新的圈地运动，地方权力和资本"合谋"拿走农民宅基地转化后的增值收益，农民则住进了被选择的"新农村"、过着被产生的"新生活"。[①]

二是以维护稳定的名义侵犯公民的人身权和信访权。农民的财产权受到侵害后，一般会选择上访寻求上级政府主持公道，以维护权益。面对上访，地方政府常常以维护稳定的名义（实质上是维护其既得利益）对上访人进行围追堵截，甚至对上访人进行劳教，从而在侵害公民财产权的基础上进一步扩展为侵害公民的人身权和信访权等基本权利和自由。2010年9月16日，江西宜黄自焚事件发生后，钟家的两个女儿在南昌昌北机场去北京申冤途中，遭到宜黄县委书记邱建国带领的40多人围堵。[②]北京"安元鼎"保安公司与地方政府合作，专门关押、押送到北京上访的民众，该公司在京设立多处

① 涂重航：《"消灭农村"背后土地财政之手》，载《新京报》2010年11月2日；涂重航：《山东诸城"一刀切除"村庄》，载《新京报》2010年11月2日。

② 申延宾：《宜黄数十人机场围堵进京拆迁户》，载上海《新闻晨报》2010年9月17日。

"黑监狱"，向地方政府收取佣金以限制上访者的自由并押送返乡，甚至以暴力手段向上访者施暴。2010 年 9 月，安元鼎邪恶事件曝光，这正是一些地方政府与社会黑恶势力互相勾结公然侵害公民人身自由权和信访权的典型案例。[①] 在一些地方，劳教已成为地方执政者对付维权公民的重要专政工具，一些地方的领导对上访群众动辄进行劳教的事已时常披露于报刊。[②] 地方政府除了以截访、劳教等方式直接打击上访者外，还极力打压批评地方当权者的言行。2006 年的彭水诗案、2008 年辽宁西丰县委书记进京拘传记者案、2009 年的王帅案、2010 年的王鹏案，等等，充分说明了地方当权者力图将其治下的公民以及任何批评者压服在其权杖之下的傲慢与疯狂。

三是以提高效率的名义控制司法权。一些地方政府往往以提高行政效率的名义，要么将司法权撇在一边，要么将司法权绑在行政权上使之成为行政活动的一部分，要么冻结司法权，使之在重大行政活动面前"被缺位"。据报道，江苏省建湖县的法院院长就是该县拆迁指挥部成员，法院院长带队拆迁拘人。[③] 根据 2010 年 6 月 1 日施行的《关于建立制止和查处违法用地违法建设联动工作机制的意见》，北京各区县政府可以直接强拆违建，不再经由法院裁决执行，还可采取停水电等办法督促拆除。[④] 将司法权排除在外的行政强拆，就可以更加得心应手了。司法的错位、越位、缺位，实质上是迷信行政权力包打天下思想观念的体现。地方政府将司法排除在社会发展进程之外，显然能提高行政效率，但肯定会降低社会效率。一个国家需要司法机关，是因为"司法工作的最大目的，是用权利观念代替暴力观念，在国家管理与物质力量使用之间设立中间屏障。"[⑤] 没有司法机关依据法律对公民权利进行救济，以维护社会公平正义，那么，整个社会就会充满暴戾的气息。公民自焚既是地方政府直接侵害公民私有财产权的结果，也是地方政府切断公民信访通道、同时又关闭司法救济大门的结果。

国家《宪法》第 39 条规定"公民的住宅不受侵犯"，第 126 条规定"人民法院依照法律规定独立行使审判权，不受行政机关、社会团体和个人的干涉。"《物权法》明确规定保护公民的财产权利，《刑法》规定了"侵犯财产罪"。宪法和法律的上述规定，在地方政府的强拆运动中面临空前的失灵，地方政府的推土机摧毁了公民的住宅，也践踏了国家的宪法和法律。公民的尊严和国家的尊严都在地方政府的推土机面前荡然无存。

---

① 龙志：《安元鼎：北京截访"黑监狱"调查》，载《南方都市报》2010 年 9 月 24 日。

② 谭剑、谢樱：《县委书记签发劳教文件，胡闹！》，载《中国青年报》2010 年 6 月 25 日。陈杰人：《警惕把劳教当成打压上访的工具》，载《人民日报》2010 年 6 月 30 日。

③ 《江苏建湖法院院长带队拆迁拘人，事主拿宪法维权》，http://news.sohu.com/2004/04/26/10/news219961007.shtml。

④ 翟烜：《区县政府可直接强拆违建》，载《京华时报》2010 年 6 月 12 日。

⑤ [法] 托克维尔：《论美国的民主》（上卷），董果良译，北京：商务印书馆，1988 年版，第 156 页。

地方宪政构建

2010年11月10日，国务院总理温家宝主持召开国务院常务会议，研究部署规范农村土地整治和城乡建设用地增减挂钩试点工作，会议强调把维护农民合法权益放在首位，坚持最严格的耕地保护和节约用地制度，坚持群众自愿、因地制宜、量力而行、依法推进。会议提出要充分尊重农民意愿，涉及村庄撤并等方面的土地整治，必须由农村集体经济组织和农户自主决定，不得强拆强建；严禁违法调整、收回和强迫流转农民承包地，坚决防止违背农民意愿搞大拆大建。①

国务院常务会议对制止一些地方政府的大拆大建，可能会起到一定的抑制作用。但如果不从制度上进行根本的改革，不对地方公权力进行现代法治式的驯服，地方公权力失控从而严重侵害公民权利的现象就很难真正消除。早在2004年6月4日，国务院总理温家宝曾主持召开国务院常务会议，研究控制城镇房屋拆迁规模，严格拆迁管理有关问题，对湖南省嘉禾县的强拆责任人进行处理，会议认为嘉禾强拆事件是一起集体滥用行政权力、违法违规、损害群众利益并造成极坏影响的事件，会议明确要求各级各部门"举一反三"，从嘉禾强拆事件中吸取教训。②从2004年到2010年，各地强拆不仅没有停止，相反愈演愈烈。这说明，地方政府的权力没有得到根本性的改造和制约。地方权力的滥用不仅是对公民个人权利和自由的最大威胁，也是对国家长治久安的最大威胁。维护社会和谐稳定的根本在于防止地方权力的滥用。防止地方权力滥用，关键在于将地方权力纳入法治的框架，加强地方宪政建设。

一般宪政学者主要关注国家层面的宪政建设，而明显忽视地方层面的宪政建设。在中国单一制国家结构中，如何处理中央与地方的关系，有效推进地方宪政建设，既是迫切的现实需要，也是重大的理论课题。地方宪政建设的目标就是限制地方公权力，建设法治政府。笔者在此提出几个重要的方面，以供进一步研究讨论。

一是国家要将保护公民权利作为神圣职责。现代国家的核心是公民，没有公民就没有国家，国家负有保护公民财产权和人身权的基本职责，保护公民的个人权利，就是保护国家的公共利益；捍卫公民的尊严，就是捍卫国家的尊严。国家保护公民权利从地理空间上说有两个维度，一是在国际上保护本国公民的权利，本国公民出国前往任何一个国家，其个人权利和尊重受到国家的保护。二是在国内保护公民的个人权利，防止地方政府、社会组织和个人侵犯公民个人权利。1993年6月25日，世界人权大会通过的

---

① 参见《温家宝主持召开国务院常务会议》，载《人民日报》2010年11月11日。

② 周作翰、张英洪：《和谐社会构建中的农民权益保护》，载《湖南师范大学社会科学学报》2006年第2期。

《维也纳宣言》提出："人权和基本自由是全人类与生俱来的权利；保护和促进人权和基本自由是各国政府的首要责任。"人是目的而不是手段，坚持以人为本的科学发展观，就是要保障每个公民的基本权利和自由。"自由不仅是发展的首要目的，也是发展的主要手段。"[①]转变发展方式最根本最核心的任务是要从损害个人权利的发展转向保护个人权利的发展，要切实把政府的职能转变到尊重和保障人的权利上来。

二是对地方政府既要"放权"，更要"限权"。改革30多年后的今天，国家不仅要给地方"放权"，调动地方政府发展经济的积极性，更要给地方政府"限权"，将地方政府全面纳入现代法治的轨道，使地方政府更加注重尊重和保障人权，更加注重维护社会的公平正义。"放权"，就是将适应于地方政府行使的权力从中央下放给地方。"限权"，就是要对放下去的权力进行制约和监督。任何不受制约和监督的权力都可能导致权力滥用和腐败。中央政府不仅要从意识形态和行政上对地方政府进行控制，更要从现代国家制度建设上处理中央与地方的关系，明确地方政府的权力行使不得侵犯《宪法》规定的公民的基本权利和自由，公民的基本权利和自由既是地方政府权力运行的目的，也是地方政府权力运行的边界。为此，要加强公民权利方面的立法和相关制度建设，将地方政府建设成为真正的保护公民权利的法治政府。中国农民不仅要生活得富裕起来，更要生活得安全、自由和有尊严起来。惨痛的历史和现实经验表明，只有将地方权力关进笼子，它才不会害人；只有地方公权力得到制约和监督，中国才能走出"兴亡百姓苦"的怪圈，农民才会享有真正的自由和尊严。

三是将公民的财产权保护作为重中之重。财产权是文明社会的标志，财产权的保护程度是衡量一个社会文明程度的重要标志。[②]从各地发生的自焚事件中可以看出财产权的极端重要性。洛克认为："人们联合成为国家和置身于政府之下的重大的和主要的目的，是保护他们的财产。"[③]财产权与生命权、自由权一道构成三项最基本的人权。"未经本人同意，不能剥夺任何人的财产。"[④]哈耶克曾断言："如果没有一个把保护私有财产作为自己主要目标的政府，似乎不太可能发展出先进的文明。"[⑤]私有财产具有不受政治权力侵犯的神圣性。"风能进，雨能进，国王不能进。"哪里没有财产权，哪里就没有

---

① ［印度］阿马蒂亚·森：《以自由看待发展》，任赜、于真译，北京：中国人民大学出版社，2002年版，第7页。

② 相关讨论，参见张英洪：《财产权利、个人自由与国家繁荣》，载《湖南公安高等专科学校学报》2009年第1期。

③ ［英］洛克：《政府论》下篇，叶启芳、瞿菊农译，北京：商务印书馆，，1964年版，第77页。

④ ［英］洛克：《政府论》下篇，叶启芳、瞿菊农译，北京：商务印书馆，，1964年版，第118页。

⑤ ［英］哈耶克：《致命的自负》，冯克利、胡晋华等译，北京：中国社会科学出版社，2000年版，第32页。

正义。[①]2008年3月，温家宝总理在第十一届全国人大第一次会议上答记者问时说："政府的任务就是保护人的自由、财产和安全。"住宅历来是农民最安全的生活堡垒，必须实行最严格的保护。毛泽东曾说过："你拿根长棍子去拨树上雀儿的巢，把它搞下来，雀儿也要叫几声。"[②]一些地方政府随时以推土机将农民住宅推掉，或组织强大的队伍强拆农民住宅，这是和平时期一种空前的地方政治恐怖，不仅在全世界绝无仅有，而且在中国历史上亘古未有。应当按照《宪法》和《物权法》精神，修改《拆迁条例》，使新的《拆迁条例》成为有效制止行政强拆、切实保障公民财产权的"条例"。[③]对于侵夺农民宅基地、强拆农民住房的地方执政者，国家不仅要从行政上进行问责，更要从刑法上进行定罪。那些全副武装强拆农民住宅的地方官员，他们不只是对自己的同胞犯罪，而是对中华民族犯罪；他们也不只是与共和国的一个公民作战，而是与五千年中华文明作战，与全人类的共同文明作战。那些侵犯公民住宅、逼迫农民自焚的地方执政者，虽然大都未能受到司法法庭的应有审判，但他们在人们心中的正义和道德法庭审判中定会打入十八层地狱。

四是从违法式改革走向立法式改革。强制拆迁问题从某种意义上说也是中国违法式改革造成的困境。一般将改革分为激进式改革与渐进式改革两种，并将中国改革归于渐进改革之列。其实，我们还可以从另外一种视角将改革区分为违法式改革与立法式改革两种。违法式改革就是在先不修改现行法律制度的条件下，以解放思想和大胆创新为号召，鼓励各地敢闯敢冒，冲破旧的思想观念和法律制度的束缚，"杀出一条血路"，开创发展的新局面，在改革实践取得实际成果并成为共识时，再启动修法程序，修改废除旧法律，制定通过新法律。立法式改革就是先提出改革议题，并就此进行广泛的讨论以取得共识，然后通过法定程序对改革议题进行立法，改革法案通过后再进行改革运作。违法式改革是改革实践在前，立法保障在后；立法式改革是改革立法在前，改革实践在后。简单地说，违法式改革是"先改革，再变法"，立法式改革是"先变法，再改革"。中国改革属于典型的违法式改革。违法式改革还可分为自上而下的违法式改革和自下而上的违法式改革。违法式改革的好处在于面对强大的传统观念和法律制度的阻力时，改革者通过基层或局部地区的大胆创新，开创一条改革路，以此降低改革成本，使新事物借助改革的缝隙破土而出。但社会在享受违法式改革好处的同时，也面临巨大的风险，

① 刘军宁：《风能进，雨能进，国王不能进》，载刘军宁等：《自由与社群》，北京：三联书店，1998年版，第138—162页。

② 毛泽东：《在中国共产党第八届中央委员会第二次全体会议上的讲话》，载《毛泽东选集》第5卷，北京：人民出版社，1977年版，第325页。

③ 2009年12月7日，北大法学院姜明安、沈岿、王锡锌、钱明星和陈端洪5名法学家致信全国人大，认为国务院颁布的《城市房屋拆迁管理条例》涉嫌违宪，建议全国人大撤销或进行修改。时隔一年后的2010年12月15日，经过修改后的《国有土地上房屋征收与补偿条例》再次全文公开征求公众意见。

承受严重的后果。其严重后果在于它使法律的权威性受损，从而销蚀法治国家建设的社会基础。从短期来看，违法式改革操作便利见效快；但从长远来看，违法式改革后患无穷。在现代法治国家，改革模式均系立法式改革。中国选择违法式改革，有其历史必然性。但在经过 30 多年的违法式改革后，走向立法式改革应当成为中国改革的战略选择。特别是当前一些地方的机会主义盛行，违法式改革将鼓励地方政府严重的机会主义倾向，从而危及国家治理的根基。中国要建设法治国家，必须走上立法式改革之路。立法式改革须先立良法，再依法改革。法律以正义为依归，新制定的法律必须体现社会公平正义，符合宪法。如果宪法存在缺陷或不足，应当通过正当程序修宪。在良宪和良法的基础上，将改革纳入宪法和法律的框架之中。只有走上立法式改革的轨道，才能从根本上摆脱违法式改革的困境。

推进城乡结合部城市化发展的思考和建议①

城乡结合部是城市化和城乡一体化的前沿地带。推进城乡结合部的城市化改造与发展，关键是要走以人为本、维护农民和外来人口权益的新型城市化道路。

允许农民以土地参与城市化

土地是农民最重要的生产资料和生活保障，土地财产权是农民最重要的权利之一。在城市化进程中，充分尊重、保障和实现农民的土地财产权与土地发展权，是新型城市化道路的本质要求。我国《宪法》和《土地管理法》规定城市的土地属于国家所有，农村和城市郊区的土地属于集体所有，农村的宅基地和自留地、自留山也属于集体所有。国家土地所有权和集体土地所有权构成了我国城乡二元土地制度。两种土地所有权受到《宪法》和《物权法》的平等保护，不应有任何歧视。

《宪法》对两种土地所有权的规定只是一种城市与农村相对"静态"的权利界定，而城市的边界是动态变化的，随着城市的扩张和发展，城乡结合部地区变成了新的城区。这样，城市的动态发展就将两种土地所有权的内在矛盾和冲突摆在了世人面前：因城市化扩张而新转变为城市地区的原农村集体土地，应当变性为国有土地，还是继续保持集体土地性质？《土地管理法》规定任何单位和个人进行建设，需要使用土地的，必须申请使用国有土地。以此为依据，传统的城市化模式是，由政府对农村集体土地实行征收，将集体土地转变为国有土地，再由政府将征收的土地划拨或出让给用地单位。这种由政府垄断土地一级市场、单一的土地国有化的土地城市化模式，从根本上侵吞了农民集体土地，剥夺了农民以土地参与城市化、分享城市化中土地增值收益的权益，使农民的土地财产权蒙受巨大损失。

现行有关土地法律法规大大滞后于城市化发展的需要，这是城市化进程中损害农民权益、引发诸多治理乱象的根本原因。必须从维护农民的土地财产权和土地发展权出发，允许和规范农民以土地参与工业化和城市化进程，让农民分享工业化和城市化发展

---

① 本文原载《北京农业职业学院学报》2011年第2期。

的成果。

一是城市土地所有权应当实行多元化。除了原城市市区的土地属于国家所有外，新建的城区土地可以继续实行集体所有，就是说，城市化并不必然要把农村集体土地变成国有土地，城市化中的土地国有化趋势应当扭转，集体所有的土地同样可以平等地进行城市化建设。城乡结合部地区和城中村可以保持土地的集体所有制不变。

二是允许农村集体建设用地直接进入市场，实行与国有土地同地、同权、同价。城市化对城乡结合部地区的农村集体建设用地入市提出了现实的要求，要按照十七届三中全会的精神，允许农村集体建设用地在符合规划的前提下，以出让、转让、出租、抵押等方式进行流转，打破政府垄断土地一级市场的旧有格局，加快建立城乡统一的建设用地市场，更大限度地发挥市场在土地资源配置中的基础性作用，切实保障农民在工业化、城市化进程中的土地发展权。城乡结合部地区有的村集体已经探索出集体建设用地入市的成功做法，要及时总结和完善，要在发展中将成功的典型个案经验上升到规范的公共政策。村集体建设用地入市不仅有利于健全土地市场，维护农民的土地发展权益，也将对农民的就业和产业发展产生积极的促进作用。

三是根本改革征地制度，创新和完善征地补偿机制。城乡结合部旧村改造一般不必动用政府征地权，要将政府的征地权严格控制在公共利益的范围之内，即使因公共利益征收农村集体土地的，也要以市场价格给予农村集体组织和农民个人公正合理的补偿和安置，切实保护被征地农民的生存权和发展权。要推广留地安置的办法，保障农民的长远发展利益。在绝大多数情况下，凡需要占用农村集体土地的，应当实行土地租赁或土地入股等形式，这既有利于保障农民集体土地所有权性质不变和农民的长远发展，又有利于降低用地单位的巨额成本。要完善土地储备制度，限制对集体土地的收购储备。

四是保障农民宅基地用益物权，实行农民宅基地的商品化。《物权法》明确宅基地是用益物权，农民对宅基地依法享有占有、使用和收益的权利。宅基地是农民的重要财产和安身立命之本，在城市化进程中必须切实加以保护，特别是要尊重和保护农民对宅基地和房屋当家做主的权利，切实遵守《宪法》第39条“公民的住宅不受侵犯”，禁止任何违背农民意愿、侵害农民财产权和人身权的暴力拆迁。一方面，要防止新形势下各地以旧村改造、村庄整理、城乡建设用地“增减挂钩”等名义，对农民宅基地的新一轮掠夺。另一方面，现行政策规定的农民“一户一宅”、“农民住宅不得向城市居民出售”等不符合城乡结合部实际、严格限制农民宅基地产权实现的政策制度，要予以改变。城乡结合部地区的农民住宅可以合法有序地进入市场，率先实行商品化。城乡结合部地区农民房屋出租业应予以保护和规范。

保障农民带着集体资产进入城市

在城市化进城中，如何让农民变为拥有集体资产的市民，使农民带着资产和尊严进城，不仅是重大的经济问题，也是重大的社会政治问题。农村集体资产包括集体所有的土地等自然资源，集体所有的各种流动资产、长期投资、固定资产、无形资产和其他资产，属于集体经济组织全体成员集体所有，是农民的最大财产。北京市农村集体经济组织共有总资产3000亿元，其中净资产1200亿元，这是首都农民的重要财产，也是农民增加财产性收入的主要来源。维护农民集体资产权益，要重点防止公权力对集体资产的侵害、资本对集体资产的掠夺、乡村干部对集体资产的侵占。农村集体资产经营管理中存在的高积累、高管理成本、高集体股及低收益分配、低管理水平等“三高两低”现象，事实上损害了农民的集体资产权益。在城市化进程中，要把维护农民集体资产权益作为重中之重。

一是以股份合作制方式全面推进集体经济产权的改革，变集体资产由“共同共有”为“按份共有”，尊重和实现农民作为集体经济组织的主人翁地位，让农民拥有实实在在的集体资产份额，享有集体资产增值收益。截至2010年10月，北京市已累计完成1006个乡村集体经济组织产权改革，占全市乡村集体经济组织总数的24%。在城市化进程中，要全面推进和完成农村集体经济产权制度改革的任务，使全体农民真正成为集体资产的所有者和受益者。完成产权改革的集体经济组织，要按照“产权明晰、权责明确、政企分开、管理民主”的要求，全面推行现代企业制度，构建适应集体经济发展需要的法人治理结构，健全集体经济的管理体制和运行机制。

二是大力加强农村集体资产的市场化配置，健全农村的市场体系。在集体资产经营管理中要发挥市场在资源配置中的基础性作用，只有集体资产实现了市场化的配置，才能最大限度地发展农村经济，增加集体和农民的收入，保护农民集体资产的权益。

三是积极探索农村集体资产的信托化经营，创新资产经营管理方式。对农民集体资产进行信托化经营和管理，是改变农民弱势地位、确保农民集体资产保值增值的现实选择和有效途径。当前要积极探索和规范土地信托中心、土地银行、土地信托合作社等信托业务的发展，要着力开展农村集体资产信托化经营管理的调研和政策制定工作。

四是切实推行农村集体资产的民主化管理，杜绝少数人内部控制。集体资产作为农民集体所有的重要财产，必须实行广泛的民主管理，坚持公开透明，防止少数包办代替、内部人操作控制，确保农民的集体资产不被少数人控制、少数人利用、少数人受益。集体资产的年度财务预算和决算、年度收益分配方案等重大事项，都要依法召开全体村民会议或村民代表会议，履行民主程序，保障农民对集体资产管理的知情权、参与权、表达权和监督权。

五是加强农村集体资产的法制化建设，强化政府的监督管理职责。切实保护农民的集体资产权益，是城市化进程中政府应当履行的重要职责。要根据城市化发展的需要，制定农村集体资产管理的法律法规体系，将集体资产管理全面纳入法制保障的轨道上来，制定完善的农村集体资产管理法律法规。在集体资产监管上，可借鉴国有资产监督管理体制的经验，成立集体资产监督管理机构，加强对集体资产的监督管理，确保集体资产保值增值。

促进城市郊区农民及外来人口的市民化

城市化最基本的特征有两个方面：一是人口城市化，即农村人口转变为城市人口；二是土地城市化，即农业用地转变为非农用地。城市化既是土地的城市化，更是人口的城市化，健康的城市化应当是土地城市化与人口城市化协调发展的过程。与全国一样，北京的人口城市化远滞后于土地城市化。从1981年到2008年，北京的城市建成区面积由349平方公里增加到1310.9平方公里，增长375.6%；城市人口由466.4万人增加到1439.1万人，增长308.6%。人口城市化率滞后于土地城市化率67个百分点。从1980年到2009年，北京市常住人口由904.3万人增加到1755万人，而农业户籍人口只从375.28万人减少到273.9万人，30年中农业人口只减少了大约100万人，平均每年只有3万多农业人口转为非农业人口。2009年北京三大产业结构比为1.0:23.5:75.5，第一产业从业人员62.2万人，大约有210万农业户籍人口没有从事第一产业，但他们还是农业户籍人口。在北京常住人口中，居住半年以上的外来流动人口有700多万人，这部分人并没有真正融入城市成为市民，造成了一种残缺式的"半城市化"现象。

北京作为特大城市，在人口城市化中，既要推进郊区农民的市民化进程，又要推进外来流动人口的市民化进程，这两个进程要统筹兼顾，协调并重，不可偏废。实现郊区农民和外来流动人口的市民化，关键是要破除双重二元结构，全面而不是片面推进城乡一体化。二元社会结构有静态与动态两种形态，静态的二元结构就是在计划经济体制下基于农民与市民两种不同的户籍身份，以此建立市民与农民两种权利不平等的制度体系，实行"城乡分治、一国两策"，使农民处于"二等公民"的不平等地位。动态的二元结构是基于本地居民与外来人口（主要是农民工）两种不同的身份，以此建立城市本地户籍居民与外来流动人口两种权利不平等的制度体系，实行"城市分治、一市两策"，使外来人口处于"二等公民"的不平等地位。静态二元结构与动态二元结构共同构成了双重二元结构。

双重二元结构在城乡结合部表现得尤为突出。据2000年第五次人口普查，北京市

城乡结合部流动人口占流动人口总量的 83.5%；2005 年 1% 人口抽样调查表明，城乡结合部流动人口占流动人口总量比例高达 85%。数百万外来流动人口，是北京人口的重要组成部分，已经和正在对北京的经济社会发展做出重要贡献。以农民工为主体的外来人口是城市的新移民和新市民。在对待外来流动人口问题上，传统的思维和做法是加强控制和治安管理。但简单的限制外来流动人口的举措，既不利于保障公民的居住和迁徙自由权，也不利于首都的长远发展。北京要建设世界城市，必然要加快首都圈或京津冀城市群、环渤海城市带建设。要从首都圈和城市群的大发展框架中，重新认识和善待外来流动人口。未来十几年之内，北京的人口规模可能突破 3000 万人，京郊新城、小城镇及周边地区的人口进一步集聚将不可避免。北京要切实改变“摊大饼”式的圈层扩张模式，着力疏散中心城区的功能与人口，实行多中心的城市布局与发展，推进首都圈或城市群建设，实现首都圈或城市群发展的一体化，同时做大做强郊区新城与小城镇，有效治理“城市病”。作为国家首都、京津冀城市群及环渤海城市带的首位城市，北京要以破除静态二元结构来促进郊区农民的市民化，以破除动态二元结构来促进农民工等外来流动人口的市民化。

加快推进城乡基础设施和公共服务一体化

城乡结合部地区基础设施和公共服务的短缺和矛盾相当突出。推进城乡基础设施和公共服务一体化，既是北京率先形成城乡经济社会发展一体化新格局的重中之重，也是扩大内需、加快转变经济发展方式的根本出发点和落脚点。加强城乡一体化的体制机制建设，比大拆大建式的拆村运动对社会的文明进步更具有长远的实质意义。在城市化进程中，要更加突出以人为本，更加注重保障和改善民生，更加彰显人的价值和尊严，更加尊重和保障个人的权利和自由，更加维护社会的公平和正义。

一是要将推进城乡基础设施和公共服务一体化作为以城带乡、城市支持农村的重要方式。北京作为特大城市，坚持工业反哺农业、城市支持农村和多予少取放活的方针，具有两个层面的政策含义：从全国来说，北京要支持全国农村的发展；从全市来说，则要支持郊区农村的发展。就全市来说，北京实行以城带乡、城市支持农村的重要方式，就是将基础设施和公共服务向农村延伸，推进城乡基本公共服务均等化；就全国来说，北京要实行以城带乡、城市支持农村，最直接的方式就是将来自全国各地的农民工等外来人口纳入首都基本公共服务保障体系之中。北京是典型的大城市、小农村，2000 多万城市人口中只有 200 多万农业人口，完全有能力和责任加快建立城乡均等化的基本公共服务。要按照城乡一体化的总体要求，制定城乡结合部地区基础设施和公共服务统一规划，有序推进城乡结合部基础设施和公共服务与城市接轨。北京已于 2009 年 1 月 1

日施行《北京市城乡居民养老保险办法》，也将于2011年实行城镇居民基本医疗保险与“新农合”制度的整合，城乡社会保障的一体化建设取得很大进展。2010年10月28日，第11届全国人大常委会第17次会议通过了《中华人民共和国社会保险法》，该法明确规定国家建立全国统一的个人社会保障号码，基本养老保险基金逐步实行全国统筹，其他社会保险基金逐步实行省级统筹。这对北京进一步完善城乡统一的社会保障制度提出了新的改革要求。“十二五”时期，北京应当率先基本实现城乡基本公共服务均等化的目标任务。

二是切实减轻集体经济组织承担公共品供给压力，明确政府提供公共产品和服务的职责。城乡结合部地区存在的一个突出问题是，由村集体承担的公共产品和服务压力过大，政府提供的公共产品和服务严重不足。应当正确区分村级集体经济组织和各级政府承担公共产品和服务的职责范围。从理论上说，城乡结合部地区的公共产品和服务的供给责任在各级政府，村级集体经济组织只应承担提供村庄集体公共品和集体福利。而在现实中，村集体承担了大量应当由政府提供的公共产品和服务的职责。应当尽快扭转政府将公共产品和服务供给责任转嫁给村集体的状况，要将公共产品和服务支出列入各级财政预算，以减轻村集体和农民的负担。具体来说，城市结合部地区的市政基础设施、公共服务设施以及社会保障等应纳入政府公共财政保障范围。有条件的村集体经济组织在政府提供公共产品和服务的基础上，承担提供集体公共品和改善村民福利的责任。

三是加快公共财政改革力度，提高社会保障等基本公共服务支出占财政支出的比重。城乡结合部的建设和发展离不开公共财政的支持。近些年来，北京加大了对“三农”的财政投入，社会保障等社会建设走在全国前列，成效引人瞩目。但是，从保障和改善民生的新要求新任务来看，从城乡结合部面临的实际问题和遗留问题来看，都需要进一步调整财政支出结构，加快财政体制改革。财政体制改革的基本要求是建立更加有利于保障和改善民生的公共财政体制。公共财政体制是确保“发展成果惠及全体人民”的重要制度安排。在市场经济发达的国家，社会保障和福利支出占财政支出的比重平均在30%—50%，有的在60%以上。例如，2004年美国联邦政府用于社会保障和医疗卫生等公共服务支出占总支出的45%，各州和地方政府用于教育、卫生和社会保障支出比例高达70%。2009年北京市用于社会保障、就业和医疗卫生的支出占总支出的比重为17.29%，与发达国家的差距十分明显。在城市化和城乡一体化中，北京需要大幅度提高社会保障等基本公共服务支出占财政支出的比重，不断提高城乡居民享有社会保障等基本公共服务均等化的水平。要将城乡结合部地区基础设施和公共服务全面纳入公共财政保障范围，市、区县和乡镇政府按比例分担财政投入责任，分别列入年度预算，切实减轻集体经济组织承担基础设施和公共服务过重的压力。按照城乡基本公共服务均等化的要求，进一步优化财政支出结构，加大公共财政投入，将城乡结合部地区的村民和流动人口一并纳入公共财政保障范围。

构建城乡一体化的社会管理体制

城乡结合部地区亦城亦乡，存在城市和农村二元社会管理体制。1993 年，北京在城乡结合部首创了“地区办事处”这一建制形式，从而使两套社会管理体制并存至今。随着外来流动人口的增加，相应地建立了流动人口管理体制。创新城乡结合部一体化的社会管理体制，是城市化和城市一体化发展的必然趋势和要求。

一是实行人口属地化管理，打破城乡分治、人口分管的三元社会管理体制。城乡结合部地区现行的社会管理体制建立在传统的二元户籍制度的基础上，形成了三元社会管理体制。本市农业户籍人口由乡镇政府和村委会管理，实行农村社会管理体制；本市非农业户籍人口由街道办事处和居委会管理，实行城市管理体制；外来流动人口由独立的流动人口管理办公室管理，实行特殊的流管体制。将三元社会管理体制改革为一体化的社会管理体制，要建立新型的以居住地和身份证为基础上，没有户籍身份限制的城乡一体化的现代社会管理体制。在撤村转居前，应当对集体资产进行社区股份合作制改革，明确集体经济组织成员的资产份额，量化股份，固化股权，改制后的股东可以将股权进行转让、继承和赠与。完成社区股份合作制改革后，可撤销村委会设置，也可将村委会改组为农工商公司，总的要求是实行政企分开、政社分开，村委会原公共事务管理和自治职能并入居委会。

二是改革户籍制度，实现城乡居民的身份平等。农民与居民混杂、原住民与新移民共同生活，构成了城乡结合部的显著特征之一。改革户籍制度是加快推进城乡结合部地区城市化和城乡一体化不可回避的社会问题。户籍改革的目标是消除户籍歧视，实现身份平等，建立城乡统一的居住证制度，保障公民的居住和迁徙自由权。城乡结合部的户籍改革，既要赋予本市户籍农民的市民身份，又要赋予外来流动人口的市民身份。要取消传统的农业户籍与非农业户籍的划分，将北京的城乡居民统一登记为北京市居民。要保障转居农民享有的集体资产的权益，不得强制实行“农转非”。转居后的农民既享受市民社会保障待遇，又保留原集体资产权益。对真正从事农业生产的农民进行注册登记，以此为依据享受与农业生产有关的惠农政策扶持与补贴。要将在北京有稳定就业和居住的外来流动人口逐步登记为北京市居民户口。

三是拓展公众参与渠道，促进社会治理的民主化。与村委会的管理封闭性不同，改居后的社会管理体制，应当是一种更加开放和民主的管理体制。一方面，所有居住在社区中的常住人口（村民、市民和流动人口）有权利和责任共同参与社区公共事务；另一方面，政府、社区组织、社区居民也有渠道和平台共同治理社区公共事务。因此，需要加快建立和完善有关法律制度，发展基层民主，拓展公共参与渠道，加强对权力运行的制约和监督，充分保障居民的知情权、参与权、表达权、监督权和自治权，使社区的公共治理更加有利于维护居民的合法权益，更加有利于促进社会的公平正义，更加有利于实现城乡的多元融合，更加有利于保持社区的和谐稳定。

推进城乡一体化不能忽视城市内部的二元结构

——对话施维[①]

主持人：本报记者施维

嘉　宾：张英洪研究员

长期以来，城乡二元结构成为制约我国经济社会发展的重要障碍。近年来，加快推进城乡一体化、破除城乡二元结构，已成为主流政策选择，各地在推进城乡一体化中出台了不少新措施，取得了许多新进展。但是综合来看，当前一些地方正在推进的城乡一体化，还主要侧重于破除传统的城市与农村、市民与农民间的二元结构，而较为忽视破除城市内部外来人口与本市人口之间的身份、权利不平等。对此，有学者称之为双重的城乡二元结构。本期对话，我们请来了对这一问题非常关注的北京农村经济研究中心研究员张英洪与大家一起讨论。

主持人：我们知道，城乡二元结构是我国在社会结构上实行城市、乡村二元分割的主要形式，主要强调的是城市与农村、市民与农民间的两套不同的社会管理、福利制度，随着我国城乡一体化发展的不断推进，这些问题在很多地方已经有了较好的解决；近年来，随着大量农民涌入城市谋生发展，城市内部的“二元结构”问题开始凸现，对这一问题您怎么看？

张英洪：我认为，现在我国事实上存在双重“二元结构”，我们称之为静态与动态两种形态。静态的二元结构就是在计划经济体制下基于农民与市民两种不同的户籍身份，以此建立城市与农村、市民与农民两种权利不平等的制度体系，实行“城乡分治”，使农民处于“二等公民”的不平等地位。

动态的二元结构是基于本地居民与外来人口（主要是农民工，但不只是农民工）两种不同的身份，以此建立城市本地居民与外来人口两种权利不平等的制度体系，实行“城市分治”，使外来人口处于“二等公民”的不平等地位。静态二元结构与动态二元结构共同构成了当代中国的双重二元结构。在沿海发达地区和各大中城市，双重二元结构

① 本文原载《农民日报》2011年5月3日。

交织在一起，共同构成了我国城市化和城乡一体化面临的重大体制障碍。

主持人：这两种二元结构有着怎样的区别和联系？

张英洪：我国静态二元社会结构形成于20世纪50年代，它是计划经济体制的产物，是政府主导的制度安排的结果；动态二元社会结构形成于20世纪80年代，它是市场化改革的产物，是市场力量和政府行为双重作用的结果。但这种动态二元结构却是在传统静态城乡二元结构的基础上形成的，换言之，城市中的动态二元结构是对静态城乡二元结构的复制与异地再生。

改革开放以来，随着工业化、城市化的发展，人口不断向城市集中，全国各类城市的外来人口不断增长，一些城市的外来人口大大超过了本地人口。在传统的城乡二元社会结构的基础上，市场化改革的力量又在城市催生了新的动态二元结构。全国各类城市特别是大中城市和经济发达地区的城镇，同时形成了传统的静态城乡二元结构与改革以来出现的动态二元结构叠加在一起的双重二元结构。凡是有外来人口的城市和城镇都存在着双重二元结构，在外来人口大量集聚的大中城市，双重二元结构表现得尤为突出。

主持人：实际上，现在我们讨论比较多的农民工问题、“蚁族”问题、流动人口问题等城市外来人口问题，都属于动态二元结构范畴内的。但是，我们现在讲破除城乡二元结构、推进城乡一体化建设，更多的是将注意力投放在静态二元结构上，而相对忽视动态的二元结构。

张英洪：对于外来人口，各地虽然出台了改善农民工等外来人口待遇的政策，但许多城市政府在对待外来人口上的传统思维和政策仍然存在。由此造成的一种新现象是，在城乡一体化进程中，传统静态的城乡二元结构正在破除，而动态二元结构在某些地区却在强化。尤其是在发达地区各大中城市中，这里的外来人口数量已经大大超过了本地户籍的农业人口，从某种意义上说，这些地区动态二元结构的消极影响甚至超过静态二元结构。

随着城市化的快速推进，外来人口不断增多，全国各大城市中的动态二元结构所引发的经济社会问题明显加剧。例如在城乡结合部改造安置中呈现出城乡结合部改造截然不同的安置失衡现象。一方面，当地居民得到了安置房，获得了拆迁补偿款；另一方面，外来户则基本没有得到安置，更谈不上拆迁补偿。

在城市的动态二元结构中，外来人口面临的主要问题是户籍身份、子女上学、就医、房屋居住、社会保障、公共参与等公民身份问题和基本公共服务问题。长期的不平等境遇，使城市外来人口的不公正感不断积累。近些年来城市社会中日益凸显的农民工问题、“蚁族”问题、“蜗居”等城市社会问题，正是动态二元结构所积累的深层次矛盾的典型反映。不破除动态二元结构，就不可能解决上述社会问题。

主持人：也就是我们在推进城乡一体化发展中，必须树立全面的而不是片面的城乡一体化思维，必须从破除动态二元结构这个根本上去认识和解决外来人口问题，破除双重二元结构。

张英洪：所谓全面的城乡一体化思维，就是要树立既统筹兼顾当地城乡居民权益，又统筹兼顾本地户籍居民与外来流动人口的权益，实现市民与农民、本地居民与外来人口的身份平等、机会平等和权利平等。既要使本市户籍农民共享城市发展成果，也要使外来人口共享城市发展的成果。忽视外来人口基本权益，只是片面的城乡一体化，实质上并没有完全跳出城乡二元结构的传统思维。

要根据党的十七届三中全会精神，坚持统筹城乡发展，把加快形成城乡经济社会发展一体化新格局作为根本要求，坚持工业反哺农业、城市支持农村和多予少取放活的方针，推进城乡基本公共服务均等化，消除对农民的制度性歧视，使广大农民平等参与现代化进程、共享改革发展成果。静态的城乡二元结构有比较明显的城乡和户籍界限，这是当前破除城乡二元结构的工作重点和落脚点。动态的二元结构存在于城市之中，它没有明显的地理界限，但却有显著的身份界限。

要重新认识城市的外来人口，着力破除动态二元结构。要通过体制机制创新，重点实现和保障外来人口平等的就业权、受教育权、健康权、居住权和社会保障权，实现和保障外来人口对城市公共事务的选举权、知情权、参与权、表达权和监督权。切实破除城市中的动态二元结构，应当成为各类城市加快城市化和城乡一体化的重中之重。

图书在版编目（CIP）数据

张英洪自选集：2000～2011 / 张英洪著．—北京：九州出版社，2012.9
ISBN 978-7-5108-1666-6

Ⅰ．①张… Ⅱ．①张… Ⅲ．①农村问题－中国－文集 Ⅳ．①F32-53

中国版本图书馆CIP数据核字(2012)第217813号

张英洪自选集（2000—2011）

作　　者　张英洪　著
出版发行　九州出版社
出 版 人　徐尚定
地　　址　北京市西城区阜外大街甲35号(100037)
发行电话　(010)68992190/2/3/5/6
网　　址　www.jiuzhoupress.com
电子信箱　jiuzhou@jiuzhoupress.com
印　　刷　三河市东方印刷有限公司
开　　本　787毫米×1092毫米　16开
印　　张　39.75
字　　数　798千字
版　　次　2012年10月第1版
印　　次　2012年10月第1次印刷
书　　号　ISBN 978-7-5108-1666-6
定　　价　98.00元